797,885 Books

are available to read at

www.ForgottenBooks.com

Forgotten Books' App
Available for mobile, tablet & eReader

ISBN 978-0-282-44958-2
PIBN 10513684

This book is a reproduction of an important historical work. Forgotten Books uses state-of-the-art technology to digitally reconstruct the work, preserving the original format whilst repairing imperfections present in the aged copy. In rare cases, an imperfection in the original, such as a blemish or missing page, may be replicated in our edition. We do, however, repair the vast majority of imperfections successfully; any imperfections that remain are intentionally left to preserve the state of such historical works.

Forgotten Books is a registered trademark of FB &c Ltd.
Copyright © 2017 FB &c Ltd.
FB &c Ltd, Dalton House, 60 Windsor Avenue, London, SW19 2RR.
Company number 08720141. Registered in England and Wales.

For support please visit www.forgottenbooks.com

1 MONTH OF FREE READING

at

www.ForgottenBooks.com

By purchasing this book you are eligible for one month membership to ForgottenBooks.com, giving you unlimited access to our entire collection of over 700,000 titles via our web site and mobile apps.

To claim your free month visit:

www.forgottenbooks.com/free513684

* Offer is valid for 45 days from date of purchase. Terms and conditions apply.

English
Français
Deutsche
Italiano
Español
Português

www.forgottenbooks.com

Mythology Photography **Fiction**
Fishing Christianity **Art** Cooking
Essays **Buddhism** Freemasonry
Medicine **Biology** Music **Ancient Egypt** Evolution Carpentry Physics
Dance Geology **Mathematics** Fitness
Shakespeare **Folklore** Yoga Marketing
Confidence Immortality Biographies
Poetry **Psychology** Witchcraft
Electronics Chemistry History **Law**
Accounting **Philosophy** Anthropology
Alchemy Drama Quantum Mechanics
Atheism Sexual Health **Ancient History**
Entrepreneurship Languages Sport
Paleontology Needlework Islam
Metaphysics Investment Archaeology
Parenting Statistics Criminology
Motivational

SITZUNGSBERICHTE

DER

KÖNIGLICH PREUSSISCHEN

AKADEMIE DER WISSENSCHAFTEN.

JAHRGANG 1907.

ZWEITER HALBBAND. JULI BIS DECEMBER.

STÜCK XXXIII—LIII MIT EINER TAFEL,
DEM VERZEICHNISS DER EINGEGANGENEN DRUCKSCHRIFTEN, NAMEN- UND SACHREGISTER.

BERLIN 1907.
VERLAG DER KÖNIGLICHEN AKADEMIE DER WISSENSCHAFTEN.
IN COMMISSION BEI GEORG REIMER.

A5182
.B35

INHALT.

	Seite
Waldeyer: Ansprache	617
Orth: Antrittsrede	624
Rubner: Antrittsrede	628
Waldeyer: Erwiderung an HH. Orth und Rubner	631
Penck: Antrittsrede	634
Müller: Antrittsrede	641
Diels: Erwiderung an Hrn. Müller	644
Verleihung der Leibniz-Medaille	645
Preisaufgabe aus dem von Miloszewsky'schen Legat	646
Stipendium der Eduard Gerhard-Stiftung	648

van't Hoff: Untersuchungen über die Bildung der oceanischen Salzablagerungen. LI. Borocalcit und die künstliche Darstellung von Ascharit 652

H. Bücking: Über die Phonolithe der Rhön und ihre Beziehungen zu den basaltischen Gesteinen 669

O. Puchstein: Jahresbericht des Kaiserlich Deutschen Archaeologischen Instituts 700

Vahlen: Kritische Bemerkungen zur Verstechnik des Plautus 706

F. N. Finck: Die samoanischen Personal- und Possessivpronomina 721

Tobler: Altital. *adonare* 747

Adresse an Hrn. Adolf Tobler zum fünfzigjährigen Doctorjubiläum am 31. Juli 1907 . . 756

Adresse an Hrn. Franz von Leydig zum sechzigjährigen Doctorjubiläum am 28. August 1907 759

Adresse an die Universität Giessen zur Feier ihres dreihundertjährigen Bestehens . . . 761

Adresse an die Geological Society of London zur Feier ihres hundertjährigen Bestehens . 763

Helmert: Bestimmung der Höhenlage der Insel Wangeroog durch trigonometrische Messungen im Jahre 1888 766

Adresse an Hrn. Adolf Michaelis zum fünfzigjährigen Doctorjubiläum am 19. October 1907 796

L. Stern: Ein ungedruckter Brief Kant's 800

Koenigsberger: Der Green'sche Satz für erweiterte Potentiale 804

C. Neuberg: Über colloidale und gelatinöse Calcium- und Magnesiumverbindungen . . . 820

Schottky: Über zwei Beweise des allgemeinen Picard'schen Satzes 823

F. Tannhäuser: Ergebnisse der petrographisch-geologischen Untersuchungen des Neuroder Gabbrozuges in der Grafschaft Glatz 841

K. Perels: Die Datirung des preussischen Privilegium generale de non appellando illimitatum 852

von Wilamowitz-Moellendorff: Zum Menander von Kairo 860

Zimmermann: Über grosse Schwingungen in widerstehenden Mittel und ihre Anwendung zur Bestimmung des Luftwiderstandes 874

Diels: Bericht über die Thätigkeit des Thesaurus linguae Latinae von 15. Juni 1905 bis 30. September 1907 910

Adresse an Hrn. Leopold Delisle zur Feier seines fünfzigjährigen Jubiläums als Mitglied der Académie des Inscriptions et Belles-Lettres am 6. December 1907 914

Schottky: Über Beziehungen zwischen veränderlichen Grössen, die auf gegebene Gebiete beschränkt sind 919

Inhalt.

	Seite
Mertens: Über die cyklischen Einheitsgleichungen von Primzahlgrad in den Bereich der Quadratwurzel aus einer negativen Zahl	924
J. Hartmann: Eine Verbesserung des Foucault'schen Messerschneiden-Verfahrens zur Untersuchung von Fernrohrobjectiven	935
Harnack: Zwei Worte Jesu	942
Müller: Beitrag zu genaueren Bestinnung der unbekannten Sprachen Mittelasiens (hierzu Taf. IX)	958
Verzeichniss der eingegangenen Druckschriften	961
Namenregister	999
Sachregister	1007

1907. XXXIV. XXXV.

SITZUNGSBERICHTE

DER

KÖNIGLICH PREUSSISCHEN

AKADEMIE DER WISSENSCHAFTEN.

Sitzung der physikalisch-mathematischen Classe am 11. Juli. (S. 651)
van't Hoff: Untersuchungen über die Bildung der oceanischen Salzablagerungen. LI. Borocalcit und die künstliche Darstellung von Ascharit. (S. 652)
Sitzung der philosophisch-historischen Classe am 11. Juli. (S. 665)

BERLIN 1907.
VERLAG DER KÖNIGLICHEN AKADEMIE DER WISSENSCHAFTEN.

IN COMMISSION BEI GEORG REIMER.

Aus dem Reglement für die Redaction der akademischen Druckschriften.

Aus § 1.

Die Akademie gibt gemäss § 41,1 der Statuten zwei fortlaufende Veröffentlichungen heraus: »Sitzungsberichte der Königlich Preussischen Akademie der Wissenschaften« und »Abhandlungen der Königlich Preussischen Akademie der Wissenschaften«.

Aus § 2.

Jede zur Aufnahme in die »Sitzungsberichte« oder die »Abhandlungen« bestimmte Mittheilung muss in einer akademischen Sitzung vorgelegt werden, wobei in der Regel das druckfertige Manuscript zugleich einzuliefern ist. Nichtmitglieder haben hierzu die Vermittelung eines ihrem Fache angehörenden ordentlichen Mitgliedes zu benutzen.

§ 3.

Der Umfang einer aufzunehmenden Mittheilung soll in der Regel in den Sitzungsberichten bei Mitgliedern 32, bei Nichtmitgliedern 16 Seiten in der gewöhnlichen Schrift der Sitzungsberichte, in den Abhandlungen 12 Druckbogen von je 8 Seiten in der gewöhnlichen Schrift der Abhandlungen nicht übersteigen.

Überschreitung dieser Grenzen ist nur mit Zustimmung der Gesammt-Akademie oder der betreffenden Classe statthaft, und ist bei Vorlage der Mittheilung ausdrücklich zu beantragen. Lässt der Umfang eines Manuscripts vermuthen, dass diese Zustimmung erforderlich sein werde, so hat das vorlegende Mitglied es vor dem Einreichen von sachkundiger Seite auf seinen muthmasslichen Umfang im Druck abschätzen zu lassen.

§ 4.

Sollen einer Mittheilung Abbildungen im Text oder auf besonderen Tafeln beigegeben werden, so sind die Vorlagen dafür (Zeichnungen, photographische Originalaufnahmen u. s. w.) gleichzeitig mit dem Manuscript, jedoch auf getrennten Blättern, einzureichen.

Die Kosten der Herstellung der Vorlagen haben in der Regel die Verfasser zu tragen. Sind diese Kosten aber auf einen erheblichen Betrag zu veranschlagen, so kann die Akademie dazu eine Bewilligung beschliessen. Ein darauf gerichteter Antrag ist vor dem Einreichen der betreffenden Vorlagen mit dem schriftlichen Kostenanschlage eines Sachverständigen an den vorsitzenden Secretar zu richten, dann zunächst im Secretariat vorzuberathen und weiter in der Gesammt-Akademie zu verhandeln.

Die Kosten der Vervielfältigung übernimmt die Akademie. Über die voraussichtliche Höhe dieser Kosten ist — wenn es sich nicht um wenige einfache Textfiguren handelt — der Kostenanschlag eines Sachverständigen beizufügen. Überschreitet dieser Anschlag für die erforderliche Auflage bei den Sitzungsberichten 150 Mark, bei den Abhandlungen 300 Mark, so ist Vorberathung durch das Secretariat geboten.

Aus § 5.

Nach der Vorlegung und Einreichung des vollständigen druckfertigen Manuscripts an den zuständigen Secretar oder an den Archivar wird über Aufnahme der Mittheilung in die akademischen Schriften und zwar, wenn eines der anwesenden Mitglieder es verlangt, verdeckt abgestimmt.

Mittheilungen von Verfassern, welche nicht Mitglieder der Akademie sind, sollen der Regel nach nur in die Sitzungsberichte aufgenommen werden. Beschliesst eine Classe die Aufnahme der Mittheilung eines Nichtmitgliedes in die dazu bestimmte Abtheilung der »Abhandlungen«, so bedarf dieser Beschluss der Bestätigung durch die Gesammt-Akademie.

Aus § 6.

Die an die Druckerei abzuliefernden Manuscripte müssen, wenn es sich nicht bloss um glatten Text handelt, ausreichende Anweisungen für die Anordnung des Satzes und die Wahl der Schriften enthalten. Bei Einsendungen Fremder sind diese Anweisungen von dem vorlegenden Mitgliede vor Einreichung des Manuscripts vorzunehmen. Dasselbe hat sich zu vergewissern, dass der Verfasser seine Mittheilung als vollkommen druckreif ansieht.

Die erste Correctur ihrer Mittheilungen besorgen die Verfasser. Fremde haben diese erste Correctur an das vorlegende Mitglied einzusenden. Die Correctur soll nach Möglichkeit nicht über die Berichtigung von Druckfehlern und leichten Schreibversehen hinausgehen. Umfängliche Correcturen Fremder bedürfen der Genehmigung des redigirenden Secretars vor der Einsendung an die Druckerei, und die Verfasser sind zur Tragung der entstehenden Mehrkosten verpflichtet.

Aus § 8.

Von allen in die Sitzungsberichte oder Abhandlungen aufgenommenen wissenschaftlichen Mittheilungen, Reden, Adressen oder Berichten werden für die Verfasser, von wissenschaftlichen Mittheilungen, wenn deren Umfang im Druck 4 Seiten übersteigt, auch für den Buchhandel Sonderabdrucke hergestellt, die alsbald nach Erscheinen des betreffenden Stücks der Sitzungsberichte ausgegeben werden.

Von Gedächtnissreden werden ebenfalls Sonderabdrucke für den Buchhandel hergestellt, indess nur dann, wenn die Verfasser sich ausdrücklich damit einverstanden erklären.

§ 9.

Von den Sonderabdrucken aus den Sitzungsberichten erhält ein Verfasser, welcher Mitglied der Akademie ist, zu unentgeltlicher Vertheilung ohne weiteres 50 Freiexemplare; er ist indess berechtigt, zu gleichem Zwecke auf Kosten der Akademie weitere Exemplare bis zur Zahl von noch 100 und auf seine Kosten noch weitere bis zur Zahl von 200 (im ganzen also 350) abziehen zu lassen, sofern er diess rechtzeitig dem redigirenden Secretar angezeigt hat; wünscht er auf seine Kosten noch mehr Abdrücke zur Vertheilung zu erhalten, so bedarf es dazu der Genehmigung der Gesammt-Akademie oder der betreffenden Classe. — Nichtmitglieder erhalten 50 Freiexemplare und dürfen nach rechtzeitiger Anzeige bei dem redigirenden Secretar weitere 200 Exemplare auf ihre Kosten abziehen lassen.

Von den Sonderabdrucken aus den Abhandlungen erhält ein Verfasser, welcher Mitglied der Akademie ist, zu unentgeltlicher Vertheilung ohne weiteres 30 Freiexemplare; er ist indess berechtigt, zu gleichem Zwecke auf Kosten der Akademie weitere Exemplare bis zur Zahl von noch 100 und auf seine Kosten noch weitere bis zur Zahl von 100 (im ganzen also 230) abziehen zu lassen, sofern er diess rechtzeitig dem redigirenden Secretar angezeigt hat; wünscht er auf seine Kosten noch mehr Abdrücke zur Vertheilung zu erhalten, so bedarf es dazu der Genehmigung der Gesammt-Akademie oder der betreffenden Classe. — Nichtmitglieder erhalten 30 Freiexemplare und dürfen nach rechtzeitiger Anzeige bei dem redigirenden Secretar weitere 100 Exemplare auf ihre Kosten abziehen lassen.

§ 17.

Eine für die akademischen Schriften bestimmte wissenschaftliche Mittheilung darf in keinem Falle vor ihrer Ausgabe an jener Stelle anderweitig, sei es auch nur auszugs-

(Fortsetzung auf S. 3 des Umschlags.)

SITZUNGSBERICHTE 1907.
XXXIV.
DER
KÖNIGLICH PREUSSISCHEN
AKADEMIE DER WISSENSCHAFTEN.

11. Juli. Sitzung der physikalisch-mathematischen Classe.

Vorsitzender Secretar: Hr. Auwers.

*1. Hr. Orth las über Immunisirung mit besonderer Berücksichtigung der Immunisirung von Meerschweinchen gegen Tuberkulose.

Es wurden die immunisirenden Fähigkeiten der Friedmann'schen Schildkrötenbacillen in variirten Versuchen mit Unterstützung von Dr. Lydia Rabinowitsch geprüft, mit dem Resultat, dass alle vorbehandelten Thiere tuberkulös wurden und, wenn nicht vorzeitig getödtet, an Tuberkulose starben. Aber sie lebten durchschnittlich erheblich länger als die Controlthiere, hatten dafür aber zum grössten Theil eine schwere Lungentuberkulose. Die Abschwächung der Wirkung der virulenten Bacillen war nicht bedingt durch Schädigung dieser, denn sie erwiesen sich, aus den vorbehandelten Thieren herausgezüchtet, weder an Wachsthumsfähigkeit noch an Virulenz verändert bez. anders als bei den Controlthieren. Die Entstehung der Lungenschwindsucht setzt längeres Leben voraus und tritt erst spät nach der Infection auf, denn vorzeitig getödtete Thiere hatten zwar starke Milz- und Leber-, aber geringe Lungentuberkulose. Sie ist nur durch Tuberkelbacillen, nicht durch Mischinfection bedingt gewesen, und sie ist nicht durch inhalirte, sondern durch mit dem Blute den Lungen zugeführte Bacillen erzeugt worden.

2. Hr. van't Hoff liess eine Mittheilung vorlegen aus seinen Untersuchungen über die Bildung der oceanischen Salzablagerungen: LI. Borocalcit und die künstliche Darstellung von Ascharit.

Während es gelang, auch den Ascharit als Umwandlungsproduct von früher künstlich dargestelltem Pinnoit zu erhalten, blieben entsprechende Versuche für Borocalcit erfolglos. Es liegen darin und auch in der Verfolgung des angeblichen Vorkommens von Borocalcit Gründe vor, die Existenz dieses Minerals zu bezweifeln.

3. Hr. Prof. H. Klaatsch in Breslau übersendet einen Bericht über die Ergebnisse seiner mit Mitteln der Humboldt-Stiftung in den Jahren 1904—1907 ausgeführten anthropologischen Forschungsreise in Australien. Der Bericht wird an anderer Stelle zur Veröffentlichung gelangen.

Untersuchungen über die Bildung der ozeanischen Salzablagerungen.

LI. Borocalcit und die künstliche Darstellung von Ascharit.

Von J. H. van't Hoff.

Um die Untersuchung der natürlichen Calciumborate abzuschließen, war noch die Verfolgung des Borocalcits nötig. Das Resultat derselben ist im ersten Teile dieser Arbeit enthalten, während der zweite den noch übrigbleibenden Magnesiumboraten gewidmet ist.

A. Borocalcit.

Der Borocalcit ist als Mineral von der Zusammensetzung

$$(CaO)(R_2O_3)_2 4H_2O$$

beschrieben, hat aber in der Literatur nur spärlich Erwähnung gefunden.[1] Derselbe wurde von Bechi[2] als Inkrustationen an den Borsäurelagunen Toscanas erwähnt mit der Zusammensetzung:

	CaO	B_2O_3	H_2O	
	20.9 Prozent	51.1 Prozent	26.3 Prozent	(1.8 Prozent Verunreinigungen).
	20.9 »	52.2 »	26.9 »	(berechnet).

Dana[3] gab demselben den Namen Bechilit.

Nachdem die natürlichen Calciumborate, Pandermit und Colemanit bzw. Tetracalciumpenta- und Dicalciumtriborat, künstlich dargestellt und deren Auftreten im Zusammenhange mit Boronatrocalcit erörtert waren[4], schien der Weg zur Erhaltung von Borocalcit geöffnet. Als derselbe (worüber später zu berichten ist) auch nach ziemlichem Bemühen nicht zum Ziele führte, ist auf das natürliche Vorkommen zurückgegriffen worden, jedoch ebenfalls mit negativem Erfolg:

---

[1] Naumann-Zirkel, 14. Aufl., S. 523.
[2] Atti Acc. Georgofili I, S. 128. Firenze 1852.
[3] The System of Mineralogy. New York 1892, 6th Ed.
[4] Diese Sitzungsberichte 1906, 566, 689; 1907, 301.

1. In den großen Berliner Sammlungen war nur, von Hoffmann herrührend, ein als Borocalcit verzeichnetes Exemplar zu finden, das sich bei Untersuchung jedoch als Boronatrocalcit erwies.

2. Die Firma Krantz in Bonn war auch außerstande, mir das Gewünschte zu besorgen; dieselbe verfügte nur über ein aus der Pariser Sammlung von Damour herrührendes Handstück, das als Priceit bezeichnet war und auch dessen Zusammensetzung zeigte, also mit dem oben als Pandermit benannten identisch war.

3. Die Anfrage bei den amerikanischen Bezugsquellen hatte nicht mehr Erfolg. Weder in Californien (auf Anfrage bei Prof. Saunders) noch in Florida (auf Anfrage bei Hrn. Büttgenbach) konnte mir das Gesuchte verschafft werden.

4. Hr. d'Achiardi in Pisa schließlich, den ich auf Anraten des Prof. Rinne befragte, sprach sich in einem Schreiben, unter Begleitung seiner Abhandlung über die Borate[1], bezüglich der Existenz von Borocalcit sehr skeptisch aus. Schon Groth hatte in seinen tabellarischen Übersichten Bechilit als inhomogen bezeichnet, und d'Achiardi findet in den von Bechi herrührenden Proben im Museum zu Pisa den Borocalcit nicht zurück.

Da auch die Versuche zur künstlichen Darstellung von Borocalcit scheiterten, wäre die Mitteilung über dieses Mineral unterblieben oder hinausgeschoben worden, wenn nicht ein anderweitiges positives Resultat dabei erzielt worden wäre, das ich schon jetzt beim Abschluß der Untersuchung über die ozeanischen Bildungen miterwähnen möchte. nämlich die Herstellung des bestausgebildeten bis jetzt erhaltenen Colemanits, welche zunächst zu erwähnen sei.

Bei Abschluß der Versuche zur künstlichen Darstellung von Borocalcit wurden nochmals alle Andeutungen verfolgt, die im Laufe der Untersuchung erhalten waren; so datierte auch noch aus Meyerhoffers Zeit ein Präparat, das einfach aus Kalk und Borsäure nach langwierigen, tatonierenden Operationen entstanden war und in Zusammensetzung dem Borocalcit nahekam, unter dem Mikroskop jedoch wenig befriedigend aussah. Bei Wiederholung des Versuchs in größerm Maßstabe mit 11 g Kalk (CaO), 61 g Borsäure und 594 ccm Wasser, zeigte sich die für die Borate von Calcium so charakteristische Verzögerung in der fast kaleidoskopischen Verwandlung von Formen, nur daß alles im Kaleidoskop schneller geht.

In großen Zügen war es folgendes: Der Kalk wurde in einem Teile des Wassers gelöscht und der im Rest warm gelösten Borsäure beigefügt, das Ganze dann sich selbst bei 40° überlassen unter mikro-

---

[1] Acido borico e borati dei soffioni e lagoni boriferi della Toscana. Pisa 1900.

von Borocalcit wenig in Zusammensetzung verschieden zu sein braucht:

$$(CaO)(B_2O_3)_3(H_2O)_4 + (CaO)_2(B_2O_3)_3(H_2O)_9$$
$$= (CaO)_3(B_2O_3)_6(H_2O)_{13}, \text{ also } (CaO)(B_2O_3)_2(H_2O)_{4.3} \text{ statt}$$
$$(CaO)(B_2O_3)_2(H_2O)_4.$$

Als dann bei 83° weiter (immer in Porzellanflasche) erhitzt wurde, in der Hoffnung, unter Bildung von Borocalcit die Boratmischung weiter zu entwässern, war nach 2 Monaten (vom Anfange des Versuchs an) wohl unter vorübergehender Bildung von $(CaO)_2(B_2O_3)_3 7H_2O$ ein besonders gut ausgebildeter Colemanit entstanden:

CaO	B_2O_3	H_2O	
27.2 Prozent	51.6 Prozent	21.2 Prozent	
27.2 "	50.9 "	21.9 "	(ber.).

Das spez. Gew. 2.43 stimmte auch mit demjenigen des natürlichen Colemanits überein.

Dies empirische Verfahren, das nur der guten Ausbildung des Produkts wegen erwähnt wurde, kommt also darauf hinaus, daß bei 83° im Porzellangefäße das Dicalciumtriborat mit neun Wasser entwässert wird in Berührung mit einer Lösung von Borsäure, deren Zusammensetzung sich aus den ursprünglich genommenen Mengen ermitteln läßt. Unter der nahezu erfüllten Voraussetzung, daß sämtlicher Kalk schließlich als Colemanit am Boden liegt, ergab sich, wie auch aus der direkten Analyse, daß 100 g Lösung 4.8 g Borsäure, BO_3H_3 (und 0.1 g CaO) enthielten.

Nach der erfolgreichen Verwendung von Boronatrocalcit zur Darstellung von Pandermit und Colemanit ist auch noch mit ersterem in der Richtung von Borocalcit gearbeitet unter Verwendung von Borsäurelösungen ansteigenden Gehalts und bei abwechselnden Temperaturen, erfolglos jedoch, da nur das niedere Hydrat von Boronatrocalcit und Triborat mit vier Wasser entstanden. Möchte noch Andeutung des Vorkommens von Borocalcit auftauchen, dann wäre wohl am besten, nochmals hier bei nicht zu hohen Temperaturen anzusetzen; Borocalcit, wenn existierend, ist höchstwahrscheinlich sehr schwer künstlich zu erhalten, wie sich noch im nachherigen zeigen wird.

B. Abschluß und Zusammenfassung der Calciumboratuntersuchung.

Die obigen Versuche waren, soweit es sich um die Calciumboratgruppe der natürlichen Salzlager handelt, abschließend, und so sei das gesamte hier Erzielte nochmals kurz in schematischer Darstellung zusammengefaßt.

Es sei dabei ausgegangen vom bei 25° erhaltenen Grundschema, das durch Fig. 1 wiedergegeben wird:

Fig. 1.

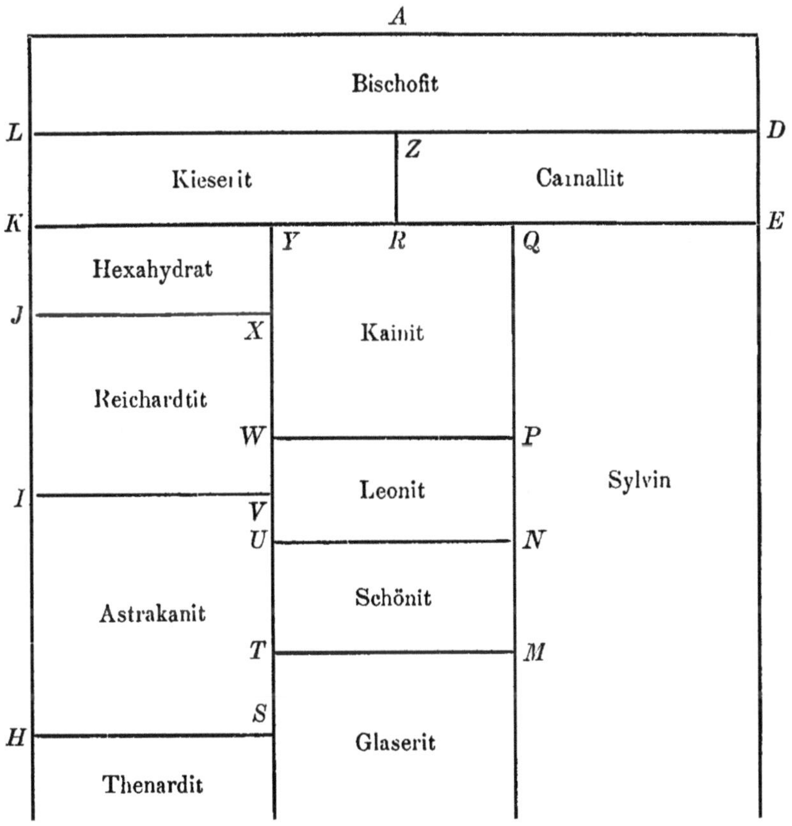

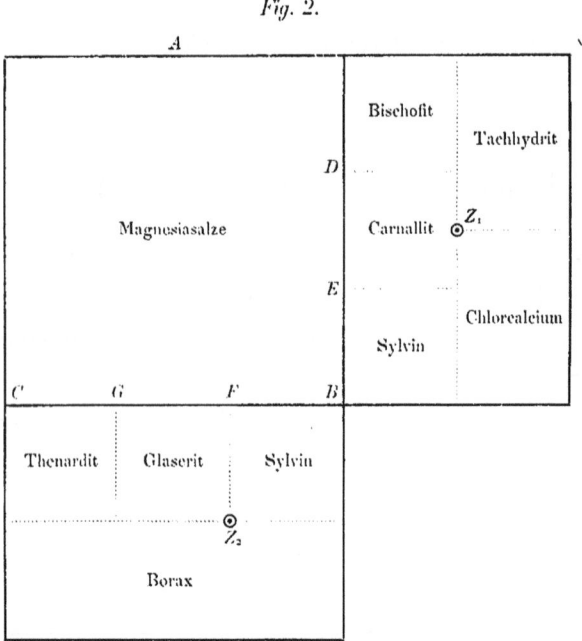

Fig. 2.

Rechts von *BD* sind die calciumchloridhaltigen Lösungen dargestellt, dabei auch diejenigen, welche an bzw. Chlorcalcium und Tachhydrit $Mg_2CaCl_6 12H_2O$ gesättigt sind. Der Kristallisationsendpunkt liegt hier, bei Sättigung an Chlornatrium, Chlorcalcium, Carnallit und Tachhydrit, in Z_1.

Unterhalb *BC* sind die boraxhaltigen Lösungen einschließlich Sättigung an Borax $B_4O_7Na_2 . 10H_2O$. Der Kristallisationsendpunkt liegt hier, bei Sättigung an Chlornatrium, Sylvin, Glaserit und Borax, in Z_2.

Eine große Vereinfachung ist, daß sich in diesem Schema mit der Temperatur, bis zur gewählten oberen Grenze 83°, nur weniges ändert. Der Borax macht, bei 51° in Z_2 anfangend, Platz für die oktaedrische niedere Hydratform $Na_2B_4O_7 . 5H_2O$, welche bei 60° den Borax ganz verdrängt hat. Das Chlorcalcium $CaCl_2 . 6H_2O$ tritt ebenfalls in allmählich wasserärmeren Formen auf, und schon bei 25° fängt $CaCl_2 . 4H_2O$ in der Umgebung von Z_1 eine Rolle zu spielen an, das dann noch vor 83° zu $CaCl_2 . 2H_2O$ wird.

Die Calciumborate sind wesentlich nur in diesen Feldern rechts von *BD* und unterhalb *BC* möglich. Links von *BD* und oberhalb

BC nimmt durch die gleichzeitige Anwesenheit von Sulfaten und Magnesium das Calcium irgendeine Sulfatform an und wird in den Boraten durch Magnesium vertreten.

In dieses Schema sind nunmehr die Calciumboratformen einzutragen:

A. Calciumborate:
 1. Pandermit $Ca_8B_{20}O_{38} . 15H_2O$,
 2. Colemanit $Ca_2B_6O_{11} . 5H_2O$.

B. Calciumnatriumborate:
 1. Boronatrocalcit $NaCaB_5O_9 . 8H_2O$,
 2. Tetrahydrat $NaCaB_5O_9 . 4H_2O$.

Die Calciumboratform rechts von BD. Rechts von BD, in den chlorcalciumhaltigen Lösungen, vereinfacht sich die Sachlage durch das Vorhandensein von Calcium; dadurch sind die Doppelborate von diesem und Natrium, Boronatrocalcit und sein niedres Hydrat, ausgeschlossen. Von den beiden übrigbleibenden, Pandermit und Colemanit wird dann in borsäurefreien Lösungen, wie hier gedacht, die erste borsäureärmste Form die stabile sein. Rechts von BD ist also nur Pandermit zu erwarten. Im obern Teile des Schemas dürften, des starken Magnesiumgehalts wegen, die nachher zu erörternden Magnesiumborate auftreten.

Die Calciumboratformen unterhalb BC. Hier ist die Sachlage verwickelter, da sämtliche Calciumboratformen möglich sind. Der Boronatrocalcit und sein niedres Hydrat werden in Berührung mit Borax die stabilen Formen sein.

Pandermit tritt zunächst in der boraxfreien Grenze CB auf und ist dort schon von 25° an möglich; zwischen diesen und Boronatrocalcit in den allmählich borsäurereicheren Lösungen schiebt sich dann Colemanit ein.

Die Paragenese ist hierdurch gleichzeitig angedeutet, indem als wenig lösliche Calciumformen rechts von BD Anhydrit, Pentasulfat, Polyhalit und Krugit möglich sind, unterhalb BC überdies noch Gips, Syngenit und Glauberit. Für Paragenese mit Pandermit erscheint also keine Calciumform ausgeschlossen, mit Ausnahme vielleicht von Tachhydrit. Daneben können Chlornatrium, Chlorcalcium, Glaserit, Thenardit den Pandermit begleiten und wohl auch Colemanit. Boronatrocalcit und Colemanit wären neben Glauberit, Syngenit, Gips, Anhydrit, Pentasalz, Thenardit, Glaserit, Chlorkalium, Chlornatrium und Boronatrocalcit möglich.

C. Ascharit.

Nach Erledigung der Aufgabe für die Borate von Calcium liegt nur noch diejenige für die entsprechenden natürlichen Magnesiumverbindungen vor. Durch die künstliche Darstellung von Boracit, Pinnoit und Kaliborit ist hier schon der größere Teil erledigt und verbleiben nur noch Ascharit und Sulfoborit. Auch die schematische Angabe über das Naturvorkommen vereinfacht sich, indem man sich dabei auf den Teil oberhalb BC und links von BD in Fig. 2, also für 25° auf Fig. 1, zu beschränken hat. Das Wesentliche von dieser Schlußaufgabe bringt folgendes:

1. Vorkommen und Zusammensetzung von Ascharit.

Ascharit (nach Aschersleben) wurde von Feit entdeckt und beschrieben[1]; er fand sich vor im Kainit und Steinsalz von Schmidtmannshall. Neulich wurde derselbe von Precht in Neu-Staßfurt aufgefunden neben Kainit und Leonit.

Bei der Neuaufnahme der Untersuchung dieses Minerals, das mir in verschiedenen Proben von beiden Quellen zur Hand gestellt wurde, fand ich zunächst in einem der Prechtschen Handstücke auch noch Polyhalit. Der möglichst gut abgetrennte Ascharit, ausgewaschen und getrocknet, wurde dann analysiert. Hierbei ist das frühere Verfahren wegen der Schwerlöslichkeit des Ascharits in verdünnter ($\frac{1}{10}$ N) Salzsäure, die sehr charakteristisch ist beim Vergleich mit den anderen Magnesium- und Calciumboraten, dahin abgeändert, daß die Lösung (statt im Becherglas) in verschlossener Flasche auf dem Wasserbad vorgenommen wurde, was immerhin einige Stunden in Anspruch nimmt. Die Analyse ergab:

MgO	B_2O_3	H_2O	spez. Gew.	
47 Proz.	41.5 Proz.	11.3 Proz.	2.7	(Muster von Frecht)
46.9 »	41.7 »	11.2 »	2.7	(» » Feit)
47.1 »	41.5 »	11.4 »		(Analyse » »)
47.8 »	41.5 »	10.7 »		(bei.)

was also auf die einfache Formel BO_3MgH hinweist.

2. Künstliche Mineraldarstellung und mittlere Valenz.

Die Schwierigkeit der künstlichen Darstellung einer so einfachen Verbindung wie Ascharit BO_3MgH, die sich schon bei gelegentlichen

---

[1] Naumann-Zirkel, 14. Aufl. S. 523; Schulze, Harzmineralien S. 72.

Anläufen zeigte, hat sich als Spezialfall bei Anwendung einer Regel herausgestellt, die schon früher angedeutet wurde. Sie sagt aus, daß die Verzögerung, welche der künstlichen Mineralbildung im Wege steht, ansteigt von den Salzen der Salzsäure HCl zu denjenigen der Schwefelsäure H_2SO_4 und der Borsäure H_3BO_3, und bei den Basen von Kali und Natron HO (KNa) zu Kalk und Magnesia $(HO)_2(CaMg)$. Diese Regel hat sich bei der Bearbeitung der Salzmineralien wertvoll gezeigt, indem es gut ist, im voraus zu wissen, wann man etwas Geduld haben muß. Derselben kann eine quantitative Form gegeben werden, welche die Anwendung erleichtert, wobei jedoch die Zahlen nur als Andeutung der Reihenfolge der Verzögerung zu betrachten sind. Diese Zahl entspricht ungefähr der Gedanke, mittlere Valenz, und wird in folgender Weise berechnet:

$$NaCl \qquad \frac{1+1}{1+1} = 1$$

$$Na_2(SO_4) \text{ und } H_2O \qquad \frac{2+2}{2+1} = 1.33$$

$$MgHBO_3 = (MgO)_2(B_2O_3) \cdot H_2O \qquad \frac{4+6+4}{2+2+3} = 2.$$

Namen	Formel	Mittlere Valenz
Chlornatrium	$NaCl$	1
Glaubersalz	$Na_2SO_4 \cdot 10H_2O$	1.33
Borax	$Na_2B_4O_7 \cdot 10H_2O$	1.5
Gips	$CaSO_4 \cdot 2H_2O$	1.5
Syngenit	$CaK_2(SO_4)_2 \cdot H_2O$	1.5
Glauberit	$CaNa_2(SO_4)_2$	1.6
Polyhalit	$Ca_2K_2Mg(SO_4)_4 \cdot 2H_2O$	1.6
Boronatrocalcit	$NaCaB_5O_9 \cdot 8H_2O$	1.62
Franklandit	$(Na_2O)_2(CaO)_2(B_2O_3)_6 \cdot 15H_2O$	1.65
Pinnoit	$MgB_2O_4 \cdot 3H_2O$	1.67
Krugit	$Ca_4K_2Mg(SO_4)_6 \cdot 2H_2O$	1.68
Sulfoborit	$(MgSO_4)_2(MgO)_6(B_2O_3)_4 \cdot 12H_2O$	1.71
Pentasulfat	$Ca_5K_2(SO_4)_6 \cdot H_2O$	1.75
Boronatrocalcit mit 4 Wasser	$NaCaB_5O_9 \cdot 4H_2O$	1.79
Kaliborit	$KMg_2B_{11}O_{19} \cdot 9H_2O$	1.8
Colemanit	$(CaO)_2(B_2O_3)_3 \cdot 5H_2O$	1.83
Pandermit	$(CaO)_8(B_2O_3)_{10} \cdot 15H_2O$	1.86
Borocalcit	$(CaO)(B_2O_3)_2 \cdot 4H_2O$	1.88
Ascharit	$(MgO)_2(B_2O_3) \cdot H_2O$	2
Anhydrit	$CaSO_4$	2
Boracit	$MgCl_2(MgO)_6(B_2O_3)_3$	2.56

Vorstehende Tabelle enthält einige der für die Regel in der Anwendung auf Mineraldarstellung wichtigen mittleren Valenzen. Für die betreffenden Verbindungen erhält man die Zahl als Quotienten zweier Summen, in deren ersterer Na, K, Cl mit eins, Ca, Mg, SO_4 mit zwei, B_2O_3 mit sechs, H_2O mit vier zu nehmen ist; während in der zweiten Na, K, Cl, Ca, Mg, SO_4 mit eins funktionieren, B_2O_3, mit zwei, H_2O mit drei.

Die Zahlen, die durchaus nur als Andeutungen zu nehmen sind, enthalten Fingerzeige, die sich öfters bewährten. Die Verzögerung äußert sich zunächst bei 1.33 in leichter Übersättigung wie beim Glaubersalz, und ist da wohl der Unterkühlung von Wasser an die Seite zu stellen. Impfen bringt jedoch sofort und schnell Ausscheidung zustande: so bildet der Schmelzpunkt von Glaubersalz einen thermometrischen Fixpunkt. Bei 1.5 im Borax ist die Verzögerung weiter fortgeschritten; Ausscheidung beim Impfen findet statt, aber nicht so schnell mehr, daß auch der Borax sich für einen Fixpunkt eignet, die künstliche Darstellung wird wie beim Syngenit jedoch noch nicht erschwert. Bei 1.6 im Glauberit treten bei Darstellung instabile Zwischenformen störend auf; Polyhalit und Boronatrocalcit mit 1.62 gehören schon zu den erst neulich synthetisch erhaltenen Mineralien. Bei Pinnoit mit 1.67 ist die gewöhnliche chemische Geduldsgrenze überschritten, und erst hernach gelang die künstliche Darstellung von Krugit und Kaliborit mit 1.8; zuletzt kamen dann Colemanit und Pandermit mit 1.86.

Die hohe Zahl bei Boracit, 2.56, stimmt mit den Tatsachen ebenfalls. Zwar ist derselbe künstlich erhaltbar, jedoch bei so hohen Temperaturen, daß nur wasserfreie Mineralien diesem Weg zugänglich sind.

Bei Anwendung auf die zweifelhaften Vorkommnisse, Franklandit und Borocalcit, zeigt sich, daß ersterer innerhalb des Erreichten liegt, daß also das Mißlingen seiner Darstellung die Existenz unwahrscheinlich macht. Von Borocalcit mit 1.88 kann das nicht gesagt werden.

3. Künstliche Darstellung von Ascharit und dessen Umgrenzung.

Um über die Umgrenzung der Magnesiumborate orientiert zu sein, wurde jede der in Fig. 3 angedeuteten konstanten Lösungen (soweit sie magnesiumhaltig sind) mit einer kleinen Menge Borax beschickt und im Porzellangefäße bei 83° sich selbst längere Zeit überlassen, unter mikroskopischer Verfolgung der anfangs amorphen Ausscheidung: Pinnoit entstand in E, Q, R, A, L, Z, D, K, I und H; Kaliborit bildete sich in P; eine neue Form entstand, wenig gut ausgebildet, aber doch charakteristisch als kleine Kugeln in S, V und W; derselbe zeigte sich allmählich auch neben Kaliborit und neben Pinnoit in P, H, I, K und Y. Die Analyse des anscheinend reinsten Produkts, in S, ergab 31 Prozent MgO, 27 Prozent B_2O_3 und 42 Prozent H_2O, was $(MgO)_2 (B_2O_3) (H_2O)$ sehr annähernd entspricht. Es handelt sich also um eine mit dem Ascharit und Sulfoborit als basisches Borat ver-

Sulfoborit	Ascharit	Kaliborit
2 : 3	1 : 2	11 : 5

C   B

Ascharit entsteht also aus magnesiumchloridarmen, bzw. freien Lösungen, während das Verhältnis zwischen Borsäure und Base mit dem Magnesiumchloridgehalt ansteigt. Beim Ascharit war es 1:2, beim Pinnoit 1:1, beim aus den magnesiumchloridreichsten Lösungen entstehenden Boracit 4:3.

Nebenbei sei der auffällige Unterschied im Verhalten und Naturvorkommen der Magnesium- und Calciumborate hervorgehoben; Magnesia als schwächere Base tritt als Mono- und basisches Borat auf und bildet sich auch zu dieser Form in neutralen Lösungen aus, Kalk dagegen bindet mehr Borsäure und dies steigt noch bei Natron und Kali an[1]:

B_2O_3 : $MO(M_2O)$		Mineral	Base
1	: 2	Ascharit	Magnesia
1	1	Pinnoit	»
5	4	Pandermit	Kalk
3	2	Colemanit	»
5	3	Boronatrocalcit	Natron und Kalk
2	1	Tinkal	Natron
11	5	Kaliborit	Kali und Magnesia

Um nun weiter in der Richtung von Ascharit vorzudringen, nachdem die Lösungen, aus denen sich basische Magnesiumborate bilden önnen, bekannt geworden sind, standen zwei Wege frei: die syste-

---

[1] Bemerkt sei, daß ein Mineral von der Zusammensetzung des Franklandits in dieser Tabelle nicht passen würde.

matische Entwässerung des oben erhaltenen basischen Salzes oder, um möglichst Zwischenstufen zu entgehen, das Einbringen in die zur Bildung geeignete Lösung, der nächstliegenden Verbindung im Sinne Ostwalds. Dies sind nun aber gerade die in der Natur vorkommenden verwandten Verbindungen, welche Ascharit begleiten können und in Fig. 4 enthalten sind. Von den drei, Pinnoit, Kaliborit und Sulfoborit, kam ersterer, als nach Tabelle auf S. 659 leichtest verwandelbare Verbindung, zuerst in Frage. Nach dieser Überlegung wurden sämtliche Möglichkeiten verfolgt, und es stellte sich der Weg über Pinnoit tatsächlich als der meist geeignete heraus. Der Pinnoit verwandelt sich beim Erhitzen mit gesättigter Chlornatriumlösung, unter Abgabe (der Hälfte) seiner Borsäure in mit Ascharit verwandten Verbindungen, die schon bedeutend näher dem Endziel lagen und bei $83°$, nachdem sich das richtige Verhältnis zwischen Magnesia und Borsäure eingestellt hatte, etwa $(MgO)_2 (B_2O_3)(H_2O)$ entsprachen. Erst bei entsprechenden Versuchen im Einschmelzrohr bei $150°$, stellte sich nach acht Tagen im Produkt die für Ascharit so charakteristische Schwersicheit in verdünnter Salzsäure ein, und nach Auswaschen damit entsprach die Analyse demselben schon ziemlich annähernd:

	MgO	B_2O_3	H_2O	Verunreinigung (Glasbestandteile)
	47.7 Prozent	37.7 Prozent	12.4 Prozent	2.2 Prozent
oder	48.7 »	38.5 "	12.8 "	0
	47.8	41.5	10.7	(BO_3MgH).

Aus Boracit entsteht überaus langsam in Lösungen (I), die sich zur Bildung von basischen Magnesiumboraten eignen, bei $83°$ ein in haarfeinen, gebogenen asbestähnlichen Nadeln ausgebildetes Produkt, das wohl Ascharit sein dürfte.

SITZUNGSBERICHTE
DER
KÖNIGLICH PREUSSISCHEN
AKADEMIE DER WISSENSCHAFTEN.

11. Juli. Sitzung der philosophisch-historischen Classe.

Vorsitzender Secretar: Hr. Diels.

Hr. F. W. K. Müller las über die litterarischen Funde der zweiten Turfan-Expedition (A. von Le Coq) mit Demonstration von Schriftstücken in vierzehn verschiedenen Arten von Schriften und zehn Sprachen. (Wird theilweise in den Abhandlungen veröffentlicht werden.)

Ausgegeben am 18. Juli.

1907.

XXXVI. XXXVII. XXXVIII.

SITZUNGSBERICHTE

DER

KÖNIGLICH PREUSSISCHEN

AKADEMIE DER WISSENSCHAFTEN.

Gesammtsitzung am 18. Juli. (S. 667)
H. Bücking: Über die Phonolithe der Rhön und ihre Beziehungen zu den basaltischen Gesteinen. (S. 669)
O. Puchstein: Jahresbericht des Kaiserlich Deutschen Archäologischen Instituts. (S. 700)
Sitzung der philosophisch-historischen Classe am 25. Juli. (S. 705)
Vahlen: Kritische Bemerkungen zur Verstechnik des Plautus. (S. 706)
F. N. Finck: Die samoanischen Personal- und Possessivpronomina. (S. 721)
Sitzung der physikalisch-mathematischen Classe am 25. Juli. (S. 743)

BERLIN 1907.
VERLAG DER KÖNIGLICHEN AKADEMIE DER WISSENSCHAFTEN.

IN COMMISSION BEI GEORG REIMER.

Aus dem Reglement für die Redaction der akademischen Druckschriften.

Aus § 1.

Die Akademie gibt gemäss § 41,1 der Statuten zwei fortlaufende Veröffentlichungen heraus: »Sitzungsberichte der Königlich Preussischen Akademie der Wissenschaften« und »Abhandlungen der Königlich Preussischen Akademie der Wissenschaften«.

Aus § 2.

Jede zur Aufnahme in die »Sitzungsberichte« oder die »Abhandlungen« bestimmte Mittheilung muss in einer akademischen Sitzung vorgelegt werden, wobei in der Regel das druckfertige Manuscript zugleich einzuliefern ist. Nichtmitglieder haben hierzu die Vermittelung eines ihrem Fache angehörenden ordentlichen Mitgliedes zu benutzen.

§ 3.

Der Umfang einer aufzunehmenden Mittheilung soll in der Regel in den Sitzungsberichten bei Mitgliedern 32, bei Nichtmitgliedern 16 Seiten in der gewöhnlichen Schrift der Sitzungsberichte, in den Abhandlungen 12 Druckbogen von je 8 Seiten in der gewöhnlichen Schrift der Abhandlungen nicht übersteigen.

Überschreitung dieser Grenzen ist nur mit Zustimmung der Gesammt-Akademie oder der betreffenden Classe statthaft, und ist bei Vorlage der Mittheilung ausdrücklich zu beantragen. Lässt der Umfang eines Manuscripts vermuthen, dass diese Zustimmung erforderlich sein werde, so hat das vorlegende Mitglied es vor dem Einreichen von sachkundiger Seite auf seinen muthmasslichen Umfang im Druck abschätzen zu lassen.

§ 4.

Sollen einer Mittheilung Abbildungen im Text oder auf besonderen Tafeln beigegeben werden, so sind die Vorlagen dafür (Zeichnungen, photographische Originalaufnahmen u. s. w.) gleichzeitig mit dem Manuscript, jedoch auf getrennten Blättern, einzureichen.

Die Kosten der Herstellung der Vorlagen haben in der Regel die Verfasser zu tragen. Sind diese Kosten aber auf einen erheblichen Betrag zu veranschlagen, so kann die Akademie dazu eine Bewilligung beschliessen. Ein darauf gerichteter Antrag ist vor der Herstellung der betreffenden Vorlagen mit dem schriftlichen Kostenanschlage eines Sachverständigen an den Vorsitzenden Secretar zu richten, dann zunächst im Secretariat vorzuberathen und weiter in der Gesammt-Akademie zu verhandeln.

Die Kosten der Vervielfältigung übernimmt die Akademie. Über die voraussichtliche Höhe dieser Kosten ist — wenn es sich nicht um wenige einfache Textfiguren handelt — der Kostenanschlag eines Sachverständigen beizufügen. Überschreitet dieser Anschlag für die erforderliche Auflage bei den Sitzungsberichten 150 Mark, bei den Abhandlungen 300 Mark, so ist Vorberathung durch das Secretariat geboten.

Aus § 5.

Nach der Vorlegung und Einreichung des vollständigen druckfertigen Manuscripts an den zuständigen Secretar oder an den Archivar wird über Aufnahme der Mittheilung in die akademischen Schriften, und zwar, wenn eines der anwesenden Mitglieder es verlangt, verdeckt abgestimmt.

Mittheilungen von Verfassern, welche nicht Mitglieder der Akademie sind, sollen der Regel nach nur in die Sitzungsberichte aufgenommen werden. Beschliesst eine Classe die Aufnahme der Mittheilung eines Nichtmitgliedes in die dazu bestimmte Abtheilung der »Abhandlungen«, so bedarf dieser Beschluss der Bestätigung durch die Gesammt-Akademie.

Aus § 6.

Die an die Druckerei abzuliefernden Manuscripte müssen, wenn es sich nicht bloss um glatten Text handelt, ausreichende Anweisungen für die Anordnung des Satzes und die Wahl der Schriften enthalten. Bei Einsendungen Fremder sind diese Anweisungen von dem vorlegenden Mitgliede vor Einreichung des Manuscripts vorzunehmen. Dasselbe hat sich zu vergewissern, dass der Verfasser seine Mittheilung als vollkommen druckreif ansieht.

Die erste Correctur ihrer Mittheilungen besorgen die Verfasser. Fremde haben diese erste Correctur an das vorlegende Mitglied einzusenden. Die Correctur soll nach Möglichkeit nicht über die Berichtigung von Druckfehlern und leichten Schreibversehen hinausgehen. Umfängliche Correcturen Fremder bedürfen der Genehmigung des redigirenden Secretars vor der Einsendung an die Druckerei, und die Verfasser sind zur Tragung der entstehenden Mehrkosten verpflichtet.

Aus § 8.

Von allen in die Sitzungsberichte oder Abhandlungen aufgenommenen wissenschaftlichen Mittheilungen, Reden, Adressen oder Berichten werden für die Verfasser, von wissenschaftlichen Mittheilungen, wenn deren Umfang im Druck 4 Seiten übersteigt, auch für den Buchhandel Sonderabdrucke hergestellt, die alsbald nach Erscheinen des betreffenden Stücks der Sitzungsberichte ausgegeben werden.

Von Gedächtnissreden werden ebenfalls Sonderabdrucke für den Buchhandel hergestellt, indess nur dann, wenn die Verfasser sich ausdrücklich damit einverstanden erklären.

§ 9.

Von den Sonderabdrucken aus den Sitzungsberichten erhält ein Verfasser, welcher Mitglied der Akademie ist, zu unentgeltlicher Vertheilung ohne weiteres 50 Freiexemplare; er ist indess berechtigt, zu gleichem Zwecke auf Kosten der Akademie weitere Exemplare bis zur Zahl von noch 100 und auf seine Kosten noch weitere bis zur Zahl von 200 (im ganzen also 350) abziehen zu lassen, sofern er diess rechtzeitig dem redigirenden Secretar angezeigt hat; wünscht er auf seine Kosten noch mehr Abdrucke zur Vertheilung zu erhalten, so bedarf es dazu der Genehmigung der Gesammt-Akademie oder der betreffenden Classe. — Nichtmitglieder erhalten 50 Freiexemplare und dürfen nach rechtzeitiger Anzeige bei dem redigirenden Secretar weitere 200 Exemplare auf ihre Kosten abziehen lassen.

Von den Sonderabdrucken aus den Abhandlungen erhält ein Verfasser, welcher Mitglied der Akademie ist, zu unentgeltlicher Vertheilung ohne weiteres 30 Freiexemplare; er ist indess berechtigt, zu gleichem Zwecke auf Kosten der Akademie weitere Exemplare bis zur Zahl von noch 100 und auf seine Kosten noch weitere bis zur Zahl von 100 (im ganzen also 230) abziehen zu lassen, sofern er diess rechtzeitig dem redigirenden Secretar angezeigt hat; wünscht er auf seine Kosten noch mehr Abdrucke zur Vertheilung zu erhalten, so bedarf es dazu der Genehmigung der Gesammt-Akademie oder der betreffenden Classe. — Nichtmitglieder erhalten 30 Freiexemplare und dürfen nach rechtzeitiger Anzeige bei dem redigirenden Secretar weitere 100 Exemplare auf ihre Kosten abziehen lassen.

§ 17.

Eine für die akademischen Schriften bestimmte wissenschaftliche Mittheilung darf in keinem Falle vor ihrer Ausgabe an jener Stelle anderweitig, sei es auch nur auszugs-

(Fortsetzung auf S. 3 des Umschlags.)

SITZUNGSBERICHTE 1907.
XXXVI.
DER
KÖNIGLICH PREUSSISCHEN
AKADEMIE DER WISSENSCHAFTEN.

18. Juli. Gesammtsitzung.

Vorsitzender Secretar: Hr. Diels.

*1. Hr. Engelmann las über die Bedeutung der sogenannten Schwann'schen Zellen für das Leben der Nervenfasern.

Es wird eine Reihe von mikroskopischen Beobachtungen an normalen und verletzten Nerven mitgetheilt und durch Mikrophotographien erläutert, welche zeigen, dass das Wachsthum und die Erhaltung der markhaltigen Nervenfasern in sehr weit gehender Weise von den Zellen der Schwann'schen Scheide beherrscht werden. Jede dieser Zellen bildet ein trophisches Centrum für das durch sie begrenzte Stück der Faser. Die mitgetheilten Thatsachen sprechen zu Gunsten der Annahme, dass jede peripherische Nervenfaser nicht als Ausläufer einer Zelle (Ganglienzelle), sondern als eine Kette genetisch selbständiger Zellen (Nervenfaserzellen, Schwann'sche Zellen) zu betrachten ist.

2. Hr. Diels legte im Namen der Commission für die Herausgabe des Corpus medicorum Graecorum, zu der sich jetzt die Akademien von Berlin, Kopenhagen und Leipzig definitiv verbunden haben, den Bericht vor über den Stand der Unternehmung und den ersten Nachtrag zu dem in den Abhandlungen 1905. 1906 veröffentlichten Cataloge: »Die Handschriften der antiken Ärzte. I. und II. Theil.« (Abh.)

3. Hr. Branca legte eine Mittheilung des Hrn. Professor Dr. Bücking aus Strassburg i. E. vor: »Über die Phonolithe der Rhön und ihre Beziehungen zu den basaltischen Gesteinen.«

Die Forschung ist mit Unterstützung der Königlichen Akademie der Wissenschaften (aus den Mitteln der Humboldt-Stiftung) unternommen worden. Es ergiebt sich, dass die Eruptivbildungen der Rhön keineswegs, wie man bisher geglaubt hat, an allen Orten dieselbe Reihenfolge innehalten.

4. Hr. Pischel legte eine Abhandlung des Hrn. Dr. Otto Franke in Berlin vor: Eine chinesische Tempelinschrift aus Idikutšahri bei Turfan (Turkistan) übersetzt und erklärt. (Abh.)

Die Inschrift stammt aus dem Jahre 469 n. Chr. und feiert die Vollendung eines dem Maitreya Buddha errichteten Tempels und das Gedächtniss des Fürsten An-chou aus dem türkischen Geschlechte der Tsü-k'ü, der von 444 bis 460 über das Kao-ch'ang-Gebiet geherrscht und in Idikutšahri residirt hatte.

5. Der Vorsitzende legte den von dem General-Secretar Prof. Dr. OTTO PUCHSTEIN erstatteten Jahresbericht über die Thätigkeit des Kaiserlich Deutschen Archäologischen Instituts vor.

6. Der Vorsitzende legte vor: Galen über die Kräfte der Nahrungsmittel II, 21—71, herausgeg. von G. HELMREICH. Ansbach 1907.

7. Hr. HERTWIG überreichte das Werk: R. BURCKHARDT, Das Zentral-Nervensystem der Selachier als Grundlage für eine Phylogenie des Vertebratenhirns. Teil 1. Halle 1907 (Nova Acta. Abh. der Kaiserl. Leop.-Carol. Deutschen Akademie der Naturforscher. Band 73. Nr. 2). Der Verfasser ist für diese Untersuchungen von der Akademie unterstützt worden.

Die Akademie hat das correspondirende Mitglied der philosophisch-historischen Classe Hrn. KUNO FISCHER in Heidelberg am 5. Juli durch den Tod verloren.

Über die Phonolithe der Rhön und ihre Beziehungen zu den basaltischen Gesteinen.

Von Prof. Dr. H. Bücking
in Straßburg im Elsaß.

(Vorgelegt von Hrn. Branca.)

Über 20 Jahre hindurch hat W. C. J. Gutberlet, der bis 1864 als Realschulinspektor in Fulda wirkte, die Rhön nach allen Richtungen durchstreift und zahlreiche gute Beobachtungen sowohl über die Sedimente, die sich an dem Aufbau der Rhön beteiligen, als über die vulkanischen Gesteine, welche jene durchbrechen und überlagern, in einer Reihe von Arbeiten niedergelegt. Alles, was über die gegenseitigen Altersbeziehungen der rhönischen Eruptivgesteine später von F. Sandberger (38, S. 8 ff.) und W. v. Gümbel (10, S. 652 ff.) als feststehende Tatsachen mitgeteilt wird, fußt auf der schon früh, 1845, von Gutberlet (11, S. 130 ff.) erkannten und später mehrfach, zuletzt 1863 von ihm (20, S. 116 ff.) nochmals eingehend erläuterten geologischen Einteilung der vulkanischen Gesteine der Rhön.

Durch das genaue Studium des Pferdskopfs, des westlichen Ausläufers der Wasserkuppe, wurde Gutberlet veranlaßt, zwei verschiedenalterige Ausbrüche von Phonolith anzunehmen.

In seiner 1845 im »Neuen Jahrbuch für Mineralogie usw.« erschienenen Abhandlung »Über die Phonolithe und Trachyte des Rhöngebirges« (11) unterscheidet er einen ältern Phonolith, den »Phonolith I oder den Phonolith der ersten vulkanischen Periode der Rhön«, und charakterisiert ihn als ein meist schiefrig oder dünnplattig ausgebildetes Gestein mit dichter Grundmasse, in der immer Einsprenglinge von Sanidin, allerdings gegenüber der Grundmasse sehr zurücktretend, beobachtet werden, dagegen porphyrisch ausgeschiedene Hornblenden, Augite, Magneteisen und Glimmer fehlen oder sehr selten sind.

Zum ältern Phonolith rechnet er die Phonolithe von der Milseburg und vom Kalvarienberg bei Poppenhausen[1], beide mit Zeolithausscheidungen, den Phonolith vom Stellberg mit Chabasit, den Phonolith vom Eberrsberg[1], zuweilen mit Spheneinsprenglingen, auch den Phonolith von der Steinwand, vom Teufelstein[2], von der Maulkuppe, vom Bubenbad, vom Hohlstein, vom Kesselkopf bei Liebhardts, vom Findloser Berg und vom Tannenfels bei Brand (11, S. 133), ferner die Phonolithblöcke im ältern Basalt der Eube, der Wasserkuppe und »Krummbach«[3] (11, S. 134). Später (18, S. 161 ff.) erwähnt er ältern Phonolith auch vom Kothenberg westlich von Tann (12, S. 325), vom Seelsehof, von Unterbernhardts, Harbach, Spahl und von einem 3 m mächtigen Gang westlich von Gotthardts am Wege nach Hünfeld.

Von dem ältern Phonolith ist der jüngere Phonolith, der »Phonolith II oder der Phonolith der dritten vulkanischen Periode«, durch seinen trachytischen Habitus unterschieden, d. h. durch das Zurücktreten der dichten Grundmasse und durch Hervortreten der Einsprenglinge besonders von Sanidin, aber auch von Hornblende, Augit, Magneteisen, Glimmer und Sphen, die nach Gutberlet niemals fehlen und in solcher Menge vorhanden sind, daß das Gestein »grau und punktiert« erscheint. Als sekundäre Mineralien finden sich in den Zwischenräumen sehr häufig Zeolithe. Die plattige Absonderung tritt bei diesem Phonolith sehr zurück.

Gutberlet rechnet zum jüngern Phonolith auch seinen trachytischen Phonolith und Trachyt. Besonders erwähnt er als typische hierher gehörige Gesteine den Phonolith vom Pferdskopf, der dort »den ältern Phonolith durchbricht« (11, S. 134)[4], ferner den Phonolith vom Ziegenkopf bei Schackau[5], vom Gruppengraben am nordwest-

---

[1] Der Phonolith vom Poppenhäuser Kalvarienberg (»Stein«) wurde später (1853, 16, S. 680) von Gutberlet als jüngerer Phonolith bezeichnet, und durch die Bemerkung »im ältern Phonolith kommt kein Sphen vor« wurde angedeutet, daß auch der Phonolith vom Ebersberg ein jüngerer Phonolith sei. Demgemäß wurden beide Vorkommen später von Sandberger zum jüngern Phonolith gestellt. Hassencamp rechnet 1859 (23, S. 831) den Phonolith vom Ebersberg noch zum ältern Phonolith.

[2] Die von E. E. Schmid 1851 (39, S. 371) angegebenen vermeintlichen Basalteinschlüsse im Phonolith des Teufelsteins sind nach Gutberlet (14, S. 522) nicht Einschlüsse von Basalt, sondern dunkele Phonolithpartien; vgl. hierzu auch Hassencamp (21, S. 440). E. E. Schmid hat sich später damit einverstanden erklärt.

[3] »Krummbach« ist wohl identisch mit Grumbach der Meßtischkarte, Tal am Ostabhange der Wasserkuppe zwischen Fuldaquelle und Mathesberg.

[4] In dem Profil vom Pferdskopf, welches Gutberlet auf der Naturforscherversammlung in Aachen 1847 vorlegte (13, S. 358 und Taf. V), und von dem die Fig. 1 (auf S. 672 unten) eine Kopie in verkleinertem Maßstabe darstellt, ist der ältere Phonolith nicht gezeichnet, es sei denn, daß der »umschlossene Keil« als solcher gedeutet werden sollte. Gutberlet hat sich darüber nicht ausgesprochen.

[5] Der Phonolith von der Spitze des Ziegenkopfs ist, wie unten auf S. 683 noch ausgeführt wird, reich an Nephelin, gehört also nicht eigentlich zu den trachytischen Phonolithen, sondern zu den nephelinreichen Milseburgphonolithen.

lichen Abhang der Milseburg, vom Hühnerküppel[1] und vom Alschberg (letzterer führt Analcim, Natrolith und Chalcedon), auch vom Friesenhäuser Berg und vom Dietershäuser Haimberg; ferner einen sphenreichen Phonolith, der als Einschluß im jüngern Basalt am Tannenfels bei Brand vorkommt, später (vgl. S. 670 Anm. 1) auch noch die sphenreichen Phonolithe vom Kalvarienberg und vom Ebersberg bei Poppenhausen, die er früher für ältern Phonolith gehalten hatte, sowie den Phonolith von Haselstein bei Hünfeld und das Gestein vom Kirschberg bei Rasdorf[2]. Auch die »trachytischen Gesteine« von der kleinen Nalle bei Gersfeld und von der Dalherdaer Kuppe, die SANDBERGER (38, S. 9) und ihm folgend GÜMBEL (10, S. 662) als Phonolith von trachytischem Aussehen bezeichnen, hat GUTBERLET (12, S. 325) seinem jüngern Phonolith angereiht[3].

Der ältere Basalt, der »Basalt I oder der Basalt der zweiten vulkanischen Periode«, der sich zwischen den Ausbrüchen des ältern und des jüngern Phonoliths gebildet haben soll (11, S. 134), findet sich zwar in vielen Durchbrüchen, aber im allgemeinen nicht in sehr großen Ergüssen (vgl. auch die Beobachtungen von SANDBERGER und SOMMERLAD und die Bemerkungen bei LENK 27, S. 88). Er ist gekennzeichnet durch Einschlüsse von Bruchstücken des ältern Phonoliths. GUTBERLET erwähnt ihn von dem Südabhang der Euhe (bzw. Pferdskopf), von der Wasserkuppe, »Krummbach«, von dem Rücken zwischen Stellberg und Maulkuppe und aus der Gegend zwischen Milseburg und Hohlstein; 1847 (13, S. 359) und 1853 (17, S. 6) bezeichnet er ihn als Hornblendebasalt, hauptsächlich charakterisiert »durch das Vorkommen porphyrartig ausgesonderter Hornblende- und Augitkristalle, welche oft in gleicher Menge vorhanden sind; dann aber verschwinden auch wohl die Augite an einzelnen Lokalitäten ganz aus dem Gestein, den Hornblendekristallen das Feld überlassend, oder das Umgekehrte hat an andern Orten statt. Nicht selten ziehen sich die größeren Individuen beider Substanzen zurück,

---

[1] Nicht identisch mit dem Hühnerköpfchen südwestlich bei Schackau, wo nur Basalt ansteht; vielleicht eine Lokalität am südöstlichen Abhang des Ziegenkopfs bei Schackau.

[2] Das Gestein vom Kirschberg bei Rasdorf war das nördlichste Vorkommen von Phonolith, welches GUTBERLET kannte. Jetzt wird das Gestein als Nephelintephrit angesehen (2, S. 159).

[3] Die sogenannten Phonolithe vom Käuling und vom Beilstein am Kreuzberg, die GUTBERLET bereits 1847 (13, S. 361) erwähnte und SANDBERGER und GÜMBEL zum jüngern Phonolith stellen, sind Nephelintephrit (vgl. LENK 27, S. 103 und VON SEYFRIED 40, S. 26 ff.); der Phonolith vom Windbühel bei Zeitlofs südlich von Brückenau, den GÜMBEL in seiner Schrift »Die geognostischen Verhältnisse des fränkischen Triasgebietes« (9, S. 72) erwähnt, ist nach KNAPPS Analyse und LENKS Beschreibung (27, S. 92) Dolerit bzw. Feldspatbasalt.

und dann nimmt der Basalt gewöhnlich ein ganz inniges Gemenge von dunkelen Farben und verschiedener Struktur an«.

Als Einschluß kommt der ältere Basalt in den der dritten Periode zugerechneten Reibungs- oder Schlotbreccien des jüngern Phonoliths am Pferdskopf und am Ziegenkopf bei Schackau vor. An letzterm Orte wechsellagert die Schlotbreccie mit traßähnlichen Tuffen und schließt neben zahlreichen Bruchstücken kristallinischer Schiefer auch Stücke sowohl von älterm Phonolith als von einem jüngern trachytischen Phonolith, wie er z. B. nordwestlich vom Stellberg ansteht (»granitischer Trachyt« GUTBERLETS), ein.

Der jüngere Basalt, der »Basalt II oder der Basalt der vierten vulkanischen Periode der Rhön«, hat nach GUTBERLET auch den jüngern

Fig. 1.

GUTBERLETS Profil von der Südseite des Pferdskopfs 1847.

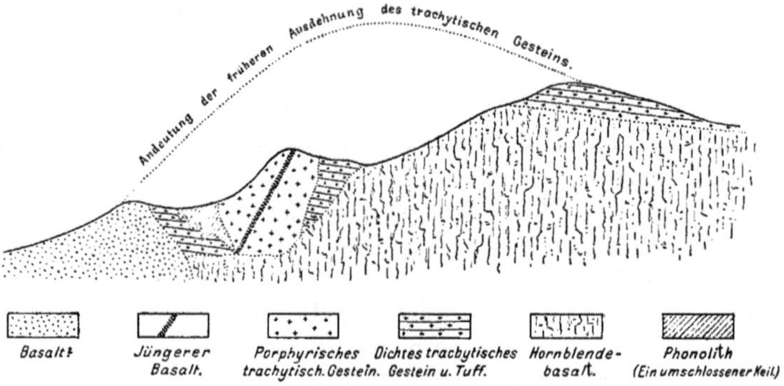

| Basalt I | Jüngerer Basalt. | Porphyrisches trachytisch. Gestein. | Dichtes trachytisches Gestein u. Tuff. | Hornblendebasalt. | Phonolith (Ein umschlossener Keil) |

Phonolith durchbrochen. Es ist ein grauer, dichter Basalt, »von dem Basalt I oder dem Hornblendebasalt durch den Mangel von regelmäßig porphyrisch ausgesonderten Hornblende- und Augitkristallen unterschieden« (20, S. 118). Nach SANDBERGER (38, S. 10) ist er das in der Rhön durchaus vorherrschende Gestein, und der Hauptteil des ganzen Rhöngebirges, die Lange Rhön, wird nur von ihm nebst seinen Tuffen und den mit diesen wechselnden Gliedern der jüngeren untermiozänen Braunkohlenformation gebildet. Am Pferdskopf soll er in dem von GUTBERLET studierten Profile (vgl. Fig. 1) »den jüngern Phonolith, den ältern Phonolith und den ältern Basalt mantelförmig von drei Seiten umgeben und gangförmig durchsetzen« (11, S. 135), und »ganz ähnliche Verhältnisse kommen im Gruppengraben am nordwestlichen Fuß der Milseburg, am Ziegenkopf, Friesenhäuser Berg usw. vor: am Tannenfels bei Brand bringt der jüngere Basalt einen sehr sphenreichen trachytischen Phonolith zutage, wo dieser über Tage nicht ansteht«.

Der Vollständigkeit halber sei noch erwähnt, daß GUTBERLET später (**15**, S. 688 und **17**, S. 6 Anm.) an mehreren Orten in der Rhön, u. a. auch am Kalvarienberg bei Fulda, Basalt auffand, der auch seinen Basalt II gangartig durchsetzt, und daß die Verhältnisse am Rande des Vogelsbergs westlich von Fulda (im Bereich des geologischen Blattes Herbstein–Fulda) ihn veranlaßten, als fünfte vulkanische Periode die des Dolerits, als sechste die der Nephelingesteine (Nephelindolerit von Meiches im Vogelsberg) und als siebente noch fortdauernde die der Leucitgesteine zu unterscheiden. Diese Einteilung der vulkanischen Gesteine in sieben verschiedene Altersperioden sollte nicht nur auf die mitteldeutschen Gebirge, sondern auf den ganzen Erdball auszudehnen sein. Gegen eine derartige Verallgemeinerung hat bereits HASSENCAMP 1859 (**23**, S. 831 ff.) mit Recht Einspruch erhoben.

GUTBERLET stützt seine Einteilung der vulkanischen Rhöngesteine in verschiedene Altersstufen wesentlich auf die Lagerung der Gesteine am Pferdskopf und behauptet von diesem Berg (**13**, S. 360), daß er »in sich fast die ganze Rhön im kleinen wiederholt«. Deshalb und da auch schon viel früher K. C. VON LEONHARD (**28**, S. 107) den Pferdskopf wegen seiner guten Aufschlüsse als den interessantesten Berg der Rhön bezeichnete, erschien mir seine geologische Untersuchung von besonderer Wichtigkeit.

Der geologischen Aufnahme legte ich die Katasterkarte im Maßstab 1:5000 und die Meßtischkarte im Maßstab 1:25000 zugrunde. Ich fand, daß GUTBERLETS Beobachtungen zum Teil zwar richtig sind, aber doch in anderer Weise gedeutet werden können und müssen, als er es getan hat. Seine Schlußfolgerungen sind demnach, selbst soweit sie sich auf die Rhöngesteine allein beziehen, zum großen Teil unhaltbar. Es kommt hinzu, daß die Lagerung auch im Gruppengraben, am Ziegenkopf, Friesenhäuser Berg und am Tannenfels bei Brand seine allgemeinen Ansichten nicht zu stützen imstande ist.

Zur Ausführung dieser Untersuchungen sind mir von der Königlichen Akademie der Wissenschaften aus der HUMBOLDT-Stiftung die Mittel zur Verfügung gestellt worden, wofür ich meinen aufrichtigsten Dank auszusprechen mir erlaube.

Der Pferdskopf besitzt, besonders von Süden, etwa vom Fuß der Euhe, oberhalb des Guckaihofes aus betrachtet, ein sehr charakteristisches Profil (vgl. Fig. 2 auf der nächsten Seite).

Im Westen, wo er mit sanfter Böschung nach Kohlstöcken und dem Heckenhöfchen hin absinkt, stehen Schichten des Röts (so) und des unteren Muschelkalks (mu) an (vgl. auch Profil 3 auf S. 680), denen östlich von einer nordwestlich streichenden Verwerfung Mittlerer Buntsandstein (sm) vorgelagert ist. Ostwärts stößt an den Buntsandstein, durch steilere Böschung ausgezeichnet, ein dichter olivinreicher Basalt, am südlichen Rande des kleinen Buchenwäldchens deutlich säulig abgesondert (x des Profils 2). Über diesem tritt auf der Blöße oberhalb des Wäldchens, in meterhohen, nackten Felsen gut erkennbar, ein aus Basalt- und Phonolithstücken gebildeter Brockentuff, vielleicht eine alte Schlotausfüllung (Schlotbreccie), hervor (a des Profils 2), die sich nach Osten hin am Südabhang des Pferdskopfs allmählich mehr und mehr in die Tiefe senkt und hier mit grauen und braunen, zum Teil geschichteten, an großen Hornblendekristallen reichen Tuffen wechsellagert. Wo

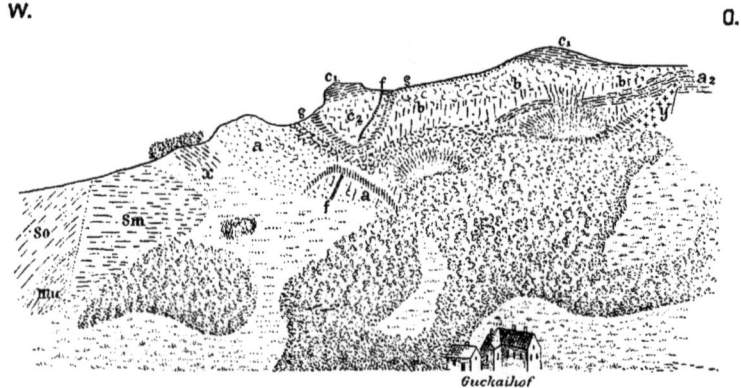

Fig. 2.
Der Pferdskopf
vom Fuß der Eube aus gesehen.

diese Breccie in etwa halber Höhe des Pferdskopfs an einem steilen Abhang den Wald im Osten erreicht, besitzt sie eine Mächtigkeit von 10 bis 15 m. Im Walde selbst ist sie mangels jeglichen Aufschlusses nicht weiter verfolgbar.

Durch eine kleine Einsenkung von der eben erwähnten Breccie getrennt, erhebt sich auf dem Grat des Pferdskopfs weiter im Osten ein senkrecht aufsteigender Felsenhöcker, der, wie die nähere Untersuchung ergibt, aus Phonolith besteht. Ein dichter Phonolith (c_1 des Profils 2), deutlich plattig abgesondert, bildet den nach Westen und Süden hin jäh abfallenden Felsgrat. Unter ihm steht, nach Süden hin, an der steilen Felswand gut aufgeschlossen und hier über und neben dem Brockentuff gelagert, ein durch zahlreiche größere Sanidinkristalle porphyrisch entwickelter Phonolith c_2 an, der als breiter Eruptionsstiel von elliptischem Querschnitt senkrecht zur Tiefe niedersetzt[1].

Wandert man auf dem Grate des Pferdskopfs weiter aufwärts nach Osten, so gelangt man aus dem dichten Phonolith c_1, der hier, ebenso wie der porphyrische Phonolith c_2, von einem nur $\frac{3}{4}$ m breiten Basaltgange f quer durchsetzt wird, zunächst in eine graue basaltische Breccie (Schlotbreccie) p. Sie enthält größere Blöcke von blasig ausgebildetem dichten Basalt mit zahlreichen Chabasitkristallen in den Blasenräumen. Den Phonolith umgibt sie offenbar ringsum; sie ist im Osten zugleich das Hangende eines dunkeln, kugelig abgesonderten Basalts b. Letzterer bildet, an 20 m mächtig, den oberen Saum der steilen Südwand des Pferdskopfs. Er ist anscheinend dicht östlich neben dem Phonolith, aber früher als dieser, emporgedrungen und hat sich von dem Eruptionspunkt aus besonders nach Osten hin deckenförmig ausgebreitet (vgl. Profil 3 unten auf S. 680).

Die Kuppe des Pferdskopfs selbst besteht aus einem dichten, plattig abgesonderten Phonolith, der dem Phonolith c_1 vollkommen gleicht; er bedeckt, nur etwa 10 m mächtig, die Breccie p und den Basalt b.

In der Senke, welche sich ostwärts an die Kuppe anschließt, lagert unter dem Phonolith der Basalt b. Er ist hier nur etwa 5 m mächtig und stark zersetzt, auch nach Art der Sonnenbrenner kokkolithisch zerfallen. Sein Liegendes ist ein ziegelroter, an Augit- und Hornblendekristallen reicher basaltischer Tuff a_2 (**22**, S. 297). Wegen seiner auffallend roten Farbe ist dieser an dem steilen, unbewachsenen Südabhange schon von weitem zu erkennen, trotzdem seine Mächtigkeit nur etwa 15 m beträgt. Zum Teil ist er gleichmäßig dicht, pelitisch und geschichtet, zum Teil agglomeratisch entwickelt und erfüllt von großen Blöcken zersetzten Hornblende- und Augitbasalts.

Wo der Tuff a_2 am östlichen Ende des Steilabfalls die Wiesenfläche erreicht, wird ein Basalt y mit großen Augiteinsprenglingen und vereinzelten Hornblendekristallen sichtbar. Er ist eine Apophyse eines nach unten hin mächtiger anschwellenden Augitbasalts, der auf eine große Entfernung das Liegende des roten Tuffs zu bilden scheint. Das Gestein wird lokal reicher an Hornblende und geht in den Hornblendebasalt über, den SOMMERLAD 1882 (**42**, S. 28 ff.) von hier beschrieben hat.

Mit ziegelrotem Tuff unregelmäßig wechselnd und oft von Basaltgeröll dick bedeckt, zieht sich der Augit- und Hornblendebasalt y bis

---

[1] LEPSIUS, Geologie von Deutschland I, 1892, S. 748 bezeichnet dieses Vorkommen als »Trachyt« und sagt, daß er »lagerförmig am Südostabhange des Pferdskopfs« auftrete. Beides ist unrichtig.

zum Guckaihof hinab. Dadurch wird es erklärlich, daß HASSENCAMP (25, S. 37) ihn als das Liegende des 10ten Tuffs bezeichnet und SANDBERGER (38, S. 10) in dem 10ten Tuff geradezu »den Tuff des ältern hornblendehaltigen Basalts« erblickt.

Der Augitbasalt setzt oben am Südabhange des Pferdskopfs auch den an 20—30 m hohen Steilrand zusammen, der eine auffallende, über 100 m breite und bis zu 10 m tiefe schüsselförmige Einsenkung auf ihrer Ostseite abschließt[1].

Der Tuff a_2, der im Hintergrunde der Senke als breites rotes Band noch deutlich erkannt werden kann, neigt sich schwach nach Westen. Er verschwindet dann unter einer breiten Blockhalde des Basalts b, und diese trennt zugleich die eben erwähnte ringsum geschlossene Vertiefung von einer weiter westlich gelegenen, etwas kleinern und nach Süden hin offenen Senke. Jenseits der letzteren, aber in etwas tieferm Niveau, hebt sich unter großen Blöcken kugelig abgesonderten Basalts b die vorher besprochene Breccie a hervor; sie ist als die Fortsetzung oder als ein Äquivalent des Tuffes a_2 zu betrachten.

Welche Bedeutung den beiden Vertiefungen am Südabhange des Pferdskopfs und einer ähnlichen Senke am Nordabhange des Berges zukommt, ist noch nicht erkannt.

An dem Nordwest- und Nordabhange des Pferdskopfs sind die Aufschlüsse weniger gut als an der Südseite. Die Felsen, welche aus der Rasendecke zwischen dem Grate des Berges und der durch den Austritt mehrerer Quellen bezeichneten Grenzfläche der Eruptivgebilde gegen den Buntsandstein hervortreten, bestehen aus Säulenbasalt, der dem Basalt x ähnlich ist, aber viele Einschlüsse von Phonolith und zahlreiche nuß- bis apfelgroße Olivinknollen enthält. Mehr im Osten trifft man auf Felsen von anstehendem Basalt und auf lose herumliegende Stücke von Breccien, die der Breccie a vollkommen gleichen. Am Fahrwege, der von Tränkhof nach den Wiesenflächen der Wasserkuppe hinaufführt, steht über dem Buntsandstein, in etwa 740 m Meereshöhe, grauer Brockentuff und darüber ein ziegelroter Tuff, dem a_2 vom Südabhange vergleichbar, an, beide mit Einschlüssen von einem dichten, zum Teil blasig und mandelsteinartig entwickelten Basalt (mit Chabasitkristallen und strahligem Natrolith). In der starken Krümmung des Fahrwegs, etwa 60 m höher, begegnet man einem dichten, zum Teil kugelig abgesonderten, olivinreichen Feldspatbasalt mit größeren Augiteinsprenglingen und vereinzelten Hornblendekri-

---

[1] Die Zeichnung von dieser Vertiefung bei GÜMBEL (10, S. 667) ist leider nicht geeignet, eine richtige Vorstellung von den wirklichen Verhältnissen zu geben.

stallen, der dem Basalt y von der Südostseite des Pferdskopfs sehr ähnlich sieht, und in etwas höherm Niveau, bei 840 m Meereshöhe, wiederum anstehendem basaltischem Brockentuff.

Weitere Aufschlüsse habe ich an dem Pferdskopf nicht gefunden; die Beziehungen der einzelnen Eruptivbildungen zu einander sind deshalb noch nicht vollständig klargestellt. Aber aus dem, was man sehen kann, gewinnt man den Eindruck, daß der ziegelrote Tuff a_2, wie er am Südostabhang und am Nordostabhange des Berges zutage tritt, und der graue und braune Brockentuff a, der lokal so reich an Basalt- und Phonolitheinschlüssen und auch an Augit- und Hornblendekristallen ist, die ältesten Eruptivbildungen am Pferdskopf darstellen.

Auch scheint es, als ob der Absatz des roten Tuffes a_2 schon vollendet war, als sich noch graue und braune Tuffe und Breccien a bildeten.

Die dichten Basalte, welche am Westabhange des Pferdskopfs in schwach gegen den Berg hin geneigten Säulen auftreten (x der Profile 2 und 3) und, reich an ovalen nußgroßen Olivinknollen, auch am Nordwest- und Nordabhang einzelne Klippen zusammensetzen, sind wesentlich Feldspatbasalte, welche in gleicher Weise wie die sie umgebenden Agglomerate Bruchstücke sowohl von dichtem, schieferigem, andesitisch struiertem Phonolith als von sanidinreichem porphyrischem Phonolith von trachytischem Habitus einschließen, daneben aber auch Stücke von biotitreichem Nephelinbasanit, Limburgit und Nephelinbasalt sowie einzelne größere Sanidine. Ich bin geneigt, sie wegen ihrer Lagerung und ihrer säulenförmigen Absonderung als verschiedene Durchbrüche durch die Breccien a und als etwa gleichalterig mit einem Teile derselben anzusehen.

Wohl zeitlich äquivalent den Basalten x ist der Augit- und Hornblendebasalt y vom Südost- und Nordostabhange des Pferdskopfs. Dagegen ist der von Gutberlet (11, S. 136, Fußnote) als »melaphyrähnlich« bezeichnete Feldspatbasalt b, welcher sich von seiner Durchbruchstelle, die offenbar östlich neben dem Phonolithstiele gelegen ist, deckenartig über die ziegelroten Tuffe a_2 hin verbreitet, jedenfalls jünger als diese und wohl auch noch jünger als der Augitbasalt y. Ein dem Basalt b ganz ähnlicher Feldspatbasalt bedeckt auch weiter südlich an der Eube auf große Erstreckung hin den ziegelroten Tuff.

Durchbrochen wurden die Gesteine a und b von dem Phonolith c. Dem Ergusse der Phonolithlava gieng allem Anscheine nach ein Gasausbruch voraus, dem die der Breccie a sehr ähnliche Schlotbreccie p ihre Entstehung verdankt. Der Eruptionskanal des Phoniths besaß einen Durchmesser von etwas über 100 m. Im randlichen Teil erstarrte der Phonolith zu einem dichten, plattig abgesonderten Gestein mit einer trachytisch-andesitischen Struktur, während er in dem zentralen Teile sich gröber kristallinisch entwickelte und durch Ausbildung zahlreicher zentimetergroßer Sanidinkristalle und einzelner bis 3 mm großer Biotitblättchen eine deutlich porphyrische Struktur erhielt. Die Grundmasse ist auch bei diesem Phonolith andesitisch-trachytisch struiert und enthält ebenso wie der plattige Phonolith zahlreiche, bräunlich zersetzte Noseankristalle.

Der Phonolith auf der Kuppe des Berges stellt einen kleinen, der Erosion entgangenen Rest der Decke dar, die sich von dem Eruptionspunkt am Westabhang des Pferdskopfs weithin nach Osten erstreckte und jedenfalls mit dem Phonolith der Wasserkuppe im Zusammenhange stand.

Zuletzt bildete sich am Pferdskopf der schmale, nur $\tfrac{3}{4}$ m breite Gang von dichtem Basalt (f im Profil 2 und 3), der sowohl die Tuffe a als den Phonolithstiel durchsetzt und, wie HASSENCAMP (25, S. 37) beobachtete, auch Brocken von Phonolith einschließt. U. d. M. erweist sich das Gestein als ein Limburgit. Es ist bemerkenswert, daß bereits K. C. VON LEONHARD diesen Gang gesehen und seine Mächtigkeit und sein Streichen ($1\tfrac{5}{8}$ h.) bestimmt hat (28, S. 9).

Die Eruptivgesteine des Pferdskopfs haben sich nach dem, was eben ausgeführt wurde, in folgender Reihenfolge gebildet:

1. der rote Tuff a_2 und die tieferen Ablagerungen der Breccie a;
2. die Basaltdurchbrüche x und y und die höheren Lagen der Breccie a;
3. der Deckenbasalt b;
4. die Schlotbreccie p und der Phonolith c;
5. der Basaltgang f.

Da die unter 1 und 2 erwähnten Breccien a und Basalte x bereits Stücke von Phonolith enthalten, muß man zwei verschiedenalterige Phonolithe am Pferdskopf unterscheiden. Von diesen ist der älteste bereits vor dem Hornblende- und Augitbasalt y entstanden, aber nur in Form von Einschlüssen vorhanden. Er läßt sich von dem jüngern Phonolith c weder nach seinem äußern Ansehen noch nach seiner mikroskopischen Struktur unterscheiden. Zwischen der Bildung der beiden Phonolithe liegt wesentlich nur die Zeit, in der die Eruption des Hornblendebasalts y und des Feldspatbasalts b erfolgte. Unter Umständen kann diese sehr kurz gewesen und die Bildung der beiderlei Phonolithgesteine doch in derselben Periode erfolgt sein.

GUTBERLET und HASSENCAMP haben den Augit- und Hornblendebasalt y für ältern Basalt (Basalt I) angesehen. Während ersterer (17, S. 15, Anm. 1) ausdrücklich bemerkt, daß die mittleren (d. h. die nach der Eube hin gelegenen südlichen) Gehänge des Pferdskopfs aus Basalt I bestehen, und dies auch in dem Profil, das er (**13**, auf Taf. 5, vgl. die verkleinerte Kopie in Fig. 1 oben auf S. 672) vom Pferdskopf gibt, zum Ausdruck bringt, bezeichnet HASSENCAMP den »rotbraunen, bis ins schwarze verlaufenden Basalt mit reichlich ausgeschiedenen Hornblendekristallen an der südlichen Wand« des Berges als den ältesten Basalt, und identifiziert ihn mit dem ähnlich ausgebildeten Basalt, der »am besten aufgeschlossen ist in der Schlucht, die nördlich des Pferdskopfs diesen Berg von der Wasserkuppe scheidet (vgl. oben S. 676).

HASSENCAMP hat sehr richtig dann noch zwei jüngere Basalte unterschieden, den »körnigen Basalt«, der dem roten Tuff aufgelagert ist (b der Profile 2 und 3), und als den jüngsten Basalt den Basalt f. Dagegen hat GUTBERLET, wenn er den an Olivinknollen reichen Basalt x, der, vollgepfropft mit Phonolithstücken und Sanidin, am nordwestlichen Fuß des Pferdskopfs den untern Rand des Berges bildet (**17**, S. 15), als seinen jüngern Basalt II deutet, der »den jüngern Phonolith, den ältern Phonolith und den ältern Basalt von drei Seiten mantelförmig umgibt« (**11**, S. 135), und mit dem gangförmig auftretenden Basalt (f des Profils) in die gleiche Reihe stellt, offenbar die Lagerung nicht richtig erkannt. Er hat jedenfalls einen Teil des dichten Phonoliths c_1, welcher den porphyrartigen (trachytischen) Phonolith im zentralen Teil des Durchbruchs mantelförmig umgibt, für den ältern Phonolith gehalten, wie auch aus seinem Profil (vgl. Fig. 1) hervorgeht, und die Einschlüsse von dichtem Phonolith in den Tuffen a und im Basalt y für Bruchstücke dieses Phonoliths angesehen, was bei der großen Ähnlichkeit derselben auch gar nicht zu verwundern ist.

Das am Pferdskopf bloßgelegte Profil läßt sich durch die Untersuchungen der Aufschlüsse an der Wasserkuppe noch weiter vervollständigen.

Wandert man vom Pferdskopf gegen Osten nach der Wasserkuppe hin (vgl. Profil 3 auf der nächsten Seite), so trifft man am Abstieg nach der Senke zwischen Pferdskopf und dem Felsen des Lerchenküppels zunächst auf den Basalt b, der unter dem Phonolith c_1 liegt, und dann in einem etwas tiefer gelegenen Niveau auf den Tuff a_2, der auch in der Einsattelung ansteht. Weiter aufwärts gelangt man wiederum in den deckenartig ausgebreiteten Basalt b. Dieser erstreckt sich bis zum Lerchenküppel (wohl identisch mit dem »Pathenstein« GUTBERLETS, **13**, S. 360) und stellt sich hier in seiner Hauptmasse als ein an Titanaugit reicher Feldspatbasalt dar.

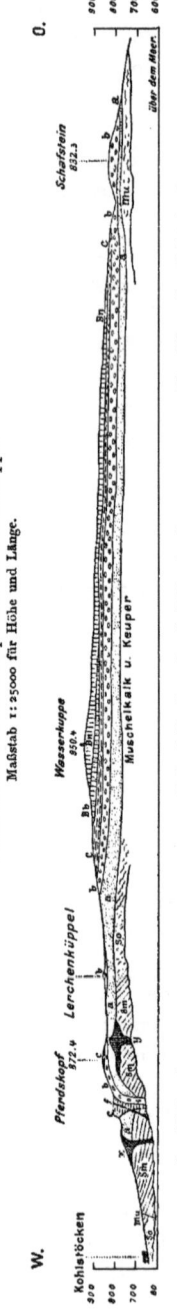

Fig. 3.
Profil durch den Pferdskopf und die Wasserkuppe.
Maßstab 1:25000 für Höhe und Länge.

In der flachen Senke östlich vom Lerchenküppel hebt sich unter dem Basalt b ein Tuff hervor, der reich an Augit- und Hornblendekristallen ist und auch sonst den Tuffen a_2 und a gleicht. Sein Hangendes ist am Anstieg zur Wasserkuppe, in etwa 880—890 m Meereshöhe, ein dunkler Basalt mit zahlreichen Einsprenglingen von Augit- und Hornblendekristallen; man wird ihn als ein Äquivalent des Basalts b zu betrachten haben. Ihn durchschneidet der Pfad von Geisfeld nach der Wasserkuppe auf eine Länge von etwa 100 m.

Darüber liegen bis zu der Höhe 920 m ü. d. M. zahlreiche große Blöcke eines dünnplattigen dichten, andesitisch-trachytisch struierten Phonoliths, der sich vom Phonolith c_1 des Pferdskopfs nicht unterscheidet. Es folgt dann weiter nach oben zunächst ein Nephelinbasanit (Bb) der die Felsen in 925 m Höhe bildet, und dann ein Nephelinbasalt (Bn), der das Plateau der Wasserkuppe, an 30 m mächtig, bedeckt und sich weit nach Osten hin, noch über die sogenannte kleine Wasserkuppe hinweg und 2 km südwärts von der Profillinie bis zur Fuldaquelle hin verbreitet.

Auch Phonolith findet sich noch im Osten der Wasserkuppe. Man trifft ihn in großen Blöcken am Abhang gegen das Grumbachtal und westlich vom Schafstein. Auch südlich von der Profillinie am Südabhang der Wasserkuppe steht er etwa 200—300 m westlich unterhalb der Fuldaquelle in den Wiesengräben an. Hier ist er von dem hangenden Nephelinbasalt durch eine Lage tertiären Tons getrennt und enthält bei trachytischer Struktur seiner Grundmasse zahlreiche Sanidin-Einsprenglinge sowie viele erst u. d. M. erkennbare Noseankristalle. Die große Ähnlichkeit des Gesteins mit dem Phonolith c_2 des Pferdskopfs und seine verhältnismäßig tiefe Lage (in 840 m Meereshöhe) — bei sonst ganz flacher Lagerung des Tertiärs und der Eruptivdecken — läßt vermuten, daß auch hier ein Eruptionsstiel vorliegt. Ein sicherer Nachweis dafür läßt sich leider nicht erbringen; denn die Aufschlüsse sind bei der dichten Rasendecke in der Nähe der Fuldaquelle nur sehr spärlich und mangelhaft.

In einem etwas tiefern Niveau als der Phonolith lagert am Kühnstein südöstlich von der Wasserkuppe ein Feldspatbasalt, der mit dem Feldspatbasalt des Ottiliensteins[1] und dem Basanit des Matthesberges[2] eine zusammenhängende Decke bildet, die auf den vorbasaltischen tertiären Tonen und Sanden des Matthesberges aufruht[3].

An der Wasserkuppe folgen demnach von oben nach unten folgende Eruptivgesteine aufeinander:
4. Nephelinbasalt,
3. Basanit,
2. Phonolith,
1. Feldspatbasalt (mit Hornblendebasalt und Augitbasalt).

Einfacher als am Pferdskopf sind die Lagerungsverhältnisse am Südabhang der Eube. Auch hier begegnet man einem ziegelroten dichten und grauen, oft traßähnlichen, undeutlich geschichteten Tuff a_2 mit zahlreichen Hornblende- und Augitkristallen, der nördlich vom Fazienhof den Muschelkalk bedeckt und in einem zusammenhängenden Bande sowohl auf der Südost- als der West- und Nordseite der Eube weithin verfolgt werden kann.

An der Südseite der Euhe lagert über diesem Tuff ein Agglomerat von Basalt- und Phonolithbrocken, das ganz einer Schlotbreccie gleicht. Die Basaltstücke sind meist klein, sie gehören vorwiegend einem dichten Limburgit an; die Phonolithbrocken erreichen dagegen eine recht beträchtliche Größe, bis zu 1 cbm. Der Phonolith ist dünnplattig, dicht, enthält nur sehr spärlich Einsprenglinge von Sanidin

---

[1] LENK (27, S. 75) erwähnt von hier auch Basanit. Vielleicht bildet dieser die Höhe des Berges. Ich habe an der Nordseite dichten und am Ostabhang doleritischen Feldspatbasalt gefunden.

[2] LENK (27, S. 62) erwähnt von der Höhe des Matthesberges und von seiner nordwestlichen Kuppe Nephelinbasalt. Der Basalt, den ich am Signal auf der Höhe des Matthesberges sammelte, ist ein dichter Basanit (mit sehr viel Plagioklas); etwas tiefer, am Nordostabhang westlich vom Matthesbergerhof, wo eine Durchbruchsstelle von Basalt vorzuliegen scheint, fand auch ich Nephelinbasalt; ebenso ist der Basalt eines kleinen Ganges im Röt unten im Grumbachtal (am Nordwestabhang des Matthesberges) ein Nephelinbasalt von verhältnismäßig grobem Gefüge.

[3] Weiteres über die Lagerung an der Wasserkuppe habe ich früher 1890 (5, S. LX ff.) und 1895 (7, S. XCIV) mitgeteilt.

und erweist sich u. d. M. als ein andesitischer Phonolith mit ziemlich gut ausgebildeten, ebenflächig begrenzten Mikrolithen von Ägirinaugit und deutlichem Nephelin; auch kleine Noseankristalle, meist stark zersetzt, kommen als Einsprenglinge in der Grundmasse vor.

Der Brockentuff (Schlotbreccie) wird durchsetzt von einem sehr dichten, olivinreichen Feldspatbasalt, dessen Ausbruchstelle an der steilen Wand auf der Ostseite des Eubevorsprungs sehr gut aufgeschlossen ist. Hier wird neben dem säuligen Feldspatbasalt auch ein brauner, kugelig abgesonderter, sehr augitreicher Feldspatbasalt mit großen Einsprenglingen von Augit und Olivin sichtbar, der wenigstens 2 m mächtig unter dem dichten und blasig entwickelten Säulenbasalt hervortritt. Beide Gesteine lassen sich mit den Basalten x und y des Pferdskopfs in eine Reihe stellen.

Der Basalt, welcher weiter oben an der Eube, von etwa 800 m Meereshöhe ab, den Tuff und die phonolithführende Breccie bedeckt und sich bis zu dem bereits erwähnten Pfade Wasserkuppe-Geisfeld hin erstreckt, ist ein typischer Feldspatbasalt (mit vorwaltenden, fluidal geordneten Plagioklasen in der Grundmasse). Er kann mit dem Deckenbasalt b des Pferdskopfs recht gut verglichen werden und besitzt wohl auch das gleiche Alter wie dieser.

Anstehend in zusammenhängenden ansehnlichen Massen kennt man den Phonolith an der Eube nicht. Er findet sich hier nur in Form von Einschlüssen in dem Brockentuff[1], also ganz so wie der ältere Phonolith am Pferdskopf, der nur als Einschluß in der der Schlotbreccie der Eube äquivalenten Breccie a vorkommt (s. oben S. 678).

Aus der Lagerung am Gruppengraben, am Ziegenkopf, Friesenhäuser Berg und Tannenfelskopf bei Brand lassen sich nach meinen Untersuchungen ebenfalls keinerlei weitergehende Beziehungen zwischen Phonolith und Basalt auffinden.

Am Friesenhäuser Berg haben zwar Phonolith und Basalt den Muschelkalk und Buntsandstein durchbrochen, die beiden Eruptivgesteine kommen aber an ihren Durchbruchstellen gar nicht miteinander in Berührung.

Im Gruppengraben, unter dem Gutberlet entweder das vom Delzenhof nach Schackau oder das vom Delzenhof nach Kleinsassen hin verlaufende Tälchen versteht, trifft man auf mehrere Durchbrüche

---

[1] Auch an dem Nordabhange der Eube, östlich vom Guckaihof, sind Phonolithbrocken im Bereiche des roten Tuffes a_2 beobachtet worden; sie können aus diesem oder aus dem Deckenbasalt oder aus einer nicht deutlich aufgeschlossenen Schlotbreccie stammen.

von Phonolith. Am obern Ende des erstgenannten Tales, das auf der Katasterkarte den Namen Pfaffenbach führt, findet sich auf der Grenze vom Röt und einem traßähnlichen, geschichteten Tuffe, der mit dem bekannten Schackauer Phonolithtuff im Zusammenhang steht, ein kleiner, nur 20 m breiter Durchbruch eines Phonoliths. Dieser, durch große, bis 1 cm lange Sanidineinsprenglinge porphyrisch entwickelt, entspricht in seiner Ausbildung dem trachytischen Phonolith im Sinne Gutberlets; aber eine Beziehung zu einem der benachbarten Basalte läßt sich nicht erkennen. Der Phonolith ist stark zersetzt und besitzt eine hellgraue schuppig-körnige Grundmasse, aus der noch mehrfach kleine sechsseitige braune Biotitblättchen und einzelne, bis 1 cm lange dünne Nadeln einer dunkeln Hornblende hervortreten. Auf dieses Vorkommen bezieht sich wohl die Angabe bei Rosenbusch »Oelzenhof in der Rhön« (35, S. 812).

In dem südlich gelegenen Tälchen, das nach Kleinsassen führt und die Bezeichnung Armer Graben trägt, finden sich mehrere Phonolithdurchbrüche im Mittlern Buntsandstein.

Am Großen Ziegenkopf kommt Phonolith an zwei voneinander getrennten Stellen vor. Ein Vorkommen an der südöstlichen Ecke des Wäldchens mißt etwa 30 m im Durchmesser, besteht aus trachytisch ausgebildetem Phonolith mit zahlreichen Einsprenglingen von großen Sanidinkristallen und hat den Mittlern Muschelkalk durchbrochen. Das andre Vorkommen befindet sich auf der Spitze des Berges, mißt etwa 100 m im Durchmesser und ragt aus dem Tuff von Schackau hervor, und zwar gerade an einer Stelle, wo derselbe an den Hornblendebasalt des Kleinen Ziegenkopfs anstößt. Die Aufschlüsse an der Grenze von Phonolith und Hornblendebasalt sind leider so schlecht, daß sich über die gegenseitigen Beziehungen der Gesteine nichts Bestimmtes sagen läßt.

Der Phonolith von der Kuppe des Ziegenkopfs ist ein graues dünnplattiges, sehr dichtes Gestein, das nur kleine (bis 5 mm große) Einsprenglinge von Sanidin besitzt. Im Dünnschliff ist es dem dichten Milseburg-Phonolith sehr ähnlich, aber viel feinkörniger; der Nephelin wird deshalb erst bei sehr starker Vergrößerung sichtbar. Der Sanidin der Grundmasse bildet kleine Leisten und Körner, der Ägirinaugit ordnet sich zu farnwedelartigen Büscheln an.

Der Tuff, der sich zwischen dem Ziegenkopf, Schackau und Kleinsassen ausbreitet, gleicht dem hornblende- und augitführenden geschichteten Tuff vom Südabhang des Pferdskopfs, ist auch wie der letztere reich an zuweilen kopfgroßen Einschlüssen von Phonolith und insbesondere von sanidinreichem, sogenanntem trachytischem Phonolith; vielleicht kommt ihm deshalb das gleiche Alter zu wie jenem (s. oben

S. 672). Ihn hat der nephelinreiche Phonolith des Großen Ziegenkopfs durchbrochen (sofern der Tuff diesem nicht angelagert ist), und demnach würde dieser Phonolith, der auch nach dem mikroskopischen Befund dem Milseburg-Phonolith so außerordentlich ähnlich ist, jünger als der Phonolithtuff von Schackau sein. Vielleicht hat er (und der ihm ganz ähnliche Milseburg-Phonolith) das gleiche Alter wie der Phonolith des Pferdskopfs und der Wasserkuppe. Der Ansicht von GUTBERLET, nach welcher der dichte (nephelinitoide) Phonolith älter als der trachytische sein soll, würde das direkt widersprechen.

Leider bieten die Verhältnisse, wie sie an der Milseburg, am Hohlstein und am Stellberg vorliegen, keine Anhaltspunkte für die Entscheidung der Frage, ob der Phonolith dieser Berge jünger oder älter ist als der in ihrer Nähe auftretende Hornblendebasalt.

Auf der Südseite des Stellbergs zwischen dem Hofe Hinterstellberg und der Maulkuppe ist zwar an zwei Stellen Basalt aufgeschlossen, welcher den Phonolith durchbrochen und bis kopfgroße Stücke desselben eingeschlossen hat[1]; aber dieser Basalt ist ein dichter gewöhnlicher Basalt (Basanit), in dem größere Einsprenglinge von Hornblende und Augit nicht wahrgenommen werden; wohl aber enthält der nördlich, näher am Stellberg auftretende Basalt (ein Limburgit) große sanidinartige Feldspate als Einschluß.

Auch vom dem Hornblendebasalt, welcher östlich von der Maulkuppe zwischen den Höfen Vorder- und Hinter-Eselsbrunn, ringsum von Phonolith umschlossen, sichtbar ist und Übergänge in Augitbasalt und dichten Basalt zeigt, läßt sich nicht sagen, ob er den Phonolith von Eselsbrunn, der dem Milseburg-Phonolith ganz gleich ausgebildet ist, bedeckt oder kuppenartig aus ihm hervortritt. Ist das erstere der Fall oder liegt ein Durchbruch von Hornblendebasalt durch den Phonolith vor, wie es den Anschein hat, so ist der Hornblendebasalt hier jünger als der Phonolith — was der Auffassung von GUTBERLET entsprechen würde.

Klarer liegen die Verhältnisse im Rupsrother Wald östlich von dem Bubenbadstein. Hier wird der sanidinreiche Phonolith (mit andesitischem Gefüge und deutlicher Fluidalstruktur), den ich wegen seiner tiefen Lage — 20 bis 80 m unter der Buntsandsteinfläche, auf welcher

---

[1] Zwischen Maulkuppe und Stellberg gibt es mehrere, mindestens drei Basaltdurchbrüche; aber nur einer von diesen, mehr abseits, östlich unterhalb des Hofes Hinterstellberg gelegen, ist ringsum von Buntsandstein umschlossen. Die Angaben von PETZOLD (32, S. 45 und 12) lassen nicht erkennen, auf welches dieser Vorkommen sich seine Beschreibung bezieht.

der Phonolith des Bubenbadsteins aufruht — in seiner Hauptmasse für einen Eruptionsstiel halte, von einem Feldspatbasalt durchbrochen. Letzterer ist demnach jünger als der ihn umgebende Phonolith.

Analoge Erscheinungen kann man auch am Tannenfelskopf bei Brand und an dem benachbarten Findloser Berge südwestlich von Hilders beobachten.

Am Südabhange des Tannenfelskopfes findet sich im Röt und in dem darüberliegenden Basalttuff, der besonders auf der Ostseite des Berges zahlreiche bis kopfgroße und noch größere Blöcke eines sphenreichen trachytischen Phonoliths einschließt (vgl. oben S. 672), ein 50 m breiter und 150 m langer Durchbruch von einem trachytoiden Phonolith, der seinerseits wieder in der nordöstlichen Ecke von einem 30 m breiten Feldspatbasalt durchsetzt wird. Eine geologische Skizze des Tannenfelskopfes und des Findloser Berges habe ich früher (8, S. 286) gegeben.

Auch auf der Höhe des Findloser Berges sind im Bereiche des Röts zwei Phonolithvorkommen, offenbar Erosionsreste einer früher zusammenhängenden Decke, vorhanden, die von mehreren kleinen Basaltstielen durchbrochen werden. Der Phonolith ist ziemlich frisch, dünnplattig und enthält zahlreiche, bis 1 cm große Einsprenglinge von Sanidin; die Grundmasse ist reich an Feldspat und arm an Nephelin. Der Basalt ist teils Nephelinbasalt, teils Limburgit. Er enthält den trachytoiden Phonolith auch als Einschluß, ist also zweifellos jünger als dieser.

Am Ehrenberg bei Reulbach trifft man östlich von Unkenhof im Bereich des hier herrschenden Basalts (Feldspatbasalt) auf viele lose Blöcke eines trachytoiden Phonoliths mit ausgezeichneter Fluidalstruktur und zahlreichen, an den Enden ausgefransten Ägirinaugiten, auch einzelnen etwas größeren Einsprenglingen von Ägirinaugit und Titanit. Vielleicht gehört dieser Phonolith dem gleichen Horizont an, wie der Phonolith der benachbarten, südöstlich vom Ehrenberg gelegenen Wasserkuppe. Das Vorkommen der losen Blöcke würde dem nicht widersprechen; die Aufschlüsse sind hier aber zu dürftig und gestatten keinen Einblick in die Lagerung.

Unklar sind auch die Verhältnisse am Hundsküppel bei Wittges (8, S. 287, wo auch eine geologische Skizze gegeben ist). Hier ist ein Basaltdurchbruch im Mittlern Buntsandstein auf seiner Südseite umsäumt von Phonolith und letzterer wiederum von Phonolithtuff. Der Basalt (Feldspatbasalt) hat demnach bei seiner Eruption denselben Eruptionskanal benutzt, wie vorher der Phonolith, oder der Eruptionsschlot reichte bei dem Beginn der Basalteruption bis zu dem in höherm Niveau ausgebreiteten Phonolith und stand eine Zeitlang offen, so daß Phonolithmassen von oben in ihn hineinstürzen konnten.

Weitere Punkte, an welchen Basalt mit Phonolith in Berührung kommt, sind der Linzberg bei Hofaschenbach, die Kleine Nalle bei Geisfeld, der Seelesberg östlich von Tann und der Kalvarienberg bei Poppenhausen.

Auf der Ostseite der Kleinen Nalle befindet sich ein kleiner gangförmiger Durchbruch von Feldspatbasalt im trachytischen Phonolith. Der Gang läßt sich auch noch in den Röt, der unter dem Phonolith hervortritt, etwa 50 m weit verfolgen.

Der Linzberg (oder Leimkopf) bei Hofaschenbach ist bereits 1847 von GUTBERLET (12, S. 325), dann 1865 von MÖHL (29) und später (1887) von MÖLLER (31, S. 81 ff.) erwähnt und beschrieben worden. Die Angaben von MÖHL sind ungenau; dagegen entspricht das, was MÖLLER über die Lagerung des Phonoliths gegenüber dem auf der Ostseite des Berges auftretenden Basalt sagt, den tatsächlichen Verhältnissen. Nur hat MÖLLER den Phonolith trotz seines hohen Alkaligehalts (4.74 Prozent K_2O und 7.51 Prozent Na_2O) bei einem sehr geringen Gehalt an alkalischen Erden (3.18 Prozent CaO, 0.70 Prozent MgO und 1.47 Prozent FeO) als sanidinreichen Tephrit und nur zum kleinen Teil als plagioklasführenden Phonolith angesehen. Es unterliegt aber gar keinem Zweifel, daß das Gestein in seiner Gesamtheit nicht zu den Tephriten, sondern zum Phonolith gehört. Der Phonolith vom Linzberg ist übrigens an vielen Stellen, und zumal in einem Steinbruch auf der Südwestseite des Berges, so reich an Hauyn bzw. Nosean, daß er wohl als der an diesem Mineral reichste Phonolith der Rhön gelten kann. Das Mineral ist im Gestein schon mit bloßem Auge zu erkennen; es tritt in Form von zahlreichen kleinen dunkelen Flecken aus der hellen Grundmasse deutlich hervor.

Die Beziehung zwischen dem Phonolith und dem am Ostabhang des Linzbergs (von der Kuppe abwärts) anstehenden Basalt (Basanit) ist nicht klar zu erkennen. Es macht den Eindruck, als ob der Phonolith das ältere Eruptivgestein sei, und der Basanit, der auf seiner Ostseite von einer Schlotbreccie umhüllt wird, ihn später durchbrochen hätte. GUTBERLET (12) und MÖHL (29) sind freilich anderer Ansicht; sie halten beide den Phonolith für das jüngere Eruptivgestein.

Auch die Stellung, welche der dichte Basalt von der Kuppe und der tephritische Basalt von dem Nordfuß des Seelesbergs zu dem nosean- und titanitführenden, trachytisch-andesitischen Phonolith besitzt, welcher die Hauptmasse des Berges bildet, ist noch nicht erkannt.

Der Kalvarienberg bei Poppenhausen hat schon seit alter Zeit das besondere Interesse der Petrographen auf sich gezogen. K. C. VON LEONHARD (28) entdeckte in dem »doleritartigen« Phonolith von hier Titanit und Mesotyp; GUTBERLET fand den Sphen durch das ganze Gestein verbreitet, sah in ihm auch Hauyn (**16**, S. 680 und 681) und stellte es zu seinem jüngeren Phonolith oder Trachyt. Nach ihm hat derselbe den ältern Basalt, »welcher oft doleritisch wird und neben gewöhnlich sehr feinen nadelförmigen Hornblendekristallen viel Glimmer enthält, durchbrochen. In der südlichen Felswand findet sich ein kolossales Bergstück des letztern Gesteins von Trachyt umschlossen; es läßt sich jedoch nicht bestimmen, ob es ansteht oder in die Tiefe setzt, oder ob es als ringsum abgesondertes Fragment in der umhüllenden Gebirgsart schwimmt. Fände ersteres statt, so hätte sich der Trachyt zwischen der erwähnten Partie und dem an seiner nördlichen Grenze befindlichen Anstehen in einer Mächtigkeit von 100 bis 150 Schritt emporgedrängt. Gangförmig kann man das Vorkommen nicht nennen, da die Ausdehnung des durchbrochenen Gesteins gegen die Horizontalverbreitung des jüngern sehr zurücktritt«. HASSENCAMP deutete den »ältern Basalt« GUTBERLETS ebenfalls als Einschluß (**23**, S. 833): »Der trachytische Phonolith vom Kalvarienberg bei Poppenhausen enthält Fragmente und Blöcke des neben anstehenden glimmer- und hornblendeführenden Basalts eingeschlossen; erster ist also hier entschieden jünger als letzter«.

SANDBERGER hat den glimmer- und hornblendeführenden Basalt 1872 und 1873 (**36** und **37**) untersucht und als ein von den gewöhnlichen Hornblendebasalten abweichendes Gestein erkannt; er nannte es »Buchonit«. In der Tat ist der Buchonit von den anderen, von SOMMERLAD (**42**, S. 159 ff.) näher beschriebenen Hornblendebasalten der Rhön sowohl durch den Mangel an Olivin als insbesondere durch das Vorhandensein von zahlreichen unregelmäßig verteilten, bis 8 mm breiten, dünnen tombakbraunen Glimmerblättchen recht wohl unterschieden; auch der Nephelingehalt des Buchonits ist ein größerer als der der Hornblendebasalte, und Hand in Hand damit geht ein bei weitem höherer Gehalt an Alkalien[1] (8.77 [9.84] Na_2O und 3.56 [3.72] K_2O statt 2.8—2.6 Na_2O und 1.5—1.2 K_2O bei den Hornblendebasalten), ein geringerer Gehalt an Kalk (8.40 [7.82] statt 11.35—13.15) und an Magnesia (1.47 [1.63] statt 4.55—10.09) und ein größerer Gehalt an Kieselsäure (45.84 [45.18] statt 41.01—42.92).

Über das geologische Auftreten des Buchonits sagt SANDBERGER, daß er bei Poppenhausen zwischen Basalt und Phonolith zutage trete; er hält ihn (**38**, S. 9) für ungefähr gleich alt mit dem Hornblendebasalt.

---

[1] Die zweite, in [ ] gesetzte Zahl ist der von MÖHL (**30**, S. 941) gegebenen chemischen Analyse des Buchonits entnommen, die erste Zahl der von E. VON GERICHTEN ausgeführten und von SANDBERGER mitgeteilten Analyse (**37**, S. 12).

Bei der geologischen Untersuchung des Kalvarienbergs fand ich, daß der Phonolith einen sehr unregelmäßig geformten Durchbruch in dem Mittlern Buntsandstein bildet (vgl. Fig. 4). Der in die Tiefe niedersetzende Stiel ist durch das Lüttertal in zwei Teile von ungleicher Größe zerschnitten, in einen kleinern südlichen, auf dem die Hessenmühle und das Schießhaus gelegen sind, und einen größern nördlichen, den eigentlichen Kalvarienberg, auf dessen Spitze sich eine kleine Wallfahrtskapelle befindet. Eine an 200—300 m breite Apophyse erstreckt sich von da nach Westen bis zum Hofe Hugofluß, und eine etwas längere, nur an 100 m breite Apophyse läßt sich nordwärts, noch 300 m über den Hof Hugograben hinaus, verfolgen. Hier kommt dann oberer Buntsandstein (Röt) mit ihr in Berührung.

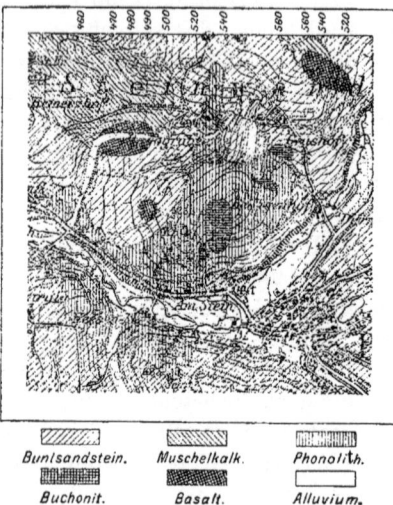

Fig. 4.
Der Kalvarienberg bei Poppenhausen
Maßstab 1:25000.

Der schon mehrfach beschriebene Phonolith ist nach seinem mikroskopischen Verhalten ein fluidal struierter, trachytisch-andesitischer Phonolith. Er ist nicht so deutlich plattig abgesondert, wie der dichte Milseburg-Phonolith, sondern bildet ganz unregelmäßig polyedrische Felsen. Einsprenglinge von Sanidin sind ziemlich häufig, im Dünnschliff auch solche von grünem Augit; viel seltener und mehr auf einzelne Schlieren beschränkt erscheinen Einsprenglinge von Hornblende. Gelbbraune Titanitkristalle, bis 3 mm groß, finden sich besonders in den Blöcken bei Station III. Die Grundmasse besteht vorwiegend aus Sanidin, neben welchem oft radialstrahlig angeordnete Plagioklasleisten, kurzsäulige, meist zeolithisierte Nephelinkristalle, einzelne grüne Ägirinaugite, Magneteisenkörner, lange prismatische Apatitnadeln, Titanit und spärlich Hauyn auftreten. In Drusenräumen und auf Spalten ist feinfaseriger Zeolith (Natrolith) recht häufig. ROSENBUSCH (35, S. 1220) vermutet in dem Gestein auch Analcim.

Im Phonolith setzen zwei Gänge von olivinreichem Basalt auf, der eine etwa 5—10 m mächtig, mit nordöstlichem Streichen, am Schießrain, der andere, ihm annähernd parallel verlaufende Gang weiter westlich am Kalvarienberg oberhalb der Straße und hinter dem am weitesten nach Westen hin gelegenen Hause. Hier beobachtet man in der halben Höhe des Berges wohl anstehende Basaltfelsen, aber der Aufschluß erlaubt nicht, die Mächtigkeit des Ganges genauer zu bestimmen. Das Gestein des letztgenannten Ganges ist ein sehr dichter, augitreicher Limburgit mit lichter Basis, ganz ähnlich dem Gestein von dem kleinen isolierten Durchbruch 200 m nordwestlich von der Kapelle, der auf seiner Nordseite von einem dünnen Mantel von Schlotbreccie eingehüllt wird. Der Basalt vom Schießrain ist ein augitreicher Nephelinbasalt, reich an walnußgroßen und noch größeren Olivinknollen.

Der Buchonit findet sich auf der Ostseite des Kalvarienbergs (vgl. Fig. 4). Er steht am Rande des Wäldchens östlich von der Kapelle, jenseits eines Ackerfeldes, in mehreren Felsen an und läßt sich bis zur Spitze des bewaldeten Bergköpfchens verfolgen. Seine Grenze gegen den Phonolith ist nicht zu erkennen, doch liegt sie jedenfalls in der Nähe des Marienbildes, das am südwestlichen Abhang des Kalvarienbergs in halber Berghöhe in einer Felsnische aufgestellt ist. Hier treten an dem Fußpfad, der rechts von dem Bilde nach der Kapelle hinaufführt, auf der linken Seite einzelne Felsen hervor, die sich noch als Buchonit erweisen. Dagegen findet sich weiter nach oben bis zum Kreuz nur Phonolith von der gewöhnlichen Ausbildung; auch westlich vom Marienbild steht dieses Gestein an.

Verfolgt man den Buchonit gleich oberhalb des Marienbildes von dem Fußpfad aus weiter nach Westen hin, so erkennt man, wie er mehr und mehr ein körniges, doleritisches Gefüge, sowie durch Zurücktreten der größern Biotit-Einsprenglinge und durch Abnahme der Augitmikrolithe in der Grundmasse eine hellere Farbe erhält. Gleichzeitig nimmt er viele dünne und bis 8 mm lange Hornblendenadeln auf und erhält dadurch ganz das Aussehen eines feinkörnigen Nadeldiorits. Solche Stücke finden sich auch lose in der Blockhalde unter dem Marienbilde.

Hier wird in den letzten Jahren der Gesteinsschutt als Straßenbeschotterungsmaterial gewonnen. Neben dem normalen, meist feinkörnig ausgebildeten Phonolith sieht man hier auch zahlreiche Blöcke eines Gesteins von doleritisch-körniger Struktur, das teils 1—3 mm große Blättchen von braunem Biotit, teils kleine schwarze Hornblendesäulchen oder beide Mineralien nebeneinander enthält, also Gemengteile, die dem normalen Phonolith des Kalvarienbergs fremd sind. Im Dünnschliff gewahrt man auch noch zahlreiche idiomorphe Augitkristalle, langsäulige Apatite und Nephelin in einem wesentlich aus Sanidin und Plagioklas bestehenden Grundgewebe. Hier und da sieht man schon mit bloßem Auge radialfaserigen Zeolith (Natrolith).

Einzelne Phonolithblöcke dieser Stelle sind dunkel gefleckt. K. C. VON LEONHARD hat bereits 1827 (28, S. 143) auf diese bei den Rhönphonolithen sonst ganz unbekannte Erscheinung aufmerksam gemacht und an Einschlüsse von andersfarbigem Phonolith gedacht. In der Tat rühren die dunkelen Flecken teils von typischem dunkeln glimmer- und hornblendeführenden Buchonit her, der gegen den einschließenden Phonolith hin zuweilen von einem bis 1 mm breiten Rand kleiner grüner Augitmikrolithe umgeben ist, teils von einem etwas glimmerärmeren Gestein, das einem gröberkörnigen Buchonit entspricht und durch Verschwinden des Biotits in ein glimmerfreies dunkeles Gestein mit einzelnen schmalen, langsäuligen Hornblende-Einsprenglingen oder, bei gleichzeitigem Zurücktreten der Hornblende sowie der Augitmikrolithen und kleinen Magnetitoktaeder in der Grundmasse und bei reichlicher Entwicklung des Sanidins, in körnig ausgebildeten Phonolith ohne scharfe Grenze übergeht. Andere Blöcke erscheinen aus innig miteinander verwachsenen und an ihren Berührungsflächen ineinander übergehenden Phonolith- und Buchonitstücken zusammengesetzt, die in ihrer Struktur und in ihrem Mineralbestand den vorher beschriebenen Varietäten entsprechen.

Offenbar stammen alle in der Blockhalde gelegenen Gesteine, die anders als die normalen Varietäten ausgebildet sind, aus der Grenzzone zwischen Phonolith und Buchonit.

Die Gesamtheit der Erscheinungen und insbesondere das Auftreten der doleritisch-körnigen, an Biotit und Hornblende reichen Phonolithe läßt wohl keine andere Deutung zu, als daß es sich am Kalvarienberg um eine lokale Ausscheidung von basischen Mineralgemengen in dem phonolithischen Magma handelt. Der Buchonit wäre demnach als ein Differentiationsprodukt des phonolithischen Magmas aufzufassen, das gerade am Kalvarienberg eine immerhin nicht unbeträchtliche Ausdehnung besitzt.

Auf der Ostseite des Kalvarienbergs und östlich von der Kapelle ist der Buchonit über eine Fläche von annähernd 300 m Länge und 100 m Breite in anstehenden Felsen und losen Blöcken verbreitet. Seine Grenze gegen den Phonolith ist aber nur im südwestlichen Teile des Vorkommens, in der Nähe des Marienbildes, einigermaßen deutlich. Leider lassen die mangelhaften Aufschlüsse nicht erkennen, ob der Buchonit von dieser Stelle wirklich mit dem Hauptvorkommen des Buchonits zusammenhängt, oder, wie es in Fig. 4 dargestellt ist, eine besondere, von jenem getrennte Ausscheidung darstellt.

Außerdem findet sich Buchonit noch an drei weiteren Stellen innerhalb des Phonoliths am Kalvarienberg, und zwar am Südabhang in losen Blöcken neben dem vorher (S. 689) erwähnten Limburgitgang hinter dem letzten Haus im Westen von Poppenhausen — in Fig. 4 ist dieses Vorkommen nicht berücksichtigt worden — und dann noch an zwei Punkten zwischen dem Hauptvorkommen und dem an 400 m weiter nördlich gelegenen Grashof. An diesen Stellen hat er aber, wie man aus der Verbreitung der lose herumliegenden Stücke schließen muß, eine nur sehr geringe Ausdehnung.

Das nördlichste Vorkommen befindet sich 100 m südlich vom Grashof an der Grenze des Phonoliths, das nächst südliche etwa in der Mitte zwischen dem Grashof und der Kapelle des Kalvarienberges. Neben letzterm trifft man Stücke eines sehr dichten dunkeln Tephrits, der im Dünnschliff eine deutliche Fluidalstruktur und stark korrodierte Einsprenglinge von Biotit und Hornblende zeigt, neben ersterm Stücke eines schwarzen Feldspatbasalts mit vielen weißen Natrolithmandeln.

Östlich von den beiden nördlichen Buchonitvorkommen liegt der Heiligenhof und die Dürrmühle oder Dürrenmühle. Wahrscheinlich hat dieser Name Anlaß zu einer Verwechslung mit dem Dörrenhof bei Geisfeld gegeben, den SANDBERGER (36, S. 203) als weitern Fundort von Buchonit nennt. An dem letzterwähnten Hofe kommt nirgends ein Gestein vor, welches mit dem Buchonit verglichen werden könnte. Ebensowenig findet sich Buchonit an der Abtsröder Höhe bei Geisfeld (SANDBERGER, 36, S. 203) oder zwischen der Großen und Kleinen Nalle, wo MÖHL ihn gesammelt haben wollte (vgl. auch LENK, 27, S. 86).

Das einzige Gesteinsvorkommen der Rhön, welches auch nach seinem äußern Verhalten dem Buchonit von Poppenhausen an die Seite gestellt werden kann, habe ich erst vor wenigen Jahren am Kesselkopf bei Unter-Rupsroth, etwa 4 km östlich von der Milseburg, aufgefunden.

Hier hat am Westabhange des Kesselkopfs ein Phonolith den Mittlern Buntsandstein durchbrochen und sich deckenartig über den Kesselkopf hin ausgebreitet. Von der Phonolithdecke sind nur noch verhältnismäßig kleine Reste auf der Höhe des Berges und am Nordabhange nach dem Kesselhof hin erhalten geblieben; sie sind durch Erosion sowohl voneinander als vom Eruptionsstiel getrennt; zwischen ihnen tritt allenthalben der Mittlere Buntsandstein zutage.

Der Eruptionsstiel ist nahe an der Talsohle durch einen großen Steinbruch neben der Eisenbahnlinie Fulda–Hilders auf eine Breite von etwa 120 m vorzüglich aufgeschlossen. Neben Breccien, die aus faust- bis kopfgroßen Sandstein- und Phonolithstücken bestehen und durch zerriebenen Sandstein und Zersetzungsprodukte des Phonoliths locker verkittet sind, tritt der Phonolith in scharfkantig brechenden, plattig abgesonderten und auf den Absonderungsflächen zum Teil nach Art des Hochgebirgskalks linear struierten, frischen, grauen Massen auf. Er ist dicht, enthält spärliche (einen auf etwa 200 qcm Fläche) Einsprenglinge von Sanidin und Hornblende, erstere bis 5 mm, letztere bis 3 mm groß, auch ab und zu bis 3 mm lange Nadeln von Ägirinaugit. Die Grundmasse besteht wie bei den trachytoiden Phonolithen wesentlich aus fluidal geordneten Feldspatleisten, zwischen denen bald spärlich, bald häufiger kleine Nephelinkristalle und breite, ausgefranste Kristalle von Ägirinaugit, reich an schlauchförmigen Glaseinschlüssen, gelegen sind. Auch zahlreiche etwas größere Kristalle von Nosean, oft umsäumt von kleinen Ägirinkriställchen und meist schon stark zersetzt, sind in einzelnen Abarten häufig, fehlen aber in den linear struierten Varietäten anscheinend ganz. Zeolithe, zumal Chabasit, sind in Drusenräumen recht häufig; auch Kalkspat kommt auf Klüften vor, zuweilen sogar in 10 cm großen spitzskalenoedrischen Kristallen (mit vorherrschendem R 3) und in wasserklaren derben spätigen Massen.

Ein besonderes Interesse besitzen die im ganzen seltnen nuß- bis apfelgroßen Ausscheidungen von Sanidinit, die mitten im frischen Gestein liegen. Sie erinnern an die viel größeren, in den Sammlungen vielfach zum Trachyt gestellten Sanidinite, welche als Ausscheidungen im Phonolith am Alschberg bei Friesenhausen vorkommen.

Etwa 50 m südlich von dem Phonolithbruche steht am Waldesrand ein dichter schwarzer Tephrit an. Zwischen ihm und dem Phonolith liegt Buntsandstein; letzterer war im verflossenen Jahre auch an der südlichen Wand des Steinbruchs bloßgelegt in Form von weißen gefritteten Massen mit deutlicher Schichtung. Nach Westen geht der Tephrit, anscheinend allmählich, in ein dunkeles Gestein über, das in der Größe und Anordnung seiner Biotit- und Hornblende-Einsprenglinge vollkommen den grobkörnigen Varietäten des Buchonits von Poppenhausen gleicht.

Im Dünnschliff erweist es sich von etwas gröberm Korn und reicher an größeren Augiteinsprenglingen als der normale Buchonit vom Kalvarienberg. Es nähert sich somit mehr den gröberen, doleritisch aussehenden Gesteinen, wie sie dort als Zwischenglieder zwischen dem Phonolith und Buchonit auftreten. Auch die durch ihren Reichtum an Hornblendenadeln ausgezeichneten Varietäten vom Aussehen feinkörniger Nadeldiorite fehlen hier nicht.

Leider hat sich der Steinbruch bis jetzt noch nicht so weit nach Süden hin ausgedehnt, daß die Beziehungen zwischen dem Phonolith, dem Tephrit und dem Buchonit klar erkannt werden könnten. Vielleicht wird aber doch in nicht zu ferner Zeit hier entschieden werden können, ob der Buchonit und der Tephrit wirklich Ausscheidungsprodukte des phonolithischen Magmas sind, oder ob ihnen ein höheres oder jüngeres Alter zukommt als dem Phonolith[1].

Phonolith findet sich noch an vielen anderen als den vorher erwähnten Orten in der Rhön teils als **Einschluß im Basalt**[2], teils in Schlotbreccien und in Tuffen neben Basalt; aber auch diese Vorkommen haben, so interessant sie an und für sich sind, bis jetzt noch nicht zu einer genaueren Altersbestimmung der verschiedenen Gesteine verwertet werden können.

Bemerkenswert ist, daß sich Phonolith recht häufig in Schlotbreccien am Rand von Basaltdurchbrüchen auch in Gegenden findet, wo größere Phonolithergüsse anscheinend niemals stattgefunden haben, weil weder Reste von Decken noch Eruptionsstiele von Phonolith beobachtet werden. GUTBERLET kannte den Phonolith bereits vom Reßberg[3] (Nephelinbasalt) und vom Rodenbacher Küppel[4] (Limburgit) bei Geisfeld. SANDBERGER (27, S. 109) hat ihn in der Schlotbreccie am Rabenstein (Nephelinbasalt) südwestlich von Geisfeld und LENK (27, S. 33) am Rockenstein (Nephelinbasalt) bei Oberweißenbrunn beobachtet. Ich habe ihn dann später noch in der Schlotbreccie am Pfortwasser südöstlich vom Sandberg[5] bei Geisfeld und bei Egelmes[6] nördlich von Bieberstein und nordöstlich von Hofbieber aufgefunden,

---

[1] Auch auf der Höhe des Kesselkopfs und am Nordabhange desselben, östlich von dem Steinbruche, finden sich neben dem hier auftretenden Phonolith, den man als Erosionsrest einer früher ausgedehnteren Decke ansehen muß, zahlreiche Stücke von Feldspatbasalt bzw. Tephrit in einer solchen Lage, daß sie zum Liegenden des Phonoliths gerechnet werden müssen. Leider gestatten die schlechten Aufschlüsse im Waldgebiete zur Zeit kein sicheres Urteil über die gegenseitigen Beziehungen jener Gesteine.

[2] HASSENCAMP (23, S. 833) erwähnt Einschlüsse von Phonolith (und "Trachyt") auch aus dem Basalt einer Kuppe am Wege von Sieblos nach dem Teufelstein. Wahrscheinlich meint er damit eine Schlotbreccie, die etwa 400 m nordwestlich von Sieblos einen Basaltdurchbruch auf seiner Südwestseite umgibt und Stücke von Phonolith, Basalt und Buntsandstein einschließt. Den Basalt und Phonolith von dieser Stelle habe ich noch nicht untersucht.

[3] GUTBERLET (12, S. 325) gibt als Fundort der "losen Phonolithtrümmer" die Ostseite des Reßbergs an; ich fand sie besonders an der West- und Nordseite des Berges, wo die Schlotbreccie ansteht und reichlich Phonolith- und Basaltstücke enthält.

[4] GUTBERLET (12, S. 325) spricht von Phonolitheinschlüssen im Basalt; vermutlich hat er sie aber in der Schlotbreccie gefunden, welche den Basalt auf seiner Westseite mantelförmig umgibt (17, S. 14).

[5] Auch diese Stelle scheint GUTBERLET bereits gekannt zu haben (vgl. 12, S. 326).

[6] Von hier erwähnt GUTBERLET bereits 1856 (19, S. 27) Einschlüsse von Phonolith im Basalt und einen Gang von Phonolith II mit Einschlüssen von Basalt. Den Phonolithgang habe ich noch nicht gefunden.

in losen Blöcken auch noch unterhalb des anstehenden Feldspatbasalts am Steinküppel und auf der Barnsteiner Hut östlich von Mosbach bei Geisfeld, sowie am Ost- und Nordabhang des Ehrenbergs (Feldspatbasalt) bei Reulbach[1].

Auch in den älteren, direkt auf den Triassedimenten zur Ablagerung gelangten Tuffen sind Phonolithbrocken nicht gerade selten. Außer in den bekannten Tuffen von Kleinsassen, Schackau und dem Ziegenkopfe (s. oben S. 672) finden sie sich besonders in dem weißen Tuff an der Danzwiese am östlichen Abhange der Milseburg und zwischen Alterain und Forsthaus Tiergarten westlich von Kleinsassen, im Tuffe des Schafsteins bei Reulbach bzw. Abtsroda und im Tuff am Westfuße des Dachbergs südlich von Rasdorf.

An der Danzwiese, wo die Tuffe zeitweilig durch Gruben aufgeschlossen waren, bilden sie anscheinend das Liegende des Milseburgphonoliths; sie sind hier auch von Feldspatbasalt, der gleich oberhalb des Brunnens und der Häuser von Danzwiese ansteht, durchsetzt oder überlagert.

Der Tuff des Schafsteins, den GUTBERLET (11, S. 136) als »trachytischen Tuff« bezeichnet, setzt sich aus zahlreichen nußgroßen Stückchen von Bimsstein, Feldspatbasalt, Sanidinit, eingebettet in einem feinerdigen Zement mit Bruchstücken und Kristallen von Sanidin, Augit, Biotit, Hornblende usw., zusammen. Er ist jetzt durch einen Steinbruch an 20 m mächtig aufgeschlossen. Unter einem starken Abraum von Basaltschutt und tertiärem Sande liegt zunächst ein rötlich gefärbter Tuff, reich an bolähnlichen Zersetzungsprodukten; darunter folgen, 18 m mächtig, graugelbliche Tuffe, die mehrere, zum Teil an 3 m mächtige Bänke bilden und einen ausgezeichneten, leicht zu bearbeitenden Baustein liefern. Das Liegende des Tuffes (Muschelkalk) ist im Steinbruch noch nicht erreicht. Das Hangende ist der Feldspatbasalt des Schafsteins, und über diesem lagert der Phonolith der Wasserkuppe (s. oben Profil 3 S. 680)[2].

Die hellgrauen oder weißen Tuffe, welche westlich vom Dachberge bei Rasdorf eine beträchtliche Ausdehnung und Mächtigkeit

---

[1] Im Jahre 1892 habe ich (**6**, S. XXXVII) Phonolith auch aus der Schlotbreccie des Basalts vom Bodenhofküppel bei Maiersbach erwähnt. Diese Angabe ist zu berichtigen. Der vermeintliche Phonolith, ein graues, plattiges Gestein, hat sich bei mikroskopischer Untersuchung als ein veränderter Schieferton erwiesen.

[2] HASSENCAMP (**23**, S. 834, und **24**, S. 212) hält den Tuff vom Schafstein, in welchem er »die Flüchte unserer Buche« gefunden haben will, für eine sehr junge Ablagerung von quartärem Alter, etwa dem Kalktuff am Ostrande der Langen Rhön (Weisbach usw.) gleichalterig. Ich kann dies nicht für richtig halten, bin vielmehr der Überzeugung, daß der Tuff vom Schafstein bei weitem älter ist und eher eine Parallelisierung mit den anderen obengenannten Tuffen angezeigt erscheint.

besitzen (**26**, S. 17) und in den Wasserrissen »am weißen Wege« sehr gut aufgeschlossen sind, haben äußerlich eine große Ähnlichkeit mit den Tuffen vom Schafstein. Sie sind aber bei weitem ärmer an Bimsstein und reicher an Phonolith. Letzterer kommt in gewissen Lagen des Tuffes auch in größeren Blöcken vor; er besitzt durchweg eine trachytisch-andesitische Struktur.

RINNE hat (**34**, S. 16 ff.) den Tuff näher beschrieben und, indem er die Phonolithblöcke als Nephelintephrit bestimmte, Nephelintephrittuff genannt. Es geht aber aus den Analysen, die er von dem Tephrit mitteilt, hervor, daß der Gehalt an Alkalien (4.11 bzw. 4.75 K_2O und 6.55 bzw. 7.33 Na_2O) den an alkalischen Erden (1.19 bzw. 1.91 CaO und 0.15 bzw. 0.94 MgO) so bedeutend überwiegt, daß das Gestein (mit einem Kieselsäuregehalt von 66.74 bzw. 61.01 Prozent) besser als ein trachytischer Phonolith bezeichnet wird[1]. Der Phonolithtuff führt nach RINNE auch Basalt, der mit dem Feldspatbasalt des Dachbergs übereinstimmt, und lagert an verschiedenen Stellen auf dem Dachbergbasalt. Er ist demnach jünger als der Feldspatbasalt des Dachbergs.

Aus dem Phonolithgehalte der zuletzt erwähnten Schlotbreccien und Tuffe, die durchweg auf Sedimenten der Trias aufruhen, kann man keinen andern Schluß ziehen als den, daß die Phonolithe an den verschiedenen Stellen ihres Vorkommens zu den ältesten tertiären Eruptivgesteinen der Rhön gehören. Das stimmt im allgemeinen mit der Ansicht GUTBERLETS und SANDBERGERS überein. Dagegen ist die Annahme LENKS (**27**, S. 109), daß diejenigen Basalte, welche von einer Phonolith enthaltenden Schlotbreccie umgeben sind, »bei ihrer Eruption denselben Weg benutzt haben, welchen bereits ein früher unvollendet gebliebener Phonolitherguß eingeschlagen hatte«, gewiß nur für einzelne Vorkommen gültig. In den Schlotbreccien können, wie ich früher (**8**, S. 285 ff. und 292) nachgewiesen habe, Bruchstücke von

---

[1] Ich fand einen dem Tuffe vom Dachberg entnommenen, ziemlich frischen Phonolith, den ich bereits vor 30 Jahren analysierte, folgendermaßen zusammengesetzt:

SiO_2 56.94
TiO_2 0.55
Al_2O_3 19.16
Fe_2O_3 4.24
MnO   0.13
CaO   1.98
MgO   0.41
K_2O 6.87
Na_2O 8.83
H_2O 0.85
      99.96

Das FeO wurde nicht besonders bestimmt.

allen denjenigen Gesteinen vorkommen, welche sich bei der Aussprengung des Eruptionskanals an Ort und Stelle, wenn auch oft erst in beträchtlich höherm Niveau, vorfanden. Das Auftreten von Phonolithstücken in den Schlotbreccien am Rande von Basaltstielen deutet also nur darauf hin, daß Phonolith bereits vor Ausbruch des Basalts an Ort und Stelle vorhanden war; dabei muß es aber unentschieden bleiben, ob sie von einem in der Tiefe stecken gebliebenen Phonolith stammen oder von einem Phonolithergusse, der zur Zeit der Basalteruption die Oberfläche bedeckte, oder ob sie bei der Aussprengung des Eruptionskanals und der Bildung der Schlotbreccie lediglich in Form von Bomben gefördert wurden. Aus der Form und Struktur der Phonolitheinschlüsse wird in jedem einzelnen Fall entschieden werden müssen, welche von diesen Möglichkeiten die wahrscheinlichste ist.

Nirgends in der Rhön, außer am Pferdskopf, im Gebiet der Wasserkuppe und des nordöstlich anstoßenden Ehrenbergs, am Kesselkopfe bei Liebhards und im Tuffe vom Dachberge bei Rasdorf, trifft man auf Phonolith, welcher Basalt unzweifelhaft durchbrochen hätte und überlagerte. Am Pferdskopfe selbst läßt sich, wie oben (S. 678) ausgeführt wurde, ein älterer Phonolith, der nur in Form von Einschlüssen vorkommt, von einem jüngern Phonolith unterscheiden; letzterer besitzt im Gebiet der Wasserkuppe eine große Verbreitung. Zwischen die Bildung dieser beiden Phonolithe fällt die Eruption eines Feldspatbasalts, der am Pferdskopf zwar wenig mächtig ist, aber an der Euhe und im Bereich der Wasserkuppe bis zum Schafstein und Ehrenberg hin als eine durchlaufende Decke von zum Teil recht beträchtlicher Mächtigkeit verfolgt werden kann. Da der Tuff am Schafstein unter der eben erwähnten Feldspatbasaltdecke liegt, würde der in ihm vorkommende Sanidinit zu dem ältern Phonolith des Pferdskopfs zu rechnen sein.

Die beiden verschiedenalterigen Phonolithe des Pferdskopfs lassen sich weder nach ihrem Äußern noch nach ihrer mikroskopischen Struktur voneinander unterscheiden; sie gehören beide zu den trachytoiden und andesitischen Phonolithen. Petrographisch verschieden von ihnen sind die Phonolithe der Milseburg, des Stellbergs, der Steinwand, des Teufelsteins usw., da diese sich in ihrer Hauptmasse als nephelinitoide Phonolithe darstellen.

Was für eine Stellung die nephelinreichen sogenannten Milseburg-Phonolithe zu den trachytoiden Phonolithen des Pferdskopfs und der Wasserkuppe einnehmen, läßt sich nicht sicher entscheiden; denn an den meisten Stellen liegen die Milseburg-Phonolithe unmittelbar auf Triassedimenten auf, und nur an wenigen Punkten scheinen (gleich wie am Pferdskopf und an der Wasserkuppe) Tuffe und Feldspatbasalte ihr Liegendes zu bilden. So treten auf der Ostseite der Milseburg bei Danzwiese. etwa 30 m unterhalb des anstehenden Phonoliths, der oben (S. 694) erwähnte Feldspatbasalt und Tuff hervor, unter Verhältnissen, die zu der Annahme zwingen, daß wenigstens der letztere das Liegende des Phonoliths bildet. Ferner scheint der nephelinreiche Phonolith des Ziegenkopfs (s. oben S. 683) den Tuff von Schackau durchbrochen zu haben.

Berücksichtigt man, daß der Phonolith der Wasserkuppe und die ebenfalls trachytoiden Phonolithe vom Kesselkopf (s. oben S. 693 Anm. 1) und aus dem Tuff des Weißen Wegs bei Rasdorf (s. oben S. 695) jünger sind als Feldspatbasalt, während die dem Wasserkuppen-Phonolith in ihrer Struktur ganz gleichen Phonolithe vom Tannenfels und von der Findloser Kuppe sowie der Phonolith des Rupsrother Waldes und von der Kleinen Nalle (s. oben S. 686) älter sind als der Feldspatbasalt, der sie durchbrochen hat, so gelangt man zu dem Schlusse, daß die Eruptivbildungen der Rhön keinesfalls an allen Orten die gleiche Reihenfolge beobachten.

Immerhin ist es gewiß kein Zufall, daß, gleichwie an der Wasserkuppe (s. oben S. 681), auch am Ostrande der Rhön, an der Geba (3, S. 27) und am Hahnberg (4, S. 28) der Feldspatbasalt älter ist als der Nephelinbasalt, der dort ebenfalls die plateauartigen Höhen bedeckt, und daß auch zwischen Bischofsheim und Fladungen der Nephelinbasalt in großer Ausdehnung den Plagioklasbasalt und Dolerit überlagert (PRÖSCHOLDT 33, S. 15 ff.). Auch an den Schwarzen Bergen im Süden der Rhön ist nach SÖLLNER (41, S. 76) die Eruption des Feldspatbasalts der des Nephelinbasalts vorausgegangen, und ein gleiches gilt, wie VON SEYFRIED gezeigt hat (40, S. 38), auch für das Gebiet des Kreuzbergs. An der letztgenannten Lokalität ist der dem Phonolith vergleichbare Tephrit des Käulings (und Beilsteins) von etwa gleichem Alter wie der Feldspatbasalt.

Andrerseits ist zu erinnern, daß am Pferdskopf Stücke von Nephelinbasalt und Nephelinbasanit sich bereits neben dem alten Phonolith als Einschlüsse in dem Feldspatbasalt x vorfinden (s. oben S. 677), dem wohl ein höheres Alter zukommt als dem Feldspatbasalt b, sowie daß in der südwestlichen Rhön am Stoppelsberg bei Oberzell, wie ich bereits 1878 (1, S. 4) nachgewiesen habe und WEDEL 1890 (43, S. 37) bestätigt hat, der Nephelinbasalt von doleritischem Feldspatbasalt überlagert wird, und daß auch in einem Profile vom Stellberg, südöstlich von Wüstensachsen, das PRÖSCHOLDT (33, S. 18) mitteilt, der Feldspatbasalt jünger erscheint als der Nephelinbasalt. PRÖSCHOLDT betont mit Recht, daß bei der Untersuchung der Altersfolge der rhönischen Eruptivgesteine große Vorsicht geboten und besonders zu berücksichtigen ist, daß zwischen den Eruptionen verschiedener Gesteine oft längere Zeiträume liegen, in denen die Erosion mehr oder minder stark tätig war; »vielleicht ist manche Kuppe, die als Durchbruch angesehen wurde oder wird, nichts anderes als eine Erosionskuppe, die von dem vermeintlich durchbrochenen, ältern Gestein erst später umflossen wurde«. Ein solcher Fall mag auch am Stellberg bei Wüstensachsen vorliegen.

Literatur.

1. Bücking, H., Über Augitandesite in der südlichen Rhön usw., in Tschermaks Mineralog. und petrograph. Mitteil. Neue Folge, I. Wien 1878, S. 1 ff.
2. —, Basaltische Gesteine aus der Gegend südwestlich vom Thüringer Wald und aus der Rhön. Jahrb. der Kgl. Preuß. Geolog. Landesanstalt für 1880. Berlin 1881, S. 149 ff.
3. —, Blatt Helmershausen der Geolog. Spezialkarte von Preußen und den Thüring. Staaten; nebst Erläuterungen. Berlin 1889.
4. —, Blatt Oberkatz der Geolog. Spezialkarte von Preußen und den Thüring. Staaten; nebst Erläuterungen. Berlin 1889.
5. —, Über Ergebnisse seiner Aufnahmen in der Rhön. Jahrb. der Kgl. Preuß. Geolog. Landesanstalt für 1890, XI. Berlin 1892, S. LX ff.
6. —, Desgleichen im Jahrb. für 1892, XIII. Berlin 1893, S. XXXVI ff.
7. —, Über die Ergebnisse der Aufnahmen im Herbst 1895 in der Rhön. Jahrb. der Preuß. Geolog. Landesanstalt für 1895, XVI. Berlin 1896, XCIV ff.
8. —, Über die vulkanischen Durchbrüche in der Rhön, in Gerlands Beiträgen zur Geophysik VI. 1903, S. 267 ff.
9. Gümbel, W. von, Die geognost. Verhältnisse des fränkischen Triasgebiets, in »Bavaria« IV. München 1865, S. 68 ff.
10. —, Geologie von Bayern, Kassel 1894, S. 652 ff.
11. Gutberlet, W. C. J., Über die Phonolithe und Trachyte der Rhönberge, im Neuen Jahrbuch für Mineralogie usw. 1845, S. 129 ff.
12. —, Briefliche Mitteilung (ebenda 1847, S. 325 ff.).
13. —, Vortrag gehalten auf der 25. Versammlung der Gesellschaft Deutscher Naturforscher im Jahre 1847 in Aachen (Amtlicher Bericht über die Versammlungen. Aachen 1849, S. 358 ff. und Taf. V).
14. —, Briefliche Mitteilung in der Zeitschr. der Deutsch. Geolog. Gesellsch. Bd. IV. 1852, S. 520 ff.
15. —, Vortrag ebenda IV. 1852, S. 687 ff.
16. —, Sphen im Trachyt der Rhön. Neues Jahrb. für Mineral. 1853, S. 680 ff.
17. —, Einschlüsse in vulkanoidischen Gesteinen. Fulda 1853.
18. —, Verbreitung und Ursprung der Phonolithtrümmer im Ulstertale der Rhön (Neues Jahrb. für Mineral. 1854, S. 161 ff.).
19. —, Phonolithe, Trachyte und Basalte der Rhön (ebenda 1856, S. 24 ff.).
20. —, Erläuterungen zur Geolog. Spezialkarte des Großherz. Hessen, Sektion Herbstein-Fulda; Darmstadt 1863, S. 116 ff.
21. Hassencamp, E., Beiträge zur geognost. Kenntnis der jüngeren Gebirgsglieder des Rhöngebirges, im Neuen Jahrbuch für Mineralogie 1853, S. 430 Anm.

22. —, Zusammenvorkommen von Augit und Hornblende in der Rhön (ebenda 1859, S. 297 ff.).

23. —, Relatives Alter der vulkanischen Gesteine im Rhöngebirge (ebenda 1859, S. 831—834; wörtlicher Abdruck der Mitteilung in den Verhandl. der Würzburger physik.-mediz. Gesellschaft IX, S. 187—191).

24. —, Geologisch-paläontolog. Untersuchungen über die Tertiärbildungen des Rhöngebirges (Würzburger naturwissenschaftl. Zeitschrift I, 1860, S. 193 ff.).

25. —, Die massigen Gesteine der Rhön und der Breitfirst. VI. Bericht des Vereins für Naturkunde zu Fulda 1880, S. 29 ff.

26. VON KOENEN, Blatt Geisa der Geolog. Spezialkarte von Preußen und den Thüring. Staaten; nebst Erläuterungen. Berlin 1888.

27. LENK, H., Zur geolog. Kenntnis der südlichen Rhön. Inaug.-Dissert. Würzburg 1887.

28. LEONHARD, K. C. VON, Die Phonolithberge der Rhön (Zeitschr. für Mineralogie 1827, S. 97 ff.).

29. MÖHL, H., Die nördlichsten Phonolithdurchbrüche der Rhön (Abhandl. der Naturf. Gesellschaft IX. Halle 1865).

30. —, Mikroskop. Untersuchung und Beschreibung einer Sammlung typischer Basalte (Neues Jahrb. für Mineral. 1874, S. 897 ff.).

31. MÖLLER, Ed., Petrograph. Untersuchung einiger Gesteine der Rhön (Neues Jahrb. für Mineral. 1888 I, S. 81 ff.).

32. PETZOLD, Petrograph. Studien an Basaltgesteinen der Rhön. Inaug.-Dissert. Halle 1883.

33. PRÖSCHOLDT, H, Über den geolog. Bau des Zentralstocks der Rhön (Jahrb. der Kgl. geolog. Landesanstalt für 1893, XIV. Berlin 1894, S. 1 ff.).

34. RINNE, F., Der Dachberg, ein Vulkan der Rhön (Jahrb. der Kgl. Geolog. Landesanstalt für 1886. Berlin 1887, S. 1 ff.).

35. ROSENBUSCH, H., Physiographie der massigen Gesteine. 3. Aufl., Stuttgart 1896.

36. SANDBERGER, F., Bemerkungen über den Buchonit (Sitzungsber. der mathem.-physik. Klasse der Akad. der Wissensch., München 1872, S. 203 ff.).

37. —, Weitere Mitteilung über den Buchonit (ebenda 1873, S. 11 ff.).

38. —, Zur Naturgeschichte der Rhön (Gem. Wochenschrift 1881, Nr. 1—6).

39. SCHMID, E. E., Zeitschr. d. Deutsch Geolog. Gesellsch. III. Berlin 1851, S. 371.

40. VON SEYFRIED, E., Geognost. Beschreibung des Kreuzbergs (Jahrb. der Kgl. Geolog. Landesanstalt für 1896, XVII. Berlin 1897, S. 3 ff.).

41. SÖLLNER, J., Geognost. Beschreibung der Schwarzen Berge (ebenda für 1900, Berlin 1901).

42. SOMMERLAD, H., Über hornblendeführende Basaltgesteine (Neues Jahrb. für Mineralogie, Beilageb. II, 1883, S. 139 ff.).

43. WEDEL, R., Über das Doleritgebiet der Breitfirst (Jahrb. der Kgl. Geolog. Landesanstalt für 1890, XI. Berlin 1891, S. 1 ff.).

Jahresbericht des Kaiserlich Deutschen Archäologischen Instituts.

Von Prof. Dr. OTTO PUCHSTEIN
in Berlin.

(Vorgelegt von Hrn. CONZE.)

Im Rechnungsjahre 1906 sind aus der Zentraldirektion nach fünfjähriger Mitgliedschaft statutenmäßig die HH. KLÜGMANN und WOLTERS ausgeschieden und an deren Stelle die HH. Graf LERCHENFELD in Berlin und ROBERT in Halle gewählt, die beide die Wahl annahmen.

Durch den Tod hat das Institut aus der Reihe seiner ordentlichen Mitglieder verloren: O. BENNDORF, † 2. Januar 1907, K. DILTHEY, † 5. März 1907, W. DITTENBERGER, † 29. Dezember 1906, und W. v. HARTEL, † 14. Januar 1907; von den korrespondierenden Mitgliedern P. B. CASUCCINI, † 12. Januar 1907, F. CATONE, † 22. Februar 1907, P. DECHARME, † 29. August 1906, E. FERRERO, † 15. Oktober 1906, H. GELZER, † 11. Juli 1906, F. HULTSCH, † 6. April 1906, A. DE NINO, † März 1907, A. PREUNER, † 15. September 1906.

Neu ernannt wurden: zum Ehrenmitglied Hr. JAMES SIMON in Berlin; zu ordentlichen Mitgliedern die HH. D. COMPARETTI in Florenz, F. NOACK in Kiel, A. VON PREMERSTEIN in Athen, S. REINACH in Paris, C. RICCI in Rom und E. SAAVEDRA in Madrid; zu korrespondierenden Mitgliedern die HH. W. ALTMANN in Marburg, K. BAUMANN in Mannheim, E. HUBER in Saargemünd, R. PARIBENI in Rom, E. PFUHL in Göttingen, P. SCHAZMANN in Genf, E. SCHRAMM in Metz, B. SCHRÖDER in Berlin, P. SIDERIS in Vathy, M. N. TOD in Oxford, G. WEICKER in Leipzig und Frau E. STRONG in Chatsworth.

Die ordentliche Plenarversammlung der Zentraldirektion fand in Berlin vom 23. bis 25. April 1906 statt. Die archäologischen Jahresstipendien, diesmal, obwohl wiederum eines zugunsten der Gymnasiallehrer abgezweigt wurde, doch vier, da im vorigen Jahre einer der Inhaber auf sein Stipendium verzichtet hatte, wurden an die HH. FRICKENHAUS, JACOBSTHAL, KURT MÜLLER und WEEGE verliehen, das Halbjahrsstipendium für Gymnasiallehrer an die HH. BAUMGARTEN und GRAFFUNDER, das Stipendium für christliche Archäologie an Hrn. SCHÖNEWOLF.

Der Generalsekretar nahm im März 1907 an den Sitzungen der Römisch-Germanischen Kommission in Frankfurt a. M. und des Vorstandes des Zentralmuseums in Mainz teil.

Infolge der wichtigen Entdeckung eines hethitischen Archivs, die Hr. H. WINCKLER bei einer Grabung des Kaiserlich Ottomanischen Museums in Boghasköi gemacht hatte, beschloß die Zentraldirektion im Februar 1907, von Sr. Maj. dem Deutschen Kaiser die nötigen Mittel zu erbitten, um bei der Fortsetzung der Ottomanischen Ausgrabung des Archivs durch Hrn. WINCKLER auch die archäologischen und architektonischen Reste der alten Hethiterhauptstadt sachgemäß und fachmännisch zu untersuchen. Die Allergnädigste Bewilligung eines Teiles der Mittel ist zu Anfang des neuen Rechnungsjahrs erfolgt, so daß erst nach dessen Ablauf über dies im Einverständnis mit der Generaldirektion des Kaiserlich Ottomanischen Museums bereits im Gange befindliche Unternehmen zu berichten sein wird.

Bei der Herstellung des regelmäßig erschienenen Jahrbuchs mit dem Anzeiger haben wiederum die HH. BRANDIS in Jena und MALTEN in Berlin mitgewirkt, letzterer nur bis zum Ende des Etatsjahrs, solange ihn sein Beruf nicht vollständig in Anspruch nahm. Zum Druck konnte das von Hrn. POHL bearbeitete Register zu Band XI bis XX des Jahrbuchs gegeben werden und als siebentes Ergänzungsheft J. FÜHRER und V. SCHULTZE, Die altchristlichen Grabstätten Siziliens.

Die verschiedenen Serien- und sonstigen Publikationen des Instituts sind von ihren Leitern im verflossenen Jahre nach Möglichkeit gefördert worden. Erschienen ist die 15. Lieferung der von Hrn. CONZE herausgegebenen attischen Grabreliefs, womit der dritte Band dieser Publikation beendet und das Material aus der Periode vor dem Gesetze des Demetrios von Phaleron erschöpft ist. Für die Bearbeitung der Reliefs der Periode nach Demetrios konnte Hr. BRUECKNER einen längeren Urlaub, den er seit dem 1. Oktober 1906 in Athen zubringt, besonders vorteilhaft ausnützen. Wir sind dem Königlichen Provinzial-Schulkollegium der Provinz Brandenburg auch sonst zu Dank verpflichtet, daß es Hrn. BRUECKNER für die Assistenz bei den Grabreliefarbeiten von einigen Pflichtstunden befreit hat. Dank schulden wir auch Hrn. Dr. DAVID MAGIE in Princeton für Bemühungen zugunsten der Sarkophagpublikation.

Das Römische Sekretariat hat den XXI. Band seiner Mitteilungen im verflossenen Jahre fast ganz herausgegeben; von dem Katalog der Skulpturen des Vatikanischen Museums, den Hr. AMELUNG bearbeitet, ist der II. Tafelband fertig gedruckt und der Text dazu im Satz.

In der Winkelmannssitzung von 1906 wurde die von Stan. Cauer gearbeitete Marmorbüste des Kaisers FRIEDRICH, die Hr. CONZE überwiesen hatte, enthüllt. Die regelmäßigen Sitzungen des Instituts waren gut besucht, ebenso die Kurse der HH. KÖRTE über altitalische Kunst (leider durch Krankheit des Leiters vorzeitig abgebrochen) und HÜLSEN über Geschichte und Topographie Roms. Hr. MAU erklärte wie alljährlich die Ruinen von Pompeji vom 2. bis 13. Juli.

Abgesehen von kleineren Ausflügen machte Hr. KÖRTE namentlich in Kampanien, zum Teil wegen der oskischen, von Hrn. WEEGE bearbeiteten Wandgemälde, eine Studienreise, und Hr. HÜLSEN besuchte eine Reihe von Sammlungen in England, um alte Handzeichnungen nach römischen Monumenten und Pläne der Stadt Rom zu untersuchen.

Die Bibliothek des römischen Instituts wurde, z. T. durch die Schenkungen verschiedener wissenschaftlicher, dem Institut dauernd gewogener Anstalten und Behörden sowie einzelner Gönner, um 314 Nummern vermehrt. Hr. BANG war bei der Bibliothek bis zum Januar 1907 tätig; im Februar und März half Hr. STEINBERGER vom Königlich Preußischen Historischen Institut aus.

In Athen hat unser Sekretariat den XXXI. Band der Mitteilungen herausgegeben und seine Sitzungen bei guter Beteiligung regelmäßig abgehalten. Die Sekretäre erläuterten in den Winterkursen die Monumente und Museen Athens, Hr. KARO namentlich die vormykenischen und mykenischen Altertümer, und Hr. DÖRPFELD behandelte außerdem in eigenen Vorträgen auch die homerische Geographie, während Hr. STRUCK einen Vermessungskursus veranstaltete. Unseren Stipendiaten kamen auch die Vorträge der HH. HEBERDEY und VON PREMERSTEIN vom Österreichischen Institut zugute. Außerhalb Athens führten die Sekretäre in Delphi, Mykenä und Epidauros sowie in Troja und Pergamon.

Die Ausgrabungen in Pergamon wurden in der Zeit vom September bis zum November 1906 wiederum unter Leitung der HH. CONZE und DÖRPFELD und unter Beteiligung des Hrn. JACOBSTHAL und der HH. Architekten KAWERAU und SCHAZMANN fortgesetzt. Die Untersuchungsplätze waren meist dieselben wie im vorigen Jahre, nämlich das obere Gymnasium, das Haus des Attalos, worin die Reste von Mosaikfußböden und Wandmalereien durch Errichtung von Dächern geschützt wurden, ferner die Grabtumuli in der Ebene; dazu kamen noch eine

Selinusbrücke aus der Königszeit und die speziell von Hrn. GRÄBER abermals untersuchten Wasserleitungen der ganzen Stadt.

In Tiryns zur Aufklärung des älteren Palastes und der Unterburg eine größere, sehr erfolgreiche Grabung vorzunehmen, ermöglichte dem Sekretariate eine sehr dankenswerte Stiftung des Hrn. GOEKOOP. Aus eigenen Mitteln konnte das athenische Institut die Grabung des Hrn. NOACK am Dipylon und am Piräischen Tor in Athen, auch an den Festungsmauern von Eleusis und Phyle, dann die Untersuchung von Laodikeia am Lykos durch Hrn. WEBER, endlich die Reise des Hrn. CURTIUS auf Samos unterstützen. Hr. DÖRPFELD setzte während seines Urlaubs im Mai und Juni 1906 seine privaten Grabungen und Untersuchungen auf Leukas fort, indem er sie auch auf das akarnanische Festland ausdehnte.

Die Bibliothek des athenischen Instituts ist, wiederum dank vieler Schenkungen, um 333 Nummern vermehrt worden. Frhr. HILLER VON GÄRTRINGEN schenkte seine reiche Sammlung von photographischen Negativen aus Thera, Hr. NOACK seine Negative aus Akarnanien und Ätolien.

Die Römisch-Germanische Kommission, unter Leitung des Hrn. DRAGENDORFF, hat ihrem im Herbste 1905 veröffentlichten Berichte über die Fortschritte der römisch-germanischen Forschung im Jahre 1904 einen zweiten Bericht über das Arbeitsjahr 1905 folgen lassen und den dritten über 1906 jetzt bereits in den Druck gegeben. Hier sei daraus nur vorweggenommen, daß die von der Kommission begonnenen Publikationsarbeiten einschließlich der Sammlung von Abklatschen römischer Ziegelstempel regelrecht gefördert worden sind. Der Direktor veranstaltete nicht nur eigene Kurse in der heimischen Archäologie, sondern beteiligte sich auch an dem bayrischen und hessischen Anschauungskursus für Gymnasiallehrer und wohnte verschiedenen Versammlungen von Geschichts- und Altertumsvereinen bei.

Die Kommission konnte wiederum eine Reihe von Ausgrabungen auf ihrem Gebiete teils durch Gewährung von Mitteln, teils durch Mitarbeit des Hrn. DRAGENDORFF unterstützen oder überhaupt erst ermöglichen, so in Haltern, bei dem wahrscheinlich römischen Erdlager von Kneblinghausen, bei dem großen, neuentdeckten Lager von Oberaden, bei Rottweil, bei Bollendorf, wo es sich um eine Villa rustica handelte, bei der Ringwallforschung und den Wormser Untersuchungen prähistorischer Wohnstätten. Auf Bitte des schweizerischen Vereins Pro Vindonissa beteiligte sich der Direktor eine Zeitlang auch an der Ausgrabung des Legionslagers bei Windisch.

Eine besondere Zuwendung erhielt die Römisch-Germanische Kommission auch für dies Rechnungsjahr von der Stadt Frankfurt a. M.

Wir sind dem Verwaltungsrate der Dampfschiffahrtsgesellschaft des Österreichischen Lloyd und der Direktion der Deutschen Levantelinie für Begünstigungen der Reisen unsrer Beamten und Stipendiaten sehr verbunden. Der Norddeutsche Lloyd hat sich auch noch den besondern Dank der Gymnasiallehrer erworben, indem er ihnen seit dem Sommer 1906 durch Vermittlung des Generalsekretars des Instituts eine bedeutende Preisermäßigung auf den Schiffen der Deutschen Mittelmeer-Levantelinie gewährte; diese Ermäßigung wird von ihm bis auf weiteres auch ferneihin gewährt werden.

SITZUNGSBERICHTE
DER
KÖNIGLICH PREUSSISCHEN
AKADEMIE DER WISSENSCHAFTEN.

1907.
XXXVII.

25. Juli. Sitzung der philosophisch-historischen Classe.

Vorsitzender Secretar: Hr. Diels.

1. Hr. Vahlen las 'Kritische Bemerkungen zur Verstechnik des Plautus'.

An einigen erlesenen Beispielen wird gezeigt, dass die kritischen Versuche, mit denen man die in der handschriftlichen Überlieferung des Plautus vorhandenen hypermetrischen Tetrameter gekürzt hat, sich meist nicht bewährt und vielmehr zur Schädigung des sprachlichen Ausdrucks beigetragen haben.

*2· Hr. von Wilamowitz-Moellendorff berichtete über eine Reise, die Dr. P. Jacobsthal im Auftrage der Commission für die griechischen Inschriften in Chios und auf der gegenüberliegenden Küste unternommen hat.

Neue Inschriften fehlen nicht, während Sculpturreste sich gar nicht finden; die Zerstörung geht rasch. Die wichtigsten Funde sind ein Gesetz aus Chios etwa solonischer Zeit und das Stiftungsgesetz für den Asklepioscult aus Erythrai mit dem Päan auf den neuen Gott aus dem Ende des 5. Jahrhunderts.

3. Hr. Sachau berichtete über Drei aramäische Papyrus-Urkunden des Königlichen Museums in Berlin und legte dieselben in hebräischer Umschrift, Übersetzung und Commentar vor. (Abh.)

Die Haupturkunde, die in zwei Exemplaren vorhanden, ist ein Schreiben der Vertreter der jüdischen Gemeinde in Elephantine an den Statthalter von Judäa, datirt vom Jahre 407 v. Chr. Geb. Die Schreiber ersuchen den Adressaten um seine Hülfe zur Erlangung der Erlaubniss für den Wiederaufbau ihres 410 zerstörten Gotteshauses. Die dritte Urkunde berichtet von dem Erfolg der Petition. Im Einzelnen werden die sprachlichen und sachlichen Beziehungen dieser Urkunden mit den jüngsten Geschichtsbüchern des Alten Testamentes, den Büchern Ezra und Nehemia, nachgewiesen.

4. Hr. W. Schulze legte eine Mittheilung des Prof. Dr. Franz N. Finck vor über 'Die samoanischen Personal- und Possessivpronomina'.

Der complicirte Bestand der Personal- und Possessivpronomina wird aus den Originaltexten festgestellt.

5. Es wurde vorgelegt: Deutsche Texte des Mittelalters, herausgeg. von der Königlich Preussischen Akademie der Wissenschaften. Bd. VIII. Heinrich von Hesler, Apokalypse, herausgeg. von K. Helm. Berlin 1907.

Kritische Bemerkungen zur Verstechnik des Plautus.

Von J. Vahlen.

In einem Aufsatz 'über Fragen der Verstechnik des Terentius', der in den Sitzungsberichten vom 14. März 1901 abgedruckt ist, habe ich u. a. die Berechtigung der Annahme sogenannter hyperkatalektischer Tetrameter bei Terentius erörtert und insbesondre zu zeigen versucht, dass die zur Kürzung derselben angewendeten Mittel sich nicht als stichhaltig erwiesen hätten, indem sie theils dem Sprachgebrauch des Dichters zuwiderliefen, theils Gedanken oder Ausdruck schädigten. Schon damals hatte sich meine Beobachtung auch auf die Verse des Plautus erstreckt, und ich war zu der Ansicht gekommen, dass die Frage hier nicht anders liege als bei Terentius, dass über das reguläre Maass hinausreichende Verse, namentlich Tetrameter, in der Überlieferung der Handschriften nicht spärlich vorhanden seien, die kritischen Versuche aber, den Überschwang zu beseitigen, mancherlei Zweifel und Bedenken hinterliessen. Im Anschluss an die frühere Erörterung und zur Ergänzung derselben möchte ich jetzt an einigen Beispielen Plautinischer Verse den Sachverhalt erläutern und die in der bezeichneten Absicht eingeführten Neuerungen auf ihre Richtigkeit prüfen.

1. Ich beginne mit einem Vers des Amphitruo, der vielleicht für den Zweck, den ich im Auge habe, nicht der günstigste ist, mir aber eine erwünschte Parallele zu einem der früher behandelten Verse des Terentius gewährt.

In dem Wortwechsel zwischen dem heimgekehrten Amphitruo und seiner inzwischen von Juppiter in Amphitruo's Gestalt besuchten Gattin Alcumena folgen von 725 ab Frage und Antwort so aufeinander:

Am. *Tu me heri hic vidisti?* Al. *Ego, inquam, si vis decies dicere.*
Am. *In somnis fortasse.* Al. *Immo vigilans vigilantem.* Am. *Vae misero mihi.*

Der zweite Vers ist ein Tetrameter, der mit seiner Katalexis um zwei Silben über den regelrechten Schluss des trochäischen Septenars hinausreicht, den zu kürzen Pylades *misero* ausschied, dem andre, Ussing, Lindsay, folgten ohne in dem übrig bleibenden Vers weitern Anstoss zu finden, Spengel *vigilantem* zu tilgen vorschlug, was bei Goetz und Schoell in ihrer frühern Ausgabe Beifall fand: beides gewaltsame Operationen, die gemacht sind unter der vorausgesetzten Nöthigung der Kürzung des Verses, denen ohne diese Annahme kaum Einer beipflichten würde. Denn von *vae misero mihi* nicht zu reden, das eine geläufige Plautinische Redeform ist, *rigilans vigilantem* wird durch die beliebten pleonastischen Zusammenstellungen *absens absentem praesens praesenti solus solum flens flentem* und zahlreiche andre geschützt, und verdankt seinen Ursprung gewiss nicht der Erinnerung an V. 624 *vigilantem ille me iam dudum vigilans pugnis contudit*, der selbst vielmehr der hiesigen Zusammenordnung von *vigilans vigilantem* das Wort redet.

Von diesen Vorschlägen hat Leo keinen Gebrauch gemacht, der an Verkürzung von *immo* denkt oder *credo* an Stelle von *fortasse* vermuthet und überdies, was in beiden Fällen erforderlich wäre, *ei* für *vae* in den Text setzt. Zu einem festen ihn selbst befriedigenden Resultat scheint er aber nicht gelangt zu sein.

Einen von dem bisherigen verschiedenen Weg hat Fleckeisen eingeschlagen, der in seinen Jahrbüchern 1894 S. 286 (auch schon nach einem Vorgänger) *fors* für *fortasse* empfiehlt und was damit zugleich als nothwendig sich ergab, wie später Leo, *ei* für *vae* verlangte. Dieser Versuch führt mich auf die Frage zurück, die bei Terentius zu erörtern war. Den Vers Hautontim. 715

Tu fortasse quid me fiat parvi pendis, dum illi consulas,

ein sprachlich wie rhythmisch vorzüglich gebauter Vers, an dem nichts auszusetzen ist, als dass er über die Grenze des Tetrameters hinausreicht, haben schon ältere Kritiker mit *fors* für *fortasse* auf die legitime Kürze zurückzubringen gewusst, denen Fleckeisen beistimmt, indem er das nämliche *fors* noch einmal bei Terentius, und zwar für ein überliefertes *forsitan* herstellt. Ich habe a. a. O. dagegen eingewendet, dass *fors* (adverbiascirendes *fors*) in der handschriftlichen Überlieferung des Terentius unerhört sei; er hat *forsitan* einigemal, einmal auch *fors fuat pol*, Formen, in denen *fors* Nominativ des Nomens ist; die übliche Partikel aber für unser 'vielleicht' ist ihm *fortasse*, das oft bei ihm vorkommt und in einer der obigen Stelle entsprechenden Verwendung. Setze man z. B. dem fraglichen Vers

Tú fortasse quid me fiat parvi pendis, dum illi consulas

an die Seite die Worte des Eunuch. 1061

Tú fortásse quae facta hic sient Nescis,

und man wird sich leicht überzeugen, wie bedenklich es ist in dem erstern die Partikel abzuändern.

Auf Terentius also war und bin ich der Meinung sollte man sich nicht berufen, wenn es sich darum handelt, ein *fors* dem Plautus anzueignen, dessen Überlieferung diese Partikel so wenig kennt wie die des Terentius. Fleckeisen aber hat sie nicht bloss in dem Vers des Amphitruo, von dem ich ausging, für *fortasse*, sondern zweimal auch für überliefertes *forte* eingeführt. Erstens Asin. 794

Forte si tussire occepsit, ne sic tussiat

hat er nach dem Vorgang von Reiz *Fors si tussire* geschrieben, das Goetz und Schoell auch in den Text ihrer kleinern Ausgabe aufgenommen haben, in der sie meist mit besondrer Strenge zu scheiden wissen zwischen dem was sicher ist und was nicht. Abgesehen davon, dass *fors* bei Plautus nicht nachgewiesen ist, und auch davon abgesehen, dass es nicht selbstverständlich ist, dass man wie *si forte*, so auch *si fors* gesagt habe, wenn man erwägt, dass Plautus an zahlreichen Stellen *forte* gebraucht hat, und zwar in der Verwendung, in der dieser zur Partikel gewordene Ablativ immer in der lateinischen Sprache verblieben ist, nämlich in den Verbindungen *si forte* (*forte si*), *nisi forte*, *ne forte*, *num forte* oder temporal *ut forte* u. a., so wird es schwer glaublich, er habe in dem Vers der Asin. *forte* nicht gesetzt, wo es so vollkommen am Platze war. Wie sehr dies der Fall ist, mag folgende zutreffende Parallele darthun: Poenul. 213

Habent, forte si occeperis exornare,

dies in baccheischem, jenes in jambischem Vers. Je sicherer aber *forte* für den sprachlichen Ausdruck ist, um so weniger kann es durch das Metrum in Frage gestellt werden. Leo hat *forte* beibehalten, und auf Skutsch's Forschungen 1. Plautinisches und Romanisches (Leipzig 1892) verwiesen, der S. 120 geneigt ist auch auf *forte*, obwohl es von Haus aus Nomen ist, anzuwenden, was er von andern trochäischen Wortformen, *nempe, quippe, inde, unde* usw. statuirt hat, daß sie durch Synkopirung im Vers den Werth einsilbiger Wörter erhalten. Mag man nun dieser Ansicht folgen, wie neuestens Lindsay thut, oder nach der frühern Annahme Verkürzung der ersten Silbe in diesen und ähnlichen Wortformen vorziehen, ich möchte glauben, dass man *forte*, das, wenn auch Nomen, doch fast wie zur Partikel geworden ist, von der Analogie jener trochäischen Wörter nicht trennen dürfe. Und möchte dies auch auf die andre Stelle anwenden, an der Fleckeisen *fors* für *forte* verlangt hat, Curcul. 271

Petás, ne fórte tibi évenat magnum malum,

obwohl hier Leo auch die Möglichkeit eines einsilbigen *tibi* erwogen hat (Hermes XVIII, S. 584 f.). Und diesen Vers haben auch Goetz und Schoell in der kleinern Ausgabe (mit *eveniat*) ungeändert in den Text gesetzt, wie immer sie über die prosodische Frage entschieden haben.

Zu *fortasse* zurückzukehren, wenn der Vers

'In somnis fortasse. | Immó vigilans vigilantem. | Vae misero mihi

so abgeändert wird, wie Fleckeisen vorschlug,

In somnis fors. | *Immo vigilans vigilantem.* | *Ei misero mihi,*
so ist gewiss ein untadelicher Vers hergestellt, aber man übersehe
nicht mit welchen Mitteln: erstlich mit Einführung einer Form, die
bei Plautus keinen Beleg hat, und zweitens mit der erst hierdurch nothwendig gewordenen Änderung von *vae misero mihi* in *ei misero mihi.*
Beide Klagformeln sind dem Plautus geläufig, die erstere vielleicht
noch etwas häufiger als die andre. Die Möglichkeit, dass sie mit
einander vertauscht worden, ist nicht zu bestreiten, aber dass sie
hier am Ende des Verses vertauscht sind, ist doch nur das Ergebniss
davon, dass es dem Kritiker gefallen hat, am Kopf des Verses eine
Änderung vorzunehmen. Und conjecturalen Berichtigungen ist nun
einmal, wie ich überzeugt bin, so sehr ich auch weiss und sehe,
dass andre anders darüber denken, kein Bestand zu sichern, wenn
sie nur als nothwendiges Gefolge unsrer eigenen Einfälle auftreten.
Ja, dürfte man nicht vielmehr umgekehrt schliessen, weil *vae misero
mihi* und *fors* zusammen in dem einen Vers sich nicht vertragen
wollen, nicht dass *vae* verschrieben, sondern *fors* für diesen Vers
nicht bestimmt gewesen?

Dass man dem Dichter nicht nach eigenem Ermessen eine Wortform zuschreiben darf, die er nicht kennt, mag noch die Thatsache
bekräftigen, dass nur einmal (Pseud. 432) *forsitan* oder *fors fuat an*
(so gehen die Handschriften aus einander) begegnet. *Fortasse* dagegen
ist eine oft von ihm gebrauchte Partikel (einigemal in der Form *fortassis*), und in Verwendungen, wie u. a. im Mil. Glor. 281

Nescis tu fortasse, apud nos facinus quod natumst novom
oder Rud. 142
Fortasse tu huc vocatus es ad prandium,
die dem Vers des Terentius dem oben angeführten und was zu diesem
a. a. O. erwähnt worden, sich an die Seite stellen, oder wie im Pers. 21
To. *Mihi quidem tu iam eras mortuos, quia non te visitabam.*
SA. *Negotium edepol.* — To. *Ferreum fortasse?*
das in der Wortstellung mit unserm Vers verwandt ist und Terentius
Andr. 119 *aspicio adulescentulam Forma* So. *Bona fortasse?* oder wie
im Cure. 324 auf die Aufzählung dessen, was dem hungerigen Parasiten in Aussicht gestellt wird
Pernam, abdomen, sumen sueris, glandium,
dieser begierig fragt
Ain tu omnia haec?
In carnario fortasse dicis. und sein dominus erwidert
Immo in lancibus,
wo der nicht bloss in Gebrauch und Stellung von *fortasse* sondern
in der ganzen Gedankenform dem unsrigen genau entsprechende Vers

Beweises genug ist, dass man *fortasse* in diesem nicht antasten darf. Denn was kann ähnlicher sein als die beiden verschiedenen Komoedien entnommenen Verse:

In somnis fortasse. | *Immo vigilans vigilantem.* | *Vae misero mihi.*
In carnario fortasse dicis. | *Immo in lancibus.*

Muss aber *fortasse* und *vae* bleiben, wie sie jeder Abänderung widerstreben, so ist das legitime Maass des Septenars überschritten.

'In somnis fortásse. Immó vigiláns vigilántem. Vaé miseró mihi.

Was ich im Eingang bemerkte, dass dieser Vers trotzdem meinen Zwecken weniger günstig sei, hatte seinen Grund in der Betonung *immó vigiláns* und in dem Fehlen des üblichen Verseinschnittes. Nicht als ob der Vers fehlerhaft wäre. Allein die Verse, die ich mit der Überlieferung für hypermetrische zu halten geneigt bin, haben im Übrigen ohne Ausnahme tadellosen rhythmischen Bau. Aber auch für den obigen Vers fehlt es nicht an unterstützenden Parallelen: wie Epid. 280

Ep. *Úbi erit empta, ut áliquo ex urbe ámoveas, nisi quid tua*
    Sécus sententiást. Pe. *Immó docté.* Ep. *Quid tu autem, Apoécides?*

ein Vers, der zwar regelrechtes Maass hat, aber den doppelten Mangel gleich dem unsrigen aufweist, und den man daher an verschiedenen Stellen mit Änderungen anversucht hat, ohne dass eine durchschlagende Berichtigung erreicht wäre, und wer weiss ob sie unerlässlich ist. Aber auch andre Verse, wie in demselben Epid. 679

Dúm sine me quaerás, quaerás mea caúsa vel medio in mari

oder Aulul. 598

Ut toleret ne péssum abeát tamquám [catapirateria]

mit unsicher ergänztem Schluss, aber im Übrigen unverdorbtem Wortlaut, oder Trucul. 782

Nisi si ad tintinnaculós voltis vos educi viros,

können über die Mängel des unsrigen beruhigen und zeigen, dass sie nicht zu schwer zu nehmen sind.

Dennoch räume ich ein, dass vielleicht ein Fehler in den überlieferten Worten steckt, der aber nur in den mittleren *immó vigiláns vigilantem* zu suchen wäre mit Ausschluss von *fortasse* und *vae*, die als unanfechtbar zu gelten haben, und da *immo* auch nachgestellt werden kann, wie Aulul. 765

    Euc. *Negas?*
Lyc. *Pernego immo,*

und Capt. 354

He. *Numquae causast quin, si ille huc non redeat, viginti minas*
    Mihi des pro illo? Tyn. *Optuma immo,*

und in unserm Vers die Nachstellung des *immo* dem nachgestellten *fortasse* sehr entsprechend wäre, so fragt es sich ob auch hier vielleicht *immo* von seinem Platz hinter *vigilantem* durch begreiflichen Irrthum vor *vigilans* gerückt worden sei und der Vers ursprünglich so gelautet habe:

In somnis fortasse.   Vigilans vigilantem immo. ‖ Vae misero mihi.

(denn *vigilans vigilantem* ist nicht von einander zu trennen). Was eine Umstellung ergäbe, wie sie auch sonst mitunter innerhalb eines Verses sich bewährt hat, wie Epid. 203, Merc. 409.

Doch ob man den Vers so oder in der überkommenen Abfolge schreibt, wofern man nicht abändert, was keine Abänderung verträgt, wird man nicht umhin können, den Vers als einen hyperkatalektischen zu betrachten.

2. Ein zweites Beispiel eines hypermetrischen Verses des Plautus tritt gleichfalls in eine gewisse Analogie zu einem früher besprochenen Verse des Terentius. In dem Vers Hautontim. 596

Repperisti tibi quod placeat an nondum etiam? ‖ De fallacia,

dessen Länge man durch die Schreibung *an non* gekürzt hat, habe ich (a. a. O.) das überlieferte *an nondum etiam* aus dem Gedanken, der ein 'oder noch nicht' verlange, und aus dem Sprachgebrauch zu rechtfertigen gesucht. Ähnlich, nicht ganz gleich, verhält es sich mit dem Vers der AULULARIA 643

STR. *Facisne iniuriam mihi annon?* EUC. *Fateor, quia non pendes, maxumam.*

Der alte Geizhals Euelio hat den Sclaven Strobilus examinirt, weil er ihn im Verdacht hat, dass er etwas von seinem Goldtopf entwendet habe, und verlangt, nachdem er die beiden leeren Hände gezeigt, auch nach der dritten, bis der Sclave in die Worte ausbricht

Laruae hunc atque intemperiae insaniaeque agitant senem,

und die Frage an ihn richtet

Facisne[1] *iniuriam mihi annon?* worauf Euclio erwidert

Fateor, quia non pendes, maxumam.

Dass der Vers, der zu lang ist, gekürzt werden müsste, darüber sind die Kritiker einig, schlagen aber, die Kürzung durchzusetzen, gar verschiedene Wege ein. Man hat *mihi* gestrichen, das gar nicht entbehrt werden kann, oder *mi* vor *iniuriam* eingesetzt, eine Umstellung, die zwar den Gedanken nicht beeinträchtigt, aber die Rede nicht besser macht und ihren Anlaß allein aus dem Bedürfniss zu kürzen zieht. Diese Versuche werden von den Spätern kaum noch erwähnt, geschweige dass sie davon Gebrauch machen. Dagegen haben neuere Herausgeber, wie Leo und Lindsay, einem Gedanken von P. Langen

---

[1] Ob man so oder *facin* schreibt, verschlägt nicht viel: für das Metrum ist das eine so richtig wie das andre.

sich angeschlossen, der *annon* zu tilgen vorschlug und aus der Doppelfrage eine einfache zu machen: *Facin iniuriam mihi?*, dies ungefähr so, wie man in dem Vers des Terentius *an nondum etiam* zu *annon* gekürzt hat. Andere, wie Goetz und Schoell in beiden Ausgaben, haben mit Pylades *Fateor* als fälschlichen Zusatz beseitigt oder gekennzeichnet. Die Thatsache allein, dass man denselben Zweck mit so verschiedenen Mitteln zu erreichen sucht, lässt schon erkennen, dass Gedanken und Ausdruck keine Handhabe bietet, zu entscheiden, was in dem Vers zu viel sei und Beseitigung verlange. Denn die Doppelfrage, bei der der Nachdruck auf die erste fällt, ist hier nicht anders angebracht als in den vielen Fällen, in denen Plautus, familiärer Rede folgend, von ihr Gebrauch gemacht hat. *Estne invocatum annon*, fragt Ergasilus in den Captivi (74) und antwortet sich selbst *Planissume*. Aber auch *Fateor*, das hier wie öfters in der Antwort für sich allein steht, mitunter unserm 'Ja' auf eine einfache Frage entspricht (Rud. 285; 1384), thut hier vorzüglichen Dienst, indem es mitwirkt, die Ironie der Antwort zu steigern. Auf die Frage des Sclaven 'Thust du mir Unrecht oder nicht' antwortet Euelio: 'Ja, ich räume ein, dass ich dir Unrecht thue, das grösste, weil du nicht aufgehängt bist.' Denn das ist doch sehr παρὰ προσδοκίαν und wird durch das scheinbar einräumende *Fateor* nur um so überraschender. Ist es nun wohl gerathener eine so fein geformte Rede und Gegenrede mit unsern Verbesserungen zu meistern, als dem Dichter zuzumuthen. dass er der Form zu Liebe sich einen über das strenge Maass hinausreichenden Vers gestattet habe?

3. In der Asinaria giebt die lena Cleaereta ihrer Tochter, der meretrix Philaenium, Rathschläge, dass sie mit ihrer Liebe sich nicht an Einen hänge, sondern den Gewinn von Vielen im Auge behalte, indem sie die drastische Anwendung macht 'Wenn dir Einer versprechen wollte, dich reich zu machen, wenn seine Mutter stürbe, könnten wir leicht, wenn wir das glaubten, Gefahr laufen, während wir auf ihren Tod warteten, Hungers zu sterben.'

  An te id exspectare oportet, si quis promittat tibi
  Te facturum divitem, si moriatur mater sua?
530 *Ecastor nobis periclum magnum et familiae portenditur,*
  Dum eius exspectamus mortem ne nos moriamur fame.

Der V. 530, im Übrigen rhythmisch gut gebaut, ist um die üblichen zwei Silben zu lang, deren Beseitigung auch hier manchfache Bemühungen der Kritiker veranlasst hat. Bothe, dem Lindsay auf halbem Wege gefolgt ist, hat *nobis* und *et* getilgt. Man sieht, wenn die Nöthigung von Aussen kommt, fragt man nicht viel nach der Wahrscheinlichkeit der Änderung. Denn wem würde sonst einfallen, sich an einem Ausdruck wie *nobis et familiae* zu vergreifen? Die lena spricht von sich und ihrer Tochter, an die sie sich wendet, und verbindet damit, was sonst zu ihrem Hausstand gehört, in einer Wendung die in dieser Sphäre bei Plautus häufiger ist: *mihi et familiae omni* (Pseud. 191); *cum ero et vostra familia* (Poen. 396); *Toxilo et familiae omni* (Pers. 502); *lenonem cum tota familia* (Poen. 168 u. 186).

Leichter wird man auf *magnum* verzichten, das Pylades zuerst, um dem Vers sein Maass zu geben, ausgeschieden hat, dem ausser andern Goetz und Schoell in beiden Ausgaben beigetreten sind. Dagegen hat Leo daran erinnert, dass *periclum magnum* und was dem ähnlich auch sonst bei Plautus begegnet (Aul. 235; Mil. Gl. 1151; vgl. Menaechm. 199 s.), und solche Parallelen sind bin ich der Meinung niemals zu unterschätzen. Überdies ist nicht zu verkennen, wie sehr die in dem Epitheton enthaltene Steigerung dem Gedanken und der Absicht der lena angepasst ist. Leo selbst nimmt eine Umstellung an und gewinnt mit Einsetzung der einsilbigen Form *nis* für *nobis* folgenden das Metrum nicht überschreitenden Tetrameter:

Mágnum ecástor nis periclum et familiae portenditur.

Über die einsilbigen Pronominalformen *nis* und *vis* für *nobis* und *vobis* hat Leo eingehend (im Herm. XVIII, S. 586) gehandelt und für mehre Stellen des Plautus deren Gebrauch aus metrischen Gründen wahrscheinlich zu machen gesucht. An der unsrigen ist diese Annahme nicht glaublich weil die Nöthigung dazu erst eine Folge der von ihm vorgenommenen Umstellung ist. Und was die Betonung anlangt, so ist *Ecastór nobis* nicht schlechter als (Men. 372) *Nam ecastór solis benefactis.*

Auch hier sieht man, bei viel Bemühung der Kritik wenig Erfolg. Wir aber beharren auf der Forderung des legitimen Ausmaasses der Verse.

4. In einem der üblichen Eilmonologe des Parasiten Ergasilus in den CAPTIVI stehen unter andern Drohungen gegen die, die ihm in den Weg treten und ihn aufhalten wollen, folgende Verse: 798 ff.

ERG. *Dentilegos omnes mortales faciam, quemque offendero.*
HE. *Quae illaec eminatiost nam? nequeo mirari satis.*
ERG. *Faciam, ut huius diei locique meique semper meminerit.*
801 *Qui mi in cursu opstiterit, faxo vitae is extemplo opstiterit suae.*

In dem V. 801 ist soviel ich sehe Ausdruck und Rhythmus ohne Tadel. Nur die Länge giebt den Anstoss, dem man durch Änderungen zu begegnen sucht. Pylades hat *extemplo* entfernt, aber damit der Drohung den Kern ausgebrochen, die nur Bedeutung hat, wenn was angedroht wird, auf der Stelle erfolgen soll: in welchem Sinne *extemplo* oft bei Plautus in Drohungen und sonst gebraucht ist: wie z. B. im Rudens 721

La. *Quid. si attigero?* Tr. *Extemplo hercle ego te follem pugilatorium Faciam* etc.

oder ebenda 815

*Sin ipse abire hinc volet, quantum potest
Extemplo amplectitote crura fustibus.*

Bothe dagegen schied *in cursu* aus, auch nicht zum Vortheil des Gedankens, der auf dem Gegensatz beruht *Qui mihi in cursu obstiterit, is vitae obstiterit suae*, der geschädigt wird, wenn die eine Hälfte auf *Qui mihi obstiterit* beschränkt wird; überdies vgl. Curc. 282 *de via decedite, ne quem in cursu capite aut cubito aut pectore offendam*. Lindsay hat das erste *obstiterit* in Klammern geschlossen, mit einer Construction, die ich bekenne nicht für möglich zu halten, zumal auch so der beabsichtigte Gegensatz verkümmert, der in dem doppelten mit kleiner Variation der Bedeutung gesetzten *obstiterit* gegeben ist. Da die Kritiker jeder ein andres Wort anfassen und als fälschlichen Zusatz verwerfen, bliebe nur *faxo* noch übrig, das ausgeschieden den Rhythmus nicht stören würde, mit dem aber der persönliche Charakter der Drohung verloren ginge.

Bei dieser Sachlage ist nicht zu verwundern, dass Leo dem ganzen Vers den Process gemacht, indem er ihn für einen untergeschobenen erklärt, weil, sagt er, *res a toto sermone aliena*. Dass diese Drohung, der man andre mit ähnlich übertriebenem Ausdruck vergleichen mag, wie Bacch. 847 *nam neque Bellona mi umquam neque Mars creduat, ni illum exanimalem faxo, si convenero, nive exheredem fecero vitae suae*, oder Curc. 535 *nunc nisi tu mihi propere properas dare iam triginta minas, quas ego apud te deposivi, vitam propera ponere*, in diesem Monolog des Ergasilus nicht an seiner Stelle sei, möchte ich nicht einräumen: eine Wiederholung enthält sie nach dem was schon vorher 791—93 ausgesprochen ist: *eminor interminorque nequis mihi obstiterit obviam, nisi qui satis diu vixisse sese homo arbitrabitur: nam qui obstiterit ore sistet*. Wollte man aber darin streng verfahren, müsste man viel mehr als diesen einzelnen Vers ausstreichen. Daher ich auch Bedenken hege, der Annahme beizutreten, dass hier grössere Dittographien auszuscheiden seien, sondern rechne was von Wiederholungen, von Wiederkehr analoger Gedanken vorliegt, mit zu dem Charakter dieser Monologe, die nicht auf den kürzesten Ausdruck reducirt sein wollen. Was mich aber hauptsächlich abhält, der Tilgung des Verses zuzustimmen, ist die Beobachtung, dass, wenn er fehlt, für die Zwischenreden des Hegio etwas vermisst wird.

798 Erg. *Dentilegos omnes mortales faciam, quemque offendero.*
799 He. *Quae illaec eminatiost nam? nequeo mirari satis.*
800 Erg. *Faciam ut huius diei locique meique semper meminerit.*
802 He. *Quid hic homo tantum incipissit facere cum tantis minis?*

Denn 800 ist keine neue Drohung, sondern setzt nur die von 798 fort, so dass mit V. 801 und der neuen Drohung, die er enthält, der Bemerkung Hegio's 802 die Unterlage entzogen wird.

Einen entgegengesetzten Weg hat Schoell eingeschlagen, der, indem er verbindet
Faciam ut huius diei locique meique semper meminerit,
801 *Qui mi in cursu obstiterit*
den Vers 801 in zwei Hälften zerschneidet, deren eine obigen lückenhaften und von Schoell ergänzten Vers, die andere mit ergänztem Anfang den Vers
[*nam qui obstiterit*] *faxo vitae is —*
ergiebt. Ich halte den Versuch, so scharfsinnig er ist, nicht für wahrscheinlich, sondern setze, wie angedeutet, den V. 800 mit der vorangegangenen Drohung 798 in Verbindung, und sehe in V. 801 eine neue und selbständige Drohung. Was mir aber den Versuch werthvoll macht, ist, weil er ein erwünschtes Zeugniss dafür enthält, dass in V. 801 kein einzelnes Wort sich mit Fug verdächtigen lässt. So beharre ich bei der Meinung, dass der V. 801 so wie er ist, seinem Dichter zu belassen und diesem zu gestatten ist auch einen hypermetrischen Vers zu bauen.

5. In der AULULARIA 460 f. stellt der alte Geizhals Euclio, nachdem er die ihm von dem reichen Megadorus, der seine Tochter heirathen will, ins Haus geschickten Hochzeitsköche weggejagt hat, die Betrachtung an:
Di immortales facinus audax incipit,
461 *Qui cum opulento pauper homine coepit rem habere aut negotium.*
Auch hier ist Gedanke und Ausdruck nicht zu tadeln, und alles was vorgebracht worden, in V. 461 das richtige Ausmaass herzustellen, schlägt, wie ich überzeugt bin, zum Nachtheil der sprachlichen Form aus. In der Aldina fehlt *homine* und dies Wort zu entfernen, haben auch ältere Kritiker gerathen und Goetz hat (in der grössern Ausgabe) ohne *homine* einen richtigen Tetrameter edirt;
Qui cum opulento pauper coepit rem habere aut negotium.
Man muss einräumen, dass *homine* hätte fehlen können: *cum opulento pauper*, wie in derselben Aulularia 247 *si opulentus it petitum pauperioris gratiam pauper metuit congrediri*; und ebenda 184 *Non temerariumst, ubi dives blande appellat pauperem*; vgl. Cistell. 532 *quando aequa lege pauperi cum divite non licet.* Aber ebenso kann die Aulularia selbst bezeugen, dass, da *homine* zu *opulento* zugesetzt ist, man das Wort nicht beseitigen darf: Aul. 226 *Venit hoc mi in mentem te esse hominem divitem, factiosum, me item esse hominem pauperum pauperrimum*; und

überhaupt ist dem Plautus in dieser wie in andern Komödien die Zufügung von *homo* zum Adjectivum eine so geläufige Redeweise (und es findet sich in Verbindung mit den verschiedensten Adjectiven), dass es nicht erlaubt ist, *homo* irgendwo dem Metrum zu Liebe auszustreichen. Ein Bedenken dagegen hat auch Goetz empfunden und seine Zweifel vielmehr an *coepit* geheftet, das er zu tilgen vorschlug, aber zugleich *habere* in *habet* abzuändern: nach diesem Gedanken ist in der kleinern Ausgabe *homine* beibehalten, aber das Kreuz vor *coepit* gesetzt. Dass der doppelten Änderung nicht viel Wahrscheinlichkeit zukommt, was gewiss auch dem Kritiker selbst nicht entgangen ist, lasse ich dahingestellt: wichtiger ist, dass der überlieferte Ausdruck unstreitig besser ist als der aus der Berichtigung hervorgegangene: *qui cum opulento pauper homine rem habet aut negotium*; denn *facinus audax incipit* nicht *qui habet rem*, sondern *qui coepit habere*. Daher Leo daran dachte, *coepit* zwar zu beseitigen, aber zu *habere* aus dem Hauptsatz *incipit* zu verstehen, wonach Lindsay ohne weitere Änderung *coepit* in seinem Text eingeklammert hat. Aber wenn auch diese Ergänzung für den Gedanken besser wäre (als *habet*), der Satzform gereicht sie nicht zum Vortheil, ja man darf bezweifeln, ob sie überhaupt zulässig ist. Wenn überliefert wäre *facinus audax incipit qui cum opulento pauper homine rem habere aut negotium*, keiner dieser Kritiker würde sich dabei beruhigen, sondern jeder den Zusatz verlangen, den uns nun die Handschriften darbieten. Noch ein Vorschlag: Seyffert hat daran gedacht, *coepit* zu behalten, aber *habere* zu beseitigen: *qui cum opulento pauper coepit rem aut negotium*, was eine Construction ergiebt wie im Mercat. 533 die meretrix sich ausdrückt *iam bienniumst cum mecum rem coëpit*, während unmittelbar darauf Lysimachus (535) fragt: *iam bienniumst cum tecum rem habet*, und dass dies die reguläre Ausdrucksweise ist, kann überdies Pers. 567 bezeugen *cum optumis viris rem habebis*, genau in dem Sinne wie an unsrer Stelle. Und wir sollten sie eigenmächtig verderben? Man sieht auch hier, dass die aus den Handschriften gezogene Form des Verses allen kritischen Versuchen Trotz bietet, und wenn die Herausgeber sich begnügen dem ganzen Vers oder einem Theil desselben das Zeichen der Verderbniss anzuheften, so darf uns dies Bekenntniss des Unvermögens das Vertrauen stärken, dass der Vers heil sei und die hypermetrische Länge kein Vorwurf.

6. Vielleicht einen noch schlagenderen Beweis, dass die Kritik ohnmächtig ist, die hyperkatalektischen Tetrameter aus dem Text des Plautus auszutreiben, giebt der V. Trinummus 660. Lysiteles bemüht sich seinen verkommenen Freund Lesbonicus auf bessere Bahnen zu leiten, und da ihm das nicht gelingen will, bricht er in den Vorwurf aus

At operam perire meam sic et te haec dicta corde spernere
Perpeti nequeo:
'Dass meine Bemühung zu nichts ist und du das herzlich Gesprochene verschmähst, ist mir unerträglich.' In dem Gedanken wie in den Worten finde ich nichts, was begründeten Anstoss gewähren könnte. Aber um den Vers von den zwei überzähligen Silben zu befreien, hat der eine *corde*, ein anderer *dicta* getilgt, das eine so unentbehrlich wie das andre, ein dritter *sic* verworfen, ein Wort so unschuldig wie die beiden andern. G. Hermann, der an all diesen Worten nichts auszusetzen fand, versuchte die Kürzung durch eine Umstellung in der ersten Hälfte des Verses zu erzwingen: '*At meam sic perire operam et* d. h. er griff die Worte an, die weder sprachlich noch metrisch irgend zu beanstanden sind. Ein Versuch von Schoell den Vers (bei *et te*) in zwei Hälften zu spalten und die beiden Stücke zu zwei vollständigen Versen zu ergänzen, ergiebt eine Ergänzung, die für den Gedanken nicht erforderlich war, dient mir aber auch hier als Beweis, dass kein einzelnes Wort im Vers an sich als verwerflich zu betrachten ist. Die nota der Verderbniss die die neuern Herausgeber (auch Goetz und Schoell in der kleinern Ausgabe) dem Vers, dem ganzen oder der zweiten Hälfte desselben, beigefügt haben, giebt Zeugniss davon, dass die Berichtigung nicht geglückt ist und gestattet uns zu glauben, dass es keiner Berichtigung bedurfte.

7. Der Babylonische miles Stratophanes im Truculentus begrüsst die Hetäre Phronesium, die ihm angeblich einen Sohn geboren hat, mit den Worten (522)
Filium peperisti qui aedes spoliis opplebit tuas.
Worauf Phronesium ihm entgegnet:
523 *Multo ecastor magis oppletis opus est tritici granariis,*
Ne, ille priusquam spolia capiat, hic nos extinxit fames.
'Viel mehr bedarf es der gefüllten Weizenscheuern als der Spolien zum Schmuck des Hauses.' Um den V. 523, der sonst keinen Anstoss giebt, auf das geforderte Maass zu bringen, hat Fleckeisen *ecastor* gestrichen, und den Ausdruck um die Versicherungsformel gebracht, die hier im Munde der meretrix Plautinischem Gebrauch so vorzüglich entsprach. Ebenso wenig könnte ich Schoell's Berichtigung beipflichten, der *tritici* beseitigt und dafür *nunc* in den Vers setzt: denn wenn auch *granaria* für sich allein die Getreideböden bezeichnet (Varro de LL. v 105), so ist doch der Zusatz *tritici* nicht nur nicht anstössig (Stichus 253 *tritici modios decem rogare te volt*; ebend. 558 *denegavit dare se granum tritici*) sondern bei dieser Form des Gedankens und in dem ausgesprochenen Gegensatz eher gefordert; *nunc* aber empfinde ich, bei der sich anschliessenden Zeitbestimmung, als einen störenden, nicht bloss überflüssigen Zusatz.

Mehr Erfolg hat ein Vorschlag von Bothe gehabt, den ausser Ussing die neuesten Herausgeber Leo und Lindsay ohne Bedenken in ihren Text genommen haben, nämlich statt *opus est tritici* mit Umstellung zu schreiben *tritici opust* (letzteres mit Verkürzung der zweiten Silbe). Das ergiebt einen regelrechten Tetrameter:

Múlto ecastor magis oppletis tritici opŭst granariis.

Dies dünkt mich, wenn gekürzt werden muss, die einzige Möglichkeit, die in Frage kommen kann. Allein, wenn auch im Ausdruck nichts zu tadeln ist, und abgesehen davon, dass die Verbesserung nur der Kürzung zu Liebe gemacht ist, der überlieferte Wortlaut war besser, wie einräumen wird, wer auf den Tonfall achtet *opplétis ópus est tritici* und darauf, dass der beabsichtigte Anklang *oppletis-opus* deutlicher in's Ohr fällt, als bei der Umstellung *opplétis tritici opŭst*. Ich fürchte daher, dass auch mit dieser Änderung nur Schaden gestiftet wird.

8. Im Amphitruo giebt der Sclave Sosia seinem Herrn dem Amphitruo eine Versicherung mit den Worten (671)

si situlam cepero,
Númquam edepol tu mihi divini quicquam creduis post hunc diem,
Ni ego illi puteo, si occepso, animam omnem intertraxero.

Es sind zwar auch noch andre Versuche den V. 672 zu kürzen von Ussing, von Lindsay gemacht worden, die ich übergehe, aber Billigung gefunden hat bei der Mehrzahl der Herausgeber allein der Gedanke von Bothe *quicquam* zu tilgen. Dass nach dieser Tilgung der Genetiv *divini* übrig bleibt als Object von *creduis* ist ohne Bedenken: es genüge auf Leo's Plautinische Forschungen S. 92 zu verweisen. Anführen will ich von Plautus, aber nicht bloss aus diesem Grunde, Trucul. 307 *numquam edepol mihi Quisquam homo mortalis posthac duarum rerum creduit, Ni ego ero maiori vostra facta denarravero*; und Bacch. 504 *nam mihi divini numquam quisquam creduat, Ni ego illam exemplis plurumis* etc. Obwohl also die Beseitigung von *quicquam* der Construction keinen Schaden zufügt, bleibt doch fraglich, ob der Vortheil des normalen Ausmaasses nicht erkauft sei mit einem Nachtheil für den sprachlichen Ausdruck. Denn einmal ist nichts häufiger bei Plautus als die Verbindung von *numquam quicquam*, wie Bacch. 922 *numquam edepol quicquam temere credam Chrysalo*; Capt. 136 *neque umquam quicquam me iuvat*; ebenda 428 u. a. Und die in dieser Verbindung liegende Steigerung der Negation, wie sie auch in den angeführten Versen des Truculentus und der Bacchides, wenn nicht in der Verbindung *numquam quicquam*, so doch in der analogen *numquam quisquam* enthalten ist, erscheint für die Versicherung des Sosia so sehr angebracht, dass es bedenklich wird, ihm einen Theil seiner negativen Versicherung zu entziehen. Und dieses Bedenken wird nicht wenig unterstützt durch den entsprechenden Ausdruck Asin. 854

Neque divini neque mi humani posthac quicquam accreduas
(cf. Poen. 466), der uns glauben läßt, daß auch an unsrer Stelle *quicquam* nicht vom Ungefähr in den Vers gerathen sei.

9. Tranio in der MOSTELLARIA, nachdem er alles aufgezählt hat, was der filius erilis auf seinen Rath verbrochen habe, *amicam liberasse, faenori argentum sumpsisse*, fügt V. 1141 den Satz hinzu:
Numquid aliud fecit nisi quod faciunt summis gnati generibus.
Um das Zuviel von Silben los zu werden, haben die einen *aliud* gestrichen, was so einfach es scheint[1], dem Gedanken eine andre, weniger passende Wendung giebt: *numquid fecit, nisi quod faciunt s. gn. g.*, das heisst: 'er hat nichts gethan, ausgenommen was die Vornehmen thun': *si ullum verbum faxo, nisi quod iusseris* sagt Peniculus in den Men. 157. Andre haben *faciunt* verworfen; und dieses, schon von Guyet proponirt, hat fast allgemeinen Beifall bei den Spätern gefunden. Da die Herausgeber meist *faciunt* nur einklammern und dem Leser die Möglichkeit lassen es mitzulesen, so hat wohl mancher den Anstoss nicht empfunden, den das fehlende *faciunt* erregt: denn täusche ich mich nicht, so vermisst man bei der relativen Anknüpfung durch *nisi quod* ein Verbum wie *faciunt* und dieses auch aus dem Grunde, damit man nicht aus *fecit fecerunt* ergänzen könne, das dem Gedanken nicht ebenso dienlich ist. Und dass nun *faciunt* an der Stelle steht, ist noch ein besondres Indicium dafür, dass es nicht einer beliebigen Hand sondern nur einem lebhaften Gefühl für die Angemessenheit an dieser Stelle verdankt wird. Hinzu kommt, dass Plautus in ähnlichen Vergleichungssätzen den vollern Ausdruck mit Wiederholung des Verbums vorzieht oder wenigstens sehr häufig anwendet. Einige Beispiele seien erwähnt:

Mil. Glor. 512 *dedecoris pleniorem erum faciam tuum, quam magno vento plenumst undarum mare;*

Most. 751 *tam liquidumst quam liquida esse tempestas solet;*

Bacch. 767 *tam frictum ego illum reddam quam frictum est cicer;*

Persa 433 *ut idem mihi faceres quod partim faciunt argentarii;*

Asin. 860 *numquam faceret ea quae nunc facit;* cf. Most. 435. 437;

Aul. 115 *me benignius omnes salutant quam salutabant prius;*
vgl. Aul. 482. 493;

Merc. 956 *tam propitiam reddam quam quom propitiast Iuno Iovi;* vgl. ebenda 874;

Bacch. 911 *satin est si plura ex me audiet hodie mala quam audivit umquam Clinia ex Demetrio;*

Cas. 759 *nec pol ego Nemeae credo .. ludos tam festivos fieri quam hic intus fiunt ludi ludificabiles.*

---

[1] Denn dass es richtig war zu sagen *numquid aliud fecit nisi* wird niemand in Frage stellen: *nec quidquam aliud videndum est nobis nisi –; neque quidquam aliud agunt nisi* Cicero.

Cas. 860 *nec fallaciam astutiorem ullus fecit poeta atque ut haec est fabre facta ab nobis.*

Trucul. 145 *plerique idem quod tu facis faciunt rei male gerentes*; vgl. Stich. 99. Aber auch Most. 1052 *quantum potest facio idem quod plurimi alii, quibus res turbidast: pergunt turbare usque*; wo *faciunt* leichter entbehrt wird.

Ich denke wir thun dem Dichter kein Unrecht, wenn wir seinem Gebrauche folgend ihm *faciunt* belassen, auch in dem hypermetrischen Verse.

10. Im EPIDICUS begrüsst der Sclave Epidicus seinen eben angekommenen Herrn mit den Worten (126)

Adgrediar hominem: advenientem peregre erum suum Stratippoclem
Impertit salute servus Epidicus.

So die Handschriften: in codd. Ital. fehlt *suum*, ob absichtlich oder irrthümlich, ist nicht zu entscheiden. Auf diese Autorität, die keine ist, gestützt haben die Herausgeber das Pronomen in Klammern eingeschlossen. Gewiss konnte die Begrüssung auch ohne *suum* bestehen. Wenn man aber die üblichen Formen dieser Begrüssungen in Erinnerung hat,

Amph. 676 *Amphitruo uxorem salutat laetus speratam suam;*

Merc. 713 *Iubet salvere suus vir uxorem suam;*

Trin. 1151 *Charmidem socerum suum Lysiteles salutat;*

Truc. 515 *Mars peregre adveniens salutat Nerienem uxorem suam,*

ebenso Terentius Eunuch. 270 *Pluruma salute Parmenonem summum suum impertit Gnatho,* so wird es fraglich, ob man das in den Handschriften überlieferte *suum* darum beseitigen dürfe, weil es für das Metrum zu viel ist.

Auf diese wenigen Beispiele habe ich mich beschränkt, bei denen ausser der vorliegenden Controverse nicht noch anderweitige kritische Schwierigkeiten sich einmischen, wodurch die Untersuchung verwickelter wird und die Entscheidung unsicherer. Ich bin aber der Meinung, dass unter Zulassung hypermetrischer Verse auch andre kritische Bedenken leichter ihre Erledigung finden würden. Auch wäre nicht schwer zu zeigen, das, was ich hier am trochäischen Tetrameter zu zeigen versucht habe, auch auf andre Versarten, insbesondre jambische, Anwendung findet, in denen mitunter gleichfalls die sprachliche Form gegenüber dem metrischen Erforderniss nicht zu ihrem Recht gekommen ist.

Die samoanischen Personal- und Possessivpronomina.

Von Prof. Dr. Franz Nikolaus Finck.

(Vorgelegt von Hrn. W. Schulze.)

Vorbemerkung.

Die folgende Darlegung ist im wesentlichen nur ein einfacher, bisher jedoch noch nicht in einwandfreier Weise gelieferter Bericht über den im Samoanischen vorhandenen Bestand an personalen und possessiven Pronominalformen. Die Feststellung beruht ausschließlich auf Originaltexten, und zwar in erster Linie auf den reichen, von O. Stübel und A. Krämer veranstalteten Sammlungen (O. Stübel, Samoanische Texte, herausgeg. von F. W. K. Müller. Veröffentlichung aus dem Kgl. Museum für Völkerkunde, Bd. IV Heft 2—4, Berlin 1896 und A. Krämer, Die Samoa-Inseln, 2 Bände, Stuttgart 1902/03), auf deren erstere durch die den Beispielen folgende Angabe von Seiten- und Zeilenzahl hingewiesen wird, während letztere durch die noch vorausgehende Angabe des Bandes mittels römischer Ziffern gekennzeichnet wird. Erst in zweiter Linie sind die von G. Pratt in seiner Grammatik (G. Pratt, A Grammar and Dictionary of the Samoan Language, 2nd Ed., ed. by S. J. Whitmee, London 1878, S. 34—42) veröffentlichten Lieder sowie die von W. von Bülow im Internationalen Archiv für Ethnographie, Bd. XI, XII und XIII (Leiden 1898, 1899 und 1900) mitgeteilten Texte herangezogen worden und nur ganz vereinzelt, wo die andern Quellen versagten, die von O. Sierich im XIII. Bande der genannten Zeitschrift herausgegebenen Märchen, die leider in hohem Maße durch Druckfehler und andre Versehen entstellt sind. Bei den aus diesen Büchern beigebrachten Belegen ist die von Pratt eingeführte Schreibung einheitlich durchgeführt, Worttrennung und Interpunktation, wo nötig, geregelt und die Übersetzung nach Möglichkeit der Konstruktion angepaßt worden.

1. Die Personalpronomina.

Die im Samoanischen gebräuchlichen Personalpronomina sind nach G. Pratts Grammatik (S. 10—11) für die 1. Sg. *a'u*, *'ou* und *tā*, für die 1. Du. bei inklusivem, d. h. den Angeredeten einschließendem Gebrauch *i tāua*, bei exklusivem, d. h. den Angeredeten ausschließendem Gebrauch *i māua*, für die 1. Pl. bei inkl. Verwendung *i tātou*, bei exkl. *i mātou*, für die 2. Sg. *'oe*, für die 2. Du. *'oulua*, für die 2. Pl. *'outou*, für die 3. Sg. *ia* und *na*, für die 3. Du. *i lāua* und für die 3. Pl. *i lātou*. Im Wörterbuche werden außerdem noch folgende in der Grammatik unerwähnt gelassene Formen angeführt: *'ita* für die 1. Sg., *tāua* und *tā* für die 1. Du. bei inkl. Gebrauch, *māua* und *mā* für die 1. Du. bei exkl Verwendung, *tātou* für die 1. Pl. inkl. Art, *mātou* für die 1. Pl. bei exkl. Anwendung, *'ē* für die 2. Sg., *lua* für die 2. Du., *tou* für die 2. Pl., *lāua* und *lā* für die 3. Du. und *lātou* für die 3. Pl.

Zu diesen Angaben treten die von L. Violette (Dict. samoa-français-anglais précédé d'une gramm. de la langue samoa, Paris 1879, S. XXXI, XXXII und 28) in dreifacher Hinsicht in Widerspruch. Erstens führt er noch eine von Pratt nicht erwähnte Form an, nämlich *ina* für die 3. Sg. Zweitens stellt er das *i* der Formen für die 1. und 3. Du. und Pl. als eine nur nach *iā te* auftretende, d. h. nach seiner Auffassung nur im Dat. und Abl. gebrauchte Partikel dar. Drittens bringt er den von Pratt durch den Spiritus asper angedeuteten, von ihm selbst durch einen Gravis bezeichneten Kehlkopfverschlußlaut bei den Formen *a'u*, *'ou*, *'ē*, *'oulua* und *'outou* (nach Pratts Schreibung) nicht zum Ausdruck, in der Grammatik auch nicht bei *'ita*, wohl aber im Wörterbuche. Die Form *où* »ich« S. 198 gegen *ou* S. XXXI und 420 ist dagegen wohl nur durch ein Versehen des Setzers zustande gekommen. Friedr. Müller (Grundr. d. Sprachw. II 2, Wien 1882, S. 24) läßt Pratts *'ou*, *tā*, *'ita*, *i tāua*, *tū*, *i māua*, *mā*, *i tātou*, *i mātou*, *'oulua*, *lua*, *tou*, *na*, *i lāua*, *lā* und *i lātou* bestehn, führt dagegen statt *'oulua* die Form *'olua* an und stellt außerdem noch eine neue Form für die 1. Sg. auf, nämlich *u*. H. Kern führt in seinem grundlegenden Werk über die Fidschisprache (De Fidjitaal vergeleken met hare verwanten in Indonesië en Polynesië, Amsterdam 1886, S. 19) im ganzen 4 Singularformen an, nämlich *au* und *ou* für die 1., *'oe* für die 2. und *ia* für die 3. Ps., ferner 8 Dualformen, nämlich *taua* und *ta* für den Inkl., *maua* und *ma* für den Exkl. der 1. Ps., *'oulua* und *lua* für die 2. und *laua* sowie *la* für die 3. Ps., weiterhin 5 Formen für den im Hinblick auf seine Zusammensetzung mit dem Zahlwort für 3 als Trialis bezeichneten Pl., nämlich *tatou* für den Inkl., *matou* für den Exkl. der 1. Ps., *'outou* und *tou* für die 2. und *latou* für die 3. Ps., endlich 3 ursprüngliche Pluralformen, nämlich 'ita und ta für die 1. und la für die 3. Ps., wobei er hinsichtlich der letztern bemerkt, daß sie als Dualform diene, hinsichtlich des Gebrauchs der erstern als Singularformen sagt: »Deze vormen worden als enk. beschouwd, doch 'ita kan in geen geval oorspronkelijk enk. zijn.« Zu der von FRIEDR. MÜLLER in Übereinstimmung mit PRATT angeführten Form a'u für die 1. Sg. bemerkt KERN, offenbar im Hinblick auf den Umstand, daß eine dem a'u entsprechende Form aku im Polynesischen nirgends vorkommt: »Het Sam. a'u van Prof. F. MÜLLER in diens Grundriß der Sprachwissenschaft II 2, 24 is foutief«. B. FUNKS Angaben (Kurze Anl. z. Verständn. d. samoan. Spr., Berlin 1893, S. 5—6) entsprechen genau PRATTS im Text seiner Grammatik gemachten Aufstellungen, d. h., es fehlen die in einer Anmerkung erwähnte Form na sowie die nur im Wörterbuch erklärten Formen 'ita, tāua, māua, tātou, mātou, 'ē, lua, tou, lāua, lā und lātou. H. NEFFGEN endlich schließt sich (Gramm. d. samoan. Spr., Wien und Leipzig o. J., nach einer Bemerkung der Vorrede 1902, S. 10—11) an Funk an, erwähnt jedoch außer den von diesem aufgestellten Formen auch lua für die 2. Du., tou für die 2. Pl. und lā für die 2. Du. Beide führen bei Besprechung der Konjugation auch die kürzere Form für die 2. Sg. -'ē- an, bringen jedoch den von PRATT angedeuteten Kehlkopfverschlußlaut nicht zum Ausdruck.

Der in seiner Gesamtheit allerdings von keinem der erwähnten Forscher angeführte Bestand an Formen wäre demnach in PRATTS Schreibung folgender:

Sg. 1. a'u, 'ou, 'ita, tā, 'u   Du. 1. inkl. i tāua, tāua, tā   Pl. 1. inkl. i tātou, tātou
                                    1. exkl. i māua, māua, mā   1. exkl. i mātou, mātou
    2. 'oe, 'ē   2. 'oulua, 'olua, lua   2. 'outou, tou
    3. ia, ina, na   3. i lāua, lāua, lā   3. i lātou, lātou

Von diesen Formen kommt nun eine, nämlich 'olua, in den dieser Untersuchung zugrunde gelegten Texten überhaupt nicht vor und ist aller Wahrscheinlichkeit nach auch nicht aus andern Quellen zu belegen. FRIEDR. MÜLLER, der allein die Form 'olua erwähnt, ist allem Anschein nach durch eine etymologische Erwägung irregeführt worden. Würde doch 'olua in der Tat genau der für die meisten polynesischen Idiome bezeugten Form für die 2. Du. entsprechen. Vgl. korua in der Sprache von Neuseeland, Rarotonga, Mangareva und Paumotu, orua im Tahitischen, olua im Hawaiischen und koua im Markesanischen (TREGEAR, The Maori-Polynesian compar. Dict., Wellington 1891, S. 174, TREGEAR, A Dict. of Mangareva, Wellington 1899, S. 38; JAUSSEN, Gramm. et dict. de la langue maorie dial. tahitien, Paris 1898, S. 127; ANDREWS, A Dict. of the hawaiian Lang., Honolulu, S. 102; DORDILLON, Gramm. et dict. de la langue des iles marquises, Paris 1904, S. 167). Abgesehen davon, daß ein Beleg für sam. *'olua* bisher nicht beigebracht worden ist, verdient aber auch noch der Umstand Beachtung, daß von den dem Sam. besonders nahestehenden Sprachen von Uvea und Futuna nach dem Zeugnis der Lexikographen (A. C(olomb), Dict. latin-uvea, Paris 1886, S. 184 und Grézel, Dict. futunien-français, Paris 1878, S. 163) erstere nur die Form *koulua*, letztere nur *koulua* und *kulu* aufweist, womit die mir vorliegenden Texte (Ko te u kupu filifili ia mai te tohi-tapu ki te tauhi-afea, mo te tauhi-foou i te lea faka-uvea, Freiburg i. B. 1885 und Ko le tosi-lotu katoliko faka-futuna, Freiburg i. B. 1880) durchaus übereinstimmen.

Auch die nur von Violette angeführte und auch von ihm nur in der Grammatik, nicht im Wörterbuch erwähnte Form *ina*, die Grézel S. 143 auch für das Futunische bezeugt, kommt allem Anschein nach im Sam. nicht vor, wenigstens nicht als Personalpronomen. Wo es sich in den Texten findet, z. B. 194, 29. 195, 31 usw., steht es an Stelle von *na* des häufigen Demonstrativausdrucks *le — na* mit eingeschobenem Nomen und ist, wie der Herausgeber mit Recht annimmt, wohl dadurch entstanden, daß der auslautende Vokal des vorausgehenden Wortes — in allen Fällen ein *i* — unter dem Ton gedehnt und dann in *ii* zerlegt worden, daß also beispielsweise aus einem *le ali'i na* über *le ali'ī na* das 195, 38 vorliegende *le ali'i ina* entstanden ist (vgl. dazu Pratts Bemerkung in seinem Wörterbuche unter *na*).

Die nur von Friedrich Müller aufgestellte Form *'u* endlich — nur dieses und nicht *u* kann überhaupt in Betracht kommen — ist allerdings hinreichend zu belegen. Sie ist jedoch kein Personalpronomen, sondern ein Possessivsuffix, dasselbe, das in den ganz geläufigen Formen *la'u, lo'u*, »mein« und andern, diesen nahe stehenden vorkommt, das früher allerdings irrtümlich für eine Verkürzung des Personalpronomens gehalten wurde, ein Fehler, auf den zum ersten Male H. Kern (De Fidjitaal S. 22 ff.) und neuerdings, unabhängig von ihm, auch W. Schmidt aufmerksam gemacht hat. Siehe dessen Abhandlung »Über das Verhältnis der melan. Sprachen zu den polyn. und untereinander«, Wien 1899, S. 13 ff. Dieses Suffix *'u* erscheint, ein Personalpronomen vortäuschend, in Verbindung mit der Präposition *ma* oder *mo* »mit«, »für«, der Präteritalpartikel *na* sowie in dem Komplex *so'u* »daß ich«, dessen erster Bestandteil der Bedeutung nach der Prekativpartikel *se'i* entspricht. In den beiden letzteren Fällen macht *'u* nun naturgemäß ganz den Eindruck, ein Personalpronomen zu sein, und dies findet auch bei der Verbindung mit *ma* oder *mo* statt, wenn dieses in der deutschen Übersetzung durch »und« wiedergegeben werden muß. Vgl. z. B. *na-'u tu i Toŋamau ma-'u sa'afi'afi* »ich stand auf dem Tongamau und trauerte«

I 205,19. *Maliu maia i le fale, soʻ-u alu e saʻili mai sotātou ʻava* »komm herein ins Haus, daß ich Kawa für uns suche« I 131, 14. *ʻUa sola moʻ-u apaʻau* »sie ist mit meinen Flügeln davongegangen« I 361, 12, ferner I 113, 7. 113, 8. 113, 10. 113, 11. 126, 42. 131, 33. 141, 23—24. 332, 15. II 286, 36. 348, 19. Dieses *ʻu* liegt auch wohl in den nicht gerade reichlich zu belegenden Fällen vor, wo statt eines *ʻo le ā aʻu* oder *ʻo le ā ʻou* ein *ʻo le au* (so geschrieben, aber doch wohl sicherlich als *ʻo le āʻu* aufzufassen) erscheint, womit jedoch nichts für eine kaum wahrscheinliche Altertümlichkeit behauptet werden soll, vielmehr die Annahme einer jüngern Übertragung durchaus freigestellt sei. Vgl. *ʻo le āʻ-u lafoia atu i lalo ʻo le fue* »ich werde die Schlingpflanze hinabsenden« 161, 22, ferner 165, 37. 165, 39. 167, 8. 234, 46. 236, 8. Daß dieses *ʻu* in der Tat ein Possessivpräfix ist, wie auch das für die 2. Ps. gebrauchte *u* (vgl. 161, 18. I 75, 14. 75, 44. 234, 47. Pratt 39, 22), ergibt sich unverkennbar aus der entsprechenden Form für die 3. Ps., in der als zweiter Bestandteil nicht *ia*, sondern *na* erscheint, z. B. *ona alu ai lea ʻo le tauleʻaleʻa ma tau alu i le tauleʻaleʻa ma-na uo ʻo le mea, ʻua māsani i ai le teine e fealuaʻi ai* »dann geht der (eine) junge Mann hin und nennt dem (andern) jungen Manne und seinen Freunden den Platz, an dem das Mädchen sich aufzuhalten pflegt« 223, 17—18, ferner 209, 11. 210, 9. l 116, 13. 234, 41. 334, 42. 422, 26. 427, 16. 459, 19. Die Vermutung, dieses *na* sei eine Verkürzung von *ana* bzw. *ona*, auf die Krämers Anmerkung I 427 deutet, ist unbedingt abzuweisen. Wenn eine solche Erklärung auch für ein Beispiel, wie das eben angeführte, wenigstens in Erwägung gestellt werden könnte, da »mit seinen Freunden« ja allerdings auch und sogar meistens *ma ana uo* heißt, so paßt sie gar nicht auf die Fälle, in denen *na* einem Personalpronomen gleichgesetzt wird, wie in dem Beispiele *se ʻava soifua mona* »eine Kawa zum Wohl für ihn« I 427, 16, da es kein Personalpronomen *ona* gibt, und ebensowenig ist sie da am Platze, wo *na* einem singularischen Possessivpronomen entspricht, wie in dem zweiten Beispiele. Denn »zu seinem Sohne« könnte doch, abgesehen von der im vorliegenden Beleg gebrauchten Ausdrucksweise. nur *mo lona ataliʻi* heißen. Mit gleicher Entschiedenheit, wie der Gedanke einer Entstehung des *na* in *mana* und *mona* aus einem *ana* bzw. *ona* zurückzuweisen ist, muß aber auch in Abrede gestellt werden, daß dieses *na* das neben *ia* gebrauchte Personalpronomen der 3. Sg. sei. Denn dieses übrigens ziemlich seltene *na* wird nur unmittelbar vor dem Verb oder einer diesem vorangehenden Temporalpartikel gebraucht, niemals aber in andern Fällen, im besondern nicht nach Präpositionen. Vgl. *ʻa e tasi le mea, na te faia* »aber eins ist es, was er tut« 201, 26, ferner 216, 19. 216, 38. 233, 7—8. Dieses *na* verhält sich demnach zu *ia* ungefähr so wie das französische *il* zu *lui*, und diese Unterscheidung von stark- und schwachbetonten, bis zu einem gewissen Grade als absolut und konjunkt zu bezeichnenden Pronominalformen durchzieht fast das ganze Paradigma, wenn die Unterscheidung auch nicht mit aller Strenge durchgeführt wird. So stehen, wenn man von den im großen und ganzen auf offenkundig altertümliche Texte beschränkten Formen *'ita* und *tā* absieht, *a'u* und *'ou*, *'oe* und *'ē*, *ia* und *na*, *i tāua* oder *tāua* und *tā*, *i māua* oder *māua* und *mā*, *'oulua* und *lua*, *'outou* und *tou* einander gegenüber. Von diesen Formen werden die schwachbetonten, von ganz vereinzelten und wohl auf die Poesie beschränkten Ausnahmen wie II 345, 26 abgesehen, nur unmittelbar vor dem Verb oder der diesem vorausgehenden Partikel *te* gebraucht, während die starkbetonten, von wenigen Ausnahmen abgesehen, nur vom Gebrauch vor der Partikel *te* ausgeschlossen sind, in erster Linie jedoch der Verwendung nach dem Verb, nach Präpositionen und in absoluter Stellung dienen. Während also nach den Präteritalpartikeln *na* und *sa*, nach der Perfektpartikel *'ua*, nach dem sogenannten Futurzeichen *'o le ā* wie nach den Prekativ- und Prohibitivpartikeln sowohl *a'u* wie *'ou* gebraucht wird, steht einem *'ou te sau* »ich komme« und ähnlichen Ausdrücken regelrecht nur ein *e sau a'u* (in Poesie und altertümlichen Texten jedoch auch *te sau a'u*), wo *e* Verbalpartikel ist, gegenüber, und entsprechend verhält es sich mit den andern Formen, wobei nur zu bemerken ist, daß *na* überhaupt selten vorkommt, und eine Wendung wie *na te sau* meist durch die mehr partizipiale Konstruktion *'o lo'o sau* ersetzt wird. Ein wenig abweichend ist der Gegensatz der Formen für die 1. und 3. Pl., von denen die mit *i* beginnenden allerdings in der Regel vom Gebrauch unmittelbar vor *te* ausgeschlossen sind, umgekehrt die kürzern sich aber nicht auf die Verwendung als konjunkte beschränken. Vgl. *e sau 'o le a'u* »ich werde kommen« 161, 18. *'o le ā a'u alu atu* »ich werde hingehn« 165, 18. *'o a'u 'o Talaga* »ich bin T.« 165, 25. *'ua lelei, 'o le ā tā ō ma a'u* »gut, komme mit mir« (wörtl. »daß wir beide mit mir kommen«) I 28, 16, ferner 108, 21. *na a'u moemoe nei lara* »ich schlief eben jetzt« I 348, 12, ferner 161, 26. 165, 40. I 105, 8. 108, 21. II 69, 8 usw., dagegen *'ua lelei, 'o le ā 'ou alu* »gut, ich werde gehn« 164, 1. *'ou te galue* »ich begebe mich zur Arbeit« 165, 23. *'ua 'ou iloa, 'o le ā 'au mai le mea 'o'ona, 'ou te inu ai* »ich weiß, daß man mir das Gift bringen wird, daß ich trinken soll« 168, 3. *'o le mea lea, na 'ou sola mai ai, 'ua 'ou musu* »deshalb bin ich hieher geflohen, weil ich nicht will« 212, 32. *'au mai le rai, se'i 'ou fafano* »gebt das Wasser her, daß ich meine Hände wasche« I 21, 13, ferner 168, 44. 181, 14. I 5, 48. 28, 13. 105, 1. 118, 31. 120, 22. II 63, 28. 227, 20 usw., entsprechend *'o ai 'ea 'oe?* »wer bist du?« 167, 4, ferner

165, 37. 166, 14. I 141, 13. 143, 46. II 69, 8. 227, 23 usw., dagegen *'ē alu ia i lalo* »gehe hinunter« 162, 18, ferner 164, 35. 164, 45. 165, 19. 165, 36. 165, 38—39. I 119, 4—5. 132, 9. 257, 6. 51, 13. 51, 32 usw., entsprechend *'ua tā'ele 'o ia* »sie badete« I 134, 4, ferner 163, 37. 224, 7. 227, 7—8. I 131, 6. 139, 19. II 201, 42 usw., dagegen für *na* die schon angeführten Beispiele, entsprechend *e 'au mai mea 'ai leaga ma tāua* »man bringt schlechte Nahrungsmittel für uns beide« I 199, 34, ferner I 403, 3, dagegen *tā o i uta* »wir beide gehn ans Land« I 103, 33, ferner I 122, 14. 124, 36. 127, 12 usw., entsprechend *'o imāua, mā te ō mai i le aso o Malietoa* »wir beide, wir kommen für den Tribut des Malietoa« 171, 21. *mā faiva si nei, mā te ō ma māua* »wir beide haben ein Handwerk hier, das wir beide mitgebracht haben« (wörtl. »wir kommen mit uns beiden«) I 121, 2 (ebenso I 121, 12), ferner I 143, 39, dagegen *mā te fiafia i siamā tama, 'ua maua* »wir beide freuen uns über unsern Knaben, den wir bekommen haben I 122, 5, ferner I 129, 44. 143, 38. 143, 45. 346, 2 usw., entsprechend *po 'o ai 'oulua?* »wer seid ihr beide?« 171, 21, ferner 164, 32. 207, 43. I 137, 43. II 228, 8 usw., dagegen *lua te fa'atali mai ai* »wartet beide dort« 211, 29, ferner 237, 29. I 122, 4. 123, 35. 129, 43 usw., entsprechend *ona toe sosola ai lea 'o i lāua* »dann flohen sie wieder weiter« Bül. XI 120, 26. *ona fa'pea 'o laua* »da sagten sie« Bül. XII 59, 18, dagegen *ona lā sosola mai ma le tama* »dann entflohen sie mit dem Knaben« Bül. XI 120, 20, ferner Bül. XII 59, 20 (aber auch *'ua leai se mea, lāua mapu i ai* »es war kein Platz da, wo sie sich verpusten konnten« Bül. XI 81, 3), entsprechend *e tautua 'outua 'uma iā te a'u* »ihr alle sollt mir dienen« 169, 30, ferner 174, 34. 201, 20. I 20, 37. II 62, 4. 91, 31. 199, 19 usw., dagegen *auā tou te lē mafaia la'u fatuāiga e faigatā* »denn ihr könnt meine schwere Hausarbeit nicht tun« 169, 19 (ähnlich 169, 24) ferner 201, 23. I 255, 33. 303, 12. 353, 6—7. II 63, 2. 321, 15 usw., andrerseits (betreffs der Formen *i tātou, tātou, i mātou, mātou, i lātou* und *lātou*) *'a tulitulloa i se ā 'o i tātou 'uma 'ua lotu?* »warum verfolgst du uns, die wir uns alle zum Christentum bekehrt haben?« 183, 34, ferner I 20, 35. 353, 18 usw., dagegen *tātou te fa'atasi* »wir halten zusammen« 183, 25, ferner 177, 44—45. I 27, 26. 108, 29 usw., entsprechend *'o i mātou, mātou te tautua iā te 'oe* »wir, wir wollen dir dienen« 169, 18, ferner 188, 40. 211, 19. II 62, 8. 94, 10. 321, 31 usw., endlich *'ua fai mai i lātou* »sie sprechen« II 71, 42, ferner 172, 35. 173, 32. II 321, 30 usw., dagegen *'ua lātou ō* »sie gingen« I 204, 22, ferner I 259, 23. 331, 17 usw., aber auch *ona tau ai lea 'o lātou taua* »darauf führten sie Krieg« I 204, 10 usw.

Die Belege für die Formen *'ita* und *tā*, die, wie schon angedeutet, hauptsächlich in Texten offenkundig altertümlichen Gepräges wie poetischen Stücken, Sprichwörtern, Zitaten vorkommen, sich hinsichtlich ihrer Verwendung übrigens im allgemeinen zueinander wie *i lātou* zu *lātou* verhalten, sind folgende: *tă te nofo lava, 'ita, 'a se i'a moe papaga* »ich weile in der Tat, ich, wie ein Fisch in der Höhle schläft« 171,41. *talu ai, ona fa'apeaina 'o 'ita* »seitdem ist's, daß ich so behandelt werde« 171,41. *se mea 'o miti — inā 'ole'ole, 'ua momoe 'ita ma siata tama* »was für ein Traum — daß ich getäuscht würde — ich schlief mit meinem Sohn« 183,14 (nicht *ma si ata tama* »mit dem Schatten meines Sohns«, wie der Text aufgefaßt worden ist) und, fast übereinstimmend, *se mea 'o miti — e 'ole'ole — 'o momoe 'ita ma siata tama* I 259, 38. *'a 'o 'ita nei 'ua tafitafia* »denn ich hier bin besitzlos« I 20, 30. *na ta sau nei 'ita e, 'ua uli ota susu e* »ich kam her, ich, ach, schwarz wurde meine Brust. ach« I 113,12, ferner I 133, 25. 135, 28. 136,1. 136, 2. 141, 27. 141, 28. 141, 29. 141, 38. 142,13. 145, 2. 145, 5. 215, 39—40. 216,1. 219, 23. 220, 23—25. 221, 4. 262, 31. 269, 37. 307, 24. 348,14. 349, 5. 359, 38. II 344, 20.

Es bleibt nun noch die Frage zu erörtern, ob die bisher stillschweigend — im Anschluß an Pratt — gebrauchte Schreibung *a'u* und *'ou* berechtigt ist, oder ob die von Violette bezeugten Formen *au* und *ou* als die richtigen zu gelten haben, eine Frage, die schon im Hinblick auf H. Kerns entschiedene Abweisung von *a'u* (De Fidjitaal usw., S. 20 Anm. 6) nicht umgangen werden kann. Die Tatsache, daß die starkbetonte Form des samoanischen Personalpronomens für die 1. Sg., mag sie nun *au* oder *a'u* lauten, auf jeden Fall auf ein älteres, auf einem großen Teil des indonesischen Gebiets erhaltenes *aku* zurückgeht, könnte wohl zu der Annahme führen, die W. Schmidt (Über d. Verh. d. melan. Spr. usw. S. 14) auch vertritt, eine Erinnerung an das — abgesehn von den Formen *ainyak* und *agua* der Sprache von Aneityum bzw. Bauro — wohl nirgends auf melanesischem und polynesischem Gebiet nachzuweisende *k* habe sich in dem auch sonst ein *k* vertretenden Kehlkopfverschlußlaut des Samoanischen erhalten. Eine solche ist nun allerdings bei den unleugbar zahlreichen engen Beziehungen zwischen den polynesischen und melanesischen Sprachen, die diese beiden Gruppen der indonesischen gegenüber wenigstens hinsichtlich der Lautverhältnisse zu einer Art Einheit stempeln, wohl nicht ohne schwere Bedenken. Und doch darf meines Erachtens die Existenz eines *a'u* dieser etymologischen Erwägungen halber nicht ohne weiteres in Abrede gestellt werden. Die Form braucht ja nicht alt zu sein, kann ihre Entstehung einer Analogiebildung aus verhältnismäßig junger Zeit verdanken, vielleicht nach dem pluralischen Possessivpronomen *a'u* »meine«. Die Angabe der für *a'u* eintretenden Gewährsmänner und namentlich des ersten derselben anzufechten, dürfte aber deshalb nicht berechtigt sein, weil nicht einzusehen ist, was zu einem solchen Irrtum hätte verführen können, während beim Ansatz von *au* eine Beeinflussung durch die Erinnerung an die Form der verwandten Sprachen mindestens leicht erklärlich wäre. Die Häufigkeit, mit der dieses Pronomen in den von Missionaren bearbeiteten Texten bei aller sonstigen Nachlässigkeit in der Bezeichnung des Kehlkopfverschlußlautes ausdrücklich als *a'u* angegeben wird, und zwar nicht nur in der Bibelübersetzung, bei der der Einfluß Pratts als eines Hauptmitarbeiters denkbar wäre, sondern auch in den von katholischen Geistlichen veranstalteten Übersetzungen, wie dem 1878 in Freiburg i. B. erschienenen Buche »'O le tusilotu i le ekelesia katolika i le 'upu Samoa«, diese Häufigkeit spricht entschieden dafür, daß eine solche Form nicht erfunden ist. Dasselbe gilt für die Frage, ob *ou* oder *'ou* anzunehmen ist.

Somit würde sich folgender Bestand an Personalpronomen ergeben:

	Stark-betont bzw. absolut	Schwach-betont bzw. konjunkt.	Stark-betont bzw. absolut	Schwach-betont bzw. konjunkt.	Stark-betont bzw. absolut	Schwach-betont bzw. konjunkt.
Sg.	*a'u*	*'ou*	*'oe*	*'ē*	*ia*	*na*
	'ita	*tā*				
Du. inkl.	*i tāua*				*i lāua*	
	tāua	*tā*				*lā*
exkl.	*i māua*		*'oulua*	*lua*	*lāua*	
	māua	*mā*				
Pl. inkl.	*i tātou*	*tātou*			*i lātou*	
exkl.	*i mātou*	*mātou*	*'outou*	*tou*		*lātou*

2. Die Possessivpronomina.

Eine Zusammenstellung sämtlicher samoanischen Possessivpronomina ist merkwürdigerweise bisher noch nicht einmal versucht worden. Eine kurze, die Bildungsart betreffende Bemerkung, einige Beispiele mit nachfolgendem, der Phantasie vollen Spielraum gewährendem Etc.: das ist die Darstellung bei Pratt, Friedr. Müller, Funk und Neffgen, während Violette sich sogar die Mühe spart, über die Entstehung der Possessivformen irgendwelche Auskunft zu erteilen. Die bei den erstgenannten Forschern bestimmt, allem Anschein nach aber auch bei Violette vorwaltende Ansicht betreffs der Bildung der Possessivformen ist dabei die, daß die Pluralformen durch Verbindung einer der sogenannten Genitivpartikeln *a* oder *o* mit dem Personalpronomen entstanden seien, die Singularformen durch Vorsetzung des seinen Vokal einbüßenden bestimmten oder unbestimmten Artikels vor die entsprechende Pluralform, daß also beispielsweise *otātou* »unsre« gleich *o tātou* »von uns« sei, *lotātou* »unser« einem allerdings außer Gebrauch gekommenen *le o tātou* »der von uns« entspreche, und ebenso *sotātou* einem *se o tātou* »einer von uns«. Einige bei dieser Deutung auffällige Formen des Sg., wie beispielsweise *la'u* »mein« statt des zu erwartenden *laa'u*, *lau* »dein« statt des zu erwartenden *la'oe* usw., werden dabei für Verkürzungen der vollen Formen gehalten. Letzteres ist jedoch, wie sich aus Kerns und Schmidts Auseinandersetzungen (De Fidjitaal usw. S. 22 ff. bzw. Üb. d. Verb. d. melan. Sprachen usw. S. 13 ff.) ergibt, ein Irrtum. Die angeblich verkürzten Personalpronomina sind in Wahrheit vielmehr ursprüngliche Possessivsuffixe, so daß im Samoanischen, wie übrigens auch in den andern polynesischen Sprachen, zwei Bildungsarten in Gebrauch sind, die durch die Typen »der von dir« (bzw. »von dir« für Dual und Plural) und »der von dein« (bzw. »von dein« für Dual und Plural) veranschaulicht seien. Diese Tatsache bedarf als eine durchaus klargelegte keiner weitern Bekräftigung. Dagegen ist es dringend erforderlich, festzustellen, welcher Typus für jeden einzelnen Fall gilt. Vorab jedoch noch eine Bemerkung betreffs der in den Possessivformen enthaltenen demonstrativen Elemente. Den Grammatikern zufolge kommen nur die sogenannten Artikel *le* und *se* in Betracht. Dagegen erscheint jedoch, wenn auch in beschränktem Umfang, auch noch das Demonstrativ *si*, das wohl dem gleichlautenden javanischen, malaiischen, tagalischen und batakischen Artikel vor Eigennamen entspricht, das jedoch im Sam. nicht auf diesen Gebrauch beschränkt ist (vgl. 168, 11. 174, 41. 226, 6. I 268, 32. 269, 37. 352, 7. 355, 32. 409, 26. 438, 17. 438, 25. II 173, 20 usw.). Diese Formen sind den Kennern des Sam. nun allerdings nicht durchaus entgangen. Aber sie haben es entschieden daran fehlen lassen, die ihnen wohl ganz vertrauten Tatsachen in deutlicher Weise zum Ausdruck zu bringen. Pratt und Violette geben beide im Wörterbuch unter *si* »little, a diminutive particle often expressing endearment« bzw. »petit, terme de tendresse« das Beispiel *si ana tama*, ohne es jedoch zu übersetzen, ja, durch die Trennung des Komplexes *siana* in *si* und *ana* obendrein irreführend. Denn ein selbständiges *ana*, das in diesem Zusammenhang einen Sinn ergäbe, könnte nur als die Pluralform des Possessivpronomens für die 3. Sg. aufgefaßt werden, wonach *si ana tama* »ihre Kinder« heißen müßte. In Wahrheit steht es jedoch, wie sich zeigen wird, mit *lana tama* auf einer Linie und heißt wie dieses »ihr Kind«. Violette gibt außerdem noch das ebenfalls unübersetzte Beispiel *ta te mate alofa i si a ta tama*, d. h. »wir vergehen vor Liebe zu unserm Kinde«, ein Beispiel, das zwar nicht gerade irreleitet, aber ohne weiteres auch nicht zur richtigen Erkenntnis verhilft, und ebenso verhält es sich mit den andern hier und da unter andern Stichwörtern angeführten

F. N. Finck: Die samoanischen Personal- und Possessivpronomina.   731

Beispielen. Man wird sich demnach nicht nur auf 6 Formen für jede Person bei jeder der beiden Bildungsarten gefaßt machen müssen, sondern auf 8, also beispielsweise für die 3. Sg. beim zweiten Typus (»der von sein«) auf die Singularformen *l-a-ʻna*, *l-o-na*, *s-a-na*, *s-o-na*, *si-a-na*, *si-o-na* und die für den Du. und Pl. geltenden Formen *a-na*, *o-na*, vorausgesetzt, daß nicht gar noch mehr Formen vorkommen, worüber zum Schlusse noch gehandelt werden soll.

Von diesen — wie vorgreifend bemerkt sei — vereinzelten, später zu erörternden Fällen abgesehen, stellt sich nun der Bestand an Possessivformen, die aus den dieser Untersuchung zugrunde gelegten Texten belegt werden können, in folgender tabellarischer Übersicht dar, wobei solche Formen, die allem Anschein nach nur zufällig nicht bezeugt sind, in Klammern an den ihnen zustehenden Platz gestellt sind.

		Typus A (»der von dir« usw.).			Typus B (»der von dein« usw).			
		Sing.		Dual/Plur.	Sing.			Dual/Plur.
Sg. 1.					*l-a-ʻu*	*si-a-ʻu*	*s-a-ʻu,*	*a-ʻu*
					l-o-ʻu	*si-o-ʻu*	*s-o-ʻu*	*o-ʻu*
					l-a-ta	*si-a-ta*	*(s-a-ta)*	*(a-ta)*
					l-o-ta	*si-o-ta*	*s-o-ta*	*o-ta*
	2.	*(l-a-ʻoe)*	*(s-a-ʻoe)*	*(a-ʻoe)*	*l-a-u*	*si-a-u*	*s-a-u*	*a-u*
		l-o-ʻoe	*(s-o-ʻoe)*	*(o-ʻoe)*	*l-o-u*	*si-o-u*	*s-o-u*	*o-u*
					l-a-na	*si-a-na*	*s-a-na*	*a-na*
					l-o-na	*si-o-na*	*s-o-na*	*o-na*
Du. 1.	inkl.	*l-a-tāua*	*(s-a-tāua)*	*(a-tāua)*				
		l-a-tā	*si-a-tā*	*s-a-tā*	*(a-tā)*			
		(l-o-tāua)	*(s-o-tāua)*	*(o-tāua)*				
		l-o-tā	*(si-o-tā)*	*(s-o-tā)*	*o-tā*			
	exkl.	*(l-a-māua)*	*(s-a-māua)*	*(a-māua)*				
		(l-a-mā)	*si-a-mā*	*(s-a-mā)*	*a-mā*			
		l-o-māua	*(s-o-māua)*	*(o-māua)*				
		l-o-mā	*si-o-mā*	*(s-o-mā)*	*o-mā*			
	2.	*l-a-ʻoulua*	*s-a-ʻoulua*	*a-ʻoulua*	*l-a-u-lua*		*(s-a-u-lua)*	*(a-u-lua)*
		l-a-lua	*(si-a-lua)*	*(s-a-lua)*	*(a-lua)*			
		l-o-ʻoulua	*s-o-ʻoulua*	*(o-ʻoulua)*	*l-o-u-lua*		*(s-o-u-lua)*	*(o-u-lua)*
		l-o-lua	*(si-o-lua)*	*(s-o-lua)*	*(o-lua)*			
	3.	*l-a-lāua*		*s-a-lāua*	*a-lāua*			
		l-a-lā	*si-a-lā*	*s-a-lā*	*a-lā*			
		l-o-lāua		*s-o-lāua*	*o-lāua*			
		l-o-lā	*si-o-lā*	*s-o-lā*	*o-lā*			
Pl. 1.	inkl.	*l-a-tātou*	*(si-a-tātou)*	*s-a-tātou*	*a-tātou*			
		l-o-tātou	*si-o-tātou*	*s-o-tātou*	*o-tātou*			
	exkl.	*l-a-mātou*	*(si-a-mātou)*	*s-a-mātou*	*a-mātou*			
		l-o-mātou	*si-o-mātou*	*s-o-mātou*	*(o-mātou)*			
	2.	*l-a-ʻoutou*	*(s-a-ʻoutou)*	*a-ʻoutou*	*l-a-u-tou*	*(si-a-u-tou)*	*s-a-u-tou*	*a-u-tou*
		l-o-ʻoutou	*(s-o-ʻoutou)*	*o-ʻoutou*	*l-o-u-tou*	*(si-o-u-tou)*	*s-o-u-tou*	*o-u-tou*
		(si-a-tou)						
		(si-o-tou)						
	3.	*l-a-lātou*	*si-a-lātou*	*s-a-lātou*	*a-lātou*			
		l-o-lātou	*si-o-lātou*	*s-o-lātou*	*o-lātou*			

Belege.

L-A-'U. 'o la'u tāne lea 'ua maua »ich habe meinen Gatten gefunden« 164, 34, ferner 169, 19. 169, 24. 174, 37. 175, 1. 178, 37. 211, 33. I 22, 1. 40, 25. 108, 19. 111, 48. 124, 31. 124, 34. 125, 51. 126, 34. 134, 35. 142, 34. 142, 58 usw. usw. Bül. XI 13, 14. 14, 26. 113, 27.

L-O-'U. 'ua maua lo'u nu'u »ich habe meine Heimat gefunden« 161, 21, ferner 161, 25. 161, 30. 161, 31. 161, 32. 161, 33. 162, 22. 162, 24. 162, 26. 165, 31. 165, 46. 166, 7. 168, 4. 168, 35. 168, 44. 175, 32. 183, 13. 193, 19 usw. usw., I 20, 39. 20, 43. 28, 14. 84, 20. 109, 6. 19. 109, 24. 111, 27. 111, 43. 112, 11. 114, 14. 122, 32. 123, 40 usw. usw., II 71, 13. 91, 35. 227, 24. 344, 23. 345, 4. 346, 8 usw. usw., Bül. XI 6, 3. 15, 24.

SI-A-'U. tālofa i sia'u tama »ich bedaure meinen Knaben« 236, 34. ferner 174, 45—46. I 118, 6. 118, 32. 137, 29. 202, 8. 18. 23. 217, 21. 249, 42. 269, 40. 404, 10. 14. 424, 12. II 344, 2—4. 344, 24.

SI-O-'U. tula'i mai, 'o sio'u 'au, 'o a'u 'o Sinoi »richte dich auf, mein Kiel, ich bin Sinoi« 231, 18, ferner 234, 32. 234, 34. I 31, 16. 127, 33. 128, 43. 184, 29. 208, 3—4. 208, 14. 208, 17. 215, 22. 216, 17. 217, 42. 253, 33. 255, 29. 333, 30. 350, 27. 435, 31. II 344, 7. 346, 27. 351, 3. 354, 10. 354, 10. 357, 6—7. Sier. 235, 8 (wo jedoch irrtümlich *siōo'u* steht), Bül. XII 138, 14, Pr. 41, 2.

S-A-'U. sa'ili mai sa'u pu »hole mir eine Trompetenmuschel« 231, 13, ferner 179, 34. 237, 15. I 40, 28. 144, 35, Bül. XI 11, 38. 14, 12.

S-O-'U. 'o so'u va'a ia fauina i lou vao »es möge mir ein Boot aus deinem Waldholz gebaut werden« 231, 11, ferner 195, 24. 209, 3. 234, 26. 237, 21. I 119, 27. 125, 46. 126, 16. 126, 26. 129, 19. 144, 35. II 343, 46. 345, 30.

A-'U. ia 'au mai a'u pua'a e lua »bringt meine zwei Schweine« I 40, 27, ferner I 40, 28. 111, 28. 130, 10—12. 25. 27.

O-'U. 'ua 'uma o'u uso lona 'ai »sie hat alle meine Geschwister gefressen« 163, 41—161, 1, ferner 137, 43. 165, 40. I 126, 41. 132, 22. II 228, 2.

L-A-TA. ga (= na?) tā moemoe tatala lata li'a »ich schlief und erzähle meinen Traum« 171, 40.

L-O-TA. 'ou mole lota manava, 'ua tele lota fia'ai »ich fühle meinen Leib schwach werden, groß ist mein Hunger« 225, 24, ferner 168, 42. 183, 13. 198, 5 225, 27. I 205, 9. 206, 17. 217, 4. 219, 22. 259, 36. 262, 33. 307, 6. 307, 25. 424, 6. 424, 11. 425, 10. 435, 32. 437, 28. 438, 1. 448, 3. 462, 12. II 68, 29. 346, 32. Sier. 231, 50 (das dort stehende *lotu* ist natürlich ein Druckfehler). PR. 41, 33. 35, 27. 36, 3. 37, 29.

SI-A-TA. ʻ*ua moemoe ʻita ma siata tama* »ich schlief mit meinem Sohn« 183, 14. I 259, 38, ferner 269, 7. I 307, 31. 307, 40. II 353, 24.

SI-O-TA. *siotālofa* (aus *siota alofa*) *i le Tuitoga* »mein Mitleid dem T.« 183, 15, ferner 198, 7. I 221, 5. 438, 28. 445, 9. II 343, 47. 347, 6. 17. 348, 14.

S-O-TA. *seʻi toli ifo sota niu* »pflücke mir eine Kokosnuß« I 384, 39, ferner I 406, 26.

O-TA. *e mu i le tagi ota mata* »rot vom Weinen sind meine Augen« II 349, 10, ferner I 141, 43. 351, 2—3. 438, 4. 113, 13. 117, 41.

L-O-ʻOE. ʻ*o loʻoe lea fasi tao* »dein ist dieses Stück Speer« I 209, 24.

L-A-U. ʻ*ē mele lau tuamafa* »du weisest deine Taube zurück« 171, 46, ferner 164, 8. 170, 5. 174, 40. 222, 28 usw., I 22, 4. 29, 17. 40, 32. 47, 44. 48, 36. 50, 12. 50, 32. 50, 38. 51, 1. 51, 4. 51, 10. 51, 14. 51, 21. 51, 24. 51, 32. 51, 35 usw. usw., II 62, 5. 68, 20. 71, 15 usw. usw., BÜL. XI 11, 31 usw., PR. 42, 21 usw.

L-O-U. ʻ*a ʻē sau inā alu i lalo i lou nuʻu lelā* »aber komm und gehe hinab in deine Heimat dort« 161, 17—18, ferner 19, 21. 164, 2. 164, 37. 165, 43. 167, 10. 168, 4. 168, 35. 169, 37. 175, 22. 208, 4 usw. usw., I 48, 5. 51, 16. 52, 3. 52, 31. 55, 1. 56, 14. 56, 28. 58, 20. 60, 20 usw. usw., II 51, 14. 69, 5. 94, 6. 346, 5. 346, 7 usw. usw., PR. 41, 32, BÜL. XI 17, 17 usw.

SI-A-U. ʻ*a e lē isia siau tatau,* ʻ*o siau ʻula tutumau* »aber es zerbricht nicht deine Tätowierung, deine Halskette ist beständig« II 69, 14—15, ferner I 202, 21. 405, 17.

SI-O-U. ʻ*ua lelei siou igoa* »dein Name ist gut« 234, 32, ferner I 359, 8. I 359, 14.

S-A-U. *fai mai sau ʻupu* »gib deinen Auftrag« I 136, 11, ferner I 119, 26. 143, 16.

S-O-U. ʻ*ē alu ia i le āiga lea o lou tinā,* ʻ*ua latalata mai, seʻi ʻau mai ai sou malo taʻafi* »gehe zur Familie deiner Mutter, die in der Nähe ist, daß sie dir einen Lendenschurz aus Lumpen besorge« 195, 20, ferner 168, 4. 222, 24. 238, 17. I 132, 10. 35. 350, 14. 360, 18. 442, 9. II 350, 13. 353, 29.

A-U. *sapo aʻe au atu* »fange deine Bonitos auf« I 125, 28, ferner I 130, 9. 235, 16. 291, 9. 412, 17. II 325, 13.

O-U. *fai i ai, pea le alofa lava i ou mata* »sage ihr, ob sie dein Gesicht (eigentlich deine Augen) noch gern habe« I 142, 44, ferner

171, 47. I 47, 45. 48, 37. 74, 32. 79, 23. 132, 21. 138, 39. 139, 5. 237, 9. 330, 1. Pr. 41, 41, 42, 6. etc.

L-A-NA. ona ʻauina ifo ai lea ʻo lana ʻauʻauna »darauf schickte er seinen Diener hinab« 162, 11—12, ferner 164, 13. 164, 42. 167, 40. 168, 16—17. 172. 6. 168, 7. 168, 43. 174, 29. 174, 32. 176. 26. 178, 37. 179, 3 etc. etc. I 27, 30. 104, 38. 108, 10. 111, 27. 111, 31. 111, 40. 113, 32. 115, 4. 122, 40. etc. etc. II 164, 17. 189, 12. 189, 14. 197, 7. 199, 13. 199, 18. 201, 10 etc. etc. Pr. 41, 30 etc. Bül. XI 17, 16. etc.

L-O-NA. ʻo Ua ʻua tā lona ua »Ua wurde auf seinen Hals geschlagen« 163, 20, ferner 161, 20. 161, 23. 161, 24. 163, 35. 163, 38. 164, 1. 164, 24. 164, 25. 164, 41. 165, 1. 165, 2. 165, 15. 165, 16. 165, 17. 165, 18. 165, 19. 165, 20. 166, 17. 166, 18 etc. etc. I 5, 49. 25, 1. 28, 5 29, 8. 29, 12. 41, 5. 41, 21. 47, 36. 56, 5. 60, 8. 65, 1. 72, 21. 76, 21 etc. etc. II 71, 8. 139, 8. 181, 5. 186, 20. 201, 20 etc. etc. Pr. 41, 31 etc.

SI-A-NA. ʻa e gase Tigilau i siana loto »aber T. starb über seinem Sehnen« I 219, 27, ferner I 31, 16. 108, 16. 123, 50. 307, 14. 363, 16. 419, 10. II 355, 29. Bül. XII 136, 15.

SI-O-NA. e faʻagase i siona lalofatu »er verbirgt sich in seinem Versteck« I 440, 16, ferner I 307, 14. 349, 5. II 345, 8.

S-A-NA. e faʻasāina lava e leai se tagata e alu i ai, e leai foʻi se tagata e pāʻo ai sana galuega »niemand durfte dorthin gehn und niemand durfte dort lärmende Arbeit verrichten« (wörtlich lärmt dort seine Arbeit) 172, 33, ferner 189, 22. 198, 22. 2Zr, 35. 205, 20. 205, 41. 207, 41. 207, 49. 208, 2 208, 9. 208, 15. 209, 10. 211, 24. 218, 5. 235, 27. I 104, 36. 151, 35. 363, 12. 447, 32. 463, 12. II 51, 10. 51, 21. 355, 2.

S-O-NA. ʻafai e ita le teine i sona tuagane »wenn das Mädchen einem ihrer Brüder zürnt« 184, 18, ferner 185, 5. 189, 4. 189, 15. 198, 32—33. 201, 1. 201, 18. 202, 27. 207, 28. 209, 11. 212, 10. 212, 11. 214, 38. 217, 17. 217, 40. 225. 8. I 40, 37. 40, 39. 41, 1. 129, 24. 132, 44. 270, 40. 350, 10. 350, 11. 403, 20. 417, 29. 454, 19. II 227, 19. Bül. XI 14, 13.

A-NA. ona alu atu ai lea ʻo ia faʻatasi ma ana tulāfale e toʻalua »da machte er sich zusammen mit seinen beiden Sprechern auf den Weg« 166, 4, ferner 166, 20. 166, 23. 174, 27. 216, 12. 216. 16. 171, 36. I 28, 11. 29, 16. 41, 2. 113, 27. 114, 39. 120, 15. 125, 39. 129, 51. 130, 7. 205, 28. II 197, 8.

O-NA. ʻua oʻo mai i ona po nei ʻo loolātou (= lolātou, worüber später) taofi »sie glauben bis auf den heutigen Tag« (wörtlich »es kommt her zu ihren Nächten jetzt ihr Glaube«) 162, 44, ferner 163, 9.

165, 22. 167, 12—13. 166, 18. 179, 1. 202, 28 etc. I 27, 26. 27, 28. 41, 4. 110, 26. 110, 45. 110, 47. 113, 3. 111, 17. 110, 19. 114, 37. 119, 3. 119, 8 etc. II 51, 12. 71, 9. 173, 34. 173, 35 etc.

L-A-TĀUA. ʻo le ā ʻea foʻi latāua pese? »wie ist doch wieder unser Lied?« I 120, 33, ferner I 407, 16.

L-A-TĀ. ʻo latā pese e faʻapea e »unser Lied lautet so« I 120, 34. ferner 222, 37. 222, 39. 223, 3—4. I 105, 7.

L-O-TĀ. ʻa saga alu lava ifea lotā vaʻa? »wohin geht denn immerfort unser Boot weiter?« I 125, 20, ferner 181, 14. 181, 42. I 50, 34. 199, 9. 199, 32. 209, 20. 214, 3. 254, 37. 363, 26. 388, 1. 388, 6. II 245, 16. Bül XI 118, 36. XII 59, 19, endlich, mit pluralischer Bedeutung, II 321, 46. 344, 13.

SI-A-TĀ. neʻi galo mai Apia siatā ʻeleʻele »vergiß nicht Apia, unsern Boden« II 350, 4.

S-A-TĀ. ʻo le āʻu alu e ʻau mai satā afi »ich werde ein Feuer für uns holen« 165, 37, ebenso 165, 39, ferner 235, 42.

O-TĀ. i lou mālamalama ma otā matua »eine Leuchte für dich und unsre Eltern« 164, 2, ferner 165, 41. I 214, 3.

L-O-MĀUA. ʻo lomāua taofi ma Auimatagi »es ist meine und A.s Ansicht« (wörtlich »unser beider Ansicht einschließlich A.«) 200, 12.

L-O-MĀ. ʻo ai lomā tamā? »wer ist unser Vater?« 164, 37, ferner 700, 1. 238, 3. I 127, 22. 127, 30. 332, 45. 333, 27.

SI-A-MĀ. mā te fiafia i siamā tama, ʻua maua »wir freuen uns über unsern Knaben, den wir bekommen haben« I 122, 6, ferner II 353, 23.

SI-O-MA. siomā vaʻa na fau »unser Schiff wurde zusammengebunden« I 359, 35, ferner I 333, 21.

A-MĀ. ʻo amā iʻa na maua i le papa »wir fanden unsere Fische auf dem Felsen« I 129, 49.

O-MĀ. ʻua tatau omā igoa »unsere Namen passen zusammen« 164, 34.

L-A-ʻOULUA. ʻafai ʻou te alu atu i laʻoulua itu ala, ʻua ʻou oti »wenn ich auf euern Weg komme, werde ich sterben« 236, 13, ferner I 127, 32. 415, 2.

L-A-LUA. matagi va i palolo ma matagi va i toʻelau, ʻo matagi tetele ma matagi liliʻi lalua fānau »Wind zur Regenzeit und Wind zur Passatzeit, starke Winde und kleine Winde, euer beider Kinder« I 429, 25.

L-O-ʻOULUA. ʻua fesili atu tamaitaʻi: po ʻo le ā lea? ʻua fai atu le ʻau vaʻa: loʻoulua tufaʻaga »die Damen fragten: was ist das? Da sagte die Schiffsmannschaft: euer beider Anteil« 168, 34, ferner 230, 21. I 127, 3. 230, 12. 406, 2.

L-O-LUA. '*o lolua ali'i lea e tausi* »ihr beiden Herren sollt euch darum kümmern« (wörtl. »euer beider Herren«, also gewissermaßen »Ew. Gnaden«, »Ew. Herrlichkeit« oder dergl.) I 253, 41, ferner I 199, 6. 256, 22. 332, 39. 357, 18. 428, 17.

S-A-'OULUA. *ia sāuni sa'oulua malaga* »macht euch für eure Reise fertig« I 418, 3.

S-O-'OULUA. *filifili mai ia so'oulua po 'o ai e alu e ta'aia tofaga o lo'u tamā* »beratet, wer von euch beiden gehen soll, die Schlafmatten meines Vaters aufzurollen« 186, 38. Der Bildung nach übereinstimmend, aber nicht possessiver, sondern distributiver Bedeutung ist das Pronomen im folgenden Beispiel: *'afai e sau so'oulua i laa'u (= la'u,* worüber später gehandelt werden soll) *itu ala, 'ua 'oulua oti* »wenn einer von euch beiden auf meinen Weg kommt, dann sterbt ihr« 235, 12.

A-'OULUA. *a'oulua mea ia* »das ist eure Nahrung« 232, 33, ferner I 51, 19. 71, 8.

L-A-ULUA. *ina fai laulua suavai* »bereitet euer Essen« 237. 23, ferner 237, 24. I 289, 8. 352, 6.

L-O-ULUA. *po 'ofea loulua nu'u?* »wo ist eure Heimat?« 168, 40, ferner I 66, 16. 74, 1. 76, 29. 79, 33. 208, 10. 261, 31 — 32. II 345, 26.

L-A-LĀUA. *e to'afa lalāua fānau* »sie hatten vier Kinder« (wörtl. »es waren vier ihre Kinder«) 163, 17, ferner 168, 19. 182, 51. 189, 41. I 100, 14. 120, 25. 120, 26. 121, 40. 131, 6. 143, 7. 214, 7. 438, 21. BÜL. XII 59, 13.

L-A-LĀ. *'ua fānau lalā tama* »es wurde ihnen ein Kind geboren« (wörtl. »ihr Kind«) 163, 34, ferner 166, 46. 209, 41. 234, 47. I 75, 8. 122, 47. 133, 18. 135, 45. 136, 42. 139, 37. 139, 39. 214, 13. 215, 15. 331, 23. 436, 13. II 245, 10. (wo *la ta* in *la la* zu verbessern ist). BÜL. XII 141, 24. Pr. 34, 27.

L-O-LĀUA. *'ua sau lava i le po lolāua va'a* »ihr Boot kam in der Nacht an« 171, 14, ferner 171, 17. 171, 20—21. 181, 26. 183, 3—4. 230, 15. I 120, 32. 133, 18. 151, 40. 214, 6. 407, 43. II 246, 2.

L-O-LĀ. *'ua fai atu i teine 'ia muamua 'o le ā alu atu i lolā tamā* »die Mädchen gingen zu ihrem Vater« 164, 36, ferner 167, 31. 168, 18. 175, 28. 195, 9. 205, 44. 207, 23. I 100, 15. 100, 16. 100, 18. 104, 34. 145, 12. 198, 7. 198, 13. 198, 23. 200, 32. 201, 9. 214, 15. 256, 25. 256, 30. 268, 3. 232, 47. 357, 31. II 245, 9. 245, 22. 245, 34. 245, 36. 245, 42 usw. BÜL. XI 121, 3. XII 145, 21 usw.

SI-A-LĀ. *ona fānau lea 'o sialā tama* »dann erzeugten sie ihre beiden Kinder« Sier. 230, 5, ferner I 127, 44.

SI-O-LĀ. *na mau i le taupotu 'o Fiti ma siolā faiva le tilitili* »und Überfluß entstand im Fidschiarchipel durch ihr Fischen mit dem Tilinetz« I 432, 31. 433, 1.

S-A-LĀUA. ʻ*afai e loto foʻi Luatutu i salāua filifiliga, e fai e alu atu foʻi lana savali* »wenn andierseits L. eine Beratung zwischen ihnen beiden wünschte, so machte sich sein Bote auf den Weg« 197, 23.

S-A-LĀ. ʻ*ua le mafai foʻi i le toeaʻina, ona ʻeli ʻo se ufi pe fai salā umu* »dem Alten war es nicht möglich, Yams auszugraben noch einen Ofen für sie beide zurechtzumachen« 225, 18—19.

S-O-LĀUA. ona manatu lea ʻo le tamaʻitaʻi ʻo Matiteite, e lelei, ona fau ʻo solāua vaʻa »da meinte die Dame M., es sei gut, daß ihr ein Boot gebaut werde« 164. 44. Gleicher Bildung, aber nicht possessiver, sondern distributiver Bedeutung ist das Pronomen 183, 2—3. I 150, 6. 304, 16. 304, 19.

S-O-LĀ. ʻ*o le ā fai solā ʻava* »sie sollten Kawa für sie beide machen« I 147, 15.

A-LĀUA. ʻ*ua faʻapea alāua ʻupu* »die beiden sagten ihre Worte« 171, 18, ferner 180, 40. 180, 44. 180, 45. 181, 32. 182, 25. 189, 27. I 145, 9.

A-LĀ. ona ʻuma ai lea ʻo alā tala »dann war ihre Unterhaltung zu Ende« I 135, 14, ferner 235, 40. I 129, 46.

O-LĀUA. ʻ*a e fofola olāua fala ma le aliʻi Tulauʻena* »aber ihre eigenen Matten breitete sie für sich und den Häuptling T. aus« (wörtl. »aber sie breitete ihre beiden Matten mit dem Häuptling T. aus«) I 124, 41, ferner 166, 10. 166, 42. 180, 44. 181, 17. 181, 26. 189, 26. 190, 12. I 136, 38. 137, 1.

O-LĀ. ona fanau ai lea ʻo le māsaga, e taitasi olā tino »dann wurden Zwillinge geboren, die nur einen Körper hatten« 236, 12, ferner I 111, 25. 143, 20. 143, 27. 143, 29. 143, 40. 144, 30. BÜL. XIII 62, 14—15. 66, 12. 66, 14 usw.

L-A-TĀTOU. ʻ*o latātou itū taua nofo ia i gauta ala* »unsere Kriegspartei soll auf dem Wege landeinwärts bleiben« 180, 21, ferner 226, 22. 226, 27. I 111, 22. 200, 21. II 157, 7. 229, 23. 239, 8.

L-O-TĀTOU. ʻ*a e fai pea ʻupu o lotātou itū malō* »wir wollen tun, was unser Distrikt beschließt« 175, 8, ferner 168, 45. 205, 2. 210, 27. 220, 8. I 20, 32. 40, 30. 123, 24. 123, 26. 125, 7. 138, 9. 141, 10. 143, 12. 197, 30. 217, 12. 254, 27 usw. II 91, 37. 93, 35. 179, 35. 239, 11 usw. BÜL. XII 142, 49. 143, 4 usw.

SI-O-TĀTOU. ʻ*aua le fasi oti siotātou uso* »bringt unsre Schwester nicht um« SIER. 234, 50, ähnlich SIER. 234, 54.

S-A-TĀTOU. ʻ*o le ā fai sotātou fiafia* »laßt uns zusammen ein Fest feiern« II 63, 31, ferner II 93, 28. 154, 23. 156, 1.

S-O-TĀTOU. maliu maia i le fale, soʻu alu e saʻili mai sotātou ʻava »tritt ein ins Haus, daß ich indessen gehe, Kawa für uns zu suchen« I 131, 14, fast ebenso I 131, 33, ferner I 263, 19. II 63, 22. 178, 19. Sier. 234, 54 usw.

A-TĀTOU. 'a e 'au mai ia 'o atātou mea »laßt uns unsere Sachen herbringen« I 27, 29, ferner II 239, 15. 329, 30.

O-TĀTOU. 'o le ā fai nei ni otātou faiva »jetzt sind unsere Arbeiten zu tun« 227, 6, ferner 237, 18. I 208, 33.

L-A-MĀTOU. ona 'o lamātou taelega nai Tufulele na faifai ai a'u »bei unserm Baden in T. bin ich verspottet worden« 195, 22, ferner 204, 2. 204, 27. I 21, 6. 342, 10. II 323, 15. 329, 31. 329, 42.

L-O-MĀTOU. 'o aso nei se'i 'ou usiusita'i ai i le loto o lo'u tamā ma lomātou nu'u »heute muß ich mich dem Willen meines Vaters und unseres Dorfes fügen« 205, 32, ferner 223, 22. 238, 24. I 130, 26. 259, 41. 269, 1. 332, 42. 345, 1. 345, 4. 422, 6. II 63, 26. 91, 40. 329, 39. Bül. XII 142, 51 usw.

SI-O-MĀTOU. siomātou va'a 'ua le taulau »unser Schiff ist nicht bereit« II 302, 30.

S-A-MĀTOU. 'o le ā fa'asaga lamātou 'au e su'e samātou faiai »unsere Partei soll sich anschicken unsre Niederlage zu untersuchen« II 329, 43.

S-O-MĀTOU. e leai fo'i somātou āiga i le nu'u nei »auch haben wir keinen Verwandten in diesem Dorf« 203, 47; ferner 204, 2. II 91, 22.

A-MĀTOU. 'a e aloalo maia, amātou tōga nei e sefulu siapo ma 'ie e lima »unsre Gaben sind zehn Stück Rindenstoff und fünf Matten« II 239, 19, ferner I 21, 1. II 239, 22.

L-A-OUTOU. e tasi la'outou 'upu e fai atu ioe ia ioe lava »ihr dürft nur antworten: jawohl, gewiß« (wörtl. »eins ist euer Wort« usw.) 204, 11, ferner 201, 22. 210, 24. 210. 29.

L-O-'OUTOU. ni a 'ea ni mea i lo'outou nu'u? »was für Dinge gibt es in unserm Dorfe?« 168, 41, ferner 176, 40. 205, 27. 205, 31–32. 209, 2. 220, 15. 230, 22.

A-'OUTOU. 'a e ō mai pea a'outou aumoega »eure Freiweiber mögen aber weiterhin kommen« 205, 33, ferner 166, 15. 207, 10. 220, 30. I 397, 11. 432, 12. II 63, 27. 323, 14.

O-'OUTOU. ō ia 'o 'outou i o'outou nu'u »geht ihr in eure Heimat« 176, 39, ferner I 397, 12.

L-A-UTOU. ona pau lenā 'o lautou malaga? »ist eure Reisegesellschaft vollzählig da? I 110, 9, ferner 227, 7. 227, 9. I 119, 32. 119, 33. 120, 5. 155, 32. 426, 9 usw. II 329, 30.

L-O-UTOU. 'ua 'uma loutou 'ava »eure Mahlzeit ist zu Ende« 227, 6, ferner I 52, 35. 55, 77–78. 56, 41. 58, 19. 58, 27. 61, 21.

61, 42. 67, 2. 68, 13. 71, 38. 75, 41. 76, 31. 79, 28. 82, 23. 123, 10, 131, 18. 132, 14. 149, 4—5. 225, 6 usw. II 229, 20.

SI-O-UTOU. *afe mai sioutou malaga* »(ich) rufe eure Reisegesellschaft herein« Sier. 232, 23.

S-A-UTOU. *se ū sautou silasila i le tua o le tama nei?* »was ist eure Wahrnehmung an dem Rücken des Jünglings hier? II 71, 40.

S-O-UTOU. *alu ina ati soutou ʻava ma aliʻi* »geh und grabe eine Kawawurzel für dich und die Herren« (wörtl. »eine von euren Kawawurzeln mit den Herren«) I 131, 17, ferner II 71, 12. 91, 42.

A-UTOU. *ʻua maua ʻea ni autou lauʻua* »habt ihr eure Stücke Rindenbast bekommen?« II 62, 15, ferner II 239, 18.

O-UTOU. *o ia ina fai outou tagatiʻa* »geht und führt euer Stockwerfen zu Ende« II 329, 39.

L-A-LĀTOU. *ona alu ai lea ʻo lalātou evaevaga i Papatea* »dann unternahmen sie ihren Spaziergang nach P.« 163, 18, ferner 172, 10. 176, 45. 177, 46. 180, 28. 182, 18. 182, 36. 191, 44 usw. I 41, 15. 125, 3. 127, 42. 131, 19. 204, 22. 206, 26. 260, 8. 268, 13 usw. II 94, 3. 323, 17. 329, 37 usw.

L-O-LĀTOU. *ʻo lolātou tinā ʻo Sinaaletavae* »ihre Stammutter ist S.« 163, 11, ferner 162, 44—45. 163, 21. 165, 9. 167, 17. 169, 7. 169, 9. 170, 8. 172, 23 usw. I 110, 48. 131, 46. 139, 33. 184, 26. 204, 23. 268, 11. 268, 14. 268, 16 usw. II 91, 19. 173, 33. 182, 91. 234, 10. 329, 36 usw.

SI-A-LĀTOU. *ona nonofo foʻi lea ʻo sialātou āiga* »dann wohnte ihre Familie da« Sier. 230, 44, ferner Sier. 233, 40. Pr. 40, 2.

SI-O-LĀTOU. *ona oʻo lava lea i le isi aso, ona alu ane lava lea i olātou luma fale ʻo le malaga, ʻo teine e toʻatolu ma siolātou tamā* »es geschah eines Tages, daß eine Reisegesellschaft vor ihrem Hause vorbeiging, drei Schwestern mit ihrem Vater« Sier. 232, 14—16, ferner I 433, 2. Sier. 234, 18.

S-A-LĀTOU. *ʻa e le tumau salātou filifiliga i se fale o se aliʻi e toʻatasi* »ein bestimmtes Beratungshaus haben sie nicht« (wörtl. »aber es steht nicht fest ein Beraten von ihnen in einem Hause eines bestimmten Häuptlings«) 202, 19; ferner 205, 18. 207, 12. 229, 28. I 40, 7. 124, 38.

S-O-LĀTOU. *ʻo le faiva o solātou tupu* »die Kreierung eines Königs für sie« 199, 14; ferner 203, 26. 203, 28. 205, 33. 210, 6. 216, 16. Distributive Bedeutung hat *solātou* 203, 19.

A-LĀTOU. *ʻua faʻaapea alātou lauga* »so sind ihre Reden« I 40, 36. 161, 16. 166, 31. 166, 42. 168, 26. 170, 9. 172, 30. 174, 19, 174, 33. 177, 10 usw. I 27, 31. 27, 36. 110, 14. 123, 12. 135, 23. 203, 16 usw. II 63, 23. 72, 3. 181, 14. 182, 22. 305, 25 usw.

O-LĀTOU. *e leai fo'i ni olātou to'i* »sie hatten auch keine Äxte« 165,11; ferner 166, 32. 166, 43. 167,16. 167, 20. 177, 22. 216,15 usw. I 123, 3. 124,19. 143,1. II 73, 35. 325,10. 329, 41.

Neben den angeführten Possessivformen finden sich nun in den Texten hier und da noch solche, bei denen an Stelle des bindenden, genitivischen *a* oder *o* ein *aa* bzw. *oo* erscheint, nämlich *laa'u* (= *la'u*): *'afai e sau so'oula i laa'u itū ala, 'ua 'oulua oti* »wenn einer von euch beiden auf meine Wegseite kommt, weidet ihr beide sterben« 235, 12. *soo'u* (= *so'u*): *'o a'u nei a le maua soo'u igoa* »ich hier habe keinen Namen für mich gefunden« 234, 33. *saana* (= *sana*): *'afai e ita se tagata i lana fānau i le fa'alogogata i saana 'upu* »wenn jemand seinen Kindern zürnt, weil sie schwer auf sein Wort hören« 164,13. *'o le ū alu ifo ai lea 'o Salevao e sa'ili saana sami lupe* »darauf ging S. hinab, sich eine Zukost zu suchen« 230, 31. *soona* (= *sona*): *po 'ofea soona nu'u?* »wo ist seine Heimat?« 161,16. *pe moni, e lē soona nu'u lenei* »ob es wahr sei, daß hier nicht seine Heimat sei« 161,17. *'ua le sau i soona itū tagata* »er kam nicht in seiner Menschengestalt« 173, 28; ferner 184, 5. 184, 47. 185, 6. 186,19. 203,17. 207, 22. 209,10. 213, 35. 214, 4. 219, 24. BÜL. XI 122, 91. 122,18. XII 139, 37. *loolātou* (= *lolātou*): *'ua o'o mai i ona po nei 'o loolātou taofi* »bis auf die jetzige Zeit reicht ihr Glaube« 169, 44. Wie die Beispiele zeigen, ist die bei den entsprechenden futunischen Formen nach GRÉZEL (Dictionnaire futunien-français usw. S. 28 ff. und 35 ff.) darin zutage tretende Bedeutungsverschiedenheit, daß die Possessivpronomina mit einfachem *a* oder *o* adjektivischen, die mit doppeltem Vokale substantivischen Charakters sind, im Samoanischen nicht vorhanden, und auch im Futunischen sind die substantivischen Formen ursprünglich wohl nichts andres als vollbetonte gewesen. Daß die futunischen Pronomina mit *aa* bzw. *oo* gelegentlich auch adjektivisch verwandt werden, z. B. Ko le tosi-lotu katoliko faka-futuna 169, 9. 170,10. 195, 4 usw., kommt nicht in Betracht, da derartige Beispiele sich nur in der von Missionaren geschaffenen poetischen Übersetzungsliteratur finden, von Eingeborenen aber nach GRÉZELs ausdrücklicher Versicherung (S. 36) niemals geboten werden.

Hinsichtlich der Entstehung dieser Formen mit doppeltem *a* oder *o* könnte man sich versucht fühlen, an eine Altertümlichkeit zu denken und etwa anzunehmen, ein *saana* beispielsweise sei die aus dem vorauszusetzenden *seana* durch Vokalangleichung entstandene ältere Form, die dann, schwach betont, zu *sana* verkürzt worden sei. Abgesehn von der Schwierigkeit, die dann die futunischen Pluralformen *aana*, *oona* usw. der Erklärung entgegenstellen würden, da es bei diesen nichts anzugleichen gab, sie also als Analogiebildungen nach den

Singularformen gedeutet werden müßten, widersprechen einer solchen Auffassung aber auch die samoanischen Formen *maana* für *mana* und *moona* für *mona* in folgenden Beispielen: *ona fai lea maana tane* »dann machte sie ihn zu ihrem Manne« I 104, 37 (ebenso I 105, 10). *'ua fai maana ava 'o le afafine o Tui Manua* »er machte die Tochter des T. M. zu seiner Frau« Bül. XI 12, 33 — 34. *'afai 'o se atali'i o se ali'i 'ua manatu i ai se tulāfale e fai moona atali'i* »wenn ein Sprecher mit dem Gedanken umgeht, den Sohn eines Häuptlings an Sohnes Statt anzunehmen« 210, 33. *ona fai atu ai lea 'o le tulāfale i lona tausi e alu e vavae mai le atali'i o le ali'i e fai moona atali'i* »dann sagt der Sprecher zu seiner Frau, sie solle gehn und sich den Sohn des Häuptlings zuteilen lassen, damit er ihn an Sohnes Statt annehme« 210, 37. Man wird demnach also wohl annehmen müssen, daß die Formen mit doppeltem Vokal die jüngern, aus denen mit einfachem Vokal entstandenen sind, und daß es sich dabei nur um eine auch bei andern Wörtern zu beobachtende Auflösung eines langen Vokals in zwei kurze handelt. Vgl. z. B. *tofaaga* für *tofaga* »Schlafstätte« 171, 47 und *tuanaage* für *tuagane* »Bruder« 163, 38 wie auch das bei Besprechung des angeblichen Personalpronomens *ina* schon Bemerkte.

Endlich mag noch kurz auf das fast Selbstverständliche hingewiesen werden, daß die vokalisch anlautenden Formen ihren Anlaut zuweilen einbüßen, wenn demselben der gleiche Laut vorausgeht. So findet sich beispielsweise *lāua* statt *olāua* nach *mo* 181, 37, *lātou* statt *alātou* nach *ma* I 118, 20. II 192, 45, *lātou* statt *olātou* nach *mo* 166, 48. 167, 1. 167, 15. 172, 29. Nur ganz vereinzelt scheint dagegen der Schwund nach andern Vokalen zu sein wie in *tātou* statt *atātou* nach *le* 180, 11.

Es erübrigt nun noch eine kurze Bemerkung betreffs des Gebrauchs der *a*- und *o*-Formen, hinsichtlich dessen, wie zu erwarten, das für den Gebrauch dieser Partikeln überhaupt Geltende maßgebend ist. Man hat die bei der ersten Betrachtung ziemlich willkürlich scheinende Verteilung von *a* und *o* auf die einfache Formel zu bringen versucht, daß *a* ein aktives transitives, *o* dagegen ein passives und ein intransitives Verhältnis andeute (Whitmee bei Pratt S. 6 und Violette S. XXIV), was auch im großen und ganzen zutreffen dürfte. Es ist aber doch wenigstens in Kürze darauf aufmerksam zu machen, daß eine solche anscheinend ursprünglich reinliche Scheidung nicht mehr streng durchgeführt wird, daß der freien Wahl ein gewisser Spielraum gelassen ist, wobei besonders eine mehr und mehr um sich greifende Bevorzugung der stets häufiger gewesenen *o*-Formen stattzufinden scheint. Zum Beweise, daß die alte Regel nicht mehr ausnahmslos gilt, seien einige Beispiele angeführt, die ein und dasselbe Wort sowohl in Verbindung mit *a* wie in Verbindung mit *o* aufweisen: *ia suʻe sau ʻaulafo ʻo le a suʻe foʻi soʻu ʻaulafo* »suche du deine Werfpartei, daß ich hingegen meine Werfpartei suche« I 119, 26—27. *ia ʻavatu lava laʻu ʻie sina* »ich will dir wahrlich meine weiße Matte geben« I 126, 12. *ʻavatu fulufulu ia o loʻu ʻie* »ich will dir die Federn meiner Matte geben« I 126, 6. *ona fesili ai lea ʻo ʻOlo, po ʻofea e sau ai lana malaga* »darauf fragte Olo, woher seine Reise komme« I 128, 39. *toe fesili ʻo ʻOlo po ʻofea alu i ai lona malaga* »Olo fragte wieder, wohin seine Reise ginge« I 128, 41. *ona pau lena ʻo lautou malaga?* »ist eure Reisegesellschaft da vollzählig?« I 110, 9. *ia vave vave se isi e ʻaʻami le matai o loutou malaga* »einige von euch mögen rasch, rasch gehen, den Ältesten eurer Reisegesellschaft zu holen« I 110, 13. *tou te lē mafaia ma fai ʻo lau fatuāiga* »ihr könnt nicht meine Hausinstrumente handhaben« Bül. XI 13, 13—14. *ʻo loʻu fatuāiga ʻua faigatā* »meine Hausinstrumente sind schwer zu handhaben« Bül. X 15, 24—25.

SITZUNGSBERICHTE 1907.

XXXVIII.

DER KÖNIGLICH PREUSSISCHEN
AKADEMIE DER WISSENSCHAFTEN.

25. Juli. Sitzung der physikalisch-mathematischen Classe.

Vorsitzender Secretar: Hr. AUWERS.

1. Hr. BRANCA las über seine im Verein mit Prof. E. FRAAS gemachte Untersuchung über die Lagerungsverhältnisse an der Bahnlinie Donauwörth-Treuchtlingen und deren Bedeutung für das Ries-Problem. (Ersch. später.)

Auch im O. des Rieskessels sind nun, wie schon früher im W., oben auf der Alb gewaltige Massen überschobener, aus dem Rieskessel stammender Bunter Breccie aufgeschlossen worden. Dadurch wird wahrscheinlich, dass auch im S. des Rieses (Vorries) die Oberfläche der Alb nicht durch anstehenden Malm gebildet wird, sondern durch übeischobene Massen von Bunter Breccie, zu der auch die dortigen Granite gehören mögen. Damit ist nun Eis als transportirende Kraft ganz ausgeschlossen. Auch Tertiärgesteine fanden sich in der Bunten Breccie: der graue Kalk ist sicher oligocän; der rothe vermuthlich obermiocän. Beide stammen sicher nicht aus dem Riese, sondern lagen vor der Rieskatastrophe oben auf der Alb.

*2. Hr. BRANCA las ferner über die Frage: »Ist Ichthyosaurus nicht gleichzeitig vivipar und stirpivor gewesen?«

Die Zahl der im Leibe eines Ichthyosaurus bisher gefundenen Jungen schwankt zwischen 1 und 11. Kopfgeburtslage haben die Jungen fast nur da, wo lediglich ein Junges vorhanden ist; 86 Procent aller Jungen haben Steissgeburtslage. Da letzte, mindestens grösstentheils, ursprünglich sein muss, so spricht das nicht sehr für Deutung als Embryonen. Auch die Höhe der Zahl von 11 Jungen in einer Alten spricht, da sowohl Uterus als auch Magen je durch eine so hohe Zahl überfüllt gewesen sein dürften, eher dafür, dass hier theils Embryonen, theils gefressene Junge vorliegen. Starke Grössenunterschiede der Jungen in einem Ichthyosaurus reden dieselbe Sprache. Ein ganz vorn liegendes Junge, das von Häkchen begleitet wird, die Cephalopoden-Armen angehören, ist offenbar nicht Embryo, sondern ebenso wie der Cephalopod gefressen.

3. Hr. WALDEYER legte eine Mittheilung des Privatdocenten an der hiesigen Universität Prof. Dr. G. KRÖNIG vor: »Der morphologische Nachweis des Methämoglobins im Blut.« (Ersch. später.)

Es wird gezeigt, dass unter Umständen die Umwandlung von Oxyhämoglobin in Methämoglobin innerhalb der weissen Blutkörperchen geschieht. In solchen Fällen gelingt der Nachweis des Methämoglobins mikroskopisch, während der spectroskopische Nachweis versagt.

4. Hr. Prof. Bücking in Strassburg übersendet einen Sonderabdruck aus der Festschrift zum 70. Geburtstage von A. von Koenen: »Über einige merkwürdige Vorkommen von Zechstein und Muschelkalk in der Rhön.«

Ausgegeben am 3. August

1907.   XXXIX.

SITZUNGSBERICHTE

DER

KÖNIGLICH PREUSSISCHEN

AKADEMIE DER WISSENSCHAFTEN.

Gesammtsitzung am 17. October (S. 745)
Tobler: Altital. *adonare*. (S. 747)
Adresse an Hrn. Adolf Tobler zum fünfzigjährigen Doctorjubiläum am 31. Juli 1907. (S. 756)
Adresse an Hrn. Franz von Leydig zum sechzigjährigen Doctorjubiläum am 28. August 1907. (S. 759)
Adresse an die Universität Giessen zur Feier ihres dreihundertjährigen Bestehens. (S. 761)
Adresse an die Geological Society of London zur Feier ihres hundertjährigen Bestehens. (S. 763)

BERLIN 1907.
VERLAG DER KÖNIGLICHEN AKADEMIE DER WISSENSCHAFTEN.

IN COMMISSION BEI GEORG REIMER.

und leichten Schreibversehen hinausgehen. Umfängliche
Correcturen Flemdel bedülfen der Genehmigung des redigirenden Secretars vor der Einsendung an die Druckeléí;

SITZUNGSBERICHTE 1907.
XXXIX.
DER
KÖNIGLICH PREUSSISCHEN
AKADEMIE DER WISSENSCHAFTEN.

17. October. Gesammtsitzung.

Vorsitzender Secretar: Hr. WALDEYER.

1. Hr. TOBLER sprach über Sinn und Herkunft des bei Dante und auch bei anderen Autoren gesicherten altitalienischen Verbums *adonare*, das man unbedenklich als »bewältigen« deuten darf.

Er stellte es im Gegensatze zu anderen Etymologen als hervorgegangen hin' aus einem spätlateinischen *addominare*, für dessen einstige Existenz mancherlei spricht, und somit als eins mit einem gleichbedeutenden und gesicherten altfranzösischen *adamer*. Er zeigte, dass dieser Deutung und Erklärung des Wortes die Ungleichheit des Stammvocals im Italienischen einer- und im Französischen andererseits nicht im Wege steht, und dass, wenn bei Dante alle Hdss. im Präsens *adona* bieten sollten, was man vor der Hand nicht weiss, die Schreibung mit einem einzigen *d* und die Aussprache mit einem einzigen *n* nicht hindern anzunehmen, es sei eins mit einem Worte, das heute toscanisch *addonna* lauten würde. Er besprach im Anschluss daran einige andere theils altitalienische, theils provenzalische Wörter, die mit dem hier behandelten als nahe verwandt anzusehen sind.

2. Die Akademie hat ihrem ordentlichen Mitglied Hrn. TOBLER zum fünfzigjährigen, ihrem correspondirenden Mitglied Hrn. VON LEYDIG in Rothenburg o. d. T. zum sechzigjährigen Doctorjubiläum, der Universität Giessen zur Feier ihres dreihundertjährigen und der Geological Society of London zur Feier ihres hundertjährigen Bestehens Adressen gewidmet, welche unten abgedruckt sind.

3. Folgende Druckschriften wurden vorgelegt:

Vier Publicationen akademischer Unternehmungen, nämlich Heft 28 des »Pflanzenreich«, enthaltend die *Scrophulariaceae — Antirrhinoideae — Calceolarieae* von FR. KRÄNZLIN. Leipzig 1907; Commentaria in Aristotelem Graeca. Vol. 8. Simplicii in Aristotelis Categorias commentarium ed. CAROLUS KALBFLEISCH und Vol. 21, Pars 1. Eustratii in Analyticorum posteriorum librum secundum commentarium ed. MICHAEL HAYDUCK. Berolini 1907; WILHELM VON HUMBOLDTS Gesammelte Schriften. Bd. 7. Hälfte 1. Berlin 1907;

weiter eine Reihe von unterstützten Werken: P. ASCHERSON und P. GRAEBNER, Synopsis der mitteleuropäischen Flora. Lief. 47—50.

Leipzig 1907; F. Diekamp, Doctrina Patrum de Incarnatione Verbi. Münster i. W. 1907; E. Herzfeld, Samarra. Aufnahmen und Untersuchungen zur islamischen Archaeologie. Berlin 1907; W. Zopf, Die Flechtenstoffe in chemischer, botanischer, pharmakologischer und technischer Beziehung. Jena 1907, diese vier von der Akademie unterstützt; L. Schultze, Aus Namaland und Kalahari. Jena 1907 als Bericht über eine von der Humboldt-Stiftung unterstützte Forschungsreise; H. U. Kantorowicz, Albertus Gandinus und das Strafrecht der Scholastik. Bd. 1. Berlin 1907, unterstützt von der Savigny-Stiftung;

endlich Werke der correspondirenden Mitglieder W. James, Pragmatism. A New Name for Some Old Ways of Thinking. New York 1907; H. Nissen, Orientation. Studien zur Geschichte der Religion. Heft. 1. 2. Berlin 1906. 07; W. Windelband, Kuno Fischer. Gedächtnisrede. Heidelberg 1907.

4. Zu wissenschaftlichen Unternehmungen hat die Akademie bewilligt durch die physikalisch-mathematische Classe: Hrn. Struve zur Instandsetzung des der Akademie gehörigen Refractors 400 Mark; Hrn. Dr. Otto Kalischer in Berlin zur Fortsetzung seiner Untersuchungen über das Hörorgan 500 Mark; Hrn. Prof. Dr. Wilhelm Zopf in Münster i. W. zur Herausgabe einer Arbeit über die Flechtensäuren 600 Mark;

durch die philosophisch-historische Classe: Hrn. von Wilamowitz-Moellendorff zur Anfertigung von Photographien Plutarchischer Handschriften 750 Mark; der Musikgeschichtlichen Commission zur Herausgabe der Denkmäler Deutscher Tonkunst behufs bibliographischer Aufnahme der in deutschen Bibliotheken und Archiven befindlichen Handschriften mittelalterlicher Musikschriftsteller 1500 Mark; Hrn. Prof. Dr. Hans Glagau in Marburg zur Fortsetzung seiner Forschungen über Ludwig XVI. und die französische Revolution 1000 Mark.

Seine Majestät der Kaiser und König haben durch Allerhöchsten Erlass vom 8. August die Wahlen des ausserordentlichen Professors für nordische Philologie an der hiesigen Universität Dr. Andreas Heusler zum ordentlichen Mitglied der philosophisch-historischen Classe und des ordentlichen Professors der Physik an derselben Universität Dr. Heinrich Rubens zum ordentlichen Mitglied der physikalisch-mathematischen Classe der Akademie zu bestätigen geruht.

Die Akademie hat das ordentliche Mitglied der physikalisch-mathematischen Classe Hrn. Hermann Karl Vogel am 13. August und das correspondirende Mitglied derselben Classe Hrn. Moritz Loewy in Paris am 15. October durch den Tod verloren.

Altital. *adonare*.

Von A. Tobler.

Da das altitalienische Verbum *adonare* im allgemeinen zwar selten, zweimal aber bei Dante vorkommt, ist natürlich öfter von ihm gehandelt worden; doch wird niemand sagen wollen, es sei nach Sinn oder vollends nach Herkunft völlig aufgeklärt. So sei denn hier nochmals darauf zurückgekommen, sollte sich dabei auch nichts ergeben als ein Anstoß für andre zum Versuche, ob sie weiter gelangen denn ihre Vorgänger. Die eine Stelle ist Inferno 6, 34, wo Dante von sich und seinem Führer sagt *Noi paſſavam ſu per l'ombre che adona* (im Reim zu *introna* und *perſona*) *La greve pioggia*, und meint mit letzterm Worte das, wovon es zuvor Z. 7 hieß *la piova Eterna, maledetta, fredda e greve; ... Grandine groſſa e acqua tinta e neve Per l'aer tenebroſo ſi riverſa; Pute la terra che queſto riceve.* Von den Schlemmern, die unter diesem Regen den Ort ihrer Verdammnis angewiesen bekommen haben, braucht nachher der Dichter den Ausdruck *la gente che quivi è ſommersa* und fügt hinzu *Urlar li fa la pioggia come cani; Dell' un de' lati fanno all'altro ſchermo, Volgonſi ſpeſſo i miſeri profani* und später *Elle (le ombre) giacean per terra tutte quante Fuor ch' una che a ſeder ſi levò, ratto Ch' ella ci vide paſſarſi davante*; auch dieser eine Schatten, nach kurzer Unterredung mit dem Dichter, *chinò la testa; Cadde con eſſa a par degli altri ciechi* (über meine Auffassung der unmittelbar vorangehenden Verse s. Archiv f. d. St. d. n. Spr. 112 S. 146). Das Wort, mit dem wir uns hier beschäftigen, muß schon zu Dantes Zeit oder kurz darauf überhaupt wenig üblich oder doch in dem Sinne, den es für ihn hatte, nicht geläufig gewesen sein; denn schon die alten Erklärer des 14. Jahrhunderts halten für nötig über seine Bedeutung aufzuklären. Sie tun es aber durchaus nicht übereinstimmend, einige lediglich durch den Zusammenhang auf bloße Vermutungen geführt, wie denn in manchen Fällen dem Ausleger dunkler Wörter in der Tat kein andrer Weg sich bietet, andre durch eine gewisse Ähnlichkeit mit andern Wörtern von feststehendem Sinne zur Annahme verwandter Herkunft und daher auch Bedeutung veranlaßt. Diese Versuche alle aufzuzählen und diejenigen zu nennen, die den einen oder den andern gutgeheißen haben, tut nicht not; man findet sie sämtlich oder doch in großer Zahl bei Blanc, Versuch I S. 64, bei Scartazzini zu der Stelle, bei Zingarelli in Studj di fil. rom. I 114. Wer an Zugehörigkeit zu *domare* gedacht hat, von dem übrigens die Form *doma* Purg. 11, 53 im Reime vorkommt, konnte sich darauf berufen, daß an der Danteschen Stelle der Zusammenhang ein Wort mit der Bedeutung ‚bewältigen, bemeistern, unterwerfen' allerdings zu verlangen scheint, hat aber nicht bedacht, daß eine Verwandlung des intervokalen *m* des (Buchwortes!) *domare* in *n* etwas ganz Unerhörtes sein würde. Ein *adonare*, das Nebenform zu dem wohlbekannten *adunare* wäre, würde an sich nicht undenkbar sein; aber die einzig mögliche Bedeutung des erstern verträgt sich nicht mit des Dichters Schilderung, der keineswegs durch den Regen ‚zu scheußlichen Klumpen geballte' Gestalten vor unser Auge führt, sondern einzelne menschliche Wesen, die ungehindert von der einen Seite sich auf die andre legen, sich vorübergehend aus der Zahl der Leidensgenossen zum Sitzen aufzurichten, wieder zu ihnen zurückzusinken die Möglichkeit haben. Es lag ferner nahe an ein Kompositum von *donare* zu denken, das dem auch altfranzösisch vorkommenden und noch heute wenigstens reflexiv fortbestehenden *adonner* entsprechen würde (trans. ‚zu eigen geben', refl. ‚sich widmen', s. Dictionn. général). An der zweiten Stelle, wo Dante unser Wort gebraucht, wo in der Paraphrase des Vaterunser die Bitte um Erlösung von den Versuchungen des alten bösen Feindes lautet *Noſtra virtù che di leggier ſ'adona, Non ſpermentar coll'antico avverſaro, Ma libera da lui*, Purg. 11, 19, scheint ja das reflexiv gebrauchte Verbum wirklich ‚sich ergeben, die Waffen strecken, unterliegen' zu heißen, und Diez durfte wohl, wie er scharfsinnig getan hat, darauf hinweisen, daß span. *rendir*[1], offenbar auf Grund des reflexiven Gebrauchs *rendirſe* ‚sich ergeben, unterliegen', in transitiver Konstruktion die Bedeutung ‚bewältigen, unterwerfen' zeigt, und durfte damit verständlich zu machen versuchen, daß auf ähnlichem Wege ital. *adonare* den Sinn von ‚bewältigen' gewonnen habe. Es bleibt aber das Bedenken, daß *adonare* im Sinne von ‚ausliefern' und *adonarſi* in dem von ‚sich ergeben' bisher, wenn überhaupt, nur äußerst spärlich nachgewiesen sind, was die vermutete Entwicklung des transitiven Gebrauchs im Sinne von ‚bewältigen' schwer annehmbar macht.

Bei Arbeiten von der Art des hier vorliegenden kleinen Versuchs empfindet man mit immer neuen Schmerzen, wie wenig doch für die Lexikographie des alten Italienisch bisher noch getan ist, wie wenig

---

[1] Wozu man nach Zingarelli. a. a. O. 114 das *arrendere* = *abbattere* süditalienischer Mundarten zu stellen hätte.

für die kritische Herausgabe der Quellen, wie wenig für die Bequemlichkeit derer, die verschiedene Drucke je eines Textes miteinander vergleichen möchten, derer, die der Gewißheit darüber bedürfen, was in den Handschriften buchstäblich überliefert ist. Gewiß sind die lexikalischen Leistungen der Akademiker der Crusca hoher Achtung wert, so sehr sich der Mangel an engerem Zusammenhang unter den zahlreichen und ungleich tüchtigen Arbeitern und der Mangel einer kräftigen Schlußredaktion fühlbar machen. Gewiß ist auch in neuerer Zeit manches geschehn um den empfundenen Mängeln abzuhelfen; an Fleiß und Geduld hat man es nicht immer fehlen lassen, viel mehr an zweckmäßiger Anlage der Arbeit und an dem hier unentbehrlichen Zusammenwirken an getrennten Orten tätiger Gelehrten von einiger Opferwilligkeit, die nicht jede Unterordnung unter eine verständige Leitung von vornherein ablehnen. Solange für Italien nicht einmal etwas zu stande gebracht ist, was an die Verzeichnisse der provenzalischen und der altfranzösischen Lyriker und ihrer Gedichte samt Druckstellen heranreicht, die man Bartsch und Raynaud verdankt, wird unsägliche Arbeit immer aufs neue vergeblich aufgewendet werden müssen. Und was würde ein Wörterbuch wie das altfranzösische von Godefroy, das doch wahrlich kein Meisterwerk ist, allen denen für Dienste tun, die altitalienisches Schrifttum bearbeiten! Man verzeihe die an dieser Stelle vielleicht nicht besonders gut angebrachte Abschweifung, die gerade der am schwersten unterdrückt, der weiß, wie wenig es an arbeitslustigen, wohlbegabten Arbeitern fehlt, von denen sich rasche und erfolgreiche Förderung der Aufgaben erwarten ließe, an die hier gedacht ist. — Von älteren lexikalischen Arbeiten ist hier am ehesten noch die der Crusca zu loben, über deren Nachweise später weder Tommaseo-Bellini, noch Petrocchi, noch Rigutini-Bulle hinausgelangt sind. Die Crusca (die von Manuzzi verbesserte und vermehrte Ausgabe, Florenz 1833) fügt zu den beiden aus Dante genommenen Belegen für die Bedeutung *abbaſſare*, *domare* noch ein willkommenes Zeugnis aus G. Villani 6, 80, 7 (in der von mir benutzten Ausgabe von Triest 1857 findet man es nach einigem Suchen 6, 78 S. 104a): *e coſì* (durch die Niederlage bei Montaperti) *ſi adonò la rabbia dello'ngrato e ſuperbo popolo di Firenze*. Darauf läßt die Crusca als Belege für neutropassiven (d. h. reflexiven) Gebrauch im Sinne von *ſdegnarſi*, *prender onta* folgen aus demselben G. Villani 12, 58, 1 (Triest: 12, 59 S. 478b): *come il re d'Ungheria e quello di Polonia ſeppono la vergognoſa morte del re Andreas loro fratello ec., furono molto triſti e adonati contro alla regina ſua moglie*, wo die Ausgabe von Triest *adontati* (,in der Ehre gekränkt') gibt, was den Vorzug verdient und jedenfalls zu andern bei der Crusca selbst zu findenden Belegen für *adontare* und Zubehör trefflich stimmt. Eine dazugefügte Stelle aus Guittone scheint unverständlich; und ob sie in neueren Drucken gleich lautet, muß ich unentschieden lassen, da ich dieselbe nicht zu finden vermag. Auch was die Crusca unter *adonato* beibringt, kann ich nicht nachprüfen; sollte dort richtig gelesen sein, so müßte es sich um ein zwar gleichlautendes, aber mit dem unsern nicht wesensgleiches Wort handeln. *adonamento* weist die Crusca aus Bonagiunta nach. Die Stelle findet sich mit geringen Abweichungen in den Poeti del primo secolo 1, 493, wo Valerianis Deutung ‚*abbattimento*' kaum annehmbar erscheinen wird und man sich versucht fühlen darf *acontamento* (= afz. *acointement*) zu schreiben, da doch ein paar Zeilen weiter oben, wo Valeriani *adonata* gibt und mit *abbattuta* übersetzt, die vatikanische Handschrift 3793 *acontata* bietet (= afz. *acointiee*), Le antiche rime volg... p. per cura di A. D'Ancona e D. Comparetti 1 S. 524. Zwei sichere Belege für den reflexiven Gebrauch bringt aus der nämlichen Sammlung Parodi bei im Bullettino d. Soc. Dantesca ital. III 145, ein drittes aus Monacis Crestom. S. 312 Z. 40. Er ist geneigt in dem Worte einen Gallizismus zu sehen.

Hat unsere Umschau bei den Lexikographen Beachtenswertes kaum ergeben, so hat sie uns doch auch nichts finden lassen, was Anlaß geben könnte die Richtigkeit der alten Deutung von *adonare* an den Danteschen Stellen in Zweifel zu ziehn. Es wird sich nun noch fragen, ob eine Herkunft des Wortes sich denken lasse, die mit seinem Lautbestand und seiner Bedeutung vereinbar sei. Nach beiden Seiten hin scheint mir einer Herleitung von *ad-dominare* Entscheidendes nicht im Wege zu stehn. Dieses Wort ist zwar weder aus frühen noch aus späten lateinischen Texten bekannt, auch im Thesaurus nicht belegt; da es aber in afz. *adamer* seine tadellose Wiedergabe hat, so wird man es um so unbedenklicher als Grundlage auch eines italienischen Wortes ansetzen dürfen, als das Altfranzösische neben der erwähnten erbwörtlichen Form *adamer* auch die lehnwörtliche *adominer* besitzt, die für das einstmalige Bestehn eines lat. *addominare zeugt. Mehrere Belege für die Form *adamer* und ihren Gebrauch im Sinne von ‚bändigen' oder ‚zwingen' findet man schon bei Godefroy, und ich füge dazu: *Celui qui l'aime durement, A toz* (l. *toft*), *ce fai fëurement, A diex* (l. *dieu*) *fervir adominé* (wo Subjekt zum zweiten Verse und auch mit *l'* vor *aime* im ersten die Mutter Gottes gemeint ist), Barb. u. M. I 343, 2249; *Deus, mon cuer enlumineis, Ke fi eft nus et defpris, Sire, et fi l'adomineis, De voftre amor foie efpris,* Bern. LHs. 312, 5; *Dift Reneward: .. Groffe eft la brace qui me tient al cofte, Puis que jo l'ai [en]contremunt levé, Par nul femblant nel puis adominer, Ne petit colp ne puis jo pas doner,* Willame 3105; *Einz ne pout mes fon cuer adominer; Por fes pechiez* *commença a plorer*, Agolant in Bekkers Ferabras S. 173a. An dem *a* im Stamme der erbwörtlichen Form *adamer* wird keiner Anstoß nehmen, der dasjenige der aus *dominum* und *dominam* hervorgegangenen, ursprünglich vorzugsweise in tonloser Stellung gebrauchten Substantiva *dant* (neben *don*) und *dame* (neben *dome*) nach Foerster in Zts. f. rom. Phil. XIII 533 erklären gelernt hat. Dieses erbwörtliche *adamer* darf man aber nicht, wie Godefroy getan hat, mit einem andern, ebenfalls häufig vorkommenden und nicht minder volksmäßigen *adamer* vermengen, das ‚schädigen‘ heißt und von dem männlichen *dame* neben *dan* (= lat. *damnum*) herkommt. Von letzterem *adamer* hat Scheler in seiner Ausgabe des Baudouin de Condé, S. 477 gesprochen (wo er übrigens statt *damee* hätte *clamee* lesen müssen), und hat Godefroy zahlreiche Beispiele des Vorkommens gegeben, während er das *adamer*, das uns hier angeht, gar nicht kennt, obgleich auch es nicht eben selten ist: *Pour çou vous proi mierchi, biele tresdouche dame, c'anemis ne m'i* (in der Hölle) *tiegne, conduie ne adame*, Priere Theophilus 103 d, in Zts. f. rom. Phil. I 256; *Ains . . Ne fu creſtientés ſi dame Com ele eſt wi, ço eſt la ſome; Car quanqu'ele aconſiut aſome Et de tot ſon pooir l'adame* (so zu lesen), Stengel, Cod. Digby S. 117; *Que tout ai el dangier ma dame Cuer et cors, dont ele m'adame*, BCond. 138, 162; so noch ein paarmal bei diesem Dichter, ohne daß völlig klar wird, mit welchem der zwei Homonymen man zu tun hat, wie man auch im Aiol 289 und 2548 oder bei Mousket 17097 zwischen ‚schädigen' und ‚bändigen' schwanken kann.

Aber um anzunehmen, ital. *adonare* stehe wirklich zu *dominus* im gleichen Verhältnis wie afz. *adamer*, muß verständlich gemacht werden, wie dem *a* des altfranzösischen Wortes hier ein *o* gegenüberstehn kann, dem *nn* des ital. Stammwortes *donno* ‚Herr' (Inf. 33, 28 im Reime mit *ſonno, ponno*) und des davon abgeleiteten *indonna*, Par. 3, 13 ein durch den Reim gesichertes einfaches *n* (: *perdona, ſprona*), und warum beim Zusammentritt des Präfixes *ad* mit einem Stamme, der *d* zum Anlaut hat, wir hier nicht *dd* vorfinden, ein Bedenken, das auch Francesco D'Ovidio beim Erwägen der Herleitung des Wortes von *ad-donare* geltend gemacht hat, s. Studj di filol. rom. I 191. Was den ersten Punkt betrifft, so braucht dieser nicht aufzuhalten, da der Übertritt des ursprünglichen *o* zu *a* unter den gleichen oder ähnlichen Umständen wie im Französischen dem Italienischen überhaupt fremd ist. Die beiden andern Schwierigkeiten bin ich weit entfernt gering anzuschlagen, bemerke aber dazu, daß unser Wort unverkennbar schon zu Dantes Zeit wenig gebräuchlich war, irgendwelche Vorstellungen über seinen Zusammenhang mit andern Wörtern, welche Vorstellungen zur Bevorzugung einer bestimmten Schreibweise hätten führen können,

schwerlich bestanden, daß höchstens vielleicht eine gewisse, auch
später bei Etymologen wieder erwachte Neigung vorhanden war einen
Zusammenhang mit *adunare* anzunehmen, in welchem Falle die Schreibung mit einfachem *d* und einfachem *n* nur zu billigen war, ferner
daß Dante und seine Zeitgenossen in unserem Kompositum sehr wohl,
so wie es heute toskanischem Brauche entspricht, ein *dd* gesprochen
und doch ein einziges *d* geschrieben haben können, worüber wie über
das Folgende man z. B. Parodi im Bullett. d. Soc. Dant. III 108 oder
Mooɪe, Text. Cɪitic. S. XLI oder schon Caix, Le origini d. ling. poet. it.
S. 189 nachsehn mag, endlich daß der Unterschied zwischen einfach
und verdoppelt lautenden Konsonanten in vielen Fällen, namentlich
bei Liquiden, nicht so stark fühlbar gewesen zu sein scheint, wie er
es heute in Toṣkana ist, und jedenfalls als nicht so beträchtlich
empfunden wurde, daß er bei sonstigem Gleichlaut der Wortausgänge
den Reim gehindert hätte. Dante hat schwerlich *nella via* anders gesprochen, als es heute lautet, und doch paart er *ne la* am Versschluß
mit den Verbalformen *vela*, *cela*, Puɪg. 17, 55, ebenso *ne lo*, getrennt
durch den Versschluß von *punto del cerchio*, mit *cielo*, *candelo*, Par. 11,
13; *dièmi* (= *mi diedi*, erste Person) Purg. 30, 51 und *rendemmi* (dritte
Person) dürften in ihren Ausgängen nicht völlig gleich gelautet haben,
reimen aber nichtsdestoweniger; *pentèmi* (1. Sg.) reimt mit *eſtremi*, Purg.
22, 44, *femmi* (1. Sg.) mit *rendemmi* (3. Sg.), eb. 31, 91; *parlòmi* (d. h.
parlommi) mit *nomi*, Purg. 14, 76; *fuci* (d. h. *fucci* oder *ci fu*) mit *luci*,
Purg. 29, 66; *ſane* und *ſanne*, die doch wohl das nämliche Wort sind,
finden sich beide gleichermaßen durch den Reim geschützt, Inf. 33,
35 und 6, 23 und 18, 99. Warum der Name des Gottes Bacchus anders
als *Bacco* lauten sollte, ist nicht zu erkennen, und im Innern des
Verses erscheint er auch stets in dieser Form; an den zwei Stellen
aber, wo er im Reim auftritt (Purg. 18, 93, Par. 13, 25), heißt er
Baco. *Galeoto*, Inf. 8, 17 und *galeotto*, Purg. 2, 27 sind beide durch den
Reim gedeckt. In dem Plural *Erine*, Inf. 9, 45 (: *crine*, *meſchine*) wird
das einfache *n* an Stelle des doppelten von *Erinnyes*, das dem Dichter
allermindestens aus Ovid und Statius bekannt sein mußte, und für
das sich eine im Munde des Volkes etwa eingetretene Umgestaltung
des Wortausgangs schwerlich wird annehmen lassen, auch weniger
mehr befremden, wenn man die eben vorgeführten andern Beispiele
von Duldsamkeit in der Gleichsetzung einfacher und doppelter Kon-
sonanz sich gegenwärtig hält. (Sorgsame Sammlung derartiger Fälle
aus Dante verdankt man Parodi, Bullett. d. Soc. Dant. ital. III 108.) Die
Italiener haben es eben in bezug auf völligen Gleichklang der für den
Reim in Betracht kommenden Laute nie sonderlich genau genommen,
jedenfalls lange nicht so genau wie etwa ihre provenzalischen Lehr-

meister, und man kann nicht sagen, daß ihre Dichtung an Glanz und
Schönheit dadurch verloren hätte. Jedenfalls dürfte, auch wenn alle
Handschriften der Commedia an den uns beschäftigenden Stellen übereinstimmend *adona* geben sollten, worüber vorderhand wohl niemand
Auskunft zu gewähren vermag, nicht zu bestreiten sein, daß damit
gemeint sein könnte, was nach heutiger Schreibweise in der Form
addonna erscheinen würde.

Es soll hier auch die Tatsache nicht unerwähnt bleiben, daß
das alte Italienisch ein weiteres Verbum besessen hat, das dem Sinne
nach mit dem hier besprochenen *adonare* fast völlig zusammenzu-
fallen, der Herkunft nach ihm nahe verwandt, wenngleich nicht
ganz eins, zu sein scheint. Wenn in Z. 55 des berühmten Contrasto
Rofa frefca aulentifima der ungestüme Bewerber zu dem lange sich
sträubenden Mädchen sagt *Befongn'è ch'io ti tenga al meo dimino*, so
hat meines Wissens niemand das letzte Wort des Verses anders gedeutet als ‚Herrschaft, Gewalt', jedermann darin eine Nebenform
von *dominio* gesehen, dessen erste Silbe ihren tonlosen Vokal dem
betonten der zweiten assimiliert oder unter der Einwirkung der zahlreichen Wörter mit dem Präfix *di* (aus lat. *de* oder *di*) geändert hätte
(wie *dimeftico*). Wie dem nun auch sei, von diesem Substantiv ist
schwerlich das Verbum *adiminare* zu trennen, das in dem nämlichen
Gedichte Z. 32 begegnet, wo es heißt (*Molte fono le femine c'anno dura
la tefta,*) *E l'omo con parabole l'adimina ed amonefta*. Ob das erste
der beiden zusammengestellten Verba von einigen Herausgebern mit
einem Akzent auf seinem ersten *i* mit Recht versehn ist, will ich
nicht entscheiden. Die Natur des Verses erlaubt ebensowohl die Betonung des zweiten. Wäre diese die tatsächliche, dann hätte man
in dem Verbum eine Ableitung von dem eben betrachteten *dimino* (aus
dominium) zu sehn. Im andern Falle wäre das italienische Verbum dem
früher besprochenen altfranzösischen Lehnwort *adominer*, einem spätlateinischen *addominare und dem erbwörtlichen ital. *addonnare gleich-
zusetzen; und der in betonter Stammsilbe (*addóminat*) nicht leicht er-
klärliche Eintritt eines *i* für *o* müßte dann wohl auf Einwirkung des
dem Sinne nach nahestehenden Substantivs *dimino* zurückgeführt werden.
Es sei noch bemerkt, daß nach der Art seiner Verwendung im Contrasto,
wo das *adiminare* dem *amoneftare* und dem *percazare* der folgenden
Zeile vorangestellt ist, während man das Zähmen, Bändigen eher an
letzter Stelle zu finden erwartet, jenes Verbum mehr das Bemühen
um Erreichung der Willfährigkeit, die Zähmversuche als das Vollenden der Zähmung zu bezeichnen scheint.

Es seien einige Zeilen auch noch ein paar provenzalischen Wörtern
gegönnt, an die man im Hinblick auf die hier vorgeführten Tatsachen

sich erinnert fühlen mag, die aber zu dem altitalienischen, welches
uns beschäftigt, in keiner oder doch nur in entfernter Beziehung
stehen. Raynouard belegt III 11b ein reflexives *adonar* (bei Guiraut
Olivier d'Arles, Nr. 36 seiner Coblas), das er wohl zutreffend mit
'sich anschließen an, sich vertraut machen mit' übersetzt; reflexiv
wird es, obschon kein Reflexivpronomen ausgesprochen ist, anzusehen
und gleich zu verstehen sein an der dem Cadenet (anderswo andern)
zugeschriebenen Stelle des Gedichtes Grundriß 276, 1. Den nämlichen
Sinn zeigt die Stelle bei Appel, Prov. Ined. 349, 8, 13, wo es von
dem, der treu der Minne dient, heißt *Lo ren cortes, larg e pro, e
s'adona Ab los valens*, und eine andre mit wenig abweichender Konstruktion bei Noulet und Chabaneau XXII 18, wo ein feiner Unterschied zwischen *amans* und *amaire* gemacht ist: *Amans es dregz sel
que pessans estay Del fag d'amor, e quan s'es adonatz En als pessar*
(l. *en tal pessar?*), *es amayres nomnatz*, wo man etwa 'sich widmen,
sich befleißen' zur Wiedergabe verwenden könnte. Minder klar ist
des Wortes Sinn im Lehrgedicht Folquets von Lunel *Tan grans
malvestatz s'adona De fautz e de ditz en las gens*, 118, und noch weniger
in den Wundern unsrer lieben Frau: *el lor differa una cauza merevilhoja
e apenas que se pogra adonar ha entendemen, tan es laia a dire*, 166
in Romania VIII 26. Transitiv endlich und im Sinne von 'übergeben'
erscheint unser Wort in dem Urteilsspruch des Grafen von Rhodez
über Guiraut Riquiers poetischen Kommentar, Mahn Werke IV 232:
Nos el temps qu'el dig (l. *qu'es dig*, nämlich Z. 22 *mil dos cens e ochanta*)
adonem A catre trobadors per ver La chanso.

Zu *domini* sodann ist zu stellen das Verbum *domenjar*, wovon
Mahn Gedichte 224, 3 das Partizipium bietet: *E bel* (sc. *m'es*) *quar
fui tan vostre domenjatz* (bei Bartsch 38, 22 *vostr'endomenjatz*); ferner
das Adjektiv *domengier* 'untertan', wovon Raynouard zutreffend spricht
(nur daß er es nicht, wie P. Meyer im Glossar des Albigenserkriegs
gerügt hat, mit *domesgier* aus *domesticarius* hätte vermengen sollen),
wozu *domengeiramen*, Mahn Gedichte 1202, 2 ein gut gebildetes Ad-
verbium ist, was man von *domenjamen*, Appel Ined. 76, 8, 11 nicht
sagen kann. Endlich das Verbum *endomengar, -ergar, -enjar, -enguar*
und andres, was Raynouard richtig dazu gestellt hat, allerdings wieder
mit unrichtiger Einbeziehung von Wörtern, die zu *domesticus* oder zu
domare gehören. Was Peire Bremon unter einer *chanso pus adomniva*
sich gedacht haben mag, Appel Ined. 330, 5, 5, vermag ich allerdings
gleich wenig sicher zu erkennen wie die Art der Bildung des sonst
nicht vorkommenden Wortes. Vielleicht indessen darf man annehmen,
es heiße nicht *soumis, respectueux, humble*, wie Raynouard III 73b[1]

---

[1] Rochegude: *Supérieur, excellent*; Diez Gr. II 365: 'unterwürfig'.

ansetzt, sondern ‚geschickt, tauglich zu überwinden' und sei von einem Verbum *adomnar* abgeleitet, das freilich nicht nachweisbar scheint, das aber mit dem uns beschäftigenden italienischen Verbum *adonare* gleicher Bildung und Bedeutung sein würde. Adjektivische Bildungen mit Suffix *-ivus* von Verbalstämmen sind im Provenzalischen nichts weniger als selten: *agradiu, badiu, caziu* (was im Brev. d'Am. 7490 mit Azaïs zu ändern ich keinen Anlaß finde), *celiu, clamiu, cridiu, effugiu* (Appel Ined. 230, 2, 19), *penſiu* mögen als Beispiele genügen.

Adresse an Hrn. Adolf Tobler zum fünfzigjährigen Doctorjubiläum am 31. Juli 1907.

Hochverehrter Herr Kollege!

Ein halbes Jahrhundert ist dahingegangen, seit Ihnen die Hochschule Ihres Heimatkantons den Doktorhut aufgesetzt hat, eine lange Zeit für den einzelnen Menschen, eine lange Frist auch für die junge Philologie, der Sie dienen und die innerlich zu festigen Sie nie ermüdet sind. Seit Sie zu Friedr. Diez Füßen gesessen haben, der Ihnen nicht nur der Begründer Ihrer Wissenschaft, sondern auch ein persönlich teurer Lehrer war, seitdem hat sich ein gewaltiger Wandel vollzogen in all den Philologien, die der Erkenntnis neuerer Sprachen und Literaturen gewidmet sind: fast allzu schnell und üppig haben sie sich entfaltet, haben sie ihre Arbeitsgebiete ausgedehnt bis in das geistige und sprachliche Leben von heute. In der gefährlichen Gunst des Tages, die alle die Wissenschaften äußerlich treibt und innerlich schwächt, die praktische Bedürfnisse des Augenblicks zu befriedigen scheinen, sind auch der romanischen Philologie geile Triebe nicht erspart geblieben. Sie aber haben, ein guter getreuer Gärtner, das Wurzelechte gepflegt durch Vorbild und durch Lehre. Ihre ernste, anspruchslose, stille Arbeit, die sich zu keinem unreifen Wort verleiten läßt, wirkt seit langem wie ein mahnendes Gewissen. Gegenüber dem populären Wahn, als genüge es, die sprachliche und geistige Gegenwart der Völker aus sich selbst zu verstehen, haben Sie ohne harte Worte, aber in ruhiger Festigkeit wieder und wieder zugleich die Notwendigkeit und die Schwierigkeit historischer Erkenntnis betont. Generationen alter und junger Romanisten haben aus Ihrem Dis dou vrai aniel gelernt, was philologische Arbeit ist; Sie haben ihnen wahrlich den echten Ring geboten, der die Hand jedes rechten Philologen schmücken muß.

Dem Schweizer Pfarrhaus, das Ihre Kindheit sah, war Poesie ein Lebenselement. Die Kunst ist Ihnen ein Lebensschatz geblieben, den Sie in feinem Herzen hegen, der auch Ihrem wissenschaftlichen Schaffen Inhalt gibt. Aber so innig Sie sich freuen an der bewunderns-

weiten Dichtung der reichbegabten Nationen, deren Geisteswelt Sie
erforschen, so vielseitig sie Ihnen vertraut ist von den altfranzösischen
Bauernsprüchen, die Sie in hübsche eigene Verse zu übertragen wußten,
bis zu der weltgeschichtlichen Höhe des großen Ghibellinen, — nur
zögernd, fast widerwillig haben Sie zu Worten gefügt, was Sie empfanden:
es ist mehr als ein Menschenalter her, daß Sie von den Helden und
Spielleuten des alten Frankreich warm getönte Bilder entwarfen, die
in ihrer deskriptiven Analyse auch von Ihrem persönlichen Anteil
etwas fühlen ließen. Aber was Ihre keusche Sprödigkeit verschweigt,
das verrät sich dem aufmerksamen Auge doch durch alle wortkarg
nüchterne Besonnenheit hindurch in dem eindringenden Feingefühl
der sprachlich interpretierenden Bemerkungen, die Sie über französische, provenzalische und italienische Dichter in einer Freigebigkeit
ausgestreut haben, daß sie sich zuweilen zu einem Gespinnst zusammen-
schließen, uns fast wertvoller als der Leib, den es umkleidet.

Die Geschichte Ihrer Wissenschaft wird Ihnen nicht vergessen,
daß Sie noch vor Ihres Freundes GASTON PARIS bahnbrechendem Alexius
in fester Strenge die Anforderungen gesteigert haben, die an Kritik
und Hermeneutik romanischer Texte zu stellen waren. Sie haben als
der Romanisten Erster aus dem Studium lokaler Urkunden die Laut-
gestalt literarischer Werke herzustellen gewagt. Sie haben den französischen Versbau alter und neuer Zeit so gelehrt, daß Sie damit den
romanischen Philologen des letzten Menschenalters ein unentbehrliches
Werkzeug geschmiedet haben. Aus den Handschriften zumal der
Hamiltonsammlung haben Sie nicht nur unbekannte italienische und
französische Texte des Mittelalters mit der Ihnen eigenen Sauberkeit
und Schärfe neu ediert; auch die traditionell anerkannte Mannellische
Textgestalt des Dekamerone unter die kritische Lupe zu nehmen,
machte Ihnen sichtliche Freude.

Aber das alles tritt zurück vor der unvergleichlichen Sicherheit
und Feinheit einer lexikalischen, phraseologischen und syntaktischen
Observation, die, Ältestes und Neuestes verknüpfend, mit gleicher
Liebe von der heiligen Eulalia bis zu der heiligen Thais sich erstreckt
und immer wach selbst vor den Briefen des verehrten Lehrers ihre
Skrupel nicht beschwichtigt. Einst erhoffte man von Ihnen ein großes
altfranzösisches Wörterbuch, und oft genug haben Sie aus den Schätzen
gespendet, die Sie in solcher Absicht gesammelt haben. Aber schon
das Programm Ihrer akademischen Antrittsrede ließ ahnen, daß Ihr
Beobachtungstrieb im Begriffe stand, jenen Rahmen zu sprengen. Von
der Kunst, das feinere sprachliche Verständnis altfranzösischer Texte
zu sichern, führte Sie Ihr Weg weiter zu verwandten Phänomenen
und Problemen modernen französischen Sprachlebens. Die knappen,

durchsichtigen Studien über Einzelheiten und Zusammenhänge syntaktischen und stilistischen Baues, in denen Sie ebenso der psychologischen wie der geschichtlichen Beleuchtung zustreben, brauchen die Umschau über Jahrhunderte und Völkerkreise, um zu leisten, was sie leisten. Die französische Philologie dankt Ihnen hier einen beneidenswerten Vorsprung vor den Schwestern. Man sagt Ihren syntaktischen Aufsätzen nach, daß sie schwer zu lesen seien: der Kundige freut sich an der präzisen Notwendigkeit Ihrer Darstellungsform. Und die Fülle des Einzelnen wird zu einer eindrucksvoll geschlossenen Einheit durch den fein und scharf blickenden Geist, aus dem das alles geboren ist.

In einer der wenigen rein literarhistorischen Untersuchungen, die Sie haben drucken lassen, skizzieren Sie ein Bild Gustave Flauberts, dem Sie, seine Übertreibungen abwehrend, durch unausgesprochene Sympathie verbunden sind. Sie würdigen die objektive Kühle, die mit warmer Empfindung sich wohl verträgt; Sie verstehen die spröde Zurückhaltung, die Abneigung gegen allen Schein, für die les titres dégradent, les honneurs déshonorent. Nach äußeren Ehren hat es auch Sie nie verlangt; aber den summus honos der philosophischen Fakultät haben Sie stets, nehmend und gebend, in Ehren gehalten, weil diese Ehre verpflichtet. Die Waffe, die Ihnen der akademische Ritterschlag anvertraute, haben Sie jetzt durch fünfzig Jahre geführt sans peur et sans reproche; hell blinkt sie, unberührt vom Roste geistiger Trägheit und von dem trüben Anhauch äußerer Rücksichten; von ihrer blitzenden Schneide wenden die Halben und die Dilettanten das schmerzende Auge. Wir aber begrüßen Sie, hochverehrter Herr Kollege, an Ihrem Festtage mit dem freudigen Bewußtsein, daß Sie, in unserem Kreise der erste Vertreter Ihrer jungen Wissenschaft, wie heute Wenige die alte Philologentugend verkörpern der entsagungsvollen, unerbittlichen Strenge bis ins Kleinste, jene spröde Tugend, die doch allein den festen Grund zu legen vermag auch für den größten Auf- und Ausbau geschichtlicher Wissenschaft.

Die Königlich Preußische Akademie der Wissenschaften.

Adresse an Hrn. FRANZ VON LEYDIG zum sechzigjährigen Doctorjubiläum am 28. August 1907.

Hochgeehrter Herr Kollege!

Zur seltenen Feier des 60jährigen Doktorjubiläums, das Sie als Nestor der deutschen Biologen am 28. August begehen, bringt Ihnen auch die Preußische Akademie der Wissenschaften, der Sie seit vielen Jahren als korrespondierendes Mitglied angehören, ihre herzlichsten Glückwünsche dar. Sie verehrt in Ihnen einen ruhmvollen Vertreter jener älteren Generation großer Naturforscher, welche den wunderbaren, durch die Vervollkommnung des Mikroskops ermöglichten Aufschwung der biologischen Wissenschaften im 19. Jahrhundert herbeigeführt hat. Als junger Gelehrter in Würzburg, im Wetteifer mit A. VON KOELLIKER und C. GEGENBAUR, als Professor der Zoologie in Tübingen und später als vergleichender Anatom in Bonn haben Sie durch Ihre vielseitigen vergleichenden Untersuchungen, durch Ihr Lehrbuch der Histologie des Menschen und der Tiere, das so reich an allgemeinen Gesichtspunkten ist, durch Ihr Handbuch vom Bau des tierischen Körpers und zahlreiche andere zoologisch-histologische Schriften unsere Kenntnis vom mikroskopischen Bau der Organismen in erfolgreichster Weise gefördert. Kaum gibt es ein Kapitel der Histologie, in welchem nicht die Spuren Ihres Schaffens zu finden wären.

Es hat sich erfüllt, was Sie im Vorwort Ihres Lehrbuchs der Histologie schon 1856 ausgesprochen haben: »Wenn es wirklich wahr sein sollte, daß mit dem Vorrücken unserer Kenntnisse über die Eigenschaften der Materie hin und wieder ein Blick in die Geheimnisse der Lebensprozesse gestattet würde, so hätte die Gewebelehre nicht den kleinsten Anteil an solchen Enthüllungen.«

Wir aber können hinzufügen: Ein sehr wesentliches Verdienst an der Begründung dieses Fortschritts haben Sie sich selbst durch Ihre umfassenden mikroskopischen Forschungen erworben.

Einen so hervorragenden Forscher zu ihren Mitgliedern zählen zu dürfen, schätzt sich die Berliner Akademie glücklich und hofft, daß Ihr erfolgreiches Wirken auch in Zukunft jüngeren Gelehrten ein leuchtendes Vorbild bleiben möge.

Die Königlich Preußische Akademie der Wissenschaften.

Adresse an die Universität Giessen zur Feier ihres dreihundertjährigen Bestehens.

Die Königlich Preußische Akademie der Wissenschaften sendet der Großherzoglichen Ludewigs-Universität an dem Tage, an welchem sie die dritte Säkularfeier begeht, ihren Festgruß und hat eines ihrer Mitglieder beauftragt, sie bei der Feier zu vertreten und ihre freudigen Glückwünsche zu überbringen.

Die Pflege der Wissenschaft ist die gemeinsame Aufgabe der Universitäten und Akademien, aber nur die Universitäten erziehen das nachwachsende Geschlecht für die Wissenschaft. Es ist nicht immer so gewesen: erst unter dem Einfluß der Akademien im 18. Jahrhundert haben die deutschen Universitäten die Pflicht, zur selbständigen Forschung anzuleiten, erkannt und diese Aufgabe seitdem unverbrüchlich festgehalten. Die Ludoviciana, im Zeitalter des Konfessionalismus gegründet, hat aber schon beim Ausgang des 17. Jahrhunderts einen Lehrer besessen, der als Erster ein großes Gebiet der Wissenschaft, die Geschichte der Kirche, aus der Enge der Vorurteile herausgeführt und seine Schüler von den Fesseln kirchlicher Befangenheit befreit hat. Der Anstoß, den er gegeben, hat fortgewirkt, und stets wird der Name GOTTFRIED ARNOLD, Professor zu Gießen, dann Königlich Preußischer Historiograph, neben dem des Thomasius in der Geschichte der Wissenschaft und Aufklärung genannt werden.

Zwei landgräflich hessische Universitäten, so nahe gelegen, daß ihre Höhen sich grüßen, Gießen und Marburg, das schien ein Überfluß und war es zeitweise auch. Aber durch LIEBIGS epochemachendes Wirken wurde die Universität des neuen Großherzogtums ein weltberühmter Ort und LIEBIGS Laboratorium die Geburtsstätte und hohe Schule der modernen Chemie für unser Vaterland und für das Ausland, aber nicht nur eine Schule — Landwirtschaft und chemische Industrie haben von hier aus die Blüte empfangen, in der sie heute noch stehen. Mit und nach LIEBIG war der Ludoviciana das Glück beschieden, auf vielen Gebieten des Wissens Gelehrte zu den ihrigen zu zählen, die durch ihr Genie und ihren Fleiß an der Spitze ihrer Wissenschaft gestanden haben. Die Juristen werden von JHERINGS

»Geist des römischen Rechts«, die Mediziner BISCHOFFS bahnbrechende entwicklungsgeschichtliche und BUCHHEIMS grundlegende pharmakologische Untersuchungen, die Theologen DILLMANNS, die Archäologen WELCKERS hohe Verdienste niemals vergessen, und neben ihnen wäre noch manch klangvoller Name zu nennen.

Aus dieser Vergangenheit der Ludoviciana und ihrer Blüte in der Gegenwart entnimmt die Königlich Preußische Akademie der Wissenschaften zu Berlin die Gewißheit, daß die Hochschule zu Gießen auch in der Zukunft ihren Ruhm behaupten und den neuen Aufgaben gewachsen sein wird, welche die fortschreitende Wissenschaft und der sich mächtig ausbreitende Lehrbetrieb den Universitäten stellen.

Berlin, im Juli 1907.

Die Königlich Preußische Akademie der Wissenschaften.

Adresse an die Geological Society of London zur Feier ihres hundertjährigen Bestehens.

Der GEOLOGICAL SOCIETY OF LONDON, der ältesten und größten aller geologischen Gesellschaften, erlaubt sich die Königliche Akademie der Wissenschaften ihre aufrichtigsten Glückwünsche zur Feier des hundertjährigen Stiftungsfestes auszusprechen.

Zu einer Zeit, in welcher die Geologie als selbständige Wissenschaft noch in bescheidenen Anfangsstadien lag, in welcher erst vereinzelte Forscher an die hehre Aufgabe der Geologie-Paläontologie als einer Entwicklungsgeschichte der Erde und der Lebewelt heranzutreten wagten, hat bereits in England eine Anzahl von Männern zu diesem Zwecke sich verbündet. Erfüllt und durchdrungen von dem hohen, ihrem geistigen Auge vorschwebenden Ziele, durch gemeinsame Arbeit zu sicherer Erkenntnis dieser Entwicklungsgeschichte zu gelangen, haben jene Männer die GEOLOGICAL SOCIETY OF LONDON gegründet und so sich unvergängliche Verdienste um die Geologie und Paläontologie erworben.

Eine lange Reihe klangvoller, berühmter Geologen-Namen ist es, die wir in dem nun abgelaufenen Jahrhundert an der Spitze dieser Ihrer Gesellschaft verzeichnet finden. Kaum ein geologisches Problem des vergangenen Jahrhunderts gibt es, das nicht in den zahlreichen Schriften Ihrer Gesellschaft behandelt und gefördert worden wäre. Eine stattliche Anzahl geologischer Formationen und Systeme hat ihre erste Kenntnis und ihren Namen Mitgliedern Ihrer Gesellschaft zu verdanken. Bahnbrechende stratigraphische Arbeiten, und in Verbindung mit diesen die ersten und vorzüglichsten geologischen Übersichtskarten, sind in England durch Anregung Ihrer Gesellschaft geschaffen worden.

So darf die heutige GEOLOGICAL SOCIETY OF LONDON mit berechtigtem, hohem Stolze auf das zurückblicken, was sie im Laufe eines

»Geist des römischen Rechts«, die Mediziner Bischoffs bahnbrechende entwicklungsgeschichtliche und Buchheims grundlegende pharmakologische Untersuchungen, die Theologen Dillmanns, die Archäologen Welckers hohe Verdienste niemals vergessen, und neben ihnen wäre noch manch klangvoller Name zu nennen.

Aus dieser Vergangenheit der Ludoviciana und ihrer Blüte in der Gegenwart entnimmt die Königlich Preußische Akademie der Wissenschaften zu Berlin die Gewißheit, daß die Hochschule zu Gießen auch in der Zukunft ihren Ruhm behaupten und den neuen Aufgaben gewachsen sein wird, welche die fortschreitende Wissenschaft und der sich mächtig ausbreitende Lehrbetrieb den Universitäten stellen.

Berlin, im Juli 1907.

Die Königlich Preußische Akademie der Wissenschaften.

Adresse an die Geological Society of London zur Feier ihres hundertjährigen Bestehens.

Der GEOLOGICAL SOCIETY OF LONDON, der ältesten und größten aller geologischen Gesellschaften, erlaubt sich die Königliche Akademie der Wissenschaften ihre aufrichtigsten Glückwünsche zur Feier des hundertjährigen Stiftungsfestes auszusprechen.

Zu einer Zeit, in welcher die Geologie als selbständige Wissenschaft noch in bescheidenen Anfangsstadien lag, in welcher erst vereinzelte Forscher an die hehre Aufgabe der Geologie-Paläontologie als einer Entwicklungsgeschichte der Erde und der Lebewelt heranzutreten wagten, hat bereits in England eine Anzahl von Männern zu diesem Zwecke sich verbündet. Erfüllt und durchdrungen von dem hohen, ihrem geistigen Auge vorschwebenden Ziele, durch gemeinsame Arbeit zu sicherer Erkenntnis dieser Entwicklungsgeschichte zu gelangen, haben jene Männer die GEOLOGICAL SOCIETY OF LONDON gegründet und so sich unvergängliche Verdienste um die Geologie und Paläontologie erworben.

Eine lange Reihe klangvoller, berühmter Geologen-Namen ist es, die wir in dem nun abgelaufenen Jahrhundert an der Spitze dieser Ihrer Gesellschaft verzeichnet finden. Kaum ein geologisches Problem des vergangenen Jahrhunderts gibt es, das nicht in den zahlreichen Schriften Ihrer Gesellschaft behandelt und gefördert worden wäre. Eine stattliche Anzahl geologischer Formationen und Systeme hat ihre erste Kenntnis und ihren Namen Mitgliedern Ihrer Gesellschaft zu verdanken. Bahnbrechende stratigraphische Arbeiten, und in Verbindung mit diesen die ersten und vorzüglichsten geologischen Übersichtskarten, sind in England durch Anregung Ihrer Gesellschaft geschaffen worden.

So darf die heutige GEOLOGICAL SOCIETY OF LONDON mit berechtigtem, hohem Stolze auf das zurückblicken, was sie im Laufe eines

Jahrhunderts an Arbeit, an Anregung, an fördernder Erkenntnis in Geologie und Paläontologie geleistet hat.

Die Königlich Preußische Akademie der Wissenschaften aber, in dankbarer Anerkennung dieser Leistungen, erlaubt sich der GEOLOGICAL SOCIETY OF LONDON neben ihren Glückwünschen zu dem, was diese im vergangenen Jahrhundert geleistet hat, auch fernere Wünsche darzubringen für ein weiteres, gleich erfolgreiches Fortarbeiten.

Die Königlich Preußische Akademie der Wissenschaften.

Ausgegeben am 24· October.

KÖNIGLICH PREUSSISCHEN
AKADEMIE DER WISSENSCHAFTEN.

Sitzung der physikalisch-mathematischen Classe am 24. October. (S. 765)
HELMERT: Bestimmung der Höhenlage der Insel Wangeroog durch trigonometrische Messungen im Jahre 1888. (S. 766)
Sitzung der philosophisch-historischen Classe am 24. October. (S. 793)

BERLIN 1907.
VERLAG DER KÖNIGLICHEN AKADEMIE DER WISSENSCHAFTEN.

IN COMMISSION BEI GEORG REIMER.

Aus dem Reglement für die Redaction der akademischen Druckschriften.

Aus § 1.

Die Akademie gibt gemäss § 41,1 der Statuten zwei fortlaufende Veröffentlichungen heraus: »Sitzungsberichte der Königlich Preussischen Akademie der Wissenschaften« und »Abhandlungen der Königlich Preussischen Akademie der Wissenschaften«.

Aus § 2.

Jede zur Aufnahme in die »Sitzungsberichte« oder die »Abhandlungen« bestimmte Mittheilung muss in einer akademischen Sitzung vorgelegt werden, wobei in der Regel das druckfertige Manuscript zugleich einzuliefern ist. Nichtmitglieder haben hiezu die Vermittelung eines ihrem Fache angehörenden ordentlichen Mitgliedes zu benutzen.

§ 3.

Der Umfang einer aufzunehmenden Mittheilung soll in der Regel in den Sitzungsberichten bei Mitgliedern 32, bei Nichtmitgliedern 16 Seiten in der gewöhnlichen Schrift der Sitzungsberichte, in den Abhandlungen 12 Druckbogen von je 8 Seiten in der gewöhnlichen Schrift der Abhandlungen nicht übersteigen.

Überschreitung dieser Grenzen ist nur mit Zustimmung der Gesammt-Akademie oder der betreffenden Classe statthaft, und ist bei Vorlage der Mittheilung ausdrücklich zu beantragen. Lässt der Umfang eines Manuscripts vermuthen, dass diese Zustimmung erforderlich sein werde, so hat das vorlegende Mitglied es vor dem Einreichen von sachkundiger Seite auf seinen muthmasslichen Umfang im Druck abschätzen zu lassen.

§ 4.

Sollen einer Mittheilung Abbildungen im Text oder auf besonderen Tafeln beigegeben werden, so sind die Vorlagen dafür (Zeichnungen, photographische Originalaufnahmen u. s. w.) gleichzeitig mit dem Manuscript, jedoch auf getrennten Blättern, einzureichen.

Die Kosten der Herstellung der Vorlagen haben in der Regel die Verfasser zu tragen. Sind diese Kosten aber auf einen erheblichen Betrag zu veranschlagen, so kann die Akademie dazu eine Bewilligung beschliessen. Ein darauf gerichteter Antrag ist vor der Herstellung der betreffenden Vorlagen mit dem schriftlichen Kostenanschlage eines Sachverständigen an den vorsitzenden Secretar zu richten, dann zunächst im Secretariat vorzuberathen und weiter in der Gesammt-Akademie zu verhandeln.

Die Kosten der Vervielfältigung übernimmt die Akademie. Über die voraussichtliche Höhe dieser Kosten ist — wenn es sich nicht um wenige einfache Textfiguren handelt — der Kostenanschlag eines Sachverständigen beizufügen. Überschreitet dieser Anschlag für die erforderliche Auflage bei den Sitzungsberichten 150 Mark, bei den Abhandlungen 300 Mark, so ist Vorberathung durch das Secretariat geboten.

Aus § 5.

Nach der Vorlegung und Einreichung des vollständigen druckfertigen Manuscripts an den zuständigen Secretar oder an den Archivar wird über Aufnahme der Mittheilung in die akademischen Schriften und zwar, wenn eines der anwesenden Mitglieder es verlangt, verdeckt abgestimmt.

Mittheilungen von Verfassern, welche nicht Mitglieder der Akademie sind, sollen der Regel nur in die Sitzungsberichte aufgenommen werden. Beschliesst eine Classe die Aufnahme der Mittheilung eines Nichtmitgliedes in die dazu bestimmte Abtheilung der »Abhandlungen«, so bedarf dieser Beschluss der Bestätigung durch die Gesammt-Akademie.

Aus § 6.

Die an die Druckerei abzuliefernden Manuscripte müssen, wenn es sich nicht bloss um glatten Text handelt, ausreichende Anweisungen für die Anordnung des Satzes und die Wahl der Schriften enthalten. Bei Einsendungen Fremder sind diese Anweisungen von dem vorlegenden Mitgliede vor Einreichung des Manuscripts vorzunehmen. Dasselbe hat sich zu vergewissern, dass der Verfasser seine Mittheilung als vollkommen druckreif ansieht.

Die erste Correctur ihrer Mittheilungen besorgen die Verfasser. Fremde haben diese erste Correctur an das vorlegende Mitglied einzusenden. Die Correctur soll nach Möglichkeit nicht über die Berichtigung von Druckfehlern und leichten Schreibversehen hinausgehen. Umfängliche Correcturen Fremder bedürfen der Genehmigung des redigirenden Secretars vor der Einsendung an die Druckerei, und die Verfasser sind zur Tragung der entstehenden Mehrkosten verpflichtet.

Aus § 8.

Von allen in die Sitzungsberichte oder Abhandlungen aufgenommenen wissenschaftlichen Mittheilungen, Reden, Adressen oder Berichten werden für die Verfasser von wissenschaftlichen Mittheilungen, wenn deren Umfang im Druck 4 Seiten übersteigt, auch für den Buchhandel Sonderabdrucke hergestellt, die alsbald nach Erscheinen des betreffenden Stücks der Sitzungsberichte ausgegeben werden.

Von Gedächtnissreden werden ebenfalls Sonderabdrucke für den Buchhandel hergestellt, indess nur dann, wenn die Verfasser sich ausdrücklich damit einverstanden erklären.

§ 9.

Von den Sonderabdrucken aus den Sitzungsberichten erhält ein Verfasser, welcher Mitglied der Akademie ist, zu unentgeltlicher Vertheilung ohne weiteres 50 Freiexemplare; er ist indess berechtigt, zu gleichem Zwecke auf Kosten der Akademie weitere Exemplare bis zur Zahl von noch 100 und auf seine Kosten noch weitere bis zur Zahl von 200 (im ganzen also 350) abziehen zu lassen, sofern er diess rechtzeitig dem redigirenden Secretar angezeigt hat; wünscht er auf seine Kosten noch mehr Abdrucke zur Vertheilung zu erhalten, so bedarf es dazu der Genehmigung der Gesammt-Akademie oder der betreffenden Classe. — Nichtmitglieder erhalten 50 Freiexemplare und dürfen nach rechtzeitiger Anzeige bei dem redigirenden Secretar weitere 200 Exemplare auf ihre Kosten abziehen lassen.

Von den Sonderabdrucken aus den Abhandlungen erhält ein Verfasser, welcher Mitglied der Akademie ist, zu unentgeltlicher Vertheilung ohne weiteres 30 Freiexemplare; er ist indess berechtigt, zu gleichem Zwecke auf Kosten der Akademie weitere Exemplare bis zur Zahl von noch 100 und auf seine Kosten noch weitere bis zur Zahl von 100 (im ganzen also 230) abziehen zu lassen, sofern er diess rechtzeitig dem redigirenden Secretar angezeigt hat; wünscht er auf seine Kosten noch mehr Abdrucke zur Vertheilung zu erhalten, so bedarf es dazu der Genehmigung der Gesammt-Akademie oder der betreffenden Classe. — Nichtmitglieder erhalten 30 Freiexemplare und dürfen nach rechtzeitiger Anzeige bei dem redigirenden Secretar weitere 100 Exemplare auf ihre Kosten abziehen lassen.

§ 17.

Eine für die akademischen Schriften bestimmte wissenschaftliche Mittheilung darf in keinem Falle vor ihrer Ausgabe an jener Stelle anderweitig, sei es auch nur auszugs-

(Fortsetzung auf S. 3 des Umschlags.)

SITZUNGSBERICHTE 1907.
DER
XL.
KÖNIGLICH PREUSSISCHEN
AKADEMIE DER WISSENSCHAFTEN.

24. October. Sitzung der physikalisch-mathematischen Classe.

Vorsitzender Secretar: Hr. WALDEYER.

1. Hr. HELMERT sprach über die Bestimmung der Höhenlage der Insel Wangeroog durch trigonometrische Messungen im Jahre 1888.

Die Messungen wurden von Seiten des Kgl. Preussischen Geodätischen Instituts im Anschluss an frühere Arbeiten zur Bestimmung der Höhenlage von Helgoland und Neuwerk ausgeführt. Sie bieten ein besonderes Interesse dadurch, dass sie gestatten, die Änderung der Strahlenbrechung mit der Höhe in der Nähe des Meeresspiegels abzuleiten, für welchen Zweck besondere Formeln aufzustellen waren.

2. Derselbe berichtete über den Stand der grossen afrikanischen Breitengradmessung in der Nähe des Meridians von 30° östl. Länge.

Hr. Dr. RUBIN hat die englischen Arbeiten von Süden her bis nahe an den Tanganjika heran fortgesetzt; hier ist also das deutsche Gebiet erreicht. Nördlich desselben beginnen die englischen Arbeiten demnächst. Es tritt somit nun an das Deutsche Reich die Aufgabe heran, das grossartige wissenschaftliche Unternehmen auch auf seinem Gebiete zur Durchführung zu bringen.

3. Vorgelegt wurde das Werk E. FISCHER, Untersuchungen in der Puringruppe (1882—1906). Berlin 1907.

Bestimmung der Höhenlage der Insel Wangeroog durch trigonometrische Messungen im Jahre 1888.

Von F. R. HELMERT.

1.

Im Anschluß an die unter Oberleitung von Generalleutnant z. D. J. J. BAEYER in den Jahren 1878 und 1881 zwischen den Inseln Helgoland, Neuwerk und Wangeroog sowie zwischen Neuwerk und Cuxhaven vom Kgl. Preuß. Geodätischen Institut ausgeführten Zenitdistanzmessungen ließ ich 1888 die Insel Wangeroog mit der benachbarten Festlandsküste durch gleichzeitige gegenseitige Zenitdistanzmessungen verbinden. Als Beobachter wirkten der Abteilungsvorsteher Prof. Dr. AMAND FISCHER (†) und der wissenschaftliche Hilfsarbeiter Dr. GALLE (jetzt Observator und Professor). In den ersten Wochen der Beobachtungszeit war ich ebenfalls zugegen. Als Beobachtungspunkte dienten auf Wangeroog der astronomische Pfeiler von 1878, auf Schillig ein Holzpfeiler nahe dem trigonometrischen Punkte II. Ordnung Schillig der Kgl. Landesaufnahme, der an das geometrische Nivellementsnetz der L.-A. angeschlossen war.

Die geographischen Koordinaten für die Beobachtungspunkte sind:

	Breite	Länge	Höhe über N. N.	
Wangeroog	53° 47'	$0^h 31^m 35^s$	13.485 m	(Pfeileroberfläche)
Schillig	53° 42'	$0^h 32^m 7^s$	8.586 m	"

Mittleres Azimut der Linie W.–S. 136° 52'.   Entfernung 12779.7 m [1].

---

[1] Ausführliche Mitteilungen gibt das Werk »Zenitdistanzen zur Bestimmung der Höhenlage der Nordseeinseln Helgoland, Neuwerk und Wangeroog sowie des Leuchtturmes auf Roter Sand über den Festlandspunkten Cuxhaven und Schillig (Veröffentlichung des Kgl. Preuß. Geod. Instituts). Berlin 1895.« Vergleiche besonders die Seiten (7), (11), (22) und (23).

Die Höhen sind dort etwas anders angegeben. Bei Schillig beruht dies darauf, daß für T. P. die vorläufig angesetzte Quote 7.411 m nach endgültigen Ermittlungen der Trigonometrischen Abteilung der Kgl. Landesaufnahme im Jahre 1890 durch 7.366 m zu ersetzen ist (»Die Nivellementsergebnisse usw.« Heft IX, S. 62 und 84).

Die Höhe von Wangeroog wurde mit dem in der vorliegenden Abhandlung weiterhin folgenden endgültigen Höhenunterschied 4.899 m aus Schillig abgeleitet. Die Höhenzahlen für die andern Punkte auf Wangeroog, S. (22), sind nunmehr um 13.485 − 13.517 = − 0.032 m zu verbessern.

Bei den Beobachtungen zeigte es sich bald, daß die aus den gegenseitigen gleichzeitigen Zenitdistanzmessungen mittels der gewöhnlichen, der Kreisform des Lichtstrahls entsprechenden Formel berechneten Höhenunterschiede im Laufe des Tages Schwankungen von mehreren Dezimetern ergaben. Als Ursache wurde von mir die ungleiche Höhenlage der Beobachtungspunkte in Verbindung mit ihrer geringen Höhe über dem Wasserspiegel vermutet. Die Visierstrahlen näherten sich der Wasseroberfläche bis auf 8 m. Es war vorauszusehen, daß der lokale Refraktionskoeffizient infolge dieser Lagenverhältnisse für beide Punkte wesentlich verschieden werden und die gewöhnliche Formel zur Höhenberechnung ihre Gültigkeit verlieren würde. Bei gleicher Höhenlage der Beobachtungspunkte wäre diese Fehlerquelle vermieden worden, da im allgemeinen gleichartige Luftverhältnisse längs des ganzen Beobachtungsprofils[1] zu erwarten waren. Leider erschien' es nicht angängig, die Höhenlage des Beobachtungspunktes in Schillig zu vergrößern und gleich derjenigen in Wangeroog zu machen.

Es kam noch die Möglichkeit in Betracht, die Refraktionseinflüsse dadurch günstiger zu gestalten, daß die Beobachtungspunkte auf die benachbarten Leuchttürme verlegt würden, wodurch sich die Höhe der Lichtstrahlen um etwa 15 m vergrößert hätte. Indessen war der Leuchtturm in Schillig zur Aufstellung eines Winkelmeßinstruments ungeeignet.

Unter diesen Umständen ordnete ich an, daß zur Bestimmung der Änderung des Refraktionskoeffizienten mit der Höhe außer den gleichzeitigen gegenseitigen Zenitdistanzmessungen zwischen den Instrumenten auf den genannten Pfeilern und nahezu gleichhoch aufgestellten Heliotropen noch zwischendurch Beobachtungen nach je einem Heliotrop auf den gegenüberliegenden Leuchttürmen angestellt werden sollten. Diese oberen Heliotrope lagen etwa 300 m (in Wangeroog) und 60 m (in Schillig) seitlich zur gemeinsamen Vertikalebene der Beobachtungspfeiler. Ihre Höhenlage gegen die benachbarten Pfeiler wurde trigonometrisch bis auf etwa ± 10 mm m. F. bestimmt.

Es folgen nun hier zunächst die Beobachtungsergebnisse.

Die Ableitung der umstehenden Einzelwerte der beobachteten Höhenwinkel wurde schon vor 15 Jahren von den Assistenten Dr. P. Simon (†) und Dr. R. Schumann (jetzt Professor an der Technischen Hochschule in Aachen) unter gegenseitiger Kontrolle bewirkt. Dabei ging man auf die Beobachtungsbücher selbst zurück, wodurch auch einige Druckfehler der Veröffentlichung aufgefunden wurden. Den beiden Genannten verdanke ich auch die weiterhin zu besprechende rechnerische Auswertung der Einzelbeobachtungen.

---

[1] Tafel I a. a. O.

Beobachtete Höhenwinkel.

Stand	Lfde. Nr.	1. Hälfte 1888		Schillig (Fischer) $e_{1.2}$	$\bar{e}_{1.2}$	Wangeloog (Galle) $e_{2.1}$	$\bar{e}_{2.1}$
I	1	Aug. 15	$6^h 45^m a$	−101"56	+192"86	−253"85	−32"84
	2		7 0	104.56	191.03	254.93	35.22
	3		7 12	104.11	189.68	255.71	38.67
	4		10 12	117.59	177.57	268.28	45.02
	5		10 22	120.57	178.60	269.49	44.73
	6		10 41	122.53	172.72	270.14	46.10
	7		10 54	122.36	173.73	273.88	48.34
	8		11 5	123.28	176.18	270.95	44.98
	9	Aug. 17	2 30 p	120.31	176.08	269.24	43.95
	10		2 55	116.30	181.54	269.56	44.07
	11	Aug. 18	2 22 p	134.78	169.17	277.81	51.68
	12		2 36	137.38	171.11	278.50	50.41
	13		2 50	135.04	170.75	276.30	48.83
	14		3 2	138.31	171.57	280.76	48.75
III	15	Aug. 13	$10^h 28^m a$	−115"84	+180"39	−265"26	−43"90
	16	Aug. 14	2 12 p	120.71	177.79	271.07	47.48
	17		2 30	117.84	175.52	272.16	48.42
	18		2 50	119.06	177.81	274.78	48.67
	19		6 20	115.91	181.16	268.27	42.81
	20		6 38	117.02	184.29	265.35	41.00
	21	Aug. 18	10 52 a	114.37	180.07	266.43	42.47
	22		11 4	117.31	175.71	266.67	39.61
	23		11 18	118.24	177.23	268.44	45.19
	24		11 30	119.80	175.06	268.63	44.88
	25	Aug. 25	6 36 a	92.84	193.49	246.69	32.12
	26		6 49	95.60	191.12	250.68	32.74
	27		7 1	97.65	189.71	251.85	34.87

Stand	Lfde. Nr.	2. Hälfte 1888		Schillig (Galle) $e_{1.2}$	$\bar{e}_{1.2}$	Wangeloog (Fischer) $e_{2.1}$	$\bar{e}_{2.1}$
I	1	Aug. 31	$6^h 30^m a$	−106"73	+186"22	−261"46	−38"88
	2		10 34	113.54	180.82	262.99	41.94
	3		10 48	115.91	181.84	264.53	43.16
	4		2 47 p	110.10	180.89	259.73	39.09
	5		3 0	110.72	180.33	260.22	39.86
	6		3 15	110.44	181.00	259.46	39.13
	7		3 28	108.40	183.62	260.82	37.78
	8		5 52	106.31	185.72	257.27	36.33
	9	Sept. 7	7 25 a	106.49	185.91	257.52	37.04
	10		7 36	107.49	184.51	259.25	37.06
	11		7 49	108.71	183.34	259.13	37.75
	12		7 59	108.87	184.21	259.94	38.71
	13		8 11	110.24	182.53	260.28	38.74
	14	Sept. 10	5 28 p	94.16	196.33	251.56	32.14
	15		5 38	94.91	197.66	252.15	32.05
	16		5 50	92.79	195.85	252.70	33.83

HELMERT: Bestimmung der Höhenlage der Insel Wangeroog.

Stand	Lfde. Nr.	2. Hälfte 1888		Schillig (GALLE) $\epsilon_{1.2}$	$\bar{\epsilon}_{1.2}$	Wangeroog (FISCHER) $\epsilon_{2.1}$	$\bar{\epsilon}_{2.1}$
III	17	Aug. 30	$10^h12^m a$	$-115\rlap{.}''11$	$+178\rlap{.}''38$	$-266\rlap{.}''75$	$-44\rlap{.}''44$
	18		10 36	116.78	177.05	266.39	42.49
	19		5 51 p	96.41	194.64	255.15	34.46
	20		6 2	96.91	193.59	255.97	33.89
	21		6 27	99.28	195.44	256.24	33.53
	22	Sept. 1	6 25 a	92.11	199.74	242.85	25.28
	23		6 36	94.22	195.31	242.45	24.26
	24		6 47	90.21	195.63	244.56	26.66
	25		6 56	93.86	193.78	247.49	29.89
	26		7 7	95.57	192.92	249.02	31.93
	27		2 29 p	120.49	177.95	271.16	46.33
	28		2 40	122.64	178.85	268.49	45.90
	29		2 50	118.73	177.56	271.76	47.30
	30		3 1	119.55	174.64	272.34	45.14
	31		5 58	99.36	193.54	256.24	36.72
	32		6 8	99.49	192.95	255.59	34.90
	33		6 18	94.74	194.68	252.57	33.09
Mittelwerte 1. Hälfte:				$-117\rlap{.}''07$	$+179\rlap{.}''70$	$-266\rlap{.}''88$	$-43\rlap{.}''25$
„ 2. „				-105.19	$+187.19$	-258.00	-36.96
Einfaches Mittel beider Hälften:				-111.13	$+183.45$	-262.44	-40.11

2.

Die Ergebnisse gliedern sich in zwei Hälften. Bei der zweiten hatten die Beobachter ihre Plätze gewechselt, unter Mitführung ihrer Instrumente. Die Höhenkreise sind in zwei um ungefähr 90° verschiedenen Ständen, die hier mit I und III bezeichnet sind, angewandt. Da die Zenitdistanzen z nahezu 90° betragen, sind anstatt derselben die Höhenwinkel $\epsilon = 90° - z$ angegeben.

Die mitgeteilten Werte der ϵ sind Mittel aus 2 Einstellungen bei Fernrohr links und 2 solchen bei Fernrohr rechts. Die Anordnung der Beobachtungen war so, daß die ϵ für das untere und obere Heliotrop, also ϵ und $\bar{\epsilon}$, als völlig gleichzeitig betrachtet werden können. Dagegen sind die Beobachtungszeiten bei den beiden Instrumenten manchmal einige Minuten, jedoch nicht über 5, verschieden. Dies konnte aber mit Rücksicht auf die Schwankungen, die die Höhenwinkel bei aufeinanderfolgenden Einstellungen zeigten, zugelassen werden, so daß eine Interpolation auf genau gleiche Zeiten überflüssig erschien.

Die Mittelzahlen beider Hälften der Beobachtungsreihen der Höhenwinkel in voriger Tabelle können nicht ohne weiteres verglichen werden, da die Höhenlagen der Instrumentalachsen und der Zielpunkte etwas verschieden sind. Zentriert man auf die Pfeileroberflächen[1], so folgt:

---
[1] S. (47) a. a. O.

770 Sitzung der physikalisch-mathematischen Classe vom 24. October 1907.

	Schillig	Wangeroog
1. Hälfte:	$-118''.53 + 172''.34$	$-262''.41 - 48''.95$
2. Hälfte:	$-105.05 + 181.49$	$-255.27 - 44.26$

Auch jetzt zeigen die übereinanderstehenden Zahlen noch starke Verschiedenheiten, was ohne Zweifel damit zusammenhängt, daß beide Beobachtungsgruppen zeitlich im Mittel etwa einen Monat auseinanderliegen und somit der allgemeine Luftzustand für beide wesentlich verschieden gewesen sein wird.

Der zeitliche Unterschied zeigt sich auch in der Differenz der beiden Höhenwinkel, welche an jedem Standorte beobachtet wurden. Die zuletzt aufgeführten Zahlen geben dafür:

	Schillig	Wangeroog
1. Hälfte:	$290''.87$	$213''.46$
2. Hälfte:	286.54	211.01

Diese Zahlen ergeben also Unterschiede von $4''.33$ und $2''.45$. Größer noch sind die Unterschiede im einzelnen.

Der unzentrierte Wert von $\bar{\varepsilon}_{1,2} - \varepsilon_{1,2}$ wird nach der Tabelle ein Minimum von $287''$ am 25. 8. $6^h 55^m a$, ein Maximum von $308''$ am 18. 8. $2^h 56^m p$. Unterschied $= 21''$.

Für $\bar{\varepsilon}_{2,1} - \varepsilon_{2,1}$ wird das beobachtete Minimum $216''$, welches am 25. 8. $6^h 49^m a$ eintrat; das Maximum ist $232''$, am 18. 8. $3^h 2^m p$. Unterschied $= 16''$.

Der Höhenunterschied der beiden von Schillig aus beobachteten Objekte war abgerundet 17.3 m, für die von Wangeroog aus beobachteten dagegen 13.4 m. Hieraus folgt, daß die mittlern Höhen der beiden von Schillig aus benutzten Beobachtungsstrahlen sich um 8.6 m voneinander unterschieden, während die mittlern Höhen der beiden von Wangeroog aus benutzten Strahlen nur 6.7 m Unterschied aufwiesen.

Die verschiedene Größe dieser Werte von 8.6 m und 6.7 m im Unterschied der Höhenlage der beiden Komponenten der Strahlenpaare steht offenbar im ursächlichen Zusammenhange mit der verschiedenen Größe der vorher angegebenen Schwankungen von $\bar{\varepsilon}_{1,2} - \varepsilon_{1,2}$ und $\bar{\varepsilon}_{2,1} - \varepsilon_{2,1}$, welche beiden Differenzen man kurz als Gesichtswinkel der Höhenunterschiede von 17.3 und 13.4 m bezeichnen kann. Nach der üblichen Theorie der terrestrischen Refraktion müßten diese Gesichtswinkel konstant, oder doch nur von Schwankungen zufälligen Charakters beeinflußt gewesen sein, was aber hier den Beobachtungen nicht entspricht.

3.

Für die Berechnung wurde demgemäß vorausgesetzt, daß in der 22 m starken Luftschicht, durch welche die Visierstrahlen gingen, sich der lokale Refraktionskoeffizient $\varkappa$ mit der Höhe ändere und sich als lineare Funktion der Höhe darstellen lasse. Doch sind die Formeln zum Zwecke weiterer Untersuchung für eine quadratische Funktion entwickelt. Außerdem wurde die übliche Voraussetzung gemacht, daß die Luftschichtung den Niveauflächen folge, die in hinreichender Genauigkeit als konzentrische Kugelflächen betrachtet werden dürfen.

Für das Linienelement des Lichtstrahls mit der Zenitdistanz z wird dann das Höhendifferential

$$dh = dr = r \cot z \, d\gamma, \qquad (1)$$

wenn $d\gamma$ der Zentriwinkel des Linienelements am Mittelpunkte der Kugelfläche vom Radius r ist.

Im vorliegenden Falle weicht z von 90° im Verlaufe der Strahlen nur wenig ab, im Maximum etwa 600″; ebenso schwankt r nur bis zu 22 m. Man kann daher ohne nennenswerten Fehler $\cot z = \tan \varepsilon = \varepsilon$ setzen und r rechter Hand in (1) konstant gleich ρ annehmen. Es wird damit:

$$dh = \rho \varepsilon \, d\gamma. \qquad (2)$$

In bekannter Weise wurde nun für die Höhe h eines Punktes im Abstande γ vom Ausgangspunkt 1 die Reihenentwicklung angesetzt:

$$h = \sum_i \left(\frac{d^i h}{d\gamma^i}\right)_1 \frac{\gamma^i}{i!}. \qquad (3)$$

Es ist dabei nach (2):

$$\frac{dh}{d\gamma} = \rho \varepsilon;$$

ferner wird

$$\frac{d^2 h}{d\gamma^2} = \rho \frac{d\varepsilon}{d\gamma} = \rho(1-\varkappa),$$

indem bekanntlich $d\varepsilon = -dz = (1-\varkappa)\, d\gamma$ ist. Weiter ergibt sich

$$\frac{d^3 h}{d\gamma^3} = -\rho \frac{d\varkappa}{dh}\frac{dh}{d\gamma} = -\rho^2 \varepsilon \varkappa',$$

$$\frac{d^4 h}{d\gamma^4} = -\rho^2(1-\varkappa)\varkappa' - \rho^3 \varepsilon^2 \varkappa'',$$

wobei mit $\varkappa'$ und $\varkappa''$ die Ableitungen von $\varkappa$ nach h bezeichnet sind, so daß

$$\varkappa = \varkappa_1 + \varkappa_1' h + \tfrac{1}{2}\varkappa_1'' h^2. \qquad (4)$$

Es folgt jetzt noch:
$$\frac{d^5h}{d\gamma^5} = \rho^3\varepsilon x'^2 - 3\rho^3\varepsilon(1-x)x''$$
$$\frac{d^6h}{d\gamma^6} = \rho^3(1-x)x'^2 + 5\rho^4\varepsilon^2 x'x'' - 3\rho^3(1-x)^2 x'''.$$

Von diesen beiden Ausdrücken wurden nur die letzten Glieder rechter Hand berücksichtigt, dagegen die vorhergehenden mit x'^2 und $x'x''$ vernachlässigt. Entsprechend wurden alle folgenden Differentialquotienten unterdrückt. Damit ergibt sich, wenn noch $\rho\gamma = s$ gesetzt wird:

$$h = s\varepsilon_1 + \frac{s^2(1-x_1)}{2\rho} - \left\{\frac{s^3\varepsilon_1}{6\rho} + \frac{s^4(1-x_1)}{24\rho^2}\right\}x_1' \qquad (5)$$
$$\quad - \left\{\frac{s^4\varepsilon_1^2}{24\rho} + \frac{s^5\varepsilon_1(1-x_1)}{40\rho^2} + \frac{s^6(1-x_1)^2}{240\rho^3}\right\}x_1''.$$

Zur Abkürzung wurde geschrieben:
$$h = a_1 + b_1(1-x_1) - c_1 x_1' - d_1 x_1'' \qquad (6)$$
mit
$$a_1 = s\varepsilon_1 \qquad b_1 = \frac{s^2}{2\rho}$$
$$c_1 = \tfrac{1}{3}a_1 b_1 + \tfrac{1}{6}b_1^2(1-x_1) \qquad (7)$$
$$d_1 = \tfrac{1}{12}a_1^2 b_1 + \tfrac{1}{10}a_1 b_1^2(1-x_1) + \tfrac{1}{30}b_1^3(1-x_1)^2.$$

Die Formel (5) stimmt, abgesehen von den in s^5 und s^6 multiplizierten letzten zwei Gliedern mit der von mir 1884 in dem Werke: »Die mathematischen und physikalischen Theorien der höhern Geodäsie« II, S. 555 gegebenen Formel (7) überein, wenn man darin die hier zugrunde gelegten Vereinfachungen einführt[1].

Formel (6) war nun auf die vier Strahlen 1.2, 1.$\overline{2}$, 2.1 und 2.$\overline{1}$ anzuwenden, wobei 1 und 2 die Beobachtungspunkte in Schillig und Wangeroog bezeichnen und $\overline{1}$, $\overline{2}$ die Turmheliotrope daselbst. Eine direkte Anwendung konnte (6) für die Strahlen von 1 aus, also 1.2 und 1.$\overline{2}$ erfahren. Dagegen mußte für die Strahlen von 2 aus, also 2.1 und 2.$\overline{1}$, zunächst in (6) x_1, x_1', x_1'' mit x_2, x_2', x_2'' vertauscht werden. Dann wurde nach (4) eingeführt:

$$x_2 = x_1 + x_1' h_{1.2} + \tfrac{1}{2}x_1'' h_{1.2}^2$$
$$x_2' = x_1' + x_1'' h_{1.2} \qquad (8)$$
$$x_2'' = x_1''.$$

---

[1] Auf die ersten Glieder beschränkte Entwicklungen dieser Art gab bereits 1879 Enrico Pucci in der Abhandlung: »Sulla livellazione trigonometrica« sowie 1883 in den »Fondamenti di Geodesia« I, S. 224. Der Gedanke, durch direkte Taylorsche Entwicklung die Grundformel für h aufzustellen, ist also nicht neu, wie A. Walter 1898 in seiner »Theorie der atmosphärischen Strahlenbrechung« behauptet. In der Tat ist auch seine Formel (17) für h, S. 22, von der meinigen nicht wesentlich verschieden.

Damit folgt für die von 2 ausgehenden Strahlen:
$$h = a_2 + b_2(1-\varkappa_1) - c_2\varkappa_1' - d_2\varkappa_1'' \tag{9}$$
mit
$$a_2 = s\varepsilon_2 \quad b_2 = \frac{s^2}{2\rho}$$
$$c_2 = \tfrac{1}{3}a_2 b_2 + \tfrac{1}{6}b_2^2(1-\varkappa_1) + b_2 h_{1.2} \tag{10}$$
$$d_2 = \tfrac{1}{12}a_2^2 b_2 + \tfrac{1}{10}a_2 b_2^2(1-\varkappa_1) + \tfrac{1}{30}b_2^3(1-\varkappa_1)^2 + c_2 h_{1.2} - \tfrac{1}{2}b_2 h_{1.2}^2.$$

Unter $h_{1.2}$ ist der Höhenunterschied der Horizontalachsen der Instrumente in Schillig und Wangeroog zu verstehen. Sind i_1 und i_2 die Instrumenthöhen von der Pfeileroberfläche bis zur Achse, und wird mit $H_{1.2}$ der Höhenunterschied der Pfeileroberflächen bezeichnet, so ist
$$h_{1.2} = H_{1.2} - i_1 + i_2. \tag{11}$$

Bezeichnet ferner σ die Höhe der unteren Heliotrope und τ die der Turmheliotrope über den benachbarten Pfeileroberflächen, so ist für h linker Hand zu setzen in (6):
$$\text{Strahl } 1.2: h = H_{1.2} - i_1 + \sigma_2$$
$$\text{\ensuremath{"}} \quad 1.\overline{2}: h = H_{1.2} - i_1 + \tau_2 \tag{12}$$
und in (9):
$$\text{Strahl } 2.1: h = -H_{1.2} - i_2 + \sigma_1$$
$$\text{\ensuremath{"}} \quad 2.\overline{1}: h = -H_{1.2} - i_2 + \tau_1. \tag{13}$$

4.

$H_{1.2}$ ergab sich nach vorläufigen Rechnungen zu 4.900 m; demgemäß wurde in (11) gesetzt:
$$H_{1.2} = 4.900 + x. \tag{14}$$

Bei Berechnung der Koeffizienten c und d genügte es, $H_{1.2} = 4.9$ mit Vernachlässigung von x anzunehmen.

Folgende Zahlen wurden für i, σ, τ, s und ρ benutzt, alle Längen in Metern ausgedrückt:

	Schillig		Wangeroog	
1. Hälfte:	$i_1 = 0.456$	$\sigma_1 = 0.630$	$i_2 = 0.353$	$\sigma_2 = 0.366$
2. "	0.353	0.622	0.453	0.362
1. u. 2. Hälfte:	$\tau_1 = 14.046$		$\tau_2 = 17.624$	

$$\log \frac{s}{\rho''} = 8.79204 - 10 \text{ für } 1.2$$
$$8.78494 - 10 \text{ \ensuremath{"}} 1.\overline{2}$$
$$8.79193 - 10 \text{ \ensuremath{"}} 2.1$$
$$8.79153 - 10 \text{ \ensuremath{"}} 2.\overline{1}$$
$$\log \rho = 6.80504.$$

774 Sitzung der physikalisch-mathematischen Classe vom 24. October 1907.

Die Größe $b(1-x_1)$ ist bei den vier gleichzeitig beobachteten Strahlen nur wegen der geringen Verschiedenheit der vier s verschieden. Werden die vier Werte von b mit b_1, $\bar{b}_1$, b_2 und $\bar{b}_2$ bezeichnet, und ist y_0 ein Näherungswert für $b_1(1-x_1)$, so wurde angenommen:

$$b_1(1-x_1) = y_0 + y$$
$$\bar{b}_1(1-x_1) = (y_0+y)\frac{\bar{b}_1}{b_1}$$
$$b_2(1-x_1) = (y_0+y)\frac{b_2}{b_1} \qquad (15)$$
$$\bar{b}_2(1-x_1) = (y_0+y)\frac{\bar{b}_2}{b_1};$$

ferner

$$y_0 = \frac{\sigma_1+\sigma_2}{2} - \frac{i_1+i_2}{2} - \frac{a_1+a_2}{2} = 0.090 - \frac{a_1+a_2}{2}. \qquad (16)$$

Letztere Annahme entspricht näherungsweise den Gleichungen für $H_{1,2}$ aus den untern Strahlen 1.2 und 2.1. Die Verbesserung y wurde damit klein genug, um y bei der Berechnung der Koeffizienten c und d vernachlässigen zu können.

Die Gebrauchsformeln für die Einzelauswertung der Beobachtungen ergeben sich nun wie folgt. Dabei sind die Glieder $d_1 x_1''$, $d_2 x_1''$ usw., wie schon bemerkt, weggelassen:

Strahl		1. Hälfte	2. Hälfte
1.2	$+x-1.000\,y+c_1 x_1' = a_1+y_0$	-4.810	-4.909
1.$\bar{2}$	$+x-0.968\,y+\bar{c}_1 x_1' = \bar{a}_1+[9.98580]y_0 -22.068$		-22.171
2.1	$-x-1.000\,y+c_2 x_1' = a_2+[9.99978]y_0+ 4.623$		$+4.731$
2.$\bar{1}$	$-x-0.998\,y+\bar{c}_2 x_1' = \bar{a}_2+[9.99898]y_0- 8.793$		-8.693

$$a_1 = [8.79204]\epsilon_{1.2} \qquad b_1 = [1.10687]$$
$$\bar{a}_1 = [8.78494]\bar{\epsilon}_{1.2} \qquad \bar{b}_1 = [1.09265]$$
$$a_2 = [8.79193]\epsilon_{2.1} \qquad b_2 = [1.10665] \qquad (17)$$
$$\bar{a}_2 = [8.79153]\bar{\epsilon}_{2.1} \qquad \bar{b}_2 = [1.10585]$$

für ϵ in Sekunden

$$c_1 = [0.62975]a_1 + [0.32872]y_0$$
$$\bar{c}_1 = [0.61553]\bar{a}_1 + [0.30028]y_0$$

1. Hälfte 2. Hälfte

$$c_2 = [0.62953]a_2 + [0.32828]y_0 + 61.32 \mid 63.91$$
$$\bar{c}_2 = [0.62873]\bar{a}_2 + [0.32668]y_0 + 61.21 \mid 63.80.$$

Die [..] sind Logarithmen.

Die Rechnung wurde mit der Bestimmung von x_1' begonnen, wofür sich aus dem Unterschiede der Gleichungen für 1.2 und 1.$\bar{2}$ bzw.

Helmert: Bestimmung der Höhenlage der Insel Wangeloog.

2.1 und 2.I zwei Gleichungen ergaben, in denen das Glied mit der kleinen Größe y vernachlässigt werden durfte. Die beiden so erhaltenen Werte von x'_1 wurden dann nach den Forderungen der Methode der kleinsten Quadrate vereinigt. Nach Einsetzen des Wertes x'_1 wurden die Gleichungen für die beiden unteren Strahlen und diejenigen für die beiden oberen nach x und y aufgelöst. In nachfolgender Tabelle sind die Werte von x aus den oberen Strahlen mit $\bar{x}$ bezeichnet. x_1 ist mit dem Mittelwerte von y aus beiden Strahlenpaaren nach der 1. Gleichung (15) berechnet.

Rechnungsergebnisse.

	1. Hälfte 1888		x	$\bar{x}$	x_1	Schillig	x'_1 Wangeloog	Mittel
1	Aug. 15	6ʰ45ᵐa	+0.057	+0.104	+0.1285	+0.00584	+0.00437	+0.00527
		7 0	− 001	+ 120	1183	676	301	534
		7 12	+ 016	+ 179	1184	531	014	337
4	"	10 12 a	+0.021	+0.006	+0.0554	+0.00624	+0.00667	+0.00640
5		10 22	− 004	+ 034	442	938	818	892
6		10 41	− 069	− 108	391	627	745	673
7		10 54	+ 060	− 010	304	690	898	770
8		11 5	− 036	− 030	342	959	940	951
9	Aug. 17	2 30 p	−0.017	−0.068	+0.0462	+0.00719	+0.00872	+0.00779
10		2 55	+ 121	+ 103	546	835	893	857
11	Aug. 18	2 22 p	−0.148	−0.038	−0.0105	+0.01293	+0.00956	+0.01166
12		2 36	170	011	194	1629	1150	1451
13		2 50	184	071	080	1433	1089	1302
14		3 2	107	041	268	1728	1528	1651
15	Aug. 13	10 28 a	−0.020	+0.058	+0.0664	+0.00713	+0.00472	+0.00621
16	Aug. 14	2 12 p	+0.030	+0.090	+0.0403	+0.00885	+0.00700	+0.00814
17		2 30	123	045	461	472	716	567
18		2 50	192	125	359	752	954	830
19	"	6 20 p	+0.090	+0.052	+0.0587	+0.00775	+0.00889	+0.00820
20		6 38	− 012	+ 095	618	1109	777	984
21	Aug. 18	10 52 a	+0.062	+0.006	+0.0677	+0.00567	+0.00739	+0.00634
22		11 4	− 013	− 208	605	453	1050	690
23		11 18	+ 008	+ 001	535	645	666	653
24		11 30	− 035	− 074	493	598	718	645
25	Aug. 25	6 36 a	+0.034	+0.090	+0.1712	−0.00077	−0.00257	−0.00146
26		6 49	089	39	1541	−0.00050	+0.00112	+0.00013
27		7 1	062	60	1461	+0.00003	007	004
	2. Hälfte 1888		x	$\bar{x}$	x_1	Schillig	x'_1 Wangeloog	Mittel
1	Aug. 31	6ʰ30ᵐa	+0.031	−0.014	+0.0984	+0.00448	+0.00586	+0.00501
2	"	10 34 a	−0.128	−0.086	+0.0780	+0.00360	+0.00427	+0.00509
		10 48	130	012	672	828	458	689
4	"	2 47 p	−0.145	−0.174	+0.0954	+0.00292	+0.00382	+0.00327
5		3 0	150	169	928	293	354	317
6		3 15	163	169	951	328	350	337
7		3 28	042	125	962	373	632	474
8	"	5 52 p	−0.096	−0.107	+0.1099	+0.00380	+0.00416	+0.00394

776 Sitzung der physikalisch-mathematischen Classe vom 24. October 1907.

	2. Hälfte 1888		x	$\bar{x}$	x_t	Schillig	Wangeloog x_t'	Mittel
9	Sept. 7	7 25 a	−0.096	−0.082	+0.1087	+0.00410	+0.00366	+0.00393
10		7 36	066	121	1022	374	545	440
11		7 49	111	137	996	380	460	411
12		7 59	086	081	969	463	445	456
13		8 11	117	132	929	434	477	451
14	Sept. 10	5 28 p	+0.085	+0.087	+0.1538	+0.00260	+0.00252	+0.00257
15		5 38	095	127	1494	430	329	391
16		5 50	149	120	1553	104	199	141
17	Aug. 30	10 12 a	−0.061	−0.084	+0.0654	+0.00486	+0.00556	+0.00513
18		10 36	113	179	620	518	723	595
19	"	5 51 p	+0.135	+0.107	+0.1393	+0.00302	+0.00392	+0.00336
20		6 2	148	058	1362	255	535	364
21		6 27	111	109	1278	600	599	600
22	Sept. 1	6 25 a	−0.119	−0.017	+0.1792	+0.00383	+0.00060	+0.00260
23		6 36	208	186	1762	193	124	166
24		6 47	043	110	1829	−0.00122	094	−0.00037
25		6 56	057	067	1660	+0.00028	059	+0.00040
26		7 7	059	030	1578	098	006	063
27	"	2 29 p	−0.050	−0.031	+0.0402	+0.00873	+0.00812	+0.00849
28		2 40	186	014	403	1115	584	916
29		2 50	+0.007	017	437	703	775	730
30		3 1	001	168	409	534	1050	738
31	"	5 58 p	+0.084	+0.142	+0.1289	+0.00451	+0.00265	+0.00380
32		6 8	063	070	1302	415	389	405
33		6 18	093	063	1505	170	261	205
Mittelwerte 1. Hälfte:			+0.006	+0.020	+0.0599	+0.00745	+0.00698	+0.00728
" 2. "			−0.037	−0.043	+0.1109	+0.00405	+0.00423	+0.00412
Einfaches Mittel beider Hälften:			−0.015	−0.011	+0.0854	+0.00575	+0.00561	+0.00570

5.

Untersucht man den zeitlichen Verlauf von x_t und x_t' graphisch, so tritt eine tägliche Periode deutlich hervor. Für x_t ist dieselbe bekannt. Ich verzichte darauf, sie hier eingehender zu behandeln, da x_t und x_t' noch stark von der Jahreszeit abhängen, worauf die Mittelwerte 0.0599 und 0.1109 bzw. 0.00728 und 0.00412 für beide Hälften der Beobachtungen hinweisen. (In Betracht kommt noch, daß x_t und x_t' sich, genau genommen, bei der 1. und bei der 2. Hälfte auf etwas verschiedene Punkte beziehen, da i_t bzw. 0.456 und 0.353 ist. Indessen in x_t gibt dies nach Maßgabe von x_t' nur etwa 0.0006, ist also unerheblich; ebenso wird bei x' der Unterschied als unerheblich anzunehmen sein.)

Die Einzelwerte von x_t sowohl wie von x_t' zeigen ferner auch an verschiedenen Tagen für dieselbe Tagesstunde starke Unterschiede, was um so auffallender ist, als wegen der Benutzung von Heliotropen alle Beobachtungen bei Sonnenschein angestellt sind und die ganze

Reihe nur die Tage vom 13. August bis 10. September umfaßt. Offenbar ist die Temperaturverteilung stark abhängig vom allgemeinen Charakter und dem Verlauf der Witterung während des Tages.

Dies macht sich auch geltend in dem Unterschiede von x'_1 nach den Messungen in Schillig und Wangeroog. Die gleichzeitigen Lufttemperaturen in Schillig und Wangeroog waren in der Tat oftmals um 1—3 Grad verschieden; ebenso wird auch die Änderung der Temperatur mit der Höhe an beiden Orten etwas verschieden gewesen sein.

In den Verbesserungen x und $\bar{x}$ der Höhe $H_{1,2}$ von Wangeroog über Schillig ist eine tägliche Periode nur schwach angedeutet. Vielmehr sind die Schwankungen wesentlich unregelmäßiger Natur; zeitlich aufeinanderfolgende Beobachtungen geben allerdings in der Regel geringere Unterschiede in x bzw. $\bar{x}$ als Beobachtungen, die zeitlich beliebig auseinanderliegen. Hierauf komme ich weiterhin zurück.

Der Versuch, in den Formeln x''_1 mitzuführen, wurde für die Einzelbeobachtungen aufgegeben, da sich in den behandelten Fällen augenscheinlich unrichtige Werte ergaben. Nur für das Gesamtmittel der Beobachtungen ist er dann durchgeführt worden; im folgenden sind dafür die Rechnungen etwas ins einzelne gehend mitgeteilt. Man kann wohl annehmen, daß fürs Gesamtmittel der Luftzustand sich der normalen Schichtung sehr nähert. Für diesen Fall lohnt es sich dann auch, die Frage zu erörtern, inwieweit die für h aufgestellte Formel als theoretisch ausreichend zu betrachten ist, oder mit andern Worten: welchen theoretischen Fehler das Endergebnis für $H_{1,2} = 4.9 + x$ etwa haben kann.

Es sei zunächst noch angeführt, daß die Einführung von x'_1 gegenüber der Berechnung des Höhenunterschieds nach der gewöhnlichen Formel für gleichzeitige gegenseitige Zenitdistanzmessungen den Erfolg hatte, die Schwankungen im Rechnungsergebnisse für $H_{1,2} = 4.9 + x$ herabzumindern.

In der 1. Hälfte sind die Extreme, in Metern:

$$\text{ohne } x'_1: 4.555 \quad 5.008$$
$$\text{mit } x'_1: 4.716 \quad 5.092;$$

in der 2. Hälfte:

$$\text{ohne } x'_1: 4.599 \quad 5.035$$
$$\text{mit } x'_1: 4.714 \quad 5.049.$$

Hier tritt der Nutzen der Einführung von x' immerhin nicht sehr hervor. Er macht sich aber stärker geltend beim mittlern Ergebnis, welches er von einem systematischen Fehler befreit, der im Vergleich zu den Beobachtungsfehlern erheblich ist, wie wir weiterhin erkennen werden.

6.

Für die mittlern Ergebnisse hat man folgende Rechnung.

Strahl: 1.2   1.2   2.1   2.1
ε: $-111''.13$ $+183''.45$ $-262''.44$ $-40''.11$
a: -6.884 $+11.181$ -16.254 -2.482.

$$\sigma_1 = \frac{0.630 + 0.622}{2} = 0.626 \qquad \sigma_2 = \frac{0.366 + 0.362}{2} = 0.364$$

$$i_1 = \frac{0.456 + 0.353}{2} = 0.405 \qquad i_2 = \frac{0.353 + 0.453}{2} = 0.403$$

$$\tau_1 = 14.046 \qquad\qquad \tau_2 = 17.624.$$

a, σ, i, τ sind in Metern zu verstehen.

In den Formeln (10) für c_2 und d_2 wurde hiermit nach (11) gesetzt $h_{1,2} = 4.898$.

y_0 wurde nach Maßgabe der Einzelergebnisse, welche y zu 1 und 0.040 ergaben, gegen (16) um diesen Betrag vergrößert, um bei der Berechnung von c und d möglichst zutreffende Werte zu erzielen:

$$y_0 = 0.130 - \frac{a_1 + a_2}{2} = 11.699. \tag{18}$$

Es ist dann zur Bestimmung von x_1 mit $\log b_1 = 1.10687$

$$b_1(1 - x_1) = y_0 + y. \tag{18'}$$

Hierin bezeichnet y die Verbesserung des Wertes (18). Der Einfluß von y auf c und d wurde vernachlässigt.

Die 4 Strahlen ergaben nun nachstehende Gleichungen für Metermaß:

$$\begin{aligned}
x - 1.000y - 4.41x_1' + 5.9x_1'' &= -0.045 \\
x - 0.968y + 69.49x_1' + 338.5x_1'' &= +0.383 \\
-x - 0.999y + 18.27x_1' + 32.9x_1'' &= +0.116 \\
-x - 0.998y + 76.77x_1' + 250.5x_1'' &= +0.447.
\end{aligned} \tag{19}$$

Hieraus folgt durch paarweise Kombination:

$$\begin{aligned}
0.032y + 73.90x_1' + 332.6x_1'' &= +0.428 \\
0.001y + 58.50x_1' + 217.6x_1'' &= +0.331.
\end{aligned} \tag{20}$$

Bringt man die erste dieser beiden Gleichungen durch Multiplikation mit $58.50 : 73.90$ auf die Form

$$0.026y + 58.50x_1' + 263.3x_1'' = +0.339,$$

so folgt mit der zweiten durch Elimination von x_1':

$$0.025y + 45.7x_1'' = 0.008 \tag{21}$$

und

$$x_1'' = 0.00017 - 0.00055y,$$

womit sich findet:
$$x'_1 = 0.00502 + 0.002y.$$

Durch Einsetzen dieser Werte in die Gleichungen (19) ergibt sich
$$x = -0.021 \qquad y = +0.002; \qquad (22)$$
es wird also
$$x'_1 = 0.00502 \qquad x''_1 = 0.00017 \qquad (22^*)$$
und
$$x_1 = 0.0851,$$

indem $b(1-x_1) = y_0 + y = 11.701$ ist.

Die Bestimmung von $x''_1 = 0.00017$ besitzt aber nur eine geringe Sicherheit. Denn nimmt man nach Maßgabe der Abweichungen der Einzelwerte von x und $\bar{x}$ gegen ihre Mittel (vgl. die 2. Tabelle) den m. F. einer der vier Gleichungen (19) nur zu ±0.010 an (er ist aber etwa das Dreifache), so wird der m. F. der Gleichung (21) gleich ±0.018 und derjenige von x''_1 gleich ±0.0004. Man wird daher ebensogut $x''_1 = 0$ ansetzen können.

Lassen wir den Wert von x''_1 unbestimmt, so geben die beiden Gleichungen (20) einzeln:
$$\begin{aligned}x'_1 &= 0.00579 - 4.50\, x''_1 - 0.0004\, y \\ x'_1 &= 0.00566 - 3.72\, x''_1 - 0.0000\, y\end{aligned} \qquad (23)$$

Die Gewichte dieser Werte verhalten sich wie $73.90^2 : 58.50^2$ oder sehr nahe wie $25 : 16$, womit sich im Mittel ergibt:
$$x'_1 = 0.00574 - 4.20\, x''_1 - 0.0003\, y. \qquad (23^*)$$

Die Normalgleichungen für x und y, welche zu den vier Gleichungen (19) gehören, diese als Fehlergleichungen betrachtet, ergeben sich wie folgt:
$$\begin{aligned}4.000\, x + 0.029\, y - 29.96\, x'_1 + 61.0\, x''_1 &= -0.223 \\ +0.029\, x + 3.931\, y - 157.73\, x'_1 - 616.5\, x''_1 &= -0.888\end{aligned} \qquad (24)$$

Die Normalgleichung für x'_1 wurde nicht gebildet, weil (23^*) schon sehr nahe den Wert von x'_1 gibt, den die Methode der kl. Qu. verlangt. Setzt man x'_1 aus (23^*) ein und reduziert auf x und y, so wird erhalten:
$$\begin{aligned}x &= -0.013 - 46.7\, x''_1 \\ y &= +0.004 - 11.3\, x''_1 \\ x'_1 &= 0.00574 - 4.20\, x''_1 \\ x_1 &= 0.0850 + 0.88\, x''_1.\end{aligned} \qquad (25)$$

Mit diesen Werten ergeben die (19) folgende Reste rechter Hand, in Metern:

$$-0.003 + 11.0\,x_t''$$
$$+0.001 - 10.8\,x_t''$$
$$+0.002 - 14.2\,x_t'' \qquad (19^*)$$
$$-0.003 + 13.9\,x_t'',$$

welche, wie es sein muß, für $x_t'' = 0.00017$ nach (22^*) bis auf kleine Rechenungenauigkeiten verschwinden.

Dieser Wert von x_t'' ist aber nicht nur, wie schon bemerkt, wenig sicher, sondern auch nicht plausibel. Denn wenn man in Formel (4) die entsprechenden Werte der drei Konstanten aus (22^*) einführt, so wächst x unbegrenzt mit h und nimmt schon für $h = 20$ m (also in 29 m Meereshöhe, da der Ausgangspunkt 9 m Meereshöhe hat), den Wert 0.220 an, der nach anderweiten Erfahrungen wenig wahrscheinlich ist. Günstiger erweist sich ein kleiner negativer Wert von x_t''. Um eine Übersicht zu gewinnen, setzen wir für x_t'' die drei Werte 0, -0.00025 und -0.00050 an. Damit folgt nach (25):

a) $x_t = 0.0850 \quad x_t' = 0.00574 \quad x_t'' = 0$
b) $0.0848 \quad 0.00679 \quad -0.00025$
c) $0.0846 \quad 0.00784 \quad -0.00050.$

Die Werte der x werden alsdann bei $h = 0, 10, 20, 30, 40$:

$h =$	a)	b)	c)	
0	0.0850	0.0848	0.0846	
10	0.1424	0.1402	0.1380	
20	0.1998	0.1706	0.1414	(26)
30	0.2572	0.1760	0.0948	
40	0.3146	0.1564	0.0018	

Hiernach darf man x_t'' für das Beobachtungsgebiet, das $h = 0$ bis 22 umfaßt, zu etwa -0.00025 vermuten. Mit dieser Annahme werden die Reste (19^*) der Reihe nach $-6, +4, +5, -6$ mm; sie bleiben also noch hinlänglich klein. Ferner wird nach (25)

$$x = -0.001; \qquad (27)$$

es beträgt die Änderung gegen die Annahme $x_t'' = 0$ also 12 mm, gegen den Wert (22) mit $x_t'' = 0.00017$ allerdings 20 mm. Immerhin zeigt sich, daß die Annahme eines Wertes für x_t'', der x an der oberen Grenze des Beobachtungsbereichs mit h nur wenig veränderlich und zugleich in plausiblem Betrage[1] ergibt, doch x nicht sehr beeinflußt.

Als plausibelsten Wert von x möchte ich (27) annehmen, da ein von $x_t'' = -0.00025$ stärker abweichender Wert zu Beträgen von x

---

[1] Vgl. z. B. den für Mecklenburg gefundenen Wert (Landesvermessung I, S. 240 oder HELMERT, Theorien II, S. 580).

für $h = 20$ bis 40 führt, die weniger günstig erscheinen, wie man interpolatorisch auf Grund der Tabelle (26) leicht feststellt.

Die Ergebnisse sind demgemäß:

Höhenunterschied der Pfeileroberflächen
$$H_{1,2} = 4.899 \text{ m}, \qquad (28)$$

welcher Wert schon eingangs des Artikels eingeführt ist, um aus der Höhe 8.586 für Schillig diejenige für Wangeroog, 13.485, abzuleiten.

Ferner ist für den Refraktionskoeffizienten im Anschluß an Formel (4):
$$\varkappa = 0.0848 + 0.00679 h - 0.000125 h^2, \qquad (29)$$

worin h gleich ist der um 9.0 m verminderten Meereshöhe (Höhe ü. N. N.) des Punktes, auf welchen sich $\varkappa$ bezieht.

Hätte man $H_{1,2}$ nur aus den untern Visierstrahlen, d. h. aus der 1. und 3. Gleichung (19), unter Annahme von $\varkappa'_1 = 0 = \varkappa''_1$ abgeleitet, so würde es sich um 0.080 m kleiner als der Wert (28) ergeben haben, also um einen Betrag, der die Unsicherheit, welche sonst noch vorhanden ist, wesentlich übersteigen dürfte. Günstiger wäre die Benutzung der beiden von den Pfeilern nach den Turmheliotropen gehenden Visierstrahlen, also der 2. und 4. Gleichung (19), gewesen. Sie ergeben $H_{1,2}$ nur um 0.025 m kleiner als den Wert (28). Offenbar beruht dies auf der größern mittlern Höhe dieser Strahlen als der untern.

7.

Bei der Beurteilung der Genauigkeit der erzielten Rechnungsergebnisse, insbesondere des Höhenunterschieds $H_{1,2} = 4.899$ m, kommen in Betracht die Biegung der Fernrohre und Kreise, die Teilungsfehler der Kreise und die Fehler der zur Kreisablesung dienenden Mikrometer, die persönlichen Visurfehler der Beobachter, ferner die zufälligen Beobachtungsfehler einschließlich des veränderlichen Einflusses des Luftzustandes, insoweit derselbe nicht durch die Theorie berücksichtigt ist, und endlich der Fehler dieser Theorie.

Zunächst mag bemerkt werden, daß $1''$ im Höhenwinkel für die Distanz Schillig-Wangeroog im einseitig berechneten Höhenunterschied 0.062 m gibt.

Eine gewisse Prüfung der Genauigkeit bietet nun die Vergleichung der Ergebnisse für $H_{1,2}$, also $\dfrac{x' + x''}{2}$, aus der 1. und der 2. Hälfte der Beobachtungen, das sind nach der 2. Tabelle die Meterzahlen

$$\dfrac{+0.006 + 0.020}{2} \quad \text{und} \quad \dfrac{-0.037 - 0.043}{2}$$

oder +0.013 und —0.040 m. Auch die Vergleichung der Mittelwerte der x und der $\bar{x}$ ist nicht ohne Bedeutung:

$$\frac{+0.006-0.037}{2} \quad \text{und} \quad \frac{+0.020-0.043}{2}$$

oder —0.015 und —0.011 m; letzteres steht im Zusammenhange mit den Mittelzahlen für x_1' aus Schillig und aus Wangeroog:

$$+0.00575 \quad \text{und} \quad +0.00561.$$

Die Übereinstimmung ist in den beiden letzten Fällen besonders gut; im ersten Falle, wo es sich um die Mittelwerte der Höhenergebnisse für beide Hälften handelt, ist die Übereinstimmung zwar weniger vollständig, aber mit Rücksicht auf die besondern Umstände doch befriedigend. Denn man muß bedenken, daß in diesem Falle, abgesehen von schwankenden Einflüssen, wegen konstanter Fehler ein Unterschied von mäßigem Betrage zu erwarten ist: also wegen der obengenannten Biegungen, der persönlichen Fehler und der Teilungsfehler. Um die ersten beiden gänzlich, die Teilungsfehler wenigstens zum Teil zu eliminieren, zerlegt man die Beobachtungen eben in 2 Hälften mit vertauschten Instrumenten und Beobachtern.

Für die Biegungskorrektionen der Höhenwinkel fand sich nach S. (44) der »Zenitdistanzen« beim Zehnzöller —0.″4, beim Achtzöller +0.″1 mit einem mittlern Fehler von ±0.″5. Da bei der 1. Hälfte der Beobachtungen der Zehnzöller in Schillig stand, bei der zweiten in Wangeroog, so müßten, abgesehen von sonstigen Fehlereinflüssen, die Ergebnisse für $H_{1,2}$ den Unterschied 1. weniger 2. Hälfte $= -0.5 \cdot 0.062 = -0.031$ m zeigen. Die Reihenmittel geben dagegen nach der letzten Tabelle:

	1. Hälfte	2. Hälfte	1.—2. Hälfte
$\dfrac{x+\bar{x}}{2} =$	+0.013 m	—0.040 m	+0.053 m .

Als Rechenkontrolle dieser Mittel dient die Übereinstimmung der Werte $\frac{1}{2}(+0.013-0.040) = -0.013$ mit dem Werte von x in (25) für $x_1'' = 0$, wobei zu beachten ist, daß dieses Symbol x mit $\dfrac{x+\bar{x}}{2}$ der Tabelle gleichbedeutend ist. Ganz streng ist die Rechenkontrolle allerdings nicht, da die Gleichungen (6) und (9) auch für $x_1'' = 0$ in bezug auf den Refraktionseinfluß nicht linear sind, indem x_1' in einen veränderlichen Koeffizienten multipliziert ist. Nach einer Schätzung kann es sich dabei aber nur um etwa 1 mm handeln.

Die Werte —0.031 m und +0.053 m stimmen nicht überein. Der Grund hiervon kann eine Unrichtigkeit der Biegungswerte sein:

während zu -0.031 m die Biegungsdifferenz $-0\overset{''}{.}5$ gehört, folgt aus $+0.053$ m entsprechend $+0\overset{''}{.}85$, welcher Betrag aber recht gut möglich ist, da der m. F. der beobachteten Biegungsdifferenz $\pm 0\overset{''}{.}7$ beträgt. Außerdem stecken in dem Unterschied 0.053 m bzw. $0\overset{''}{.}85$ noch außer Teilungsfehlereinflüssen die persönlichen Visurfehler beider Beobachter; endlich aber ist überhaupt der Unterschied so gering, daß er durch die Schwankungen der Einzelergebnisse allein schon erklärt werden kann, wie weiterhin noch erörtert werden wird.

Man kann die Vergleichung der Ergebnisse noch etwas mehr ins einzelne treiben, als eben geschehen, indem man die Standmittel für die Kreisstände I und III bildet. Diese sind in Millimetern:

Stand	x	$\bar{x}$	$\frac{x+\bar{x}}{2}$	Anzahl
1. Hälfte: I	-33	$+12$	-10	14
1. Hälfte: III	$+47$	$+29$	$+38$	13
2. Hälfte: I	-61	-67	-64	16
2. Hälfte: III	-15	-21	-18	17

Bezeichnet man die Standfehler, welche durch Vertauschung der Instrumente und Beobachter herausfallen, mit I und III, die gesuchte Höhenkorrektion mit x, so stellen diese Werte zeilenweise die 4 Aggregate

$$x + \text{I}$$
$$x + \text{III}$$
$$x - \text{I}$$
$$x - \text{III}$$

vor. Bildet man die den Werten $\frac{x+\bar{x}}{2}$ entsprechenden 4 Fehlergleichungen und legt denselben gleiches Gewicht bei, was genügt, so folgt für Metermaß:

$$x = -0.014 \quad \text{I} = +0.027 \quad \text{III} = +0.028,$$

womit die Verbesserungen werden, in Millimetern:

$$+46 \quad +1 \quad +23$$
$$-33 \quad -15 \quad -24$$
$$+20 \quad +26 \quad +23$$
$$-27 \quad -21 \quad -24.$$

Die letzte Vertikalreihe gibt

$$\mu_x = \pm \sqrt{\frac{2210}{(4-3)4}} = \pm 0.024 \text{ m}. \tag{30}$$

Würde man auf die 8 Verbesserungen für x und $\bar{x}$ zurückgehen, so würde nur ± 0.017 folgen. Dies ist zwar anscheinend genauer wegen der größern Anzahl 5 überschüssiger Messungen, aber andrerseits sind voraussichtlich die zusammengehörenden Werte von x und $\bar{x}$ in gleicher Weise systematisch beeinflußt — außerdem sind sie auch rechnerisch nicht unabhängig voneinander, was indessen nicht viel ausmacht.

Als Rechenkontrolle dient die Übereinstimmung des Wertes von x mit dem auf voriger Seite erhaltenen, sowie die Übereinstimmung des arithmetischen Mittels von I und III mit der Hälfte des Unterschieds $+0.053$ m daselbst. Der m. F. dieses Wertes ergibt sich bei dieser Gelegenheit zu ± 0.048 m, dem doppelten Betrage von μ_x. Ein günstiges Zeichen für die Genauigkeit ist einesteils der geringe Betrag von μ_x in (30), andernteils die Übereinstimmung der Werte für I und III, welche Größen ja bis auf die Teilungsfehlereinflüsse genau denselben Ursprung haben und übereinstimmen müssen.

8.

Eine besondre Erwähnung verdient der Einfluß der Teilungsfehler. Nach der 1. Tabelle sind die Mittelzahlen der gemessenen Höhenwinkel:

$$\varepsilon_{1,2} = -111\overset{''}{.}13 \quad \varepsilon_{2,1} = -262\overset{''}{.}44$$
$$\bar{\varepsilon}_{1,2} = +183.45 \quad \bar{\varepsilon}_{2,1} = -40.11,$$

während ein Teilungsintervall $5' = 300''$ beträgt; bei der Messung nach der Methode der doppelten Zenitdistanzen wird sich also jedes ε in der Regel auf zwei $10'$-Intervalle, unter Umständen auf zwei $5'$-Intervalle stützen. Beträgt der m. F. eines $10'$-Intervalls $\pm 3''$, was reichlich bemessen ist, so kommt auf ε für eine vollständige Messung kaum $\pm 3 : 2\sqrt{2}$ oder $\pm 1''$. Je nach dem Betrage von ε und der Art der Ableitung ist der m. F. etwas verschieden, da nach S. (26) bis (29) der »Zenitdistanzen« der Gang der Mikroskope nur berücksichtigt wurde, wenn er einen erheblichen Betrag hatte. Der m. F. von $\pm 1\overset{''}{.}0$ ist aber so bemessen, daß man sich darin auch die Schraubenfehler enthalten denken kann, vgl. S. (25) u. f. der »Zenitdistanzen«.

Die Genauigkeit der Werte ε erhöht sich hinsichtlich des Einflusses der Teilungsfehler nicht wesentlich für die Standmittel in den beiden Hälften der Beobachtungen; wenigstens beim Zehnzöller wurden für jeden Stand dieselben Striche benutzt, beim Achtzöller fand einiger Wechsel statt. Für die Mittelwerte einer Hälfte (mit 2 Ständen) kann man den m. F. in ε kleiner als $\pm 1\overset{''}{.}0 : \sqrt{2}$, d. i. $\pm 0\overset{''}{.}7$ annehmen; endlich für die Gesamtmittel gleich $\pm 0\overset{''}{.}5$. Hiernach würden die m. F. der 4 Gleichungen (19), insoweit Teilungs- und Schraubenfehler in Betracht kommen, zu nicht mehr als $\pm 0.062 \cdot 0.5 = \pm 0.031$ m zu schätzen sein.

Mit diesen Genauigkeitsfestsetzungen stimmen gut überein die Unterschiede der Mittelwerte der x'_t aus beiden Stationen in der 1. wie in der 2. Hälfte. Diese Unterschiede sind im Sinne Zehnzöller — Achtzöller

$$+0.00047 \text{ bzw. } +0.00018.$$

Aus der Gleichheit der Vorzeichen könnte man auf einen größern Teilungsfehler bei einem der Instrumente schließen; aber die Unterschiede sind doch geringfügig. Legt man für die Strahlengleichungen analog (19), aber entsprechend nur einer Hälfte der Beobachtungen, den m. F. $\pm 0.7 \cdot 0.062$, d. i. ± 0.044 m, zugrunde, so wird er für x'_t aus Schillig $\pm 0.044 \sqrt{2} : 74$, d. i. ± 0.00084, und aus Wangeroog $\pm 0.044 \sqrt{2} : 59$, d. i. ± 0.00105; für den Unterschied beider Werte würde also der m. F. gleich ± 0.00134 werden. Die tatsächlichen Unterschiede sind, wie angegeben, weit geringer. Die Güte der benutzten Teilungsintervalle und überhaupt der mikrometrischen Messung auf den Höhenkreisen ist somit bei den mittlern Fehlerschätzungen nicht zu hoch angenommen, was auch die Erfahrungen bei den Biegungsbestimmungen zeigen (S. (43) der »Zenitdistanzen«). Es stimmt dies auch überein mit der vorher gefundenen Gleichheit der Standkorrektionen I und III.

Von Interesse ist es noch, zu sehen, wie die Fehler der vier Gleichungen (19) im einzelnen das Ergebnis für x beeinflussen, wenn diese unter Annahme eines unbestimmten Wertes von x''_t ausgeglichen werden. Bezeichnet man die Fehler der rechten Seiten der Gleichungen (19) der Reihe nach mit δ_t und δ'_t sowie δ_2 und δ'_2, wobei die δ den untern, die δ' den obern Visuren von Schillig und Wangeroog entsprechen, so folgt der Fehler in x gleich

$$0.19\,\delta_t + 0.31\,\delta'_t - 0.30\,\delta_2 - 0.20\,\delta'_2. \tag{31}$$

Bei Vernachlässigung von x'_t würde der Koeffizient allenthalben 0.25 sein.

Insoweit nun die δ und δ' alle einander gleich sind (Biegungen, persönliche Fehler, Teilungsfehler z. T.), fallen sie im Fehlerausdruck (31) heraus. Dagegen gibt ein mittlerer zufälliger Betrag der δ und δ' gleich ± 0.031 m den m. F. in x gleich

$$\pm 0.016 \text{ m}. \tag{32}$$

Nach den vorher gemachten Bemerkungen ist dieser m. F. eine obere Grenze für den mittlern Einfluß der Teilungs- und Schraubenfehler auf x.

Verhältnismäßig am ungünstigsten bestimmt sich x_t hinsichtlich der jetzt betrachteten Fehlereinflüsse. Nach Maßgabe der Gleichungen (19) wird der Fehler in y gleich

$$-0.58\,\delta_t + 0.08\,\delta'_t - 0.51\,\delta_2 + 0.01\,\delta'_2. \tag{33}$$

Für eine einzelne Bestimmung von x_t in der zweiten Tabelle sei der konstante Teil für alle δ entsprechend $0\overset{''}{.}5$ in den ε gleich 0.031 m mit nicht näher bekanntem Vorzeichen. Doch sei dieses dasselbe für δ_1 und δ'_1, δ_2 und δ'_2. Dann ist der Einfluß auf y gleich ± 0.022 und derjenige auf x_t nach (18^*) gleich ± 0.0019. Für das Gesamtmittel 0.0854 der zweiten Tabelle ergibt sich wesentlich derselbe Betrag.

9.

Ich gehe nun über zur Besprechung des Einflusses der zufälligen Beobachtungsfehler und des Luftzustandes, wobei auch Fehler der Theorie in Betracht kommen.

Bereits im vorhergehenden konnte die gute Übereinstimmung der Mittelwerte von $\dfrac{x+\bar{x}}{2}$ für beide Hälften der Beobachtungen sowie die Übereinstimmung der Standmittel hervorgehoben werden, woraus der Wert (30) als m. F. des Endwertes von $H_{r,2}$ hergeleitet wurde. Auf diese Übereinstimmung haben die obengenannten Fehlerquellen einen wesentlichen Einfluß: sie läßt also den Schluß zu, daß dieser Einfluß sich in angemessenen Grenzen hält. Dies wird bestätigt durch die schon erwähnte Übereinstimmung der Mittelwerte von x'_t für beide Stationen.

Hiernach befriedigt somit die angewandte Theorie, welche $x''_t = 0$ setzt, für die Mittelwerte der ε. Gleichwohl ließ die Betrachtung der aus x_t und x'_t berechneten x für größere Höhen erkennen, daß es gut sei, x''_t nicht gleich Null beizubehalten. Es wurde ein kleiner negativer Wert eingeführt, der allerdings etwas unsicher ist. Er ergab einen Zuwachs in $H_{r,2}$ von 0.012 m; vgl. (25) bis (27). Die mittlere Unsicherheit dieser Verbesserung ist nach Maßgabe von (26) kaum

$$\pm 0.006 \,\text{m}, \qquad (34)$$

als Hälfte ihres Wertes.

Betrachtet man nun aber die Ergebnisse der 2. Tabelle im einzelnen, so wird man gewahr, daß für die Darstellung der Einzelbeobachtungen die Theorie nicht ganz befriedigt. Dies war allerdings zu erwarten, aus hinlänglich bekannten Gründen. Man bemerkt außer rasch wechselnden Schwankungen in den Werten x und $\bar{x}$ auch solche von hervorstechend systematischem Charakter, wobei mehrfach die Tageszeit eine entscheidende Rolle zu spielen scheint. Ebenso zeigen die Werte von x'_t aus den Messungen auf beiden Stationen mehrmals beträchtliche Unterschiede.

Macht man den Versuch mit Hilfe des aus (25) folgenden Verbesserungsgliedes $-46.7\,\varkappa_1''$, welches allerdings streng nur für den mittlern Luftzustand gilt, unter Annahme geeigneter Werte von $\varkappa_1''$, die aus der Betrachtung der $\varkappa_t$ und $\varkappa_t'$ folgen, die Einzelmittel $\dfrac{x+\bar{x}}{2}$ zu verbessern, so hat dies wenig Einfluß auf die Beseitigung des systematischen Charakters dieser Werte. Die Mitführung von $\varkappa_1''$ dürfte also auch bei strengerer Behandlung die Übereinstimmung im einzelnen wenig bessern; ebenso glaube ich nicht, daß im vorliegenden Falle die Aufstellung einer Theorie mit Annahme eines bestimmten Gesetzes für die Änderung der Temperatur der Luft mit der Höhe in der Nähe der Meeresfläche, etwa des von LALLEMAND für Feinnivellements benutzten logarithmischen Gesetzes[1], von Vorteil wäre. Denn die Ursache der systematischen Abweichungen dürfte sein, daß im einzelnen die Lufttemperatur vielfach überhaupt nicht nach einem analytischen Gesetze mit h sich ändert und daß längs der gemeinsamen Vertikalebene das Änderungsgesetz nicht überall dasselbe ist.

Die Anwesenheit eines teilweise systematischen Charakters der Schwankungen in den Höhenergebnissen macht es unmöglich, einen genauen Wert für den m. F. des Endwertes $H_{1,2}$ herzuleiten, insoweit er den veränderlichen Einflüssen entspricht. Bildet man die Abweichungen der Einzelergebnisse für $\dfrac{x+\bar{x}}{2}$ gegen ihr Mittel für die beiden Hälften, so folgt als mittlere Abweichung im Sinne eines m. F.

bei der 1. Hälfte ± 0.075 m
» » 2. » ± 0.099 m.

Hieraus würde sich als m. F. des Endergebnisses für $\dfrac{x+\bar{x}}{2}$ unter Voraussetzung lediglich zufälliger Einflüsse berechnen der Betrag ± 0.011 m, wobei für die 1. Hälfte als Anzahl der Einzelbeobachtungen 27, für die 2. Hälfte 33 eingeführt ist. Da nun aber die Einzelwerte, welche einer Gruppe von Nachbarbeobachtungen angehören, vielfach gleichartige Abweichungen zeigen, wird man wohl dem wahren Betrage des m. F. näherkommen, wenn man als Gewichte der Mittelwerte nicht die Anzahl der Einzelwerte, sondern die Anzahl der Gruppen, nämlich 9 und 11, nimmt, womit sich ergibt:

$$\pm 0.020 \text{ m}, \qquad (35)$$

welcher Betrag mit (30) mit Rücksicht auf die Unsicherheit beider Werte gut übereinstimmt.

---

[1] Nivellement de haute précision par CHARLES LALLEMAND. Paris 1889. S. 44.

Bei dieser Betrachtung ist vorausgesetzt, daß in den Nachtstunden, wofür ja Beobachtungen fehlen, nicht etwa stärkere Abweichungen nach einer und derselben Seite vorhanden sind. Reduziert man die Ergebnisse von $\frac{x+\bar{x}}{2}$ in der 1. Hälfte mit -0.027, in der 2. mit $+0.027$ wegen des Unterschieds 0.053 der Ergebnisse beider Hälften, so erhält man folgende Gruppenmittel:

$6-8^h$ a	$10-12^h$ a	$2-4^h$ p	$5-7^h$ p
Aug. 15 +0.052	Aug. 15 −0.040	Aug. 17 +0.008	Aug. 14 +0.029
„ 25 +0.035	„ 13 −0.008	„ 18 −0.123	„ 31 −0.076
„ 31 +0.034	„ 18 −0 059	„ 14 +0.074	Sept. 10 +0.136
Sept. 7 −0.077	„ 31 −0.063	„ 31 −0.117	Aug. 30 +0.137
„ 1 −0.063	„ 30 −0.083	Sept. 1 +0.015	Sept. 1 +0.112
Mittel: −0.004	−0.051	−0.029	+0.068
Zeitmittel: $7^h.0$ a	$10^h.7$ a	$2^h.8$ p	$6^h.1$ p

Nach einer graphischen Darstellung könnte man hieraus Werte für die Nachtstunden 10^p und 2^a gleich $+0.090$ und $+0.080$ entnehmen sowie den Mittelwert (nach graphischer Quadratur) zu $+0.027$. Gegen den früher berechneten Mittelwert -0.013 ergäbe sich ein Zuwachs von $+0.040$. Nimmt man indessen als Mittelwert der vorhandenen Beobachtungen das einfache Mittel der 4 Stundengruppenwerte:

$$\tfrac{1}{4}(-0.004-0.051-0.029+0.068) = -0.004,$$

so ist der Zuwachs durch Berücksichtigung der Nachtstunden nur $+0.031$.

Diese Größe oder auch die vorhergehende $+0.040$ wirklich anzubringen, erscheint mir nicht angemessen, da sie doch recht unsicher sind. Außerdem können sie recht wohl schon teilweise durch Annahme eines von Null abweichenden Wertes z_t'' und einer dementsprechenden Verbesserung des Mittelwertes um $+0.012$ berücksichtigt sein. Aus dem gleichen Grunde habe ich auch davon abgesehen, etwa nur den früher berechneten Mittelwert -0.013 durch das Gruppenmittel -0.004 zu ersetzen. Ich begnüge mich daher, die Größe $+0.040$ zur Hälfte mit

$$\pm 0.020 \text{ m} \qquad (36)$$

als einen mittleren Fehlerbeitrag des Endergebnisses für $H_{r.2}$ in Ansatz zu bringen.

Aus (32), (34), (35) und (36) zusammen kann man als m. F. des Endwertes (28) von $H_{r.2}$ ableiten den Betrag

$$\pm 0.033 \text{ m}, \qquad (37)$$

der wohl eher zu reichlich als zu knapp bemessen sein dürfte, was aber in meiner Absicht lag, um in keine Überschätzung der Genauigkeit zu verfallen.

10.

Es ist noch die Abweichung des Geoids von der Form eines abgeplatteten Rotationsellipsoids zu berücksichtigen. Im vorliegenden Falle, wo die Entfernung s beider Punkte nur 12.8 km beträgt und außerdem wegen der Ebenheit des Geländes ein gleichmäßiger Gang der Lotabweichungen zu erwarten ist, kann die betreffende Verbesserung des trigonometrisch berechneten Höhenunterschieds nach der Näherungsformel erfolgen, die ich im 2. Bande meiner »Theorien der höhern Geodäsie« 1884, S. 608 gegeben habe:

$$-\frac{1}{6}\frac{\Lambda^{II}s^3}{\rho''}, \qquad (38)$$

wobei für die Lotabweichung in Richtung der Linie Schillig–Wangeroog (positiv im Sinne einer Verschiebung des wahren Zenits gegen das ellipsoidische nach Wangeroog zu) im Abstand s von Schillig der Ausdruck angenommen ist:

$$\Lambda = \Lambda_{Sch} + \Lambda^{I}s + \Lambda^{II}s^2. \qquad (39)$$

Bei graphischer Darstellung der Λ als Ordinaten zu Abszissen s ist $\Lambda^{II}s^2$ der Unterschied der Kurvenordinate für Wangeroog und der entsprechenden Ordinate einer Geraden, welche in Schillig tangiert, wenn s auf Schillig–Wangeroog bezogen wird.

Die nördliche und östliche Komponente der Zenitabweichung ist ermittelt für Wangeroog und Schillig selbst, ferner in der Umgebung für Wilhelmshaven, Borkum, Helgoland und Neuwerk in durchschnittlich 50 km Abstand. Leider zeigte die Diskussion dieser ξ und η Mißstimmigkeiten, die besonders die η in Schillig, Wangeroog und Neuwerk betreffen. Bei dieser Diskussion wurden noch Werte von ξ und η in dem weiter östlich liegenden Gebiete bis Schwerin und Dietrichshagen zugezogen, wo die Übereinstimmung weit günstiger war.

Die Diskussion erfolgte einmal dadurch, daß Kurven $\xi = $ const. und $\eta = $ const. interpoliert wurden und ich mit Hilfe derselben prüfte, ob die bekannte Gleichung $\partial(\eta \cos B)/\partial B = \partial \xi/\partial L$ genügend erfüllt war; ferner wurden alle η auf denselben Parallelkreis reduziert nach der Methode von Sludsky (vgl. Sitzungsberichte 1900, S. 968 und 1901, S. 965 u. f.). Ich gehe hierauf vorläufig nicht weiter ein und bemerke nur, daß ich auf die Ableitung eines bestimmten Wertes von $\Lambda^{II}s^2$ als zu unsicher verzichtet habe. Es fand sich aber, daß dessen Betrag die Grenzen $\pm 1''$ nicht überschreiten dürfte.

Nimmt man in (38) für $\Lambda^{\text{II}} s^2$ die Hälfte dieses Maximalwertes $0\rlap{.}''5$ an, so ergibt sich der Betrag 0.005 m. Ich habe demgemäß zu (37) noch

$$\pm 0.005 \text{ m} \tag{40}$$

als Unsicherheit wegen mangelnder Reduktion aufs Geoid beigefügt. Damit bleibt der m. F. des Endwertes (28) von $H_{r,2}$ aber ungeändert gleich ± 0.033 m.

Der Einfluß der Lotabweichungen auf x_r kann zur Zeit ebensowenig wie derjenige auf $\dot{H}_{r,2}$ angegeben werden. Er kann recht wohl 0.003 betragen.

11.

Ich habe endlich noch eine Überschlagsrechnung gemacht, um beiläufig die den beobachteten Werten x_r und x'_r entsprechenden Temperaturänderungen zu erkennen. Nimmt man die bekannte Formel an, welche x als Funktion des Barometerstandes b, der absoluten Lufttemperatur T und der Änderung τ derselben für 1 m Höhenzuwachs darstellt[1], so folgt für die bei den Beobachtungen vorhandenen Mittelwerte $T = 289°$ und $b = 762$ mm

$$x = 0.208 + 6.13\,\tau. \tag{41}$$

Hierbei ist also der Einfluß der Feuchtigkeit vernachlässigt, was nicht ganz richtig ist[2], aber keinen großen Fehler geben wird. T und b schwanken im Maximum um etwa 6 Einheiten, was Änderungen in x von einigen Prozenten gibt, die ich für diese Überschlagsrechnung vernachlässigt habe.

Setzt man

$$T = T_r + T'_r h + \tfrac{1}{2} T''_r h^2 + \tfrac{1}{6} T'''_r h^3, \tag{42}$$

so folgt, indem τ in (41), genau genommen, die Bedeutung dT/dh hat,

$$x = 0.208 + 6.13\,(T'_r + T''_r h + \tfrac{1}{2} T'''_r h^2).$$

Rechnet man h von Schilling ab, so wird

$$\left.\begin{aligned} x_r &= 0.208 + 6.13\,T'_r \\ x'_r &= 6.13\,T''_r \\ x''_r &= 6.13\,T'''_r. \end{aligned}\right\} \tag{43}$$

Hiermit kann man aus den beobachteten Werten von x_r, x'_r und x''_r die Koeffizienten T'_r, T''_r und T'''_r entnehmen und erhält für $x_r = 0.0848$, $x'_r = 0.00679$ und $x''_r = -0.00025$ aus (29):

---

[1] Vgl. u. a. HELMERT, Theorien II, S. 577 (12).
[2] H. J. CHRISTIANSEN, Einige Bemerkungen über die terrestrische Refraktion. Zeitschr. f. Vermessungswesen 1903, S. 305 u. f.

$$T = T_1 - 0.020\,h + 0.00055\,h^2 - 0.0000068\,h^3, \qquad (44)$$
$$\tau = -0.020 + 0.0011\,h - 0.00002\,h^2. \qquad (45)$$

Für $h = 10, 20, 30$ m über Schillig ändert sich T hiernach um $-0°.152$, $-0°.234$ und $-0°.289$ gegen Schillig. τ ist in Schillig $-0°.02$, 10 m höher $-0°.01$ und bei 20 bis 30 m etwa $0°.005$.

Im allgemeinen geht $\varkappa_1$ von -0.01 (um $2^h.8$) bis $+0.17$ (früh $7^h.0$), $\varkappa_1'$ von 0 (früh) bis $+0.014$ (um $2^h.8$). Diese extremen Werte sind jedoch zu den angegebenen Zeiten nur je einmal erreicht. Ihnen entsprechen Werte von τ in Schillig und 10 m höher:

$7^h.0$ a $-0°.006$ und $-0°.006$,
$2^h.8$ p $-0°.035$ und $-0°.012$.

Mittags um $2^h.8$ war also in diesem Falle die Temperaturabnahme am stärksten; der Gradient nahm aber, absolut genommen, nach oben hin rasch ab.

Auch im allgemeinen waren die Temperaturverhältnisse um $2^h.8$ ähnlich wie in diesem Falle, nur weniger extrem. Um $10^h.7$ waren sie im ganzen denen von $2^h.8$ gleich. Früh war die Temperaturverteilung am gleichmäßigsten, wenn auch meistens nicht so günstig wie im oben betrachteten Falle. Abends zeigten sich die Temperaturgradienten schwächer als nachmittags.

Da es sich dabei für 10 m Höhenunterschied immer nur um höchstens einige Zehntelgrade handelt, würde die direkte Beobachtung der Temperaturabnahme mit der Höhe mit einer zur Berechnung von $\varkappa$ und $\varkappa'$ ausreichenden Genauigkeit ganz besondre Präzisionseinrichtungen erfordert haben.

SITZUNGSBERICHTE
DER
KÖNIGLICH PREUSSISCHEN
AKADEMIE DER WISSENSCHAFTEN.

24. October. Sitzung der philosophisch-historischen Classe.

Vorsitzender Secretar: Hr. Vahlen.

Hr. Diels las über Melampus' Περὶ παλμῶν und die verwandten Zuckungsbücher des Orients und Occidents. (Abh.)

Die vorgelegte Ausgabe des Melampus wird in drei Versionen wiedergegeben, von denen die erste wiederum drei Vertreter zählt. Die Untersuchung beschäftigt sich ferner mit den Quellen des Melampus und seinem Zusammenhang mit der übrigen weitverzweigten Palmomantik.

Ausgegeben am 31. October.

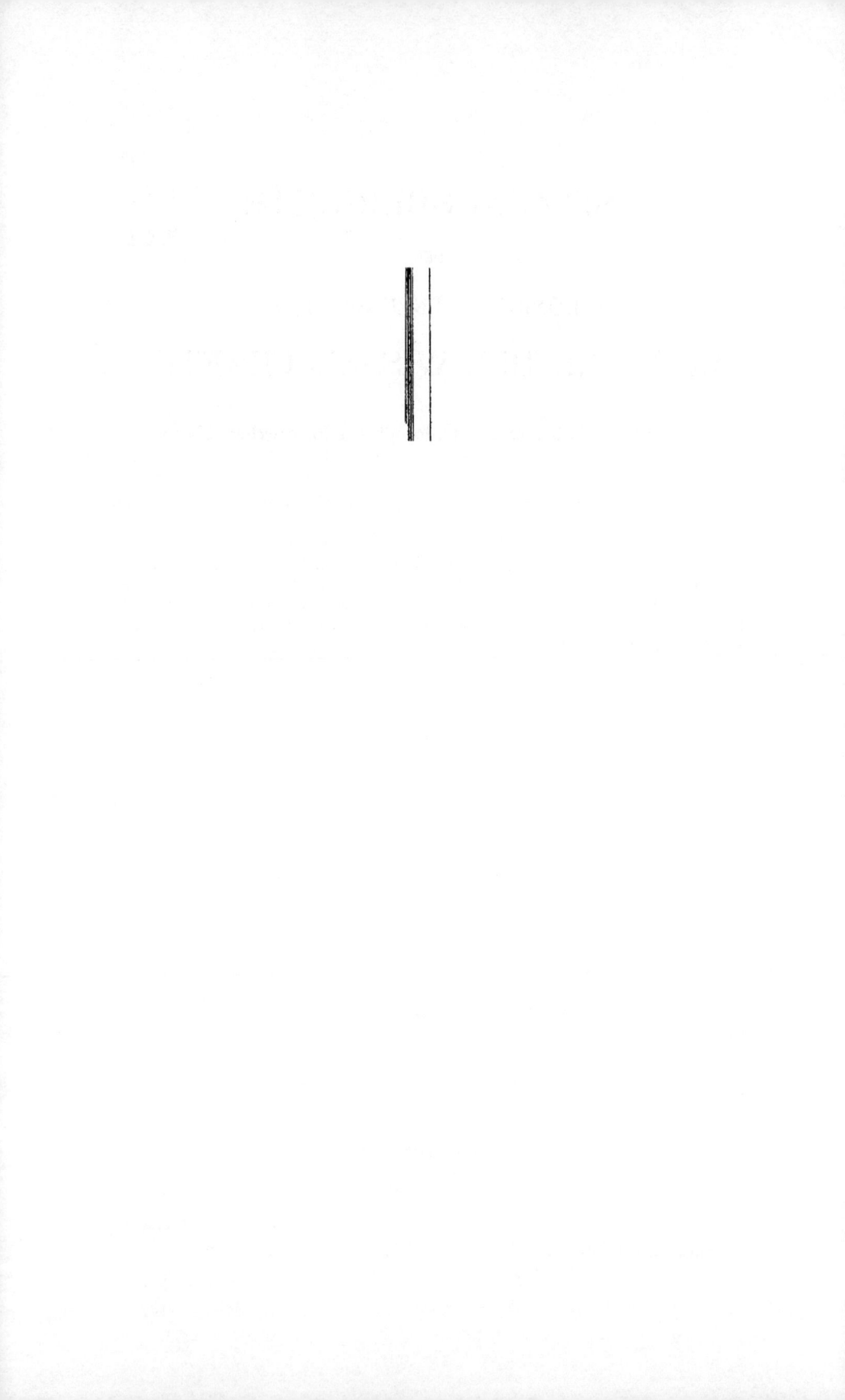

1907.　　　　　　　　　　　　　　XLII. XLIII. XLIV.

SITZUNGSBERICHTE

DER

KÖNIGLICH PREUSSISCHEN

AKADEMIE DER WISSENSCHAFTEN.

Gesammtsitzung am 31. October (S. 795)
Adresse an Hrn. ADOLF MICHAELIS zum fünfzigjährigen Doctorjubiläum am 19. October 1907. (S. 796)
Sitzung der philosophisch-historischen Classe am 7. November. (S. 799)
L. STERN: Ein ungedruckter Brief KANT's. (S. 800)
Sitzung der physikalisch-mathematischen Classe am 7. November. (S. 803)
KOENIGSBERGER: Der GREEN'sche Satz für erweiterte Potentiale. (S. 804)

BERLIN 1907.
VERLAG DER KÖNIGLICHEN AKADEMIE DER WISSENSCHAFTEN.

IN COMMISSION BEI GEORG REIMER.

Aus dem Reglement für die Redaction der akademischen Druckschriften.

Aus § 1.
Die Akademie gibt gemäss § 41,1 der Statuten zwei fortlaufende Veröffentlichungen heraus: «Sitzungsberichte der Königlich Preussischen Akademie der Wissenschaften» und «Abhandlungen der Königlich Preussischen Akademie der Wissenschaften».

Aus § 2.
Jede zur Aufnahme in die «Sitzungsberichte» oder die «Abhandlungen» bestimmte Mittheilung muss in einer akademischen Sitzung vorgelegt werden, wobei in der Regel das druckfertige Manuscript zugleich einzuliefern ist. Nichtmitglieder haben hierzu die Vermittelung eines ihrem Fache angehörenden ordentlichen Mitgliedes zu benutzen.

§ 3.
Der Umfang einer aufzunehmenden Mittheilung soll in der Regel in den Sitzungsberichten bei Mitgliedern 32, bei Nichtmitgliedern 16 Seiten in der gewöhnlichen Schrift der Sitzungsberichte, in den Abhandlungen 12 Druckbogen von je 8 Seiten in der gewöhnlichen Schrift der Abhandlungen nicht übersteigen.
Überschreitung dieser Grenzen ist nur mit Zustimmung der Gesammt-Akademie oder der betreffenden Classe statthaft, und ist bei Vorlage der Mittheilung ausdrücklich zu beantragen. Lässt der Umfang eines Manuscripts vermuthen, dass diese Zustimmung erforderlich sein werde, so hat das vorlegende Mitglied es vor dem Einreichen von sachkundiger Seite auf seinen muthmasslichen Umfang im Druck abschätzen zu lassen.

§ 4.
Sollen einer Mittheilung Abbildungen im Text oder auf besonderen Tafeln beigegeben werden, so sind die Vorlagen dafür (Zeichnungen, photographische Originalaufnahmen u. s. w.) gleichzeitig mit dem Manuscript, jedoch auf getrennten Blättern, einzureichen.
Die Kosten der Herstellung der Vorlagen haben in der Regel die Verfasser zu tragen. Sind diese Kosten aber auf einen erheblichen Betrag zu veranschlagen, so kann die Akademie dazu eine Bewilligung beschliessen. Ein darauf gerichteter Antrag ist vor der Herstellung der betreffenden Vorlagen mit dem schriftlichen Kostenanschlage eines Sachverständigen an den vorsitzenden Secretar zu richten, dann zunächst im Secretariat vorzuberathen und weiter in der Gesammt-Akademie zu verhandeln.
Die Kosten der Vervielfältigung übernimmt die Akademie. Über die voraussichtliche Höhe dieser Kosten ist — wenn es sich nicht um wenige einfache Textfiguren handelt — der Kostenanschlag eines Sachverständigen beizufügen. Überschreitet dieser Anschlag für die erforderliche Auflage bei den Sitzungsberichten 150 Mark, bei den Abhandlungen 300 Mark, so ist Vorberathung durch das Secretariat geboten.

Aus § 5.
Nach der Vorlegung und Einreichung des vollständigen druckfertigen Manuscripts an den zuständigen Secretar oder an den Archivar wird über Aufnahme der Mittheilung in die akademischen Schriften und zwar, wenn eines der anwesenden Mitglieder es verlangt, verdeckt abgestimmt.
Mittheilungen von Verfassern, welche nicht Mitglieder der Akademie sind, sollen der Regel nach nur in die Sitzungsberichte aufgenommen werden. Beschliesst eine Classe die Aufnahme der Mittheilung eines Nichtmitgliedes in die dazu bestimmte Abtheilung der «Abhandlungen», so bedarf dieser Beschluss der Bestätigung durch die Gesammt-Akademie.

Aus § 6.
Die an die Druckerei abzuliefernden Manuscripte müssen, wenn es sich nicht bloss um glatten Text handelt, ausreichende Anweisungen für die Anordnung des Satzes und die Wahl der Schriften enthalten. Bei Einsendungen Fremder sind diese Anweisungen von dem vorlegenden Mitgliede vor Einreichung des Manuscripts vorzunehmen. Dasselbe hat sich zu vergewissern, dass der Verfasser seine Mittheilung als vollkommen druckreif ansieht.
Die erste Correctur ihrer Mittheilungen besorgen die Verfasser. Fremde haben diese erste Correctur an das vorlegende Mitglied einzusenden. Die Correctur soll nach Möglichkeit nicht über die Berichtigung von Druckfehlern und leichten Schreibversehen hinausgehen. Umfängliche Correcturen Fremder bedürfen für die Genehmigung des redigirenden Secretars vor der Einsendung an die Druckerei, und die Verfasser sind zur Tragung der entstehenden Mehrkosten verpflichtet.

Aus § 8.
Von allen in die Sitzungsberichte oder Abhandlungen aufgenommenen wissenschaftlichen Mittheilungen, Reden, Adressen oder Berichten werden für die Verfasser, von wissenschaftlichen Mittheilungen, wenn deren Umfang im Druck 4 Seiten übersteigt, auch für den Buchhandel Sonderabdrucke hergestellt, die alsbald nach Erscheinen des betreffenden Stücks der Sitzungsberichte ausgegeben werden.
Von Gedächtnissreden werden ebenfalls Sonderabdrucke für den Buchhandel hergestellt, indess nur dann, wenn die Verfasser sich ausdrücklich damit einverstanden erklären.

§ 9.
Von den Sonderabdrucken aus den Sitzungsberichten erhält ein Verfasser, welcher Mitglied der Akademie ist, zu unentgeltlicher Vertheilung ohne weiteres 50 Freiexemplare; er ist indess berechtigt, zu gleichem Zwecke auf Kosten der Akademie weitere Exemplare bis zur Zahl von noch 100 und auf seine Kosten noch weitere bis zur Zahl von 200 (im ganzen also 350) abziehen zu lassen, sofern er diess rechtzeitig dem redigirenden Secretar angezeigt hat; wünscht er auf seine Kosten noch mehr Abdrucke zur Vertheilung zu erhalten, so bedarf es dazu der Genehmigung der Gesammt-Akademie oder der betreffenden Classe. — Nichtmitglieder erhalten 50 Freiexemplare und dürfen nach rechtzeitiger Anzeige bei dem redigirenden Secretar weitere 200 Exemplare auf ihre Kosten abziehen lassen.
Von den Sonderabdrucken aus den Abhandlungen erhält ein Verfasser, welcher Mitglied der Akademie ist, zu unentgeltlicher Vertheilung ohne weiteres 30 Freiexemplare; er ist indess berechtigt, zu gleichem Zwecke auf Kosten der Akademie weitere Exemplare bis zur Zahl von noch 100 und auf seine Kosten noch weitere bis zur Zahl von 100 (im ganzen also 230) abziehen zu lassen, sofern er diess rechtzeitig dem redigirenden Secretar angezeigt hat; wünscht er auf seine Kosten noch mehr Abdrucke zur Vertheilung zu erhalten, so bedarf es dazu der Genehmigung der Gesammt-Akademie oder der betreffenden Classe. — Nichtmitglieder erhalten 30 Freiexemplare und dürfen nach rechtzeitiger Anzeige bei dem redigirenden Secretar weitere 100 Exemplare auf ihre Kosten abziehen lassen.

§ 17.
Eine für die akademischen Schriften bestimmte wissenschaftliche Mittheilung darf in keinem Falle vor ihrer Ausgabe an jener Stelle anderweitig, sei es auch nur auszugs-

(Fortsetzung auf S. 3 des Umschlags.)

SITZUNGSBERICHTE
DER
KÖNIGLICH PREUSSISCHEN
AKADEMIE DER WISSENSCHAFTEN.

31. October. Gesammtsitzung.

Vorsitzender Secretar: Hr. WALDEYER.

*1· Hr. MÜLLER-BRESLAU las über die Fortsetzung seiner Versuche zur Bestimmung der Grösse und Lage des Seitendruckes sandförmiger Massen auf feste Wände.

Es wurden nach der Sandseite überhängende, gegen die Lothrechte um 30° bez. 11° 20' geneigte rauhe Wände geprüft. Die gemessenen Drücke waren erheblich grösser als die mittels der üblichen Annahme ebener Gleitflächen berechneten. Der Winkel zwischen Sanddruck und Wandnormale war unabhängig von den Neigungswinkeln der Wand und der ebenen Sandoberfläche; er betrug durchschnittlich $\frac{3}{4}$ des Reibungswinkels des Sandes. Auf die Sandoberfläche gelegte Einzellasten verursachten selbst in einer der 1,8fachen Wandhöhe gleichen Entfernung von der Wand noch eine beträchtliche Steigerung des Sanddruckes.

2. Die Akademie hat ihrem correspondirenden Mitglied Hrn. ADOLF MICHAELIS in Strassburg eine Adresse gewidmet, deren Wortlaut unten folgt.

3. Vorgelegt wurden die Werke: D. SCHÄFER, Weltgeschichte der Neuzeit. Bd. 1. 2. Berlin 1907 und R. SCHROEDER, Lehrbuch der deutschen Rechtsgeschichte. 5. Aufl. Leipzig 1907.

Adresse an Hrn. ADOLF MICHAELIS zum fünfzigjährigen Doctorjubiläum am 19. October 1907.

Hochgeehrter Herr Kollege!

Die fünfzig Jahre, auf welche die Königliche Akademie am heutigen Tage, Ihnen glückwünschend, zurückblickt, sind Jahre einer reichen Entwicklung, ja fast einer Neugestaltung der wissenschaftlichen Arbeit gewesen, welcher Sie Ihr Leben gewidmet haben. Sie nahmen Ihr vollgemessenes Maß führenden Anteils daran. EDUARD GERHARD, dessen Name eine Epoche der archäologischen Studien in Deutschland bezeichnet, haben Sie in jungen Jahren pietätvoll noch zur Seite gestanden, und wenn er Ihnen sterbend seinen Siegelring hinterließ, hat er Ihnen damit ein ehrendes Zeichen seines Vertrauens auf Ihre wissenschaftliche Zukunft gegeben.

Aber Sie werden in erster Linie unter den Älteren, welche auf Sie wirkten, den genannt wissen wollen, der auch Ihrem Herzen nächst stand, OTTO JAHN. Seiner auf Grund philologischer Schulung die archäologische Forschung vor Auswüchsen befreienden Methode sind Sie zum Segen lebenslang treu geblieben, und in persönlicher Fortführung einzelner seiner Arbeiten haben Sie deren Wirkung fortgesetzt.

Glücklich vorbereitet traten Sie zu jahrelangem Studienaufenthalt auf den Boden Roms, in den Kreis des damaligen archäologischen Instituts, wo HEINRICH BRUNN den Blick auf formdurchdringendes Schauen der Kunstwerke richtete. Ihrer warmherzigen Anhänglichkeit an die endlich deutsch gewordene Anstalt haben Sie später in Ihrer Geschichte des Instituts ein bleibendes Denkmal gesetzt.

Doch die Zeit ging zu Ende, da Rom der eigentliche Mittelpunkt der Erforschung antiker Kunst war. Was WINCKELMANN darüber hinaus als ein gelobtes Land nur von ferne gesehen hatte, das rückte durch die erleichternde Umgestaltung des Weltverkehrs auch für uns erreichbarer heran. Sie waren unter den Ersten der Deutschen, welche nach LUDWIG Ross und seinen Zeitgenossen Griechenland, bald in immer größerer Zahl, beobachtend besuchten. Dort erfaßten Sie sofort ein Größtes. Die Akropolis von Athen stand vor Ihrem Auge als ein geschlossenes Bild, in dem, bodenständig erwachsen, Baukunst und Bildnerei ineinandergreifend einst eine von hohen Gedanken getragene Leistung griechischer Kunst verkörpert hatten. Zehn Jahre vergingen, da boten Sie in Ihrem grundlegenden Werke über den Parthenon die reife Frucht der in Athen gewonnenen Anregung. Dort faßten Sie auch den Plan zu einem der zusammenfassenden Werke, der Herausgabe der attischen Grabreliefs, deren nahe Vollendung ganz wesentlich unter Ihrer Mitwirkung erreicht wird.

Seitdem haben Sie in zahlreichen, immer auf eingehende Forschung gegründeten Einzelarbeiten die verschiedenen Zweige der antiken Kunstübung aufklärend behandelt. Ihr Interesse war dabei mit besonderer Liebe auch dem Rückblicke auf die Geschichte der Altertumsstudien und auf die Schicksale der Denkmäler in den uns vorangehenden Jahrhunderten gewidmet. Besonders waren es die Leistungen der Engländer, welche Sie zumal in Ihrem auf Autopsie beruhenden Buche, den Ancient marbles of Great Britain, derart ans Licht stellten, daß England es auch an den äußeren Zeichen nicht hat fehlen lassen, wie die dortigen Forscher Sie als einen der Ihrigen ansehen.

Über Ihrem Blick ins Weite haben Sie das Nächstliegende nicht verabsäumt; des sind Zeugnis Ihre Arbeiten über römische Kunsthinterlassenschaft im Reichslande. Deren meist unscheinbare Reste waren Ihnen nahegetreten an dem Platze, auf welchen nach Greifswald und Tübingen Sie als Universitätslehrer berufen wurden.

In Straßburg haben Sie von Gründung der Universität an eine von zahlreichen Schülern dankbar aufgenommene Lehrtätigkeit geübt. Als einen wesentlichen Teil dieser Tätigkeit sind Sie in Straßburg imstande gewesen, die archäologischen Lehrmittel, deren Schaffung seit WELCKERS Vorgange ein Vorzug der deutschen Universitäten wurde, in musterhafter Weise in der Sammlung der Gipsabgüsse auszubilden. Daß Sie durch Ihre lebhafte Vertretung vielseitiger Interessen auch mit den Fachgenossen im benachbarten Frankreich in kollegialen Verein traten, wollen wir als ein besonders Erfreuliches nicht unerwähnt lassen.

Am Ende so reich begnadeten Wirkens wollen Sie auf die volle Ausübung Ihres Lehramts verzichten. Sie werden desto freier sein, mit gereiftem Urteile Ihren Studien zu leben, auf das Ganze gerichtet, wie in Ihrer in immer neuer Gestaltung fortgeführten Behandlung der Geschichte der gesamten antiken Kunst und dem eben wieder ans Licht tretenden Überblicke über die archäologischen Entdeckungen des neunzehnten Jahrhunderts. Nach den Wünschen unserer Akademie möge es Ihnen noch lange und reichlich gegönnt sein!

Die Königlich Preußische Akademie der Wissenschaften.

Ausgegeben am 14. November.

SITZUNGSBERICHTE
DER
KÖNIGLICH PREUSSISCHEN
AKADEMIE DER WISSENSCHAFTEN.

7. November. Sitzung der philosophisch-historischen Classe.

Vorsitzender Secretar: Hr. VAHLEN.

*1· Hr. BRUNNER las über das Alter der Lex Salica.

Die Abhandlung richtet sich gegen die jüngst verfochtene, auf numismatische Gründe gestützte Ansicht, dass die Lex Salica erst nach Chlodowech entstanden sein könne. Aus der Art der Bussangaben folge, dass die vorausgegangene Münzreform nicht die Solidi, sondern die Denare betraf, da diese und nicht jene als erläuterungsbedürftig behandelt werden. Die Lex sei älter als der Pactus Childeberti et Chlotharii, der Childebert I. und Chlothar I. zuzuschreiben sei.

2. Hr. ED. MEYER legte eine Abhandlung Nachträge zur ägyptischen Chronologie vor. (Abh.)

1. Versuch, die Geschichte der späteren ägyptischen Monatsnamen und die von GARDINER nachgewiesene Verschiebung derselben im Neuen Reich, die unter der 26. Dynastie zum Abschluss gekommen ist, zu erklären. 2. Ein landwirthschaftliches Datum bestätigt den Ansatz der 12. Dynastie auf 2000—1788 v. Chr. 3. Nachträge zur 6.—11. Dynastie. 4. Eine genauere Analyse der letzten Columnen des Turiner Papyrus zeigt, dass hier die Dynastien 13—17 ganz wie bei Manetho geordnet waren. Die 13. Dynastie regierte von 1788 bis etwa 1660, der Hyksoseinfall fällt um 1675, die letzten Könige der 13. Dynastie, speciell Nchesi, waren bereits Vasallen der Hyksos, ebenso die Xoiten der 14. und die Thebaner der 17. Dynastie. 5. Mehrere Überschwemmungsdaten aus Theben bestätigen, dass Merneptah um 1230 v. Chr. regiert hat.

3. Hr. HARNACK legte eine Mittheilung des Directors der Handschriftenabtheilung der Königl. Bibliothek Dr. STERN vor, enthaltend »einen ungedruckten Brief KANT's«.

4. Hr. ED. MEYER überreichte im Auftrage des Herausgebers: C. Suetoni Tranquilli opera ex recensione M. Ihm. Vol. I. Lipsiae 1907.

Ein ungedruckter Brief KANTS.
(Kgl. Bibliothek zu Berlin, acc. ms. 1907, 47.)

Mitgeteilt von Dr. L. STERN,
Direktor der Handschriften-Abteilung der Kgl. Bibliothek.

(Vorgelegt von Hrn. HARNACK.)

Hochedelgebohrner Herr

hochzuehrender Herr Magister

Es ist längst mein Wunsch gewesen, daß sich jemand finden möchte, der Sach- und Sprachkenntnis genug hätte und die Critik ins Lateinische zu übertragen Belieben trüge. Ein gewisser Professor in Leipzig, ein auf beyde Art geschickter Mann, hatte sich vor einigen Jahren von selbst dazu verstanden; aber vermuthlich (wie der seel. Hartknoch dafür hielt) wegen überhäufter anderer Beschäftigung, um seine schmale Einkünfte zu ergänzen, es wieder liegen lassen. Hr. Prof. Schütz in Jena, dem dies Vorhaben damals communicirt wurde, hielt dafür, daß von seiner (des Leipziger Prof.) Feder, durch Geflissenheit der ächt lateinischen Eleganz, wieder die Faßlichkeit leicht verstoßen werden könnte, und wollte damals es übernehmen, die Übersetzung in dieser Rücksicht selbst durchzugehen, welches dann durch obige Ursache zugleich unterblieben ist.

Aus der Probe, welche Sie die Güte gehabt haben Ihrem Briefe beyzufügen, ersehe ich: daß Sie die letztere Schwierigkeit gar wohl vermeiden und doch zugleich durch germanismen, wie es durch Deutsche oft geschehen ist, den Auswärtigen nicht unverständlich seyn würden und, wegen des zu treffenden Sinnes, setze ich in Ihre Einsicht, nach einem so behariichen Studium, dessen Sie dieses Werk gewürdigt haben, ebensowohl völliges Vertrauen.

Fangen Sie also, würdiger Mann diese Arbeit getrost an. Vielleicht rückt sie mit der Bekanntschaft, die sich mit diesen Sachen durch die Beschäftigung selbst hervorfinden wird, schneller, als Sie selbst jetzt vermuthen, fort, so daß ich ihre Herausgabe noch erleben kan.

Hiezu wünsche ich gute Gesundheit und sonst Gedeihen aller Ihrer übrigen guten Absichten und bin mit der vollkommensten Hochachtung

    Ew: Hochwohlgebohren

          ergebenster Diener
            J Kant

Koenigsberg
d 16 October
1792

[Adresse:] Herrn Magister Rath   in Halle
  d Einschlus

Dieser noch unveröffentlichte Brief Kants war in eine Autographensammlung eingeheftet, die in der Mitte des vorigen Jahrhunderts in Norddeutschland entstanden ist und vorwiegend Gelehrte umfaßte; sie enthielt auch einen Brief Lessings. Der Adressat des von der Königlichen Bibliothek erworbenen Kantschen Briefes ist Rud. Gottlob Rath, der 1814 als Rektor der vereinigten protestantischen Stadtschulen und außerordentlicher Professor an der Universität zu Halle gestorben ist. Die in dem Briefe besprochene, von ihm geplante Übersetzung ist nicht zur Ausführung gekommen. Denn sie wurde durch den gleichfalls erwähnten Leipziger Professor Friedrich Gottlob Born (1743—1807) entbehrlich, von dem eine vierbändige lateinische Ausgabe der philosophischen Werke Kants 1796 mit der »Kritik der reinen Vernunft« begonnen wurde.

SITZUNGSBERICHTE

DER

KÖNIGLICH PREUSSISCHEN

AKADEMIE DER WISSENSCHAFTEN.

7. November. Sitzung der physikalisch-mathematischen Classe.

Vorsitzender Secretar: Hr. WALDEYER.

1. Hr. SCHOTTKY las über zwei Beweise des allgemeinen PICARD'schen Satzes. (Ersch. später.)

Der in der früheren Arbeit enthaltene Beweis des PICARD'schen Theorems (Sitz.-Ber. 1904, S. 1244) beruhte auf einem Hülfssatz, der hier auf andere Art bewiesen wird.

2. Hr. KOENIGSBERGER, corr. Mitglied, übersendet eine Mittheilung: Der GREEN'sche Satz für erweiterte Potentiale.

Verf. stellt eine Reihe verschiedener partieller Differentialgleichungen auf, denen das WEBER'sche Potential Genüge leistet, analog der bekannten LAPLACE'schen und POISSON'schen Gleichung. Es wird sodann die Frage erörtert, von welcher Form die allgemeinen Integrale dieser Differentialgleichungen sind, wenn sie als erweiterte Potentiale erster Ordnung nur von der Entfernung zweier Punkte und der nach der Zeit genommenen ersten Ableitung dieser abhängen sollen, und eben diese Frage wird sodann auf allgemeine Potentiale beliebiger Ordnung übertragen. Auf die so gefundenen allgemeinen Potentiale, welche Integrale der erweiterten LAPLACE'schen und POISSON-schen Gleichung sind, wird nun der GREEN'sche Satz ausgedehnt, und es werden die Beziehungen erörtert, welche sich aus demselben ergeben.

3. Hr. BRANCA legte eine Arbeit des Hrn. Dr. F. TANNHÄUSER in Berlin vor: »Ergebnisse der petrographisch-geologischen Untersuchungen des Neuroder Gabbrozuges in der Grafschaft Glatz.« (Ersch. später.)

An der Zusammensetzung des Neuroder Gabbrozuges sind wesentlich betheiligt Gabbro, Olivin-Gabbro, Forellenstein, Serpentin und Diabas. Dazu gesellen sich als extreme Ausbildungen des Gabbro reine Feldspathgesteine: Anorthosite, und reine Diabasgesteine: Pyroxenite. Hierbei müssen Gabbro und Diabas als Repräsentanten des Stamm-Magmas aufgefasst werden, die übrigen Gesteine als Differentiationsproducte. Der Durchbruch des Gabbro wird wahrscheinlich zur Zeit des unteren oberdevonischen Hauptkalkes erfolgt sein.

4. Vorgelegt wurde das mit Unterstützung der Akademie bearbeitete Werk TH. BOVERI, Zellen-Studien. Heft 6. Die Entwicklung dispermer Seeigel-Eier. Ein Beitrag zur Befruchtungslehre und zur Theorie des Kerns. Jena 1907.

Der GREEN'sche Satz für erweiterte Potentiale.

Von Leo Koenigsberger.

Besitzt eine auf einen Punkt x, y, z wirkende und nur von der Lage dieses Punktes abhängige Kraft die Eigenschaft, dass ihre nach den drei Axen genommenen Componenten, gemessen durch das Product aus Masse und den nach diesen Axen genommenen Beschleunigungen, sich als die partiellen Differentialquotienten einer Function U von x, y, z nach diesen Variabeln darstellen lassen, so sagt man bekanntlich, diese Kraft besitze eine Kräftefunction U; wenn diese Kraft eine reine Function der Entfernung r des Punktes von einem festen Punkte im Raume ist, dann giebt es stets eine Kräftefunction, welche im Allgemeinen ein Potential, und wenn sie der Entfernung umgekehrt proportional ist, ein NEWTON'sches Potential genannt wird. Hängt jedoch die auf einen Punkt wirkende Kraft von x, y, z und deren nach der Zeit genommenen ersten und zweiten Ableitungen $x', y', z', x'', y'', z''$ ab, und sind die Componenten derselben in der Form darstellbar

$$\frac{\partial U}{\partial x} - \frac{d}{dt}\frac{\partial U}{\partial x'}, \quad \frac{\partial U}{\partial y} - \frac{d}{dt}\frac{\partial U}{\partial y'}, \quad \frac{\partial U}{\partial z} - \frac{d}{dt}\frac{\partial U}{\partial z'},$$

worin U eine Function von x, y, z, x', y', z' ist, so sagt man, diese Kraft besitzt im erweiterten Sinne eine Kräftefunction erster Ordnung; hängt diese Kraft aber nur von r, r', r'' ab und hat dieselbe ein kinetisches Potential, so dass, wenn wir jene mit $R(r, r', r'')$, dieses mit $W(r, r')$ bezeichnen,

$$R(r, r', r'') = -\frac{\partial W}{\partial r} + \frac{d}{dt}\frac{\partial W}{\partial r'}$$

ist — wofür die nothwendige und hinreichende Bedingung bekanntlich durch die identisch zu erfüllende Gleichung

$$\frac{\partial R}{\partial r'} - \frac{d}{dt}\frac{\partial R}{\partial r''} = 0$$

gegeben ist —, dann giebt es wiederum stets eine erweiterte Kräftefunction erster Ordnung, und zwar ist diese das kinetische Potential $W(r, r')$, welches dann ein erweitertes Potential erster Ordnung genannt wird.

Eine solche Kraft wird bekanntlich mittels des WEBER'schen Potentials

$$W = \frac{\mu m}{r}\left(1 + \frac{r'^2}{\varkappa^2}\right)$$

definirt, worin μ die Masse eines Punktes mit den Coordinaten a, b, c, m diejenige eines Punktes mit den Coordinaten x, y, z und den Geschwindigkeitscomponenten x', y', z' ist, $\varkappa$ eine Constante bedeutet, und die Entfernung r der beiden Punkte durch

$$r^2 = (x-a)^2 + (y-b)^2 + (z-c)^2$$

gegeben ist.

Setzt man

$$\frac{\partial^2}{\partial x^2} + \frac{\partial^2}{\partial y^2} + \frac{\partial^2}{\partial z^2} = \Delta_{oo}, \quad \frac{\partial^2}{\partial x'^2} + \frac{\partial^2}{\partial y'^2} + \frac{\partial^2}{\partial z'^2} = \Delta_{11}$$

$$\frac{\partial^2}{\partial x \partial x'} + \frac{\partial^2}{\partial y \partial y'} + \frac{\partial^2}{\partial z \partial z'} = \Delta_{o1} = \Delta_{1o},$$

so sieht man leicht, dass das WEBER'sche Potential vermöge der Beziehungen

$$(\alpha)\begin{cases} \left(\frac{\partial r}{\partial x}\right)^2 + \left(\frac{\partial r}{\partial y}\right)^2 + \left(\frac{\partial r}{\partial z}\right)^2 = 1, \quad \left(\frac{\partial r'}{\partial x}\right)^2 + \left(\frac{\partial r'}{\partial y}\right)^2 + \left(\frac{\partial r'}{\partial z}\right)^2 = \frac{v^2 - r'^2}{r^2} \\ \frac{\partial r}{\partial x}\frac{\partial r'}{\partial x} + \frac{\partial r}{\partial y}\frac{\partial r'}{\partial y} + \frac{\partial r}{\partial z}\frac{\partial r'}{\partial z} = 0 \\ \frac{\partial^2 r}{\partial x^2} + \frac{\partial^2 r}{\partial y^2} + \frac{\partial^2 r}{\partial z^2} = \frac{2}{r}, \quad \frac{\partial^2 r'}{\partial x^2} + \frac{\partial^2 r'}{\partial y^2} + \frac{\partial^2 r'}{\partial z^2} = -\frac{2r'}{r^2}, \end{cases}$$

worin

$$x'^2 + y'^2 + z'^2 = v^2$$

gesetzt ist, den Gleichungen genügt

(1) $\quad \Delta_{oo} W = \dfrac{2\mu m}{\varkappa^2 r^3}(v^2 - 3r'^2), \quad \Delta_{11} W = \dfrac{2\mu m}{\varkappa^2 r}, \quad \Delta_{o1} W = \dfrac{2\mu m r'}{\varkappa^2 r^2},$

aus denen sich die partiellen Differentialgleichungen

(2) $\quad \Delta_{oo}\Delta_{oo} W = 0, \quad \Delta_{oo}\Delta_{11} W = 0, \quad \Delta_{oo}\Delta_{1o} W = 0$

ergeben, worin die partiellen Differentialquotienten nach x, y, z und x', y', z' sich auf die Veränderung des Potentials bei einer Veränderung der Lage des Punktes mit Beibehaltung der Geschwindigkeitscomponenten oder auf eine Veränderung der letzteren ohne eine Verschiebung des Punktes beziehen.

Da ferner

3) $\quad \Delta_{oo} W - \dfrac{d}{dt}\Delta_{1o} W = \dfrac{2\mu m}{\varkappa^2 r^3}(v^2 - r'^2 - rr'') = -\dfrac{2\mu m}{\varkappa^2 r^2}\left(\dfrac{x-a}{r}x'' + \dfrac{y-b}{r}y'' + \dfrac{z-c}{r}z''\right)$

ist, und sich aus den Differentialgleichungen der Bewegung

$$(4) \quad mx'' = \left(-\frac{\partial W}{\partial r} + \frac{d}{dt}\frac{\partial W}{\partial r'}\right)\frac{x-a}{r}, \quad my'' = \left(-\frac{\partial W}{\partial r} + \frac{d}{dt}\frac{\partial W}{\partial r'}\right)\frac{y-b}{r},$$
$$mz'' = \left(-\frac{\partial W}{\partial r} + \frac{d}{dt}\frac{\partial W}{\partial r'}\right)\frac{z-c}{r}$$

durch Multiplication mit $\frac{x-a}{r}, \frac{y-b}{r}, \frac{z-c}{r}$ und Addition

$$m\left(\frac{x-a}{r}x'' + \frac{y-b}{r}y'' + \frac{z-c}{r}z''\right) = -\frac{\partial W}{\partial r} + \frac{d}{dt}\frac{\partial W}{\partial r'}$$

ergiebt, so wird, wenn

$$(5) \quad \frac{x-a}{r}x'' + \frac{y-b}{r}y'' + \frac{z-c}{r}z'' = 0 \quad \text{oder} \quad r'' = \frac{v^2 - r'^2}{r^2}$$

sein soll,

$$\frac{\partial W}{\partial r} - \frac{d}{dt}\frac{\partial W}{\partial r'} = \mu m\left(-\frac{1}{r^2} + \frac{r'^2}{\varkappa^2 r^2} - \frac{2r''}{\varkappa^2 r}\right) = 0,$$

also vermöge (5)

$$(6) \quad 3r'^2 = \varkappa^2 + 2v^2$$

oder, wenn α den Winkel bedeutet, welchen die Bewegungsrichtung mit r bildet,

$$v^2(3\cos\alpha^2 - 2) = \varkappa^2$$

die Bedingung für die Grösse und Richtung der Geschwindigkeit dafür liefern, dass für einen beliebigen Werth von r

$$(7) \quad \Delta_{\infty}W - \frac{d}{dt}\Delta_{10}W = 0$$

ist; bewegt sich der Punkt x, y, z in der Richtung von r, so dass $\cos\alpha^2 = 1$ ist, so wird die Bedingung durch $r' = v = \varkappa$ dargestellt.

Sei nunmehr ein begrenzter Raum mit den Coordinaten a, b, c und den Massenelementen $d\mu$ gegeben, welche einen ausserhalb dieses Raumes gelegenen Punkt mit der Masse m, den Coordinaten x, y, z und den Geschwindigkeitscomponenten x', y', z' nach dem Weber'schen Gesetze anziehen, so wird das Potential durch das über diesen Raum ausgedehnte Integral

$$V = m\iiint \frac{\sigma\, da\, db\, dc}{r}\left(1 + \frac{r'^2}{\varkappa^2}\right)$$

dargestellt sein, wenn $d\mu = \sigma\, da\, db\, dc$ gesetzt wird. Da nun die Function unter dem Integral für endliche Werthe von x', y', z' und ausserhalb des begrenzten Raumes gelegene Werthe von x, y, z stets endlich ist, so werden den Gleichungen (2) analog die Beziehungen bestehen

(8) $\quad \Delta_{00}\Delta_{00}V = 0, \quad \Delta_{00}\Delta_{11}V = 0, \quad \Delta_{00}\Delta_{10}V = 0,$

während (3) die Relation

(9) $\quad \Delta_{00}V - \dfrac{d}{dt}\Delta_{10}V = -\dfrac{2m}{\varkappa^2}\iiint\dfrac{\sigma\,da\,db\,dc}{r^2}\left(\dfrac{x-a}{r}x'' + \dfrac{y-b}{r}y'' + \dfrac{z-c}{r}z''\right)$

$\qquad\qquad\qquad = -\dfrac{2m}{\varkappa^2}\iiint\dfrac{\sigma\,da\,db\,dc}{r^3}(v^2 - r'^2 - rr'')$

liefert; die rechte Seite der Gleichung (9) wird, wie aus (6) zu ersehen, im Allgemeinen nicht verschwinden, da der durch v bestimmte Winkel α mit der Richtung von r variirt.

Liegt der angezogene Punkt jedoch innerhalb des mit anziehenden Massen erfüllten Raumes, so wird, wenn der Punkt durch eine sehr kleine Vollkugel ausgeschnitten, und das Potential dieser auf den Punkt mit V_2, das des übrigen Massensystems auf diesen mit V_1 bezeichnet wird,

$$V = V_1 + V_2$$

sein, und sich somit, da, wie oben gezeigt, $\Delta_{00}\Delta_{00}V_1 = 0$ ist,

(10) $\qquad\qquad\qquad \Delta_{00}\Delta_{00}V = \Delta_{00}\Delta_{00}V_2$

ergeben.

Nun ist aber[1] unter der Annahme der Bewegungsmöglichkeit des angezogenen Punktes das WEBER'sche Potential $\overline{V}$ einer homogenen Vollkugel mit dem Radius R und der constanten Dichtigkeit σ ausgeübt auf einen im Innern der Kugel in der Entfernung l vom Mittelpunkt gelegenen Punkt von der Masse m, den Coordinaten x, y, z und der Geschwindigkeit v durch den Ausdruck bestimmt

$$\overline{V} = m\left\{2\pi\sigma\left(R^2 - \dfrac{l^2}{3}\right) + \dfrac{8\pi\sigma}{15\varkappa^2}l^2l'^2 + \dfrac{2\pi\sigma}{3\varkappa^2}R^2v^2 - \dfrac{2\pi\sigma}{5\varkappa^2}l^2v^2\right\},$$

woraus sich leicht

(11) $\qquad\qquad\qquad \Delta_{00}\overline{V} = -\dfrac{4\pi m\sigma}{3\varkappa^2}v^2$

ergiebt.

Bezeichnet man nun mit σ die Dichtigkeit des anziehenden Massensystems an der Stelle, an welcher sich der Punkt mit den Coordinaten x, y, z und der Geschwindigkeit v befindet, so wird vermöge (10) und (11) für den im Innern des Massensystems gelegenen Punkt x, y, z

---

[1] Siehe meine »Principien der Mechanik« S. 206.

unter der Voraussetzung, dass die Geschwindigkeit für jede Lage des Punktes dieselbe ist,

$$(12) \quad \Delta_{\infty}\Delta_{\infty}V = -\frac{4\pi m}{3x^2}v^2\left(\frac{\partial^2\sigma}{\partial x^2}+\frac{\partial^2\sigma}{\partial y^2}+\frac{\partial^2\sigma}{\partial z^2}\right),$$

wobei in der für σ gegebenen Function von a, b, c diese Grössen durch x, y, z zu ersetzen sind; die Gleichung (12) gilt somit, da σ ausserhalb des gegebenen Raumes Null ist, nach (8) für den ganzen unendlichen Raum.

Um für das Weber'sche Potential den Werth von $\Delta_{\infty}\Delta_{11}V$ für einen innerhalb des Massensystems liegenden Punkt zu ermitteln, bemerke man, dass

$$\Delta_{11}V = \frac{2m}{x^2}\iiint\frac{\sigma\,da\,db\,dc}{r},$$

und somit nach der Poisson'schen Gleichung für das Newton'sche Potential vermöge (8) für den ganzen unendlichen Raum die Beziehung gilt

$$(14) \quad \Delta_{\infty}\Delta_{11}V = -\frac{8\pi m\sigma}{x^2}.$$

Endlich wird für einen innerhalb des Massensystems gelegenen Punkt nach (11) für den ganzen unendlichen Raum die Beziehung gelten

$$(15) \quad \Delta_{\infty}\Delta_{10}V = -\frac{8\pi m}{3x^2}\left(x'\frac{\partial\sigma}{\partial x}+y'\frac{\partial\sigma}{\partial y}+z'\frac{\partial\sigma}{\partial z}\right).$$

Zur Verallgemeinerung des Weber'schen von einem Punkte auf einen andern ausgeübten Potentials werfen wir nunmehr die Frage auf, welches die allgemeinste Function W von r und r' ist, welche der ersten der Differentialgleichungen (2)

$$(16) \quad \Delta_{\infty}\Delta_{\infty}W = 0$$

identisch genügt. Aus den oben aufgestellten Relationen (α) für die partiellen Differentialquotienten von r folgt leicht, dass

$$(17) \quad \Delta_{\infty}W = \frac{2}{r}\frac{\partial W}{\partial r}-\frac{2r'}{r^2}\frac{\partial W}{\partial r'}+\frac{\partial^2 W}{\partial r^2}+\frac{\partial^2 W}{\partial r'^2}\cdot\frac{v^2-r'^2}{r^2}$$

ist, aus der sich weiter unmittelbar

$$(18) \quad \Delta_{\infty}\Delta_{\infty}W = \frac{4}{r}\frac{\partial^3 W}{\partial r^3}-\frac{4r'}{r^2}\frac{\partial^3 W}{\partial r^2\partial r'}+\frac{8r'^2}{r^4}\frac{\partial^2 W}{\partial r'^2}+\frac{\partial^4 W}{\partial r^4}$$
$$+\left(\frac{2}{r^2}\frac{\partial^4 W}{\partial r^2\partial r'^2}-\frac{4}{r^4}\frac{\partial^2 W}{\partial r'^2}-\frac{8r'}{r^4}\frac{\partial^3 W}{\partial r'^3}\right)(v^2-r'^2)+\frac{1}{r^4}\frac{\partial^4 W}{\partial r'^4}(v^2-r'^2)^2$$

ergiebt. Soll nun die Differentialgleichung (16) identisch befriedigt werden, so muss, da zwischen r, r' und v keine Relation besteht, den Differentialgleichungen

$$\frac{\partial^4 W}{\partial r'^4} = 0, \quad r^2 \frac{\partial^4 W}{\partial r^2 \partial r'^2} - 2 \frac{\partial^2 W}{\partial r'^2} - 4r' \frac{\partial^3 W}{\partial r'^3} = 0, \quad r^4 \frac{\partial^4 W}{\partial r^4} + 8r'^2 \frac{\partial^2 W}{\partial r'^2}$$
$$+ 4r^3 \frac{\partial^3 W}{\partial r^3} - 4r^2 r' \frac{\partial^3 W}{\partial r^2 \partial r'} = 0$$

gleichzeitig genügt werden, deren allgemeines gemeinsames Integral sich, wie leicht zu sehen, in der Form ergiebt

(19) $\quad W(r, r') = \left(\dfrac{\lambda_0}{r} + \lambda_1 r^2 + \lambda_2 r + \lambda_3\right) + \left(\dfrac{\mu_0}{r^2} + \mu_1 r^3 + \mu_2 r + \mu_3\right) r'$
$\qquad\qquad + \left(\dfrac{\nu_0}{r} + \nu_1 r^2\right) r'^2 + \left(\dfrac{\rho_0}{r^2} + \rho_1 r^3\right) r'^3,$

worin die λ, μ, ν, ρ willkürliche Constanten bedeuten, und das WEBER-sche Potential als specieller Fall enthalten ist.

Wirken nun die in einem Raume mit den Coordinaten a, b, c eingeschlossenen Massenpunkte auf einen Punkt von der Masse m mit den Coordinaten x, y, z und den Geschwindigkeitscomponenten x', y', z' mit einer dem Producte der Massen proportionalen Kraft, welche das erweiterte Potential (19) besitzt, so wird das Gesammtpotential der Masse auf diesen Punkt durch

$$V = m \iiint \sigma W da\, db\, dc$$

dargestellt, und somit für jeden ausserhalb des Integrationsraumes gelegenen Punkt vermöge (16) die Differentialgleichung

$$\Delta_\infty \Delta_\infty V = 0$$

identisch erfüllt sein.

Um ferner alle Functionen W von r und r' zu bestimmen, welche der zweiten der Differentialgleichungen (2)

(20) $\qquad\qquad \Delta_{11} \Delta_\infty W = 0$

identisch genügen, bemerke man, dass sich aus (17)

$$\Delta_{11} \Delta_\infty W = \frac{2}{r} \frac{\partial^3 W}{\partial r \partial r'^2} - \frac{2r'}{r^2} \frac{\partial^3 W}{\partial r'^3} + \frac{\partial^4 W}{\partial r^2 \partial r'^2} + \frac{\partial^4 W}{\partial r'^4} \frac{v^2 - r'^2}{r^2}$$

ergiebt, und somit ähnlich wie oben das allgemeine Integral der Differentialgleichung (20) in der Form folgt

(21) $\quad W(r, r') = \phi_0(r) + \phi_1(r) r' + \left(\dfrac{\varkappa_0}{r} + \varkappa_1 r\right) r'^2 + \left(\dfrac{c_0}{r^2} + c_1 r\right) r'^3,$

worin $\phi_0(r)$ und $\phi_1(r)$ willkürliche Functionen von r, und $\varkappa_0, \varkappa_1, c_0, c_1$ beliebige Constanten bedeuten.

Das für ein innerhalb eines Raumes eingeschlossenes Massensystem gültige Potential

$$V = m \iiint \sigma W da\,db\,dc$$

wird somit für einen ausserhalb dieses Raumes und nicht an solchen Stellen gelegenen Punkt, für welche $\phi_0(r)$ oder $\phi_1(r)$ unendlich werden, der partiellen Differentialgleichung

$$\Delta_{11}\Delta_{00}V = 0$$

Genüge leisten.

Endlich wird die dritte Differentialgleichung (2)

(22) $$\Delta_{10}\Delta_{00}W = 0,$$

da vermöge (17)

$$\Delta_{10}\Delta_{00}W = \frac{4}{r}\frac{\partial^3 W}{\partial r^2 \partial r'} + \frac{\partial^4 W}{\partial r^3 \partial r'} - \frac{4r'}{r^3}\frac{\partial^2 W}{\partial r'^2} - \frac{2r'}{r^2}\frac{\partial^3 W}{\partial r \partial r'^2} + \left(\frac{2}{r}\frac{\partial^3 W}{\partial r'^3} + \frac{\partial^4 W}{\partial r \partial r'^3}\right)\frac{v^2 - r'^2}{r^2}$$

ist, durch das allgemeine Integral

(23) $$W(r, r') = \frac{1}{r^2}\phi(r') + (c_0 r + c_1)r' + \left(\frac{x_0}{r} + x_1 r^2\right)r'^2 + \psi(r)$$

befriedigt werden, worin ϕ und ψ willkürliche Functionen von r' bez. r, und x_0, x_1, c_0, c_1 beliebige Constanten bedeuten, so dass wiederum das Potential

$$V = m \iiint \sigma W da\,db\,dc$$

für einen ausserhalb des Raumes gelegenen Punkt, dessen Lage und Geschwindigkeit $\psi(r)$ und $\phi(r')$ einen endlichen Werth ertheilen, die Differentialgleichung

$$\Delta_{10}\Delta_{00}V = 0$$

befriedigt.

Für die drei behandelten Fälle wird der Werth der Ausdrücke

$$\Delta_{00}\Delta_{00}V, \Delta_{11}\Delta_{00}V, \Delta_{10}\Delta_{00}V$$

für einen innerhalb des Massensystems gelegenen Punkt genau wie oben für das Weber'sche Potential bestimmt.

Das Weber'sche Potential genügte ferner der Differentialgleichung (7), wenn zwischen der Grösse und Richtung der Geschwindigkeit des angezogenen Punktes die Beziehung (6) bestand; bilden wir nun für irgend eine Function $W(r, r')$ die Ausdrücke

$$\Delta_{00}W = \frac{2}{r}\frac{\partial W}{\partial r} - \frac{2r'}{r^2}\frac{\partial W}{\partial r'} + \frac{\partial^2 W}{\partial r^2} + \frac{\partial^2 W}{\partial r'^2}\frac{v^2 - r'^2}{r^2}$$

$$\Delta_{10}W = \frac{\partial^2 W}{\partial r \partial r'} + \frac{2}{r}\frac{\partial W}{\partial r'},$$

so folgt

$$(24) \quad \Delta_{\infty} W - \frac{d}{dt} \Delta_{10} W = \frac{2}{r} \frac{\partial W}{\partial r} + \frac{\partial^2 W}{\partial r^2} + \frac{\partial^2 W}{\partial r'^2} \frac{v^2 - r'^2}{r^2} - r' \frac{\partial^3 W}{\partial r^2 \partial r'}$$
$$- r'' \frac{\partial^3 W}{\partial r \partial r'^2} - \frac{2r'}{r} \frac{\partial^2 W}{\partial r \partial r'} - \frac{2r''}{r} \frac{\partial^2 W}{\partial r'^2}.$$

Gehen wir wieder von den Bewegungsgleichungen (4) aus, in denen W nicht wie oben das WEBER'sche Potential, sondern zunächst noch irgend eine Function von r und r' ist, und setzen eine solche Beziehung zwischen der Grösse und Richtung der Geschwindigkeit des angezogenen Punktes voraus, dass $x'' = y'' = z'' = 0$ wird, also W der Gleichung genügt

$$\frac{\partial W}{\partial r} - \frac{d}{dt} \frac{\partial W}{\partial r'} = 0$$

oder

$$(25) \quad \frac{\partial W}{\partial r} - \frac{\partial^2 W}{\partial r \partial r'} r' - \frac{\partial^2 W}{\partial r'^2} r'' = 0,$$

worin r'' nach (5) durch den Ausdruck bestimmt wird

$$(26) \quad r'' = \frac{v^2 - r'^2}{r^2},$$

so muss eine Function W, welche der Gleichung (7) genügen soll, nach (24) und (25) die beiden Differentialgleichungen befriedigen

$$(27) \quad \frac{2}{r} \frac{\partial W}{\partial r} + \frac{\partial^2 W}{\partial r^2} + \frac{\partial^2 W}{\partial r'^2} \frac{v^2 - r'^2}{r^2} - r' \frac{\partial^3 W}{\partial r^2 \partial r'} - r'' \frac{\partial^3 W}{\partial r \partial r'^2} - \frac{2r'}{r} \frac{\partial^2 W}{\partial r \partial r'} - \frac{2r''}{r} \frac{\partial^2 W}{\partial r'^2} = 0$$

$$(28) \quad \frac{\partial W}{\partial r} - r' \frac{\partial^2 W}{\partial r \partial r'} - \frac{\partial^2 W}{\partial r'^2} \frac{v^2 - r'^2}{r} = 0.$$

von denen die letztere Gleichung die Beziehung zwischen r, r' und v definirt, für welche $x'' = y'' = z'' = 0$ ist.

Setzt man den Werth von r'' aus (26) in (27) ein und eliminirt sodann zwischen der so erhaltenen Gleichung und (28) die Grösse $\frac{v^2 - r'^2}{r}$, so ergiebt sich für W als Function von r und r' die Differentialgleichung

$$(29) \quad r \frac{\partial^2 W}{\partial r'^2} \left(\frac{\partial^2 W}{\partial r^2} - r' \frac{\partial^3 W}{\partial r^2 \partial r'} \right) + \left(\frac{\partial^2 W}{\partial r'^2} - r' \frac{\partial^3 W}{\partial r \partial r'^2} \right) \left(\frac{\partial W}{\partial r} - r' \frac{\partial^2 W}{\partial r \partial r'} \right) = 0,$$

deren allgemeines Integral zu entwickeln ist; man sieht unmittelbar, dass das WEBER'sche Potential dieser Gleichung genügt.

so dass (30) in

$$(32) \qquad \frac{\partial W_1}{\partial r} + \frac{1}{r}\omega(r')\frac{\partial W_1}{\partial r'} = 0$$

übergeht, so ergiebt sich aus dem allgemeinen Integrale dies rentialgleichung

$$(33) \qquad W_1 = \phi_2(\log r + \phi_3(r')),$$

worin

$$\phi_3(r') = -\int \frac{dr'}{\omega(r')}$$

und ϕ_2 eine willkürliche Function bedeutet, vermöge (31) gemeine Integral der partiellen Differentialgleichung dritter (29) in der Form

$$(34) \qquad W(r, r') = \phi_1(r)r' + r'\int \frac{1}{r'^2}\phi_2(\log r + \phi_3(r'))\,dr',$$

worin ϕ_1, ϕ_2, ϕ_3 willkürliche Functionen ihrer Argumente k

Die zwischen v und r' bestehende Relation, welche d Gleichung (28) gegeben ist, lautet somit

$$(35) \qquad (v^2 - r'^2)\phi_3'(r') + r' = 0;$$

in der That wird durch das WEBER'sche Potential die Gleichi wenn

$$\phi_3(r') = -\log(r'^2 - \varkappa^2)$$

gesetzt wird, die oben durch (6) gegebene Relation zwischen liefern, und das WEBER'sche Potential selbst die Form (34) habe

$$\phi_1(r) = 0, \qquad \phi_2(u) = \frac{1}{\varkappa^2}e^{-u}$$

gesetzt wird.

Genau in derselben Weise wie für die erweiterten Potentia Ordnung können auch für diejenigen höherer Ordnung $W(r, r', r$ welche die Kraftcomponenten in der Form definiren

die partiellen Differentialgleichungen
$$\Delta_{00}\Delta_{11}\Delta_{22}\ldots\Delta_{\mathit{??}}W(r, r', r'', \ldots r^{(?)}) = 0$$
entwickelt und integrirt werden. So wird z. B. für die erwe Potentiale zweiter Ordnung die Differentialgleichung
(36) $\qquad\Delta_{00}\Delta_{11}\Delta_{22}W = 0,$

wenn ausser den oben benutzten Beziehungen (α) noch die Gleicl

(β)
$$\begin{cases}\dfrac{\partial r}{\partial x}\dfrac{\partial r''}{\partial x} + \dfrac{\partial r}{\partial y}\dfrac{\partial r''}{\partial y} + \dfrac{\partial r}{\partial z}\dfrac{\partial r''}{\partial z} = -\dfrac{v^2 - r'^2}{r^2} \\[4pt] \dfrac{\partial r'}{\partial x}\dfrac{\partial r''}{\partial x} + \dfrac{\partial r'}{\partial y}\dfrac{\partial r''}{\partial y} + \dfrac{\partial r'}{\partial z}\dfrac{\partial r''}{\partial z} = \dfrac{vv'}{r^2} - \dfrac{v^2 r'}{r^3} + \dfrac{r'}{r^3}(r'^2 - r \\[4pt] \left(\dfrac{\partial r''}{\partial x}\right)^2 + \left(\dfrac{\partial r''}{\partial y}\right)^2 + \left(\dfrac{\partial r''}{\partial z}\right)^2 = \dfrac{w^2}{r^2} + \dfrac{2r''}{r^3}v^2 - \dfrac{4r'}{r^3}vv' + \dfrac{r''}{r^3}(2r'^2 \\[4pt] \dfrac{\partial^2 r''}{\partial x^2} + \dfrac{\partial^2 r''}{\partial y^2} + \dfrac{\partial^2 r''}{\partial z^2} = \dfrac{2}{r^3}(2r'^2 - rr''),\end{cases}$$

worin $x''^2 + y''^2 + z''^2 = w^2$, zu Hülfe genommen werden, und

(37) $\qquad\dfrac{\partial^4 W}{\partial r'^2 \partial r''^2} - \dfrac{4r'^2}{r^2}\dfrac{\partial^4 W}{\partial r''^4} + \dfrac{4}{r}\dfrac{\partial^3 W}{\partial r''^3} = W_1, \qquad \dfrac{4}{r^2}\dfrac{\partial^4 W}{\partial r''^4} = W_2$

gesetzt wird, in
$$\Delta_{00}(W_1 + v^2 W_2) = 0$$
übergehen, welche für W_1 und W_2 die Werthe
$$W_1 = w(r)r'' + w_1(r, r'), \qquad W_2 = \psi(r)r'' + \psi_1(r, r'),$$
und danach zufolge der Gleichungen (36) für das erweiterte Po zweiter Ordnung die Form liefert

38) $W(r, r', r'') = f(r)r''^5 + f_2(r, r')r''^4 + f_4(r, r')r''^3 + f_6(r, r')r''^2 + F_1(r, r$

worin f_2, f_4, f_6 ganze Functionen $2^{\text{ten}}, 4^{\text{ten}}, 6^{\text{ten}}$ Grades von r' bec deren von r rational abhängige Coefficienten ebenso einfache leicht integrirbaren Differentialgleichungen wie oben Genüge l während F_1 und F_2 willkürliche Functionen von r und r' dars Ich hebe hier z. B. den auch in andrer Beziehung bemerkensw Fall des Potentials

$$W = r''^5 - \frac{10r'^2}{r}r''^4 + \frac{20r'^4}{r^2}r''^3 - \frac{24r'^6}{r^3}r''^2 + F_1(r, r')r'' + F_2(r, r')$$

hervor, welches ein Integral der Differentialgleichung (36) darstellt.

Ist nun ein Continuum von Punkten x, y, z gegeben, welche sämmtlich dieselben Geschwindigkeitscomponenten x', y', z' besitzen, und geht man von dem durch die Gleichung

$$(39) \quad \iint \left(u\frac{\partial v}{\partial n} - v\frac{\partial u}{\partial n} \right) dw = \iiint (u\Delta_\infty v - v\Delta_\infty u) dx\,dy\,dz$$

definirten Green'schen Satze aus, worin dw ein Flächenelement der Begrenzung, u und v nebst ihren ersten partiellen Differentialquotienten im ganzen Integrationsraume eindeutig, endlich und stetig sind, während die zweiten partiellen Differentialquotienten wieder integrabel und eindeutig sind, aber nicht stetig zu sein brauchen, so wird sich, wenn man u und v durch $\Delta_\infty U$ und $\Delta_\infty V$ ersetzt, worin U und V nebst ihren nach x, y, z genommenen partiellen Ableitungen bis zur dritten Ordnung hin den eben angegebenen Bedingungen genügen, die Beziehung

$$(40) \quad \iint \left(\Delta_\infty U \frac{\partial \Delta_\infty V}{\partial n} - \Delta_\infty V \frac{\partial \Delta_\infty U}{\partial n} \right) dw = \iiint (\Delta_\infty U \Delta_\infty \Delta_\infty V - \Delta_\infty V \Delta_\infty \Delta_\infty U) dx\,dy\,dz$$

ergeben.

Stellen nun V_1 und V_2 zwei durch Ausdrücke der Form (19) von Punkten des a, b, c-Raumes auf ausserhalb gelegene x, y, z-Punkte ausgeübte Potentiale dar, so wird, wenn die a, b, c- und x, y, z-Räume keinen Punkt gemein haben, die Gleichung (40) vermöge (16) in

$$(41) \quad \iint \left(\Delta_\infty V_1 \frac{\partial \Delta_\infty V_2}{\partial n} - \Delta_\infty V_2 \frac{\partial \Delta_\infty V_1}{\partial n} \right) dw = 0$$

übergehen. Setzt man aber in (40) für U ein Integral der Differentialgleichung

$$\Delta_\infty U = 1$$

oder nach (17) der Gleichung

$$\frac{2}{r}\frac{\partial U}{\partial r} - \frac{2r'}{r^2}\frac{\partial U}{\partial r'} + \frac{\partial^2 U}{\partial r^2} + \frac{\partial^2 U}{\partial r'^2} \cdot \frac{r^2 - r'^2}{r^2} = 1.$$

deren allgemeines Integral in der Form enthalten ist

$$(42) \quad U(r, r') = \left(\mu_0 r + \frac{\mu_1}{r^2} \right) r' + \frac{\lambda_0}{r} + \frac{r^2}{6} + \lambda_1,$$

worin $\mu_0, \mu_1, \lambda_0, \lambda_1$ willkürliche Constanten bedeuten, so ergiebt sich

$$(43) \quad \iint \frac{\partial \Delta_\infty V}{\partial n} dw = \iiint \Delta_\infty \Delta_\infty V\,dx\,dy\,dz.$$

und wenn V wiederum aus der Zusammensetzung von Functionen W der Form (19) gebildet ist,

$$(44) \qquad \iint \frac{\partial \Delta_{oo} V}{\partial n} d\omega = 0,$$

Beziehungen, welche auch aus der Symmetrie des Integrals

$$\iiint \Delta_{oo} U \Delta_{oo} V dx\,dy\,dz$$

durch wiederholte partielle Integration hergeleitet werden können.

Dass die Ausdrücke

$$\frac{\partial \Delta_{oo} V}{\partial x}, \quad \frac{\partial \Delta_{oo} V}{\partial y}, \quad \frac{\partial \Delta_{oo} V}{\partial z}$$

nicht im Sinne des gewöhnlichen oder erweiterten Potentials als Kraftcomponenten aufgefasst werden können, geht nach (17) daraus hervor, dass, wenn

$$\frac{\partial \Delta_{oo} V}{\partial x} = F(r, r', x', y', z') \frac{\partial r}{\partial x}, \quad \frac{\partial \Delta_{oo} V}{\partial y} = F(r, r', x', y', z') \frac{\partial r}{\partial y}$$

oder

$$\frac{\partial \Delta_{oo} V}{\partial r} \frac{\partial r}{\partial x} + \frac{\partial \Delta_{oo} V}{\partial r'} \frac{\partial r'}{\partial x} = F(r, r', x', y', z') \frac{\partial r}{\partial x},$$

$$\frac{\partial \Delta_{oo} V}{\partial r} \frac{\partial r}{\partial y} + \frac{\partial \Delta_{oo} V}{\partial r'} \frac{\partial r'}{\partial y} = F(r, r', x', y', z') \frac{\partial r}{\partial y}$$

wäre, sich

$$\frac{\partial \Delta_{oo} V}{\partial r'} \left(\frac{\partial r}{\partial x} \frac{\partial r'}{\partial y} - \frac{\partial r}{\partial y} \frac{\partial r'}{\partial x} \right) = 0$$

ergeben würde, und somit $\Delta_{oo} V$ von r' unabhängig sein müsste. Dann würde sich aber nach (17) und (19) für V die Form ergeben

$$V = \frac{\lambda_o}{r} + \lambda_1 r^2 + \lambda_2 r + \lambda_3 + \left(\frac{\mu_o}{r^2} + \mu_2 r \right) r' + \nu_1 r^2 r'^2$$

und daraus

$$\Delta_{oo} V = 6\lambda_1 + 2\nu_1 v^2 + \frac{2\lambda_2}{r},$$

so dass die Kraft sich von der aus dem Newton'schen Potential hergeleiteten nicht unterscheidet.

Ganz ähnlich ergibt sich die Beziehung

$$\iint \frac{\partial \Delta_{11} V}{\partial n} d\omega = \iiint \Delta_{oo} \Delta_{11} V dx\,dy\,dz,$$

und wenn V von der Form (21) ist,

$$\iint \frac{\partial \Delta_{11} V}{\partial n} d\omega = 0,$$

816 Sitzung der physikalisch-mathematischen Classe vom 7. November 1907.

wobei die Forderung, dass die Ableitungen von $\Delta_{11}V$ Kraftcomponenten darstellen sollen, wieder nur auf den Fall der gewöhnlichen Kräftefunction führt.

Endlich erhält man

$$\iint \frac{\partial \Delta_{10} V}{\partial n} d\omega = \iiint \Delta_{00} \Delta_{10} V dx dy dz,$$

und wenn V die Form (23) hat,

$$\iint \frac{\partial \Delta_{10} V}{\partial n} d\omega = 0:$$

sollen hier wieder die Ausdrücke $\frac{\partial \Delta_{10} V}{\partial n}$ nach der Normale der Begrenzungsfläche genommene Kraftcomponenten darstellen, also

$$\Delta_{10} V = \frac{\partial^2 V}{\partial r \partial r'} + \frac{2}{r} \frac{\partial V}{\partial r'}$$

von r' unabhängig sein, so geht die Form (23) in

$$V = \varphi(r') \frac{1}{r^2} + (c_0 r + c_1) r' + \psi(r)$$

über, in welcher das WEBER'sche Potential nicht enthalten ist, und der Werth

$$\Delta_{10} V = 3 c_0 + \frac{2 c_1}{r}$$

führt wieder nur auf das NEWTON'sche Potential.

Ausgegeben am 14. November.

SITZUNGSBERICHTE

DER

KÖNIGLICH PREUSSISCHEN

AKADEMIE DER WISSENSCHAFTEN.

Gesammtsitzung am 14. November (S. 817)
Sitzung der physikalisch-mathematischen Classe am 21. November. (S. 819)
C. Neuberg: Über colloidale und gelatinöse Calcium- und Magnesiumverbindungen. (S. 820)
Schottky: Über zwei Beweise des allgemeinen Picard'schen Satzes. (S. 823)
F. Tannhäuser: Ergebnisse der petrographisch-geologischen Untersuchung des Neuroder Gabbrozuges in der Grafschaft Glatz. (S. 841).
Sitzung der philosophisch-historischen Classe am 21. November. (S. 849)

BERLIN 1907.

VERLAG DER KÖNIGLICHEN AKADEMIE DER WISSENSCHAFTEN.

IN COMMISSION BEI GEORG REIMER.

Aus dem Reglement für die Redaction der akademischen Druckschriften.

Aus § 1.

Die Akademie gibt gemäss § 41,1 der Statuten zwei fortlaufende Veröffentlichungen heraus: »Sitzungsberichte der Königlich Preussischen Akademie der Wissenschaften« und »Abhandlungen der Königlich Preussischen Akademie der Wissenschaften«.

Aus § 2.

Jede zur Aufnahme in die »Sitzungsberichte« oder die »Abhandlungen« bestimmte Mittheilung muss in einer akademischen Sitzung vorgelegt werden, wobei in der Regel das druckfertige Manuscript zugleich einzuliefern ist. Nichtmitglieder haben hierzu die Vermittelung eines ihrem Fache angehörenden ordentlichen Mitgliedes zu benutzen.

§ 3.

Der Umfang einer aufzunehmenden Mittheilung soll in der Regel in den Sitzungsberichten bei Mitgliedern 32, bei Nichtmitgliedern 16 Seiten in der gewöhnlichen Schrift der Sitzungsberichte, in den Abhandlungen 12 Druckbogen von je 8 Seiten in der gewöhnlichen Schrift der Abhandlungen nicht übersteigen.

Überschreitung dieser Grenzen ist nur mit Zustimmung der Gesammt-Akademie oder der betreffenden Classe statthaft, und ist bei Vorlage der Mittheilung ausdrücklich zu beantragen. Lässt der Umfang eines Manuscripts vermuthen, dass diese Zustimmung erforderlich sein werde, so hat das vorlegende Mitglied es vor dem Einreichen von sachkundiger Seite auf seinen muthmasslichen Umfang im Druck abschätzen zu lassen.

§ 4.

Sollen einer Mittheilung Abbildungen im Text oder auf besonderen Tafeln beigegeben werden, so sind die Vorlagen dafür (Zeichnungen, photographische Originalaufnahmen u. s. w.) gleichzeitig mit dem Manuscript, jedoch auf getrennten Blättern, einzuliefern.

Die Kosten der Herstellung der Vorlagen haben in der Regel die Verfasser zu tragen. Sind diese Kosten aber auf einen erheblichen Betrag zu veranschlagen, so kann die Akademie dazu eine Bewilligung beschliessen. Ein darauf gerichteter Antrag ist vor der Herstellung der betreffenden Vorlagen mit dem schriftlichen Kostenanschlage eines Sachverständigen an den Vorsitzenden Secretar zu richten, dann zunächst im Secretariat vorzuberathen und weiter in der Gesammt-Akademie zu verhandeln.

Die Kosten der Vervielfältigung übernimmt die Akademie. Über die voraussichtliche Höhe dieser Kosten ist — wenn es sich nicht um wenige einfache Textfiguren handelt — der Kostenanschlag eines Sachverständigen beizufügen. Überschreitet dieser Anschlag für die erforderliche Auflage bei den Sitzungsberichten 150 Mark, bei den Abhandlungen 300 Mark, so ist Vorberathung durch das Secretariat geboten.

Aus § 5.

Nach der Vorlegung und Einreichung des vollständigen druckfertigen Manuscripts an den zuständigen Secretar oder an den Archivar wird über Aufnahme der Mittheilung in die akademischen Schriften und zwar, wenn eines der anwesenden Mitglieder es verlangt, verdeckt abgestimmt.

Mittheilungen von Verfassern, welche nicht Mitglieder der Akademie sind, sollen, der Regel nach nur in die Sitzungsberichte aufgenommen werden. Beschliesst eine Classe die Aufnahme der Mittheilung eines Nichtmitgliedes in die dazu bestimmte Abtheilung der »Abhandlungen«, so bedarf dieser Beschluss der Bestätigung durch die Gesammt-Akademie.

Aus § 6.

Die an die Druckerei abzuliefernden Manuscripte müssen, wenn es sich nicht bloss um glatten Text handelt, ausreichende Anweisungen für die Anordnung des Satzes und die Wahl der Schriften enthalten. Bei Einsendungen fremder sind diese Anweisungen von dem vorlegenden Mitgliede vor Einreichung des Manuscripts vorzunehmen. Dasselbe hat sich zu vergewissern, dass der Verfasser seine Mittheilung als vollkommen druckreif ansieht.

Die erste Correctur ihrer Mittheilungen besorgen die Verfasser. Fremde haben diese erste Correctur an das vorlegende Mitglied einzusenden. Die Correctur soll nach Möglichkeit nicht über die Berichtigung von Druckfehlern und leichten Schreibversehen hinausgehen. Umfängliche Correcturen Fremder bedürfen der Genehmigung des redigirenden Secretars vor der Einsendung an die Druckerei, und die Verfasser sind zur Tragung der entstehenden Mehrkosten verpflichtet.

Aus § 8.

Von allen in die Sitzungsberichte oder Abhandlungen aufgenommenen wissenschaftlichen Mittheilungen, Reden, Adressen oder Berichten werden für die Verfasser, von wissenschaftlichen Mittheilungen, wenn deren Umfang im Druck 4 Seiten übersteigt, auch für den Buchhandel Sonderabdrucke hergestellt, die alsbald nach Erscheinen des betreffenden Stücks der Sitzungsberichte ausgegeben werden.

Von Gedächtnissreden werden ebenfalls Sonderabdrucke für den Buchhandel hergestellt, indess nur dann, wenn die Verfasser sich ausdrücklich damit einverstanden erklären.

§ 9.

Von den Sonderabdrucken aus den Sitzungsberichten erhält ein Verfasser, welcher Mitglied der Akademie ist, zu unentgeltlicher Vertheilung ohne weiteres 50 Freiexemplare; er ist indess berechtigt, zu gleichem Zwecke auf Kosten der Akademie weitere Exemplare bis zur Zahl von noch 100 und auf seine Kosten noch weitere bis zur Zahl von 200 (im ganzen also 350) abziehen zu lassen, sofern er diess rechtzeitig dem redigirenden Secretar angezeigt hat; wünscht er auf seine Kosten noch mehr Abdrucke zur Vertheilung zu erhalten, so bedarf es dazu der Genehmigung der Gesammt-Akademie oder der betreffenden Classe. — Nichtmitglieder erhalten 50 Freiexemplare und dürfen nach rechtzeitiger Anzeige bei dem redigirenden Secretar weitere 200 Exemplare auf ihre Kosten abziehen lassen.

Von den Sonderabdrucken aus den Abhandlungen erhält ein Verfasser, welcher Mitglied der Akademie ist, zu unentgeltlicher Vertheilung ohne weiteres 30 Freiexemplare; er ist indess berechtigt, zu gleichem Zwecke auf Kosten der Akademie weitere Exemplare bis zur Zahl von noch 100 und auf seine Kosten noch weitere bis zur Zahl von 100 (im ganzen also 230) abziehen zu lassen, sofern er diess rechtzeitig dem redigirenden Secretar angezeigt hat; wünscht er auf seine Kosten noch mehr Abdrucke zur Vertheilung zu erhalten, so bedarf es dazu der Genehmigung der Gesammt-Akademie oder der betreffenden Classe. — Nichtmitglieder erhalten 30 Freiexemplare und dürfen nach rechtzeitiger Anzeige bei dem redigirenden Secretar weitere 100 Exemplare auf ihre Kosten abziehen lassen.

§ 17.

Eine für die akademischen Schriften bestimmte wissenschaftliche Mittheilung darf in keinem Falle vor ihrer Ausgabe an jener Stelle anderweitig, sei es auch nur auszugs-

(Fortsetzung auf S. 3 des Umschlags.)

SITZUNGSBERICHTE
DER
KÖNIGLICH PREUSSISCHEN
AKADEMIE DER WISSENSCHAFTEN.

1907.

XLV.

14. November. Gesammtsitzung.

Vorsitzender Secretar: Hr. WALDEYER.

*1· Hr. HARNACK las über Die Entwickelung der christlichen Religion aus einer jüdischen Secte zu einer Weltreligion.

In dem Vortrage wurden die Stadien dieser Entwickelung in Bezug auf das Gesetz, das jüdische Volk und den Besitz und die Auslegung des Alten Testaments nachgewiesen und gezeigt, dass die Stellung, welche Lucas bereits in sehr früher Zeit eingenommen hat, mit nicht wesentlichen Modificationen die herrschende in der Kirche seit dem Ende des 2. Jahrhunderts geworden ist.

2. Vorgelegt wurden zwei Veröffentlichungen von Unternehmungen der Akademie: Das Pflanzenreich. Heft 30, enthaltend die *Styracaceae* von J. PERKINS. Leipzig 1907 und KANT's gesammelte Schriften. Bd. 6. Berlin 1907, ferner Lief. 51—53 des von der Akademie unterstützten Werkes P. ASCHERSON und P. GRAEBNER, Synopsis der mitteleuropäischen Flora. Leipzig 1907 und das Werk des correspondirenden Mitgliedes Hrn. HOLM, Danmark-Norges Historie fra den store nordiske Krigs Slutning til Rigernes Adskillelse (1720—1814). Bind 6. Del 1. Kjøbenhavn 1907.

Ausgegeben am 28. November.

SITZUNGSBERICHTE 1907.
DER
XLVI.

KÖNIGLICH PREUSSISCHEN
AKADEMIE DER WISSENSCHAFTEN.

21. November. Sitzung der physikalisch-mathematischen Classe.

Vorsitzender Secretar: Hr. Auwers (i. V.).

1. Hr. Munk las: Weiteres über die Functionen des Kleinhirns. (Ersch. später.)

Die Mittheilung behandelt die Folgen der Exstirpation einer seitlichen Hälfte des Kleinhirns. Sie bestätigen, was früher aus dem völligen Verluste des Kleinhirns für dessen Leistungen sich ergab. Der Kleinhirnhälfte sind Mark- und Muskelcentren für den Bereich der Extremitäten auf der gleichen Seite und der Wirbelsäule auf der entgegengesetzten Seite untergeordnet. Das auffällige Rollen in einer und immer derselben Richtung, das sich an dem Thiere in der ersten Zeit nach der Exstirpation zeigt, ist lediglich ein Aufsteh- oder Fluchtversuch mit den besten dem Thiere verbliebenen Mitteln.

2. Hr. Orth legte eine Mittheilung von Prof. Dr. C. Neuberg, Assistenten am Pathologischen Institut hierselbst vor: »Über colloidale Calcium- und Magnesiumverbindungen.«

Sowohl Calcium- wie Magnesiumsalze lassen sich leicht durch Methylalkohol in den colloidalen Zustand überführen. Aus methylalkoholischer Kalklösung erhält man durch Schwefelsäure, Phosphorsäure, Oxalsäure Gips bez. Calciumphosphat und -oxalat in gelatinöser Form, durch Kohlensäure eine klare, visköse colloidale Calciumcarbonatlösung; eine feste Gallerte von Calciumcarbonat entsteht, wenn man eine Suspension von Kalk in Holzgeist mit Kohlensäure sättigt. Ähnlich verhalten sich die colloidalen Magnesiumsalze. Die gelatinösen Salze enthalten im isolirten Zustande keinen festgebundenen Methylalkohol.

Über kolloidale und gelatinöse Kalzium- und Magnesiumverbindungen.

Von Prof. Dr. C. Neuberg
in Berlin.

Vorgelegt von Hrn. Orth.

Der kolloidale Zustand der Materie findet in letzter Zeit, namentlich im Hinblick auf biologische Fragen, eine erhöhte Beachtung. Der lange bekannten Tatsache, daß Eiweißkörper, Kohlehydrate und Fette hauptsächlich in kolloidaler Form in den Kreislauf des Lebens eintreten, folgte die Entdeckung, daß die weit einfacher gebauten anorganischen Substanzen im kolloidalen Zustande häufig eigentümliche Eigenschaften annehmen und unerwartete biologische Wirkungen ausüben. Die erfolgreiche Verwendung von kolloidalem Silber und Quecksilber in der Therapie, die Rolle der kolloidalen Eisensalze und andern Kolloide bei der Selbstreinigung der Flüsse, die Beziehungen der Kolloide zu den Immunitätserscheinungen sind dafür einige Beispiele.

Häufig gelingt nur auf Umwegen und zum Teil nach recht umständlichen Verfahren die Gewinnung anorganischer Kolloide. In vielen Fällen sind dieselben überhaupt nur in Gegenwart sogenannter »Schutzkolloide« erhältlich, d. h. bei Anwendung organischer, an sich schon kolloidaler Stoffe (Eiweißkörper), deren Anwesenheit einen konservierenden Einfluß auf die unbeständigern anorganischen Kolloide ausübt. Es ist deshalb beachtenswert, daß die biologisch wichtigen anorganischen Kalzium- und Magnesiumsalze mit Leichtigkeit in sehr haltbare gelatinöse bzw. kolloidale Formen übergeführt werden können.

Die Darstellung rein anorganischer kolloidaler Erdalkalisalze ist erst vor kurzem gelungen, und zwar in der Reihe des Bariums[1].

Dieselbe Beobachtung, die zur Auffindung der Bariumverbindungen geführt hatte, konnte im Prinzip auch für die Bereitung der Kalzium- und Magnesiumsalze benutzt werden: wiederum ist es einfach die Wahl von Methylalkohol als Medium, wodurch die Darstellung gelingt.

---
[1] C. Neuberg und E. Neimann, Biochem. Zt. 1, 166. 1906.

Gelatinöse und kolloidale Kalksalze.

Verschiedene Wege sind gangbar; man kann von den Lösungen des metallischen Kalziums, des Kalziumchlorids und des Azetats in Holzgeist ausgehen, der einfachste Weg ist aber auch hier der sicherste.

Entgegen der geläufigen Meinung löst sich Kalk in Methylalkohol, und zwar um so reichlicher, je frischer gebrannt er ist. Schüttelt man gepulverten Kalk mit Holzgeist und filtriert nach einiger Zeit vom Ungelösten, so erhält man eine Kalklösung, die alkalisch reagiert, sich unverändert erheblich konzentrieren läßt, klar im durchfallenden und opak im auffallenden Lichte ist. Die Neigung des Kalziums, aus dieser Flüssigkeit in den kolloidalen Zustand überzugehen, offenbart sich darin, daß Schwefelsäure daraus Gips in Form einer steifen Gallerte fällt, ebenso erhält man daraus das Kalziumphosphat, Kalziumoxalat usw. in gelatinöser Form. Am auffallendsten ist aber das Verhalten der Kalklösung zu Kohlensäure.

Bekanntlich wird Kalkwasser durch die erste eintretende Kohlensäureblase unter Bildung von unlöslichem Kalziumkarbonat getrübt. Die methylalkoholische Kalklösung wird beim Einleiten von Kohlensäure nicht nur nicht getrübt, sondern eher noch durchsichtiger. Man erhält bei Sättigung mit CO_2 eine völlig klare, stark viskose Karbonatlösung; sie läßt sich unverändert zur Konsistenz eines dicken Kollodiums eindampfen und erstarrt dann zu einer typischen Gallerte, die sich in Methylalkohol langsam wieder löst. Zusatz von Schwefelsäure hat die Bildung einer dicken Gallerte von Gips zur Folge, durch dessen schwammige Masse Kohlensäurebläschen perlen.

Ebenso überraschend ist die Erscheinung, wenn man einfach eine Suspension von Kalk in Holzgeist mit Kohlensäure sättigt. Nach 5 bis 6 Stunden verwandelt sich dann die ganze Masse in eine feste Gallerte des Karbonats, die das Aussehen eines steifen Agars hat. In Berührung mit Methylalkohol geht sie nach einiger Zeit in Lösung.

Das kolloidale Karbonat zeigt nun die auffallende Eigenschaft, mit einer Reihe organischer Solvenzien mischbar zu sein, so mit Benzol, Toluol, Chloroform, mit wasserfreiem Äther usw.; es wird lipoidlöslich[1].

---

[1] Die gleichen Erscheinungen finden wir bei der kolloidalen Kohlensäureverbindung des Bariums. Die ganz entsprechend zusammengesetzte Bariumlösung, die etwa 40 g BaO im Liter enthielt, dialysiert durch tierische Membran in 48 Stunden kaum in Spuren Wedel gegen Methylalkohol noch gegen Wasser; die gleiche Lösung besitzt praktisch kein Leitungsvermögen (nach einer von Hrn. Dr. Brun, Assistenten am Physikalisch-Chemischen Institut der Universität Berlin, freundlichst ausgeführten Bestimmung), so daß für diese Erdalkalisalze der wahre kolloidale Charakter wohl außer Zweifel steht. Ihre ev. Beziehungen zu den wenig bekannten Methylkarbonaten sollen den Gegenstand weiterer Untersuchungen bilden.

Gelatinöse und kolloidale Magnesiumsalze.

Magnesia usta löst sich unerwarteterweise beim Schütteln in Holzgeist zu einer alkalisch reagierenden Flüssigkeit, die das Aussehen einer kolloidalen Lösung besitzt. Aus ihr fällen Phosphorsäure und Oxalsäure das gelatinöse Magnesium-phosphat und -oxalat. Beim Einleiten von Kohlensäure, die Magnesia in rein wäßriger Lösung in das unlösliche Magnesiumkarbonat verwandelt, wird die methylalkoholische Magnesialösung aufgehellt und in eine klare, kolloidale Karbonatlösung verwandelt, die gleichfalls zur Kollodiumkonsistenz eingeengt werden kann.

Die Analysen der gemeinsam mit Hrn. cand. phil. B. REWALD dargestellten Substanzen haben ergeben, daß im isolierten Zustande die gelatinösen Kalzium- und Magnesiumsalze selbst (Sulfat, Phosphat, Oxalat) keinen festgebundenen Methylalkohol enthalten, der hier demnach keinen Bestandteil der festen Verbindungen, sondern nur das Milieu bildet. Damit im Einklange steht die Tatsache, daß die beschriebenen Erscheinungen, besonders auch die eigentümlichen Löslichkeitsverhältnisse der kohlensäurehaltigen Salze, in wäßrigen Lösungen auf Zusatz von Holzgeist, ja auch auf Zugabe von gewöhnlichem Sprit, wenn auch zum Teil weniger ausgesprochen, zu beobachten sind.

Bei der Leichtigkeit des Übergangs von Kalzium- und Magnesiumsalzen[1] in den kolloidalen Zustand, in welchem die Jonenreaktionen erhalten sind, aber geradezu eine Umkehr der gewöhnlichen Löslichkeitsverhältnisse eintritt, ist es klar, daß diese Erscheinungen für den Ablauf biologischer Vorgänge von Bedeutung sein können. Auf die Beziehungen zur Knochenbildung, Kalksekretion in die Milch, pathologischen Verkalkungen, Kalkdüngung, zu der Rolle von Kalzium und Magnesium bei den Befruchtungsvorgängen (JACQUES LOEB) sowie bei den synthetischen Vorgängen im Pflanzenorganismus (WILLSTÄTTER) kann hier nur hingewiesen werden.

---

[1] Auch bei den Strontiumverbindungen sind ähnliche Erscheinungen zu beobachten, und es ist wahrscheinlich, daß die beabsichtigte Ausdehnung des Verfahrens auf andere Metalle noch in weiteren Fällen Erfolg haben wird.

Über zwei Beweise des allgemeinen Picard'schen Satzes.

Von F. Schottky.

(Vorgetragen am 7. November 1907 [s. oben S. 803].)

Durch den Picard'schen Satz und die Versuche, ihn auf verschiedene Arten zu beweisen, wurde die Frage hervorgerufen: Welchen Werthbeschränkungen unterliegt eine Function $f(x)$ innerhalb eines gegebenen Bereichs der Variabeln, wenn ihr Werth in einem Punkte desselben gegeben ist, ausserdem aber ein System von Werthen, die die Function im Innern des Bereichs nicht annimmt?

Bei der folgenden Betrachtung wollen wir eine Function $f(x)$ regulär nennen in einem Punkte x_0, falls sie in der Umgebung von x_0 dargestellt werden kann durch eine Reihe nach aufsteigenden ganzen Potenzen von $x-x_0$, oder von $\frac{1}{x}$, wenn x_0 selbst unendlich ist. Das soll auch dann gelten, wenn die Reihe einzelne negative Potenzen enthält.

Gegeben sei ein Gebiet G der x-Ebene, das durch eine einzige Linie begrenzt ist, und in seinem Innern der Punkt x_0; ferner ein System (a), bestehend aus einer endlichen Anzahl verschiedener Grössen, und, von den a verschieden, eine Grösse d. Man sieht sofort, dass es unendlich viele Functionen $f(x)$ giebt, die in G regulär sind, in x_0 der Werth d, aber im ganzen Gebiete keinen der Werthe (a) annehmen. Man braucht nur $f(x) = d + \varphi(x)$ zu setzen und die Function $\varphi(x)$ so zu wählen, dass erstens $\varphi(x_0) = 0$ ist, dass zweitens der absolute Betrag von $\varphi(x)$ im ganzen Gebiete kleiner bleibt als jede der Grössen $|a-d|$.

Aber wir nehmen im Innern von G noch einen zweiten Punkt x_1 an und fügen den vorigen Bedingungen hinzu: $f(x)$ soll im Punkte x_1 den Werth e annehmen. Besteht das System (a) nur aus einem oder zwei Werthen, so lassen sich diese Bedingungen immer erfüllen, falls e eine beliebige von den a verschiedene Grösse ist.

Nehmen wir an, das System bestehe aus zwei Werthen a, b. Wir können ansetzen:

$$f(x) - b = (f(x) - a)e^{\varphi(x)}$$

und unter $\varphi(x)$ eine gebrochen-lineare Function von x verstehen, deren Unendlichkeitspunkt nicht im Innern von G liegt. Dann wird $f(x)$ im Innern weder gleich a noch gleich b. Sind aber d, e irgend zwei von a, b verschiedene Grössen, so können wir die Coefficienten von $\varphi(x)$ in der Weise bestimmen, dass $f(x_0) = d$, $f(x_1) = e$ wird.

Ist dagegen die Anzahl der Grössen (a) grösser als 2, besteht z. B. das System aus drei Werthen a, b, c, so darf e nicht jeden beliebigen von den (a) verschiedenen Werth haben, es darf speciell e den Punkten a nicht beliebig nahe liegen.

Dieser Satz, dessen Beweis schon in meiner früheren Arbeit über den PICARD'schen Satz enthalten ist[1], hängt eng mit dem PICARD'schen Theorem zusammen. Beschränken wir uns auf diejenigen Functionen, die in der ganzen Ebene mit Ausnahme des unendlich fernen Punktes regulär sind. Der specielle Fall des PICARD'schen Satzes, der sich auf diese Functionen bezieht, ergiebt sich unmittelbar, wenn man die vorhin aufgestellte Behauptung als richtig ansieht.

Denn es sei $F(x)$ irgend eine in der ganzen Ebene, abgesehen von der Stelle ∞, reguläre Function, die die drei Werthe a, b, c nirgends annimmt, und d ihr Werth im Punkte x_0. Wir nehmen einen zweiten Punkt x_1 an und ziehen eine Linie, die die beiden Punkte x_0, x_1 umschliesst. Der Annahme nach giebt es eine positive Zahl δ von der Art, dass jede Function $f(x)$, die in G regulär ist und die drei Werthe a, b, c nicht annimmt, aber den Werth d im Punkte x_0, der Bedingung $|f(x_1) - a| > \delta$ genügt. Nun sei x' ein beliebiger Punkt der Ebene. Wir bilden eine ganze lineare Function u von x, die für $x = x_0$ selbst gleich x_0, für $x = x_1$ dagegen gleich x' wird. Dann gehört nicht nur $F(x)$, sondern auch $F(u) = G(x)$ zu den Functionen $f(x)$. Es ist daher $|G(x_1) - a| > \delta$. Da nun $G(x_1) = F(x')$, x' aber ein beliebiger Punkt der Ebene ist, so muss der Betrag von $F(x) - a$ in der ganzen Ebene grösser als δ sein. Dies ist natürlich nur möglich, wenn $F(x)$ eine Constante ist. —

Will man indess den allgemeinen PICARD'schen Satz beweisen, so genügt es nicht, zu wissen, dass δ existirt, es muss eine Grösse dieser Art wirklich aufgestellt werden. Derjenige Werth δ, der sich aus der früher von mir aufgestellten Formel ergiebt, ist so überaus

---

[1] Über den PICARD'schen Satz und die BOREL'schen Ungleichungen, Sitz.-Ber. 1904. Satz IV dieser Arbeit stellt jedenfalls eine Ungleichheitsbeziehung zwischen a, b, c, d, e dar.

klein, dass man versucht ist, zu sagen, er existire gar nicht. Zudem ist jene Formel sicher unnöthig complicirt; es schien mir wünschenswerth, sie durch eine andere zu ersetzen.

Aus einer Arbeit des Hrn. CARATHEODORY[1] geht ein Resultat hervor, das ich für sehr interessant halte: Es sei $f(x)$ eine beliebige in G reguläre Function, die in dem Gebiete die Werthe a, b, c nicht annimmt, und die in x_0 gleich d wird; e ihr Werth im Punkte x_1. Alsdann gehört e zu den Werthen, die eine specielle Function $\varphi(\tau)$ der Variabeln τ, die elliptische Modulfunction (die selbst weder a noch b noch c wird) in einem Kreise der positiven Halbebene annimmt. Mittelpunkt und Radius des Kreises lassen sich bestimmen, sobald die Werthe a, b, c, d und die Lage der Punkte x_0, x_1 in G gegeben sind. Die Gesammtheit der zulässigen Werthe von e ist geradezu identisch mit der Gesammtheit der Werthe, die $\varphi(\tau)$ im Innern und auf der Grenze des Kreises annimmt.

Nimmt man die letzte Betrachtung meiner früheren Arbeit hinzu, so kommt man, wie schon Hr. LANDAU gezeigt hat[2], zu einem neuen Beweise des PICARD'schen Satzes. Ich will einen solchen Beweis und einen elementaren, der auf BOREL'schen Ideen beruht, hier zusammenstellen. Beide sind bereits vorhanden, aber zum Theil noch mit Rechnungen verknüpft, die der Einfachheit des PICARD'schen Satzes nicht entsprechen.

§ 1.

Wir betrachten zunächst solche Functionen $y = g(x)$, die im Innern von G regulär sind und nur Werthe eines zweiten gegebenen Bereiches H annehmen; der Bereich H der y-Ebene soll ebenfalls durch eine einzige Linie begrenzt sein. Sind demnach y_0, y_1 die Werthe von y in den Punkten x_0, x_1, so sind zugleich y_0, y_1 zwei Punkte im Innern von H. y_0 kann willkürlich gegeben sein; es fragt sich, auf welchen Theilbereich von H der Punkt y_1 beschränkt ist.

Es sei $E(x, x_0)$ diejenige Function von x, deren absoluter Werth im Innern von G kleiner als 1, an der Grenze gleich 1 ist, die ferner innerhalb G nur im Punkte x_0 verschwindet, und zwar nur von der ersten Ordnung. Sie ist durch diese Bedingungen bestimmt bis auf einen constanten Factor vom Betrage 1. Sie nimmt jeden Werth, dessen Betrag kleiner als 1 ist, innerhalb G in einem und nur einem Punkte an. Ihr absoluter Werth im Punkte x_1 ist eine durch die Lage der Punkte x_0, x_1 im Gebiete G vollständig bestimmte Grösse ε,

---

[1] Sur quelques généralisations du théorème de M. PICARD, Comptes rendus 1905.
[2] Vergl. § 12 der LANDAU'schen Abhandlung: Über den PICARD'schen Satz. Vierteljahrsschrift der Naturforschenden Gesellschaft in Zürich, Jahrgang 51, 1906.

die wir die Excentricität der beiden Punkte in Bezug auf das gegebene Gebiet nennen. ε bleibt ungeändert, wenn man die Punkte vertauscht.

Die entsprechende Function des Gebietes H werde mit $F(y, y_0)$ bezeichnet, so dass auch hier $|F(y_1, y_0)|$ die Excentricität der Punkte y_0, y_1 in Bezug auf das Gebiet H ist.

Wird für die Variable y in $F(y, y_0)$ die Function $y = g(x)$ eingeführt, so geht $F(y, y_0)$ über in eine Function von x, deren Betrag in G kleiner als 1 bleibt, und die in x_0 verschwindet. Der Quotient

$$\frac{F(y, y_0)}{E(x, x_0)} = Q(x)$$

ist demnach eine in G reguläre Function, die nicht unendlich wird. Nehmen wir einen positiven Werth α an, der zwischen 1 und ε liegt. In demjenigen Theilgebiete von G, in dem $|E(x, x_0)| \leq \alpha$ ist, ist $Q(x)$ endlich und regulär; auf der Grenze ist der Betrag des Zählers kleiner als 1, der des Nenners gleich α. Folglich ist auch im Innern dieses Theilbereichs, und speciell im Punkte x_1, $|Q(x)|$ kleiner als $\frac{1}{\alpha}$, und da man α beliebig nahe an 1 annehmen kann, so ist jedenfalls $|Q(x_1)|$ kleiner oder gleich 1. Hieraus folgt: $|F(y_1, y_0)| \leq \varepsilon$. Das heisst: Unter den angenommenen Voraussetzungen ist die Excentricität der Punkte y_0, y_1 in Bezug auf H nicht grösser als die der entsprechenden Punkte x_0, x_1 in Bezug auf G.

Ist y_0 gegeben, so ist der Punkt y_1 beschränkt auf das Theilgebiet von H, in dem $|F(y, y_0)| \leq \varepsilon$ ist. Es ist auch leicht zu erkennen: Wenn y_1 irgend ein Punkt dieses Theilgebiets ist, so lassen sich Functionen y bilden, die in x_0 gleich y_0, in x_1 gleich y_1 werden und die im ganzen Gebiete G nur Werthe des Bereiches H annehmen.

Betrachten wir den Fall, wo H eine Halbebene ist, begrenzt durch irgend eine gerade Linie L. Dann ist zu setzen:

$$F(y, y_0) = \frac{y - y_0}{y - \bar{y}_0},$$

wo $\bar{y}_0$ das Bild von y_0 in Bezug auf die begrenzende Gerade bedeutet. Nennen wir η_0 den Abstand des Punktes y_0 von den Geraden, so ist $|y_0 - \bar{y}_0| = 2\eta_0$.

Aus der Beziehung

$$\left|\frac{y_1 - y_0}{y_1 - \bar{y}_0}\right| < \varepsilon$$

ergiebt sich:

$$\left|1 + \frac{y_0 - \bar{y}_0}{y_1 - y_0}\right| \geq \frac{1}{\varepsilon}, \quad |y_1 - y_0| \leq \frac{2\varepsilon\eta_0}{1 - \varepsilon};$$

oder wenn wir die Function
$$\frac{1+\varepsilon}{1-\varepsilon} = \chi(\varepsilon)$$
einführen:
$$|y_1 - y_0| < (\chi(\varepsilon) - 1)\eta_0.$$

Nehmen wir jetzt an, es sei y eine Function von x, die im Gebiete G nur Werthe des Bereiches H annimmt, aber nicht alle, und es sei speciell ein dem Innern von H angehöriger Werth Y bekannt, den y in G nirgends annimmt. y_0 kann dann jede beliebige von Y verschiedene Werth des Bereiches H sein. Ist aber y_0 gegeben, so kann y_1 dem Werthe Y nicht beliebig nahe liegen.

Wir wollen einen speciellen Fall behandeln: es sei t eine in G reguläre Function, deren Betrag in diesem Gebiete kleiner als R bleibt, die aber nicht 0 wird. t_0, t_1 seien die Werthe von t in x_0, x_1.

Führen wir eine Function y ein, die der Gleichung $e^y = t$ genügt; ihre Werthe in den Punkten x_0, x_1 seien y_0, y_1. — Dann ist y eine in G reguläre Function; ihr reeller Theil bleibt kleiner als $\log(R)$; ihr Werth ist demnach auf eine Halbebene beschränkt. Der Abstand des Punktes y_0 von der Grenze ist
$$\log\left|\frac{R}{t_0}\right|;$$
demnach ist
$$|y_1 - y_0| \leq (\chi(\varepsilon) - 1)\log\left|\frac{R}{t_0}\right|.$$

$y - y_0$ ist eine ganz bestimmte im Punkte x_0 verschwindende Function von x, die wir mit $\log\left(\frac{t}{t_0}\right)$ bezeichnen wollen; ihr Werth im Punkte x_1 ist die stetige Änderung, die $\log(t)$ erfährt beim Übergange vom Punkte x_0 zu x_1. — Im Punkte x_1 ist demnach:
$$\left|\log\left(\frac{t}{t_0}\right)\right| \leq (\chi(\varepsilon) - 1)\log\left|\frac{R}{t_0}\right|.$$

Der reelle Theil von $\log\left(\frac{t}{t_0}\right)$ ist $\log\left|\frac{t}{t_0}\right|$. Dieser muss grösser oder gleich
$$(\chi(\varepsilon) - 1)\log\left|\frac{t_0}{R}\right|$$
sein. Hieraus folgt:

Ist t eine Function, die im Gebiete G nicht verschwindet, aber dem absoluten Werthe nach kleiner als R bleibt, und ist $t = t_0$ im Punkte x_0, so ist im Punkte x_1:

$$|t| \geq R \left|\frac{t_0}{R}\right|^{\chi(\varepsilon)}$$

$$\left|\log\left(\frac{t}{t_0}\right)\right| \leq (\chi(\varepsilon)-1) \log\left|\frac{R}{t_0}\right|.$$

Damit ist eine untere Grenze für den Betrag von t, gegeben, und zugleich eine obere für den Betrag der Änderung, die der Logarithmus von t auf dem Wege $x_0 x_1$ erfährt.

Nehmen wir speciell an, dass t im Punkte x_0 gleich 1 ist, so ist im Punkte x_1:

$$\left|\frac{1}{t}\right| \leq R^{\chi(\varepsilon)-1},$$

$$|\log(t)| \leq (\chi(\varepsilon)-1)\log(R).$$

§ 2.

Von einer analytischen Beziehung zwischen den Variabeln z und τ wollen wir sagen, sie sei regulär an der Stelle $z = d$, $\tau = \tau_0$, wenn in der Nähe davon sowohl z ausdrückbar ist als reguläre Function von $\tau: z = \varphi(\tau)$, als auch τ als reguläre Function von $z: \tau = \psi(z)$. Dies schliesst nicht aus, dass d oder τ_0 oder beide Grössen unendlich sind. Ein solches Paar inverser Functionen $z = \varphi(\tau)$, $\tau = \psi(z)$ denken wir uns gegeben, zunächst für die Umgebung von $z = d$, $\tau = \tau_0$. Wir setzen aber ferner voraus, dass d und τ_0 Punkte sind inmitten zweier einfach oder mehrfach zusammenhängender Gebiete Z und T, dass $\varphi(\tau)$ sich regulär fortsetzen lasse auf jeder von τ_0 ausgehenden Linie des Gebietes T und hierbei nur Werthe annehme, die innerhalb des Bereiches Z liegen; dass ebenso $\psi(z)$ sich als reguläre Function fortsetzen lasse auf jedem von d ausgehenden in Z verlaufenden Wege, und nur Werthe des Gebietes T annehme.

Ist T einfach zusammenhängend, so ist, einem bekannten Satz zufolge, $z = \varphi(\tau)$ innerhalb T nicht nur eine reguläre, sondern auch eine eindeutige Function. Sind beide Bereiche einfach zusammenhängend, so entspricht jedem Punkte des einen Gebiets ein bestimmter Punkt des andern; die Beziehung (z, τ) ist dann keine andere, als die der gewöhnlichen conformen Abbildung. Aber das Problem wird ein anderes, wenn eins der beiden Gebiete oder beide mehrfach zusammenhängend sind.

Betrachten wir folgenden Fall: Z sei die ganze Ebene, mit Ausnahme einer endlichen Anzahl von Punkten (a), T die positive Halbebene. Wir nehmen willkürlich zwei Punkte d, τ_0 an, die dem Innern dieser Gebiete angehören. Die Beziehung (z, τ) soll so beschaffen sein, dass jeder von d ausgehenden Linie, die die Punkte a nicht berührt, eine von τ_0 ausgehende der positiven Halbebene entspricht, und umgekehrt. Unter diesen Umständen ist $z = \varphi(\tau)$ eine eindeutige reguläre Function in der positiven Halbebene, die in ihr alle Werthe annimmt, mit Ausnahme derer des Systems (a); sie ist speciell gleich d im Punkte τ_0. Dagegen ist $\tau = \psi(z)$ eine unendlich vieldeutige. Sie hat zunächst einen regulären Zweig an der Stelle $z = d$ und wird dort gleich τ_0. Regulär fortsetzen lässt sie sich auf jeder von d ausgehenden Linie, die nicht durch die Punkte (a) geht, und sie nimmt nur Werthe der positiven Halbebene an.

Besteht das System (a) nur aus einem oder zwei Werthen, so existirt gar keine solche Beziehung (z, τ). Denn man hätte sonst eine Function $\tau = \psi(z)$ mit nur einem oder zwei singulären Punkten, die nur Werthe der positiven Halbebene annimmt; was unmöglich ist. Dagegen existirt die Beziehung und ist bekannt in dem Falle, wo das System (a) aus drei Werthen a, b, c besteht: und hierauf können wir uns beschränken.

Ordnen wir den beiden Variabeln z, τ die dritte x zu, indem wir $z = f(x)$ setzen, und unter $f(x)$ eine im Innern von G reguläre Function verstehen, die speciell im Punkte x_0 den Werth d hat, aber die drei Werthe a, b, c im Innern von G nicht annimmt. Ihr Werth im Punkte x_1 sei e. Jedem von x_0 ausgehenden Wege in G entspricht vermöge der Gleichung $z = f(x)$ ein bestimmter von d ausgehender in Z, und diesem, vermöge $\tau = \psi(z)$, ein bestimmter, von τ_0 ausgehender, in T. Auf dem ersten ist z eine reguläre Function von x, auf dem zweiten τ eine ebensolche von z. Folglich ist τ eine im Gebiete G reguläre Function von x, die speciell in x_0 den Werth τ_0 hat und im ganzen Gebiete nur Werthe der positiven Halbebene annimmt.

Denken wir uns in G einen Weg, der von x_0 nach x_1 führt, und die beiden entsprechenden Wege in Z und T. Der Endpunkt des zweiten Weges ist e, der des dritten sei τ_1. Dann ist e zugleich der Werth der eindeutigen Function $z = f(x)$ für $x = x_1$, und der eindeutigen $z = \varphi(\tau)$ für $\tau = \tau_1$. τ, betrachtet als Function von x, nimmt in x_0 den Werth τ_0, in x_1 den Werth τ_1, und im ganzen Gebiete nur Werthe der positiven Halbebene an. Es ist daher, zufolge § 1:

$$\left| \frac{\tau_1 - \tau_0}{\tau_1 - \bar{\tau}_0} \right| \leq \varepsilon,$$

wo $\bar{\tau}_0$ das Bild von τ_0, d. h. die zu τ_0 conjugirte Grösse, bedeutet.

Hiernach ist e nothwendig einer der Werthe, die die Function $\varphi(\tau)$ im Innern und auf der Grenze des Kreises:

$$\left|\frac{\tau-\tau_0}{\tau-\bar\tau_0}\right|\leqq\varepsilon$$

annimmt. Dies ist der CARATHEODORY'sche Satz.

Da τ_1 ein Werth von $\psi(z)$ für $z=e$ ist, kann man auch sagen: Unter den Werthen von $\psi(e)$ ist mindestens einer, τ_1, der in dem angegebenen Kreise liegt.

Nennen wir η_0 den Abstand des Punktes τ_0 von der reellen Geraden. Dann ist der kürzeste Abstand des Kreises von der reellen Geraden

$$\eta'=\frac{\eta_0}{\chi(\varepsilon)}.$$

Eine Folgerung des Satzes ist demnach die: Unter den Werthen von $\psi(e)$ giebt es jedenfalls solche, deren zweite Coordinaten grösser oder gleich η' sind.

Stellen wir jetzt die Beziehung (z, τ) auf. Es seien A, B zwei primitive Perioden des elliptischen Integrals

$$\int\frac{dx}{\sqrt{(x-a)(x-b)(x-c)(x-d)}},$$

so gewählt, dass der Quotient

$$\frac{B}{A}=\tau_0$$

eine positive zweite Coordinate hat. In diesem Ausdruck können wir d variiren, indem wir a, b, c constant lassen. Dadurch wird τ_0 der Werth einer Function $\tau=\psi(z)$ für $z=d$. Diese ist zunächst in der Umgebung von $z=d$ eindeutig definirt, lässt sich aber regulär fortsetzen auf jedem nicht durch a, b, c gehenden Wege und nimmt nur Werthe der positiven Halbebene an. Umgekehrt ist $z=\varphi(\tau)$ eine eindeutige Function in der positiven Halbebene, die die Werthe a, b, c nicht annimmt. — Die Bedingungen sind demnach sämmtlich erfüllt.

Es sei $\varkappa$ der grösste unter den absoluten Werthen der sechs Doppelverhältnisse

$$(a, b, c, d)=\frac{a-b}{a-c}\frac{d-c}{d-b}\quad\text{u. s. w.},$$

ebenso $\varkappa'$ der grösste unter den Werthen $|(a, b, c, e)|$. Es sei ferner ρ dasjenige der Doppelverhältnisse (a, b, c, d), dass den kleinsten absoluten Werth hat; also $|\rho|=\dfrac{1}{\varkappa}$.

Einen Quotienten primitiver Perioden kann man bekanntlich durch die Formel definiren:

$$\pi i \tau_0 = \log\left(\frac{\rho}{16}\right) + \mathfrak{P}(\rho).$$

Unter $\log\left(\frac{\rho}{16}\right)$ ist der Hauptwerth zu verstehen, $\mathfrak{P}(\rho)$ ist eine gewöhnliche Potenzreihe, die für $|\rho| \leq 1$ convergirt, für $\rho = 0$ verschwindet, und die im Übrigen lauter positive Coefficienten hat. Der so definirte specielle Quotient τ_0 ist derjenige, dessen zweite Coordinate η_0 den grössten Werth hat. Der ganze Ausdruck rechts stellt eine Function von ρ dar, die für $|\rho| < 1$ nicht verschwindet. Auf der Linie 0 1 ist sie reell und zu Anfang derselben sicher negativ. Folglich bleibt sie negativ auf der ganzen Linie und kann auch im Endpunkt nicht grösser als 0 sein. Es ist also $\mathfrak{P}(1)$ kleiner oder gleich $\log(16)$. Daraus folgt aber, da die Coefficienten positiv sind, dass der Betrag von $\mathfrak{P}(\rho)$ im ganzen Convergenzgebiet nicht grösser als $\log(16)$ sein kann; und der reelle Theil von $\mathfrak{P}(\rho)$, den wir mit X bezeichnen, muss zwischen diesem positiven und dem entgegengesetzten negativen Werthe liegen. Da nun

$$\pi \eta_0 = \log(16\varkappa) - X$$

ist, so liegt $\pi\eta_0$ zwischen $\log(\varkappa)$ und $\log(32\varkappa)$.

Dies gilt, wenn τ_0 derjenige Quotient primitiver Perioden ist, dessen zweite Coordinate η_0 den größten Werth hat. Wählte man τ_0 anders, so wäre a fortiori η_0 kleiner oder gleich $\log(32\varkappa)$.

Unter τ_1 ist ein Werth von $\psi(\varepsilon)$ zu verstehen, dessen zweite Coordinate η_1 größer oder gleich η' ist. Er ist jedenfalls ein Quotient zweier primitiven Perioden des Integrals

$$\int \frac{dx}{\sqrt{(x-a)(x-b)(x-c)(x-e)}};$$

folglich ist $\log(32\varkappa')$ größer oder gleich $\pi\eta_1$. Da andererseits

$$\eta_1 \geq \frac{\eta_0}{\chi(\varepsilon)}, \qquad \pi\eta_0 \geq \log(\varkappa)$$

ist, so ergiebt sich:

$$\log(\varkappa) \leq \chi(\varepsilon)\log(32\varkappa').$$

Nun kann man aber die beiden Punkte x_0, x_1 vertauschen. Daher ist:

$$\varkappa' \leq (32\varkappa)^{\chi(\varepsilon)}.$$

Hiermit ist das Resultat gefunden:

Alle Doppelverhältnisse (a, b, c, e) sind absolut genommen kleiner oder gleich dem Werthe des Ausdrucks

$$M = (32\varkappa)^{\chi(\varepsilon)} \qquad \left(\chi(\varepsilon) = \frac{1+\varepsilon}{1-\varepsilon}\right),$$

der nur abhängt von den Werthen a, b, c, d (denn $\varkappa$ ist der größte unter den absoluten Beträgen der Doppelverhältnisse (a, b, c, d)) und der Lage der Punkte x_0, x_1 im Gebiete G.

Nehmen wir folgenden besonderen Fall: a, b, c seien die Ecken eines gleichseitigen Dreiecks mit der Seitenlänge 1, d der Mittelpunkt. Dann sind offenbar die Größen $|(a, b, c, d)|$ sämmtlich gleich 1, also auch $\varkappa$ gleich 1; wir erhalten:

$$\left|\frac{e-b}{e-a}\right| \leq 2^\mu \qquad \left(\mu = 5\frac{1+\varepsilon}{1-\varepsilon}\right).$$

Hieraus folgt:

$$\left|\frac{a-b}{e-a}\right| \leq 2^\mu + 1,$$

und da $|a-b| = 1$ ist:

$$|e-a| \geq \delta, \quad \frac{1}{\delta} = 2^\mu + 1.$$

Es sind damit drei Kreise mit den Mittelpunkten a, b, c gegeben, in denen e nicht liegen darf. Ihr Radius δ ist allerdings sehr klein. Man kann aber nicht sagen, dass er unter allen Umständen unmessbar klein ist, namentlich dann nicht, wenn die Punkte x_0, x_1 einander nahe liegen, so dass ε sich nur wenig von 0, μ nur wenig von 5 unterscheidet.

§ 3.

Es sei t eine der sechs Hülfsfunctionen (z, a, b, c), t_0 ihr Werth im Punkte x_0. Es ist dann $\dfrac{t}{t_0}$ eine Function, die im Gebiete G nicht verschwindet und die im Punkte x_0 gleich 1 wird. Setzen wir $m = 32\varkappa$. Wie wir bewiesen haben, ist im Punkte x_1: $|t| \leq m^{\chi(\varepsilon)}$. Da außerdem $\left|\dfrac{1}{t_0}\right| \leq \varkappa$ und somit sicher kleiner als m ist, so ist im Punkte x_1:

$$\left|\frac{t}{t_0}\right| < m^{\chi(\varepsilon)+1}.$$

Dieser Werth ist abhängig von der Lage des Punktes x_1. Nehmen wir aber irgend einen echten Bruch α an und beschränken x_1 auf das Theilgebiet von G, in dem $|E(x, x_0)| \leq \alpha$ ist, so ist $\varepsilon \leq \alpha$, $\chi(\varepsilon) \leq \chi(\alpha)$. In diesem ganzen Theilgebiete ist demnach der Betrag von $\dfrac{t}{t_0}$ kleiner als $m^{\chi(\alpha)+1}$.

Nun ist aber $\dfrac{1}{\alpha} E(x, x_0)$ die Abbildungsfunction des Theilgebiets, deren Betrag an der Grenze desselben den Werth 1 hat; mithin ist

$\frac{t}{a}$ die Excentricität der Punkte x_0, x_1 in Bezug auf das Theilgebiet. Es ist somit im Punkte x_1:

$$\left|\log\left(\frac{t}{t_0}\right)\right| < \left(\chi\left(\tfrac{t}{\alpha}\right) - 1\right) \log\left(m^{\chi(\alpha)+1}\right),$$

d. h. kleiner als

$$\left(\chi\left(\tfrac{t}{\alpha}\right) - 1\right)\left(\chi(\alpha) + 1\right) \log(32\varkappa).$$

Unter α können wir irgend einen Werth verstehen, der zwischen 1 und ε liegt. Setzen wir $\alpha = \dfrac{1+\varepsilon}{2}$, so ist der vorstehende Ausdruck identisch mit folgendem

$$4\left((\chi(\varepsilon))^2 - 1\right)\log(32\varkappa)^1.$$

Es ist daher der absolute Betrag von $\log\left(\dfrac{t}{t_0}\right)$ im Punkte x_1 — oder was dasselbe ist, der Betrag der stetigen Änderung, die $\log(z, a, b, c)$ auf dem Wege x_0, x_1 erfährt — kleiner als

$$4(\chi(\varepsilon))^2 \log(32\varkappa)$$

und um so mehr kleiner als

$$\frac{2^9 \varkappa}{(1-\varepsilon)^2}.$$

Denn $\chi(\varepsilon)$ ist kleiner als $\dfrac{2}{1-\varepsilon}$, $\log(32\varkappa)$ kleiner als $32\varkappa$.

Nun lässt sich der Picard'sche Satz beweisen. Es sei z eine eindeutige und reguläre Function in dem Gebiete, das durch die Bedingungen: $0 < |x| < R$ bestimmt wird, also im Innern eines Kreises, mit Ausnahme des Mittelpunkts. Wir bezeichnen diese Fläche, die eigentlich zweifach begrenzt ist, durch die Peripherie und den Mittelpunkt, mit K. Wenn man weiss, dass der Betrag von z in K einen bestimmten endlichen Werth nicht übersteigt, so ist auch der Punkt $x = 0$ für die Function z kein singulärer. Diesen älteren Satz, der in etwas anderer Form schon in Riemann's Dissertation auftritt[2], setzen wir voraus.

---

[1] Denn es ist

$$\chi\left(\tfrac{\varepsilon}{\alpha}\right) - 1 = \frac{4\varepsilon}{1-\varepsilon}, \qquad \chi(\alpha) + 1 = \frac{4}{1-\varepsilon}, \qquad (\chi(\varepsilon))^2 - 1 = \frac{4\varepsilon}{(1-\varepsilon)^2}.$$

[2] Riemann beweist, dass die Function z im Punkte $x = 0$ regulär ist, falls sie sich bei der Annäherung von x an den Nullpunkt stetig dem Werthe 0 nähert. Betrachtet man xz an Stelle von z, so sieht man, dass der oben ausgesprochene Satz nichts Wesentliches anderes ist als der Riemann'sche.

Wir geben jetzt die Bedingung auf, dass der absolute Betrag von z innerhalb K eine bestimmte Grenze nicht überschreiten soll, und nehmen statt dessen an: z soll innerhalb des Gebietes K die drei Werthe a, b, c nicht annehmen. Der PICARD'sche Satz ist bewiesen, wenn gezeigt wird: Auch unter diesen Umständen muss sich z im Punkte $x = o$ regulär verhalten.

Wir setzen $R = 2r$ und bezeichnen mit K' die Fläche des Kreises, der mit dem Radius r um den Nullpunkt beschrieben ist, aber wiederum mit Ausschluss des Mittelpunkts. Wir betrachten die Doppelverhältnisse (z, a, b, c) und bezeichnen mit λ den grössten Werth, den ihre Beträge auf dem Rande von K' annehmen. Eine der sechs Functionen sei t. Es sei ferner x_1 ein beliebiger Punkt im Innern von K', x_0 der nächste des Randes. Dann folgt aus der Formel, die wir aufgestellt haben: Der Betrag der Änderung, die $\log(t)$ erfährt bei directem Übergange von x_1 zu x_0, ist kleiner als

$$2^9 \lambda \left| \frac{r}{x_1} \right|^2.$$

Denn bezeichnen wir mit G die Fläche des Kreises, der mit dem Radius r um x_0 beschrieben ist, so ist im Innern von G die Function z regulär und von a, b, c verschieden. Im Punkte x_0 sind die absoluten Beträge der Grössen (z, a, b, c) kleiner oder gleich λ. x_1 liegt gleichfalls im Innern von G, und die Excentricität ε der Punkte x_0, x_1 in Bezug auf G ist gleich $\left| \frac{x_1 - x_0}{r} \right|$. Da x_1 in der Verbindungslinie von x_0 und o liegt, so ist $1 - \varepsilon = \left| \frac{x_1}{r} \right|$.

$\log(t)$ ist innerhalb K nicht nothwendig eindeutig, sondern kann sich um eine Grösse $2n\pi i$ ändern, wenn x im positiven Sinne den Nullpunkt umkreist. Wir denken uns deshalb eine zweite Function y gebildet, genau von denselben Eigenschaften wie z; wir bezeichnen das Maximum der Werthe $|(y, a, b, c)|$ auf dem Rande von K' mit μ und eine der sechs Functionen mit s. Dann ist die Änderung, die $\log(s)$ erfährt auf der geraden Linie $x_1 x_0$, absolut genommen kleiner als $2^9 \mu \left| \frac{r}{x_1} \right|^2$.

Wir wählen aber y und s in der Weise, dass sich $\log(s)$ bei der Umkreisung des Nullpunkts um dieselbe Grösse $2n\pi i$ ändert wie $\log(t)$. Dann ist die Differenz $\log(t) - \log(s) = f(x)$ eine in K eindeutige Function. Der grösste Werth, den der absolute Betrag von $f(x)$ auf der Randlinie von K' annimmt, nennen wir A, und setzen ausserdem $2^9 (\lambda + \mu) = B$. Dann ist offenbar:

$$|f(x_1) - f(x_0)| < B \left|\frac{r}{x_1}\right|^2, \quad |f(x_0)| \leq A.$$

Daraus folgt:
$$|x_1^2 f(x_1)| < (A + B) r^2.$$

Da x_1 ein beliebiger Punkt von K' ist, der Ausdruck rechts aber von der Lage des Punktes x_1 nicht abhängt, so ist nach dem RIEMANN'schen Satze $x^2 f(x)$ und somit $f(x)$ selbst eine im Nullpunkt reguläre Function.

y und s können wir folgendermaassen wählen:
$$\frac{y-a}{y-b} \cdot \frac{c-b}{c-a} = s, \quad s = \left(\frac{x}{R}\right)^n.$$

Es ist klar, dass alsdann innerhalb K die Function s weder 0 noch 1 noch ∞, y weder a noch b noch c wird.

Hieraus ergiebt sich, dass $\log(t) - n \log(x)$ eine im Punkte $x = 0$ reguläre Function ist. Von der Ableitung $\dfrac{d \log(t)}{dx}$ gilt dasselbe. Es sind also die drei Ausdrücke

$$\frac{1}{(z-a)(z-b)} \frac{dz}{dx} \quad \text{u. s. w.}$$

und ihre Quotienten Functionen, die sich im Nullpunkt regulär verhalten. Folglich ist auch z eine an der Stelle $x = 0$ reguläre Function.

§ 4.

Dem hier durchgeführten Beweise steht der elementare gegenüber, den ich in der früheren Arbeit über den PICARD'schen Satz gegeben hatte. Auch dieser lässt sich vereinfachen, wenn man sich auf den letzten Satz des § 1 stützt. Ich glaube nicht, dass dadurch der elementare Charakter verloren geht; denn es hindert nichts, unter G einen Kreis oder eine Halbebene zu verstehen, und dann ist $E(x, x_0)$ eine einfache lineare Function von x.

Wir nehmen jetzt an, dass z nicht nur im Innern, sondern auch auf der Grenze von G regulär ist und die Werthe a, b, c nicht annimmt. Statt z selbst aber betrachten wir eine der Hülfsgrössen (z, a, b, c), die wir mit t bezeichnen. Wir setzen ausserdem $s = 1 - t$ und führen noch eine dritte Function u von x ein, die der Gleichung $e^u = t$ genügt. Um sie vollständig zu bestimmen, setzen wir fest, dass der Werth von u im Punkte x_1 mit dem Hauptwerth von $\log(t)$ übereinstimmt. Wir haben demnach drei Functionen s, t, u, die durch die Gleichungen

$$s + t = 1, \quad t = e^u$$

84*

verbunden sind; alle drei sind im Innern und auf der Grenze von G regulär und werden weder o noch unendlich. Ihre Werthe in den Punkten x_0, x_1 seien: s_0, t_0, u_0; s_1, t_1, u_1.

Mit $\varkappa$ bezeichnen wir das Verhältniss des grössten der drei Werthe $1, |s_0|, |t_0|$ zum kleinsten. Dann ist $|u_0|$, und auch $\left|\dfrac{u_0}{s_0}\right|$, grösser als $\dfrac{1}{\varkappa}$ [1].

Betrachten wir zuerst die Function u. Es ist $|u| \leq |u_0| + |u - u_0|$, und, da $\left|\dfrac{1}{u_0}\right| < \varkappa$ ist:

$$|u| < |u_0|\{1 + \varkappa|u - u_0|\}.$$

Die im Punkte x_0 verschwindende Function $u - u_0$, deren Definition von der Lage des Punktes x_1 ganz unabhängig ist, bezeichnen wir mit $\log\left(\dfrac{t}{t_0}\right)$ und stellen den Ausdruck auf

$$T = \varkappa\left(2 + \left|\log\left(\dfrac{t}{t_0}\right)\right|\right).$$

In jedem Punkte des Gebiets ist dann $|u|$ kleiner als $|u_0|T$; ausserdem ist T stets grösser oder gleich $2\varkappa$. Wählen wir demnach eine Zahl ω, die grösser ist als alle Werthe, die der Ausdruck T in der Fläche G einnimmt, so ist $\dfrac{u}{u_0}$ eine Function, die in x_0 den Werth 1 hat, im ganzen Gebiet absolut genommen kleiner als ω bleibt und nirgends verschwindet. Wenden wir auf sie den Satz des § 1 an, so erhalten wir:

$$\left|\dfrac{u_0}{u_1}\right| \leq \omega^{\chi(t)-1}.$$

Nun ist u_1 der Hauptwerth von $\log(1 - s_1)$ und demnach, wenn $|s_1| < 1$ ist, durch die Reihe gegeben: $-s_1 - \frac{1}{2}s_1^2 -$ u. s. w. Ist $|s_1| \leq \frac{1}{2}$, so ist der absolute Werth dieser Summe offenbar kleiner als $2|s_1|$. Wir haben demnach:

---

[1] Denn denken wir uns unter u_0 eine beliebige von o verschiedene Grösse $\xi + i\eta$ und setzen $\xi = \log(r)$. Ist ξ negativ, also r kleiner als 1, so ist $-\xi > 1 - r$, und $|\eta| \geq 2\left|\sin\left(\dfrac{\eta}{2}\right)\right|$, also $\xi^2 > (1-r)^2$, $\eta^2 > 2r(1 - \cos\eta)$. Hieraus folgt:
$$|u_0| > |1 - re^{i\eta}|, \quad \text{also } |u_0| > |1 - e^{u_0}|.$$
Ist ξ positiv, so ist $|u_0| > |1 - e^{-u_0}|$; ist $\xi = 0$, so gelten beide Formeln. Es ist daher:
$$|u_0| > |s_0| \text{ oder} > \left|\dfrac{s_0}{t_0}\right|, \quad \left|\dfrac{u_0}{s_0}\right| > 1 \text{ oder} > \left|\dfrac{1}{t_0}\right|.$$
Aber alle Ausdrücke, die hier auf der rechten Seite stehen, sind grösser oder gleich $\dfrac{1}{\varkappa}$.

$$2|s_1| > |u_1| > \frac{u_0}{\omega^{\chi(\varepsilon)-1}}$$

und, da $\left|\dfrac{u_0}{s_0}\right| > \dfrac{1}{\varkappa}$, $2\varkappa$ aber kleiner als ω ist:

$$\left|\frac{s_1}{s_0}\right| > \frac{1}{\omega^{\chi(\varepsilon)}}.$$

Es ist also im Punkte x_1:

$$\left|\frac{s_0}{s}\right| < \omega^{\chi(\varepsilon)}.$$

Bewiesen ist dies unter der Annahme, dass der Betrag von s im Punkte x_1 kleiner oder gleich $\frac{1}{2}$ ist. Ist aber dort $|s| > \frac{1}{2}$, so ist der Ausdruck links kleiner als $2|s_0|$, also auch kleiner als $2\varkappa$ und kleiner als ω. Die Formel gilt also in jedem Falle.

Wir wollen zwei Theilgebiete A und B von G definiren durch die Bedingungen:

$$|E(x, x_0)| \leq \alpha; \quad |E(x, x_0)| \leq \beta;$$

und zwar möge

$$\alpha = 1 - \lambda, \quad \beta = 1 - \frac{\lambda}{2}$$

sein, wo λ irgend einen echten Bruch bedeutet. Hierbei ist das kleinere Gebiet A wiederum ein Theil von B.

Nehmen wir x_1 in B an, so ist $\varepsilon \leq \beta$, und daher $\chi(\varepsilon) \leq \chi(\beta)$. Demnach ist in dem ganzen Gebiete B:

$$\left|\frac{s_0}{s}\right| < \omega^{\chi(\beta)}.$$

Nachdem dies bewiesen, nehmen wir den Punkt x_1 in A an. Es ist dann $\varepsilon \leq \alpha$. Aber die Abbildungsfunction des Gebietes B ist nicht $E(x, x_0)$, sondern $\dfrac{1}{\beta} E(x, x_0)$; folglich ist $\dfrac{\varepsilon}{\beta}$ die Excentricität der Punkte x_0, x_1 in Bezug auf B. Da $\varepsilon \leq \alpha$ ist, so ist $\chi\left(\dfrac{\varepsilon}{\beta}\right) \leq \chi\left(\dfrac{\alpha}{\beta}\right)$.

Wir können nun den Satz des § 1 auf die Function $\dfrac{s_0}{s}$ anwenden, die in x_0 gleich 1, im ganzen Gebiete B absolut genommen kleiner als $\omega^{\chi(\beta)}$ ist, und die nirgends verschwindet. Dann ergiebt sich: Im Punkte x_1 ist:

$$\left|\log\left(\frac{s}{s_0}\right)\right| < \left(\chi\left(\frac{\alpha}{\beta}\right) - 1\right) \chi(\beta) \log(\omega).$$

Dies gilt aber für jeden Punkt von A, also für das ganze Gebiet A.

Es ist, da $\beta = \dfrac{1+\alpha}{2}$ ist:

$$\left(\chi\left(\dfrac{\alpha}{\beta}\right) - 1\right)(\chi(\beta)+1) = 4\left((\chi(\alpha))^2 - 1\right),$$

und $4\log\omega$ grösser als $4\log(2\varkappa)$, also grösser als 2. Demnach erhalten wir für das Gebiet A:

$$2 + \left|\log\left(\dfrac{s}{s_0}\right)\right| < 4(\chi(\alpha))^2 \log\omega.$$

Wir kommen dadurch zu dem Resultat: Wenn die Grösse T in dem ganzen Gebiete G kleiner als ω bleibt, so bleibt die analog gebildete

$$S = \varkappa\left(2 + \left|\log\left(\dfrac{s}{s_0}\right)\right|\right)$$

in dem Theilgebiete A, das durch die Bedingung $|\mathrm{E}(x,x_0)| \leq \alpha$ definirt ist, kleiner als

$$4\varkappa(\chi(\alpha))^2 \log(\omega).$$

Fassen wir statt G und A die beiden Gebiete B und A ins Auge, so haben wir die Abbildungsfunction $\overline{\mathrm{E}}(x,x_0) = \dfrac{1}{\beta}\mathrm{E}(x,x_0)$ zu bilden, deren Betrag an der Grenze von B den constanten Werth 1 hat. Das Theilgebiet A ist alsdann durch die Bedingung: $|\overline{\mathrm{E}}(x,x_0)| \leq \dfrac{\alpha}{\beta}$ definirt. Wir haben demnach in der vorigen Formel α durch den Quotienten $\dfrac{\alpha}{\beta}$ zu ersetzen. Nun ist

$$\chi\left(\dfrac{\alpha}{\beta}\right) = \dfrac{\beta+\alpha}{\beta-\alpha} = \dfrac{4}{\lambda} - 3,$$

mithin kleiner als $\dfrac{4}{\lambda}$. Wir setzen:

$$\dfrac{2^6 \varkappa}{\lambda^2}\log(\omega) = \omega'.$$

Bemerken wir ausserdem, dass wir die Functionen s und t vertauschen können, so folgt jetzt:

Wenn S und T im Gebiete B beide kleiner als ω bleiben, so bleiben beide Grössen im Gebiete A kleiner als die definirte Constante ω'.

Es möge nun $\omega(\rho)$ eine Function der positiven Veränderlichen ρ sein, die stetig, beständig grösser als $2\varkappa$ ist und die der Bedingung

$$\omega(\rho) > \dfrac{2^6 \varkappa}{\rho^2}\log\left(\omega\left(\dfrac{\rho}{2}\right)\right)$$

genügt. Dann ist, wenn $\omega = \omega\left(\frac{\lambda}{2}\right)$ gesetzt wird, ω' entschieden kleiner als $\omega(\lambda)$. Wir können demnach den bewiesenen Satz auch so fassen:

S und T bleiben in dem Gebiete, das durch die Bedingung $|E(x, x_0)| \leq 1 - \lambda$ definirt ist, kleiner als $\omega(\lambda)$, falls sie in demjenigen Gebiete, das durch die Bedingung $|E(x, x_0)| \leq 1 - \frac{\lambda}{2}$ definirt ist, kleiner als $\omega\left(\frac{\lambda}{2}\right)$ bleiben.

Dieser Schluss lässt sich fortsetzen. Es sei n irgend eine Potenz von 2. Wenn für irgend ein Theilgebiet $|E(x, x_0)| \leq 1 - \frac{\lambda}{n}$ feststeht, dass in ihm die Werthe von S und T kleiner als $\omega\left(\frac{\lambda}{n}\right)$ bleiben, so muss dasselbe gelten für alle vorangehenden Gebiete, also auch für das Gebiet A. Nun folgt aber aus den vorausgesetzten Eigenschaften, dass $\omega(\rho)$ unendlich gross wird, wenn ρ sich der Null nähert, während S und T in dem ganzen Gebiete G unterhalb endlicher Grenzen bleiben. Demnach fällt die einschränkende Bedingung einfach fort: Im Innern und auf der Grenze von A sind S und T kleiner als $\omega(\lambda)$. Dasselbe gilt a fortiori von

$$\varkappa\left|\log\left(\frac{s}{s_0}\right)\right|, \quad \varkappa\left|\log\left(\frac{t}{t_0}\right)\right|.$$

Geben wir jetzt die Voraussetzung auf, dass z auch an der Grenze von G regulär sowie von a, b, c verschieden ist, so bleibt das Resultat bestehen. Denn wenn wir eine Zahl γ wählen, die zwischen 1 und α liegt, so können wir den Satz ohne weiteres anwenden auf das Gebiet, das durch die Bedingung $|E(x, x_0)| \leq \gamma$ definirt wird. An die Stelle von α tritt $\frac{\alpha}{\gamma}$; es ist demnach im Gebiete A

$$T < \omega(\lambda') \left(\lambda' = 1 - \frac{\alpha}{\gamma}\right).$$

Da man aber γ beliebig nahe an 1 annehmen kann, so muss $T \leq \omega(\lambda)$ sein.

Es bleibt noch übrig, eine Function $\omega(\rho)$ zu bestimmen, die den gegebenen Bedingungen genügt. Wir setzen:

$$\omega(\rho) = \left(\frac{M}{\rho}\right)^3,$$

wo M einen von ρ unabhängigen Factor bedeuten soll. Dann ist:

$$\log\left(\omega\left(\frac{\rho}{2}\right)\right) = 3\log\left(\frac{2M}{\rho}\right) < \frac{6M}{\rho}.$$

Die Bedingung ist demnach erfüllt, wenn

$$2^6 \varkappa \cdot 6M < M^3$$

ist. Dies findet z. B. statt, wenn $M^3 = 2^{13} \varkappa^2$ ist.

Es ist daher im Gebiete Λ:

$$\left|\log\left(\frac{t}{t_0}\right)\right| < \frac{2^{13}\varkappa}{(1-\alpha)^3}$$

und im Punkte x_i — da wir diesen auf der Grenze von A annehmen können, so dass ε mit α zusammenfällt:

$$\left|\log\left(\frac{t}{t_0}\right)\right| < \frac{2^{13}\varkappa}{(1-\varepsilon)^3}.$$

Die Beschränkung ist schwächer als die frühere, die wir in § 3 erhalten hatten, aber sie führt genau ebenso zum Beweise des Picard'schen Satzes.

Der zweite Beweis ist demnach ganz mit elementaren Mitteln geführt — abgesehen davon, dass der Riemann'sche Satz benutzt wird; er könnte in den Anfangsgründen der Functionentheorie eine Stelle finden. Allerdings möchte ich nicht behaupten, dass es ein Vorzug ist, wenn die enge Verbindung verschwiegen wird, die zwischen dem Picard'schen Satz und dem transcendenten Gebilde (z, τ) besteht. Letzteres kann definirt werden, als eine Beziehung zwischen der Halbebene und der ganzen Ebene, von der drei Punkte ausgenommen sind, eine Beziehung von der Art, dass jede der beiden Variabeln innerhalb des Gebietes der andern eine reguläre Function der andern Veränderlichen ist. Dass hierdurch allein das Gebilde (z, τ) bestimmt ist, bis auf eine lineare Transformation, die mit τ vorgenommen werden kann, lässt sich sofort einsehen. Denn es sei (z, τ') eine zweite Beziehung, die denselben Bedingungen genügt wie (z, τ). Geht man von drei zusammengehörigen Werthen z_0, τ_0, τ_0' aus, so entspricht jedem in τ_0 anfangenden Wege der Variabeln τ in der Halbebene ein ebensolcher, in τ_0' anfangender, der Variabeln τ', und umgekehrt. Es ist demnach τ' eine in der Halbebene reguläre Function von τ, die nur Werthe desselben Gebietes annimmt, und τ eine ebensolche Function von τ'. Folglich ist τ' eine lineare Function von τ.

Ergebnisse der petrographisch-geologischen Untersuchungen des Neuroder Gabbrozuges in der Grafschaft Glatz.

Von Dr. F. TANNHÄUSER
in Berlin.

(Vorgelegt von Hrn. BRANCA am 7. November 1907 [s. oben S. 803].)

Im Anschluß an meine »Vorstudien zu einer petrographisch-geologischen Untersuchung des Neuroder Gabbrozuges in der Grafschaft Glatz«[1] gebe ich in nachstehendem die wesentlichsten Ergebnisse meiner mehrjährigen Untersuchungen des Neuroder Gabbrozuges wieder, die ich zum größten Teil mit Unterstützung der Kgl. Preußischen Akademie der Wissenschaften zu Berlin ausgeführt habe. Alle Einzelheiten müssen einer bereits abgeschlossenen und demnächst erscheinenden ausführlichen Arbeit vorbehalten bleiben.

In der Hauptsache sind an der Zusammensetzung des Neuroder Gabbrozuges folgende Gesteinstypen beteiligt: »Gabbro«, »Olivingabbro«, »Forellenstein«, »Serpentin« und »Diabas«, die zum Teil durch die mannigfachsten Übergänge miteinander verbunden sind. Dazu kommen als extremste Ausbildungen des »Gabbro« einerseits reine, mittelkörnige Plagioklasgesteine: »Anorthosite«, andererseits reine, mehr grobkörnige Diallaggesteine: »Pyroxenite«.

Der von E. DATHE[2] beschriebene und im Kartenblatt Neurode eingetragene »Anorthitgabbro« hat keine Berechtigung. Das gleiche gilt von dem »Strahlsteingabbro« P. HEIMANNS[3], wie auch von dem »Anorthitgestein« G. ROSES[4].

---

[1] F. TANNHÄUSER, Vorstudien zu einer petrographisch-geologischen Untersuchung des Neuroder Gabbrozuges in der Grafschaft Glatz. Sitzungsber. d. Berl. Akad. d. Wiss. 1906, L, S. 1—5 (848—852).

[2] E. DATHE, Erläuterungen zur geologischen Karte von Preußen und den benachbarten Bundesstaaten. Lieferung 115. Blatt Neurode S. 118, Berlin 1904.

[3] P. HEIMANN, Beiträge zur Kenntnis des Gabbrozuges bei Neurode usw. S. 26, Halle 1897.

[4] G. ROSE, Über die Gabbro-Formation von Neurode in Schlesien. Zeitschr. d. D. Geol. Ges. Bd. XIX, S. 275, Berlin 1867.

Was die gegenseitigen Beziehungen dieser einzelnen Gabbrogesteine zueinander anbelangt, so muß das Magma des »Gabbro« und des »Diabas« — beide sind olivinfrei — als das Stammmagma aufgefaßt werden, während die übrigen Varietäten Differentiationsprodukte darstellen.

In der Gefolgschaft der Gabbrogesteine treten dann noch Gesteine gangförmig auf, die zwar räumlich eine nur untergeordnete Rolle spielen, dafür aber zum größten Teil von besonderem petrographischen Interesse sind: »Gabbropegmatite«, aplitische Ganggesteine = »Gabbroaplite«, lamprophyrische Ganggesteine = »Spessartite« und »Diabasgänge«. Dieselben sind teils Spaltungsprodukte des Hauptmagmas, teils relativ jüngere Nachschübe desselben.

Bisher noch nicht bekannt aus dem Neuroder Gabbrogebiet sind von den genannten Gesteinen die »Anorthosite«, »Pyroxenite«, »Gabbroaplite« und »Spessartite«. Auch die »Gabbropegmatite« sind als solche bisher noch nicht charakterisiert worden, wenn auch dieselben bereits von anderen Autoren bemerkt und erwähnt wurden[1].

Die petrographischen Untersuchungen ergaben in aller Kürze folgendes Bild von den verschiedenen Gesteinsarten.

Der »Gabbro« setzt sich zusammen aus einem Gemenge von bläulichweißem, zuweilen auch milchigweißem oder schmutziggrauem Labrador und Diallag, dessen Farbe von hellem Graugrün bis zu einem Dunkelgrün mit Stich ins Braune wechselt. Die Korngröße der Gesteine ist raschem Wechsel unterworfen und schwankt zwischen wenigen Millimetern bis zu fünf Zentimetern und vereinzelt auch darüber (bis 10 cm). Dabei sind nur die Diallage in der Regel idiomorph begrenzt, die Feldspate seltener; dieselben füllen meist in regellosen Partien den Zwischenraum aus. Hier und da ist eine Flaserstruktur oder auch eine ausgesprochene Porphyrstruktur zu erkennen.

Der in der Literatur gerade beim olivinfreien Neuroder Gabbro angegebene Hyperstheugehalt ist gegenüber dem im »Olivin-Gabbro« direkt verschwindend.

Von akzessorischen Mineralien sind titanhaltiges Magneteisen, Titaneisen, Eisenkies, Apatit und Zirkon zu nennen.

Typisch für den Gabbro sind weitgehende Umwandlungsphänomene des Labrador und des Diallag, die auf dynamische Vorgänge zurückzuführen sind. Während die Feldspatkristalle für gewöhnlich nur zerbrochen und später wieder verkittet wurden, geht aus den

---

[1] E. Dathe, Die Lagerungsverhältnisse des Oberdevon und Culm am Kalkberge bei Ebersdorf in Schlesien. S. 222. Berlin 1901. — G. Gürich, Über Gabbro im Liegenden des oberdevonischen Kalkes von Ebersdorf bei Neurode in der Grafschaft Glatz. Zeitschr. d. D. Geol. Ges. LII, S. 161, Berlin 1900.

Diallagen eine blaßgrüne, strahlsteinartige Hornblende hervor, die vielfach durch ihre Biegungen ausgezeichnet die Druckwirkungen erkennen läßt.

Die »Anorthosite« bestehen fast nur aus einem hellgrauen Plagioklas, der im Durchschnitt zum Andesin-Oligoklas gehört, die »Pyroxenite« aus einem dunkelgrünen bis braungrünen Diallag.

Der Gabbro bildet den Hauptbestandteil im Osten der nördlichen Hälfte des Gabbrozuges; er zieht vom Kohlendorfer Tal im Norden durch Nieder-Volpersdorf über die Schlumpskoppe, Kolonie Neu-Ebersdorf und den Bauerberg bis zum Hutberg im Süden. Im Norden und Osten wird er von Rotliegendem überlagert, im Westen begleitet ihn der »Olivin-Gabbro«, in den er allmählich übergeht.

Eine von Hrn. Dr. A. Lindner (Breslau) ausgeführte Analyse einer mittelkörnigen Varietät des Gabbro hatte folgendes Resultat.

	Molekularprozente
$SiO_2 = 51.88$	$SiO_2 = 57.19$
$TiO_2 = 1.09$	$TiO_2 = 0.90$
$Al_2O_3 = 20.40$	$Al_2O_3 = 13.23$
$Fe_2O_3 = 0.79$	$FeO = 4.34$
$FeO = 4.04$	$MnO = 0.09$
$MnO = 0.09$	$MgO = 5.66$
$MgO = 3.42$	$CaO = 14.44$
$CaO = 12.23$	$K_2O = 0.22$
$K_2O = 0.31$	$Na_2O = 3.90$
$Na_2O = 3.65$	$P_2O = 0.03$
$P_2O_5 = 0.06$	100.00
$H_2O = 1.66$	
99.62	

Spez. Gew. = 2.763.

Formel:
s	A	C	F	a	c	f	n	k
58.09	4.12	9.11	15.42	2.9	6.3	10.8	9.4	0.99

Die wesentlichen Komponenten des »Olivin-Gabbro« sind: Labrador-Bytownit, Diallag und Olivin. Wenn auch feinkörnigere Gesteine mit grobkörnigeren abwechseln, so ist dennoch der Kornunterschied lange nicht mehr so bedeutend wie beim »Gabbro«. Ferner fehlen auch vollständig die dynametamorphen Umänderungen des Feldspat und des Pyroxen. Beim Diallag macht sich häufig eine Umwachsung mit rehbrauner Hornblende bemerkbar, während andererseits auch eine randliche, lamellare Durchdringung von deutlich pleochroitischem Hypersthen, der auch sonst weit verbreitet ist, auffällt. Schon Websky[1] machte darauf aufmerksam, daß da, wo scheinbare Übergänge von Diallag und Hypersthen vorhanden sind, dennoch bei ge-

---

[1] M. Websky, Über Diallag, Hypersthen und Anorthit im Gabbro von Neurode in Schlesien. Zeitschr. d. D. Geol. Ges. XVI, S. 531. Berlin 1864.

kreuzten Nikols die Grenze gut zu unterscheiden ist. Auch die rundlichen Olivinkörner sind hin und wieder von Hornblende und Hypersthen eingefaßt.

Von den akzessorischen Bestandteilen des »Gabbro« tritt Eisenkies sichtlich zurück, während Titaneisen an Bedeutung zu gewinnen scheint. Neu hinzu kommt Chromit und Pikotit.

Aus Olivin-Gabbro besteht der ganze westliche Teil der nördlichen Hälfte des Hauptgabbrozuges. Ebenfalls bei Kohlendorf beginnend, dehnt er sich über den Kupferhübel, über Ober-Buchau und den Bauerberg bis zu dessen Südfuß aus.

Eine feinkörnige Varietät des Olivin-Gabbro wurde bereits von G. vom Rath[1] analysiert.

Wie aus deutlichen Übergängen zu ersehen ist, geht durch Zurückweichen des Diallag unter Zunahme von Olivin aus dem Olivin-Gabbro der »Forellenstein« hervor, der vornehmlich Bytownit und in Serpentin umgewandelten Olivin enthält. Ein geringer Diallaggehalt ist ebenfalls in Serpentin umgewandelt.

Die akzessorischen Bestandteile des Forellenstein sind dieselben wie im »Olivin-Gabbro«.

Das Verbreitungsgebiet des Forellenstein ist hauptsächlich auf dem West- und Südabhange der Schlumpskoppe. Er zieht sich aber hinauf bis zum Gipfel der Schlumpskoppe, wo er in den »Serpentin« übergeht.

Eine Analyse von Forellenstein gibt A. Streng[2].

Der »Serpentin« resultiert aus dem Forellenstein durch Zurücktreten des Feldspat, so daß die Hauptkomponente der Olivin bildet, der aber wie im Forellenstein gänzlich in Serpentin übergeführt ist.

Der Serpentin nimmt den Gipfel der Schlumpskoppe ein.

Von G. vom Rath[3] ist auch eine Analyse dieses Serpentin vorhanden.

In den südlichen Partien geht der »Gabbro« allmählich in den »Diabas« über[4]. Besonders schön ist dieser Übergang in einem Eisenbahndurchschnitt am Nordwestfuße des Hutbergs zu sehen.

Auch beim Diabas ist die Korngröße recht verschieden, aber einerseits doch nicht so beträchtlich wie beim »Gabbro« und auch beim »Olivin-Gabbro«, andererseits aber auch nicht so unregelmäßig

---

[1] G. vom Rath, Chemische Untersuchung einiger Grünsteine aus Schlesien. Poggendorffs Ann. Bd. XCV, S. 547.

[2] A. Streng, Bemerkungen über den Serpentinfels und den Gabbro von Neurode in Schlesien. Jahrb. f. Min. usw. 1864, S. 262.

[3] A. a. O. S. 553.

[4] Vgl. F. Tannhäuser, a. a. O. S. 3.

wie bei diesen insofern, als die grobkörnigeren Varietäten den nördlichen Hutberg bilden und dann nach Süden zu immer mehr abnehmen, um über mittelkörnige und feinkörnige Gesteine, die zum Teil auch porphyrisch entwickelt sind, beim Vorwerk Waldhof in dichte Diabase auszulaufen. Eine scharfe Trennung dieser verschiedenen Typen ist natürlich nicht möglich, wäre auch untunlich[1].

Die ursprünglichen wesentlichen Bestandteile des Diabas waren Labrador und Diallag. Der erstere ist aber in Saussurit umgewandelt, der letztere in uralitische Hornblende. Auch hier dürften diese Umwandlungen wie beim »Gabbro« auf dynametamorphen Vorgängen beruhen.

Akzessorisch sind Apatit, Eisenkies und Titaneisen.

Die ganze südliche Hälfte des Neuroder Gabbrozuges wird von Diabasgesteinen gebildet: der Hutberg und die Schlegeler Ober- und Hinterberge samt ihren südlichen Ausläufern bei Kolonie Louisenhain und beim Vorwerk Waldhof.

Hr. Dr. LINDNER analysierte einen mittelkörnigen Diabas.

	Molekularprozente
$SiO_2 = 52.38$	$SiO_2 = 56.68$
$TiO_2 = 1.70$	$TiO_2 = 1.38$
$Al_2O_3 = 16.59$	$Al_2O_3 = 10.56$
$Fe_2O_3 = 1.80$	$FeO = 5.47$
$FeO = 4.44$	$MnO = 0.03$
$MnO = 0.03$	$MgO = 7.95$
$MgO = 4.90$	$CaO = 13.93$
$CaO = 12.02$	$K_2O = 0.26$
$K_2O = 0.38$	$Na_2O = 3.69$
$Na_2O = 3.52$	$P_2O_5 = 0.05$
$P_2O_5 = 0.11$	100.00
$H_2O = 1.43$	
Feuchtigkeit $= 0.21$	
99.51	

Spez. Gew. $= 2.931$.

Formel:
s	A	C	F	a	c	f	n	k
58.06	3.95	6.61	20.77	2.5	4.2	13.3	9.3	1.01

Was die gegenseitigen Beziehungen von »Gabbro« und »Diabas« betrifft, so wurde schon vorher gesagt, daß beide das Stammmagma repräsentieren. In den »Vorstudien« hatte ich auch bereits die Vermutung ausgesprochen[2], daß es sich bei dem »Diabas« um ein intrusives Lager handle. Abgesehen von der engen und innigen Verbindung der beiden Gesteine, die dafür spricht, hat auch die mikroskopische Untersuchung mich in dieser Annahme bestärkt.

---

[1] Vgl. F. TANNHÄUSER, a. a. O. S. 2.
[2] A. a. O. S. 3.

Denn die Struktur unseres Diabas hat mit der eigentlichen Diabasstruktur fast gar nichts mehr gemein, vielmehr weist er die regellos körnige Struktur des »Gabbro« auf, so daß man ihn vielleicht am besten charakterisiert, wenn man ihn als »diabasische Randfazies des Gabbro« oder als »Gabbrodiabas« bezeichnet. Bemerkenswert ist ferner das vollständige Fehlen von wülstigen oder variolitischen Diabasausbildungen.

Erwähnt sei hier noch, daß in der Nähe der sogenannten »Pestsäule« der feinkörnige Diabas direkt schieferig ausgebildet ist und in chloritischen Grünschiefer bzw. »Diabasschiefer« übergeht.

Von den gangförmig auftretenden Gesteinen setzen die »Gabbropegmatite« in einer Stärke bis zu 30 cm an der Westwand des Ebersdorfer Kalkbruches in dem dortselbst anstehenden, aber stark verwitterten »Gabbro« auf. Die die Pegmatite zusammensetzenden Mineralien schießen von beiden Seiten der Falbänder aus nach der Gangmitte zu fingerförmig ein. Leider sind die Gabbropegmatitgänge auch selbst stark verwittert. Obgleich ich über 1 m in den Gabbro hineingegangen bin, war es mir nicht möglich, frisches Material zu erlangen.

Von den Bestandteilen konnte nur noch der Feldspat als Labrador identifiziert werden, während der Pyroxen, der sich an der Zusammensetzung beteiligt, nicht mehr mit absoluter Sicherheit zu bestimmen war. Nach dem ganzen Habitus zweifle ich aber nicht daran, daß es sich um Diallag handelt. An Menge überwiegt der Labrador den Diallag entschieden.

Die Entstehung der Gabbropegmatitgänge dürfte mit benachbarten Verwerfungen in enger Beziehung stehen; ist es doch eine bekannte Erscheinung, daß pegmatitische Bildungen gern in Verwerfungszonen auftreten.

Nicht minder interessant sind dann Ganggesteine, die bei der Kolonie Oderberg gesammelt wurden; dieselben stellen Spaltprodukte des Hauptgabbromagmas dar. Zunächst treten hier in einem grobkörnigen »Diabas« bis 10 cm breite, hellfarbige und feinkörnige Gänge auf, die nach Struktur und Mineralbestand zu den »Gabbroapliten« gehören. Dieselben Gesteine werden aber auch als schmälere, höchstens 2 cm breite Gänge in den nachher zu beschreibenden lamprophyrischen Ganggesteinen gefunden.

Makroskopisch erkennt man einen Feldspatgemengteil und ein dunkles Mineral, welches nach dem mikroskopischen Befund Hornblende ist. Auch Quarz scheint sporadisch gegenwärtig zu sein.

Mikroskopisch gibt sich eine ausgeprägte Pflastersteinstruktur zu erkennen. An dem Aufbau beteiligen sich ein bestäubter und zonar struierter Kalknatronfeldspat vom Charakter des Andesin-Labradors, Kalifeldspat — sowohl Orthoklas wie Mikroklin —, der den Andesin-

Labrador gelegentlich als ziemlich breiter Mantel umgibt, eine blaßgrüne, selten kräftiger grüne, stark pleochroitische Hornblende in regellosen Fetzen und teilweise ausgefasert, und geringere Mengen von sekundärem Epidot. Quarz wurde dagegen in den Dünnschliffen nicht gefunden.

Von akzessorischen Mineralien sind in Leukoxen umgewandeltes Titaneisen oder titanhaltiger Magnetit und Apatit als Einschluß in Feldspat zu nennen.

In demselben grobkörnigen »Diabas« setzen dann auch dunkle, dichte lamprophyrische Ganggesteine auf, die trotz ihrer schwankenden Zusammensetzung wohl am besten zu den »Spessartiten« gestellt werden. Die sich am Aufbau beteiligenden Mineralien sind: Feldspat, Hornblende, Augit, Epidot und wieder Titaneisen oder titanhaltiger Magnetit.

Der Feldspat gehört zum Teil dem Orthoklas, zum Teil einem basischen, in vorgeschrittener Weise saussuritisierten Plagioklas an. Die Ausbildung ist sowohl leistenförmig wie tafelig. Die Mengenbeteiligung der beiden Feldspate ist recht wechselnd, bald herrscht der Orthoklas, bald der Plagioklas. Der reichliche Hornblendegehalt ist von rehbrauner und auch von blaßgrüner Färbung. Der Augit ist ein fast farbloser Diopsid. Epidot ist sekundär und tritt als Zwischenklemmungsmasse auf.

Endlich durchsetzen den grobkörnigen Diabas des Hutberges zwei von SW nach NO streichende, mehrere Meter mächtige »Diabasgänge« — zum Teil feinkörnig, zum Teil dicht —, welche dieselben Bestandteile wie der »Diabas« aufweisen. Wir haben es bei ihnen mit relativ jüngeren Nachschüben des Stammmagmas zu tun.

Eines der wichtigsten Probleme, das bei der geologischen Untersuchung des Neuroder Gabbro zu lösen war, ist das Alter desselben. Schon in den »Vorstudien«[1] wurde darauf hingewiesen, daß die Frage nach dem Alter stets im Vordergrunde aller bisherigen Untersuchungen gestanden hat. Die diesbezüglichen Angaben schwanken vom Archaikum bis zum Karbon. Durch die Funde von Gabbro- und Diabasgeröllen im untern Kulm ist aber ohne weiteres ein kulmisches oder gar postkulmisches Alter ausgeschlossen. Für ein kulmisches Alter kamen dann aber trotzdem noch einzelne Gabbrovorkommen im Kulm in Frage[2]. Bei denselben handelt es sich aber nach meinen Unter-

---

[1] F. Tannhäuser, a. a. O. S. 3 u. f.
[2] A. Schütze, Geognostische Darstellung des niederschlesisch-böhmischen Steinkohlenbeckens. Abhandl. z. geol. Spezialkarte von Preußen 1882, Bd. III, Heft 4, S. 61. — E. Dathe, Die variolitführenden Kulmkonglomerate bei Hausdorf in Schlesien. Jahrb. d. Kgl. Geol. Landesanstalt usw. für 1882, S. 233.

suchungen überhaupt nicht um anstehenden Gabbro, sondern um Gerölle bzw. Konglomerate im Kulm.

Ausschlaggebend für das Alter des Neuroder Gabbrozuges ist das Vorkommen von anstehendem Gabbro im Ebersdorfer Kalkbruch, und zwar ist hier der untere oberdevonische, graue und versteinerungsarme, sog. »Hauptkalk«, zum Teil durch den Gabbro im Kontakt grobkörnig-kristallin verändert worden. Das Alter des Gabbrozuges ist also zweifellos jünger als das unterste Oberdevon und älter als Kulm. Möglicherweise kann man aber die Altersgrenze nach oben hin noch mehr einschränken, da kontaktmetamorphe Umänderungen der über dem unteren oberdevonischen »Hauptkalk« liegenden oberen oberdevonischen, rötlich-braunen und versteinerungsreichen »Clymenienkalke« nicht zu beobachten waren. Der Durchbruch des Gabbro wird wahrscheinlich zur Zeit der Bildung des unteren oberdevonischen Hauptkalkes erfolgt sein. Hierfür spricht auch der Umstand, daß in höheren Horizonten des »Hauptkalkes« bereits Gabbrogerölle auftreten[1].

Weitere Analysen zu einzelnen Gesteinsarten beizubringen behalte ich mir vor.

---

[1] Vgl. E. Dathe, a. a. O. 1901, S. 222.

Ausgegeben am 28. November.

SITZUNGSBERICHTE
DER
KÖNIGLICH PREUSSISCHEN
AKADEMIE DER WISSENSCHAFTEN.

1907.
XLVII.

21. November. Sitzung der philosophisch-historischen Classe.

Vorsitzender Secretar: Hr. VAHLEN.

1. Hr. SACHAU berichtet über einen altaramäischen Papyrus aus Elephantine.

Der Papyrus enthält eine Urkunde über ein Darlehnsgeschäft zwischen einer Dame Jahuḥan, Tochter des Meschullakh, und dem Meschullam, Sohn des Zakkūr, dem Judäer. Das Darlehen besteht aus vier Sekekel Silber, welche mit acht Challur Silber pro Monat verzinst werden. Die Urkunde ist datirt vom Jahre Neun des Königs Artaxerxes I., d. i. vom Jahre 456 v. Chr. Geb.

*2. Hr. ERMAN besprach die Untersuchungen, die Hr. Dr. GEORG MÖLLER mit Unterstützung der Akademie in den Alabasterbrüchen des alten Hat-nub in Aegypten ausgeführt hat.

Zu den bislang dorther bekannten 28 Inschriften wurden noch 43 andere gewonnen, die zumeist der Zeit zwischen dem alten und mittleren Reich angehören. Sie lehren zwei neue Könige kennen und geben uns die Reihenfolge von 12 Gaufürsten von Hermopolis, von denen mindestens 9 in der dunklen Zeit zwischen Dyn. 6 und Dyn. 12 regiert haben. Wir können dabei deutlich verfolgen, wie sie allmählich aus königlichen Beamten zu fast selbständigen Dynasten werden.

Die Inschriften rühren meist von den Untergebenen dieser Fürsten her, die mit Arbeitertrupps von 300—1600 Mann in der Wüste von Hat-nub Alabaster gebrochen haben.

Ausgegeben am 28. November.

1907.   **XLVIII. XLIX. L.**

SITZUNGSBERICHTE

DER

KÖNIGLICH PREUSSISCHEN

AKADEMIE DER WISSENSCHAFTEN.

Gesammtsitzung am 28. November. (S. 851)
K. Perels: Die Datirung des preussischen Privilegium generale de non appellando illimitatum. (S. 852)
Sitzung der philosophisch-historischen Classe am 5. December. (S. 859)
von Wilamowitz-Moellendorff: Zum Menander von Kairo. (S. 860)
Sitzung der physikalisch-mathematischen Classe am 5. December. (S. 873)
Zimmermann: Über grosse Schwingungen im widerstehenden Mittel und ihre Anwendung zur Bestimmung des Luftwiderstandes. (S. 874)

BERLIN 1907.
VERLAG DER KÖNIGLICHEN AKADEMIE DER WISSENSCHAFTEN.

IN COMMISSION BEI GEORG REIMER.

Aus dem Reglement für die Redaction der akademischen Druckschriften.

Aus § 1.

Die Akademie gibt gemäss § 41,1 der Statuten zwei fortlaufende Veröffentlichungen heraus: »Sitzungsberichte der Königlich Preussischen Akademie der Wissenschaften« und »Abhandlungen der Königlich Preussischen Akademie der Wissenschaften«.

Aus § 2.

Jede zur Aufnahme in die »Sitzungsberichte« oder die »Abhandlungen« bestimmte Mittheilung muss in einer akademischen Sitzung vorgelegt werden, wobei in der Regel das druckfertige Manuscript zugleich einzuliefern ist. Nichtmitglieder haben hiezu die Vermittelung eines ihrem Fache angehörenden ordentlichen Mitgliedes zu benutzen.

§ 3.

Der Umfang einer aufzunehmenden Mittheilung soll in der Regel in den Sitzungsberichten bei Mitgliedern 32, bei Nichtmitgliedern 16 Seiten in der gewöhnlichen Schrift der Sitzungsberichte, in den Abhandlungen 12 Druckbogen von je 8 Seiten in der gewöhnlichen Schrift der Abhandlungen nicht übesteigen.

Überschreitung dieser Grenzen ist nur mit Zustimmung der Gesammt-Akademie oder der betreffenden Classe statthaft, und ist bei Vorlage der Mittheilung ausdrücklich zu beantragen. Lässt der Umfang eines Manuscripts vermuthen, dass diese Zustimmung erforderlich sein werde, so hat das vorlegende Mitglied es vor dem Einreichen von sachkundiger Seite auf seinen muthmasslichen Umfang im Druck abschätzen zu lassen.

§ 4.

Sollen einer Mittheilung Abbildungen im Text oder auf besonderen Tafeln beigegeben werden, so sind die Vorlagen dafür (Zeichnungen, photographische Originalaufnahmen u. s. w.) gleichzeitig mit dem Manuscript, jedoch auf getrennten Blättern, einzureichen.

Die Kosten der Herstellung der Vorlagen haben in der Regel die Verfasser zu tragen. Sind diese Kosten aber auf einen erheblichen Betrag zu veranschlagen, so kann die Akademie dazu eine Bewilligung beschliessen. Ein darauf gerichteter Antrag ist vor der Herstellung der betreffenden Vorlagen mit dem schriftlichen Kostenanschlage eines Sachverständigen an den vorsitzenden Secretar zu richten, dann zunächst im Secretariat vorzuberathen und weiter in der Gesammt-Akademie zu verhandeln.

Die Kosten der Vervielfältigung übernimmt die Akademie. Über die voraussichtliche Höhe dieser Kosten ist — wenn es sich nicht um wenige einfache Textfiguren handelt — der Kostenanschlag eines Sachverständigen beizufügen. Überschreitet dieser Anschlag für die erforderliche Auflage bei den Sitzungsberichten 150 Mark, bei den Abhandlungen 300 Mark, so ist Vorberathung durch das Secretariat geboten.

Aus § 5.

Nach der Vorlegung und Einreichung des vollständigen druckfertigen Manuscripts an den zuständigen Secretar oder an den Archivar wird über Aufnahme der Mittheilung in die akademischen Schriften und zwar, wenn eines der anwesenden Mitglieder es verlangt, verdeckt abgestimmt.

Mittheilungen von Verfassern, welche nicht Mitglieder der Akademie sind, sollen der Regel nach nur in die Sitzungsberichte aufgenommen werden. Beschliesst eine Classe die Aufnahme der Mittheilung eines Nichtmitgliedes in die dazu bestimmte Abtheilung der »Abhandlungen«, so bedarf dieser Beschluss der Bestätigung durch die Gesammt-Akademie.

Aus § 6.

Die an die Druckerei abzuliefernden Manuscripte müssen, wenn es sich nicht bloss um glatten Text handelt, ausreichende Anweisungen für die Anordnung des Satzes und die Wahl der Schriften enthalten. Bei Einsendungen Fremder sind diese Anweisungen von dem vorlegenden Mitgliede vor Einreichung des Manuscripts vorzunehmen. Dasselbe hat sich zu vergewissern, dass der Verfasser seine Mittheilung als vollkommen druckreif ansieht.

Die erste Correctur ihrer Mittheilungen besorgen die Verfasser. Fremde haben diese erste Correctur an das vorlegende Mitglied einzusenden. Die Correctur soll nach Möglichkeit nicht über die Berichtigung von Druckfehlern und leichten Schreibversehen hinausgehen. Umfängliche Correcturen Fremder bedürfen der Genehmigung des redigirenden Secretars vor der Einsendung an die Druckerei, und die Verfasser sind zur Tragung der entstehenden Mehrkosten verpflichtet.

Aus § 8.

Von allen in die Sitzungsberichte oder Abhandlungen aufgenommenen wissenschaftlichen Mittheilungen, Reden, Adressen oder Berichten werden für die Verfasser, von wissenschaftlichen Mittheilungen, wenn deren Umfang im Druck 4 Seiten übesteigt, auch für den Buchhandel Sonderabdrucke hergestellt, die alsbald nach Erscheinen des betreffenden Stücks der Sitzungsberichte ausgegeben werden.

Von Gedächtnissreden werden ebenfalls Sonderabdrucke für den Buchhandel hergestellt, indess nur dann, wenn die Verfasser sich ausdrücklich damit einverstanden erklären.

§ 9.

Von den Sonderabdrucken aus den Sitzungsberichten erhält ein Verfasser, welcher Mitglied der Akademie ist, zu unentgeltlicher Vertheilung ohne weiteres 50 Freiexemplare; er ist indess berechtigt, zu gleichem Zwecke auf Kosten der Akademie weitere Exemplare bis zur Zahl von noch 100 und auf seine Kosten noch weitere bis zur Zahl von 200 (im ganzen also 350) abziehen zu lassen, sofern er diess rechtzeitig dem redigirenden Secretar angezeigt hat; wünscht er auf seine Kosten noch mehr Abdrucke zur Vertheilung zu erhalten, so bedarf es dazu der Genehmigung der Gesammt-Akademie oder der betreffenden Classe. — Nichtmitglieder erhalten 50 Freiexemplare und dürfen nach rechtzeitiger Anzeige bei dem redigirenden Secretar weitere 200 Exemplare auf ihre Kosten abziehen lassen.

Von den Sonderabdrucken aus den Abhandlungen erhält ein Verfasser, welcher Mitglied der Akademie ist, zu unentgeltlicher Vertheilung ohne weiteres 30 Freiexemplare; er ist indess berechtigt, zu gleichem Zwecke auf Kosten der Akademie weitere Exemplare bis zur Zahl von noch 100 und auf seine Kosten noch weitere bis zur Zahl von 100 (im ganzen also 230) abziehen zu lassen, sofern er diess rechtzeitig dem redigirenden Secretar angezeigt hat; wünscht er auf seine Kosten noch mehr Abdrucke zur Vertheilung zu erhalten, so bedarf es dazu der Genehmigung der Gesammt-Akademie oder der betreffenden Classe. — Nichtmitglieder erhalten 30 Freiexemplare und dürfen nach rechtzeitiger Anzeige bei dem redigirenden Secretar weitere 100 Exemplare auf ihre Kosten abziehen lassen.

§ 17.

Eine für die akademischen Schriften bestimmte wissenschaftliche Mittheilung darf in keinem Falle vor ihrer Ausgabe an jener Stelle anderweitig, sei es auch nur auszugs-

(Fortsetzung auf S. 3 des Umschlags.)

SITZUNGSBERICHTE

DER

KÖNIGLICH PREUSSISCHEN

AKADEMIE DER WISSENSCHAFTEN.

1907.

XLVIII.

---

28. November. Gesammtsitzung.

Vorsitzender Secretar: Hr. WALDEYER.

1. Hr. STRUVE las über die Resultate einer neuen Beobachtungsreihe des Saturnstrabanten Titan. (Ersch. später.)

Die früheren Untersuchungen über das Saturnsystem hatten Ungleichförmigkeiten in der Bewegung von Titan ergeben, deren Erklärung auf Schwierigkeiten gestossen war. Durch die neue Beobachtungsreihe, welche zur Entscheidung dieser Frage in den Jahren 1901—1906 in Königsberg und Berlin ausgeführt worden ist, liess sich feststellen, dass nur geringe Schwankungen in den Längen von Titan, welche wahrscheinlich von Störungen durch Hyperion herrühren, bestehen, während die früher bemerkten grösseren Abweichungen Fehlern in den Resultaten älterer Beobachtungen zuzuschreiben sind. Die aus dieser Reihe abgeleiteten Bahnelemente stützen die früheren Ergebnisse bezüglich der Bahn von Titan, bestätigen den aus den Pulkowaer Beobachtungen gefundenen Werth der Planetenmasse und gestatten eine genauere Bestimmung der mittleren Bewegung des Trabanten.

2. Hr. BRUNNER legt vor eine Untersuchung des Hrn. Dr. KURT PERELS in Kiel: **Die Datirung des preussischen privilegium generale de non appellando illimitatum.**

Der Verfasser führt den Nachweis, dass dieses Privilegium erst 1750 ertheilt, aber bei der Ertheilung auf den 31. Mai 1746 zurückdatirt worden ist.

3. Vorgelegt wurden das von der Akademie unterstützte Werk G. STEINHAUSEN, Deutsche Privatbriefe des Mittelalters. Bd. 2. Berlin 1907, von Hrn. MÖBIUS sein Werk Ästhetik der Tierwelt. Jena 1908, von Hrn. ED. MEYER Bd. 1, Hälfte 1 der 2. Aufl. seiner Geschichte des Alterums. Stuttgart und Berlin 1907 und das von dem correspondirenden Mitgliede Hrn. CHUQUET herausgegebene Journal de voyage du général Desaix. Suisse et Italie (1797). Paris 1907.

in Kiel.

(Vorgelegt von Hrn. Brunner.)

I.

Der 31. Mai 1746 gilt gemeinhin als ein Wendepunkt der preuß deutschen Verfassungsgeschichte, denn dieser Tag habe dem pr schen Gesamtstaat — das neuerworbene Ostfriesland allein a nommen — ein Privilegium de non appellando illimitatum geb und damit die völlige Befreiung von dem Rechtsmittelzug an das R an ihm sei der Grund gelegt worden, auf welchem sich die or liche Gerichtsbarkeit Brandenburg-Preußens zu einer rein natio gestalten konnte. An die Erteilung dieses Appellationsprivilegs, welches der Staat erst zum einheitlichen und selbständigen Re gebiet geworden sei, schließe sich genetisch das allgemeine V der Aktenversendung (20. Juni 1746) und die Prozeßkonstitution 31. Dezember 1746, die Einleitung der großen Justizreformation I Friedrichs, die bereits im Jahre 1750 in der Hauptsache dur führt war.

Und doch erscheint es in hohem Maße auffällig, daß in ke der in diese Reformperiode fallenden Gesetze von der stattgeh Erteilung des Privilegium de non appellando die Rede ist, u auffälliger, als der Gesetzgeber des absoluten Staates regelmäßi, Beweggründe seines Handelns im Gesetze selbst darlegt. Und Gefühl des Befremdens kann nur wachsen angesichts der Feststel daß der früheste Druck des Appellationsprivilegs in das Jahr fällt: mußte doch der Staat das größte Interesse daran haben mühevoll genug erreichte Emanzipation vom Reiche den Beh wie dem »Publikum« möglichst schnell kundwerden zu lassen.

Schon diese Tatsachen sind geeignet, Bedenken gegen die kömmliche chronologische Behandlung zu erwecken. Die Betrac einer Reihe von Einzelerscheinungen aber führt zu der völlige

der Grafschaft Tecklenburg entschieden —, dessen Introduktion 1 7 4
stattfand².

3. Unter dem 23. Februar 1747 berichtete das Clevesche Ho
gericht nach Berlin, daß bei einem Streitwert von über 2500 Gol
gulden die Appellation an die Reichsgerichte stattfinde³.

4. Der Bericht der Kabinettsminister Graf Heinrich von Podewi
und Graf von Finckenstein an den König über den erfolgten Eingar
des privilegium de non appellando datiert vom 6. Juli 1750⁴.

5. Das Ravensbergische Appellationsgericht, das seit dem zweite
Jahrzehnt des 18. Jahrhunderts ohnehin nur dem Namen nach sel
ständig neben dem Berliner Oberappellationsgericht fortbestanden hatt
blieb 1748 von der Kombination des Oberappellationsgerichts m
dem Kammergericht unberührt, trotzdem das im Jahre 1653 d
ravensbergischen Ständen — gegen den Verzicht auf die Appellatic
an die Reichsgerichte — gewährte Recht auf ein eignes Tribun
nur so lange wie dieser Verzicht selbst eine Unterlage hatte; der ve
tragsmäßige Verzicht und damit der Anspruch auf ein selbständig
Höchstgericht wurde aber bedeutungslos in dem Augenblicke,
welchem die Zuständigkeit der Reichsgerichte, als Berufungsinsta
über preußischen Gerichten zu fungieren, reichsgesetzlich beseiti
wurde. Dennoch erfolgte im März 1750 noch eine besondere A
frage Coccejis an den König, »ob nicht auf den Fall, wenn d
ravensbergischen Stände diesem Gericht renunzieren, dasselbe gleic
falls mit dem Kammergericht kombiniert werden solle«. K. SPA
NAGEL⁵ erblickt die Erklärung für diese Vorgänge darin, daß d

---

[1] Staatsarchiv Wetzlar B $\frac{263}{1641}$, Brandenburg, König von Preußen als Kurfü
zu Brandenburg, Berlin. Privilegium de non appellando illimitatum über alle Herz«
tümer und Fürstentümer, in specie Ostfriesland. Reichskammergericht. 1750. 1 vol. ca

[2] Ebenda G $\frac{750}{2546}$. — Weitere Beispiele: E $\frac{635}{1958}$; P $\frac{349}{1151}$.

[3] Geheimes Staatsarchiv Berlin, R. 9 X 1 g, Justizreform in Cleve. Vgl. A
Borussica, Behördenorganisation Bd. 7 (Berlin 1905) S. 226. (Die Druckfehler in d
dortigen Aktennachweis sind vorstehend berichtigt.)

[4] Politische Korrespondenz Friedrichs des Großen Bd. 8 (Berlin 1882) S. 5.

[5] Minden und Ravensberg unter brandenburgisch-preußischer Herrschaft v
1648 bis 1719 (Hannover und Leipzig 1894) S. 163f., woselbst auch das Material.

Staatsregierung 1748, wie auch im Frühjahr 1750, an die erfolgte
Verleihung des Privilegium de non appellando nicht gedacht habe;
erst die Mindensche Regierung habe den König im Verlaufe der Verhandlungen darauf aufmerksam gemacht, »daß der Verzicht der ravensbergischen Stände auf die Appellationen an die Reichsgerichte durch das
kürzlich[1] (1746) ausgefertigte kaiserliche Privilegium de non appellando gegenstandslos geworden sei. Man mochte in Berlin erstaunt
sein, diesen einfachen und unbestreitbaren Satz nicht selbst und
nicht schon 1748 gefunden zu haben, und beeilte sich, ihn anzuwenden. Der Etatsminister von Bismarck und der Präsident Jariges
erhielten am 10. November 1750 den Befehl, ‚da nunmehr[1] alles,
was von seiten der Stände eingewandt werden möchte, zessieret‘,
die Kombination zu vollziehen«. — Diese Erklärung erscheint unbefriedigend: mag man selbst von der persönlichen Qualifikation der
beteiligten Minister absehen — daß keinem einzigen von ihnen ein
wenige Jahre zuvor ergangenes und noch in voller Kraft stehendes
Fundamentalgesetz der preußischen Gerichtsverfassung gegenwärtig gewesen sei, ist schlechterdings unmöglich. Aber auch das (durch den
Druck hervorgehobene) »kürzlich« will so wenig wie das folgende
»nunmehr« zum Jahre 1746 stimmen.

Beide Worte legen vielmehr eine Prüfung der Frage nahe, ob
nicht der entscheidende Vorgang, die Erteilung als Privilegium de
non appellando illimitatum, in die Zeit zwischen der Anfrage Coccejis
vom März und dem Reskript vom 10. November 1750 falle.

II.

Die noch erhaltenen Akten[2] ergeben, daß Preußen das
unbeschränkte Appellationsprivileg erst im zweiten Viertel
des Jahres 1750 erhalten hat.

Die Verhandlungen, welche auf Grund der von Karl Albert, Kurfürsten von Bayern, dem nachmaligen Kaiser Karl VII., im Traktat vom
4. November 1741 Ziff. 1[3] gemachten Zusage im Jahre 1742 eröffnet,
in der Folge aber vielfach unterbrochen worden waren, sind durch
die Jahre 1746 bis 1750 hindurch fortgeführt worden. Erst im Januar
1748 ist das Privileg in Wien konzipiert und im Februar in Berlin die

---

[1] Sperrdruck des Verfassers.
[2] Die nachstehend angeführten Schriftstücke finden sich im Geheimen Staatsarchiv R. 1 Nr. 148.
[3] Gedruckt bei Joh. Chr. Frhr. v. Aretin, Beyträge zur Geschichte und Literatur Bd. 6 (München 1806) S. 68 f.

Zustimmung zu dem Entwurf erklärt worden[1]. Der Abschluß der Sache hat sich aber noch um mehr als zwei weitere Jahre verzögert, weil der König von Preußen die im Juni 1746[2] definitiv auf 20000 Rtlr. festgestellte Taxe nicht anwies[3], durch deren Erlegung die Ausfertigung des Privilegs bedingt war.

Am 21. Mai 1748 ergeht auf den dringenden Immediatbericht[4], in dem der König wiederholt[5] gebeten wird, die Taxgelder anzuweisen, der königliche Bescheid dahin: »Sie müssen Geduld haben, jetzo ist es mir nicht möglich.« Dementsprechend vertröstet das Auswärtige Departement die Gesandten in Wien[6]: »Ihr könnt selbigen [den Churmainzischen Residenten und Taxator Freiherrn von Gudenus] bey Unserm Königlichen Wort fest versichern, daß die Gelder ohnfehlbar so bald als möglich[7] übermachet werden und ihnen ein kleiner Aufschub auf keine Weise präjudizierlich werden solle.... Ihr müsset also gedachte Reichskanzley nur annoch ein wenig zur Geduld verweisen und sie bey gutem Willen auf möglichste Weise zu erhalten suchen.«

Auch das folgende Jahr steht zunächst unter dem Zeichen des Hinhaltens. Am 7. Juni 1749 haben die Wiener Gesandten berichtet: »That der Reichs-Vize-Cantzler gestern namens der Reichs-Cantzley abermal Anregung wegen der Tax pro Privilegio de non appellando illimitato.... Wir wissen, bey denen vorhin gemachten contestationen, unsers allerwenigsten Orts, den so ungewöhnlichen langen Verzug nicht mehr zu entschuldigen: und da gedachter Ministre,

---

[1] Graf Otto von Podewils, Edler von Graeve, Wien 31. Januar 1748 (Or.). — Graf Heinrich von Podewils, von Mardefeld, Graf von Bredow, Berlin, 9. Februar 1748 (Konz.).

[2] Graf O. v. Podewils, v. Graeve, Wien, 15. Juni 1746 (Or.).

[3] Die Erklärung hierfür liegt in der Geringschätzung, mit welcher der König alle die Reichsverfassung betreffenden Fragen behandelte. (Vgl. R. Koser, Brandenburg-Preußen in dem Kampfe zwischen Imperialismus und reichsständischer Libertät, Historische Zeitschrift Bd. 96. München und Berlin 1906, insbesondere S. 238 und die Nachweise in Anm. 1 daselbst.) So mochte er auch jetzt um des privilegium de non appellando willen nicht die Summe, die er alljährlich in dieser Periode dem Staatsschatz überwies, um den Taxbetrag kürzen.

[4] v. Cocceji, v. Mardefeld, Berlin, 18. Mai 1748 (Or.).

[5] Der erste dieser Immediatberichte, welche auf die schleunige Anweisung der Taxgelder abzielen, datiert vom 25. Juli 1747 (Or. gez. Graf v. Podewils, v. Mardefeld in R. 96 Nr. 75 G); in ihm erklären die Minister: »Nous croirions manquer à notre devoir et au serment qui nous oblige de veiller aux intérêts de Votre Majesté, si nous ne prenions la liberté, de Lui représenter que la chose presse et q'un plus long délai et d'autres conjonctures pourroient changer la situation favorable, où cette affaire se trouve actuellement.« Aber der König resolvierte: »Ich habe kein Geld« (Bleistiftnotiz von der Hand des Kabinettssekretärs Eichel).

[6] Konz. gez. Graf v. Podewils, Berlin, 24. August 1748.

[7] Charakteristische Korrektur von Podewils' Hand, der durch diese Worte das »baldig« des v. Vetterschen Entwurfs ersetzte.

auch ihm Untergebene, sich bisher in allem nach Möglichkeit billig
und willig bezeuget, so wäre ihnen auch jene von Rechts und obser-
vanz wegen zukommende Ergötzlichkeit, oder vielmehr pars salarii,
wohl zu gönnen.« — Sie erhalten zur Antwort[1]: »Ihr könnet auf das
zuverlässigste und bey Unserm Königlichen höchsten Worte die Versicherung erteilen, daß die verglichenen Gelder binnen dem Lauf
des gegenwärtigen Jahres ohnfehlbar erfolgen und dorten ausgezahlet
werden sollen.«

Aber erst Mitte Januar 1750 standen die Gelder zur Absendung
bereit[2]; ihre Überweisung nach Wien erfolgte am 10. März[3]; zwei
Wochen später leisteten die Wiener Gesandten Quittung über den
Empfang[4]. Die Reichstaxamtsquittung lautet:

»Pro Privilegio de non Appellando Illimitato für S.° König.
May. in Preußen als Churfürsten zu Brandenburg auf alle Dero
außer denen Chur-Landen und dem Stettinischen District besitzende Teutsche Reichs-Provinzien, mit Ausnahme der Grafschaft Ostfriesland, ist verglichener maßen und unter Approba-
tion S.° Churfürst. Gnaden zu Mayntz, als des Reichs Ertz
Cantzlern, pro Taxa et Juribus Cancellariae, cum libello capsula
et sigillatione die Summa pr. dreißig Tausend-Vierzehn Gulden
und 30 Kreutzer bezahlet worden. Signatum Wien den
13$^\text{ten}$ Aprilis 1750[5].

[L. S.]   Pr. Kay. Reichs Hof-Cantzley Taxamt
                              m. p.«

Die Urkunde über das Appellationsprivileg wurde erst Ende Mai
nach Berlin übersandt[6], und am 3. Juli 1750 beschloß das Kabinetts-
ministerium, das Privileg zum Druck zu befördern[7]. Die Publikation
erfolgte am 8. August 1750, dem Tage, an welchem das Kabinetts-
ministerium dem Generaldirektorium, dem Justizdepartement und
sämtlichen reichsländischen Regierungen notifizierte: »Es haben des

---

[1] Graf H. v. Podewils, Graf v. Finckenstein, Berlin, 21. Juni 1749 (Konz.).

[2] Der König an den Etatsminister Graf H. v. Podewils, Berlin, 17. Januar 1750 (Or.).

[3] von Boden (dirigierender Minister beim Generaldirektorium) an das Auswärtige Departement, Berlin, 10. März 1750 (Or.).

[4] Graf O. von Podewils, v. Graeve, Wien, 25. März 1750 (Or.). — Graf
H. v. Podewils, Graf v. Bredow, Graf v. Finckenstein an den Geh. Rat Köppen,
Berlin, 10. April 1750 (Konz.).

[5] Anlage zum Bericht des Grafen O. von Podewils und von Graeve, Wien,
19. August 1750 (Or.).

[6] Graf O. v. Podewils, v. Graeve, Wien, 27. Mai 1750 (Or.).

[7] Registratur v. Vettes, Berlin, 3. Juli 1750.

Römischen Kaysers Mayestät Uns unter dem 31. Maji 1746 ein privilegium illimitatum auf alle Unsere außer der Chur im Reiche besitzende Lande verliehen«.

III.

Damit kehrt die Untersuchung zu ihrem Ausgangspunkte zurück. Das im Jahre 1750 erteilte allgemeine und unbeschränkte Appellationsprivileg ist um 4 Jahre zurückdatiert worden. Hierbei wurde der 31. Mai 1746 als der Tag gewählt, an welchem Kaiser Franz I. die Gewährung dieses Privilegs zugesagt hatte. Dies erhellt aus folgender Urkunde[1]:

»Gleichwie Ihro Röm. Kayserl. May. zu ausnehmenden Vergnügen gereichet, abermalen ein Merckmal Dero Sr Königl. May. in Preussen zutragender besonderen Freundschaft und Hochachtung an Tag legen zu können:

Eben also versprechen Sie sich annoch von der Gemüths-Billigkeit Sr Königl. May. die nachdrucksambste und werkthätige Anwendung dessen, was dem H. v. Graeve in Dero allerhöchsten Namen unter dem 16.ten dieses Monats bereits zu erkennen gegeben worden. Ihro Röm. Kaiserl. May. tragen daher ebenfalls nicht den geringsten Anstand, dem Sr Königl. May. in Preussen zu erkennen gegebenen Verlangen in puncto Privilegii de non appellando illimitati pro Provinciis Brandenburgicis ad Romanum Imperiium extra Electoratum et ad Stettinense Territorium pertinentibus, so, wie es unter letzterer Kayserl. Regierung angesuchet worden, sich aus eigenem Antrieb, willfährig und geneigt zu bezeigen. Glauben anmit und seynd der meinung, die anverlangende extension auf die Grafschaft Ostfriesland separirter zu lassen. Womit in Verfolg dieser allerhöchsten Willfahrung dem H. v. Graeve die Expedition des Privilegii von der Reichs-Cantzley ohngesaumbt, gewöhnlicher massen behändiget werden kann.

Wien, den 31.tell May 1746.

Vt.

Franz
C. L. Graf Colloredo
Ad mandatum Sacrae Caesareae Majestatis proprium
(L. S.) Andreas Mohr.«

---

[1] Anlage zum Bericht des v. Graeve, Wien, 1. Juni 1746 (Abschrift).

Die Tatsache, daß das auf den 31. Mai 1746 datierte Privileg in Wahrheit erst 1750 erteilt worden ist, ist materiell-juristisch insofern erheblich, als sich auf sie die Rechtskraft aller bis 1750, genauer bis zum Insinuationstage (d. h. dem 17. Oktober für den Reichshofrat, dem 18. Dezember für das Reichskammergericht) gefällten reichsgerichtlichen Appellationsentscheidungen in preußischen Rechtssachen gründet: der Vorteil, den die Zurückdatierung gewährte, lag darin, daß die Zuständigkeit der Reichsgerichte für die nach dem 31. Mai 1746 introduzierten und zur Zeit der Insinuation noch schwebenden Prozesse in Wegfall kam. Die gewonnene Erkenntnis rechtfertigt und zerstreut zugleich die eingangs hervorgehobenen chronologischen Bedenken.

Durch das allgemeine Appellationsprivileg von 1750, das gleichzeitig mit dem ostfriesischen die Rechtskraft beschritt, gelangte Preußen zur gerichtsverfassungsmäßigen Einheit; es erlangte »ein großes Kleinod aus der kaiserlichen Krone«[1], das »beinahe eine völlige souveraineté in Ansehung der Untertanen«[2] bedeutete.

Im Rahmen der allgemeinen Staatsgeschichte betrachtet muß das Ergebnis zu einer noch höheren Wertung des Verdienstes der Staatsmänner führen, welche, lange bevor die Befreiung aus den beengenden Fesseln der Reichsgerichtsverfassung eingetreten war, wagemutig und weitblickend die große Justizreform in die Wege leiteten, die dem Rückschauenden als ein wesentlicher Faktor der Konsolidation des werdenden Gesamtstaates erscheint.

---

[1] v. Graeve, Frankfurt, 15. Juni 1745 (Or.).
[2] Graf H. v. Podewils, v. Borcke an den König, Berlin, 13. März 1744 (Konz.).

Ausgegeben am 12. December.

SITZUNGSBERICHTE

1907.

XLIX.

DER

KÖNIGLICH PREUSSISCHEN

AKADEMIE DER WISSENSCHAFTEN.

5. December. Sitzung der philosophisch-historischen Classe.

Vorsitzender Secretar: Hr. Vahlen.

*1. Hr. Schmoller spricht über die Entstehung der staatlichen Finanzwirthschaft in den grösseren europäischen Staaten von 1500 bis 1820.

Er ging aus von übersichtlichen statistischen Tabellen, welche die Finanzentwickelung von Österreich, Frankreich, England und Preussen in heutigem deutschen Gelde darstellen; er besprach dann die Probleme, um die es sich handelte, und ob und wie es den einzelnen Staaten gelang, dieselben zu lösen. Zum Schlusse legte er finanzielle Übersichten der Staaten in den Epochen von 1770—90 und von 1820—30 vor und verglich sie mit den Finanzbudgets der jüngsten Gegenwart.

2. Hr. Müller legt einen Beitrag zur genaueren Bestimmung der unbekannten Sprachen Mittel-Asiens vor. (Ersch. später.)

Er nimmt Bezug auf ein unter den Turfanfunden der Expedition von Le Coq befindliches buddhistisches Bruchstück in türkischer Sprache und stellt es als wahrscheinlich hin, dass die in diesem Bruchstück tocharisch, d. h. indoskythisch genannte Sprache in der Sprache I (nach Leumanns Bezeichnung) vorliegt.

3. Hr. von Wilamowitz-Moellendorff legte eine Mittheilung vor Zum Menander von Kairo.

Verbesserungen zu den Fragments d'un manuscrit de Ménandre von J. Lefebvre.

4. Hr. Conze überreichte den Bericht des Kaiserlichen Archäologischen Instituts über die Arbeiten zu Pergamon in den Jahren 1904 und 1905 (Sonderabdruck aus den Athenischen Mittheilungen des Instituts 1907).

5. Derselbe machte ferner eine kurze Mittheilung über die von Hrn. Brückner mit Mitteln des Eduard Gerhard-Stipendiums erzielten Ergebnisse bei Untersuchung eines Theiles der Grabmäler vor dem Dipylon zu Athen. Die entgegenkommende Unterstützung seitens des Hrn. Kavvadias und der Athenischen Archäologischen Gesellschaft, wie die des Hrn. Skias, wurde dankbar erwähnt.

Zum Menander von Kairo.

Von Ulrich von Wilamowitz-Moellendorff.

Die editio princeps des Menanders, die Hr. Lefebvre, sein glücklicher Finder, eben in Kairo mit dankenswerter Schnelligkeit hat erscheinen lassen, gibt auch jetzt schon Raum zu sehr vielen Verbesserungen; ohne Zweifel wird das versprochene Faksimile und erst recht eine Nachvergleichung noch weiter zu kommen gestatten. Da ich eine Besprechung der Komödien, die ich vorhabe, mit dem kritischen Kleinkram nicht belasten kann noch mag, setze ich hier kurz die Lesungen hintereinander her, die ich befolge. Selbstverständlich werden schon viele dasselbe gleichzeitig mit mir gefunden haben.

Heros.

Hypothesis 1 ἄρρεν τε θῆλυ θ' ἅμα τεκοῦσα παρθένος. In der Handschrift steht θῆλυ θ' ἅμα am Ende und fehlt τε: es war also ein Schreiber von τε auf τεκοῦσα übergesprungen, hatte am Rande korrigiert, und die Korrektur ist falsch verstanden.

Hypoth. 2 ἔδωκεν ἐπιτρόπωι· τροφῶ Cod. Aegyptismus. Es ist der vilicus Τίβειος, ein freier Mann, von dem es v. 50 heißt:

ποιμήν τις ἦν Τίβειος οἰκῶν ἐνθαδί,
Πτελέασι, γεγονὼς οἰκέτης νέος ὢν ποτε·
ἐγένετο τούτωι δίδυμα ταυτὶ παιδία.

»Es gab hier einen Tibeios, der hier in Ptelea wohnhaft war; in seiner Jugend war er einmal Sklave gewesen.« Jetzt war er Freigelassener und οἰκῶν Πτελέασιν: das ist die Heimatsbezeichnung der Metöken, die wir von den Steinen her kennen, aber für einen Freigelassenen fehlte bisher ein Beleg. Sein früherer Herr hat ihn weiter beschäftigt; so ist in der »Samia« eine Freigelassene im Hause und im Dienste verblieben. Daß der Demos genannt wird, geschieht für das Publikum; wir sind im Prologe.

49 zu interpungieren τὴν τρίτην ὡς οὐκ ἀπεδίδου τυχὸν ὁ δεσπότης ὁ σός »er starb Hungers, vermutlich als dein Herr ihm ein drittes Darlehen nicht geben wollte«.

57 ist erstens ερια aus έρια verlesen, dann gibt die Handschrift falsch Personenwechsel: Daos sagt »sie wartet auf, παιδίϲκη πάνυ· Γέτα καταγελᾶιϲ;: μὰ τὸν Ἀπόλλω: πάνυ Γέτα ἐλευθέριοϲ. Er will seiner Geliebten gleich das Prädikat geben, πάνυ ἐλευθέριοϲ, unterbricht sich aber, da Getas eine spöttische Miene macht, und nimmt dann das angefangene Wort auf.

70 θύϲαιμ' ἅλιϲ νὴ τὸν [Π]ο[ϲειδῶ. gelesen αδιονη

Epitrepontes.

10 εἴ δή ϲε μηδὲν κωλύει. δε Cod. Der Schreiber hat die E-Laute oft verwechselt, in den I-Lauten ist er korrekt.

32 τῆι βακτηρίαι [καθ]ίζομαί ϲου
68 οὐ παρὼν [ὅμωϲ] ἅπαντ' ἔχειν οἴει ϲε δεῖν
76 fragt Syriskos εἴρηκεν, und Smikrines antwortet εἴρηκεν, οὐκ ἤκουϲαϲ;
84   ἐπὶ τοῦτον, πάτερ
αὐτὸϲ πάρεϲτιν οὑτοϲὶ [νῦν]ὶ λ[όγ]ον.
δόϲ μοι γύναι· τὰ δέραια καὶ γνωρίϲματα
οὑτόϲ ϲ' ἀπαιτεῖ.

Ergänzt hatte Hr. Lefebvre richtig, aber falsch verteilt. »In dieser Sache zu reden ist das Kind selbst da. Gib es mir Frau. Es fordert von dir die Erkennungszeichen.« Die Frau hat das Kind bisher gehalten; jetzt nimmt es sein κύριοϲ auf den Arm, weil es durch ihn sein Recht geltend machen soll.

98 »Weshalb habe ich die Beigaben nicht gleich gefordert, als ich das Kind übernahm?« οὔπω παρ' ἐμοὶ τότ' ἦν ὑπὲρ τούτου λέγειν. Cod. τουτηνυπερτουτουλεγων.

104 [γένν]ηϲ unmöglich; wohl φύϲεωϲ.

117 εἴ δέ γε λαβὼν ἐκεῖνα Δᾶοϲ ἀπέδοτο,
αὐτὸϲ ἵνα κερδάνειε δραχμὰϲ δώδεκα
αυτω Cod., wenn das nicht verlesen ist

121 οὐ δὴ καλῶ[ϲ ἔχ]ει τὸ μὲν ϲῶμ' ἐκτρέφειν
ἐμὲ τοῦτο [νῦ]ν, [αὐτ]οῦ δὲ τῆϲ ϲωτηρίαϲ
ἐλπίδα λαβόντα Δᾶον ἀφανίϲαι.

ergänzt von Lefebvre; aber τὴν ϲωτηρίαϲ ἐλπίδα ist zu verbessern.

131 οὐκ ἐϲτὶ δίκαιον, εἴ τι τῶν τούτου ϲε δεῖ
ἀποδιδόναι καὶ τοῦτο πρὸϲ ζητεῖϲ λαβεῖν,
ἵν' ἀϲφαλέϲτερον πονηρεύϲηι πάλιν,
εἴ νῦν τι τῶν τούτου ϲέϲωκεν ἡ τύχη.

So zu interpungieren. »Du sollst etwas, was ihm gehört, zurückgeben und willst das auch noch für dich; das ist ungerecht.«

Dieser Gedanke wird im Ausdruck zusammengezogen, und nach griechischer Weise hypothetisch gegeben, was wir als einen Subjektsatz fassen, der das Prädikat ungerecht erhält. Ganz ebenso würden wir den letzten Satz nicht hypothetisch, sondern kausal fassen.

137 ΓΙΝώϹΚω ΚΑΛῶϹ ist fälschlich durch Personenwechsel getrennt. Erst hinter ΚΑΛῶϹ beginnt Daos.

139 ΤΟΫ ΒΟΗΘΟΫΝΤΟϹ [Δὲ ΚΑὶ] ἐπΕΞΙόΝΤΟϹ Τῶι ἀΔΙΚΕῖΝ ΜέΛΛΟΝΤί ϹΟΙ. Cod. ΤΑΔΙΚΕΙΝ. Das kann allerdings die wirkliche Krasis bezeichnen.

143 vermutlich ὃ Δ' ΟΫΧ ΕΫΡώΝ [ἔΧΕΙ].

146—153 Personenverteilung in der Ausgabe und zum Teil der Handschrift falsch. Syriskos: Gib den Ranzen her, in dem hast du's. Daos (zu Smikrines, der schon aufbricht): Bitte, bleibe, damit ich's abgebe, (für sich): daß ich mich dem als Schiedsrichter unterworfen habe! Syriskos: Gib her. Daos: [ΑἴϹ]ΧΡά ΓΕ πέπΟΝΘΑ. Smikrines (zu Syriskos): Hast du alles? Syriskos: Ich denke, wenn er nicht was hinuntergeschluckt hat, während meiner Rede, als er besiegt ward. Daos: Das glaubt' ich ja gar nicht (ΟΫΚ ἂΝ ὠΙόΜΗΝ ἀΛίϹΚΕϹΘΑΙ). Syriskos (zu dem abgehenden Smikrines): Lebe wohl (ΕΫΤΫΧΕΙ, wie in der Unterschrift der Briefe).

157 ΑΫΤ[ῶΙ] hoffentlich Druckfehler für ΑΫΤά.

174 [ΦέΡΕ]ΔΕῖΞΟΝ und [ὁ]ΫΤόϹ ἐϹΤΙ.

180 [ΟἷΟΝ Ἀ]π[ο]ϹῶϹΑΙ ΧΡήΜΑΤ' ἐϹΤὶΝ ὀΡΦΑΝΟΫ [πΑΙ]Δόϲ. Der Anfang treffend von Lefebvre ergänzt

192 Ἵ[ΝΑ] πΑΡέΧω Ϲῶν unmöglich; wahrscheinlich steht ᾧ[Ϲ] da; möglich auch κ[Αὶ].

208 ΜΗ Μ' ἔΛΗΙ ΔΙΑΛΛΑΓ[Εὶϲ]
ΠΡὸϹ ΤὴΝ ΓΥΝΑῖΚΑ ΤὸΝ ΦΡάϹΑΝΤά Τ' ΑΫ[Τὰ ΚΑὶ]

210 ϹΥΝΕΙΔόΤ' ἀΦΑΝίϹΗΙ ΛΑΒώΝ. ΚΑΛῶϹ [ποΙῶΝ]
ἙΤΕΡόΝ ΤΙ πΡὸϹ ΤΟΫΤΟΙϹ ΚΥΚᾶΝ [ΦΥΛάΞΟΜΑΙ].
ΚἀΝΤΑΫΘΑ ΚΑΚὸΝ ἔΝΕϹΤΙΝ ἐπΙΕΙΚῶϹ [ΜέΓΑ].
Habrot. ἐᾶΤέ Μ', ἵΚΕΤΕΫω ϹΕ, ΚΑὶ ΜΗ ΜΟΙ ΚΑΚὰ
πΑΡέΧΕΤΕ.

222 ΕΑΓΕΜ Cod. Plural neben Singular ebenso Samia 37 ΛΟΫϹΑΤ' ὦ ΤάΛΑΝ Τὸ πΑΙΔίΟΝ. Habrotonon spricht zu ihren Zofen ins Haus hinein.

225 ποΫ 'ϹΤ[ΙΝ ὃΝ ΖΗ]ΤῶΝ ἐΓὼ
πΕΡΙέΡΧΟΜ'· ΟΫΤΟϹ ἔΝΔΟΝ· [ἀπόΔΟϹ] ὦΓΑΘέ
ΤὸΝ ΔΑΚΤΫΛΙΟΝ ἢ ΔΕῖΞΟΝ ᾧΙ ΜέΛΛΕΙϹ ποΤέ.

Der von außen Kommende sagt ἔΝΔΟΝ, wenn er den Gesuchten auch nicht im Hause trifft, sondern in der Tür, weil er ihn außerhalb lange gesucht hat.

245 [ἭΞω] ΔΙΑΔΡΑΜώΝ (ΕἰϹ πόΛΙΝ ΓὰΡ ἔΡΧΟΜΑΙ
[ΝΥΝί)] πΕΡὶ ΤΟΫΤωΝ ΕἰϹόΜΕΝΟϹ Τί ΔΕῖ ποΙΕῖΝ.

254 Onesimus sagt ὅπερ usw.
258   [κἀ]μοῦ γὰρ παροὐCHC ἐγένετο
       τοιοῦτον ἕτερον.
261 τὴν δὲ παῖδ⟨ά γ'⟩ ἥτις ἦν οἶσθας;
273 ἀπολωλεκ[υῖ'] 280 ἐστ⟨ιν⟩ Ἀβρότονον
301 τά τ' ἐκείνηι γενόμενα. τοτ' Cod.
310 ὥcθ' ἀναιδής. Das θ zu stieichen.
340 τοπαστικὸν τὸ γύναιον· ὡc ερπεθ ὅτι
    κατὰ τὸν ἔρωτ' οὐκ ἔcτ' ἐλευθερίαc τυχεῖν,
    ἄλλωc δ' ἀλύει, τὴν ἑτέραν πορεύεται.

Im eisten Veise ist τοιαcτ leicht verbessert; auch sieht man, daß ερπεθ etwas wie εὔρηχ', ἔγνωχ' ἐπύεcθ' (dies paßt schlechter) verbirgt. Abei keins hat genügende Probabilität.

357   χαιρέτω
    τὸ πολλὰ πράττειν· ἂν δέ τιc λάβηι μ[έ τι],

das letzte Woit von Lefebvre als ἔτι ergänzt, der am Anfang τἀδάλλα abgeschrieben hat.

Dies ist der letzte Vers des Blattes C. Von dem nächsten Blatte ist abei der Anfang erhalten, zusammenzusetzen aus dem Bruchstück N, dessen Zugehörigkeit zu den Epitrepontes erkannt war, und dem Bruchstücke T, das S. 216 unter den unbestimmten steht; daß bei N Rand unten angegeben ist, muß Versehen sein; bei T steht es richtig. Der Übergang von C zu N T ist offenkundig: ehe ich den Zusammenhang der Blätter erkannt hatte, hatte ich schon ἂν λάβηιc μέ τι ergänzt. Die Verszahlen werden in der nächsten Ausgabe hiermit umgeworfen: möge es nicht die einzige Ergänzung bleiben.

περιεργαcάμενο[ν] ἢ λαλήcαντ' ἐκτεμεῖν
δίδωμ' ἐμαυτοῦ ιουc ὀδ[ό]ντας. ἀλλ' οὑτοcί
520 τίc ἔcθ' ὁ προcιών; Cμ[ι]κρίνηc ἀναcτρέφει
ἐξ ἄcτεωc πάλιν τ' ἀρ.[. . .]ωcε[.]ων
αὖτιc· πέπ[υc]ται τὰc ἀλ[- - -]ιc
παρά τινοc οὗτοc; ἐκ[ποδὼν δὲ β]ούλομαι
ποιεῖν ἐ[μαυτόν ▪ ▪ ▪ ▪ τ]μεαε
525 πρ[-   -   -   -   -]υ

Rückseite, also nach 28 Versen.

οὐδεὶc -   -   -   -   ἐ[χ]θρὸc ὑμῖν : ποικίλον
ἄριcτον ἀρι[cτήcομε]ν· ὁ τριcάθλιοc
ἐγὼ κατὰ π[άντα. ν]ῦν μὲν οὖν οὐκ οἶδ' ὅπωc
δύcκολον [-   -   -]. κ. οc, ἀλλ' ἐὰν πάλιν
530 [-   -   -   -   -] μαγείρ[ο]υ [. .] τύχη
[-   -   -   -   -]εκαλειτ' εἰc μακαρίαc
[-   -   -   -   -   -   -]. c τινοc.

518 εκτεμεις abgeschrieben. 519 den Vers durch Tilgung von ἀλλά einzurenken, mißfällt, aber ογτοcί in δαί zu ändern auch. 521 und sonst wird man nun gewiß mehr lesen. 527 Νωτρις abgeschrieben. 531 Lefebvre denkt an den Fluch εἰc μακαρίαν; dann müßte man so ändern; aber warum das? Der verstimmte Mann, der zum Frühstück keine Lust hat und doch hofft, dadurch in Stimmung zu kommen, kann nur Charisios sein. Die Konsequenzen für die Handlung ziehe ich hier nicht.

381 τὰ λοιπά für τἆλλα zu verbessern.
388   πρὸc ταῖc θύραιc γὰρ ἔνδον ἄρτι [πολὺν ἐγὼ]
      χρόνον διακύπτων ἐ[δυνάμην τὰ πάνθ᾽ ὁρᾶν.]
      ὁ πατὴρ δὲ τῆc νύμφηc τι [περιορῶc πάνυ]
      ἐλάλει πρὸc ἐκείνην, ὡc ἔοιχ᾽, ὃ δ᾽ [ὡc πυκνὰ]
      ἤλλαττε χρώματ᾽, ἄνδρεc, οὐδ᾽ εἰπεῖν καλόν.

Soll nur den Sinn geben; 389 τωνεν Cod.

394   κεφαλὴν τ᾽ ἀνεπάταξε cφόδρα·
das Kompositum gebildet, weil ἀνέκραγε vorhergeht.

399 ἐγὼ γὰρ ἀλιτήριοc
405 ἀνηλεήc τε· λοιδορεῖ μ᾽ ἐρρωμένωc
    [αὑτ]ῷ βλέπει θ᾽ ὕφαιμον.

Cod. teilt falsch ἐλοιδόρει ab; im nächsten Verse ist [. .]cω wohl verlesen, denn das Reflexiv ist unentbehrlich.

451 ἀλλ᾽ ἦ περιμένω. Cod. ἀλλά π.
454   οἰμώξει μακρά,
    ἂν [ἀντ]ιλαλῆιc τι. κρίνομαι πρὸc Cωφρόνην·
    μετάπειcον αὐτήν, ὅταν ἴδηιc. οὕτω τί μοι
    ἀγαθὸν γένοιτο· Cωφρόνην γὰρ οἴκαδι
    ἀπιών — τὸ τέλμ᾽ εἶδεc παριοῦc· ἐνταῦθά cε
    τὴν νύκτα βαπτίζων ὅλην ἀποκτενῶ,
460 [χοὕτ]ω cε ταῦτ᾽ ἐμοὶ φρονεῖν ἀναγκάcω.

Er spricht zu Sophrone, aber 455 springt er um, wie wir es auch im Affekte tun, »ich will mich mit Sophrone auseinandersetzen; bring' sie nur auf andere Gedanken, wenn du sie siehst. So wahr mir's gut geh'n soll, die Sophrone werde ich auf dem Heimweg« — ersäufen, wollte er fortfahren, da wird die Erregung wieder zu stark, so daß er zur Anrede zurückkehrt »du hast doch im Vorbeigehen den Teich gesehen, da steck' ich dich die ganze Nacht hinein«. Cod. hat 457 Cωφρόνη; am Anfang von 460 ist κ. ρω abgeschrieben, und κ konnte der Ägypter schreiben, auch wenn er χ meinte. Übrigens paßt auch οὕτω.

468 τὸ δ' ἅρπασμ'. τοθαρ Cod.
478 οὐκ ἆρα φροντίζουσιν ἡμῶν; [τόδε μὲν οὔ]
  'φήσεις, ἑκάστωι τὸν τρόπον συν[ήρμοσαν]
  φρούραρχον· οὗτος ἔνδον ἕτ[ερον μὲν κακῶς]
  ἐπέτριψεν ἂν αὑτῶι κακῶς χρή[σητ' ἄγαν]
  ἕτερον δ' ἔσωσεν.

Lefebvre hat 479 und 480 ἕτερον μὲν trefiend ergänzt.

487 Cod. teilt die Personen falsch ab. »Schurke, tut jetzt mein τρόπος etwas Unrechtes? Er zerschmettert dich für deine Frechheit.« Man wünscht συντρίψει für das Präsens, denn es ist nur eine Drohung.

504 ἑγῶμαι für εγωμοι

505 Die Worte αἰσθάνηι τε gehören der Sophrone, die so ein indezentes Wort des Sklaven abschneidet. Smikrines bestätigt sein Verständnis mit ναί, was der Ägypter νή geschrieben hat, weil er beides e sprach.

507 νυνὶ δ' ἀναγνωρισμὸς αὑτοῖς γέγονε καὶ
  ἅπαντ' ἀγαθά.
Cod. νυν und απαντατας.

516 [οὐ γέγονεν] εὐτύχημα μεῖζον οὐδὲ ἕν,
  [εἰ τοῦ]τ' ἀληθές ἐστ' ὃ λέγεις.

Perikeiromane.

1. Da bei θῆλυ kein Artikel steht, ist etwa vorhergegangen »die Alte, die die Zwillinge gefunden hatte, behielt sie nicht beide«,
  [τρέφειν βρέφος]
  [μόνον] προθυμηθεῖσα θῆλυ, τὸ δ' ἕτερον
  [γυναικὶ] δοῦναι πλουσίαι τὴν οἰκίαν
  [ταύτην] κατοικούσηι δε[ομ]ένηι παιδίου.
  [ποιεῖ] δὲ το[ῦτο· γενο]μένων δ' ἐτῶν τινῶν
5 [καὶ τοῦ] πολέμου καὶ τῶν Κορινθιακῶν κακῶν
  [αὐξ]ανομένων.

2. 3. 6 und 5 γενομένων ergänzt von Lefebvre.

31 ἀπὸ ταὐτομάτου δ' ὀφθεὶς' ὑπὸ τοῦ⟨του⟩ θρασυτέρου
  ὥσπερ προείρηκ' ὄντος.

43 εἰς ὀργήν θ' ἵνα οὗτος ἀφίκοιθ'. Cod. αφικεθ

47 ἐδυσχέρανε, Aorist ist gemeint, wenn auch dem α ein ι beigefügt ist.

50   ἔρρωσθ', εὐμενεῖς τε γενόμενοι
  ἡμῖν θεαταὶ καὶ τὰ λοιπὰ σώζετε. Cod. hat γε für τε.

62 sagt der Diener des Polemon, als er die Zofe der verstoßenen Glykera sieht, die gar nicht so jämmerlich aussieht, wie zu erwarten war, falls die Verstoßenen keine Zuflucht gefunden hatten:

ἡ Δωρίς. οἵα γέγονεν· ὡς δ' ἐρρωμένη.
ἴωσιν τρόπον τιν', ὡς ἐμοὶ καταφαίνεται,
αὗται. πορεύσομαι δέ.

das letzte, weil er nicht gesehen werden will; natürlich beobachtet
er im Weitergehen.

71 Polemon hat sich eine gewöhnliche Dirne, Habrotonon, genommen; sie sollte ihm die Sehnsucht nach Glykera verscheuchen;
aber er verträgt sie nicht. »Was läuft das Frauenzimmer hinter mir
her und bringt mich mit ihren Zärtlichkeiten um.« Worauf sie sagt:
»Du hast mich doch mitgehen heißen, mir den Weg gewiesen.« »Packe
dich.« »Ich gehe schon.« Sie kann sich noch nicht entschließen,
sondern macht Miene, sich ihm mit weiteren Zärtlichkeiten aufzu-
drängen. Da ruft er: »Was willst du anfangen? Du verstehst dich
auf einige Belagerungskünste ...«, und es folgen grobe Zweideutig-
keiten, die sie endlich verscheuchen. Dann redet Pataikos, der vielleicht schon vorher an Polemon herangetreten war, aber freilich vor
einer solchen Zeugin seine Mission nicht ausrichten konnte.

71   [φιλοῦ]ςά μ' ἐξόλλυςιν; Habr. οὐκ ἦςε' ἡγεμών;
    Pol. [πρὸς τ]ῶν θεῶν ἄνθρωπ' ἄπελθ'; Habr. ἀπέρχομαι.
    Pol. [μέλλεις δ]ὲ ποιήςειν τί; καὶ γὰρ Ἁβρότονον
    [ἔχεις] τι πρὸς πολιορκίαν ςὺ χρήςιμον. usw.

72. 73 und in 74 εἶχες ergänzt Lefebvre. 71 Cod. εςε für ἦςε'.
ἄνθρωπε als Anrede eines Weibes auch Sam. 173.

80. Pat. ἐγὼ γαμετὴν νενόμικα ταύτην; Pol. μὴ βόα·
    τίς ἐςθ' ὁ δ[οὺς αὐτήν;] τίς αὐτή; Pat. πάνυ καλῶς·
    ἤρεςκες αὐτῆι τάχα [τέω]ς, νῦν δ' οὐκέτι.
    ἀπελήλυθ' ⟨οὖν⟩ οὐ κατὰ τρόπον ςοῦ χρωμένου.

Die Ergänzung von 81 ist nicht richtig; sie soll nur den Gedanken geben. Polemon hat die Glykera nicht heiraten können, da
sie gar keinen κύριος hatte, und so insinuiert er, »sie war nur Hetäre«.
Pataikos nimmt das an: dann war sie, da sie ja frei ist, berechtigt,
nur so lange bei dir zu bleiben, wie du ihr paßtest. Ebenso be-
streitet er 93, daß der Fremde, den Polemon dabei betroffen hatte, wie
er Glykera umarmen wollte, gerichtlich zu belangen wäre, nennt dessen
Handeln aber doch ein ἀδίκημα. Aber als Polemon darauf insistieren
will, sagt er: »Jetzt ist es auch kein ἀδίκημα mehr, nämlich wo du
Glykera als Hetäre bezeichnest.«

86 ὡς ὁ μὲν νυνὶ ποεῖς ἀπόπληκτόν ἐςτι. ποῖ φέρει γάρ;
    Cod. ὥςε' wie Epitr. 310 und ποῦ

93   οὐκ ἔχει
    τιμωρίαν γὰρ τἀδίκη[μ'. Pol. ἀδίκη]μα δέ.
    Pat. οὐ δᾶρα νῦν.

101 Pol. πρέcβευcον, ἱκετεύω cε. Pat. τοῦτό μοι δοκῶ,
ὁρᾶιc, ποεῖν.
    Cod. δοκεῖc. »Ich dächte, das täte ich, wie du siehst«,
nämlich bei dir suche ich zu vermitteln.

    105—107. Die Verse sind nicht verstümmelt, sondern die nun ungezügelt hervorbrechende Leidenschaft redet abgebrochen: »ich, wenn ich mir überhaupt je etwas habe zuschulden kommen lassen, wenn ich mich nicht in allem bemühe — willst du nicht ihren Schmuck ansehen.« Der Nachsatz zu den Bedingungssätzen, ἐξώληc εἴην, ergänzt sich von selbst. Bei seinen φιλοτιμίαι fällt ihm ein, wie er alle ihre Sachen, den Schmuck, den er ihr geschenkt hatte, sorglich aufhebt. Pataikos lehnt mit [καλῶc] ἔχει »danke« die Aufforderung ab, muß aber zuletzt nachgeben.

    109 bleibt noch zu ergänzen; das erste Wort von 110 ist aber von Lefebvre richtig zu der Rede des Pataikos gezogen.

110 ἐνδύμαθ'. Pol. οἷ' ἐφαίνεθ' ἡνίκ' ἀ[νθινῶν]
    λάβοι τι τούτων.

So dürfte zu verbessern sein; hinter οι steht die Variante οιαδ und dann 111 λαβη, so daß ἡνίκ' ἂν — λάβηι am nächsten liegt. Aber hier kann die Grammatik doch wohl nur den Optativ ertragen. Dann wieder fürs erste Unverständliches.

112 καὶ γὰρ τὸ μέγεθοc δήπουθέν ἐ[cτ'
    ἄξιον ἰδεῖν.

So Lefebvre zweifelnd, und wirklich wäre es der einzige Fall einer Elision am Trimeterschlusse. Es wird wieder ε für η stehen und ἦν zu setzen sein. Das Präteritum paßt viel besser, da seine Sehnsucht das Bild ihrer stattlichen Erscheinung in der bunten Robe aus der Vergangenheit aufruft.

123 πολλῶν γεγονότων ⟨τῶν⟩ ξένων.

Samia.

Der Titel hat gar keine Gewähr, aber er sei als bequem zunächst geduldet. Der Text ist hier sehr viel fehlerhafter; wie es scheint, hat der Schreiber manchmal nachgemalt, was er selbst nicht zu verstehen vermeinte (136, 159). Da wird man sich besonders zurückhalten, bis die Lesung ganz sichergestellt ist, so z. B. gleich 15, wo εϲψ unerträglich ist. Ganz deutlich und dem Sinne nach untadelig ist

18   κατέβαιν' ἀφ' ὑπερώιου τιc γυνή
    ἄνωθεν εἰc τοὔμπροcθε τοῦ ταμείου
    οἴκημα.

Aber wie kann ταμιεῖον, das öfter vorkommt, zu ταμεῖιον werden?

25 ἐν ἀσφαλεῖ
εἶναι νομίσασα τοῦ λαλεῖν, προσέρχεται,
καὶ ταῦτα δὴ τὰ κοινὰ »φίλτατον τέκνον«
εἰποῦσα καὶ »μέγ᾽ ἀγαθόν· ἡ μάμμη δὲ ποῦ;«
ἐφίλησε, περιήνεγκεν. ὡς δ᾽ ἐπαύσατο
30 κλᾶον, πρὸς αὑτὴν φησιν »ὦ τάλαιν᾽ ἐγώ,
πρώην τοιοῦτον ὄντα Μοσχίων᾽ ἐγὼ
αὐτὸν τιθηνούμην ἀγαπῶσα, νῦν δ᾽ [ἐπεὶ]
παιδίον ἐκείνου γέγονε[ν, ἄλ]λη καὶ τὸ[

Lefebvre hat 32 ergänzt; aber gegenüber seiner Umschrift und Übersetzung war es nötig, das Ganze abzudrucken.

42 καὶ παρεξήλλαξέ τι. Das steht innerhalb der direkt angeführten Rede einer Sklavin. Vorher hat sie geredet was der Herr nicht hören durfte, der nebenan in der Speisekammer war. Nun kommt ihr Auftrag, den er hören darf und soll. Also wird der Zwischensatz bedeuten »und nun machte sie dabei eine Änderung« nämlich an ihrer Art zu reden. ἐξαλλάττειν sagt Aristoteles von der »Steigerung« des Ausdrucks; hier wird es auf die der Stimme und des Tones gehen.

43 αὐτὴ καλεῖ, τίτθη, σε. »Die Herrschaft ruft dich, Amme«. Die Herrschaft ist Chrysis, der sie dann das Kind auch bringt.

52 ὥσθ᾽ ὅτι μὲν αὑτῆς ἐστι τοῦτο, γνώριμον
αὑτῆς hinter τοῦτο überliefert.

54 οὐ λέγω᾽ δ᾽ ἄνδρες πρὸς ὑμᾶς τοῦτ᾽ ἐγὼ
ὃ γ᾽ ὑπονοῶ. Cod. ονθυπον.

81 ἐμέ τις καλεῖ; Dem. ⟨σὲ⟩ ναιχί

82 τὴν [λοπάδα] καταθείς

Damit wird dem Sinn, den Hr. Croizet gewünscht hat, ohne metrischen Fehler genügt.

83 Dem. τοῦ[τον μὲν οὐ]δὲν ὡς ἐγᾦμαι λανθάνει
τὸ[ν ἄνδρ᾽ ἔσω π]ραττόμενον ἔργον.

Demeas meint, Parmenon brauchte nicht hineinzugehen und dem Koch Auskunft zu geben; das wäre einer, der sich selbst um alles kümmerte. »Aber da kommt er vor und pocht an der Tür.« Das sagt natürlich auch Demeas, »Chrysis, erfülle dem Koch alle Forderungen und passe auf, daß die Alte nicht über die Weinflaschen kommt«. Das kann auch nur er sagen, indem er an die Tür läuft. Alle Personenwechsel sind unrichtig.

88 Parm. πρὸς θεῶν τί δεῖ ποιεῖν,
δέσποτα; Dem. τί δεῖ ποιεῖν ⟨σε;⟩ δεῦρ᾽ ἀπὸ τῆς θύρας.
ἔτι μικρόν; Parm. ἤν.

Auf den Punkt hinter ΕΥΡΑϹ kommt etwas an: Parmenon mag ihm nicht nahekommen.

93 ϹΥΓΚΡΎΠΤΕΙϹ ΤΙ ΠΡΌϹ [Μ'·] Ἤ[ΙϹΘΗΜ' ἘΓΏ]

Der folgende Vers ist wieder durch eine Umstellung entstanden, die Hr. Nicole gehoben hat; der Vorschlag von Hrn. Croizet ist nicht diskutabel.

96 ΠΑΫ̔· ΜΗΔΈΝ ὌΜΝΥ'. ΟΫ̓ ΓᾺΡ ΕΙΚΆΖ . ΙϹ[
  Ἢ ΜΉΠΟΤ' ἎΡ' : ΟΫ̔ΤΟϹ ΒΛΈΠΕ ΔΕΫ̓Ρ' : ΑΔΕ[
  ΤῸ ΠΑΙΔΊΟΝ ΠΡΌϹΕϹΤΙΝ [:] ἮΝ· ΤῸ ΠΑΙΔΊΟΝ
  ΤΊΝΟϹ Ἔ[ϹΤΙ ΜΗΤΡΌ]Ϲ : ΧΡ[ΥϹΊ]Δ[ΟϹ] : ΠΑΤΡῸϹ ΔῈ ΤΟΫ̓

So ist abgeschrieben und ergänzt. Also Demeas verbietet das Schwören und gibt dafür eine Begründung, die ich mit ΕΙΚΆΖΕΙϹ nicht zu kombinieren weiß. Parmenon fährt aber mit der Beteuerung fort: »oder ich will niemals ...«, da unterbricht ihn Demeas: »Sieh mir ins Auge ...«. Unbedingt muß er dann irgendwie ausgedrückt haben »und sage« oder »ich frage dich«. Auch daß ΤῸ ΠΑΙΔΊΟΝ ΤΊΝΟϹ ἘϹΤΊΝ zu emendieren ist (vielleicht nur gegen die Lesung), sieht man leicht. Von dem Kinde kann nur Demeas anfangen; folglich gehören ihm diese Worte und war in dem verstümmelten Versschlusse vorher noch ein Personenwechsel, oder das Zeichen vor ΑΔΕ steht falsch. Entscheidend ist ἮΝ. Damit kann Parmenon nur konstatieren, daß er einem Befehle gefolgt ist, wie es oben 90 bezeichnet, daß er so weit, wie er sollte, von der Tür weggetreten war. Also korrespondiert es mit ΒΛΈΠΕ ΔΕΫ̓ΡΟ. Also hat er darauf noch nichts gesagt. Wenn auf die letzten Buchstaben Verlaß ist, mag es etwa gewesen sein ΒΛΈΠΕ ΔΕΫ̓Ρ'· ἈΔΕ[ῶϹ ΛΈΓΕ], ΤῸ ΠΑΙΔΊΟΝ ΤΊΝΟϹ ἘϹΤΊΝ. Parm. ἮΝ· ΤῸ ΠΑΙΔΊΟΝ ΤΊΝΟϹ ἘϹΤΙ; ΜΗΤΡῸϹ ΧΡΥϹΊΔΟϹ. Das ist eine Möglichkeit; dann steht noch ein Doppelpunkt falsch. Oder besser, er fängt an ΤῸ ΠΑΙΔΊΟΝ und stockt, so daß Demeas seine Frage bestimmter wiederholt ΤΊΝΟϹ ἘϹΤῚ ΜΗΤΡΌϹ.

108 Dem. ϹΤΊΖΩ ϹΕ ΝῊ ΤῸΝ ῬΉΛΙΟΝ; Parm. ϹΤΊΖΕΙϹ ἘΜΈ;
Dem. Ἢ ΛΈΓ'; Parm. ἈΠΌΛΩΛΑ;
Cod. ΗΛΗΓ; die E-Laute hier anders als meistens vertauscht.

115 ΕἸ ΜῈΝ ΓᾺΡ Ἢ ΒΟΥΛΌΜΕΝΟϹ [ΑΫ̓ΤΌϹ, ΔΑΚΝΌΜΕΝΟϹ]
  ἜΡΩΤΙ ΤΟΫ̓Τ' ἜΠΡΑΞΕΝ Ἢ ΜΙϹῶ[Ν ἘΜΈ,]
  ἮΝ [Ἂ]Ν ἘΠῚ ΤῆϹ ΑΫ̓ΤῆϹ ΔΙΑΝΟ[ΊΑϹ]
  116 ergänzt Lefebvre.

120   ΟΫ̓Κ ἘΡῶΝ ΓᾺΡ, ὩϹ ἘΓῺ
  ΤΌΤ' ᾠΌΜΗΝ, ἜϹΠΕΥΔΕΝ; Cod. ἘΡᾶΝ.

125 [ΚΑΤΈΛΑΒ]ΕΝ ΑΫ̓ΤΌΝ ΠΟΥ ΜΕΘΎΟΝΤΑ ΔΗΛΑΔΉ,
  [ΟΫ̓Κ ὌΝ]Τ' ἘΝ ἙΑΥΤΟΫ̓· ΠΟΛΛᾺ Δ⟨ΕΊΝ⟩' ἘΡΓΆΖΕΤΑΙ,
  [ΕΫ̓ ΟἾΔ',] ἌΚΡΑΤΟϹ ΚΑῚ ΝΕΌΤΗϹ, ὍΤΑΝ ΛΆΒΗΙ
  [ΠΑῖΔ' ΟΫ̓Κ] ἘΠΙΒΟΥΛΕΫ̓ϹΑΝΤΆ ΠΩ ΤΟῖϹ ΠΛΗϹΊΟΝ

Im letzten Verse hat Cod. τοι für πω. Den Sinn hat LEFEBVRE schon erfaßt; seine Ergänzungen sind unhaltbar (z. B. sagt man ἄκρατος ohne οἶνος), die meinen natürlich zum Teil auch nur exemplikativ.

146 ΜΑΙΝΌΜΕΝΟC ΕἸCΔΕΔΡΆΜΗΚΕΝ ΕἼCω ΤΙC ΓΈΡωΝ
Ἢ ΤΊ ΤῸ ΚΑΚῸΝ ΤΟῦΤ' ἘCΤΙ; Parm. ΤΊ Δ' ἘΜΟῚ ΤΟῦΤΟ, ΠΟῖ.

»In Raserei ist hereingelaufen ein alter Mann oder was ist das für ein Unsal.« So weit der Koch. Das Folgende kann nur Parmenon zwischenwerfen, der sich auf nichts einlassen will.

154 ff. ist der Personenwechsel zu verbessern.
Dem. ΟὔΚΟΥΝ ἈΚΟΎΕΙC, ἌΠΙΘΙ; Chr. ΠΟῖ ΓῆC, ὦ ΤΆΛΑΝ;
Dem. ΕἸC ΚΌΡΑΚΑC ἬΔΗ. Chr. ΔΎCΜΟΡΟC, Dem. ΝΑῚ ΔΎCΜΟΡΟC.
ἘΛΕΕΙΝῸΝ ἈΜΈΛΕΙ ΤῸ ΔΆΚΡΥΟΝ. ΠΑΎCω C' ἘΓΏ.

»Es ist übrigens kläglich, wie sie weint«, sagt er für sich; seine Neigung regt sich, und wir ahnen, es wird nicht so schlimm werden.

161 Chr. ὍΤΙ ΤΟῦΤ' ἈΝΕΙΛΌΜΗΝ, ΔΙᾺ ΤΟῦΤΟ ΚΑΝΤΙΚΑΙ;
Dem. ΔΙᾺ ΤΟῦΤΟ· ΤΟΙΟῦΤ' ἦΝ ΤῸ ΚΑΚΌΝ. ⟨Chr. ΟὐΧ⟩ ΜΑΝΘΆΝω.

Die sinnlosen Buchstaben bergen mindestens dem Sinne nach ἘΚΒΆΛΛΟΜΑΙ, sonst könnte es noch eine zweite Person Singularis sein, im Sinne von ἘΚΒΆΛΛΕΙC ΜΕ oder ὈΡΓΊΖΗΙ.

164 Sie kam zu ihm in einem schlichten Hemde, ἘΝ CΙΝΔΟΝΊΤΗΙ ΛΙΤῶΙ. Das steht da, als ΑΙΤω abgeschrieben.

165 Chr. ΝῦΝ ΔῈ ΤΊ CΕ Dem. ΜΉ ΜΟΙ ΛΆΛΕΙ. ἈΔΙΚῶ wollte sie fortfahren.

172 Dem. ΥἹῸΝ ΠΕΠΌΗΚΑC, ΠΆΝΤ' ἜΧΕΙC; Chr. ΤΟΎΤωΙ ΔΆΚΝΕΙ; ὍΜωC Dem. ΚΑΤΆΞω ΤῊΝ ΚΕΦΑΛῊΝ ἌΝΘΡωΠΈ COY.

Cod. ΟΥΠω Δ. Sie will ihm schön tun; als er sie wild abwehrt, gibt sie alles zu und schweigt dann. Sie kennt ihren Alten. 168 hat sie's schon geahnt ΤῸ ΠΡᾶΓΜ' ὈΡΓΉ ΤΊC ἘCΤΙΝ (so natürlich zu verbinden). Es ist nicht der erste Sturm.

183 ΤΆΛΑΙΝ' ἘΓΏ⟨ΓΕ⟩ ΤῆC ἘΜῆC ΤΎΧΗC

197 Schon bei ΟὐΚ ὨΡΓΊΖΕΤΟ setzt Chrysis ein. Nikeratos: »Ich hatte gehört, daß du ein Kind aufzögst. Es ist eine Verrücktheit; aber Demeas ist doch gutmütig.« Chrysis: »Er war auch gar nicht gleich böse, sondern erst eben, einige Zeit danach. Er hatte mir sogar aufgetragen usw.«

203 ἈΛΛᾺ ΠΆΛΙΝ ἘΛΘΏΝ: ΤῸ ΔΕῖΝΑ ΜΙΚΡΌΝ, ὦ ΤᾶΝ, ΟἼΧΕ[ΤΑΙ]
ΠΆΝΤΑ ΠΡΆΓΜΑΤ', ἈΝΑΤΈΤΡΑΠΤΑΙ, ΤΈΛΟC ἜΧΕΙ: ΝῊ ⟨ΤῸΝ⟩ ΔΊΑ.

Das Vorhergehende ist verloren, so daß einige Unsicherheit bleiben muß. Von den Personen ist Demeas der, welcher bestimmt und dann sich ausmalt, wie Nikeratos wettern wird. Also hat er auch den Satz gesprochen, der mit ἈΛΛΆ beginnt und abgebrochen wird. Der andere Unterredner ist später verschwunden, also in das Haus des Demeas gelaufen, muß aber vorher in dem andern gewesen sein. Der Codex läßt ihn mit τὸ δεῖνα beginnen, und das paßt auch gut »da haben wir's«. Aber μικρόν bleibt unverständlich. Also wird Demeas gesagt haben »es wird so schlimm schon nicht werden. Nikeratos wird böse werden, aber wenn er dann heimkommt, wie er's eben macht, ein bißchen« — fluchen λοιδορήσει, so etwas wird von dem entsetzten Sklaven oder auch der Chrysis abgeschnitten.

218 coì δ' ἐβουλόμην προειπεῖν gehört dem Nikeratos, der damit in das Haus des Demeas geht: das mußte er ihm ankündigen.

233/34 τὸ παιδίον [ἀποδ'ᾴδωc] ἐμοί;

238 Dem. κάτεχε δὴ c⟨ε⟩αυτόν; Nik. ἀδικεῖς Δημέα με. δῆλος εἶ.

242 Von hier ab sind die Tetrameter durch Umstellungen und falsche Versabteilung mehrfach gestört, aber alles leicht zu heilen

ἔcτι δ' οὐ τοιούτον. ἀλλὰ περιπάτη[cον] ἐνθαδὶ
μικρὰ μετ' ἐμοῦ; Nik. περιπατήcω. Dem. καὶ cεα[υτὸν cυλ]λαβέ.
οὐκ ἀκήκοας λεγόντων, εἰπέ μοι [Νικήρα]τε,

245 τῶν τραγωιδῶν ὡς γενόμενος [χρυςὸ]ς ὁ Ζ[εὺς] ἐρρύη
διὰ τέγους κατειργμένην δὲ παῖδ' ἐμοίχευςεν [ποτέ;]
Nik. εἶτα δὴ τί τοῦτ'; Dem. ἴcως δεῖ πάντα προςδοκᾶν. cκόπει,
το[ῦ τέ]γους εἴ coι μέρος τι ῥεῖ; Nik. τὸ πλεῖcτον. ἀλλὰ τί usw.

243 μικρόν. 244 εἰπέ μοι steht hinter λεγόντων. 245 ὁ Ζεὺς χρυcό]c ergänzt von Lefevbre. 246 διὰ τοῦ τέγους verbessert von Lefebvre. Dieser ergänzt am Schluß ἐκεῖ, aber seine Abschrift gibt Punkte. 248 το[.....]γ̣ε̣υ̣ς abgeschrieben. Personenwechsel hinter πλεῖcτον. ῥεῖ »ist durchlässig, läßt durchregnen«. So redet Plutarch von ἀρρεῖον ῥέον ad princ. inerud. 782ᶜ und die ῥυτά heißen davon, die Astydamas mit etymologischer Kakozelie ῥέοντα nennt, Fragm. 3 Nauck.

251 Dem. μὰ τὸν Ἀπόλλω 'γὼ μὲν οὔ.

255 θεῖον δ' ἐςτ', ἀκριβῶς ⟨οἶδα⟩, τὸ γεγενημένον. Cod. ἐςτιν.

261 Ἀνδροκλῆς ἔτη τοσαῦτα ζῆι τρέχει πηδᾶι πολὺ
πράττεται, μέλας περιπατεῖ, λευκὸς οὐκ ἂν ἀποθάνοι
οὐδ' ἀ - - ται τις αὐτόν· οὗτός ἐςτιν οὐ θεός;

261 παιδα: da ist in Wahrheit auch nur der E-Laut vertauscht. 263 kann die Abschrift cγα' αξειcφα . ται nicht richtig sein.

268 Dem. τἄνδον εὔτρεπῆ. Nik. ποίημα τὰ παρ' ἐμοὶ Δ[ιὸς χάριν,]
Dem. κομψὸς εἶ; Nik. χάριν δὲ πολλὴν πᾶcι τοῖc θε[οῖc ἄγω]
οὐδὲν εὑρηκὼς ἀληθὲς ὧν τότ' ὤιμην [εἰδέναι]

Demeas hat nun den Nikeratos überzeugt, daß seine Tochter eine neue Danae ist, und führt ihn zu dem Hochzeitsmahl ab. Der sagt: »Ja, was bei mir passiert ist, ist ein Gedicht«, was ihm das Kompliment einträgt, »du bist ein feiner Kopf«. Wie man 268 ergänzt, ist Nebensache, δ⌈οκεῖ cχεδόν⌉ ginge z. B. auch. 269 hat Lefebvre ergänzt.

872   Sitzung der philosophisch-historischen Classe vom 5. December 1907.

281 αῦτις: so steht hier öfter; wir werden gut tun, in dem Wort überhaupt Tenuis und Aspirata zuzulassen.

289 πο[ιητέον]. 295 εἴc δέοντά μ[οί ποθεν]. 302 αῦτη. 317 εἶ; »wirst du gehen?« abzuteilen.

325 Der Witz der Szene ist, daß Moschion seinen Vater als Parmenon behandelt, den er nach χλαμύc und cπάθη geschickt hat, während der Vater ihn zu den Hochzeitsgästen hineinholen will. Danach ändert sich die Personenverteilung und -bezeichnung vielfach. 326 sagt der Vater:

    εἰδὼc δ᾽ ἀκριβῶc οὐδὲν οὐδ᾽ ἀκηκοώc
    διὰ κενῆc cαυτὸν ταράττειc, ἐμέ [δέ - - -]
  Mosch. οὐ φέρειc; dann unsicher bis

330 Mosch. οὗτοc οὐ φέρειc; Dem. cὲ γὰρ ⟨δὴ⟩ περιμένουc᾽ οὗτοι πάλαι Mosch. ἐμέ; τί ἐμέ; τὴν [χλαμύ]δα μέλλειc. Dem. εὐτυχεῖc, οὐδὲν κακόν ἔcτ᾽ ἔcω· θάρρει. Mosch. τί βούλει; νουθετήcειc μ᾽ εἰπέ μοι ἱερόcυλε παῖ; Dem. τί ποιεῖc Μοcχίων; Mosch. οὐκ εἰcδραμών [θᾶττ]ον ἐξοίcειc ἃ φημί; Dem. διακέκομμαι τὸ cτόμα.

335 Mosch. [ἔτι λα]λεῖc οὗτοc; Dem. βαδίζω νὴ Δι᾽, ἐξεύρηκα δὲ [μέγα κ]ακόν.

Der Rest ist mir noch nicht klar geworden. 327 gibt die Abschrift διακιν...αυτ, die Umschrift διακινεῖc cαυτόν. 334 hat Lefebvre ergänzt. 335 ist τε für δέ überliefert, Ägyptismus.

Mit den folgenden Blättern, die zu einer andern Komödie gehören, ist zur Zeit wenig anzufangen; da der Papyrus aber oft nur abgerieben, nicht abgerissen ist, darf man hoffen, daß sich noch mehr lesen läßt.

SITZUNGSBERICHTE
DER
KÖNIGLICH PREUSSISCHEN
AKADEMIE DER WISSENSCHAFTEN.

1907.

L.

---

5. December. Sitzung der physikalisch-mathematischen Classe.

Vorsitzender Secretar: Hr. Waldeyer.

1. Hr. Zimmermann las über grosse Schwingungen im widerstehenden Mittel und ihre Anwendung zur Bestimmung des Luftwiderstandes.

Er erörterte die Mängel des bisher üblichen Verfahrens, den Luftwiderstand durch kleine Schwingungen eines schwach gedämpften Pendels zu bestimmen. Er schlug vor, gerade den entgegengesetzten Weg zu gehen, also mit grossen Schwingungen und stärkerer Dämpfung zu arbeiten, und begründet dies eingehend durch theoretische Untersuchung des Schwingungsvorganges. Er zeigte, dass dieses Verfahren auf einfache Weise zu genaueren Ergebnissen führt als das andere. Hieran knüpfte er einige Bemerkungen über geradlinige Schwingungen, wie sie u. A. beim Luftballon vorkommen; er zeigte, wie sich auch diese vorausberechnen lassen.

2. Folgende Druckschriften wurden vorgelegt: Heft 29—32 des akademischen Unternehmens »Das Pflanzenreich«, enthaltend die *Erythroxylaceae* von O. E. Schulz, die *Styracaceae* von J. Perkins, die *Potamogetonaceae* von P. Ascherson und P. Graebner und die *Orchidaceae-Monandrae-Coelogyninae* von E. Pfitzer und Fr. Kränzlin. Leipzig 1907 und Handbuch der vergleichenden und experimentellen Entwickelungslehre der Wirbeltiere. Hrsg. von O. Hertwig. Bd. 1 (2 Teile). Jena 1906.

Über große Schwingungen im widerstehenden Mittel und ihre Anwendung zur Bestimmung des Luftwiderstandes.

Von H. ZIMMERMANN.

Die Versuchsfahrten der »Studiengesellschaft für elektrische Schnellbahnen« haben — wie zu erwarten war — gezeigt, daß unter den verschiedenen Widerständen, die die Fahrzeuge überwinden müssen, mit wachsender Geschwindigkeit der Luftwiderstand immer mehr in den Vordergrund tritt. Demgemäß ist der Ermittlung dieser Größe auch besondere Aufmerksamkeit gewidmet worden. Als eins der wichtigsten Ergebnisse der zahlreichen Messungen, die ich fast alle persönlich ausgeführt habe, ist die Tatsache zu nennen, daß der Widerstand, den eine rechtwinklig zur ruhenden Luft bewegte Ebene erfährt, mit dem Quadrate der Geschwindigkeit wächst. Es konnte das ziemlich scharf für Geschwindigkeiten von etwa 20 bis 210 Kilometern in der Stunde, also von 5 bis 58 Metern in der Sekunde, festgestellt werden. Es ergab sich nämlich, daß bei allen Fahrgeschwindigkeiten vor den rechtwinklig zur Längsachse stehenden Teilen der Stirnflächen eine gegen das Fahrzeug ruhende Luftmasse mitgerissen wurde. Den Beweis dafür lieferte die oft wiederholte Beobachtung, daß die mit Hilfe eines durch die Wagenwand in den fraglichen Raum geleiteten Rohres gemessene Spannung sich unabhängig zeigte von der Lage, Richtung, Größe und Form der Endöffnung des Maßrohres. So fand sich z. B. derselbe Druck, ob die Öffnung des herausragenden Rohres nach vorn, oder ob sie durch Umbiegung nach hinten gegen die Wagenwand gerichtet war. Hieraus folgt, daß der Luftwiderstand bei einer rechtwinklig getroffenen Fläche nichts anderes ist, als der statische Druck, den die vor der Fläche befindliche, von ihr mitgeführte Luftmasse gegen sie ausübt[1]. Dieser günstige Umstand er-

---

[1] Das bestätigt für den vorausgesetzten Fall die Anschauungen von V. LOESZL, der die mitgeführte Luftmasse als »Lufthügel« bezeichnet hat. Vgl. sein Buch: Die Luftwiderstandsgesetze. Wien 1896. S. 31.

möglichte es, sowohl die Beziehung zwischen der Geschwindigkeit und dem Luftwiderstand als auch dessen Einheitswert nach sehr einfachem und sicherem Verfahren mit verhältnismäßig großer Genauigkeit festzustellen.

Schwieriger gestaltete sich die Untersuchung des Einflusses der Wagenform. Zwar konnte der Druck auf die geneigten Stirnflächen und die Seiten- und Hinterflächen des Wagenkastens in derselben Weise gemessen werden. Dabei stellte sich aber heraus, daß der Widerstand durchaus nicht eindeutig von der Neigung dieser Flächen gegen die Bewegungsrichtung abhängt, sondern in hohem Maße durch die Lage des Meßpunktes innerhalb der Fläche und durch die Form der angrenzenden Flächenteile beeinflußt wird. So zeigte sich z. B. nach dem Vorbauen einer keilförmigen Luftschneide mit ebenen Seitenflächen, daß der Druck auf diese Flächen vorn (an der Schneidkante) ebenso groß war, wie bei einer rechtwinklig zur Fahrrichtung stehenden Ebene, daß er aber nach seitwärts und rückwärts schnell abnahm und in der Nähe der Seitenwände des Wagens sogar negativ werden konnte — wohlverstanden auf der Vorderseite des mit großer Geschwindigkeit fahrenden Wagens[1]. Dies Ergebnis ist in augenfälligster Weise durch eine Wahrnehmung bestätigt worden, die beim Bruch der Glasscheibe an einer Ecke der Vorderwand des Versuchswagens gemacht wurde. Durch die hier entstandene große Öffnung drang ein fühlbarer Luftstrom nicht etwa von außen nach innen, sondern umgekehrt aus dem Innern des Wagens nach außen, also der Fahrrichtung entgegen. Diese Beobachtungen lehren, daß es Fälle gibt, in denen das alte, schon von NEWTON geübte Verfahren, den Druck auf eine schräg zur Bewegungsrichtung gestellte Ebene, ohne Rücksicht auf deren Größe und Begrenzung durch Projektion aus dem Druck auf eine gleiche, rechtwinklig zur Richtung der Bewegung stehende Ebene abzuleiten, vollkommen versagt. Damit entfällt auch die tatsächliche Unterlage für die Zusammensetzung des Druckes auf eine gebrochene oder gekrümmte Fläche aus den Einzeldrücken, die ihre Teile oder kleinsten Teilchen erfahren würden, wenn sie für sich und losgelöst aus dem Zusammenhange mit den übrigen in Wirksamkeit wären. Die vielfach unternommenen Versuche, den Druck auf gekrümmte Flächen durch einfache Integration der rechnungsmäßigen Elementardrücke zu bestimmen, können also nicht zu einem sicheren Ziele füh-

---

[1] Vgl. Bericht der Studiengesellschaft für elektrische Schnellbahnen über die Versuchsfahrten in den Monaten September bis November 1903. Berlin 1904. Taf. 12 u. 13. Damit dürfte die Annahme v. LOESZLS, daß auch bei Ebenen, die zur Bewegungsrichtung geneigt stehen, ein die ganze Fläche bedeckender Lufthügel vorhanden sei, als nicht immer zutreffend erwiesen sein.

ren. Dagegen würde sich der Gesamtdruck natürlich durch Messung und Zusammensetzung aller Einzeldrücke wohl ermitteln lassen. Das Ergebnis würde aber nur für die eine bestimmte Gesamtform gelten, irgendeinen Rückschluß auf andere, davon abweichende Formen also nicht gestatten. Man hätte hiernach, um bei den Schnellfahrversuchen Aufschlüsse über den Einfluß verschiedener Wagenformen zu gewinnen, die betreffenden Formen in voller Größe herstellen und an die Versuchswagen anbauen müssen. Dann wären noch Messungen an einer großen Zahl von Punkten einer jeden Form auszuführen gewesen. Der außerordentliche Aufwand an Zeit und Kosten, den ein solches Verfahren erfordert haben würde, zwang dazu, hiervon Abstand zu nehmen und die gesuchte Kenntnis auf anderem Wege zu erstreben.

Einen solchen Weg fanden die Beamten der Studiengesellschaft in der Anstellung von Pendelversuchen mit Modellen der zu erforschenden Wagenformen. Diese Versuche sind vom Regierungsbaumeister Denninghoff im Jahre 1904 in sehr geschickter und sorgfältiger Weise für eine große Reihe von Modellen durchgeführt worden[1]. Er hat dabei die Schwingungen gezählt, die bis zu einer bestimmten Verminderung des Pendelausschlages notwendig waren. Je größer diese Zahl, desto kleiner mußte offenbar der Widerstand der betreffenden Form sein. Hiernach wurden die Formen in eine Reihe geordnet, wogegen wohl nichts einzuwenden ist. Sie wurden aber auch gegeneinander dadurch genauer abgestuft, daß man für sie Ziffern aus den Schwingungszahlen ableitete, wobei die ungünstigste Form (mit rechtwinklig abgeschnittenen Enden) die Ziffer 1 erhielt, während die Ziffern der anderen Formen echte Brüche sind. Irgendeine nachweisliche Beziehung zu den wirklichen Widerständen haben diese Ziffern nicht; sie sind insbesondere nicht etwa als Wertmaße dafür anzusehen. Diese Versuche haben also nicht zu einem vollständigen Aufschluß geführt. Es liegt das daran, daß die Gesetze der Schwingungen eines Pendels in einem Mittel, dessen Widerstand dem Quadrat der Geschwindigkeit entspricht, bis jetzt noch wenig erforscht sind, und daß daher zur Zeit der Versuchsanstellung ein ausreichender Einblick in die Bedingungen nicht möglich war, die erfüllt werden müssen, wenn die Versuche zahlenmäßig bestimmte Ergebnisse für die Größe des Widerstandes liefern sollen.

Im gleichen Jahre wie Denninghoff und anscheinend unabhängig von ihm hat Prof. Frank in Hannover ganz ähnliche Pendelversuche mit Körpern von allgemeinerer Form begonnen; im folgenden Jahre

---

[1] Wegen des Näheren vgl. Bericht der Studiengesellschaft für elektrische Schnellbahnen über die Versuche zur Ermittelung der Zugwiderstände im Jahre 1904. Berlin 1905. Ferner Glasers Annalen vom 15. Juni 1906, S. 231.

hat er sie zu Ende geführt[1]. Frank steckte sich dabei das Ziel, erstens zu beweisen, daß sich der Luftwiderstand mit dem Quadrat der Geschwindigkeit ändert, und zweitens die Größe des Widerstandes für verschiedene Körperformen zu ermitteln. Das von ihm zu diesem Zweck angewendete Verfahren gibt aber in theoretischer Hinsicht zu Bedenken Anlaß. Er berechnet nämlich die Arbeit, die der Luftwiderstand bei einer kleinen Schwingung vernichtet, mit Benutzung eines Ausdruckes für die Geschwindigkeit, der nur für die widerstandslose Bewegung gilt, während doch die wirkliche Geschwindigkeit des Pendelkörpers vom Widerstand abhängt und unter Umständen sehr viel kleiner sein kann als bei der Bewegung im leeren Raume. Gerade darauf kommt es an, die Beziehung zwischen der Größe des Widerstandes und der bei einer beliebigen Pendellage vorhandenen Geschwindigkeit zu bestimmen. Damit lassen sich dann die Ausschläge des Pendels berechnen, und wenn man diese andrerseits beobachtet, so ergeben sich die Unterlagen zur Berechnung des Widerstandes. Da Frank hierauf nicht eingegangen ist, so fehlt es den Ergebnissen seiner Versuche an einer ausreichenden theoretischen Begründung; sie sind deshalb nicht recht beweiskräftig.

Ungefähr zur selben Zeit hat sich noch ein dritter Forscher, Prof. Dr. H. Hergesell, mit der Aufgabe beschäftigt, den Luftwiderstand bewegter Körper — in diesem Falle mit Luft gefüllter Ballonhüllen — durch Pendelversuche zu bestimmen. In dem darüber erstatteten Berichte hat Hergesell die theoretische Seite des Vorganges unter der ausgesprochenen Annahme untersucht, daß die Pendelausschläge so klein gewählt werden, daß der Sinus des Ausschlagwinkels mit seinem Bogen vertauscht werden darf. Im Laufe der Rechnung wird aber, um die Bewegungsgleichung wenigstens näherungsweise integrieren zu können, stillschweigend die weitere Voraussetzung gemacht, daß gewisse Funktionen der Pendelabmessungen und der Einheitswiderstände so kleine Größen seien, daß bei der Reihenentwickelung ihre höheren Potenzen gegenüber der ersten vernachlässigt werden können. Ob diese Bedingung bei den ausgeführten Versuchen erfüllt war, ist im Berichte nicht näher erörtert. Angenommen, es sei der Fall gewesen, so ist man berechtigt (wie Hergesell es tut), in die Differenzialgleichung der Bewegung für die Geschwindigkeit näherungsweise den Wert einzusetzen, der sich bei widerstandsfreier Bewegung ergeben würde. Dann läßt sich die Integration in geschlossener Form ausführen. Zu einem solchen Verfahren ist Hergesell, nebenbei be-

---

[1] Ein Bericht darüber findet sich in der Zeitschrift des Vereins Deutscher Ingenieure 1906, S. 593 u. ff.

merkt, durch die Annahme gezwungen worden, daß der Luftwiderstand nicht nur von der zweiten, sondern zugleich auch von der ersten Potenz der Geschwindigkeit abhänge. Als weitere, nur bedingt zulässige Annahme ist schließlich die Vernachlässigung des Unterschiedes zwischen dem Anfangs- und dem Endwinkel einer Schwingung in den die Geschwindigkeit enthaltenden Gliedern der Stammgleichung zu erwähnen. Im ganzen setzt also Hergesell offenbar eine solche Anordnung der Versuche voraus, daß die Pendelausschläge, die Geschwindigkeiten und die oben erwähnten Funktionen der Widerstände stets nur kleine Werte annehmen, daß also die Schwingungen nur wenig von denen eines Pendels im luftleeren Raum abweichen[1].

Es ist nicht meine Absicht, zu untersuchen, ob dieses Verfahren für die Lösung der Aufgabe, die Hergesell sich gestellt hatte, das einzig mögliche oder das zweckmäßigste war. Den Schwierigkeiten gegenüber, die aus der vorher erwähnten Annahme über das Widerstandsgesetz erwuchsen, hatte es jedenfalls seine Berechtigung. Nun liegt aber die Frage nahe, ob sich seine Anwendung auch dann empfiehlt, wenn der Widerstand bei viel größeren Geschwindigkeiten ermittelt werden soll, als Hergesell angewandt hat — sie bewegten sich zwischen 0,2 und 2 Metern und betrugen meist nur Bruchteile eines Meters. Für die Widerstände von Eisenbahnfahrzeugen sind so kleine Geschwindigkeiten bedeutungslos; erst bei 20 oder 30 Metern fängt der Luftwiderstand an, ins Gewicht zu fallen. Schon bei 20 Metern beträgt der Wert des von der ersten Potenz der Geschwindigkeit abhängenden Gliedes des Widerstandes nach den Ergebnissen der Versuche Hergesells nur 0,5 bis 1,7 Hundertstel des mit der zweiten Potenz wachsenden Gliedes; unter diesen Umständen ist also der Anteil der ersten Potenz, der gewöhnlich als Reibungswiderstand aufgefaßt wird, bei Körpern der von Hergesell untersuchten Art gegenüber dem Anteil der zweiten Potenz, dem Stoß- oder Druckwiderstande, technisch zu vernachlässigen. Nach den Ergebnissen der oben besprochenen Versuche Denninghoffs ist anzunehmen, daß dies auch für Körper von der Form eines Eisenbahnwagens gilt. Es folgt das aus der Beobachtung, daß die Ausschläge des Pendels nur wenig schneller abnahmen, wenn der langgestreckte, vorher glatte Modellkörper an beiden Seitenflächen mit je 12 senkrechten schmalen Rippen versehen wurde. Hiernach erscheint es zulässig, den Luftwiderstand schnelllaufender Eisenbahnfahrzeuge als mit dem Quadrate der Geschwindigkeit wachsend anzusehen. Dann ist eine strenge Integration der Be-

---

[1] Den Bericht über die in Rede stehenden Versuche hat Hergesell im Mälzheft der Illustrierten aeronautischen Mitteilungen für 1904 veröffentlicht. Ich habe erst vor einigen Wochen durch Hrn. Prof. Dr. Süring davon Kenntnis erhalten.

wegungsgleichung des pendelnd aufgehängten Modells möglich, und damit ändern sich auch die Gesichtspunkte, nach denen das Versuchsverfahren einzurichten ist.

Bei dem von Hergesell angewandten Verfahren ist man genötigt, den Genauigkeitsgrad der Beobachtungen dadurch zu steigern, daß man den Einfluß des Luftwiderstandes nicht an einer Einzelschwingung, sondern an der Gesamtwirkung auf eine längere Reihe von Schwingungen mißt. Wenn nun aber die Näherungsfehler bei der Berechnung der Abnahme der Schwingungsweiten für einen Ausschlag etwa von derselben Größenordnung sind wie die Beobachtungsfehler, so wird bei der Beobachtung der Gesamtwirkung möglicherweise durch Rechnungsungenauigkeit nahezu ebensoviel eingebüßt, wie man an Beobachtungsgenauigkeit gewinnt. Es spricht sogar eine gewisse Wahrscheinlichkeit dafür, daß die Einbuße noch größer sein wird, denn nach bekannten Gesetzen ergeben die Beobachtungsfehler, da sie als »zufällige« Fehler ebensogut negativ wie positiv sein können, bei gleicher Einzelgröße eine kleinere Summe als die »systematischen«, alle in gleichem Sinne wirkenden Rechenfehler. Wenn man dagegen, statt mit kleinen Ausschlägen und geringer Dämpfung zu arbeiten, gerade entgegengesetzt die Anordnungen so wählt, daß große und schnell abnehmende Schwingungen entstehen, so erscheint es möglich, schon bei einer Schwingung Widerstandswirkungen von einer Größe zu erhalten, die sichere Beobachtungen zuläßt[1]. Und da sich in diesem Falle die Beziehungen zwischen dem beobachteten Werte und dem gesuchten Widerstande mathematisch scharf angeben lassen, so sind alle rechnerischen Zweifel vermieden. Eine solche Anordnung dürfte mithin im allgemeinen den Vorzug verdienen. Für sie spricht ja auch die anerkannte Regel, wonach Versuche immer so einzurichten sind, daß die zu erforschende Wirkung die Nebenerscheinungen möglichst überwiegt. Hierzu kommt noch, daß das Verfahren mit Schwingungsreihen nur bei Körpern anwendbar ist, die in beiden Bewegungsrichtungen den gleichen Widerstand erleiden, während die Beobachtung von Einzelschwingungen auch bei Körpern zum Ziele führt, deren Vorder- und Rückseite nicht gleich sind.

---

[1] Wenn oben von einer Schwingung gesprochen wird, so ist damit selbstverständlich nicht gemeint, daß nur eine Beobachtung angestellt werden soll, sondern vielmehr, daß die Abnahme des Ausschlages für jede einzelne Schwingung einer beliebig langen Reihe zu messen ist. Ob diese Schwingungen unmittelbar aufeinanderfolgen, also allmählich immer mehr abnehmen, oder ob man das Pendel nach jeder Einzelschwingung hemmt und wieder in dieselbe Anfangslage bringt, ist grundsätzlich nicht von Bedeutung; nur würde die zweite Art der Versuchsführung eine bequemere Auswertung der Ergebnisse gestatten. Die Herabdrückung des Einflusses der Beobachtungsfehler durch Wiederholung ist also beim Beobachten von Einzelschwingungen ebensogut möglich, wie beim Beobachten der Gesamtwirkung einer ganzen Schwingungsreihe.

Zum Schluß dieser einleitenden Erörterungen möchte ich noch die Frage kurz berühren, ob nicht auch die öfter (z. B. von v. Loeszl in sehr ausgedehnter Weise) angewandten **Rundlaufvorrichtungen** zur Bestimmung des Widerstandes von Wagenmodellen brauchbar sein würden. In Ermanglung eigner Erfahrungen glaube ich mich eines bestimmten Urteiles darüber enthalten zu müssen. Ich darf aber vielleicht erwähnen, was mir als Vorzug oder Nachteil der einen und der anderen Art der Versuchsausführung erscheint. Für den Rundlauf spricht der Umstand, daß mit ihm (annähernd) gleichförmige Geschwindigkeiten erzeugt werden können, und daß sich daher die rechnerische Auswertung der Versuchsergebnisse sehr einfach gestaltet. Ungünstig ist dagegen die Notwendigkeit stärkerer Aufhängearme für die Versuchskörper. Die Störungen, die diese Arme in der Luft hervorbringen und die Reibungen, die das umlaufende Traggestell in seinen Lagern erzeugt, dürften nur schwer von den entsprechenden Wirkungen des Luftwiderstandes der Versuchskörper zu trennen sein, da die Störungen sowohl wie die Reibungen beim Vollgang der Maschine nicht notwendig dieselben zu sein brauchen wie beim Leerlauf. Große Schwierigkeiten macht eine hinreichend genaue Zeitmessung; hieraus können bei größeren Geschwindigkeiten sehr beträchtliche Fehler entspringen. Auch durch die bei solchen Geschwindigkeiten schwer zu verhindernden Erschütterungen wird nach v. Loeszls Angabe die Genauigkeit der Messungen sehr beeinträchtigt. Die Pendelversuche sind von all diesen Mängeln frei; ihr größter Vorzug scheint mir darin zu liegen, daß sie keine Zeitbestimmungen erfordern. Ferner ist die größere Freiheit in der Länge der Aufhängung günstig. Je länger diese, je gestreckter also die Bahn des Versuchskörpers ist, desto mehr werden störende (»zentrifugale«) Luftbewegungen vermieden. Dagegen dürfte die genaue Einstellung und Führung der Versuchskörper schwierig sein. Die Einrichtungen, die Frank zu diesem Zweck bei den Versuchen vom Jahre 1905 getroffen hat, sind meines Erachtens wegen ihres Gewichtes und Luftwiderstandes unerwünschte Zugaben.

A. Pendelschwingungen.

Die nachfolgende Untersuchung gilt streng genommen nur für ein »mathematisches« Pendel; d. h. sie setzt voraus, daß alle Kräfte und Massen als in ein und demselben Punkte — etwa dem Schwerpunkte des Versuchskörpers — wirkend gedacht werden. Diese Bedingung läßt sich natürlich nur annähernd erfüllen, und zwar dadurch, daß man die Abmessungen des Versuchskörpers in der Richtung des Schwingungshalbmessers im Verhältnis zu diesem möglichst klein wählt und den Körper an möglichst dünnen und leichten Stäben oder Drähten aufhängt. Bei vorgeschriebener Größe des Versuchskörpers ist also die Aufhängung möglichst lang zu machen.

Für eine solche Anordnung sprechen verschiedene Gründe. Zunächst die Vereinfachung der erforderlichen Rechnungen. Es würde zwar keine besonderen Schwierigkeiten bieten, die Rechnung nötigenfalls auch unter genauerer Berücksichtigung der wirklichen Massen- und Kräfteverteilung durchzuführen. Da es sich jedoch hier zunächst weniger um die Anwendung als um eine möglichst übersichtliche Darstellung der Grundlagen des Verfahrens handelt, so verdient die einfachere Rechnungsweise den Vorzug. Ferner schränkt die geschilderte Anordnung aber auch die Fehlerquellen ein, was noch wichtiger ist. Das schwingende Pendel übt auf die umgebende, in gewissem Grade mitschwingende Luft eine Schleuderwirkung aus, die bei gleicher Geschwindigkeit mit abnehmendem Schwingungshalbmesser wachsen muß. Da bei der Bewegung in gerader Bahn, für die der Widerstand eigentlich ermittelt werden soll, eine solche einseitige Bewegung der Luft nicht stattfindet, so ist zu befürchten, daß eine zu kurze Aufhängung des Pendels auf Widerstandszahlen führen würde, die zur Berechnung des Widerstandes geradlinig bewegter Körper nicht verwendbar sind[1].

---

[1] Bei einem Teil der Versuchskörper HERGESELLS scheint die Bedingung der langen Aufhängung nicht ausreichend erfüllt gewesen zu sein. So betrug z. B. der Durchmesser des größten Ballons 10,18 m. die Aufhängungslänge nur 16,0 m. Demgemäß hat HERGESELL auch ganz richtig vermieden, das Pendel als mathematisches zu behandeln. Er hat aber andererseits nicht darauf Rücksicht genommen, daß bei der Schwingung von Kugeln mit gleicher Aufhängungslänge, aber sehr verschiedenem Durchmesser möglicherweise eine wesentlich verschiedene Wirkung auf die umgebende Luft stattfindet, daß also auch die auf die Querschnittseinheit bezogenen Widerstände bei gleicher Geschwindigkeit des Schwerpunktes aus diesem Grunde verschieden groß sein können. Vielleicht entspringen die beträchtlichen Unterschiede in den von HERGESELL gefundenen Widerstandszahlen der großen und kleinen Ballons aus diesem Umstande. Denkt man sich die Vergrößerung der Kugel bei gleichbleibendem Abstande ihres Schwerpunktes vom Aufhängepunkte immer weiter getrieben, so tritt ein Augenblick ein, wo die Schwingungsachse in die Oberfläche fällt; dann rückt sie sogar in das Innere der Kugel. Es erscheint einleuchtend, daß sich dabei der Bewegungsvorgang für die Oberfläche seiner Art nach ändert. Es tritt sozusagen die fortschreitende Bewegung immer mehr hinter der drehenden zurück. Wird der Durchmesser gegenüber der Aufhängungslänge unendlich groß, so kann die schwingende Bewegung der Kugel als eine reine Drehbewegung um ihren Mittelpunkt aufgefaßt werden. Dann muß der dem Quadrat der Fortschrittsgeschwindigkeit entsprechende Widerstand gegenüber den durch die Drehung hervorgerufenen Reibungswiderständen ganz verschwinden. In der Tat hat HERGESELL auch gefunden, daß der der ersten Potenz der Geschwindigkeit entsprechende, als Folge der Lufttreibung anzusehende Teil des Gesamtwiderstandes sich mit zunehmender Größe des Versuchskörpers nur wenig ändert, während der von der zweiten Potenz abhängige Teil dabei immer kleiner wird. — Um die Ergebnisse der verschiedenen Versuche sicher miteinander vergleichen zu können, hätten die Pendellängen wie die Durchmesser der Pendelkörper verändert werden müssen.

Eine recht lange Aufhängung des Pendels empfiehlt sich auch deswegen, weil damit größere Umfangsgeschwindigkeiten, also auch stärker hervortretende, genauer meßbare Widerstandswirkungen zu erreichen sind. Der auf die Pendeldrähte einwirkende Luftwiderstand erzeugt in ihnen eine Biegung, die rechnerisch kaum zu verfolgen ist. Die daraus entspringenden Fehler werden jedenfalls um so kleiner, je dünner man die Drähte wählt. Bei Anwendung hartgezogener Stahldrähte, die im Verhältnis zu ihrem Querschnitt eine sehr große Tragfähigkeit besitzen, kann man, wie die Versuche von Denninghoff und Frank lehren, mit der Dicke sehr weit (bis auf Bruchteile eines Millimeters) heruntergehn. Schließlich möge noch bemerkt werden, daß auch der Reibungs- oder Biegungswiderstand, der am Aufhängepunkte wirkt, so klein gehalten werden kann, daß man ihn gegen die übrigen Kräfte vernachlässigen darf. Er wird daher hier nicht berücksichtigt.

I. Die Bewegungsgleichung.

Es bezeichne G das Gewicht und m die Masse des Versuchskörpers, r den Schwingungshalbmesser, s den zu einer beliebigen Zeit t gehörigen Schwingungsbogen, gemessen von der Ruhelage aus, W die in die Bewegungsrichtung fallende Seitenkraft des gesamten Luftwiderstandes bei der Geschwindigkeit $v = 1$ und $g = G : m$ die Beschleunigung der Schwere.

Da die Beschleunigung der Schwere stets nach unten, der Luftwiderstand aber der Bewegung entgegen wirkt, so ergeben sich verschiedene Formen für die Bewegungsgleichung, je nachdem der Schwingungsbogen im Wachsen oder im Abnehmen begriffen ist.

Man findet

bei zunehmendem Bogen s:

$$(1a) \quad m\frac{d^2s}{dt^2} = -W\left(\frac{ds}{dt}\right)^2 - G\sin\frac{s}{r},$$

bei abnehmendem Bogen s:

$$(1b) \quad m\frac{d^2s}{dt^2} = +W\left(\frac{ds}{dt}\right)^2 - G\sin\frac{s}{r}.$$

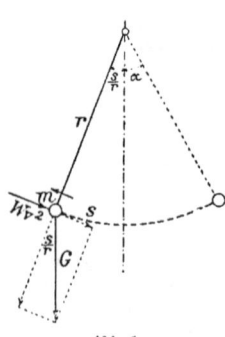

Abb. 1.
Das Pendel mit den daran wirkenden Kräften.

Es hätte keinen Zweck, die weiteren Entwicklungen immer für beide Fälle durchzuführen. Denn sobald die Aufgabe für eine ganze Schwingung in der einen Richtung gelöst ist, ergibt sich für die entgegengesetzte Richtung alles von selbst durch bloße Umkehrung. Wir wählen als Ausgang die Gleichung (1a), betrachten also die Schwingung des Pendels aus einer negativen Anfangslage in eine positive Endlage. Zur Abkürzung werde

(2) $$\frac{W}{m} = w$$

gesetzt. Damit geht (1a) über in

(3) $$\frac{d^2s}{dt^2} + w\left(\frac{ds}{dt}\right)^2 + g\sin\frac{s}{r} = 0.$$

Ein erstes Integral dieser Gleichung ist nach bekannten Regeln leicht zu finden. Es lautet in ganz allgemeiner Form

(4) $$e^{\int w ds}\frac{ds}{dt} = \left\{A - 2g\int ds \sin\frac{s}{r} \cdot e^{2\int w ds}\right\}^{\frac{1}{2}}.$$

Führt man die Integrationen aus, so ergibt sich

$$\left(\frac{ds}{dt}\right)^2 = Ae^{-2rw\frac{s}{r}} + \frac{2gr}{1+(2rw)^2}\left(\cos\frac{s}{r} - 2rw\sin\frac{s}{r}\right).$$

Setzt man für die Geschwindigkeit $ds:dt$ ihr Zeichen v und an Stelle der willkürlichen unveränderlichen Größe A den Wert

$$A = -\frac{2gr}{1+(2rw)^2}C_0,$$

wo C_0 ebenfalls willkürlich und unveränderlich ist, so erhält man für v die Gleichung

(5) $$v^2 = \frac{2gr}{1+(2rw)^2}\left[\cos\frac{s}{r} - 2rw\sin\frac{s}{r} - C_0 e^{-2rw\frac{s}{r}}\right].$$

Der die Anfangslage des Pendels bestimmende Winkel, der nach der früher gemachten Annahme negativ ist, sei mit $-\alpha$ bezeichnet. Da die Geschwindigkeit in dieser Lage Null ist, so muß die Gleichung (5) auch erfüllt werden, wenn man darin

$$\frac{s}{r} = -\alpha \quad \text{und} \quad v = 0$$

setzt. Daraus ergibt sich für C_0 der Wert

(6) $$C_0 = (\cos\alpha + 2rw\sin\alpha)e^{-2rw\alpha},$$

worin α stets positiv ist.

Um die Gleichung (5) für den Gebrauch etwas bequemer zu gestalten, soll sie so umgeformt werden, daß statt des zweiten und dritten Gliedes nur eins erscheint, das an Stelle von $s:r$ den von einem andern Anfangspunkte aus gemessenen Winkel $\gamma - s:r$ enthält, wobei γ durch die Gleichung

$$\cos\gamma - 2rw\sin\gamma = 0$$

bestimmt ist. Hieraus folgt, wenn man den Wert $2rw$ kurz mit u bezeichnet,

(7) $$\begin{cases} 2rw = u = \operatorname{cotg} \gamma \\ \text{und} \\ \dfrac{1}{1 + (2rw)^2} = \sin^2 \gamma. \end{cases}$$

Setzt man noch

(8) $$\frac{s}{r} = \sigma,$$

so folgt aus den Gleichungen (5) und (6)

$$v^2 = 2gr \sin^2 \gamma \left[\frac{\sin(\gamma - \sigma)}{\sin \gamma} - C_0 e^{-u\tau} \right]$$

und

$$C_0 = \frac{\sin(\alpha + \gamma)}{\sin \gamma} e^{-u\alpha}.$$

Diese Ausdrücke lassen sich noch etwas weiter vereinfachen, wenn man für $C_0 \sin \gamma$ die Bezeichnung

(9) $$C = \sin(\alpha + \gamma) e^{-u\alpha}$$

anwendet. Damit erhält die Gleichung für v^2 die Form

(10) $$v^2 = 2gr \sin \gamma \, [\sin(\gamma - \sigma) - C e^{-u\sigma}].$$

Über die hierin auftretenden Größen ist folgendes zu bemerken. Nach (2) und (7) ist

(11) $$u = 2r \frac{W}{m} = 2gr \frac{W}{G} = \operatorname{cotg} \gamma$$

stets positiv und nur abhängig vom Gewicht, vom Widerstand und von der Aufhängungslänge des Pendels, nicht aber vom Bewegungszustande. Das gleiche gilt von dem nach (7) durch u bestimmten Winkel γ. Wenn W von 0 bis ∞ zunimmt, ändert sich u in derselben Weise, während γ von $\pi:2$ bis 0 abnimmt. Statt des eigentlich gesuchten Widerstandes W kann hiernach auch u als die Unbekannte betrachtet werden, die durch die Versuche bestimmt werden soll; denn sobald sie gefunden ist, kann W ohne weiteres aus (11) berechnet werden, da r durch Messung und G durch Wägung unmittelbar gegeben sind. Die Größe u, die Dämpfungsziffer genannt werden möge, unterscheidet sich aber insofern wesentlich von der Größe W, als sie nicht wie diese durch die Form des Versuchskörpers festgelegt ist, sondern durch willkürliche Wahl von r und G abgeändert werden kann. Damit wird — was sehr wichtig ist — die Möglichkeit geboten, den Wert von u den Bedürfnissen der Versuchsausführung anzupassen. Dieser Umstand ist anscheinend bisher nicht beachtet worden. Ich komme später darauf zurück. Die Wertigkeit (Dimension) von u ergibt sich am einfachsten aus der Erwägung, daß der Faktor $2gr$ als das Quadrat einer Geschwindigkeit aufgefaßt werden kann, nämlich der, die das Pendel bei der Schwingung aus der wagerechten in die tiefste Lage im leeren Raume erlangen würde. Da W der Widerstand für die Geschwindigkeit Eins, so ist $2gr\,W$ der Widerstand bei jener Geschwindigkeit, also eine Kraft, und der Bruch $2gr\,W:G$ stellt das Verhältnis zweier Kräfte dar. Die Größe u ist hiernach eine Zahl; und da, wie sich später zeigen wird, sie allein die Abnahme der Schwingungsweiten bestimmt, so war es berechtigt, sie als Dämpfungsziffer zu bezeichnen. Die Dämpfung verschwindet, wenn u Null wird.

Die Größe C hängt nach (9) außer von u nur noch von dem Anfangswinkel α ab; und zwar tritt dieser Winkel allein in C auf. Demgemäß verändert sich in der Gleichung (10) auch nur das zweite Glied des Klammerausdrucks, wenn das Pendel aus einer anderen Anfangslage schwingt. Dieser Umstand erleichtert die Berechnung und bildliche Darstellung des Verlaufes von v bei verschiedenen Anfangslagen.

Für die hier zu behandelnde Aufgabe würde es zwar genügen, die Beziehungen zwischen der Größe des Widerstandes, und der der zu beobachtenden Endwinkel abzuleiten. Dem kommt es aber zustatten, wenn man sich zuvor ein Bild davon macht, nach welchem Gesetze sich die Geschwindigkeit während einer ganzen Schwingung ändert. Auch bietet eine solche Betrachtung an sich einiges Interesse, weshalb wir sie jetzt hier folgen lassen wollen.

II. Darstellung des Geschwindigkeitsverlaufes für eine Schwingung.

Wenn es sich darum handelt, das Änderungsgesetz der Geschwindigkeit zu veranschaulichen, so kann der unveränderliche Faktor $2gr\sin\gamma$ in dem Ausdruck für v^2 aus der Betrachtung ausgeschieden werden. Ferner genügt es, das Gesetz für v^2 statt für v darzustellen, da die Beziehung zwischen der ersten und zweiten Potenz ja ohne weiteres klar ist. Demgemäß betrachten wir nur den Ausdruck

$$(12) \quad S = [\sin(\gamma - \sigma) - Ce^{-u\sigma}],$$

in dem sich während der Schwingung lediglich der Winkel σ ändert. Es handelt sich also darum, S als Funktion von σ für verschiedene Werte von C und u darzustellen, wobei C nach (9) eine Funktion

886 Sitzung der physikalisch-mathematischen Classe vom 5. December 1907.

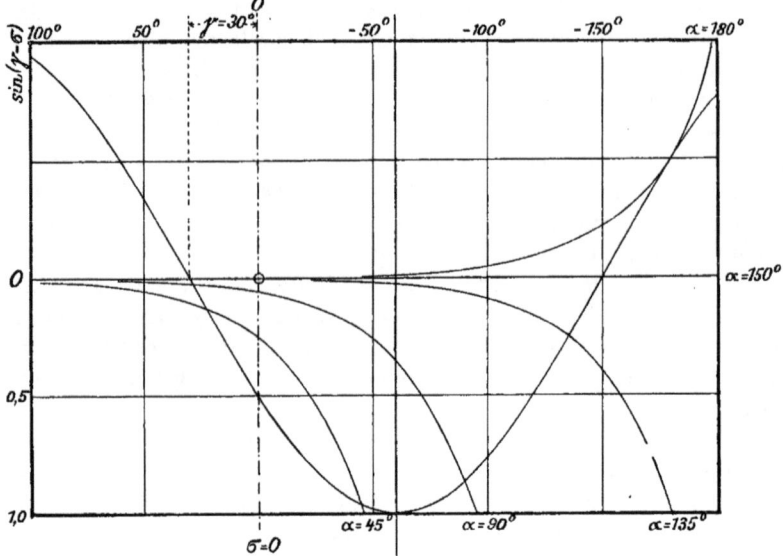

Abb. 2. S als Funktion von σ für $u = 1{,}7321$.

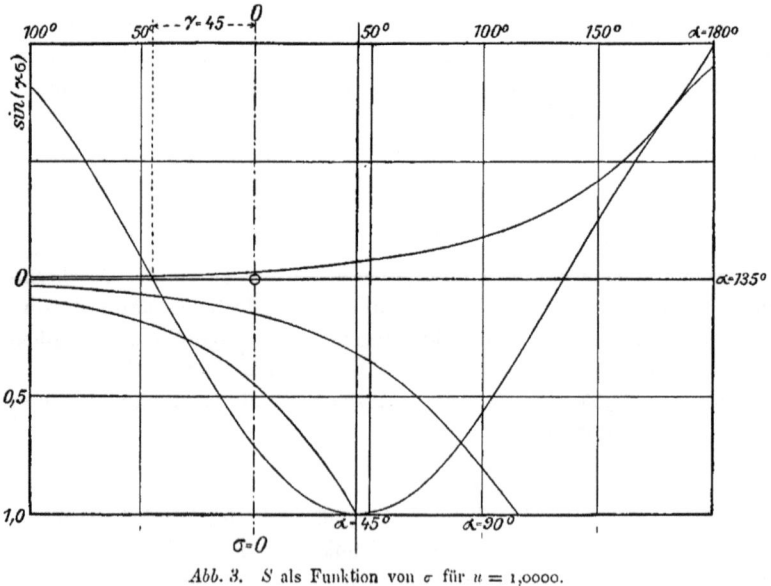

Abb. 3. S als Funktion von σ für $u = 1{,}0000$.

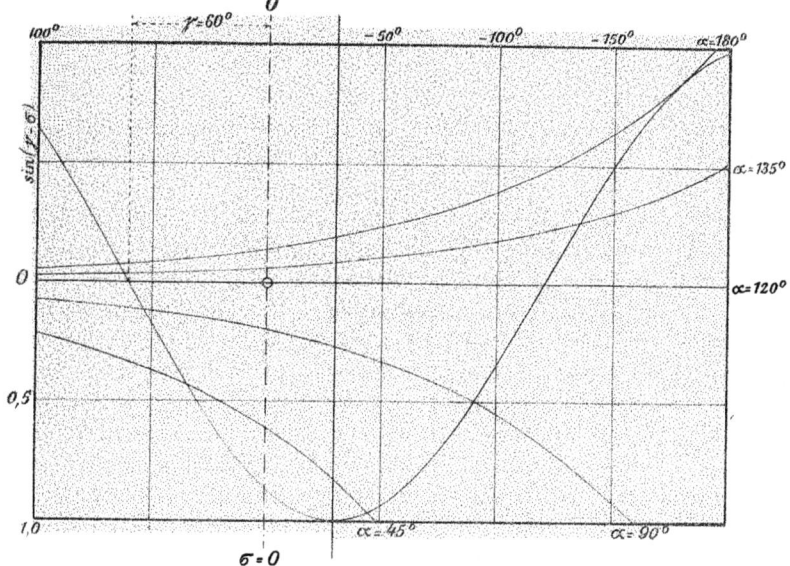

Abb. 4. S als Funktion von σ für $u = 0{,}5774$.

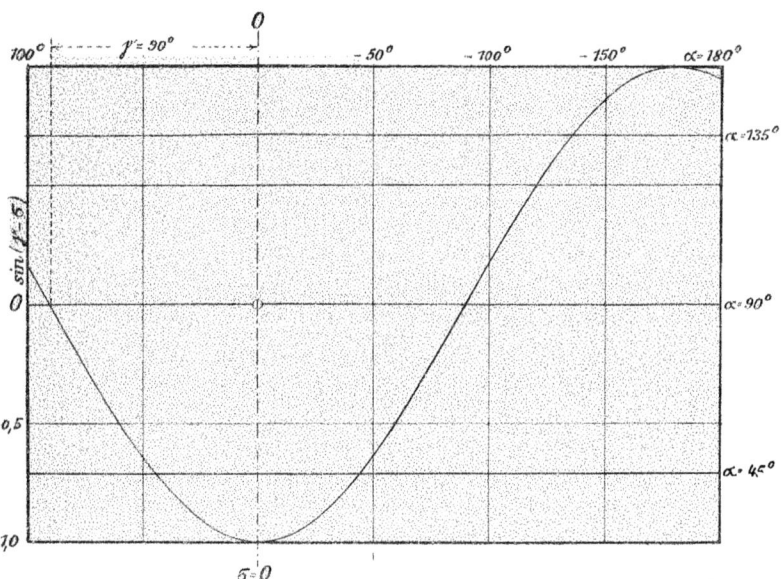

Abb. 5. S als Funktion von σ für $u = 0$.

von u und dem Anfangswinkel α ist. Das geschieht am einfachsten und übersichtlichsten in der Weise, daß man die Winkel σ als Längen von der Ruhelage des Pendels aus mit Berücksichtigung ihres Vorzeichens nach beiden Seiten hin auf einer wagerechten Achse, die zugehörigen Werte $Ce^{-u\sigma}$ und $\sin(\gamma-\sigma)$ rechtwinklig zu dieser Achse abträgt, und zwar beide nach derselben Seite hin, wenn sie das gleiche Vorzeichen haben, nach entgegengesetzten Seiten bei ungleichem Vorzeichen. Man erhält so zwei Kurven, eine Exponential- und eine Sinuslinie. Der zu einem beliebigen σ gehörige Wert von S ist dann offenbar dargestellt durch die Länge des zwischen die beiden Kurven fallenden Teiles eines im Punkte σ der wagerechten Achse errichteten Lotes. Die zwischen den Kurven liegende Fläche gibt hiernach ein vollständiges Bild des Verlaufes von S während einer Schwingung. Insbesondere bestimmen die beiden Punkte, in denen die Höhe der Fläche Null ist, den Anfangs- und den Endwert des Schwingungswinkels σ. Der Maßstab für beide Auftragungen ist ganz willkürlich. Es sind also die Winkel σ nach Belieben in Grad- oder in Bogenmaß auszudrücken und aufzutragen; und die die Größe S darstellende Länge kann auch als Maß der Größe $c^2 = 2gr\sin\gamma\cdot S$ betrachtet werden. Dabei ist nur nicht zu vergessen, daß sich $\sin\gamma$ mit u ändert.

Nach diesem Verfahren sind die Abbildungen 2, 3 und 4 als Beispiele für drei verschiedene Dämpfungsziffern, nämlich

$$u = 1{,}7321 : 1{,}0000 ; 0{,}5774 = \cot g\,\gamma,$$
entsprechend $\gamma = 30° : 45° : 60°$

angefertigt. Jede Abbildung enthält vier verschiedene S-Kurven, nämlich für die Anfangswinkel $\alpha = 45°$; $90°$; $135°$; $180°$.

Die Winkel $135°$ und $180°$ sind zwar nur bei druckfester Aufhängung des Pendels möglich; sie sind aber trotzdem zur Vervollständigung des Bildes mit in die Darstellung aufgenommen. Aus demselben Grunde und um einen Vergleich zu ermöglichen, ist auch noch der Fall $u = 0$, also die widerstandsfreie Schwingung nach demselben Verfahren in Abb. 5 veranschaulicht. Einer weiteren Erklärung werden die Darstellungen nicht bedürfen.

III. Ein besonderer Fall.

Wie Abb. 5 zeigt, gehen die die Länge S nach oben begrenzenden Exponentialkurven in wagerechte gerade Linien über, wenn u Null wird. Aus Abb. 3 ergibt sich aber die merkwürdige Tatsache, daß die obere Grenzkurve auch bei nicht verschwindendem u eine Gerade werden kann, die in dem durch Abb. 3 veranschaulichten Bei-

spiel mit der σ-Achse zusammenfällt. Es ist das eine Folge davon, daß der Ausdruck
$$Ce^{-u\tau}$$
auf zweierlei Weise einen unveränderlichen Wert annehmen kann, und zwar den Wert

C für $u = 0$; 0 für $C = 0$.

Der erste Fall entspricht der widerstandsfreien Bewegung, ist deshalb hier nicht von Bedeutung. Dagegen soll der zweite Fall etwas näher untersucht werden.

Nach (9) kann die Gleichung

(13) $\qquad C = \sin(\alpha + \gamma)e^{-v\alpha} = 0$,

wenn ein unendlich großes u ausgeschlossen wird, nur dadurch erfüllt werden, daß

entweder $\alpha + \gamma = 0$, oder $\alpha + \gamma = \pi$

wird. (Größere Vielfache von π kommen der Natur der Aufgabe nach nicht in Betracht.)

Das erstere ist nicht möglich, weil α der Voraussetzung nach (vgl. die Entwicklung von (6)) und γ nach Gleichung (7) stets positiv sind. Es bleibt also nur noch die Bedingung

(14) $\qquad \alpha + \gamma = \pi$

übrig. Da nun γ immer kleiner als $\pi/2$ ist, so folgt hieraus, daß α größer als $\pi/2$ sein muß.

Mit $C = 0$ geht Gleichung (12) über in

$$S = \sin(\gamma - \sigma).$$

Am Anfang und Ende der Schwingung muß S Null werden. Der entsprechende Wert des Schwingungswinkels σ ergibt sich also jetzt aus

$$\sin(\gamma - \sigma) = 0,$$

was verlangt, daß

(15) $\qquad$ entweder $\gamma - \sigma = 0$ oder $\gamma - \sigma = \pi$.

Führt man den Wert von γ aus (14) ein, so folgt, daß

entweder $\sigma = \gamma = \pi - \alpha$ oder $\sigma = \gamma - \pi = -\alpha$

sein muß. Da $-\alpha$ der Anfangswinkel ist, so stellt $\sigma = \gamma = \pi - \alpha$ den Endwinkel dar. Beide unterscheiden sich mithin um den Wert π; d. h. die Winkelgröße der Schwingung beträgt 180°.

Diese Ergebnisse lassen daran denken, die Versuche so einzurichten, daß der Anfangswinkel α von dem kleinsten hier möglichen Werte $\pi/2$ an allmählich gesteigert wird, bis die ganze Schwingung die Größe π erreicht. Dann ist der Endwinkel $= \pi - \alpha = \gamma$ und damit der gesuchte Widerstand W nach (11) bestimmt. Ein über 90° hinausgehender Anfangswinkel verlangt aber eine druckfeste Aufhängung, die bei großer Länge nur schwer herzustellen ist. Das dürfte die Anwendung des sonst sehr einfachen Verfahrens verhindern. Es bleibt nur übrig, kleinere Werte von α anzuwenden und die Beziehungen zwischen den dazugehörigen Endwinkeln und der Dämpfungsziffer allgemeiner zu ermitteln.

IV. Berechnung des Endwinkels.

Der zu einem bestimmten α und u gehörige, bei den Pendelversuchen den Gegenstand der Beobachtung bildende Endwinkel werde zur Unterscheidung von dem laufenden Werte σ des Schwingungswinkels mit

$$\beta$$

bezeichnet. Er ist durch die Bedingung $S = 0$ festgelegt, wobei S die durch Gleichung (12) gegebene Bedeutung hat. Setzt man in diese β für σ, und für C seinen Wert aus (9), so lautet sie

(16) $\qquad S = \sin(\gamma - \beta) - \sin(\alpha + \gamma)e^{-u(\alpha+\beta)} = 0.$

Es möge die weitere Abkürzung

(17) $\qquad\qquad \gamma - \beta = \delta$

eingeführt werden. Da

$$e^{-u(\alpha+\beta)} = e^{-u[\alpha+\gamma-(\gamma-\beta)]} = e^{-u(\alpha+\gamma)}e^{u(\gamma-\beta)}$$

ist, so geht die Bedingung $S = 0$ über in

$$\sin\delta - \sin(\alpha+\gamma)e^{-u(\alpha+\gamma)}e^{u\delta} = 0;$$

und wenn zur Abkürzung die unveränderliche Größe

(18) $\qquad\qquad \sin(\alpha+\gamma)e^{-u(\alpha+\gamma)} = \delta_0$

gesetzt wird, läßt sich die Bedingung in der einfachen Form

(19) $\qquad\qquad S = \sin\delta - \delta_0 e^{u\delta} = 0$

schreiben.

Bei gegebenem u, γ und α folgt δ_0 aus (18), δ aus (19) und damit das gesuchte β aus (17).

Wie die Betrachtungen im vorigen Abschnitt gezeigt haben, ist es theoretisch möglich, die Anordnung so zu treffen, daß der dort mit $\gamma - \sigma$ und jetzt mit δ bezeichnete Winkel Null wird, indem man nämlich $\alpha + \gamma = \pi$ wählt. Damit folgt hier aus Gleichung (18) für δ_0 der Wert Null und aus (19) für δ dasselbe Ergebnis. Wenn nun auch, wie früher schon bemerkt, eine Einrichtung, die einen so großen Anfangswinkel α gestattet, nicht gut herzustellen ist, so läßt sich doch immer δ_0 dadurch klein halten, daß man α so groß macht, wie nur möglich. Ist aber δ_0 sehr klein, so kann schätzungsweise

(20) $$\delta = \delta_0$$

gesetzt werden; denn es ist dann, wie sich leicht nachweisen läßt, auch $u\delta_0$ klein und sogar Null für $u = \infty$. Unter diesen Umständen ist annähernd $e^{u\delta_0} = 1$ und $\sin \delta_0 = \delta_0$, und hiermit folgt (20) aus (19).

Im allgemeinen ist nun nicht anzunehmen, daß der gesuchte Wert von δ durch (20) genau genug gegeben sei, sondern nur, daß er sich nicht sehr von δ_0 unterscheide. Wenn man dann

(21) $$\delta = \delta_0 + \delta'$$

setzt, so handelt es sich darum, die kleine Größe δ' aus (19) zu bestimmen, was im vorliegenden Falle am einfachsten nach der NEWTONschen Regel

$$\delta' = -\frac{S(\delta_0)}{S'(\delta_0)}$$

geschieht. Die Ausrechnung ergibt

(22) $$\delta' = \frac{-\delta_0 e^{u\delta_0} + \sin \delta_0}{u\delta_0 e^{u\delta_0} - \cos \delta_0}.$$

Erfüllt der hiermit aus (21) berechnete Wert von δ die Gleichung (19) nicht genügend, so kann man das Verfahren in der Weise wiederholen, daß man das gefundene δ als ersten Näherungswert für die weitere Rechnung mit δ_1 bezeichnet, so daß also

(23) $$\delta_1 = \delta_0 + \delta'$$

ist, und daß man dann einen verbesserten Wert

(24) $$\delta = \delta_1 + \delta''$$

durch Einsetzung dieses δ in Gleichung (19) bestimmt. So ergibt sich ganz ähnlich wie vorher

(25) $$\delta'' = \frac{-\delta_0 e^{u\delta_1} + \sin \delta_1}{u\delta_0 e^{u\delta_1} - \cos \delta_1}.$$

Auf diese Art kann δ leicht mit jeder beliebigen Genauigkeit berechnet werden. Ein Zahlenbeispiel möge das Verfahren erläutern.

Nach den Versuchen der Studiengesellschaft für elektrische Schnellbahnen ist für eine ebene, rechtwinklig zur Bewegungsrichtung stehende Fläche vom Inhalt f qm der Widerstand W bei einem Meter Geschwindigkeit (abgerundet)

$$W = 0{,}07 f \text{ kg}.$$

Eine ebene Holzplatte mit dem Flächeninhalt f und der Dicke d hat bei einem Einheitsgewicht von 800 kg/cbm das Gewicht

$$G = 800\, df \text{ kg}.$$

Wenn diese Platte zu Pendelversuchen benutzt werden soll, so ist nach Gleichung (11) bei r m Pendellänge die Dämpfungsziffer

$$u = 2 \cdot 9{,}81 \cdot r \frac{0{,}07}{800\, d} = 0{,}00172\, \frac{r}{d}.$$

Die Platte möge 0,010 m Dicke haben, und die Pendellänge sei so zu wählen, daß $u = 1$ wird. Das ergibt

$$r = \frac{1}{0{,}172} = 5{,}82 \text{ m}.$$

Der Anfangswinkel α werde nun so groß wie möglich, d. h. zu 90°, angenommen. Gesucht ist die Größe des Endwinkels β.

Aus (7) folgt $\cotg \gamma = u = 1$,
also $\qquad\qquad\gamma = 45° = 0{,}7854$.
Hiermit wird $\alpha + \gamma = 135° = 2{,}3562$
$\qquad\qquad\sin(\alpha + \gamma) = 0{,}7071$
$\qquad\qquad e^{u(\alpha + \gamma)} = 10{,}5507$,

also nach (18): $\quad \delta_0 = \dfrac{0{,}7071}{10{,}5507} = 0{,}0670 = 3°50'.$

Um zu sehen, ob dies als Näherungswert von δ die Gleichung (19) genügend erfüllt, berechnen wir den zugehörigen Wert $S(\delta_0)$ von S. Mit $\sin \delta_0 = 0{,}0670$ und $\delta_0 e^{u\delta_0} = 0{,}0716$ ergibt sich aus (19)

$$S(\delta_0) = 0{,}0670 - 0{,}0716 = -0{,}0046$$

statt des bedingungsgemäßen Wertes Null. Es soll deshalb ein genaueres δ berechnet werden.

Mit $\cos \delta_0 = 0{,}9978$ und $u\delta_0 e^{u\delta_0} = 0{,}0716$ ergibt sich aus (22)

$$\delta' = \frac{-0{,}0046}{0{,}0716 - 0{,}9978} = 0{,}0050.$$

Der genauere Wert von δ ist also nach (21):

$$\delta = \delta_0 + \delta' = 0{,}0720 = 4°8'.$$

Setzt man dies als δ_1 zur Probe in (19) ein, so ergibt sich ein Fehler $S(\delta_1) = -0{,}0001$, der innerhalb der Grenzen der Genauigkeit der vierstelligen Rechnung liegt. Will man δ genauer haben, so muß mit mehr Stellen gerechnet werden. Wiederholt man die Rechnung sechsstellig, wobei jedoch der erste Näherungswert $\delta_1 = \delta_0 + \delta' = 0{,}0720$ vierstellig beibehalten werden soll, so ergibt die Einsetzung von δ_1

in (19) den Fehler $S(\delta_1)$ genauer $= -0,000085$. Damit folgt aus (25) $\delta'' = 0,000092$ und aus (24)

$$\delta = 0,0720 + 0,000092 = 0,072092 = 4°7'50''.$$

Dieser Wert, als δ_2 zur Probe in (19) eingesetzt, macht $S(\delta_2)$ auf sechs Stellen genau zu Null.

Hiermit ist nun der gesuchte Endwinkel nach (17)

$$\beta = \gamma - \delta = 45° - 4°7'50'' = 40°52'10''.$$

Wie man hieraus sieht, führt das Rechnungsverfahren bei den angenommenen Versuchsbedingungen sehr schnell zum Ziele. Schon die Schätzung $\delta = \delta_0$ ergibt nur einen Fehler von $18'$, die erste Näherung $\delta = \delta_1$ einen solchen von nur $10''$. Das dürfte die Grenzen der Beobachtungsgenauigkeit bei derartigen Versuchen weit überschreiten. In dieser Weise sind nun für $\alpha = 90°$ und eine Reihe verschiedener Werte von γ und $u = \cotg \gamma$ die zugehörigen β berechnet und in dem nachstehenden Täfelchen zusammengestellt.

Endwinkel β
für den Anfangswinkel $\alpha = 90°$ und die Dämpfungsziffern $u = 0$ bis $u = \infty$.

γ Gradmaß	Bogen	$u = \cotg \gamma$	δ_0	δ_1	$\beta = \gamma - \delta_1$	β in Gradmaß
90°	1,5708	0	0	0	1,5708	90°
80°	1,3963	0,1763	0,1028	0,1049	1,2914	74° 0'
70°	1,2217	0,3640	0,1238	0,1302	1,0915	62° 32'
60°	1,0472	0,5774	0,1103	0,1184	0,9288	53° 13'
50°	0,8727	0,8391	0,08273	0,08928	0,7834	44° 53'
45°	0,7854	1,0000	0,06702	0,07209	0,7133	40° 52'
40°	0,6981	1,1918	0,05127	0,05475	0,6434	36° 52'
30°	0,5236	1,7321	0,02302	0,02400	0,4996	28° 38'
20°	0,3491	2,7475	0,00481	0,00488	0,3442	19° 43'
10°	0,1745	5,6713	0,000049	0,000049	0,1745	10° 0'
0	0	∞	0	0	0	0

Ferner sind die Werte von β zur besseren Veranschaulichung ihrer Abhängigkeit von der Dämpfungsziffer u auch noch in Abb. 6 von der lotrechten u-Achse aus nach links aufgetragen. Die Abstände der einzelnen Punkte der so erhaltenen Kurve von dieser Achse stellen die Endwinkel in Bogenmaß dar. Bei $u = 0$, also widerstandsfreier Schwingung ist natürlich der Endwinkel gleich dem Anfangswinkel, also $\beta = \alpha$. Mit gleichmäßig wachsendem u nimmt der Endwinkel anfänglich rasch, dann immer langsamer ab; er wird Null bei unendlich großer Dämpfung. Ist ein Wert von β beobachtet, so ergibt die Darstellung ohne weiteres das zugehörige u.

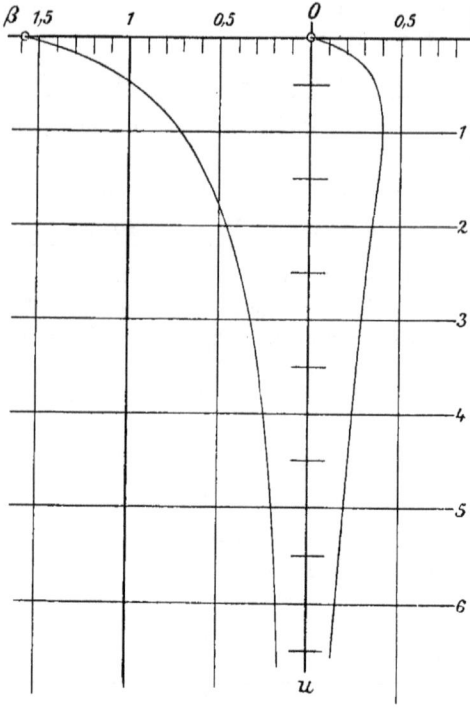

Abb. 6. Endwinkel β und Änderungsverhältnis U als Funktion von u bei einem Anfangswinkel $\alpha = \dfrac{\pi}{2}$.

V. Die günstigsten Versuchsbedingungen.

Nachdem im vorstehenden gezeigt worden ist, wie man aus einem beobachteten Endwinkel die unbekannte Dämpfung u und damit nach Gleichung (11) auch den gesuchten Widerstand W des Pendelkörpers bestimmen kann, bleibt noch die Frage zu erörtern, wie die Anordnung zu treffen ist, damit die Ergebnisse möglichst genau werden, d. h. damit ein Beobachtungsfehler von gegebener Größe einen möglichst geringen Einfluß auf den damit berechneten Wert von u ausübt. Die Beantwortung wird etwas bequemer und dabei ebenso schlüssig, wenn man umgekehrt nach der Bedingung fragt, unter der eine gegebene Änderung Δu von u eine möglichst große Änderung $\Delta \beta$ des zu beobachtenden Endwinkels β herbeiführt. (Dies gestattet, u als Unabhängigveränderliche zu behandeln, wie es aus dem gleichen Grunde bisher schon geschehen ist.) Dabei ist nun zu beachten, daß die Bemessung von β und u eine wesentlich verschiedene ist. Bei der Beobachtung von β kommt auf die Größe dieses Winkels nichts an; d. h. er kann mit gegebenen Hilfsmitteln gleich genau gemessen werden, ob er groß oder klein ist. Der Wert einer Beobachtung läßt sich also unmittelbar durch die Abweichung $\Delta\beta$ ausdrücken. Ein und dieselbe Änderung Δu von u hat aber für die Genauigkeit der Bestimmung von u eine ganz verschiedene Bedeutung je nach der Größe von u; hier ist also nicht Δu an sich, sondern das Verhältnis

$$\frac{\Delta u}{u}$$

der richtige Maßstab für die Genauigkeitsbemessung. So würde z. B. eine Änderung um $\Delta u = 0{,}001$ bei $u = 1$ ein Tausendstel, bei $u = 0{,}1$ aber ein Hundertstel des Wertes von u ausmachen. Um als Wertmaß für die Genauigkeit von u dienen zu können, muß daher die Änderung auf ein bestimmtes u, am bequemsten auf die Einheit von u, bezogen werden; und dies geschieht, wenn man Δu durch u teilt.

Als Größen, die bei der Versuchsausführung geändert werden können, kommen nur der Anfangswinkel α und u in Betracht. Dabei kann aber α nur in geringen Grenzen geändert werden; auch läßt sich von vornherein übersehen, daß es zweckmäßig ist, α möglichst groß zu machen, um hohe Geschwindigkeiten zu erreichen. Andererseits kann man u theoretisch von 0 bis ∞, in Wirklichkeit wenigstens zwischen sehr weiten Grenzen frei wählen. Die Genauigkeit der Versuchsergebnisse wird also vorzugsweise durch eine möglichst günstige Bemessung von u zu erhöhen sein. Unsre Aufgabe besteht demnach jetzt darin, u so zu bestimmen, daß der Wert des Änderungsverhältnisses

$$U = \frac{\Delta\beta}{\frac{\Delta u}{u}} = u\frac{\Delta\beta}{\Delta u}$$

möglichst groß wird. Man darf annehmen, daß die in Betracht zu ziehenden Fehler $\Delta\beta$ und Δu so klein seien, daß sie als Differenziale betrachtet werden können. Dann handelt es sich um die Entwicklung und Untersuchung des Ausdrucks

(25) $$U = u\frac{\partial\beta}{\partial u}.$$

Da die Gleichungen, durch die β bestimmt ist, nicht allgemein nach β aufgelöst werden können, so ist der Wert von U nach den

Regeln für die Differenzierung unentwickelter Funktionen zu ermitteln. Man benutzt dazu am besten die Gleichung (16). So findet sich — mit Berücksichtigung des Umstandes, daß γ nach (7) eine Funktion von u, und daß danach

$$\frac{d\gamma}{du} = -\sin^2\gamma$$

ist — zunächst

$$\frac{\partial S}{\partial u} = -\frac{\sin(\alpha+\beta)}{\sin(\alpha+\gamma)}\sin^2\gamma + (\alpha+\beta)\sin(\gamma-\beta).$$

Ähnlich ergibt sich aus (16) mit Benutzung von (7):

$$\frac{\partial S}{\partial \beta} = -\frac{\sin\beta}{\sin\gamma}.$$

Mit $u = \cotg\gamma$ wird jetzt

$$U = u\frac{\partial \beta}{\partial u} = -u\frac{\frac{\partial S}{\partial u}}{\frac{\partial S}{\partial \beta}}$$

(26) $\quad U = -\left[\frac{\sin(\alpha+\beta)}{\sin(\alpha+\gamma)}\sin^2\gamma - (\alpha+\beta)\sin(\gamma-\beta)\right]\frac{\cos\gamma}{\sin\beta}.$

Hierzu gehört die den Winkel β bestimmende Gleichung (16), an deren Stelle auch (17), (18) und (19) treten können.

Für den Fall $\alpha = \pi/2$ läßt sich (26) noch etwas vereinfachen. Immerhin führt aber der Versuch, den Wert von u, der U (vom Vorzeichen abgesehen) zu einem Größten macht, in der üblichen Weise allgemein zu entwickeln, zu sehr umständlichen Rechnungen. Es soll deshalb ein etwas anderer Weg eingeschlagen werden. Das Zahlentäfelchen im vorigen Abschnitte zeigt, daß sich (bei $\alpha = \pi/2$) die Winkel β und γ höchstens um 0,1 γ unterscheiden. Als erste grobe Annäherung kann daher $\beta = \gamma$ gesetzt werden. Damit ergibt sich aus (26)

$$U = -\sin\gamma\cos\gamma = -\tfrac{1}{2}\sin 2\gamma.$$

Dies hat seinen Größtwert

$$U_g = -\tfrac{1}{2} \text{ bei } \gamma = \frac{\pi}{4}, \text{ also } u = 1.$$

Hiernach besteht die Vermutung, daß auch der genauere Wert von U_g sich für ein nicht weit von $\pi/4$ entferntes γ ergeben wird. Da nun in (26) der Endwinkel β auftritt, so habe ich zunächst diesen nach dem im vorigen Abschnitte erläuterten Verfahren für elf von

40° bis 50° fortschreitende Werte von γ berechnet. Die Reihe der $u = \cotg \gamma$ und β ergab dann sofort die Unterschiede Δu und $\Delta \beta$. Damit wurden die Werte $\Delta \beta : \Delta u$ und $u_m \Delta \beta : \Delta u$ bestimmt, wo unter u_m die Werte von u zu verstehen sind, die zu mitten zwischen den Tafelwerten liegenden γ gehören. So fand sich eine Reihe von Zahlen

$$u_m \frac{\Delta \beta}{\Delta u},$$

die dazu dienen können, die Frage nach dem Größtwert von U zu entscheiden, wenn auch $\Delta \beta$ und Δu nicht Differenziale, sondern zwar kleine, aber endliche Größen sind. Die Ergebnisse enthält die beifolgende Zahlentafel. Man erkennt daraus, daß U in der Tat einen Größtwert hat, der sehr nahe für

$$u = 1$$

eintritt und fast genau den Betrag

(27) $$U_g = -0{,}400$$

erreicht; d. h., daß sich der Endwinkel β um höchstens

(28) $$\Delta \beta = -0{,}4 \frac{\Delta u}{u}$$

ändert, wenn sich u um den Betrag $\Delta u : u$ ändert. Umgekehrt ändert sich u um

(29) $$\frac{\Delta u}{u} = -2{,}5 \Delta \beta$$

Teile eines Wertes, wenn sich β um $\Delta \beta$ ändert. Übrigens kann u, wie die Tafel zeigt, in den weiten Grenzen von 0,84 bis 1,19 schwanken, ohne daß U sehr dadurch beeinflußt wird; denn die zugehörigen Werte von U sind $-0{,}398$ und $-0{,}397$. Die Genauigkeit der Bestimmung von u durch Beobachtung von β bleibt also ziemlich die gleiche, solange die Dämpfungsziffer u zwischen 0,8 und 1,2 liegt. Bei einem Anfangswinkel von 90° sind die entsprechenden Endwinkel rund 45° und 37°. Die Anwendung der Dämpfungsziffer $u = 1$ bietet also den Vorteil, daß u durch die beobachteten Endwinkel β nicht nur möglichst scharf bestimmt wird, sondern sich auch in einfachster Weise aus ihnen berechnen läßt, da die einer Änderung $\Delta \beta$ von β entsprechende verhältnismäßige Änderung $\Delta u : u$ von u in weiten Grenzen von der Größe von β nahezu unabhängig ist. Wie hiervon Nutzen gezogen werden kann, soll im folgenden Abschnitte gezeigt werden.

Endwinkel β und Änderungsverhältnis $u_m \dfrac{\Delta \beta}{\Delta u}$

für den Anfangswinkel $\alpha = 90°$ und die Dämpfungsziffern $u = 0{,}839$ bis $u = 1{,}192$.

γ Gradmaß	γ Bogen	$u = \cotg \gamma$	β	$\dfrac{\Delta \beta}{\Delta u}$	u_m	$u_m \dfrac{\Delta \beta}{\Delta u}$
50°	0,87266	0,83910	0,78339			
49°	0,85521	0,86929	0,76930	−0,46651	0,85408	−0,39844
48°	0,83776	0,90040	0,75526	−0,45120	0,88473	−0,39919
47°	0,82030	0,93252	0,74126	−0,43620	0,91633	−0,39971
46°	0,80285	0,96569	0,72727	−0,42151	0,94896	−0,39999
45°	0,78540	1,00000	0,71331	−0,40712	0,98270	−0,40007
44°	0,76794	1,03553	0,69934	−0,39299	1,01761	−0,39991
43°	0,75049	1,07237	0,68538	−0,37912	1,05378	−0,39951
42°	0,73304	1,11061	0,67140	−0,36551	1,09131	−0,39889
41°	0,71558	1,15037	0,65740	−0,35214	1,13029	−0,39802
40°	0,69813	1,19175	0,64337	−0,33898	1,17085	−0,39690

Um nun auch noch die Genauigkeitsverhältnisse außerhalb des Bereiches der vorstehenden Tafel wenigstens annähernd überblicken zu können, ist in Abb. 6 das Änderungsverhältnis U durch die rechts von der u-Achse liegende Kurve als Funktion von u dargestellt worden. Man ersieht daraus, daß U dauernd abnimmt, wenn $u < 0{,}8$ wird, und zwar immer schneller, je mehr sich u der Null nähert, um schließlich zugleich mit u zu verschwinden. Das zeigt, wie unvorteilhaft das bisher übliche Arbeiten mit schwacher, in der Nähe von Null liegender Dämpfung ist. Wenn u über 1,2 hinaus wächst, so nimmt U ebenfalls ab, aber im allgemeinen langsamer, als bei kleinem u. Es verschwindet dann erst, wenn $u = \infty$ wird. Die Gründe hierfür lassen sich durch eine einfache Überlegung finden. Wenn nämlich die Versuchsanordnung so getroffen wird, daß die Dämpfung sehr klein ist, so heißt das, die Wirkung des gesuchten Luftwiderstandes herabdrücken; sie tritt dann in den Beobachtungsergebnissen nur schwach in die Erscheinung und kann daher auch aus ihnen nicht genau abgeleitet werden. Macht man aber die Dämpfung übermäßig groß, so kommt eine periodische Bewegung kaum noch zustande; der Versuchskörper fällt bei allen sehr großen Werten von u nahezu in dieselbe Endlage, nämlich die der Ruhe. Auch dann ist schwer etwas zu messen, woraus man auf die Größe von u schließen könnte.

Es mögen nun noch ein paar Worte über den Einfluß einer ungenauen Bemessung des Anfangswinkels α hier angereiht werden. Eine solche Ungenauigkeit wird zur Folge haben, daß sich der Endwinkel β etwas verändert. Wie eine solche Änderung auf die Bestimmung von u einwirkt, ist soeben erörtert worden. Es genügt also hier, die Größe der Änderung von β zu ermitteln. Das geschieht am einfachsten durch Berechnung des Wertes $\partial\beta : \partial\alpha$ aus (16). Man findet

$$(30) \quad \frac{\partial\beta}{\partial\alpha} = [\cotg\gamma - \cotg(\alpha+\gamma)]\frac{\sin\gamma}{\sin\beta}\sin(\gamma-\beta).$$

Für $u = 1$, also $\cotg\gamma = 1$, und $\alpha = \pi/2$ ergibt sich hieraus beispielsweise

$$\frac{\partial\beta}{\partial\alpha} = 0{,}156.$$

Wenn α um den Betrag $\partial\alpha$ zu klein oder zu groß gemacht wird, so ändert sich hiernach β noch nicht einmal um ein Sechstel von $\partial\alpha$ in gleichem Sinne. Der Einfluß der Ungenauigkeit von α auf β ist also nicht erheblich. Wenn der Fehler von α nicht wahrnehmbar war, so wird es derjenige von β noch weniger sein.

Hier ist vielleicht die Bemerkung am Platze, daß es Schwierigkeiten machen könnte, das Pendel aus der wagerechten Anfangslage ohne störende Nebenschwingungen in Gang zu setzen. Dann muß man α etwas kleiner als 90°, vielleicht zu 80° wählen. Dadurch ändern sich nur die Zahlenwerte in den obigen Berechnungen, während ihre Durchführung sonst ganz die gleiche bleibt.

VI. Schlußergebnis.

Im vorigen Abschnitt ist nachgewiesen, daß bei gleicher Messungsgenauigkeit der Wert von u um so sicherer bestimmt werden kann, je näher er bei 1 liegt, vorausgesetzt, daß der Anfangswinkel α zu 90° gewählt wird. Es genügt daher jetzt, die weitere Betrachtung auf den Fall zu beschränken, daß

$$(31) \quad \begin{cases} \text{etwa} & 37° < \beta < 45° \\ \text{oder} & 0{,}8 < u < 1{,}2 \end{cases}$$

ist. Damit ist Spielraum genug vorhanden, um darin die bei der tatsächlichen Bemessung von u sich etwa ungewollt einstellenden Abweichungen unterzubringen. Ist u so begrenzt, dann kann, wie oben gezeigt, die Größe U im Bereiche der Beobachtungen als unveränderlich betrachtet werden. Wir setzen demgemäß jetzt

$$(32) \quad U = u\frac{d\beta}{du} = k,$$

Sitzung der physikalisch-mathematischen Classe vom 5. December 1907.

worin k eine zunächst beliebige, unveränderliche Größe sein mag. Schreibt man diese Differenzialgleichung in der Form

$$d\beta = k \frac{du}{u},$$

so läßt sie sich ohne weiteres integrieren. Die Stammgleichung lautet

(33) $\qquad \beta = k \log n\, u + K.$

Durch diese Gleichung ist jetzt β als entwickelte Funktion von u — allerdings nur näherungsweise — ausgedrückt. Es ersetzt mithin (33) in begrenztem Umfange die Gleichungen (17), (18) und (19). Um nun die bisher allgemein gelassenen Festwerte k und K näher zu bestimmen, möge Gleichung (33) auf den Fall

$$u = 1$$

angewandt werden. Hierfür ist nach der Zahlentafel im vorigen Abschnitt und nach Gleichung (27)

(34) $\qquad \beta = 0{,}71331 \quad \text{und} \quad k = -0{,}400.$

Setzt man diese Werte in (33) ein, so ergibt sich

$$\beta = 0{,}71331 - 0{,}400 \log n\, u,$$

und bei Übergang vom natürlichen zum gemeinen Logarithmus

(35) $\quad$ oder $\quad \begin{aligned} \beta &= 0{,}71331 - 0{,}92103 \log u \\ \log u &= 0{,}77447 - 1{,}08574\, \beta. \end{aligned}$

Um diese Gleichungen einer Prüfung unterziehen zu können, wurden die Zahlenbeiwerte mit mehr Stellen gegeben, als für die Anwendung erforderlich sind. Setzt man beispielsweise

$$\beta = 0{,}75526,$$

so findet man

$$u = 0{,}90040.$$

Das ist ganz genau der richtige Wert, wie man aus der Zahlentafel im vorigen Abschnitte (Zeile $\gamma = 48°$) ersehen kann. Die Gleichungen (35) lösen also die Aufgabe, β als Funktion von u oder u als Funktion von β zu bestimmen, nicht nur in sehr einfacher, sondern auch sehr genauer Weise, selbst noch, wenn u um etwa ein Zehntel von dem vorausgesetzten Werte 1 abweicht. An den durch (31) bestimmten Grenzen des Geltungsbereiches der Grundgleichung (32) beträgt der Fehler der Gleichungen (35) nur etwa 1 : 4000 des Wertes von u. Das ist noch eine über die Bedürfnisse der Anwendung weit hinausgehende Genauigkeit.

Ein Zahlenbeispiel möge nun zum Schlusse das Verfahren erläutern. Die Versuchsanordnung sei so, wie sie für das im Abschnitt IV behandelte Beispiel vorausgesetzt wurde. Der am Versuchskörper anzubringende Schreibstift sei mit seiner Spitze gerade 6 m vom Drehpunkt des Pendels entfernt. Da die Anordnung so getroffen wurde, daß u annähernd $= 1$ ist, so muß der Endwinkel β in der Nähe von 0,7133 liegen. Dem entspricht auf dem Gradbogen der Meßvorrichtung eine Länge von $6 \cdot 0,7133 = 4,2798$ m. Statt dessen wird bei den Versuchen nur eine Länge von 4,08 m beobachtet. Das ergibt $\beta = 4,08 : 6 = 0,6800$, und damit folgt aus (35) $u = 1,0867$. Die Ablesung der Bogenlänge von β sei nur auf 3 mm genau; dazu komme ein gleicher Fehler aus unrichtiger Lage des Mittelpunktes des Meßbogens gegen den Drehpunkt des Pendels[1]. Dann ist der Beobachtungsfehler $\Delta\beta = 6 : 6000 = 0,001$. Der entsprechende Fehler von u ist nach Gleichung (29)

$$\frac{\Delta u}{u} = \pm 0,0025$$

Mit dem vorher gefundenen Werte von u folgt hieraus $\Delta u = \pm 0,0027$, so daß wegen dieser Unsicherheit schließlich

$$u = 1,087 \pm 0,003.$$

anzunehmen ist. Dies in Gleichung (11) eingesetzt, ergibt schließlich den gesuchten Widerstand W.

Das Beispiel zeigt, daß das Rechnungsverfahren bei großer Schärfe doch äußerst einfach ist; und es beweist zahlenmäßig, daß die vorgeschlagene Art der Versuchsführung den Luftwiderstand durch Beobachtung von Einzelschwingungen zweckmäßig eingerichteter Versuchskörper sehr genau zu ermitteln gestattet.

B. Schwingungen in gerader Linie.

Verwandt mit der unter A behandelten Aufgabe ist die, die Geschwindigkeit und die größten Ausschläge eines Körpers zu bestimmen, der von einem widerstehenden Mittel umgeben ist und von einem festen Punkte mit einer Kraft angezogen wird, die sich wie der Abstand des Körpers von diesem Punkte verhält. Der Fall tritt z. B. bei einem Luftballon ein, der plötzlich durch Auswerfen von Ballast entlastet, oder durch Ausströmen von Gas überlastet wird. Diese

---

[1] Der erste Fehler kann durch Wiederholung des Versuchs vermindert werden, der zweite nicht. Dieser läßt sich aber dadurch ausschalten, daß man mit der Schwingungsrichtung wechselt, wobei der Versuchskörper natürlich umzudrehen ist, wenn er auf der Rückseite nicht dieselbe Form hat, wie auf der Vorderseite.

Änderungen schaffen für den Ballon eine neue Gleichgewichtslage, gegen die er mit einer veränderlichen Kraft hingetrieben wird, die sich (bei nicht allzugroßen Ent- oder Überlastungen) annähernd wie sein augenblicklicher Abstand von dieser Lage verhält. Ohne den Widerstand der Luft würde der Ballon dauernd in einfachen Sinusschwingungen um die neue Gleichgewichtslage pendeln; durch den Widerstand werden die Schwingungen aber gedämpft, so daß der Ballon schließlich in der neuen Lage zur Ruhe kommt. Wenn die Ausschläge des Ballons nicht zu groß sind, darf man annehmen, daß sich der Widerstand der Luft wie das Quadrat der Geschwindigkeit verhält. Dann läßt sich die interessante, bisher meines Wissens noch nicht behandelte Aufgabe, die Größe der aufeinanderfolgenden Ausschläge zu bestimmen, in einfacher Weise lösen[1], wie im folgenden kurz gezeigt wird. Der nächstliegende Weg, die Lösung aus den Ergebnissen des ersten Teils dieser Untersuchung durch einen Grenzübergang abzuleiten, soll dabei nicht beschritten, sondern nur zur Bestätigung der unmittelbaren Lösung benutzt werden.

Ein Körper von der Masse m werde von einem Punkte im Abstande y mit der Kraft Py angezogen und erleide bei der dadurch hervorgerufenen Bewegung einen Widerstand Wv^2, wenn v die Geschwindigkeit des Körpers ist.

Dann lautet die Bewegungsgleichung

bei zunehmendem y:

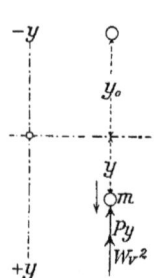

Abb. 7.
Der schwingende Körper mit den an ihm wirkenden Kräften.

(1 a) $$m\frac{d^2y}{dt^2} = -W\left(\frac{dy}{dt}\right)^2 - Py;$$

bei abnehmendem y:

(1 b) $$m\frac{d^2y}{dt^2} = +W\left(\frac{dy}{dt}\right)^2 - Py.$$

Es genügt, einen dieser beiden Fälle durchzuführen, da der andere nur die Umkehrung bildet. Wir wählen den Fall (1 a) und setzen damit voraus, daß y im Anfang der Bewegung negativ ist. In Abb. 7 ist eine nach unten gerichtete Bewegung als positiv angenommen.

Führt man zur Abkürzung die Bezeichnungen

(2) $$\frac{W}{m} = w \text{ und } \frac{P}{m} = p$$

---

[1] Den schwierigeren Fall großer Ausschläge, bei denen der Widerstand der Luft nicht nur von der Geschwindigkeit abhängt, sondern auch von der Änderung ihres Raumgewichts mit der Höhe wesentlich beeinflußt wird, hoffe ich an einer anderen Stelle behandeln zu können.

ein, so erhält die Bewegungsgleichung die Form

$$(3) \quad \frac{d^2y}{dt^2} + w\left(\frac{dy}{dt}\right)^2 + py = 0.$$

Sie läßt sich in derselben Weise integrieren, wie die entsprechende Gleichung unter A. Man findet so

$$(5) \quad v^2 = \frac{2p}{(2w)^2}[1 - 2wy - C_0 e^{-2wy}].$$

Wird der Anfangswert von y mit $-y_0$ bezeichnet und in (5) eingesetzt, so muß sich daraus $v = 0$ ergeben. Diese Bedingung liefert für C_0 den Wert

$$(6) \quad C_0 = (1 + 2wy_0)e^{-2wy_0}.$$

Damit ist die Geschwindigkeit v für jede Lage des Körpers bestimmt. Das zum Ende der Schwingung gehörige y, das mit y_1 bezeichnet werden möge, ergibt sich aus (5) und (6), indem man wieder $v = 0$ setzt. Bevor hierauf näher eingegangen wird, soll erst untersucht werden, in welcher Beziehung die jetzt gefundenen Gleichungen zu den gleichbezifferten unter A stehen.

Wenn ein schwerer Körper auf einem Kreisbogen von sehr großem Halbmesser r sehr kleine Schwingungen um die Gleichgewichtslage ausführt, so kann seine Beschleunigung in der Richtung der Bewegung als im Verhältnis zum Abstande von der Ruhelage stehend angenommen und mit ps bezeichnet werden, wo unter p die Beschleunigung im Abstande 1 und unter s der veränderliche Abstand während der Schwingung verstanden ist. Andrerseits ist diese Beschleunigung aber offenbar auch gleich der entsprechenden Seitenkraft der Schwerebeschleunigung g. Es besteht also bei kleinem s und großem r die Beziehung

$$ps = g \sin\frac{s}{r} = g\frac{s}{r}$$

oder

$$g = pr.$$

Setzt man dies in die Gleichung (5) des ersten Teils ein und ferner mit Rücksicht auf die Kleinheit von $s:r$ die Werte $\cos(s:r) = 1$, $\sin(s:r) = s:r$, so geht diese Gleichung in die folgende über:

$$v^2 = \frac{2pr^2}{1 + (2rw)^2}[1 - 2ws - C_0 e^{-2ws}].$$

Wird im Zähler und Nenner des vor der Klammer stehenden Bruches mit r^2 geteilt und dann $r = \infty$ gesetzt, so folgt weiter

$$v^2 = \frac{2p}{(2w)^2}[1 - 2ws - C_0 e^{-2ws}].$$

904 Sitzung der physikalisch-mathematischen Classe vom 5. December 1907.

Die frühere Gleichung (6) erhält mit Hilfe derselben Annahme, und wenn man noch den Anfangswinkel α mit $s_0 : r$ bezeichnet, die Form

$$C_o = (1 + 2ws_o)e^{-2ws_o}.$$

Diese beiden Gleichungen unterscheiden sich nun von den jetzigen (5) und (6) nur durch eine andere Bezeichnung der Wege (s und s_0 statt y und y_0). Damit ist bewiesen, daß die hier unmittelbar für die Bewegung in gerader Linie abgeleiteten Gleichungen (5) und (6) mit den früher für die kreisförmige Bewegung gefundenen im Grenzfall der kleinen Schwingungen mit unendlich großem Halbmesser in der Tat übereinstimmen.

Um nun den Ausschlag y_1 zu bestimmen, genügt für den vorliegenden Zweck die zeichnerische Darstellung des Verlaufes von v nach (5), die sich in ganz ähnlicher Weise ausführen lassen würde, wie es im Abschnitt A II geschehen ist. Es empfiehlt sich aber, jetzt etwas anders vorzugehen. Während nämlich früher die Sinuslinie für alle Ausschläge die gleiche war, die Exponentiallinie aber mit der Anfangslage des Pendels wechselte, wird jetzt besser die letztere Linie unverändert beibehalten, und zwar deshalb, weil bei geradliniger Bewegung die Sinuslinie in eine Gerade übergeht, und weil es bequemer ist, eine Schar verschiedener gerader Linien als eine solche von Exponentiallinien zu zeichnen. Die so geänderte Darstellungsweise findet ihren Ausdruck, wenn man die Gleichung (5) in der Form

$$(7) \qquad v^2 = \frac{2p\,C_o}{(2w)^2}\left[\frac{1}{C_o} - \frac{2w}{C_o}y - e^{-2wy}\right]$$

schreibt. Bezeichnet man zur Abkürzung die für den Verlauf von v während einer Schwingung allein maßgebende Klammergröße als Funktion von y mit Y, so daß also

$$(8) \qquad v^2 = \frac{2p\,C_o}{(2w)^2}Y \quad \text{u.} \quad Y = \left[\frac{1}{C_o} - \frac{2w}{C_o}y - e^{-2wy}\right]$$

ist, dann handelt es sich nur noch um die Abbildung von Y. Wir zerlegen es zu diesem Zweck in die beiden Teile

$$\frac{1}{C_o} - \frac{2w}{C_o}y \quad \text{und} \quad e^{-2wy}$$

und tragen ihre für verschiedene y berechneten Werte in beliebigem Längenmaßstabe von der lotrecht angenommenen y-Achse aus nach derselben Seite hin auf.

Der erste Teil stellt offenbar eine Gerade dar, die die wagerechte Achse ($y = 0$) im Abstande $1 : C_o$ vom Nullpunkt des Achsenkreuzes schneidet. Sie trifft die y-Achse in einem Punkte, dessen y mit y_g bezeichnet werden soll. Der Wert von y_g ergibt sich aus der Gleichung

$$\frac{1}{C_0} - \frac{2w}{C_0} y_g = 0$$

zu

(9) $$y_g = \frac{1}{2w}.$$

Die Lage dieses Punktes ist mithin unabhängig von C_0 und damit auch von der Anfangslage des schwingenden Körpers, die allein durch den Wert von y_0 in C_0 zur Geltung kommt. Daraus folgt, daß alle zu verschiedenen Werten von y_0 gehörigen Geraden durch denselben Punkt y_g in der y-Achse gehen müssen, daß also eine Änderung von y_0 nur eine Drehung der Geraden um diesen Punkt bewirkt.

Im zweiten Teil von Y, dem Ausdruck e^{-2wy}, tritt y_0 überhaupt nicht auf. Die ihn darstellende Kurve bleibt also in der Tat für alle möglichen Schwingungen gleich. Zieht man in dem beliebigen Abstande y vom Nullpunkt der Auftragung eine wagerechte Linie, so stellt der zwischen die Gerade und die Kurve e^{-2wy} fallende Teil dieser Linie den zu y gehörigen Wert von Y dar. Die von der Geraden und der Kurve eingeschlossene Fläche gibt also ein vollständiges Bild der Änderung von Y und damit auch von v während einer Schwingung. Insbesondere sind die Werte von y, für die die Geschwindigkeit Null wird, also y_0 für den Anfang und y_1 für das Ende einer Schwingung, durch die Schnitte der Geraden mit der Kurve bestimmt. Ist y_0 gegeben, so wird hierdurch der eine Schnittpunkt und damit die Gerade festgelegt, worauf dann der andere Schnittpunkt den Wert y_1 liefert.

Hieraus ergibt sich das folgende, durch Abb. 8 erläuterte einfache Verfahren zur Bestimmung von y_1 aus y_0: Man zeichne in ein Achsenkreuz mit lotrechter y-Achse die Kurve e^{-2wy}. Durch einen Punkt dieser Kurve, der nach den früher gemachten Annahmen über das Vorzeichen von y_0 und über die Achsenrichtung in der Höhe y_0 über der (wagerechten) Y-Achse liegt, und durch einen Punkt in der y-Achse im Abstande $y_g = \dfrac{1}{2w}$ vom Nullpunkt ziehe man eine gerade Linie. Diese bestimmt durch ihren zweiten Schnitt mit der Kurve e^{-2wy} einen Punkt, dessen Abstand von der Y-Achse gleich dem gesuchten y_1 ist. Soll der folgende Ausschlag y_2 bestimmt werden, so trage man y_1 nach oben ab und ziehe durch den so bestimmten Punkt der Kurve e^{-2wy} wiederum eine Gerade, die die y-Achse in demselben Punkte schneidet wie die erste. Der zweite Schnittpunkt

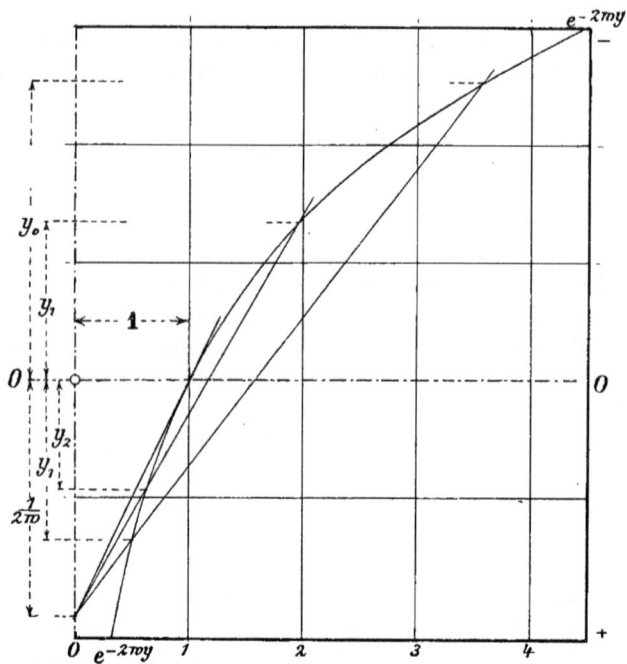

Abb. 8. Bestimmung des Ausschlages y_t bei gegebenem y_0.

dieser Geraden mit der Kurve e^{-2my} ergibt den Wert von y_2. So kann man beliebig fortfahren. Zuletzt geht die schneidende Gerade in eine berührende über. Es läßt sich leicht zeigen, daß der Berührungspunkt in der Y-Achse liegt, wie das ja auch sein muß, da diese Achse die Ruhelage darstellt, um die der Körper schwingt.

Zur Bestimmung des Luftwiderstandes, dessen Kenntnis für den Fall eines unfreiwilligen schnellen Sinkens des Ballons von erheblichem Interesse ist, erscheint das entwickelte Verfahren nicht anwendbar, weil die Höhenbestimmung mittels des Metallbarometers eine zu unsichere ist. Dagegen könnte das Verfahren vielleicht in anderer Weise nutzbar gemacht werden. Große Schwingungen des Ballons um seine Gleichgewichtslage sind im allgemeinen wegen der damit verknüpften Gasverluste nachteilig. Es ist daher unter Umständen erwünscht, von einer Höhenlage in die andere möglichst ohne Schwingungen übergehen zu können. Das läßt sich zwar durch ganz allmähliche Änderung des Belastungszustandes (Ausgabe von Ballast oder Gas) erreichen, aber nur auf Kosten der Zeit. Will man bald ohne Schwingungen in eine andere Höhe gelangen, so könnte man das in der Weise bewirken, daß man z. B. von dem der gesamten Höhenänderung entsprechenden Ballast zunächst nur so viel auswirft, daß die dadurch erzeugte Schwingung in die gewünschte Höhe führt, und daß man dann in dem Augenblicke der Bewegungsumkehr den Rest folgen läßt. So bleibt der Ballon natürlich in der neuen Ruhelage. Wie die Ballastausgabe eingeteilt werden müßte, würde sich mit Hilfe des entwickelten Verfahrens bestimmen lassen. Es ist aber hier nicht der geeignete Ort, näher darauf einzugehen.

1907.   **LI. LII. LIII.**

SITZUNGSBERICHTE

DER

KÖNIGLICH PREUSSISCHEN

AKADEMIE DER WISSENSCHAFTEN.

Gesammtsitzung am 12. December. (S. 909)
Diels: Bericht über die Thätigkeit des Thesaurus linguae Latinae vom 15. Juni 1905 bis 30. September 1907. (S. 910)
Adresse an Hrn. Leopold Delisle zur Feier seines fünfzigjährigen Jubiläums als Mitglied der Académie des Inscriptions et Belles-Lettres am 6. December 1907. (S. 914)
Sitzung der physikalisch-mathematischen Classe am 19. December. (S. 917)
Schottky: Über Beziehungen zwischen veränderlichen Grössen, die auf gegebene Gebiete beschränkt sind. (S. 919)
Mertens: Über die cyklischen Einheitsgleichungen von Primzahlgrad in dem Bereich der Quadratwurzel aus einer negativen Zahl. (S. 924)
J. Hartmann: Eine Verbesserung des Foucault'schen Messerschneiden-Verfahrens zur Untersuchung von Fernrohrobjectiven. (S. 935)
Sitzung der philosophisch-historischen Classe am 19. December. (S. 941)
Harnack: Zwei Worte Jesu. (S. 942)
Müller: Beitrag zur genaueren Bestimmung der unbekannten Sprachen Mittelasiens (hierzu Taf. IX). (S. 958)

Druckschriften-Verzeichniss. (S. 961) — Namenregister. (S. 999) — Sachregister. (S. 1007)

MIT TAFEL IX.

MIT DEM DRUCKSCHRIFTEN-VERZEICHNISS, TITELN, INHALTS-VERZEICHNISS
UND REGISTERN.

BERLIN 1907.

VERLAG DER KÖNIGLICHEN AKADEMIE DER WISSENSCHAFTEN.

IN COMMISSION BEI GEORG REIMER.

Aus dem Reglement für die Redaction der akademischen Druckschriften.

Aus § 1.

Die Akademie gibt gemäss § 41,1 der Statuten zwei fortlaufende Veröffentlichungen heraus: »Sitzungsberichte der Königlich Preussischen Akademie der Wissenschaften« und »Abhandlungen der Königlich Preussischen Akademie der Wissenschaften«.

Aus § 2.

Jede zur Aufnahme in die »Sitzungsberichte« oder die »Abhandlungen« bestimmte Mittheilung muss in einer akademischen Sitzung vorgelegt werden, wobei in der Regel das druckfertige Manuscript zugleich einzuliefern ist. Nichtmitglieder haben hierzu die Vermittelung eines ihrem Fache angehörenden ordentlichen Mitgliedes zu benutzen.

§ 3.

Der Umfang einer aufzunehmenden Mittheilung soll in der Regel in den Sitzungsberichten bei Mitgliedern 32, bei Nichtmitgliedern 16 Seiten in der gewöhnlichen Schrift der Sitzungsberichte, in den Abhandlungen 12 Druckbogen von je 8 Seiten in der gewöhnlichen Schrift der Abhandlungen nicht übersteigen.

Überschreitung dieser Grenzen ist nur mit Zustimmung der Gesammt-Akademie oder der betreffenden Classe statthaft, und ist bei Vorlage der Mittheilung ausdrücklich zu beantragen. Lässt der Umfang eines Manuscripts vermuthen, dass diese Zustimmung erforderlich sein werde, so hat das vorlegende Mitglied es vor dem Einreichen von sachkundiger Seite auf seinen muthmasslichen Umfang im Druck abschätzen zu lassen.

§ 4.

Sollen einer Mittheilung Abbildungen im Text oder auf besonderen Tafeln beigegeben werden, so sind die Vorlagen dafür (Zeichnungen, photographische Originalaufnahmen u. s. w.) gleichzeitig mit dem Manuscript, jedoch auf getrennten Blättern, einzureichen.

Die Kosten der Herstellung der Vorlagen haben in der Regel die Verfasser zu tragen. Sind diese Kosten aber auf einen erheblichen Betrag zu veranschlagen, so kann die Akademie dazu eine Bewilligung beschliessen. Ein darauf gerichteter Antrag ist vor der Herstellung der betreffenden Vorlagen mit dem schriftlichen Kostenanschlage eines Sachverständigen an den vorsitzenden Secretar zu richten, dann zunächst im Secretariat vorzuberathen und weiter in der Gesammt-Akademie zu verhandeln.

Die Kosten der Vervielfältigung übernimmt die Akademie. Über die voraussichtliche Höhe dieser Kosten ist — wenn es sich nicht um wenige einfache Textfiguren handelt — der Kostenanschlag eines Sachverständigen beizufügen. Überschreitet dieser Anschlag für die erforderliche Auflage bei den Sitzungsberichten 150 Mark, bei den Abhandlungen 300 Mark, so ist Vorberathung durch das Secretariat geboten.

Aus § 5.

Nach der Vorlegung und Einreichung des vollständigen druckfertigen Manuscripts an den zuständigen Secretar oder an den Archivar wird über Aufnahme der Mittheilung in die akademischen Schriften und zwar, wenn eines der anwesenden Mitglieder es verlangt, verdeckt abgestimmt.

Mittheilungen von Verfassern, welche nicht Mitglieder der Akademie sind, sollen der Regel nach nur in die Sitzungsberichte aufgenommen werden. Beschliesst eine Classe die Aufnahme der Mittheilung eines Nichtmitgliedes in die dazu bestimmte Abtheilung der »Abhandlungen«, so bedarf dieser Beschluss der Bestätigung durch die Gesammt-Akademie.

Aus § 6.

Die an die Druckerei abzuliefernden Manuscripte müssen, wenn es sich nicht bloss um glatten Text handelt, ausreichende Anweisungen für die Anordnung des Satzes und die Wahl der Schriften enthalten. Bei Einsendungen Fremder sind diese Anweisungen von dem vorlegenden Mitgliede vor Einreichung des Manuscripts vorzunehmen. Dasselbe hat sich zu vergewissern, dass der Verfasser seine Mittheilung als vollkommen druckreif ansieht.

Die erste Correctur ihrer Mittheilungen besorgen die Verfasser. Fremde haben diese erste Correctur an das vorlegende Mitglied einzusenden. Die Correctur soll nach Möglichkeit nicht über die Berichtigung von Druckfehlern und leichten Schreibversehen hinausgehen. Umfängliche Correcturen Fremder bedürfen der Genehmigung des redigirenden Secretars vor der Einsendung an die Druckerei, und die Verfasser sind zur Tragung der entstehenden Mehrkosten verpflichtet.

Aus § 8.

Von allen in die Sitzungsberichte oder Abhandlungen aufgenommenen wissenschaftlichen Mittheilungen, Reden, Adressen oder Berichten werden für die Verfasser, von wissenschaftlichen Mittheilungen, wenn deren Umfang im Druck 4 Seiten übersteigt, auch für den Buchhandel Sonderabdrucke hergestellt, die alsbald nach Erscheinen des betreffenden Stücks der Sitzungsberichte ausgegeben werden.

Von Gedächtnissreden werden ebenfalls Sonderabdrucke für den Buchhandel hergestellt, indess nur dann, wenn die Verfasser sich ausdrücklich damit einverstanden erklären.

§ 9.

Von den Sonderabdrucken aus den Sitzungsberichten erhält ein Verfasser, welcher Mitglied der Akademie ist, zu unentgeltlicher Vertheilung ohne weiteres 50 Freiexemplare; er ist indess berechtigt, zu gleichem Zwecke auf Kosten der Akademie weitere Exemplare bis zur Zahl von noch 100 und auf seine Kosten noch weitere bis zur Zahl von 200 (im ganzen also 350) abziehen zu lassen, sofern er diess rechtzeitig dem redigirenden Secretar angezeigt hat; wünscht er auf seine Kosten noch mehr Abdrucke zur Vertheilung zu erhalten, so bedarf es dazu der Genehmigung der Gesammt-Akademie oder der betreffenden Classe. — Nichtmitglieder erhalten 50 Freiexemplare und dürfen nach rechtzeitiger Anzeige bei dem redigirenden Secretar weitere 200 Exemplare auf ihre Kosten abziehen lassen.

Von den Sonderabdrucken aus den Abhandlungen erhält ein Verfasser, welcher Mitglied der Akademie ist, zu unentgeltlicher Vertheilung ohne weiteres 30 Freiexemplare; er ist indess berechtigt, zu gleichem Zwecke auf Kosten der Akademie weitere Exemplare bis zur Zahl von noch 100 und auf seine Kosten noch weitere bis zur Zahl von 100 (im ganzen also 230) abziehen zu lassen, sofern er diess rechtzeitig dem redigirenden Secretar angezeigt hat; wünscht er auf seine Kosten noch mehr Abdrucke zur Vertheilung zu erhalten, so bedarf es dazu der Genehmigung der Gesammt-Akademie oder der betreffenden Classe. — Nichtmitglieder erhalten 30 Freiexemplare und dürfen nach rechtzeitiger Anzeige bei dem redigirenden Secretar weitere 100 Exemplare auf ihre Kosten abziehen lassen.

§ 17.

Eine für die akademischen Schriften bestimmte wissenschaftliche Mittheilung darf in keinem Falle vor ihrer Ausgabe an jener Stelle anderweitig, sei es auch nur auszugs-

(Fortsetzung auf S. 3 des Umschlags.)

SITZUNGSBERICHTE 1907.
LI.
DER
KÖNIGLICH PREUSSISCHEN
AKADEMIE DER WISSENSCHAFTEN.

12. December. Gesammtsitzung.

Vorsitzender Secretar: Hr. Waldeyer.

1. Hr. Diels las: Über den Schlüssel des Artemistempels zu Lusoi (Arkadien). (Ersch. später.)

Im Bostoner Museum of fine arts befindet sich ein eherner Tempelschlüssel, der sich durch seine Aufschrift als zugehörig zu dem berühmten Heiligthum der Artemis Hemera in Lusoi bezeugt. Die linksläufige Schrift weist etwa auf das 5. Jahrhundert v. Chr.

2. Derselbe überreichte einen Bericht über den Fortgang des Thesaurus linguae Latinae.

3. Die Akademie hat ihrem auswärtigen Mitglied Hrn. Leopold Delisle in Paris, der am 6. December das Jubiläum seiner fünfzigjährigen Zugehörigkeit zur Académie des Inscriptions et Belles-Lettres beging, eine Adresse gewidmet, welche unten abgedruckt ist.

4. Vorgelegt wurden zwei Bände der Ergebnisse der Plankton-Expedition der Humboldt-Stiftung: Die Rotatorien von C. Zelinka und der systematische Theil der Tintinnodeen von K. Brandt. Kiel und Leipzig 1907; ein Band der Ausgabe der griechischen christlichen Schriftsteller der ersten drei Jahrhunderte: Eusebius Werke. Bd. 2, Tl. 2. Leipzig 1908; O. Hertwig, Handbuch der vergleichenden und experimentellen Entwickelungslehre der Wirbelthiere. Bd. 2, Tl. 1—3 und Bd. 3, Tl. 1—3. Jena 1906.

5. Die Akademie hat durch die philosophisch-historische Classe Hrn. Dr. Karl Erich Gleye in Charlottenburg zur Förderung seiner Malalas-Studien 700 Mark bewilligt.

Die Akademie hat ihr Ehrenmitglied Se. Majestät König Oskar II. von Schweden am 8. December durch den Tod verloren.

Bericht über die Tätigkeit des Thesaurus linguae Latinae vom 15. Juni 1905 bis 30. September 1907.

Von H. Diels.

Durch einen von den fünf beteiligten Akademien gutgeheißenen Beschluß der Thesaurus-Kommission wird die Berichterstattung der einzelnen Akademien erst nach den in München stattfindenden Konferenzen erstattet. Da nun aber in diesem Jahr eine solche nicht stattgefunden hat, so scheint es angemessen, mit dem vorjährigen Berichte (I), der die an die Akademien erstatteten Mitteilungen über die Konferenz am 18./19. Oktober 1906 zur Grundlage hat[1], einen weiteren (II) zu verbinden, den der Generalredaktor des Thesaurus, Prof. Dr. Lommatzsch, über Personal und Arbeit während des letzten Jahres verfaßt hat.

I. Bericht über die Zeit vom 15. Juni 1905 bis 1. Oktober 1906.

Personalien. Am 1. Oktober 1905 trat der an Stelle des scheidenden Hrn. Prof. Dr. Vollmer ernannte Generalredaktor Hr. Prof. Dr. E. Lommatzsch sein Amt an. Hr. Vollmer wurde in die Thesaurus-Kommission kooptiert. Am 1. April 1906 gab Hr. Prof. Dr. Ihm, der einem Ruf als außerordentlicher Professor nach Halle folgte, das Amt des Redaktors auf; an seine Stelle trat mit demselben Tage Hr. Dr. B. Maurenbrecher, bis dahin Privatdozent in Halle. Das Personal bestand somit seitdem, Redaktoren und Sekretär eingerechnet, aus 14 Mitarbeitern.

---

[1] Hr. von Wölfflin war leider durch schwere Krankheit verhindert, teilzunehmen. Dagegen leitete Exzellenz von Hartel noch mit vollster Hingebung und bewundernswürdiger Frische die Verhandlungen, und niemand ahnte, daß dies das letztemal sein sollte. Die Königlich Preußische Akademie betrauert in ihrem am 14. Januar d. J. verstorbenen langjährigen Mitgliede einen hervorragenden Gelehrten und Organisator, der wie wenige andere die Verbindung der deutschen Akademien gefördert und sich um das Zustandekommen und die Weiterentwicklung des Thesaurus linguae Latinae, der ein äußeres Symbol dieser Verbindung ist, ganz hervorragende Verdienste erworben hat.

Geschäftsordnung. Die Kommission hatte eine neue Fassung ihrer durch die Entwicklung und veränderte Organisation des Unternehmens längst überholten Geschäftsordnung entworfen, die von den verbündeten Akademien genehmigt worden ist. Sie folgt hier:

Geschäftsordnung der Thesaurus-Kommission.

§ 1.

Die Kommission für Herstellung eines Thesaurus linguae Latinae besteht aus je einem Mitgliede der fünf Akademien: der Kgl. Akademie zu Berlin, der Kgl. Gesellschaft der Wissenschaften zu Göttingen, der Kgl. Gesellschaft der Wissenschaften zu Leipzig, der Kgl. Akademie zu München und der Kais. Akademie zu Wien, ferner aus den von der Kommission kooptierten Mitgliedern.

§ 2.

Die Kommission wählt einen Vorsitzenden, der sie zu vertreten, die Geschäfte zu führen und die Versammlungen zu leiten hat, und einen Stellvertreter des Vorsitzenden, ferner einen Revisor.

§ 3.

Die Sitzungen der Kommission finden in der Regel jährlich statt. Die Einladung ergeht einen Monat vorher durch den Vorsitzenden unter Vorlegung der Tagesordnung.

§ 4.

Die Kommission ernennt den Generalredaktor, den Redaktor und den Sekretär des Thesaurus-Bureaus.

§ 5.

In der Jahressitzung wird der Geschäftsbericht des Generalredaktors und seine vom Revisor geprüfte Rechnungsablage vorgelegt und genehmigt. Beides wird in Übersicht gedruckt und zugleich mit einem zusammenfassenden Berichte der Kommission an die Akademien versandt.

§ 6.

Der Vorsitzende ist befugt, die laufenden Geschäfte durch Rundschreiben zu erledigen. Ergeben sich hierbei abweichende Vota oder wichtige sachliche Mitteilungen von seiten der Mitglieder, so ist der Umlauf zu wiederholen.

§ 7.

In dringenden Fällen beruft der Vorsitzende eine außerordentliche Konferenz.

§ 8.

Die Kommissionsmitgliedschaft ist Ehrenamt. Die auswärtigen Mitglieder erhalten an Tagegeldern 20 Mark und außerdem Ersatz der Reisekosten aus der Thesaurus-Kasse.

§ 9.

Zur Abänderung dieser Geschäftsordnung ist die Konferenz befugt, wenn dieser Gegenstand auf die Tagesordnung gesetzt worden ist.

Arbeit. In dieser Zeit wurden 59 Bogen im Druck fertiggestellt. Band II wurde abgeschlossen, von Band III Bogen 1—3, von Band IV Bogen 1—21 ausgedruckt. Auch die ersten Bogen des Eigennamensupplements wurden gedruckt. Diese Supplemente werden neben den einzelnen Bänden als selbständiges Onomastikon erscheinen. Die Kommission konnte konstatieren, daß die Lösung der Eigennamen von dem übrigen Wortmaterial sich bereits als ersprießlich für den rascheren Fortgang der Ausarbeitung erwiesen hat.

Finanzen. Außer den laufenden Aufwendungen wurden von den Akademien beigesteuert von Berlin und Wien je 1000, von Leipzig 500 Mark, von München ein (seit 1. Oktober 1907 fortgefallner) Zuschuß zum Gehalt eines Assistenten. Die preußische Regierung hat wie bisher durch zwei Stipendien und die Beurlaubung eines Oberlehrers, die österreichische gleichfalls durch Beurlaubung eines Gymnasiallehrers, die bayerische dadurch, daß sie nach wie vor das Gehalt des Sekretärs zur größern Hälfte trägt, den Thesaurus unterstützt; ferner die hamburgische Regierung durch einen Zuschuß von 1000 Mark, die württembergische durch einen Zuschuß von 700 Mark und die badische durch einen Zuschuß von 600 Mark. Die Kommission und die in ihr vertretenen Akademien sind den genannten Regierungen für ihre unablässige Förderung des Unternehmens zu größtem Danke verpflichtet.

Zu besonderm Dank ferner wurden sie verpflichtet durch eine Stiftung des der Teubnerschen Verlagsfirma angehörigen Hrn. Dr. A. Giesecke, der, vom 1. Oktober 1906 an und solange er Teilhaber der Firma ist, dem Thesaurus für die Dauer der Arbeit jährlich 5000 Mark zur Verfügung zu stellen erklärt hat. Durch diese Zuwendung wird es der Kommission ermöglicht, einerseits die dringend erwünschte Aufbesserung in den Bezügen der Mitarbeiter (außer den Redaktoren) eintreten zu lassen, anderseits für die Vermehrung und Verbesserung des Materials zu sorgen und damit sowohl den Gehalt des Werkes selbst als den Wert des Thesaurus-Archivs zu erhöhen.

Räumlichkeit. In peinlicher Weise hatte sich seit langem die Unzulänglichkeit der dem Thesaurus zur Verfügung stehenden Räume fühlbar gemacht. Die Kommission entschloß sich, da die Münchener Akademie weitere Räume nicht zur Verfügung hat, sich an die Königlich Bayerische Staatsregierung mit der Bitte zu wenden, geeignete Räumlichkeiten für den Thesaurus bereitzustellen.

Im Jahre 1905 betrug die Einnahme 36 376,15 Mark, die Ausgabe 36 591,88. So ergab sich ein Defizit am 1. Januar 1906 von 215,73 Mark, das aus dem »Sparfonds« gedeckt wurde. Dieser betrug am 1. Januar 1906 10 584,27 Mark. Die als Finalreserve gegründete Wölfflin-Stiftung betrug am 22. Oktober 1906 19 059,04 Mark.

II. Bericht über die Zeit vom 1. Oktober 1906 bis 30. September 1907.

Personalien. Am 15. November 1906 schied Hr. Dr. Remme aus, am 13. September 1907 Hr. Dr. Meister, da er vom k. k. Ministerium an das Gymnasium zu Znaim zurückberufen wurde. Ferner scheidet zum 1. November 1907 Hr. Dr. Pöschel aus, um sein Probejahr abzuleisten. Eingetreten sind: 15. November 1906 Dr. Wulff (aus Kopenhagen); am 1. April 1907 Hr. Oberlehrer Dr. Hoppe, vom Kgl. Preuß. Ministerium beurlaubt (aus Bielefeld); zum 1. Oktober 1907: Dr. Reisch (aus Frankfurt a. M.); Hr. Oberlehrer Dr. Lambertz, vom k. k. Ministerium an Stelle des Hrn. Dr. Meister an den Thesaurus beurlaubt.

Vom 1. Oktober ab besteht das Personal aus den HH. Prof. Lommatzsch, Generalredaktor; Dr. Maurenbrecher, Redaktor; Prof. Hey, Sekretär; den Assistenten: DDr. Bannier, Otto, Jacobsohn, Gudeman, Burger, Spelthahn, Pöschel [bis 1. November], Probst, Elsperger, Wulff, Reisch, den beurlaubten Oberlehrern: DDr. Hoppe, Lambertz.

Material. Weitergeführt wurden die Literaturauszüge (Klotz) sowie Inschriften- und Papyri-Exzerpte (Ihm). Die Verzettelung des Tertullian ist vollendet; die von Ciceros Reden (ed. Clark) in Angriff genommen, das Abkorrigieren der Texte besorgten die HH. Heerdegen, Hildebrandt, Hey, Nohl, Vollmer. Zunächst ist zum Verzetteln in Aussicht genommen: hieronymi epist. und die späteren kleinen Historiker. Exzerpiert wurden (außer kleineren Autoren): Op. imperf. in Matth., Orig. in Matth., Rufin. Orig., Petr. chrys., Dionys. exig., Avg. in psalm. doctr. christ. und andere Schriften, Cassiod. in psalm., Greg. m. moral., Verecvnd., Papstbriefe.

Die Ausordnung des Materials für die Fortsetzung schreitet ununterbrochen fort; desgleichen die Arbeit für das Eigennamenmaterial. Definitiv zurückgeordnet ist das ausgedruckte Material bis: capio.

Arbeit. Fertiggestellt vom 1. Oktober 1906/07:

Band III 4—27 = 24 Bogen
» III Praefatio = 1 »
» IV 22—50 = 29 »
nom. pr. 1—3 = 3 »
Summe 57 Bogen

Band III ist gesetzt bis carmen, Ms. fertig bis carrarius.
» IV »   »   » conventus, »   »   » conzus.
nom pr. »   »   » Caesidius, »   »   » Caicus.

Um die Bearbeitung der Eigennamen etwas zu beschleunigen, ist nunmehr auch Dr. Jacobsohn mit deren Ausarbeitung beschäftigt.

Räumlichkeit. Es besteht die Aussicht, zu Beginn des Jahres 1908 neue, geeignetere Räume zu beziehen, welche das Kgl. Ministerium in der ehemaligen Augenklinik zur Verfügung des Thesaurus gestellt hat. Die Kommission ist für diese Erfüllung ihres langjährigen Wunsches der Kgl. Bayer. Regierung zu tiefstem Danke verpflichtet.

Adresse an Hrn. LEOPOLD DELISLE zur Feier seines fünfzigjährigen Jubiläums als Mitglied der Académie des Inscriptions et Belles-Lettres am 6. Dezember 1907.

Hochgeehrter Herr!

Die Königlich Preußische Akademie der Wissenschaften bringt Ihnen zu dem heutigen Tage ihre aufrichtigen und warmen Glückwünsche. Sie freut sich, zugleich daran erinnern zu dürfen, daß in diesem Jahre vierzig Jahre verflossen sind, seit die Akademie die Ehre hatte, Sie unter ihre Mitglieder aufzunehmen, und sechzig Jahre, seit Ihre erste Arbeit erschienen ist. In diesen sechzig Jahren hat die Geschichtswissenschaft auf allen Linien gewaltige Fortschritte gemacht, die bedeutendsten aber in den Disziplinen, die man »die geschichtlichen Hilfswissenschaften« nennt, die aber in Wahrheit die Fundamente der Geschichtskunde bilden. Auf dem Grunde, den SCALIGER, MONTFAUCON und MABILLON gelegt haben, ist ein stolzer Bau errichtet worden, und die Wissenschaft hat in unermüdlicher Arbeit aus Kleinem und Kleinstem Größtes geschaffen und in Formen und Formeln das Leben selbst wiedererkannt.

In dieser Arbeit stehen Sie, hochgeehrter Herr, nun schon seit zwei Menschenaltern führend und ausführend, als der anerkannte Meister. Wer die Fülle der nahezu zweitausend Publikationen überschaut, in denen Sie Ihre Untersuchungen niedergelegt haben, der muß annehmen, daß nicht sowohl ein einzelner als eine ganze Schule von Gelehrten diese Werke hervorgebracht hat. Aber Sie wollten zeigen, was der einzelne vermag, wenn er sich ganz seiner Aufgabe hingibt, und wollten beweisen, daß uns die Geschichte keinen Stein hinterlassen hat, aus dem man nicht Funken schlagen kann, wenn man nur das richtige Instrument in Händen hat. Sie besitzen es, und so sind Sie von Urkunde zu Urkunde und von Buch zu Buch gegangen — Kirchliches und Weltliches. Form und Inhalt, Schrift und Beischrift, Tatbestand und Überlieferungsgeschichte gleichmäßig würdigend — und haben allem eine Sprache gegeben und jede literarische Reliquie gezwungen, Rede und Antwort zu stehen und das Leben zu bezeugen, aus dem sie geflossen ist. Das späte Altertum und das frühe Mittelalter haben Sie als Entdecker, als Sammler und als Forscher in ungeahnter Weise erhellt und darüber hinaus die Geschichte der literarischen Tradition durch die Jahrhunderte bis zur Gegenwart mit eminentem Scharfsinn verfolgt und aufgeklärt.

Jahrzehnte hindurch haben Sie diese Arbeit geleistet, indem Sie zugleich die Bibliothèque Nationale als Direktor leiteten. In dieser Eigenschaft sind Sie nicht nur für Frankreich, sondern für alle Kulturländer der große Bibliothekar gewesen und werden es bleiben. Wir Deutsche verehren in Lessing den Mann, der in unserem Vaterlande das hohe Muster dafür aufgestellt hat, wie die Handschriften- und Bücherschätze durch den Bibliothekar verwaltet und bearbeitet werden sollen. Sie haben sich neben ihn gestellt, das Ideal in der Ihnen kongenialen Weise verwirklicht — welche Fülle von Licht aus der Geschichte der Bibliotheken auf die allgemeine Geschichte fällt, haben Sie uns gelehrt! — und dabei das Glück genossen, in einem langen, der Wissenschaft gewidmeten Leben das ausführen und vollenden zu dürfen, was dem Jüngling und Mann als Aufgabe vorgeschwebt hat.

Aber noch ist die Ernte nicht abgeschlossen. Indem wir Ihnen in Verehrung und Bewunderung zu der durchmessenen Laufbahn Glück wünschen, hoffen wir, daß Ihnen noch lange die Kraft und Frische erhalten bleibt, die Sie in den Stand gesetzt hat, so Großes zu leisten.

Die Königlich Preußische Akademie der Wissenschaften.

Ausgegeben am 9. Januar 1908.

SITZUNGSBERICHTE

DER

KÖNIGLICH PREUSSISCHEN

AKADEMIE DER WISSENSCHAFTEN.

19. December. Sitzung der physikalisch-mathematischen Classe.

Vorsitzender Secretar: Hr. Waldeyer.

*1. Hr. Martens las über Umformung fester Körper unter allseitigem hohen Druck.

Umformung von Glas konnte nur in sehr geringem Grade erzielt werden. Pulver von Steinsalz und Glas sowie Faserstoffe konnten zu lückenloser fester Masse vereinigt werden, wobei Glas weiss blieb, während Steinsalz durchscheinend wurde. Im Anschluss an Versuche von Auer (1855) wurden Fasern und andere Körper in Metalle unter hohem Druck eingepresst. Unscharfe Eindrücke von Baumwollfasern in Zinn, Zink, Messing, Kupfer, Eisen erhielt man schon bei ganz geringen Belastungen; scharfe Abdrücke, bis zur Wiedergabe mikroskopischer Einzelheiten der Oberfläche, erfolgten erst bei wesentlicher Überschreitung der Fliessgrenze des Metalles. Auch durch Stosswirkung kann vollkommene Umhüllung erfolgen, wenn die Stossarbeit gross genug ist, um das Fliessen des Metalles herbeizuführen. Unter Hinweis auf seine früheren Arbeiten und auf die Veröffentlichungen von Hartmann, Vogt u. A. legte der Vortragende eine Sammlung von Abbildungen von Fliessfiguren (Lüder'sche Linien) vor, wie man sie nach Überanstrengungen an Eisenkörpern findet.

2. Hr. Schottky machte eine Mittheilung: Über Beziehungen zwischen veränderlichen Grössen, die auf gegebene Gebiete beschränkt sind. Erste Mittheilung.

In den Ebenen der Variabeln x und y seien zwei ein- oder mehrfach zusammenhängende Gebiete A, B gegeben; gefordert wird eine analytische Beziehung zwischen x und y, vermöge deren der Punkt y gezwungen ist, im Gebiete B zu bleiben, Wenn x auf das Gebiet A beschränkt wird, und umgekehrt. Zugleich soll y im Gebiete A eine reguläre, wenn auch vieldeutige Function von x, ebenso x in B eine reguläre von y sein. Aus diesen Bedingungen werden zuerst bestimmte Folgerungen gezogen; in der folgenden Mittheilung wird die analytische Darstellung der Beziehung (x, y) besprochen werden.

3. Hr. Mertens, correspondirendes Mitglied, übersandte eine Mittheilung: »Über die cyklischen Einheitsgleichungen von Primzahlgrad in dem Bereich der Quadratwurzel aus einer negativen Zahl.«

Die Lagrange'schen Resolventen der cyklischen Einheitsgleichungen λ.ten Grades des Bereichs $(\sqrt{D})$, wo λ eine ungerade Primzahl und D eine negative Zahl bezeichnen, werden auf die λ^2 Potenzproducte

$$P^m Q^n \qquad m, n = 0, 1, 2, \ldots \lambda-1$$

von zwei Resolventen P, Q zurückgeführt, deren eine eine λ^{te} Einheitswurzel α zur λ^{ten} Potenz hat und einer Kreistheilungsgleichung angehört und deren zweite aus einer bestimmten Einheit des Bereichs $(\alpha, \sqrt{D})$ hervorgeht.

4. Hr. Auwers legte eine Mittheilung des Hrn. Prof. Hartmann in Potsdam vor: **Eine Verbesserung des Foucault'schen Messerschneiden-Verfahrens zur Untersuchung von Fernrohrobjectiven.**

Verf. ersetzt bei der Heranführung der Messerschneide an den Focus die Ocularbetrachtung durch eine photographische Aufnahme. Die Anwendung dieses Verfahrens auf das 80^{cm}-Objectiv des Potsdamer Reflactors bestätigt im allgemeinen die früher durch extrafocale Aufnahmen erlangten Ergebnisse, lässt aber einen viel grössern Reichthum an Details der übrig gebliebenen Fehler des Objectivs erkennen.

Über Beziehungen zwischen veränderlichen Grössen, die auf gegebene Gebiete beschränkt sind.

Von F. Schottky.

Erste Mittheilung.

Es sei $y = \phi(x)$ eine Function, die innerhalb eines gegebenen Theiles A der x-Ebene entweder überall, oder abgesehen von einzelnen, fest gegebenen Punkten, sich regulär verhält. "Ich halte dabei die früher von mir eingeführte Definition des regulären Verhaltens fest, d. h. ich rechne auch solche Punkte zu den regulären, in denen sich zwar nicht $\phi(x)$ selbst, aber der reciproke Werth von $\phi(x)$ im allgemein üblichen Sinne regulär verhält. Sind Punkte in A gegeben, in denen $\phi(x)$ singulär werden darf, so wollen wir jeden einzelnen mit zu den Grenzen von A rechnen. Die Grenzen von A sind demnach im Allgemeinen geschlossene Linien und einzelne Punkte; die Anzahl der Grenzen möge eine endliche sein. Jetzt können wir von der vorhin eingeführten Function $\phi(x)$ sagen, dass sie innerhalb A überall regulär ist.

Daraus folgt nicht, dass sie innerhalb A eindeutig ist. Aber wir können uns in der Nähe eines inneren Punktes x_0 einen Zweig der Function eindeutig definirt denken. Liefert dieser für $x = x_0$ den Werth y_0, so entspricht jeder von x_0 ausgehenden Linie des Gebietes A eine bestimmte von y_0 ausgehende der y-Ebene.

Wir nehmen an, dass alle diese Linien in einem gleichfalls gegebenen Theile B der y-Ebene verlaufen, von dessen Begrenzung dasselbe gelten möge, wie von der der vorigen Fläche. Wir nehmen ferner an, dass innerhalb des zweiten Gebietes auch x eine reguläre Function von y ist: $x = \psi(y)$, deren sämmtliche Werthe durch Punkte von A repräsentirt werden. Sind diese Bedingungen erfüllt, so sagen wir: die Gebiete A, B sind regulär auf einander bezogen, obgleich im Allgemeinen zu jedem Punkte des einen unendlich viele des anderen Gebietes gehören.

Man hat hier ein Problem, das dem Abbildungsproblem analog, aber nicht mit ihm identisch ist — ausser in dem besonderen Falle, wo A und B einfach berandete Flächen sind. Hr. CARATHEODORY hat bemerkt[1], dass die elliptische Modulfunction als Lösung dieses Problems in einem interessanten Specialfalle aufgefasst werden kann, nämlich in dem, wo B die positive Halbebene, A die ganze Ebene, mit Ausschluss der Grenzpunkte $0, 1, \infty$ ist. Er hat auch richtig angegeben, wie die Lösung sich gestaltet, wenn statt dreier beliebig viele Grenzpunkte gegeben sind. In dem allgemeinen Falle, wo Punkte und Linien die Grenzen der beiden Gebiete bilden, habe ich folgendes Resultat erhalten:

I. Man kann die allgemeine Aufgabe auf die speciellere zurückführen, wo das eine Gebiet B die positive Halbebene ist.

II. Unter dieser Annahme und unter Ausschluss des Falles, wo nur Punkte die Begrenzung von A bilden, ist zwar nicht x selbst, aber jede von den charakteristischen Functionen der Fläche A eine in der ganzen y-Ebene eindeutige von y, die allerdings unbestimmt wird in unendlich vielen auf der reellen Linie gelegenen Punkten. Sie bleibt ungeändert bei einer bestimmten Gruppe linearer Substitutionen der Variabeln y, und zwar ist die Anzahl der unabhängigen Substitutionen gleich ρ, wenn $\rho + 1$ die Anzahl der Grenzen von A bedeutet. Diese Functionen gehören im Wesentlichen zu denen, die ich am Schlusse meiner Doctor-Dissertation definirt, und deren Wichtigkeit ich besonders hervorgehoben habe[2], zu einer Zeit, wo noch nichts veröffentlicht war über automorphe Functionen, noch über lineare Differentialgleichungen, deren Coefficienten irrationale algebraische Functionen sind.

In dem ausgeschlossenen Falle giebt es keine Randlinien von A; deshalb kann die Variable y nicht über die Grenze von B, d. h. über die reelle Linie, hinausgehen. Davon abgesehen sind die Functionen auch in diesem Falle von derselben Art, wie die übrigen.

---

[1] Sur quelques généralisations du théorème de M. PICARD. Comptes rendus 1905.

[2] Über die conforme Abbildung mehrfach zusammenhängender ebener Flächen, Berlin, Diss., 1875. Ich sage dort (S. 55): »Wir gehen jetzt über zu dem Falle, dass jede der Linien L durch eine einzige Kreislinie gebildet wird. Dann existirt kein singulärer Punkt auf der Grenze des Gebietes, und es ist dieser Fall deshalb von besonderer Wichtigkeit, Weil dann u und v nicht nur im Innern des Gebietes A, sondern (mit Ausnahme vereinzelter singulärer Punkte, an welchen diese Functionen unbestimmt werden) in der ganzen Ebene den Charakter eindeutiger rationaler Functionen besitzen.« Damit ist ausgesprochen, dass jede algebraische Gleichung $G(u, v) = 0$ von beliebig hohem Geschlechte aufgelöst werden kann durch eindeutige Functionen einer Variabeln x, die den elliptischen, aber noch mehr den von JACOBI behandelten analog sind, die der Gleichung $f(qx) = f(x)$ genügen. — RIEMANN war allerdings diese Thatsache längst bekannt. Aber von dem 1876 veröffentlichten RIEMANN'schen Fragment: »Gleichgewicht der Elektricität auf Cylindern mit kreisförmigem Querschnitt und parallelen Axen«, in dem ungefähr dasselbe Problem behandelt wird, wie in meiner Dissertation, hatte ich durchaus keine Kenntniss.

§ 1.

Wir fassen zuerst einige einfache Fälle in's Auge.

I. Es sei A die Fläche eines Kreises, der mit dem Radius 1 um den Punkt $x = 0$ gezogen ist, aber mit Ausschluss des Punktes $x = 0$, so dass die Begrenzung von A durch die Peripherie und den Mittelpunkt gebildet wird; B sei die positive Halbebene. — Wir setzen:

$$\log(x) = iy.$$

Dann ist die zweite Coordinate von y positiv, wenn x im Innern von A liegt, und umgekehrt $|x|$ von 0 verschieden, aber kleiner als 1, wenn y einen Punkt der positiven Halbebene bedeutet. Zugleich ist y eine im Innern von A unendlich-vieldeutige, aber reguläre Function von x, x eine im Innern von B eindeutige reguläre von y. An der Randlinie von A ist y ebenfalls eine reguläre Function von x, und zwar ist dort y eine reelle Grösse, die beständig wächst, wenn x beliebig oft die Randlinie im positiven Sinne durchläuft.

Das Beispiel lässt sich leicht verallgemeinern, indem man für A ein beliebiges Gebiet nimmt, das eine einzige Grenzlinie und einen einzigen Grenzpunkt x_0 hat. Man hat dann nur die Abbildungsfunction $E(x, x_0)$ zu bilden und zu setzen:

$$\log E(x, x_0) = iy.$$

Auch hier wird y singulär im Punkte x_0 wie $\frac{1}{i}\log(x - x_0)$.

II. Es sei wie vorhin B die positive Halbebene, A aber die Ringfläche zwischen zwei concentrischen Kreisen mit dem Mittelpunkte $x = 0$. Der Radius des grösseren Kreises sei 1, der des kleineren q. Wir setzen $\log(q) = -v$, so dass v positiv ist. — Es sei

$$\log(x) = iz, \quad v \log(y) = \pi z,$$

und zwar soll $\log(y)$ den logarithmischen Hauptwerth bedeuten, der in der positiven Halbebene eine eindeutige reguläre Function von y ist. Wir könnten die Beziehung auch so darstellen, dass wir unter x den Hauptwerth von y^λ verstehen; hierbei ist λ durch die Gleichung $\pi i \lambda = \log(q)$ definirt.

Liegt x in der Fläche A, so liegt die zweite Coordinate von z zwischen 0 und v, die von $\log(y)$ zwischen 0 und π; es ist daher y ein Punkt im Innern von B. Das Umgekehrte gilt ebenfalls; es ist ferner offenbar, dass y eine in A zwei vieldeutige, aber reguläre Function von x ist, und x in B eine reguläre von y; die Aufgabe ist somit gelöst. Auch auf den beiden Randlinien von A ist die Variable y eine reguläre Function von x, und zwar ist sie positiv auf der einen, negativ auf der anderen Linie; sie nimmt beständig zu, wenn x eine der Randlinien so durchläuft, dass das Innere von A zur Linken bleibt.

III. B sei wiederum die positive Halbebene, A die ganze Ebene, mit Ausschluss dreier Punkte a, b, c. Es ist bekannt, dass in diesem Falle die Aufgabe gelöst wird, indem man für y den Quotienten zweier Perioden des Integrals

$$\int \frac{dt}{\sqrt{(t-a)(t-b)(t-c)(t-x)}}$$

setzt; ebenso ist bekannt, dass alsdann entweder y selbst, oder eine reelle lineare Function von y, im Punkte a singulär wird wie:

$$-\frac{1}{\pi i} \log(x-a).$$

Von b und c gilt dasselbe.

§ 2.

Nehmen wir jetzt den allgemeinen Fall. Ausser A und B sei ein drittes Gebiet C gegeben in der Ebene der Variabeln z, und es seien zwei reguläre Beziehungen (x, z) und (y, z) aufgestellt zwischen A und C einerseits, zwischen B und C andererseits. Daraus lässt sich eine reguläre Beziehung (x, y) zwischen A und B herleiten.

Denn es sei z_0 ein Punkt im Innern von C. Durch die Beziehungen (x, z) und (y, z) sind x und y im Innern von C als reguläre ein- oder mehrdeutige Functionen von z bestimmt; wir denken uns Zweige, die in der Nähe von z_0 eindeutig definirt sind. Diese mögen im Punkte z_0 die Werthe $x = x_0$, $y = y_0$ ergeben. — Damit ist zugleich, wenn wir z als abhängig von x auffassen, ein Zweig dieser Function in der Nähe von x_0 eindeutig definirt. Jeder von x_0 ausgehenden Linie $x_0 x_1$ des Gebietes A entspricht nun eine bestimmte in z_0 anfangende $z_0 z_1$ des Gebietes C, dieser eine in y_0 anfangende $y_0 y_1$, die im Innern von B bleibt; es entspricht also jeder Linie $x_0 x_1$ in A eine andere $y_0 y_1$ in B und umgekehrt, und die so definirte Beziehung (x, y) ist eine reguläre, da die vermittelnden Beziehungen regulär sind. Wir können demnach sagen:

Eine reguläre Beziehung (x, y) zwischen A, B ist gegeben, sobald jedes der beiden Gebiete in reguläre Beziehung zur positiven Halbebene gebracht ist.

Aus diesem Grunde beschränken wir das Problem und verstehen von jetzt ab unter B die positive Halbebene. Da alsdann B einfach berandet ist, so ist $x = \psi(y)$ eine in B eindeutige reguläre Function, während $y = \varphi(x)$ in A zwar regulär, aber unendlich vieldeutig ist.

Nehmen wir an, wir hätten eine zweite reguläre Beziehung (x, z) zwischen A und der positiven Hälfte der z-Ebene. Dadurch werden, wenn wir wieder drei zusammengehörige Punkte x_0, y_0, z_0 annehmen, auch die Variabeln y, z zu einander in Beziehung gesetzt; jeder Linie $y_0 y_1$ der einen Halbebene entspricht eine Linie $z_0 z_1$ der anderen. Es ist demnach z eine in der positiven Halbebene reguläre Function von y, die nur Werthe der positiven Halbebene annimmt, y eine ebensolche von z. Folglich kann die Excentricität der beiden Punkte y_0, y_1 in Bezug auf die positive Halbebene weder grösser noch kleiner sein als die der entsprechenden Punkte z_0, z_1. Es ist also, wenn wir mit $\bar{y}_0, \bar{z}_0$ die zu y_0, z_0 conjugirten Werthe bezeichnen:

$$\left| \frac{y_1 - y_0}{y_1 - \bar{y}_0} \right| = \left| \frac{z_1 - z_0}{z_1 - \bar{z}_0} \right|$$

Daraus folgt, dass der absolute Betrag des Quotienten

$$\frac{z - z_0}{z - \bar{z}_0} : \frac{y - y_0}{y - \bar{y}_0}$$

constant und gleich 1 ist. Dann muss aber der Quotient selbst eine Constante vom absoluten Betrage 1 sein. Folglich ist z eine lineare Function von y mit reellen Coefficienten, deren Determinante positiv ist. Wir haben demnach den Satz:

Ist B die positive Halbebene, so ist die Bezeichnung (x, y) durch die aufgestellten Bedingungen vollständig bestimmt, bis auf eine reelle lineare Transformation, die mit der Variabeln y vorgenommen werden kann.

Hieraus geht auch hervor, in welcher Weise y im Innern von A vieldeutig wird. Denn denken wir uns einen geschlossenen Weg innerhalb A, auf dem ein Zweig der Function in einen andern übergeht. Wir können letzteren als Zweig einer neuen Function ansehen, die genau dieselben Eigenschaften hat, wie die ursprüngliche. Folglich ist der neue Zweig linear, mit reellen Coefficienten, durch den alten ausdrückbar. Auf jeder geschlossenen Linie in A erfährt demnach die Variable y immer reelle lineare Transformationen. Da, wenn $p + 1$ die Anzahl der Grenzen ist, sich nur p unabhängige Periodenwege ziehen lassen, so setzen sich alle Transformationen aus p primitiven zusammen.

Über die cyklischen Einheitsgleichungen von Primzahlgrad in dem Bereich der Quadratwurzel aus einer negativen Zahl.

Von Franz Mertens.

1.

Kronecker[1] hat den Bau der Wurzeln $x_0, x_1, \ldots x_{\lambda-1}$ einer cyklischen Gleichung in einem gegebenen Rationalitätsbereich angegeben, deren Grad eine ungerade Primzahl λ ist. Es sei α eine primitive λ^{te} Einheitswurzel, $L(x)$ der Ausdruck

$$x_0 + x^{\lambda-1}x_1 + x^{\lambda-2}x_2 + \ldots + xx_{\lambda-1}$$

und es werde, wenn $f(\alpha)$ eine ganze Function von α bezeichnet, unter $\nabla f(\alpha)$ das Product

$$\prod f(\alpha^s)^{s'} \qquad s = 1, 2, \ldots \lambda-1$$

verstanden, wo s' die jeweilige in der Zahlenreihe $1, 2, \ldots \lambda-1$ enthaltene Wurzel der Congruenz $ss' \equiv 1 \pmod{\lambda}$ bedeutet. Es ist dann

$$L(\alpha^m)^\lambda = F(\alpha^m)^\lambda \nabla f(\alpha^m) \qquad m = 1, 2, \ldots \lambda-1$$

zu setzen, wo $F(\alpha), f(\alpha)$ ganze Functionen von α mit Coefficienten des Rationalitätsbereichs bezeichnen, und für die Wurzelsumme eine Grösse desselben Bereichs zu nehmen.

Ist D eine negative ganze quadratfreie Zahl, so ist die Kenntniss aller Einheitsgleichungen[2] λ^{ten} Grades des Bereichs $(\sqrt{D})$, d. h. aller cyklischen Gleichungen λ^{ten} Grades, deren Coefficienten dem Rationalitätsbereich $(\sqrt{D})$ angehören und bei welchen $F(\alpha), f(\alpha)$ Einheiten des Bereichs $(\alpha, \sqrt{D})$ sind, für Fragen der complexen Multiplication der elliptischen Functionen von Interesse.

Diese Gleichungen sollen in dem Folgenden behandelt werden.

---

[1] Monatsber. d. Berl. Akad. d. Wiss. 1853.
[2] Kronecker, Die cubischen Abel'schen Gleichungen des Bereichs $\sqrt{-31}$. Monatsber. d. Berl. Akad. d. Wiss. 1882.

2.

Es sei ind n der auf eine bestimmte primitive Congruenzwurzel g von λ bezogene Index der Zahl n und

$$\omega = e^{\frac{2\pi i}{\lambda-1}} \qquad \alpha = e^{\frac{2\pi i}{\lambda}}.$$

Die Reihe

$$S_\mu = \sum \left(\frac{D}{n}\right) \frac{\omega^{\mu \,\mathrm{ind}\, n}}{n},$$

in welcher n alle positiven zu 2λ theilerfremden Zahlen zu durchlaufen hat, convergirt, wenn der Fall

$$D = -\lambda \qquad \lambda \equiv 3 \pmod 4$$

ausgeschlossen wird, für alle Werthe von μ und hat eine von 0 verschiedene Summe, wie aus Dirichlet's Beweis für das Vorkommen von Primzahlen in der arithmetischen Reihe $1 - 4D\lambda z$ hervorgeht.

Um einen einfachen Ausdruck für S_μ zu erhalten, werde der grösste ungerade Theiler von D mit Δ, jede zu Δ theilerfremde Zahl h der Reihe $0, 1, \ldots \Delta - 1$ wie bei Dirichlet mit a oder b bezeichnet, je nachdem sie der Gleichung $\left(\dfrac{h}{\Delta}\right) = 1$ oder $\left(\dfrac{h}{\Delta}\right) = -1$ genügt, und

$$L_\mu(x) = \sum \omega^{-\mu \,\mathrm{ind}\, s} x^s \qquad\qquad s = 1, 2, \ldots \lambda - 1$$

$$e^{\frac{2\pi i}{\Delta}} = v \qquad\qquad e^{\frac{i\pi}{4}} = \rho$$

$$f(x) = \prod(1 - v^a x) \qquad g(x) = \prod(1 - v^b x)$$

in den besonderen Fällen $D = -1, -2$, dagegen

$$f(x) = 1 - x \qquad g(x) = 1$$

gesetzt. Es ist dann, wenn n zu λ theilerfremd ist,

$$\omega^{\mu \,\mathrm{ind}\, n} = \frac{L_\mu(\alpha^n)}{L_\mu(\alpha)}$$

und, wenn die Quadratwurzel $\sqrt{D}$ so ausgezogen gedacht wird, dass $\dfrac{1}{i}\sqrt{D}$ positiv ausfällt,

in dem Falle $D \equiv 1 \pmod 4$:

$$\left(\frac{D}{n}\right) = \frac{1}{\sqrt{D}} \sum \left(\frac{h}{\Delta}\right) v^{nh}, \qquad h = 0, 1, \ldots \Delta - 1$$

in dem Falle $D \equiv 3 \pmod 4$:

$$\left(\frac{D}{n}\right) = \frac{1}{\sqrt{D}} \sum \left(\frac{h}{\Delta}\right) i^n v^{nh},$$

in dem Falle $D \equiv 2 \pmod 8$:

$$\left(\frac{D}{n}\right) = \frac{1}{\sqrt{D}} \sum \left(\frac{h}{\Delta}\right)(\rho^n + \rho^{-n}) v^{nh}$$

und in dem Falle $D \equiv 6 \pmod 8$:

$$\left(\frac{D}{n}\right) = \frac{1}{\sqrt{D}} \sum \left(\frac{h}{\Delta}\right)(\rho^n - \rho^{-n}) v^{nh}.$$

Bezeichnet daher π_s in den vorstehend aufgezählten vier Fällen das Product

$$f(-\alpha^s)g(\alpha^s),\ f(-i\alpha^s)g(i\alpha^s),\ f(-\rho\alpha^s)g(\rho\alpha^s)f(-\rho^{-1}\alpha^s)g(\rho^{-1}\alpha^s),$$
$$f(-\rho\alpha^s)g(\rho\alpha^s)f(-\rho^{-1}\alpha^s)g(-\rho^{-1}\alpha^s),$$

π_s' den aus π_s durch Vertauschung von f und g hervorgehenden Ausdruck, so ergiebt sich

$$2\sqrt{D} L_\mu(\alpha) S_\mu = \sum w^{-\mu \operatorname{ind} s} \log \frac{\pi_s}{\pi_s'} \qquad s = 1, 2, \ldots \lambda-1$$

Die Quotienten $\dfrac{\pi_s}{\pi_s'}$ sind Einheiten in α, $\sqrt{D}$.

Um dies darzuthun, werde

$$\gamma = \frac{\pi_s}{\pi_s'} + \frac{\pi_s'}{\pi_s} = 2 + \frac{(\pi_s - \pi_s')^2}{\pi_s \pi_s'}.$$

gesetzt und die Gleichung für die primitiven n^{ten} Einheitswurzeln mit

$$Y_n = 0$$

bezeichnet. Die Quotienten $\dfrac{\pi_s}{\pi_s'}, \dfrac{\pi_s'}{\pi_s}$ sind Wurzeln der Gleichung

$$z^2 - \gamma z + 1 = 0$$

und es ist

$$Y_\Delta(x^\lambda) = Y_\Delta(x) Y_{\lambda\Delta}(x),$$

wenn λ zu D theilerfremd,
dagegen

$$Y_d(x^\lambda) = Y_d(x) Y_\Delta(x),$$

wenn D durch λ theilbar und $\Delta = \lambda d$ ist.

In dem ersten der vier aufgezählten Fälle sind π_s, π_s' ganze Functionen von α mit in $\sqrt{D}$ ganzen Coefficienten und $\dfrac{1}{D}(\pi_s - \pi_s')^2$ ist eine ganze ganzzahlige Function von α. Da das Product

$$\pi_s \pi_s' = Y_\Delta(\alpha^s) Y_\Delta(-\alpha^s)$$

in $Y_\Delta(1)Y_\Delta(-1)$ oder $Y_d(1)Y_d(-1)$ aufgeht und letztere Zahlen entweder eine in D aufgehende Primzahl oder $= 1$ sind, so ist γ und in Folge dessen auch $\dfrac{\pi_s}{\pi'_s}$ und $\dfrac{\pi'_s}{\pi_s}$ algebraisch ganz. $\dfrac{\pi_s}{\pi'_s}$ ist demnach eine Einheit $\varepsilon(\alpha)$ in α, $\sqrt{D}$ und

$$\frac{\pi_s}{\pi'_s} = \varepsilon(\alpha^s).$$

In dem zweiten Falle hat $f(-i\alpha^s)$ die Form $A-Bi$, wo A, B ganze Functionen von α mit in $\sqrt{\Delta}$ ganzen Coefficienten bezeichnen, und es wird

$$g(i\alpha^s) = A' + B'i,$$

wo A', B' die in $\sqrt{\Delta}$ conjugirten Werthe von A, B bedeuten. Hieraus folgt

$$\pi_s = AA' + BB' + i(AB' - BA')$$
$$\pi'_s = AA' + BB' - i(AB' - BA'),$$

und es erhellt, dass π_s, π'_s Zahlen in α, $\sqrt{D}$ sind und $\dfrac{1}{4D}(\pi_s - \pi'_s)^2$ ganz und ganzzahlig in α ist. Da überdies das Product

$$\pi_s \pi'_s = Y_\Delta(i\alpha^s) Y_\Delta(-i\alpha^s)$$

in $Y_\Delta(i)Y_\Delta(-i)$ oder $Y_d(i)Y_d(-i)$ aufgeht und letztere Zahlen den Werth 1 oder $Y_1(i)Y_1(-i) = 2$ haben, so ist γ und in Folge dessen auch $\dfrac{\pi_s}{\pi'_s}$, $\dfrac{\pi'_s}{\pi_s}$ algebraisch ganz. Somit ist

$$\frac{\pi_s}{\pi'_s} = \varepsilon(\alpha^s),$$

wo $\varepsilon(\alpha)$ eine Einheit in α, $\sqrt{D}$ bezeichnet.

In dem dritten Falle ist

$$f(-\rho\alpha^s)f(-\rho^{-1}\alpha^s) = A - B(\rho + \rho^{-1}) = A - B\sqrt{2}$$
$$g(\rho\alpha^s)g(\rho^{-1}\alpha^s) = A' + B'(\rho + \rho^{-1}) = A' + B'\sqrt{2},$$

wo A, B ganze Functionen von α mit in $\sqrt{-\Delta}$ ganzen Coefficienten und A', B' ihre in $\sqrt{-\Delta}$ conjugirten Werthe bedeuten. Hieraus folgt

$$\pi_s = AA' - 2BB' + \sqrt{2}(AB' - BA')$$
$$\pi'_s = AA' - 2BB' - \sqrt{2}(AB' - BA'),$$

und es erhellt, dass π_s, π'_s Zahlen in α, $\sqrt{D}$ und $\dfrac{1}{4D}(\pi_s - \pi'_s)^2$ ganz und ganzzahlig in α sind. Das Product

$$\pi_s \pi'_s = Y(\rho\alpha^s) Y(\rho^3\alpha^s) Y(\rho^5\alpha^s) Y(\rho^7\alpha^s)$$

geht in einer der Zahlen

$$Y_\Delta(\rho)\,Y_\Delta(\rho^3)\,Y_\Delta(\rho^5)\,Y_\Delta(\rho^7)\,, \qquad Y_d(\varepsilon)\,Y_d(\rho^3)\,Y_d(\rho^5)\,Y_d(\rho^7)$$

auf, welche den Werth 1 oder 2 haben. Somit sind γ, $\dfrac{\pi_s}{\pi'_s}$, $\dfrac{\pi'_s}{\pi_s}$ algebraisch ganz, und es ist

$$\frac{\pi_s}{\pi'_s} = \varepsilon(\alpha^s)\,,$$

wo $\varepsilon(\alpha)$ eine Einheit in α, $\sqrt{D}$ bezeichnet.

In dem vierten Falle ist

$$f(-\rho\alpha^s)f(\rho^{-1}\alpha^s) = A - B(\rho + \rho^3) = A - Bi\sqrt{2}$$
$$g(\rho\alpha^s)g(-\rho^{-1}\alpha^s) = A' + B'(\rho + \rho^3) = A' + B'i\sqrt{2}\,,$$

wo A, B, A', B' dieselbe Gestalt wie bei Fall 2 haben. Hieraus folgt

$$\pi_s = AA' + 2BB' + i\sqrt{2}\,(AB' - BA')$$
$$\pi'_s = AA' + 2BB' - i\sqrt{2}\,(AB' - BA')\,,$$

und es erhellt, dass π_s, π'_s Zahlen in $\alpha, \sqrt{D}$ und dass $\dfrac{1}{4D}(\pi_s - \pi'_s)^2$ ganz und ganzzahlig in α sind. In derselben Weise wie vorher ergiebt sich, dass γ algebraisch ganz ist. Somit ist wieder

$$\frac{\pi_s}{\pi'_s} = \varepsilon(\alpha^s)$$

und $\varepsilon(\alpha)$ eine Einheit in α, $\sqrt{D}$.

Setzt man

$$\frac{\varepsilon(\alpha)}{\varepsilon(\alpha^{-1})} = \eta(\alpha)\,,$$

so ergeben die Gleichungen

$$2\sqrt{D}\,L_\mu(\alpha)S_\mu = \sum w^{-\mu\,\mathrm{ind}\,s}\,\log\varepsilon(\alpha^s)$$
$$2\sqrt{D}\,L_\mu(\alpha^{-1})S_\mu = \sum w^{-\mu\,\mathrm{ind}\,s}\,\log\varepsilon(\alpha^{-s})$$

durch Subtraction bei ungeradem μ

$$4\sqrt{D}\,L_\mu(\alpha)S_\mu = \sum w^{-\mu\,\mathrm{ind}\,s}\,\log\eta(\alpha^s) \qquad \mu = 1, 3, \ldots \lambda-2$$

und bei geradem

$$0 = \sum w^{-\mu\,\mathrm{ind}\,s}\log\eta(\alpha^s) \qquad \mu = 0, 2, \ldots \lambda-3.$$

In diesen Gleichungen ist $\log\eta(\alpha^s)$ reell, wie die Reihen zeigen, aus welchen $\log\varepsilon(\alpha^s)$ und $\log\varepsilon(\alpha^{-s})$ hervorgehen.

3.

Für die Summe der Reihe

$$T_\mu = \sum \frac{\omega^{\mu\,\mathrm{ind}\,n}}{n} \qquad \mu = 1, 2, \ldots \lambda-2,$$

in welcher n alle positiven zu λ theilerfremden Zahlen zu durchlaufen hat, findet man nach Kummer

$$(1-\omega^\mu) L_\mu(\alpha) T_\mu = \sum \omega^{-\mu\,\mathrm{ind}\,s} \log \frac{1-\alpha^{gs}}{1-\alpha^s} \qquad s = 1, 2, \ldots \lambda-1.$$

Addirt man zu dieser Gleichung die aus derselben durch Verwandlung von α in α^{-1} hervorgehende

$$(-1)^\mu (1-\omega^\mu) L_\mu(\alpha) T_\mu = \sum \omega^{-\mu\,\mathrm{ind}\,s} \log \frac{1-\alpha^{-gs}}{1-\alpha^{-s}}$$

und setzt

$$\frac{(1-\alpha^g)(1-\alpha^{-g})}{(1-\alpha)(1-\alpha^{-1})} = \eta'(\alpha),$$

so ergiebt sich bei ungeradem μ

$$0 = \sum \omega^{-\mu\,\mathrm{ind}\,s} \log \eta'(\alpha^s) \qquad \mu = 1, 3, \ldots \lambda-2$$

und bei geradem

$$2(1-\omega^\mu) L_\mu(\alpha) T_\mu = \sum \omega^{-\mu\,\mathrm{ind}\,s} \log \eta'(\alpha^s) \qquad \mu = 2, 4, \ldots \lambda-3.$$

Überdies ist

$$0 = \sum \log \eta'(\alpha^s).$$

4.

Setzt man

$$\eta(\alpha^{gh}) \eta'(\alpha^{gh}) = e_h(\alpha) \qquad h = 0, 1, \ldots \lambda-2,$$

so ist nach dem Vorhergehenden der Ausdruck

$$\mathfrak{A}_\mu = \sum \omega^{-\mu h} \log e_h(\alpha) \qquad h = 0, 1, \ldots \lambda-2$$

von $\mu = 1$ bis $\mu = \lambda-2$ von 0 verschieden. Dagegen ist

$$\mathfrak{A}_0 = 0.$$

Hiernach ist die Determinante

$$R = \begin{vmatrix} \log e_0 & \log e_1 & \ldots \log e_{\lambda-3} \\ \log e_1 & \log e_2 & \ldots \log e_{\lambda-2} \\ \vdots \\ \log e_{\lambda-3} & \log e_{\lambda-2} & \ldots \log e_{2\lambda-6} \end{vmatrix}$$

von 0 verschieden. Denn $-(\lambda-1)R$ ist durch die Determinante

$$\begin{vmatrix} 1 & 1 & \ldots & 1 \\ \log e_0 & \log e_1 & & \log e_{\lambda-2} \\ \log e_1 & \log e_2 & & \log e_{\lambda-1} \\ \hdotsfor{4} \\ \log e_{\lambda-3} & \log e_{\lambda-2} & \ldots & \log e_{2\lambda-5} \end{vmatrix}$$

darstellbar, deren Product in

$$\begin{vmatrix} 1 & 1 & \ldots & 1 \\ 1 & \omega^{-1} & & \omega^{-\lambda+2} \\ 1 & \omega^{-2} & & \omega^{-2\lambda+4} \\ \hdotsfor{4} \\ 1 & \omega^{-(\lambda-2)} & & \end{vmatrix}$$

die Gestalt

$$(\lambda-1)\mathfrak{A}_1\mathfrak{A}_2\ldots\mathfrak{A}_{\lambda-2} \begin{vmatrix} 1 & \omega & \ldots & \omega^{\lambda-3} \\ \hdotsfor{4} \\ 1 & \omega^{\lambda-2} & & \omega^{(\lambda-2)(\lambda-3)} \end{vmatrix}$$

annimmt.

Die Zahlen

$$e_0, e_1, \ldots e_{\lambda-3}$$

bilden demnach ein System von unabhängigen Einheiten des Bereichs $(\alpha, \sqrt{D})$.

5.

Nach Dirichlet giebt es in dem Bereich $(\alpha, \sqrt{D})$ $\lambda-2$ Fundamentaleinheiten

$$\varepsilon_1, \varepsilon_2, \ldots \varepsilon_{\lambda-2}.$$

Bezeichnet daher $\mathfrak{e}$ allgemein eine Einheitswurzel des Bereichs $(\alpha, \sqrt{D})$, deren Grad zu λ theilerfremd ist, so ist

$$e_i = \mathfrak{e}\, \alpha^{a_i}\, \varepsilon_1^{a_{i1}}\, \varepsilon_2^{a_{i2}} \ldots \varepsilon_{\lambda-2}^{a_{i\lambda-2}} \qquad i=0,1,\ldots\lambda-2,$$

wo die Exponenten ganzzahlig sind und die Determinante

$$|a_{ik}| \qquad i=0,1,\ldots\lambda-3 \quad k=1,2,\ldots\lambda-2$$

nicht verschwindet. Hieraus folgt

$$\varepsilon_i^n = \mathfrak{e}\, \alpha^b\, e_0^{b_1}\, e_1^{b_2} \ldots e_{\lambda-3}^{b_{\lambda-2}} \qquad i=1,2,\ldots\lambda-2,$$

wo $b, b_1, \ldots$ ganze Zahlen und n eine von 0 verschiedene ganze Zahl bezeichnen.

Hiernach wird
$$\nabla \varepsilon_i^n = \varepsilon \alpha^{-b} \beta^\lambda \nabla e_o^m,$$
wo β ein Product ganzzahliger Potenzen der Einheiten
$$e_o(\alpha), e_o(\alpha^2), \ldots e_o(\alpha^{\lambda-1})$$
bezeichnet.

Um aus dieser Gleichung einen Ausdruck für $\nabla \varepsilon_i$ zu gewinnen, kann von einer Gleichung in der Form
$$\nabla^{(\rho)} \varepsilon_i^\nu = \varepsilon \alpha^a \pi^\lambda \nabla v^m$$
ausgegangen werden. Hierin bedeutet $\nabla^{(\rho)}$ die ρmalige Operation ∇, ν eine von o verschiedene und von i unabhängige ganze positive Zahl, v eine bestimmte Einheit eines gegebenen Inbegriffs I von Einheiten in $\alpha, \sqrt{D}$, welcher neben jeder Einheit auch ihre in α conjugirten Werthe enthält, π allgemein ein Product von ganzzahligen Potenzen der Einheiten von I, und es wird vorausgesetzt, dass jede Einheit ε des Inbegriffs I der Bedingung
$$\nabla \varepsilon = \varepsilon \alpha^h \pi^\lambda \nabla v^k$$
genügt. Dass die oben gefundene Gleichung die genannten Forderungen erfüllt, erhellt unmittelbar, wenn $\rho = 1, \nu = n, v = e_o(\alpha)$ genommen und I aus $e_o(\alpha), e_o(\alpha^2), \ldots e_o(\alpha^{\lambda-1})$ zusammengesetzt wird.

Es können nun zwei Fälle stattfinden.

I. Ist ν zu λ theilerfremd und $\nu\nu' \equiv 1 \pmod{\lambda}$, so folgt in Erwägung, dass $\nabla^{(\rho)} \varepsilon_i$ bis auf die λ^{te} Potenz einer Einheit mit $\nabla \varepsilon_i^{\pm 1}$ zusammenfällt und jede Einheit ε die Gestalt ε^λ annehmen kann, durch Erhebung in die Potenz ν'
$$\nabla \varepsilon_i = \varepsilon^\lambda \alpha^c \nabla v^r,$$
wo ε eine Einheit in $\alpha, \sqrt{D}$ bezeichnet.

II. Es sei ν ein Vielfaches $\mu\lambda$ von λ und $\nabla v = \varepsilon \alpha^c E$, wo E ein Product von ganzzahligen Potenzen der Fundamentaleinheiten $\varepsilon_1, \varepsilon_2, \ldots$ bedeutet.

Sind nicht alle Exponenten von $\varepsilon_1, \varepsilon_2, \ldots$ in E Vielfache von λ, so muss m durch λ theilbar und $a = 0$ sein. Denn das Product der Gleichung
$$\nabla^{(\rho)} \varepsilon_i^{\mu\lambda} = \varepsilon \alpha^a \pi^\lambda \nabla v^m$$
in die aus derselben durch Verwandlung von $\sqrt{D}$ in $-\sqrt{D}$ hervorgehende ergiebt für α^{2a} die λ^{te} Potenz einer Einheit in α. Daher wird
$$\nabla^{(\rho)} \varepsilon_i^\mu = \varepsilon \alpha^h \pi \nabla v^\rho,$$
woraus
$$\nabla^{(\rho+1)} \varepsilon_i^\mu = \varepsilon \alpha^d \pi^\lambda \nabla v^q,$$

folgt. Diese Gleichung hat die Gestalt der Ausgangsgleichung, wenn ρ durch $\rho+1$ ersetzt wird.

Sind aber alle Exponenten von E Vielfache von λ, so sei
$$E = w^\lambda.$$
Es erhellt dann wie vorhin, dass $a+mc$ durch λ theilbar sein muss, und man hat
$$\nabla^{(\rho)}\varepsilon_i^u = \varepsilon\alpha^h \pi w^m,$$
woraus
$$\nabla^{(\rho+1)}\varepsilon_i^u = \varepsilon\alpha^d \pi^\lambda (\nabla v)^\kappa \nabla w^m = \varepsilon\alpha^{d+\kappa c}\pi^\lambda w^{\kappa\lambda}\nabla w^m$$
folgt. Dies ist wieder die Gestalt der Ausgangsgleichung, wenn ρ durch $\rho+1$, v durch w ersetzt und der Inbegriff I durch Aufnahme von $w(\alpha), w(\alpha^2), \ldots$ erweitert wird.

Wiederholt man, wenn Fall II statthat, das Verfahren nach Bedarf, so tritt nach einigen Schritten Fall I ein.

Somit ist allgemein
$$\nabla\varepsilon_i = \varepsilon^\lambda \alpha^r \nabla u^r,$$
wo u eine bestimmte für jedes i geltende und ε irgend eine Einheit in $\alpha, \sqrt{D}$ bezeichnen.

Hiernach hat die λ^{te} Potenz der Lagrange'schen Resolvente jeder Einheitsgleichung λ^{ten} Grades die Gestalt
$$L(\alpha)^\lambda = \varepsilon^\lambda \alpha^r \nabla u^r.$$

6.

Es sei
$$D = -\lambda \qquad \lambda \equiv 3 \pmod 4$$
$$\alpha = e^{\frac{2\pi i}{\lambda}}$$
und $\lambda > 3$.

Die Gleichung
$$Y_\lambda = 0$$
zerfällt in dem Bereich $(\sqrt{D})$ in zwei irreductibele Gleichungen vom Grade $\frac{\lambda-1}{2}$, deren eine die Wurzeln α^a hat, wo a alle quadratischen Reste von λ zu durchlaufen hat. Die Kronecker'sche Formel
$$L(\alpha^m)^\lambda = F(\alpha^m)^\lambda \nabla f(\alpha^m) \qquad m = 1, 2, \ldots \lambda-1$$
nimmt hier, da die Nichtreste von λ die Form $\lambda-a$ haben, die Gestalt
$$L(\alpha^m)^\lambda = F(\alpha^m)^\lambda \prod f(\alpha^{ma})^{a'} f(\alpha^{-ma})^{\lambda-a'}$$

an, wo a' die der Zahlenreihe $1, 2, \ldots \lambda-1$ angehörende Wurzel der Congruenz $aa' \equiv 1 (\bmod \lambda)$ bezeichnet. Da eine Einheit in $\alpha, \sqrt{D}$ in eine Einheit in α übergeht, wenn $\sqrt{D}$ durch

$$\sum \left(\frac{s}{\lambda}\right) \alpha^s \qquad s = 1, 2, \ldots \lambda-1$$

ersetzt wird, so ist $\dfrac{f(\alpha)}{f(\alpha^{-1})}$ eine Einheit in α und es wird, wenn man

$$\frac{f(\alpha)}{f(\alpha^{-1})} = \alpha^{-2k} \varepsilon(\alpha)$$

setzt, wo $\varepsilon(\alpha^{-1}) = \varepsilon(\alpha)$ ist,

$$\frac{f(\alpha^m)}{f(\alpha^{-m})} = \alpha^{-2km} \varepsilon(\alpha^m)^{\pm 1}$$

wo das obere oder untere Vorzeichen gilt, je nachdem m Rest oder Nichtrest von λ ist. Wird daher ein Product von der Form

$$\prod g(\alpha^a)^{a'}$$

mit $\nabla_0 g(\alpha)$ bezeichnet, so ergiebt sich

$$L(\alpha^m)^\lambda = \phi(\alpha^m)^\lambda \alpha^{km} \nabla_0 \varepsilon(\alpha^m)^{\pm 1},$$

wo ϕ eine Einheit in $\alpha, \sqrt{D}$ bedeutet.

Sind nun — nach Kummer's Benennung —

$$e_0(\alpha), e_1(\alpha), \ldots e_{\mu-2}(\alpha)$$

die Kreistheilungseinheiten, wo $\mu = \dfrac{\lambda-1}{2}$ ist, so ist eine gewisse Potenz ε_i^n jeder Fundamentaleinheit ε_i in α durch $\pm \alpha, e_0, e_1, \ldots e_{\mu-2}$ darstellbar, und man hat

$$\nabla_0 \varepsilon_i^n = \pm \beta^\lambda \alpha^h \nabla_0 e_0(\alpha)^r,$$

wo β ein Product von ganzzahligen Potenzen von $e_0, e_1, \ldots e_{\mu-2}$ bezeichnet.

Diese Gleichung gestattet eine analoge Behandlung wie die in 5 an $\nabla \varepsilon_i^n$ durchgeführte, und man findet

$$\nabla_0 \varepsilon_i = E^\lambda \alpha^r \nabla_0 u^r,$$

wo u eine bestimmte der Bedingung $u(\alpha^{-1}) = u(\alpha)$ genügende und E irgend eine Einheit in α bezeichnen.

Hiernach ist

$$\nabla_0 \varepsilon(\alpha) = E(\alpha)^\lambda \nabla_0 u^p,$$

und man hat
$$L(\alpha^m)^\lambda = \phi(\alpha^m)^\lambda E(\alpha^m)^{\pm\lambda} \alpha^{km} \nabla_0 u(\alpha^m)^{\pm q}.$$

Mittels der LAGRANGE'schen Interpolationsformel kann dieser Gleichung die einheitliche Form
$$L(\alpha^m)^\lambda = G(\alpha^m)^\lambda \alpha^{km} \nabla t(\alpha^m)^r \qquad m = 1, 2, \ldots \lambda-1$$
gegeben werden, wo $t(\alpha)$ eine bestimmte, $G(\alpha)$ eine beliebige Einheit in $\alpha, \sqrt{D}$ bezeichnen.

Eine Verbesserung des FOUCAULTschen Messerschneiden-Verfahrens zur Untersuchung von Fernrohrobjektiven.

Von Prof. Dr. J. HARTMANN
in Potsdam.

(Vorgelegt von Hrn. AUWERS.)

Um die Beurteilung der relativen Güte der bei den astronomischen Beobachtungen benutzten großen Objektive und Spiegel war es noch bis vor wenigen Jahren recht schlecht bestellt, indem alle Angaben über die einzelnen Instrumente lediglich auf dem subjektiven Urteil weniger Beobachter beruhten. Ein einheitliches Maß für die Vollkommenheit der verschiedenen Refraktoren und Reflektoren fehlte vollständig. Erst durch die von mir im Jahre 1899 ausgearbeitete Methode der extrafokalen Messungen (vgl. Zeitschr. für Instrumentenkunde 20. S. 51. 1900, 24. S. 3. 1904) ist eine zahlenmäßige Bestimmung der sogenannten Zonenfehler und des Astigmatismus ermöglicht worden, und dieses Verfahren hat seither eine ganze Reihe interessanter Aufschlüsse über verschiedene Instrumente geliefert; es ist in mehreren optischen Werkstätten mit Erfolg zur Prüfung und Vervollkommnung ihrer Erzeugnisse eingeführt worden und hat auch zur Beseitigung des Hauptfehlers des 80^{cm}-Objektivs des Astrophysikalischen Observatoriums gedient. Um hier in Kürze daran zu erinnern, besteht das erwähnte Verfahren darin, daß man aus dem zylindrischen Bündel paralleler Strahlen, die in das Fernrohrobjektiv eintreten, wenn man dasselbe auf einen Fixstern richtet, durch eine vor das Objektiv gesetzte, mit Löchern versehene Blende einzelne dünnere Strahlenbündel isoliert und deren Verlauf im Bildraume dadurch bestimmt, daß man ihre Durchschnittspunkte mit zwei parallelen Ebenen ermittelt.

Bei meinen fortgesetzten Anwendungen dieser Methode zur Untersuchung von Objektiven sowie auch zusammengesetzten Spektralapparaten war mir öfter der Fall vorgekommen, daß nahe beieinander liegende Punkte des optischen Systems doch einen erheblich verschiedenen Strahlenverlauf ergaben, woraus man schließen mußte, daß diese Systeme zuweilen doch keine so regelmäßige Strahlenbrechung bewirken, wie man gewöhnlich annimmt. Es schien mir daher erwünscht, neben dem erwähnten Verfahren der extrafokalen Messungen, welches den Strahlenverlauf zwar für eine beliebig große, aber immer doch nur beschränkte Anzahl von Stellen des Objektivs ergibt, eine zweite Prüfungsmethode zu besitzen, die einen Überblick über die optische Gleichmäßigkeit des ganzen vom Objektiv durchgelassenen Strahlenbündels ermöglicht und also beispielsweise die sofortige Erkennung einzelner Stellen des optischen Systems, die eine unrichtige Strahlenbrechung bewirken, erlaubt.

Von Anfang an war es mir klar, daß ein solches Prüfungsverfahren durch eine geeignete Anwendung der bekannten von Toepler im Jahre 1864 angegebenen Schlierenmethode, oder vielmehr der schon sechs Jahre vorher von Foucault eingeführten Methode, die ein Spezialfall der Toeplerschen Versuchsanordnung ist, zu erlangen sein würde. Bei der Foucaultschen sogenannten Messerschneiden-Methode führt man eine Messerschneide von der Seite an das fokale Bild einer punktförmigen irdischen Lichtquelle heran und beobachtet die hierdurch bewirkte Abblendung des Strahlenbündels direkt durch das dicht hinter den Fokus gehaltene Auge. Ist das Objektiv fehlerfrei, vereinigt es also alle von der Lichtquelle kommenden Strahlen wieder in einem punktförmigen Bilde, so erblickt das in geringe Entfernung hinter dieses Bild gehaltene Auge die ganze Fläche des Objektivs in gleichmäßigem Lichte leuchtend, und dieses Licht verschwindet ebenso gleichmäßig über die ganze Fläche, sobald das punktförmige Bild durch die Schneide bedeckt wird. Sind in dem Objektiv jedoch einzelne Stellen von abweichender Strahlenbrechung vorhanden, so werden die von diesen Stellen kommenden Strahlen entweder schon vor der Bedeckung des Hauptbildes durch die Schneide abgeschnitten, und sie werden dann also dem Auge als dunkle Stellen auf der leuchtenden Objektivfläche erkennbar, oder aber es werden jene unregelmäßig gebrochenen Strahlenbündel erst nach der Bedeckung des Hauptbildes von der Schneide erreicht, und in letzterem Falle werden sich die betreffenden Stellen des Objektivs als helle Flecken in der bereits durch die Schneide verdunkelten Objektivfläche verraten.

Diese Foucaultsche Messerschneidenmethode ist in vielen optischen Werkstätten eingeführt und bildet das wichtigste Hilfsmittel zur feineren Prüfung von Objektiven und Spiegeln. Zur Prüfung eines fertig montierten astronomischen Refraktors am Himmel ist dieselbe bisher jedoch noch niemals verwendet worden, was seinen Grund wohl darin hat, daß sich bei einer solchen Anwendung derselben in der Tat verschiedene Schwierigkeiten ergeben.

Diese Schwierigkeiten liegen einerseits in der Unmöglichkeit, bei der Beobachtung am Himmel eine monochromatische Lichtquelle zu verwenden, andererseits in der durch die Luftunruhe verursachten fortwährenden Bewegung des Bildes. Beides bewirkt, daß bei der astronomischen Anwendung der FOUCAULTschen Methode von einer scharfen Bedeckung eines punktförmigen Brennpunktbildes keine Rede sein kann. Trotzdem kann man aber, wie ich gefunden habe, wenigstens gröbere Zonenfehler eines Objektivs auf diese Art leicht und ohne weitere Hilfseinrichtungen erkennen. Es genügt zu diesem Zwecke, wenn man nach Entfernung des Okulars einen scharfkantigen Papier- oder Stanniolstreifen über der Öffnung des Okularauszugs befestigt, letzteren so verschiebt, daß die Kante in die Bildebene fällt und nun mittels der Feinbewegungen das Bild eines hellen Sterns an die Kante heranführt. Solange dieses Bild noch nicht von der Kante erreicht ist, erblickt das in den Strahlenkegel, recht nahe an die Kante gehaltene Auge das ganze Objektiv gleichmäßig hell leuchtend. Wird aber der Strahlenkegel von der Kante zum Teil abgeschnitten, so zeigen sich auf dem Objektiv hellere und dunklere Stellen, die demselben ein eigentümliches reliefartiges Aussehen verleihen. Diese Erscheinung erklärt sich folgendermaßen.

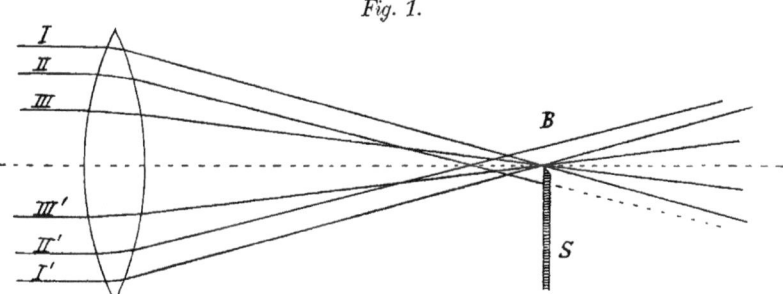

Fig. 1.

Fig. 1 soll schematisch ein Objektiv darstellen, welches die durch den größten Teil seiner Fläche, nämlich die durch die Randzone I sowie die durch die Mitte III gehenden Strahlen gut in einem Brennpunkte B vereinigt, während dazwischen eine Zone II mit kürzerer Vereinigungsweite liegt. Hat die von unten her dem Brennpunkte B genäherte Schneide S diesen noch nicht ganz erreicht, so wird von allen in der Figur dargestellten Strahlen allein der Strahl II abgeschnitten, und das Auge wird also dementsprechend die Stelle II, deren Brennweite zu kurz ist, auf der von der Schneide abgewandten Seite des Objektivs dunkel auf hellem Grunde erblicken. Schiebt man die Schneide weiter vor, so daß sie die durch B gehenden

Strahlen auffängt, dann kann allein noch der Strahl II', welcher ebenfalls von der Zone zu kurzer Brennweite herkommt, in das Auge des Beobachters gelangen. Auf der der Schneide zugewandten (in der Figur unteren) Seite des Objektivs erscheint diese Zone daher hell auf dunklem Grunde. Hieraus folgt, daß eine solche Zone zu kurzer Brennweite genau denselben Anblick darbietet, den die nach dem Rande des Objektivs, also nach außen hin liegende Böschung einer auf dem Objektiv liegenden kreisförmigen Erhöhung zeigen würde, wenn man sie von der Seite, von welcher die Schneide herangeführt wurde, ganz schräg beleuchtete. Eine analoge Überlegung zeigt, daß eine Zone zu großer Brennweite sich als die innere Böschung eines Ringwalles, oder allgemein als die innere Abdachung einer Vertiefung darstellt.

Bei meinen auf die angegebene Art am 80^{cm}-Objektiv des Potsdamer Refraktors angestellten Versuchen konnte ich einen scheinbaren Ringwall von einem Durchmesser gleich einem Drittel des Objektivdurchmessers erkennen, und dies bildete eine vollständige Bestätigung dessen, was ich schon früher durch die extrafokalen Messungen zahlenmäßig ermittelt hatte; das Objektiv hat nämlich in der Zone $r = 12$ cm eine um etwa 2 mm zu kurze, weiter nach innen bei $r = 8$ cm dagegen eine zu große Brennweite. Eine genauere Beobachtung über die Gestalt des Objektivs wurde jedoch durch die oben erwähnten Schwierigkeiten verhindert; das Bild war infolge des sekundären Spektrums stark gefärbt und wegen der Luftunruhe sehr veränderlich. Da jedoch noch eine feinere Struktur in der Oberfläche des Objektivs vorhanden zu sein schien, die sich nur wegen der steten Bewegung nicht mit Sicherheit feststellen ließ, so kam ich auf den Gedanken, die erwähnten Übelstände dadurch zu beseitigen, daß ich das Auge durch eine photographische Kammer ersetzte, deren Objektiv ein scharfes Bild des zu untersuchenden Objektivs auf der photographischen Platte entwirft. In der Tat wird ja hierdurch die Bewegung des Sternbildchens vollkommen unschädlich gemacht, sie bewirkt nur eine wechselnde Intensität in der Beleuchtung der einzelnen Teile des Bildes und trägt gerade hierdurch zu einer gleichmäßigen Durcharbeitung der Abbildung der ganzen Objektivfläche bei; der Farbenfehler verliert seinen störenden Einfluß dadurch, daß die photographische Platte für die roten und gelben Strahlen nicht empfindlich ist, während die photographisch wirksamen Strahlen kürzerer Wellenlängen durch das Objektiv gut vereinigt werden. Die Schneide war hierbei dicht vor dem Objektiv der an den Okularauszug des Refraktors angeschraubten Kammer befestigt. Ich will diese Aufnahmen, bei denen ja direkt die Struktur des Fokus photographisch aufgezeichnet wird, als fokographische Aufnahmen bezeichnen.

Das Ergebnis meiner auf diese Art gemachten Aufnahmen war nun ganz überraschend; dieselben zeigten einen bis dahin gänzlich unbekannten Reichtum von Einzelheiten in der Gestalt des Objektivs. Besser als durch Worte wird dies durch die Wiedergabe eines derartigen Fokogramms dargelegt. Figur 2 ist das fokographische Bild des 80^{cm}-Objektivs in $^1/_{10}$ der natürlichen Größe. Man erkennt zunächst den in der Mitte der Linse liegenden Ringwall, der dem Bilde eine Ähnlichkeit mit einem der Ringgebirge des Mondes, wenn es von links her beleuchtet ist, verleiht. Dieser Ringwall ist das Abbild des oben erwähnten Zonenfehlers. Sodann erkennt man auf der ganzen Oberfläche eine Art Netzwerk von sich gegenseitig durchschneidenden Kreislinien, in denen man wohl eine Wirkung der epizyklischen Bewegungen der Polierschalen zu erblicken hat. Unregelmäßig verteilte hellere und dunklere Flecken dürften wohl durch geringfügige Ungleichmäßigkeiten in der Glasmasse veranlaßt sein. Das letztere gilt insbesondere auch von den in der rechten unteren Hälfte des Bildes zahlreich vorkommenden fadenförmigen, gebogenen Streifen; es sind dies sogenannte Wellen oder Fäden in der Glasmasse. Endlich haben sich auch die wenigen im Glase vorhandenen Luftblasen und Steinchen als scharfbegrenzte weiße Punkte abgebildet. Man erkennt deutlich, daß die Fäden und Luftblasen keinerlei störenden Einfluß auf die Glasdichte in ihrer Umgebung ausüben, so daß sie also für die Güte des Bildes unschädlich sind.

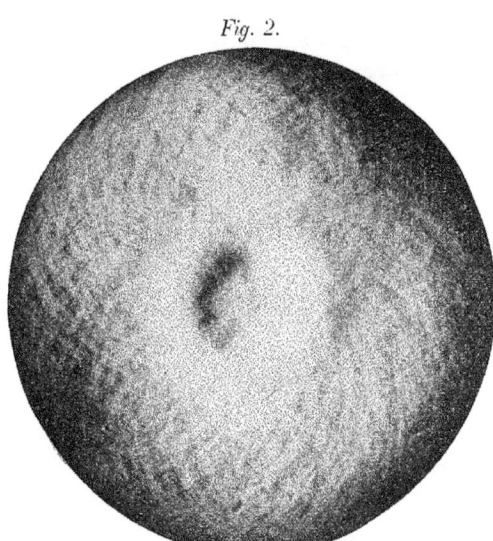

Fig. 2.

Ich will hier besonders betonen, daß das 80^{cm}-Objektiv zwar nicht ganz tadellos, doch schon recht gut ist und ziemlich scharfe Bilder gibt. Würde es der Optiker, was an der Hand des Fokogramms nun sehr erleichtert ist, so bearbeiten, daß alle hier noch so deutlich abgebildeten Unregelmäßigkeiten erheblich vermindert würden, so würde damit zweifellos die äußerste Vervollkommnung des Instruments erreicht werden. Bemerken will ich hier noch, daß Untersuchungen, die ich an anderen Objektiven ausgeführt habe, wieder andere, doch im allgemeinen ähnliche Erscheinungen ergeben haben. Auch zur Untersuchung eines Spektrographen ist das fokographische Verfahren ganz vorzüglich geeignet, indem es sofort ein klares Bild von der Wirksamkeit des ganzen optischen Systems gibt. An anderer Stelle werde ich hierüber eingehender berichten.

Ausgegeben am 9. Januar 1908.

SITZUNGSBERICHTE

DER
KÖNIGLICH PREUSSISCHEN
AKADEMIE DER WISSENSCHAFTEN.

19. December. Sitzung der philosophisch-historischen Classe.

Vorsitzender Secretar: Hr. VAHLEN.

1. Hr. HARNACK las über Zwei Worte Jesu.

In der sog. 6. Bitte des Vater-Unsers (Matth. 6, 13 = Luk. 11, 4) bedeutet das Wort πειρασμός wahrscheinlich nicht »tentatio« im strengen Sinn, sondern »afflictio« (punitiva vel [et] tentativa).

Matth. 11, 12 f. (= Luk. 16, 16) ist nicht in schlimmem, sondern in gutem Sinn zu verstehen, bezeichnet das Reich Gottes als gegenwärtig kommend und charakterisirt im Unterschied von der mit dem Täufer abgeschlossenen Zeit die Gegenwart als die Epoche, da das stürmisch hereinbrechende Reich (nur) von Stürmern ergriffen wird. Die Katastrophe des Täufers hat Jesus in seiner Aufgabe nicht erschüttert, sondern weiter geführt.

2. Vom Corpus Inscriptionum Etruscarum wurde vorgelegt vol. II, sect. 1, fasc. 1 bearbeitet von O. A. DANIELSSON. Leipzig 1907.

Zwei Worte Jesu.
[Matth. 6, 13 = Luk. 11, 4; Matth. 11, 12 f. = Luk. 16, 16]

Von Adolf Harnack.

---

1. Zur sechsten Bitte des Vaterunsers.
[Matth. 6, 13 = Luk. 11, 4]

Die sechste Bitte des Vaterunsers (ΜΗ ΕΙⲤΕΝΕΓΚΗⲤ ΗΜΑⲤ ΕΙⲤ ΠΕΙΡΑⲤΜΟΝ) hat schon früh Anstoß gegeben. Es lautet wie ein Protest gegen sie, d. h. gegen die nächstliegende Erklärung der Bitte, wenn Jakobus (ep. 1, 13) schreibt: ΜΗⲆΕΙⲤ ΠΕΙΡΑΖΟΜΕΝΟⲤ ΛΕΓΕΤⲰ ΟΤΙ ΑΠΟ ΘΕΟΥ ΠΕΙΡΑΖΟΜΑΙ· Ο ΓΑΡ ΘΕΟⲤ ΑΠΕΙΡΑⲤΤΟⲤ ΕⲤΤΙΝ ΚΑΚⲰΝ, ΠΕΙΡΑΖΕΙ ⲆΕ ΑΥΤΟⲤ ΟΥⲆΕΝΑ. In alten lateinischen Handschriften (k, c, g², gat, D, R) lautet die Bitte: »ne patiaris (bzw. passus fueris) nos induci in temptationem«, und nicht nur Cyprian las bereits so (de orat. 25): »illud quoque necessarie monet dominus, ut in oratione dicamus: ,et ne patiaris nos induci in temptationem'«[1], sondern auch schon Tertullian schreibt (de orat. 8): »,ne nos inducas in temptationem', id est, ne nos patiaris induci ab eo utique qui temptat. ceterum absit ut dominus temptare videatur, quasi aut ignoret fidem cuiusque aut deicere sit gestiens. diaboli est et infirmitas et malitia.« Eine kühne Eskamotierung des Wortlauts der Bitte[2]!

---

[1] Cyprian fährt fort: »qua in parte ostenditur nihil contra nos adversarium posse, nisi deus ante permiserit.« Man sieht deutlich, daß Cyprian die Fassung: »ne nos inducas in temptationem« gar nicht gekannt hat.

[2] Zu den hier genannten Stellen kommen noch zahlreiche andre aus dem Abendlande (s. Chase, Le Lord's Prayer in the early church [1891] p. 60 ff.), die keinen Zweifel lassen, daß man in den abendländischen Gottesdiensten fast von Anfang an die 6. Bitte so gebetet hat, wie sie bei Cyprian lautet. d. h. man hielt sich für berechtigt, I. Kor. 10, 12 f. mit der 6. Bitte zu verbinden, um den Anstoß, den sie gibt, aufzuheben. Aus der Praxis ist diese Textfassung dann in die Bibelhandschriften gekommen, aber mit Ausnahme von zwei Codd. nur in Itala-Codd. (Zu »passus fueris« für »patiaris« in k, c und im Cod. Veron. der Opp. Cypriani s. Rönsch, Itala u. Vulgata S. 431, wo zahlreiche Beispiele des Infinit. Perfecti anstatt Präsentis zu finden sind; auch Tertullian wechselt zwischen »inducas« und »induxeris«.) — Die Stelle I. Kor. 10, 12 f. hat aber auch weiter noch auf diese Bitte im Abendland eingewirkt. Aus Hilarius (Migne IX S. 510), Hieronymus (a. a. O. XXV S. 484) und Chromatius (a. a. O. XX S. 362) muß man schließen, daß man nicht nur erklärt, sondern auch

Der Gedanke, Gott führe in Versuchung, erschien vielen unerträglich. Auch Origenes in seiner weitschichtigen Erklärung der Bitte (de orat. 29) weist ihn weit ab. Er paraphrasiert die Bitte, nachdem er zuerst festgestellt, daß das ganze menschliche Leben eine Versuchung sei, in der ersten Hälfte seiner Darlegungen so: »Laß uns nicht von den Versuchungen überwältigt werden«, in der zweiten aber so: »Laß uns nichts tun, wodurch wir von deinem gerechten Gericht in Versuchung geführt, d. h. unseren schändlichen Lüsten zur Strafe preisgegeben zu werden verdienen.« Man erkennt leicht, daß die erste Erklärung keine Erklärung ist, sondern eine willkürliche Eintragung, die die Verlegenheit des Exegeten beweist; über die zweite Erklärung s. u. Gewiß braucht die Bitte auch nach dem nächstliegenden Verständnis nicht anstößig zu sein. Man kann sie vom Standpunkt des Gedankens der Alleinwirksamkeit Gottes verstehen: alles, was geschieht, geschieht durch seinen Willen, und darum ist er es auch, welcher die Versuchungen sendet und von dem man die Bewahrung vor ihnen zu erbitten hat.

Allein es fragt sich, ob dieser Gottesbegriff hier zugrunde liegt. Er fehlte in dem Judentum des Zeitalters nicht; aber es scheint nicht leicht, ihn für Jesus nachzuweisen. Die Lösung der Schwierigkeit ist auf einem anderen Wege zu suchen. Von den neueren Exegeten hat ihn meines Wissens keiner betreten; HATCH (Essays in Biblical Greek, 1889, S. 71 f.) hat, wie mir scheint, den richtigen Fingerzeig

---

gebetet hat: »in temptationem, quam ferre [sufferre] non possumus« (Hieronymus bemerkt zu den Worten ausdrücklich: »quotidie in oratione dicentes«). In die Bibelhandschriften scheint aber dieser Zusatz nicht gedrungen zu sein. Endlich haben auch Psalmstellen im Abendland auf die Fassung der Bitte eingewirkt; denn aus solchen ist es zu erklären, wenn Hilarius (a. a. O.) schreibt: »Non derelinquas nos in temptatione.« Daß das Abendland so früh und so beharrlich Anstoß genommen und sich bei dieser Bitte nur schwer an die wörtliche Übersetzung des Hieronymus in der Vulgata gewöhnt hat, während sich im Morgenland nur Spuren eines Anstoßes finden, erklärt sich aus dem moralistischen Gottesbegriff des Abendlandes.

Aus dem patristischen Material seien als besonders wichtig noch vier Stellen hervorgehoben. Tertull., de fuga 2: »‚Erue nos a maligno' i. e. ne nos induxeris in temptationem permittendo nos maligno. tunc enim eruimur diaboli manibus, cum illi non tradimur in temptationem.« Tertull., adv. Marc. IV, 26: »Quis non sinet nos deduci in temptationem?« Augustin, de serm. dom. (MIGNE XXXIV S. 1282): »Nonnulli codices habent ‚inducas' [Aug. selbst liest ‚inferas'] ... multi autem precando ita dicunt: ‚ne nos patiaris induci in temptationem', exponentes videlicet quomodo dictum sit ‚inducas'.« Augustin, de dono persev. 6 (a. a. O. XLV S. 1000): »Unde sie orant nonnulli et legitur in codicibus plurimis et hoc sie posuit beatissimus Cyprianus: ‚ne patiaris nos induci in temptationem'. in evangelio tamen Graeco nusquam inveni nisi ‚ne nos inferas in temptationem'.« Möglich, aber nicht wahrscheinlich, ist, daß Tertullian den Anstoß zur Interpolation gegeben hat. Gelesen im Texte hat er das »ne patiaris«, z. Z. da er de orat. schrieb, noch nicht, aber hatte er damals bereits eine lateinische Übersetzung zur Hand?

gegeben, der jedoch von niemand beachtet worden ist. Aber eben nur einen Fingerzeig hat der englische Gelehrte gegeben. Man kann meines Erachtens noch weiter vorschreiten.

Zunächst ist auf folgende Beobachtung aufmerksam zu machen. Bei Lukas schließt das Vaterunser mit dieser Bitte; bei Matthäus aber folgt noch die sogenannte siebente Bitte: ἀλλὰ ῥῦcαι ἡμᾶc ἀπὸ τοῦ πονηροῦ. Sie ist ein Zusatz, der in positiver Form den negativen Satz wiederholt[1]. Indem er aber durch τὸ πονηρόν[2] den Begriff ὁ πειραcμός wiederaufnimmt, scheint er ihn zu verallgemeinern. Dies wäre an sich im Parallelismus nicht unstatthaft, aber näher liegt die Annahme, daß der, der den Zusatz machte, den Begriff ὁ πειραcμός selbst schon weiter faßte, dann wäre die Parallele eine vollkommene. Ist eine solche weitere Fassung möglich? Sie ist nicht nur möglich, sondern meines Erachtens sogar sehr wahrscheinlich. Ferner, nach der fünften Bitte erwartet man in der sechsten nicht von Versuchung zu hören, sondern von Strafe und Strafübel. »Vergib uns unsre Schuld und bringe nicht Strafübel über uns«, gäbe einen sehr guten und straffen Zusammenhang.

Das Wort ὁ πειραcμός, welches sich zuerst in der LXX findet, ist im N. T. und der nachapostolischen Literatur relativ häufig, sonst aber selten (es steht bei Dioscorides: οἱ ἐπὶ παθῶν πειραcμοί = pathologische Experimente). Ursprünglich dasselbe bezeichnend wie unser Wort »Versuchung, Erprobung«, erhält es in der religiösen Sprache den Sinn eines von Gott gesandten Leides, ursprünglich gewiß eines Leides mit der Absicht der Erprobung oder Versuchung. Aber es geht dann, wie Hatch an einigen LXX-Stellen gezeigt hat, in die Bedeutung des Leides und der Trübsal, namentlich der Verfolgung, über, ohne daß an die Absicht der Prüfung mehr gedacht wird. Weil das Leiden als Prüfung wirkt (afflictio temptativa)

---

[1] Orig., de orat. 30: δοκεῖ δέ μοι ὁ Λουκᾶc διὰ τὸ »μὴ εἰcενέγκῃc ἡμᾶc εἰc πειραcμόν« δυνάμει δεδιδαχέναι καὶ τὸ »ῥῦcαι ἡμᾶc ἀπὸ τοῦ πονηροῦ« (vgl. oben Tertull., de fuga 2).

[2] Daß so und nicht »ὁ πονηρός« zu verstehen ist, ist von den Exegeten sehr wahrscheinlich gemacht. Man beachte auch, daß nicht »ῥῦcαι ἐκ«, sondern »ῥῦcαι ἀπό« steht. Dadurch ist die Parallele zum negativen Satz eine noch strafferere. Der Betende bittet nicht, daß er von dem Übel, das ihn bereits erfaßt hat, befreit wird, sondern daß er vor dem Übel bewahrt bleibt. Eine sehr schlimme Folge für das rechte Verständnis der 6. Bitte hat bei einigen Vätern die falsche Deutung des »τοῦ πονηροῦ« in der 7. gehabt. Sie behaupten, da »ὁ πονηρός« zu verstehen und auf den Teufel zu deuten sei, daß »ὁ πειραcμός« ebenfalls eine Bezeichnung des Teufels sei! S. Gregor Nyss., de orat. dom. (Migne XLIV S. 1192): ἆρα ὁ πειραcμός τε καὶ ὁ πονηρὸc ἕν τι καὶ καιὰ cημαcίαν ἐcτί, so auch Nilus (ep. 1, Migne LXXIX S. 573): πειραcμὸc μὲν λέγεται καὶ αὐτὸc ὁ διάβολοc. Soll man annehmen, daß unabhängig von unsrer Stelle der Teufel auch den Namen »ὁ πειραcμός« geführt hat? Das ist doch sehr unwahrscheinlich.

— mit oder ohne Absicht dessen, das die Trübsal verhängt —, darum kann jedes Leiden als πειρασμός bezeichnet werden. Aber auch als afflictio punitiva kommt ὁ πειρασμός (= מסה) in der LXX vor. So werden die über Pharao verhängten Plagen regelmäßig als πειρασμοί bezeichnet (Deut. 4, 34; 7, 19; 29, 2 f.). Hier kann an »Versuchungen« nicht gedacht werden. Was von ὁ πειρασμός gilt, gilt auch von πειράzεcθαι. Der spezifische Sinn der Absicht verblaßt, und der allgemeine »schwere Trübsal, schwere Plagen erleiden« bleibt übrig.

Marc. 4, 17 liest man (ebenso bei Matth.): γενομένης θλίψεως ἢ Διωγμοῦ ϲκανΔαλίζονται, aber Lukas schreibt an der Parallelstelle: ἐν καιρῷ πειραϲμοῦ ἀφίϲτανται. Schwerlich hat er an etwas anderes dabei gedacht als eben an θλῖψις καὶ διωγμός. In Hebr. 11, 37 heißt es von den alten Gottesmännern: ἐλιθάϲθηϲαν, ἐπειράϲθηϲαν, ἐπρίϲθηϲαν, ἐν φόνῳ μαχαίρης ἀπέθανον κτλ. In den Handschriften finden sich zu ἐπειράϲθηϲαν Varianten — doch steht der Text meines Erachtens fest —, weil man es nicht verstand. Es ist nicht zu übersetzen: »sie wurden versucht«, was in diesem Zusammenhange keinen Sinn gibt, sondern »sie wurden in allerlei Leiden gestürzt!« In Act. 20, 19 spricht Paulus von Δακρύων καὶ πειραϲμῶν τῶν ϲυμβάντων μοι ἐν ταῖϲ ἐπιβουλαῖϲ τῶν Ἰουδαίων. Zu »Versuchungen« im strengen Sinne sind diese Anschläge der Juden dem Apostel gewiß nicht geworden, nicht einmal zu Anfechtungen, sondern einfach zu schweren Leiden (man beachte das voranstehende Δακρύων). So heißt es auch im I. Petrusbrief (1, 6): ὀλίγον ἄρτι εἰ δέον λυπηθέντες ἐν ποικίλοιϲ πειραϲμοῖϲ. Als Erfolg der πειραϲμοί wird hier das λυπεῖϲθαι genannt; dann sind πειραϲμοί nicht sowohl »Versuchungen« im strengen Sinn, als vielmehr schwere Schicksalsschläge bzw. Verfolgungen. Speziell aber ist πειρασμός die große Verfolgung und θλῖψις kurz vor dem Gerichtstage, die zur Strafe kommt und den Erfolg (nicht die Absicht) des Abfalls vieler haben wird[1], so Apoc. 3, 10[2]. Sie ist auch II. Petr. 2, 9 gemeint: οἶΔεν κύριοϲ εὐϲεβεῖϲ ἐκ πειραϲμοῦ ῥύεϲθαι, ἀΔίκουϲ Δὲ εἰϲ ἡμέραν κρίϲεωϲ κολαζομένουϲ[3] τηρεῖν, und auch Origenes in seiner Schrift Exhort. ad mart. denkt bei πειραϲμόϲ öfters an den καιρὸϲ μεγάλου πειραϲμοῦ. Luc. 22, 38 kann man sehr zweifelhaft sein, ob in dem Satze »ὑμεῖϲ Δὲ ἐϲτε οἱ διαμεμενηκότεϲ μετ᾽ ἐμοῦ ἐν τοῖϲ πειραϲμοῖϲ« diese etwas anderes bedeuten als »schwere Leiden«[4]. Origenes setzt in seinen Ausführungen zu unserer Bitte (a. a. O.) πειραϲμός an mehreren Stellen einfach = afflictio, und besonders wichtig

---

[1] S. Matth. 24, 24: ὥϲτε πλανῆϲαι, εἰ Δυνατόν, καὶ τοὺϲ ἐκλεκτούϲ.
[2] Κἀγώ ϲε τηρήϲω ἐκ τῆϲ ὥραϲ τοῦ πειραϲμοῦ τῆϲ μελλούϲηϲ ἔρχεϲθαι ἐπὶ τῆϲ οἰκουμένηϲ ὅληϲ, πειράϲαι τοὺϲ κατοικοῦντας ἐπὶ τῆϲ γῆϲ.
[3] Nach diesem κολάζεϲθαι muß man den näheren Sinn des πειραϲμός verstehen.
[4] Man erinnere sich des jesajanischen Worts παιΔία ἐπ᾽ αὐτόν (53, 5).

ist die Stelle Iren. III, 19, 3, auf welche HATCH hingewiesen hat, in der ΔΟΞΑΖΕΣΘΑΙ dem ΠΕΙΡΑΖΕΣΘΑΙ gegenübersteht (von Christus: ὥϲπερ ἦν ἄνθρωποϲ ἵνα πειραϲθῇ, οὕτωϲ καὶ λόγοϲ ἵνα δοξαϲθῇ). Hier kann ΠΕΙΡΑΖΕΣΘΑΙ als Gegensatz zu ΔΟΞΑΖΕΣΘΑΙ lediglich das Leiden bzw. ein in dem Leiden zum Ausdruck kommendes ΑΤΙΜΑΖΕΣΘΑΙ bedeuten[1].

Berücksichtigt man diese Stellen und das dem ΠΕΙΡΑϹΜΌϹ parallel stehende ΠΟΝΗΡΌΝ der 7. Bitte sowie die vorangehende Bitte um Vergebung der Schuld, so wird man es für sehr wahrscheinlich, wenn auch nicht für gewiß, halten müssen, daß die 6. Bitte nicht zu übersetzen ist: »Ne inducas nos in temptationem«, sondern vielmehr: »Ne inducas nos in afflictionem[2].« Und zwar liegt es näher, nicht in erster Linie an eine afflictio temptativa, sondern an eine afflictio punitiva (nach den Deuteronomium-Stellen und der zweiten Erklärung des Origenes) zu denken; denn unzweifelhaft ist Gott derjenige, dem die afflictio punitiva zusteht, und sie fügt sich aufs beste zur 5. Bitte. Das ursprüngliche Verständnis ist sehr frühe verdunkelt worden — nur Origenes hat noch etwas von ihm geahnt —, weil die Griechen die hebräische Grundlage des Worts nicht kannten. In dieser ist übrigens afflictio punitiva und temptativa kein Gegensatz, sondern beide Begriffe können geradezu zusammenfallen[3]. — Dürfte man an dem deutschen Text

---

[1] Meines Erachtens geht aber HATCH zu weit, wenn er in allen einschlägigen Stellen des Hebräerbriefs nicht die spezielle Bedeutung »Versuchung« finden will. In 2, 18 liegt sie bestimmt vor, weil ΠΕΠΟΝΘΕΝ ΠΕΙΡΑϹΘΕΊϹ nicht als Hendiadyoin verstanden werden kann und im Nachsatz nur ΠΕΙΡΑΖΕΣΘΑΙ hervorgehoben wird. Auch 4, 15 (ΠΕΠΕΙΡΑϹΜΈΝΟΝ ΚΑΤΆ ΠΆΝΤΑ ΚΑΘ᾽ ὉΜΟΙΌΤΗΤΑ ΧΩΡΊϹ ἉΜΑΡΤΊΑϹ) darf die spezielle Bedeutung nicht verkannt werden. Ebenso ist es unstatthaft, mit HATCH in der Geschichte Marc. 1, 13 (Matth. 4, 1; Luc. 4, 2) das ΠΕΙΡΑϹΘῆΝΑΙ ὙΠΌ ΤΟΥ̓ ΔΙΑΒΌΛΟΥ nicht im gewöhnlichen Sinne zu verstehen und es als bloße afflictio zu deuten. Der gewöhnliche Sinn ist auch bei ΠΕΙΡΑϹΜΌϹ und ΠΕΙΡΆΖΕϹΘΑΙ in Herm., Mand. IX, 7 und Simil. VII, 1 (hier besonders deutlich) anzuerkennen. Der älteste Zeuge, der die 6. Bitte zitiert (Polykarp, ep. 7) hat ΠΕΙΡΑϹΜΌϹ ebenfalls in strengem Sinne genommen, wie der Kontext beweist: ΔΕΉϹΕϹΙΝ ΑἸΤΟΎΜΕΝΟΙ ΤῸΝ ΠΑΝΤΕΠΌΠΤΗΝ ΘΕΌΝ, ΜῊ ΕἸϹΕΝΕΓΚΕῖΝ ἩΜᾶϹ ΕἸϹ ΠΕΙΡΑϹΜΌΝ, ΚΑΘῺϹ ΕἶΠΕΝ Ὁ ΚΎΡΙΟϹ· ΤῸ ΜῈΝ ΠΝΕῦΜΑ ΠΡΌΘΥΜΟΝ, Ἡ ΔῈ ϹΆΡΞ ἈϹΘΕΝΉϹ. Übrigens hat die hier von Polykarp herangezogene Stelle, Marc. 14, 38 (Matth. 26, 41; Luc. 22, 40. 46) das richtige Verständnis der 6. Bitte verdunkelt. An dieser Stelle — in der Gott nicht als der Versuchende erscheint — ist ΠΕΙΡΑϹΜΌϹ nämlich unzweifelhaft = »Versuchung«, und das mußte unwillkürlich auf die Auslegung der 6. Bitte einwirken.

[2] Sicher wäre die Übersetzung, wenn statt ΕἸϹΦΈΡΕΙΝ ΕἸϹ ΠΕΙΡΑϹΜΌΝ die Worte ἘΠΙΦΈΡΕΙΝ ΠΕΙΡΑϹΜΌΝ stehen würden. Allein auch jene Worte (die alten syrischen Versionen bieten: »mach' uns nicht eintreten«, und sie haben wohl das Original bewahrt) lassen meines Erachtens den oben angegebenen Sinn zu. Ganz unwahrscheinlich ist es übrigens, daß in der altlateinischen Übersetzung: »ne patiaris« jenes syrische »mach' nicht« zu erkennen sei; denn wie sollte der alte Lateiner über den Griechen hinweg zum syrischen (aramäischen) Wortlaut gekommen sein? Dazu: das »ne patiaris« ist etwas anderes als die aramäische Aphel-Form.

[3] Näher kann darauf hier nicht eingegangen werden. Die Untersuchung der Vorstellung von Gott als dem Versuchenden führt in schwierige Fragen der ältesten Religionsgeschichte.

des Vaterunsers noch ändern, so käme die Übersetzung dem Sinn
des Originals wohl am nächsten: »Führe uns nicht in ein (Straf)leiden,
das uns mit dem Abfall bedroht.« Die Schwerfälligkeit der Übersetzung zeigt, daß unsere Sprache ein dem πειραϹμόϹ entsprechendes
Wort nicht besitzt. Zur Sache: die Bitte »Führe uns nicht in Versuchung« wird manchem tiefer erscheinen als die Bitte um Verschonung
mit Leiden, die zu Versuchungen werden. Allein im Sinne der Religion
der beiden Testamente ist die letztere Form der Bitte die straffere
und vollkommenere.

2. Zu Matth. 11, 12. 13 (Luk. 16, 16).

Matth.: ἈπÒ Δὲ τῶν ἡμερῶν Ἰωάννου τοῦ βαπτιϹτοῦ ἕωϹ ἄρτι ἡ βαϹιλεία
τῶν οὐρανῶν βιάzεται, καὶ βιαϹταὶ ἁρπάzουϹιν αὐτὴν. πάντεϹ γὰρ οἱ προφῆται
καὶ ὁ νόμοϹ ἕωϹ Ἰωάννου ἐπροφήτευϹαν.

Luk.: Ὁ νόμοϹ καὶ οἱ προφῆται μέχρι Ἰωάννου· ἀπὸ τότε ἡ βαϹιλεία
τοῦ θεοῦ εὐαγγελίzεται καὶ πᾶϹ εἰϹ αὐτὴν βιάzεται.

Es gibt wenige Worte Jesu, über die sich eine solche Flut von
Erklärungen in verschiedenen Kombinationen ergossen hat und deren
Verständnis doch so unsicher geblieben ist, wie das hier vorliegende.
Jedermann erkennt, daß der Spruch etwas sehr Bedeutendes sagen
will, indem er die jüdische Religionsgeschichte in zwei Hälften teilt;
aber wie er sie charakterisiert, ist nicht sofort deutlich, und dazu
erschwert die doppelte Fassung des Spruchs das Verständnis. Besäßen
wir das Wort nur in der Fassung, die ihm Lukas gegeben hat, so
bliebe es zwar, weil es hier ganz abgerissen und isoliert steht[1], immer
noch dunkel, aber doch nicht unverständlich. Aber man überzeugt
sich schnell, wenn man Lukas und Matthäus vergleicht, daß jener,
wie öfters, geglättet und sein Verständnis in die Überlieferung des
Wortlauts eingetragen hat. Das εὐαγγελίzεται — ein bei Lukas be-
liebtes Wort — wird bereits zum Verräter; es ist an die Stelle des
harten und dunklen βιάzεται getreten. Aber auch sonst erscheint der
Matthäus-Text neben dem des Lukas wie ein ungefüger Block neben
einem behauenen Quaderstein.

Nach Lukas unterscheidet Jesus hier zwei Perioden; die erste
reicht bis zu Johannes, in der zweiten befindet man sich jetzt. Die
erste ist durch das Gesetz und die Propheten charakterisiert; aber in
dieser Aussage fehlt das Verbum. Man muß zunächst das einfachste
ergänzen: »Das Gesetz und die Propheten gehn bis zu Johannes.« Was

---

[1] Bei Lukas hat der Spruch keinen Kontext; meines Erachtens sind alle Versuche, ihn mit v. 15 oder v. 17 zu verbinden, gescheitert.

heißt das? Der Sinn ist dem folgenden zu entnehmen, da liest man: ἡ ΒΑϹΙΛΕΙΑ ΤΟΥ ΘΕΟΥ ΕΥΑΓΓΕΛΙΖΕΤΑΙ. Das »gehn bis zu Johannes« wird also bedeuten, daß sie den Gegenstand der Verkündigung bis zu diesem Zeitpunkt gebildet haben, womit sofort gegeben ist, daß sie bis dahin das Maßgebende — das, was Gott für jene Zeiten in Kraft gesetzt hat — waren. Nun aber ist diese Periode beendigt, und eine neue Zeit ist da. Sie ist durch die Frohbotschaft vom Reiche Gottes bestimmt. Also steht dieses dem Gesetz und den Propheten gegenüber, und die Art des Gegensatzes wird durch ΕΥΑΓΓΕΛΙΖΕΤΑΙ hervorgehoben. Gesetz und Propheten waren keine ΕΥΑΓΓΕΛΙΑ. Man fühlt sich an den johanneischen Spruch erinnert: »das Gesetz ist durch Moses gegeben, die Gnade und Wahrheit ist durch Jesus Christus geworden« (auch in diesem Wort ist die Periode des Gesetzes nicht charakterisiert, empfängt aber ihr, freilich nicht günstiges, Licht dadurch, daß nur die neue Periode »Gnade und Wahrheit« hat), oder vielmehr — man erkennt, daß hier eine Vorstufe zu diesem Spruche vorliegt. Denn auch in dem Lukasspruch beginnt die neue Periode nicht etwa mit Johannes, sondern dieser ist der Schluß der alten Periode. Zwar könnten die Worte: ὁ ΝΟΜΟϹ ΚΑΙ ΟΙ ΠΡΟΦΗΤΑΙ ΜΕΧΡΙ Ἰωάννου grammatisch so verstanden werden, daß Johannes ausgeschlossen wäre, und diese Auffassung ließe sich durch den Hinweis darauf unterstützen, daß ja schon Johannes die Nähe des Gottesreichs verkündigt hat: allein hier liegt der Ton auf dem ΕΥΑΓΓΕΛΙΖΕΤΑΙ, und das ließ sich von Johannes nicht sagen, sondern ist der charakteristische Ausdruck für die Predigt Christi bei Lukas. Also ist Johannes hier zu Gesetz und Propheten gerechnet, und ἀπὸ τότε ist zu paraphrasieren: »seit, d. h. nach den Tagen des Johannes« (ebenso Matth., vgl. unten).

Aber zu den beiden Sätzen: »das Gesetz und die Propheten gehn bis zu Johannes (als dem letzten); von da an wird die Frohbotschaft vom Reiche Gottes verkündet« tritt noch ein dritter Satz: ΚΑΙ ΠΑϹ ΕΙϹ ΑΥΤΗΝ ΒΙΑΖΕΤΑΙ[1]. Ein Teil der Ausleger, z. B. Wellhausen, übersetzt passivisch: »Jedermann wird in dasselbe hineingedrängt«, ein anderer medial: »Jedermann dringt mit Gewalt in das Reich ein«. Für jene Erklärung spricht, daß auch ΕΥΑΓΓΕΛΙΖΕΤΑΙ Passiv ist, aber das ist auch das einzige, was sich für sie geltend machen läßt, und das Argument ist schwach, da die beiden Sätze nicht einen parallelismus membrorum darstellen. Dagegen hat ΒΙΑΖΕϹΘΑΙ, mit ΕΙϹ verbunden, soviel ich sehe, überall (bei Xenophon. Thukydides, Polybius, Philo und Plutarch) den Sinn »gewaltsam in etwas eindringen«.

---

[1] ΒΙΑΖΕϹΘΑΙ findet sich im N. T. nur in unserm Spruche.

Es liegt kein Grund vor, hier von dieser Bedeutung abzugehen und die harte passivische Konstruktion dafür einzutauschen[1].

Dieser Gedanke aber, »jedermann dringt mit Gewalt in das Reich Gottes ein«, schließt sich inhaltlich nicht gut an den vorhergehenden Satz an: er kommt wie aus der Pistole geschossen. Hieß es eben, daß das Reich Gottes als Freudenbotschaft verkündigt wird, so versteht man nicht, wozu Gewalt oder Hast nötig ist, um in das Reich zu gelangen. Nun — Matthäus belehrt uns darüber, woher die Unstimmigkeit stammt. In dem authentischen Wort war von einer Reichsfreudenbotschaft überhaupt nicht die Rede. Indem Lukas sie eingetragen hat, hat er die Einheit des Spruchs bedroht. Man darf in bezug auf seinen Text also nur noch fragen, was seine Leser nach seinen Absichten hier verstehen sollten, und da ist offenbar, daß aller Nachdruck auf dem »πᾶc« liegt. Dieses »πᾶc« schließt sich an »ετατγε- λίζεται« trefflich an und stellt das eigentliche Akumen des Satzes dar; das βιάζεται wird einfach aus der Quelle beibehalten, und der Leser mag sehen, wie er mit ihm fertig wird: es ist ja nur noch von sekundärer Bedeutung. Der Gedanke der Universalität des Evangeliums ist der Hauptgedanke; ihn will Lukas, wie so oft, in den Vordergrund schieben: »Jedermann kommt jetzt in das Reich hinein!« Fragte sich der Leser, warum der Evangelist nicht einfach εἰcέρχεται statt βιάζεται geschrieben habe, so mußte er sich die Antwort selbst geben und konnte dabei auf verschiedenes geraten, da der Kontext ihn ganz im Stiche ließ. Am nächsten lag es wohl für ihn, anzunehmen, die Reichsfreudenbotschaft sei so herrlich, daß die Leute sich drängen und stürmen, um Anteil an ihr zu erhalten. Das entspräche vorzüglich dem freudigen Optimismus des Lukas, wie er ihn in der Apostelgeschichte so stark zum Ausdruck gebracht hat: »Vexilla regis prodeunt«; jedermann eilt jetzt zu den aufgerollten Fahnen des Friedenskönigs!

Der Spruch in der Fassung des Lukas ist mithin also zu paraphrasieren: »Das Gesetz und die Propheten — keine Freudenbotschaft und nur dem Volke Israel geschenkt — gehn bis zu Johannes und haben damit ihre Aufgabe erfüllt; nach Johannes aber, d. h. jetzt, wird das Evangelium vom Reiche Gottes verkündigt. Es ist für alle Menschen bestimmt, und sie drängen sich, um in dasselbe einzu-

---

[1] Es kommt hinzu, daß βιάζεcθαι im Präsens nur selten Passiv ist, s. Kühner-Blass II S. 382. Dem Sinne nach ändert sich übrigens an dieser Stelle (anders bei Matth.) nicht viel, ob man das Wort medial oder passivisch nimmt (im letztern Fall kann man Luk. 14, 23 vergleichen: ἈΝΆΓΚΑCΟΝ ΕἸCΕΛΘΕῖΝ, ἵΝΑ ΓΕΜΙCΘῇ ΜΟΥ Ὁ ΟἶΚΟC). Dagegen kommt offenkundig ein ganz falscher Sinn bzw. etwas ganz Unverständliches hinein, wenn man βιάζεcθαι mit dem alten Lateiner als Aktivum faßt: »omnis in illud vim facit«. Übrigens liest der Cod. a »festinat« und die Codd. d und e bieten »conatur«.

gehen.« Mit sehr wenigen Worten hat Lukas in diesem Spruch das Größte zum Ausdruck gebracht: den qualitativen Unterschied von Gesetz und Evangelium, Jesus Christus als die Wende der Zeiten und das Ende des Gesetzes (s. Paulus, Johannes, Marcion), die Gegenwart des Reiches Gottes — es ist nicht mehr nur Verheißung, sondern es ist da —, endlich die Universalität und die missionierende Kraft des Evangeliums!

Aber der Spruch ist in dieser Fassung nur noch bedingt als ein Spruch Jesu anzusehen. Er hat aus der paulinisch-lukanischen Mission seine Farbe erhalten. Blicken wir nun auf die Fassung des Spruchs bei Matthäus.

Hier ist er innerhalb eines umfangreichen Kontextes gegeben, nämlich im Zusammenhang einer Rede Jesu auf den Täufer Johannes. Diese Rede gipfelt in der Aussage, daß Johannes nicht nur προφήτης, sondern περισσότερος προφήτου, weil der Wegbereiter des Messias sei und somit keinem vom Weibe Geborenen nachstehe (v. 9—11a). Dann aber folgt die Wendung (v. 11b): ὁ δὲ μικρότερος ἐν τῇ βασιλείᾳ τῶν οὐρανῶν μείζων αὐτοῦ ἐστιν. Dieser Satz soll es trotz allem dem Johannes gespendeten hohen Aussagen markieren, daß er noch zur alten Zeit gehört, daß aber in der neuen Zeit, die durch den Anbruch des Reiches Gottes bezeichnet ist, eine neue höhere Sphäre gegeben ist, in der minimum maximi maius est maximo minimi[1]. An diesen Satz nun schließt unser Spruch (v. 12f.) an: ἀπὸ δὲ τῶν ἡμερῶν Ἰωάννου τοῦ βαπτιστοῦ ἕως ἄρτι ἡ βασιλεία τῶν οὐρανῶν βιάζεται καὶ βιασταὶ ἁρπάζουσιν αὐτήν. πάντες γὰρ οἱ προφῆται καὶ ὁ νόμος ἕως Ἰωάννου ἐπροφήτευσαν· καὶ εἰ θέλετε δέξασθαι — αὐτός ἐστιν Ἡλείας ὁ μέλλων ἔρχεσθαι. Man wird hier sofort, wenn man scharf auf den Zusammenhang achtet, die Erklärung ablehnen dürfen, die von manchen Auslegern — zuletzt noch von Hrn. Zahn — vertreten worden ist, daß der 12. Vers wieder zu einer höheren Schätzung des Johannes zurücklenke, damit das in v. 9—11a Gesagte nicht als aufgehoben erscheine[2]. Ein solches Sic et Non ist als viel zu kompliziert abzulehnen, es müßte denn ganz unzweideutig geboten sein. Aber das Gegenteil ist der Fall; denn von

---

[1] Hr. Joh. Weiss in seinem jüngst erschienenen Kommentar zieht die Worte ἐν τῇ βασιλείᾳ τῶν οὐρανῶν statt zu ὁ μικρότερος zu μείζων. Diese Verbindung ist durch die Wortstellung nicht nahe gelegt und verwirrt die ganze Darlegung, indem Johannes der Täufer dadurch als zu der βασιλεία τῶν οὐρανῶν gehörig erscheint, die doch erst durch Jesu Wirken gegenwärtig geworden ist.

[2] Zahn, Ev. des Matth. S. 426: »Daß Johannes als Person zwar den Größten unter den Menschen gleichsteht, aber doch wie ausgeschlossen von der βασιλεία erscheint, bedarf der Ergänzung durch v. 12, wenn nicht das mit der Selbstbeurteilung des Täufers übereinstimmende Urteil Jesu über sein einzigartiges Verhältnis zu dem kommenden Reich in v. 9ᵇ, 10 dadurch wieder aufgehoben sein soll.«

Johannes ist in v. 12 überhaupt nicht die Rede — erst v. 14 kehrt zu ihm zurück —, sondern die ΒΑCΙΛΕΊΑ ΤῶΝ ΟΫ́ΡΑΝῶΝ, die in v. 11 eingeführt war, bleibt der Hauptbegriff auch für v. 12, und zwar nun als gegenwärtig, während sie nach v. 11 noch als rein zukünftig erscheinen konnte. Daraus folgt, daß das Δέ in v. 12 nicht adversativ, sondern nur metabatisch verstanden werden darf[1]. Hieraus aber ergibt sich weiter mit Notwendigkeit, daß »die Tage des Johannes« der neuen Zeit vorangehen, also nicht in diese einzurechnen sind (gegen ZAHN), wie sie ja auch in v. 11b nicht zur Periode der ΒΑCΙΛΕΊΑ gehören[2].

Zweitens aber wird nunmehr klar, daß ἕωc ἄρτι nicht exklusiv zu verstehen ist, sondern inklusiv; gemeint ist die Gegenwart, die seit der Zeit des Johannes (exkl.) angebrochen ist (nicht aber etwa eine Zwischenperiode, die vom Auftreten des Johannes bis zum Auftreten Jesu selbst reicht). Die Rede statuiert also nicht drei Zeiten — was an sich unwahrscheinlich ist —, sondern lediglich zwei: die Zeit bis Johannes (inkl.) und die Zeit nach Johannes oder die Zeit der ΒΑCΙΛΕΊΑ. Matthäus stimmt somit mit Lukas (s. o.) überein.

Drittens muß es a priori als höchst wahrscheinlich gelten, daß in v. 12 eine wesentliche Charakteristik der Zeit der ΒΑCΙΛΕΊΑ, die nun da ist, gegeben wird. Daß nur ein Nebenzug oder gar ein unerfreulicher mitgeteilt wird, wäre höchst auffallend. Müßte man so erklären, so müßte man ernste Bedenken tragen, den Spruch an seiner Stelle zu lassen; man würde vielmehr urteilen müssen, daß er von anderswoher zu Unrecht in diesen Zusammenhang gestellt worden sei. Allein es wird sich zeigen, daß es keineswegs nötig ist, in v. 12 nur eine unerfreuliche Begleiterscheinung der neuen Zeit ausgedrückt zu finden.

Nach diesen Vorbemerkungen mag sofort die sachgemäße Paraphrase folgen: »(der Kleinste im Reiche des Himmels ist größer als Johannes); dieses Reich des Himmels aber ist nicht erst zukünftig, sondern es dringt jetzt nach den Tagen des Johannes im Sturme ein, und nur Menschen, die Stürmer sind, ergreifen es; denn alle Propheten und das Gesetz haben (für ihre prophetische Aufgabe) bei und

---

[1] Will man es doch adversativ verstehen, so müßte man es gegensätzlich zu der durch v. 11 leicht erzeugten Meinung denken, das Reich der Himmel sei erst zukünftig.

[2] Anerkannt von Hrn. WELLHAUSEN; aber er spekuliert meines Erachtens in einer falschen Richtung, wenn er fortfährt: »Aber der Täufer hatte doch auch das Reich Gottes als bald bevorstehend verkündet und gerade deshalb den Tod erlitten? Waren etwa seine Jünger davon zurückgekommen, eben infolge seiner Hinrichtung?« Allein es kommt hier nicht darauf an, daß Johannes das Reich Gottes als bald bevorstehend verkündet hat — das haben auch andere Propheten vor ihm getan —, sondern lediglich das ist die Frage, ob er zum Reiche Gottes, wie es nun eindringt, bereits gehört, und diese Frage ist zu verneinen.

mit Johannes ihre Grenze gefunden (also muß jetzt etwas Neues da sein); ist Johannes doch — wenn ihr diese Betrachtung gelten lassen wollt — der Elias, der als unmittelbarer Vorläufer des Messias kommen soll.«

Βιάζεται ist hier (wie oben bei Luc.) als Medium mit aktiv-intransitiver Bedeutung verstanden (so faßt es auch Irenäus IV, 37, 7. a. u. St.). Dieser Fassung stehen zwei andre, weit verbreitete, übrigens sich nahekommende Übersetzungen gegenüber, die das Wort als Passiv nehmen[1]. Die eine stützt sich auf den alten Lateiner (»vim patitur«), die andre auf das folgende βιασταί (»expugnatur«)[2]. Von der ersten darf man wohl absehen; denn man vermag ihr nur einen Sinn abzugewinnen, wenn man sie der zweiten nahe rückt, d. h. nach ihr versteht. Die zweite hat — das wird einzuräumen sein — an dem folgenden βιασταί eine starke Stütze: denn es scheint am nächsten zu liegen, das βιάζεσθαι genau nach ihm zu erklären. Da dieses aber eine Tätigkeit auszudrücken scheint und zugleich nach der Meinung vieler etwas Ungünstiges enthält, so versteht man es, daß zahlreiche Ausleger übersetzen: »Das Himmelreich wird mit Gewalt erstürmt, und die schlimmen Stürmer reißen es an sich.« Hr. Weiss sen. vertritt diese Ansicht[3], und auch Hr. Wellhausen ist geneigt (doch zweifelnd), diesem Verständnis des Spruchs zu folgen: »Die βιασταί könnten die Zeloten sein, die das Reich Gottes für einen Raub ansahen und es mit Gewalt herbeiführen wollten, im Kampf gegen die Römer. Sie würden dann, im Gegensatz zu Johannes, als Mitstreber der Christen beurteilt, freilich als falsche.« So oder ähnlich müssen alle erklären, welche βιάζεσθαι passivisch und βιασταί im ungünstigen Sinne fassen.

Aber gegen diese Fassung erheben sich die stärksten Bedenken:

1. ist βιάζεσθαι im Präsens als Passivum selten[4] (s. o.),

---

[1] So die meisten Exegeten, aber nicht Melanchthon, Bengel, Baur, Zyro, Zahn.

[2] Die an sich auch mögliche Fassung als transitives Aktivum (»cogere«) ist hier ganz ausgeschlossen. Bengel wollte die Stelle so erklärt wissen, indem er »die Menschen« supplierte; aber eine solche Ergänzung ist unstatthaft.

[3] Auch Lightfoot, Baur, Schweizer, Schneckenburger, Hilgenfeld, Hort, Plummer, Weiss jun. Der letztere spricht sich in seinem jüngst erschienenen Kommentar sehr bestimmt aus. Er meint, es sei höchst unwahrscheinlich, daß Jesus oder die spätere Gemeinde das Treiben von Gewalttätern, die das Reich an sich reißen, als vorbildlich hingestellt haben sollte. »Eine feinfühlige Auslegung sollte die Schärfe des Ausdrucks empfinden, daß Menschen die Himmelsherrschaft mit Gewalt an sich reißen wollen. Das muß einem jüdischen Ohre fast lästerlich klingen.« Aber Jesu Bilder und Gleichnisse sind öfters auffallend (die Schlangenklugheit, der ungerechte Haushalter, der harte Richter u. a.). Doch s. über βιαστής unten.

[4] Der Einwurf von Hrn. Weiss jun. gegen βιάζεσθαι = »mit Gewalt hereinbrechen«, es widerspräche das der allgemeinen Anschauung Jesu, nach welcher das Reich erst noch erwartet werde, ist eine petitio principii, die z. B. durch das ἡ βασιλεία τοῦ θεοῦ ἔφθασεν ἐφ' ὑμᾶς Matth. 12, 28 = Luc. 11, 20 widerlegt wird. Übrigens ist dieses ἔφθασεν auch sonst eine gute Parallele zu unserem βιάζεται.

2. versteht man nicht, warum, während die herrliche Zeit des gegenwärtigen Reichs noch gar nicht geschildert war, lediglich ein ungünstiger Nebenzug hervorgehoben wird (s. o.), und warum nicht wenigstens dann die Zeit auch nach ihrer günstigen Seite, die doch die allein maßgebende sein konnte, charakterisiert wird: Jesus soll die Geschichte in zwei große Perioden geteilt und von der zweiten, der Periode des verwirklichten Reichs, nur ausgesagt haben, daß zu ihrer Zeit schlimme Leute das Reich anfallen werden!

3. Daß ΒΙΑϹΤΑΊ und ἁρπάzεin in gutem Sinn verstanden werden sollen, ist vielleicht etwas paradox — doch, wenn es nicht gestattet ist, ΒΙΑϹΤΉϹ nach ΒΙΑΤΆϹ [Pindar] zu erklären, so hindert doch nichts die Annahme, daß Jesus gleichnisweise gewalttätige Stürmer als Vorbilder hingestellt hat — aber noch viel paradoxer ist, daß die schlimmen Stürmer sich die ΒΑϹΙΛΕΊΑ rauben! Da das natürlich unmöglich ist, so muß man erklären: »sie meinen sie rauben zu können« oder »sie belegen sie mit Beschlag, so daß sie andern den Eintritt erschweren bzw. verschränken«. Beides aber ist nicht leicht zu dem strikten ἁρπάzoycin zu supplieren.

4. Der 13. Vers paßt schlecht zu unserem 12., wenn dieser tadelnd gemeint sein soll, und doch ist er durch ΓΆΡ mit ihm verknüpft.

5. Die Zelotenpartei trieb ihr Unwesen doch nicht erst seit den Tagen des Johannes. Bezieht man den Vers auf sie, so ist das »ἀπὸ Ἰωάννου ἕως ἄρτι« sehr auffallend.

6. Lukas hat in dem Spruch nichts Ungünstiges gefunden; er hat ΒΙΆzεϹΘΑΙ als intransitives Aktivum gedeutet und speziell die ΒΙΑϹΤΑΊ als die rechten Jünger Christi beurteilt; denn seine Worte: ΚΑῚ ΠᾶϹ εἰϹ ΑὐΤΉΝ ΒΙΆzΕΤΑΙ, sind nur eine Paraphrase der Worte: ΚΑῚ ΒΙΑϹΤΑῚ ἉΡΠΆzoycin ΑὐΤΉΝ.

7. Der älteste Ausleger, Clemens Alexandrinus, hat den Spruch in gutem Sinne verstanden. Das ist sehr wichtig. Wenn unser griechisches Sprachgefühl in der Frage, ob ΒΙΑϹΤΑΊ hier in gutem Sinne verstanden werden soll, vielleicht unsicher bleiben muß, so dürfen wir Clemens vertrauen, daß man als Grieche den Spruch in bonam partem verstehen konnte. Strom. IV, 2, 5 schreibt er: »ϹΤΕΝΉ ΓᾺΡ Τῷ ὌΝΤΙ ΚΑῚ ΤΕΘΛΙΜΜΈΝΗ Ἡ ὉΔΌϹ« ΚΥΡΊΟΥ, ΚΑῚ »ΒΙΑϹΤῶΝ ἘϹΤΙΝ Ἡ ΒΑϹΙΛΕΊΑ ΤΟῦ ΘΕΟῦ«, ὍΘΕΝ »ΖΉΤΕΙ«, ΦΗϹΊ, »ΚΑῚ ΕὑΡΉϹΕΙϹ«, ferner Strom. V, 3, 16: »ΑἸΤΕῖΤΕ ΚΑῚ ΔΟΘΉϹΕΤΑΙ ὙΜῖΝ« · οἱ ΓᾺΡ »ἉΡΠΆzΟΝΤΕϹ ΤῊΝ ΒΑϹΙΛΕΊΑΝ ΒΙΑϹΤΑΊ«, ΟὐΧ ΤΟῖϹ ἘΡΙϹΤΙΚΟῖϹ ΛΌΓΟΙϹ, ἘΝΔΕΛΕΧΕΊᾼ ΔῈ ὈΡΘΟῦ ΒΊΟΥ ἈΔΙΑΛΕΊΠΤΟΙϹ ΤΕ ΕὐΧΑῖϹ ἘΚΒΙΆzΕϹΘΑΙ ΕἴΡΗΝΤΑΙ ΚΤΛ., weiter Strom. VI, 17, 149: ΧΡΙϹΤΙΑΝΟῚ ΕἶΝΑΙ ΒΙΑzΌΜΕΘΑ, ὍΤΙ ΜΆΛΙϹΤΑ ΒΙΑϹΤῶΝ ἘϹΤΙΝ Ἡ ΒΑϹΙΛΕΊΑ, und endlich Quis div. 21: ΟὐΔῈ ΤῶΝ ΚΑΘΕΥΔΌΝΤΩΝ ΚΑῚ ΒΛΑΚΕΥΌΝΤΩΝ ἘϹΤῚΝ »Ἡ ΒΑϹΙΛΕΊΑ ΤΟῦ ΘΕΟῦ«, ἈΛΛ' »ΟἹ ΒΙΑϹΤΑΊ

ἁρπάζογcιν ἀγτήν· ἀγτη γὰρ μόνον βία καλή, θεὸν βιάcαcθαι καὶ παρὰ θεογ ζωὴν ἁρπάcαι«. Ebenso schreibt Irenäus (IV, 37, 7): »Quae autem gloria his qui non eam, ut victores in certamine, consecuti sunt? et propter hoc dominus violentum dixit regnum caelorum et qui vim faciunt, inquit, diripiunt illud.« Folgt I. Kor. 9, 24—27, sodann [hier ist der Originaltext erhalten]: ογχ ὁμοίωc ἀγαπᾶται τὰ ἐκ τογ ἀγτομάτογ προc- γινόμενα τοῖc μετὰ cπογΔῆc εγρicκομένοιc. Nicht anders Origenes in Joh. I, 23 (S. 128 Preuschen): τεθλιμμένη γπὸ τῶν βιαζομένων πορεγεcθαι Δι᾽ αγτῆc ἐcτιν ὁΔόc (man vergleiche Clemens). Endlich hat auch Chry- sostomus den Spruch in bonam partem interpretiert, und bei ihm findet sich das μετὰ cπογΔῆc des Irenäus als Erklärung der βιαcταί wieder[1].

Diese Beobachtungen sind völlig ausreichend, um die Auslegung des Verses im ungünstigen Sinne zu verbieten und die Erklärung zu schützen, die oben gegeben wurde[2]. Der Gedanke, daß das Reich Gottes nicht nur ἤγγικεν oder ἔρχεται oder ἔφθαcεν, sondern auch »βι- άζεται« d. h. im Sturme oder mit Kraft und Gewalt eindringt, be- fremdet nicht, zumal wenn man mit Hrn. Zahn darauf aufmerksam macht, daß βίαιος sich auch als Beiwort zu »Geist« findet (s. Act. 2, 2 πνοὴ βιαία, Jes. 11, 15; Ps. 47, 8; Jos. Bell. III, 9, 3 πνεγμα βίαιον), und wenn man die Erregung erwägt, die die Predigt Jesu hervorgebracht hatte. Daß aber die βιαcταί das Reich Gottes hastig ergreifen[3], hat seine Parallele an der Parabel Jesu von dem harten Richter und der Witwe; das Beten und Nicht-müde-Werden ist die Eroberungswaffe des βιαcτήc[4]; doch ist wohl nicht ausschließlich hieran gedacht. Die drei starken Ausdrücke: βιάζεται, βιαcταί, ἁρπάζογcιν, sollen vor Augen malen, daß alles sich in der neuen Periode gewaltsam und in kürzester Zeit abspielt, zugleich aber auch die Bürger des neuen Reichs, deren kleinster größer ist als Johannes, so charakterisieren, daß man es versteht, warum sie die größeren sind[5].

---

[1] Der Spruch ist übrigens recht selten im Altertum zitiert worden. Ganz ge- heuer war er den Vätern nicht. Infolge davon ist er auch ohne Varianten überliefert.
[2] Ähnlich Holtzmann, H. A. W. Meyer, Resch, Wendt, Zyro und Jülicher. — Die einzige Schwierigkeit, die noch bleibt, liegt darin, daß βιάζεται nicht nach Maßgabe von βιαcταί übersetzt wird. Aber eine kapitale Schwierigkeit ist das nicht. Warum soll nicht auch auf ein aktivisch-intransitives βιάζεcθαι das Substantiv βιαcτήc folgen können? Übrigens kann, auch wenn βιάζεται passiv sein sollte, βιαcταί und βιάζεcθαι in gutem Sinne verstanden werden. Die beiden Sätze werden aber in diesem Falle einfach identisch; denn in dem βιάζεται liegt dann schon das ἁρπάζογcιν. Wieviel inhaltsleicher erscheint der Gedanke, wenn gesagt ist, daß das Reich selbst mit Gewalt kommt, und daß man daher ein Stürmer sein müsse, um es zu gewinnen!
[3] Ἁρπάζειν heißt nicht nur rauben, sondern auch hastig ergreifen. z. B. τὰ ὅπλα (s. z. B. Xenophon).
[4] Ähnlich Holtzmann, Baldensperger und Keil.
[5] Ein origineller, nicht ganz unmöglicher, aber doch schwerlich haltbarer Ein- fall war es (Zyro), Jesus habe bei den βιαcταί an sich selber gedacht.

Der 12. Vers ist damit erklärt und erscheint mit dem Kontext nach rückwärts gut verbunden. Man erfährt aus ihm, wie die neue Periode, die Periode des Reichs des Himmels, sich darstellt. Aber auch nach vorwärts ist die Verbindung nicht undurchsichtig. Der 13. Vers ist mit ΓΆΡ eingeführt, soll also das Vorhergehende begründen — nicht eigentlich den sachlichen Inhalt des Satzes, sondern das chronologische Moment[1]: Von den abgeschlossenen Tagen des Johannes — nicht früher und nicht später — beginnt die neue Periode; denn die Propheten und das Gesetz[2] haben ja ihre Grenze bei Johannes gefunden, der selbst ein Prophet, der letzte und höchste, und der wiederkehrende Elias ist. Seine geschichtliche Stellung und seine Würde ist ihm damit in genauer Abgrenzung zugewiesen. Es bleibt dabei, daß er zur alten Zeit gehört, aber ihr Schlußstein und Höhepunkt ist.

Vergleicht man nun den Spruch, wie er bei Matthäus lautet, mit der Fassung bei Lukas, so ergeben sich einige wertvolle Beobachtungen. Lukas hat den Grundgedanken bewahrt und verstärkt, daß es sich um zwei Perioden handelt, daß die erste durch Gesetz und Propheten, die zweite durch das gegenwärtige Reich Gottes charakterisiert ist, und daß der Einschnitt nach der Wirksamkeit des Johannes, also bei Jesus, liegt. Aber er hat das Wort aus dem Zusammenhang herausgebrochen, und er hat sein Spezifikum, welches in Η ΒΑϹΙΛΕΊΑ ΒΙΆΖΕΤΑΙ und in ΒΙΑϹΤΑΊ gegeben ist, seinen Lesern nicht zugemutet — wahrscheinlich weil er glaubte, sie würden das harte Wort nicht verstehen; vielleicht war ihm auch selber das Verständnis nicht ganz sicher. Annähernd hat er den Spruch indes gewiß verstanden — das beweist sein »ΠΆϹ ΕΊϹ ΑΥ̓ΤΉΝ ΒΙΆΖΕΤΑΙ« im guten Sinn —, und er hat durch zwei ganz neue Gedanken seine Leser für den Ausfall entschädigt — durch das »ΕΥ̓ΑΓΓΕΛΊΖΕΤΑΙ«[3] und durch das »ΠΆϹ ΕΊϹ ΑΥ̓ΤΉΝ ΒΙΆΖΕΤΑΙ«. Früher gab es nur Weissagung, jetzt ist das Reich da und wird als Frohbotschaft verkündet; früher galt es nur den Juden, jetzt der ganzen Welt[4].

---

[1] Doch läßt sich auch daran denken, daß eine neue Weise (ΒΙΆϹΤΑΊ ἉΡΠΆΖΟΥϹΙΝ) nun eintreten muß, weil die dem Gesetz und den Propheten entsprechende Weise ihre Grenze gefunden hat. Daß v. 12 als der Inhalt der Prophezeiungen erscheinen soll, ist sehr unwahrscheinlich; auch verbietet sich dieser Gedanke durch den Zusatz: »bis Johannes«.

[2] Die Propheten stehen wohl um Johannes willen voran; aber das Gesetz ist hinzugefügt, weil es auf die Gesamtcharakteristik der Periode, in der der Codex alles bestimmte, ankam. Alle Propheten heißt es wohl, um den Completus numerus zu markieren. Das Perfektum ist bei unserer Fassung erwünscht, aber nicht notwendig.

[3] Dieses ΕΥ̓ΑΓΓΕΛΊΖΕΤΑΙ mag übrigens aus Matth. 11, 5 = Luc. 7, 22 stammen. Dann hätte man einen Beweis dafür, daß auch Lukas den Spruch 16, 16 im Zusammenhang mit der Rede Jesu über Johannes vorgefunden hat.

[4] Übrigens ist das Verfahren des Lukas ein Beweis, welche Freiheiten man sich bei Wiedergabe der Worte Jesu noch nehmen zu dürfen glaubte.

Sitzung der philosophisch-historischen Classe vom 19. December 1907.

Der Spruch in der Fassung des Matthäus trägt den Stempel eines echten Herrenworts[1] und ist eines der wichtigsten; denn es ist ein religionsgeschichtlicher Spruch, der ein gewaltiges Zeugnis Jesu über sich selbst enthält und zugleich zwei kapitale Fragen in bezug auf die Verkündigung Jesu entscheidet, die noch immer nicht zur Ruhe kommen können.

Hat Jesus das Reich Gottes als rein zukünftiges oder auch schon als gegenwärtiges verkündigt? Hat er sich selbst lediglich als Prophet und Lehrer gegeben oder als den, in dessen Verkündigung das Reich kommt und der sich daher spezifisch von allen Propheten unterscheidet?

Unser Spruch (und sein Kontext) läßt über beide Fragen keinen Zweifel: jetzt dringt das Reich Gottes mit Gewalt ein, und in seiner (Jesu) Verkündigung und in seinen Machttaten ist es präsent. Ist Johannes der Täufer der Abschluß der alten Zeit, aber zugleich der Elias, der kommen soll, so hat Jesus dadurch seine eigene Bedeutung unmißverständlich bezeichnet. Noch deutlicher aber tritt sie in den Aussagen hervor, daß Johannes περισσότερος προφήτου, ja der größte von einem Weibe Geborene ist und doch dem Kleinsten in der nun angebrochenen Periode des Reiches Gottes nachstehen muß. Hieraus ergibt sich sofort, daß Jesus sich selbst nicht nur als Propheten, auch nicht nur als »Messias designatus« bezeichnet, sondern als den Messias, der sein Werk bereits begonnen hat. Wie das zu verstehen ist, lehrt vor allem Matth. 11, 5 (τυφλοὶ ἀναβλέπουσιν .... καὶ πτωχοὶ εὐαγγελίζονται) und Matth. 12, 28 (εἰ ἐν πνεύματι θεοῦ ἐγὼ ἐκβάλλω τὰ δαιμόνια, ἄρα ἔφθασεν ἐφ' ὑμᾶς ἡ βασιλεία τοῦ θεοῦ). Welche Schranken aber andererseits noch damals die Verkündigung des präsenten Reichs und des präsenten Messias in der Predigt Jesu hatte, darauf ist hier nicht einzugehen.

Wenn Jesus die neue Periode dadurch charakterisiert, daß das Reich mit Gewalt hereinbricht und (nur) Stürmer es ergreifen, so ist damit der Charakter jeder wahrhaft großen religiösen Bewegung wunderbar getroffen. Das berühmte Wort Luthers von dem Wort Gottes, das wie ein Platzregen fährt — wer sich nicht dazu tut, geht leer aus —, ist wie ein Nachhall. Zugleich aber liegt auch

---

[1] Die Echtheit liegt in der spröden Kürze und in der kraftvollen und tiefsinnigen Einfachheit. »Populäre Gemeindetheologie« enthält das Wort nicht, wie Hr. Joh. Weiss mit Recht sagt; schon Lukas konnte sich in dasselbe nicht finden, und die Kirchenväter haben es beiseite geschoben. Hr. Wellhausen und andere meinen, das Wort könne, weil es ein geschichtlicher Rückblick auf die Tätigkeit des Johannes sei und dieselbe als weit zurückliegend [?] betrachte, nicht wohl von Jesus stammen. Allein in diesen stürmischen Tagen lebte man schnell, die Wirksamkeit des Johannes lag sofort nach seiner Gefangensetzung als abgeschlossene Zeit in der Vergangenheit und mußte nun für Jesus der wichtigste Anlaß des Nachdenkens werden.

in diesen Worten eine Kritik der Täuferbewegung. Bei aller hohen und höchsten Anerkennung, die dem Johannes zuteil wird — er und seine Jünger waren doch keine ΒΙΑΣΤΑΊ ἉΡΠΆΖΟΝΤΕC ΤΗΝ ΒΑCΙΛΕΊΑΝ, konnten es nicht sein; denn das Reich Gottes war noch nicht da. Damals galt es die rechte innere Vorbereitung für das kommende Reich, jetzt gilt es das gegenwärtige Reich selbst zu gewinnen.

Es scheint, daß in der Wirksamkeit Jesu zwei Ereignisse den stärksten Einschnitt gemacht haben, weil sie ihn machen mußten — die Gefangensetzung des Johannes und das Zeugnis des Petrus zu Caesarea Philippi. Jene Gefangensetzung mußte eine Krisis hervorrufen; denn sie war eine Katastrophe: der Wegbereiter, der Elias, schmählich eingezogen, sein Werk zerstört; Gott hat dieses Werk verlassen; Johannes war also nicht, der er schien! Aber Jesus ließ sich nicht erschüttern, sondern er bog den Sinn des Ereignisses um — das ist das Erstaunliche: das Werk des Johannes, des Vorläufers, ist erfüllt! Ist aber dieses Werk erfüllt, so ist das Reich Gottes bereits da; denn es muß dem Vorläufer auf dem Fuße folgen. Dann aber ist auch alles Vorbereitende nunmehr abgeschlossen; dort das Gesetz und die Propheten, hier das Reich Gottes! So hat Jesus die Katastrophe des Johannes verstanden; sie schlug ihn innerlich nicht nieder, sondern sie erhob ihn zu der zuversichtlichen Einsicht, daß das Alte nun vergangen sei und daß daher sein eigenes Wirken bereits die Gegenwart des Reichs darstelle. Dem hat er fortab Ausdruck gegeben, hat seine Machttaten in diesem Sinne verstanden und gedeutet und hat die, welche ihn hören wollten, aufgerufen, als ΒΙΑΣΤΑΊ das hereinbrechende Reich zu ergreifen. In dem Zeugnis des Petrus zu Caesarea trat dann die Anerkennung seitens der Jünger hinzu. Die Rede, der unser Wort entstammt, gehört zu den geschichtlichen Grundlagen für diese Anerkennung und bot den Ausgangspunkt für sie. Die Gefangensetzung des Johannes und seine Frage: »Bist du, der da kommen soll, oder sollen wir eines anderen warten?« haben den entscheidenden Anlaß dazu gegeben, daß Jesus sich sozusagen von Johannes befreite und durch die höchste Schätzung desselben als des abschließenden Trägers der Vergangenheit eine noch höhere seines eigenen Berufs und damit einen Standpunkt über dem Gesetz und den Propheten gewann.

Beitrag zur genaueren Bestimmung der unbekannten Sprachen Mittelasiens.

Von F. W. K. Müller.

(Vorgetragen am 5. December 1907 [s. oben S. 859].)

Hierzu Taf. IX.

In einem vor kurzem in der Zeitschrift der Deutschen Morgenländischen Gesellschaft erschienenen Aufsatz hat E. Leumann[1] unsere bisherigen Kenntnisse über die unbekannten Sprachen Mittelasiens zusammengefaßt und nachgewiesen, daß zwei verschiedene Sprachen vorliegen, die er vorläufig als Sprache I und II bezeichnet, da uns die einheimische Benennung derselben unbekannt ist. Die Sprache I hatte er in einer früheren Abhandlung versuchsweise als »Kaschgarisch« benannt[2]. Seine Untersuchungen über die Sprache II sind noch nicht abgeschlossen; doch ergibt sich aus den mitgeteilten Sprachproben, daß wir es hier mit einer anscheinend iranischen Sprache zu tun haben[3].

Die folgenden Zeilen bezwecken nun, die Aufmerksamkeit der Sprachforscher auf ein neues Fundstück zu lenken, das Licht über dieses dunkle Feld zu verbreiten vermag. Es muß zunächst erinnert werden an die wertvollen bibliographischen Angaben vor den einzelnen Texten chinesischen buddhistischen Kanons. Diese Angaben sind unter Benutzung biographischer buddhistischer Werke in geschichtlicher Anordnung von Bunyiū Nanjiō in den Anhängen zu seinem Tripiṭaka-Katalog zusammengestellt.

---

[1] ZDMG. Bd. LXI. Leipzig 1907, S. 648—658.
[2] Mémoires de l'Académie Impériale des sciences de St-Pétersbourg. VIII. Serie. Bd. IV. Nr. 8. 1900.
[3] Zu dem in Sprache II vorliegenden Ausdruck *gyastānu gyastä balysä* möchte ich das Folgende bemerken: Sten Konow bemerkte mündlich, daß er für *gyasta* die Bedeutung *deva*, für *balysä* die Bedeutung *buddha* erschlossen habe. Sieg vermutete daraufhin in *gyasta* das persische *yazata*, m. E. mit Recht. Ich glaube, gegenüber Leumann, der die genannte Formel als »der besten bester Lehrer« übersetzen will, vielmehr, daß wir hier eine Form wie das uigurische *tängri tängrisi Burχan*, chinesisch 天中天, Sanskrit *devātideva*, d. h. der Götter Gott Buddha [*yazdān yazd B.*], vor uns haben.

F. W. K. Müller: Zu den unbekannten Sprachen Mittelasiens.

Durchmustert man das dort gegebene Autoren- und Übersetzerverzeichnis auf die Nationalitäten hin, so bemerkt man, daß in der geschichtlichen Reihenfolge auf die indischen Verfasser bald fremde Übersetzer folgen, und zwar zuerst solche, die als erstes Zeichen ihres Namens 支 *Tschï* — eine Abkürzung der volleren Form 月支 *Yüe-tschï* — führen, d. h. Indoskythen.

Auf die *Yüe-tschï* folgen Leute aus 康 *k'ang*, d. h. Soghdier. Bunyiū Nanjio versteht allerdings Tibeter darunter; doch kann über die Gleichsetzung *k'ang* mit Soghd bzw. Samarkand kein Zweifel bestehen.

Diese soghdischen Übersetzer werden abgelöst durch Eingeborene von 龜茲, d. h. Kutseba, mit anderen Worten: Türken.

Diese verschiedenen Völkern angehörigen buddhistischen Übersetzer lassen eine buddhistische Literatur in der
indoskythischen,
soghdischen und
türkischen Sprache voraussetzen.

Tatsächlich sind bisher schon buddhistische Texte in türkischer und soghdischer Sprache aufgefunden worden. Die Existenz indoskythischer buddhistischer Literatur wird uns jetzt aber ausdrücklich durch das folgende alttürkische Fragment bezeugt, das sich unter den Handschriftenresten, die durch die Turfan-Expedition des Hrn. A. von Le Coq der Wissenschaft gerettet wurden, vorfand.

Dieses auf der beigefügten Tafel abgebildete Stück, das den letzten Satz eines Textabschnittes und eine bibliographische Unterschrift enthält, lautet in Umschreibung und Übersetzung:

Signatur: T II. S 2.
[Anfang fehlt, Rückseite leer.]

	Übersetzung:
— *lari nirvan bulmaq küsüsin yalnguq-lar yirin soqlanïp tüzün maitri udušïnta yirtinčökä qodï indär-lär* .. ⁘ ⁘ ⁘	... steigen sie im Gefolge des heiligen Maitreya zur Erde hinab. [Da der Anfang des Satzes fehlt, kann das Vorhergehende nicht mit Sicherheit übersetzt werden.]
Vaibazaki ariačintri bodïsvt kši ačarï änätkäk tïlïntïn toχrï tïlï- -nča yaratmïš .. Pratnïarakšt ačarï	Zu Ende ist der zehnte Abschnitt, betitelt »Die Herabkunft des Bodhisattva Maitreya aus der Tušita-Götterwelt auf die Erde«, in dem heiligen Buche Maitrisimit, welches von dem Vaibhā-

94*

960 Sitzung der phil.-hist. Classe v. 19. Dec. 1907. — Mitth. v. 5. Dec.

toχrï tilintin türk tilinčä | șika Âryacandra bodhisattva kṣi (= ?)
aqtarmïš maitrisimit nom bitigdä | âcârya aus der indischen Sprache in
 | die tocharische Sprache übersetzt
maitri bodisvt tuzit tngri yiri- | (»zurechtgemacht«) und von dem Âcâ-
ntin yirtinčökä inmäk atly | rya Prajñârakṣita aus der tocha-
 | rischen Sprache in die türkische
onunč ülüš nom tükädi. | übertragen worden war.

Darunter — nicht abgebildet — eine Nachschrift von ganz später Hand.
. . [y]unt yïl üčünč äy (sic) usw. | im Pferdejahr, im 3. Monat usw.

In der Unterschrift dieses Sûtras, offenbar eines Maitreya-vyâkaraṇa, wird uns also das Vorhandensein einer tocharisch[1]-buddhistischen Literatur ausdrücklich bezeugt. Da, wie schon vorher bemerkt, heilige Texte im Soghdischen und Türkischen bereits aufgefunden sind, kann es wohl nicht mehr so kühn erscheinen, wenn man eine der beiden unbekannten Sprachen, die erwiesenermaßen Denkmäler buddhistischen Inhalts aufweisen, für die Sprache der Tocharer, d. h. Indo-Skythen, in Anspruch nimmt.

Diese tocharische oder indo-skythische Sprache haben wir nach meiner Überzeugung in dem von LEUMANN als Sprache I bezeichneten Idiom[2] vor uns.

Die Arbeiten von SIEG und SIEGLING an den Resten dieser Sprache aus den Sammlungen der Turfanexpeditionen haben bereits ergeben, daß diese Sprache indogermanisch[3], und zwar anscheinend den europäischen Sprachen näherstehend ist als der arischen Gruppe.

---

[1] Statt toχrï kann man natürlich auch tuχrï lesen, doch fällt das nicht ins Gewicht, da wir neben griechisch ΤΌΧΑΡΟΙ auch Sanskrit Tukhâra, Tuḥkhára vorfinden. Vgl. u. a. FRANKE, Zur Kenntnis der Türkvölker und Skythen Zentralasiens, im Anhange zu den Abhandlungen der Berl. Akad. d. Wiss. 1904, S. 30.

[2] Die Lesung LEUMANNS bedarf noch einer Revision, denn außer den in der Zeitschrift für Ethnologie 1905, S. 419 und 420 veröffentlichten neuen Brähmi-Zeichen [NB. statt ïk und ïl lies: iki bzw. ilï] förderte die gemeinsame Lektüre der türkisch-indischen Bilingue mit Dr. STÖNNER seinerzeit die folgenden abweichenden Lesungen gewisser Zeichen zutage. ᛒ m, ᚢ o, ᛭ p.

[3] Vgl. auch die Vermutung von LE COQS in der Zeitschrift für Ethnologie 1907, S. 509 unten.

Ausgegeben am 9. Januar 1908.

Sitzungsber.

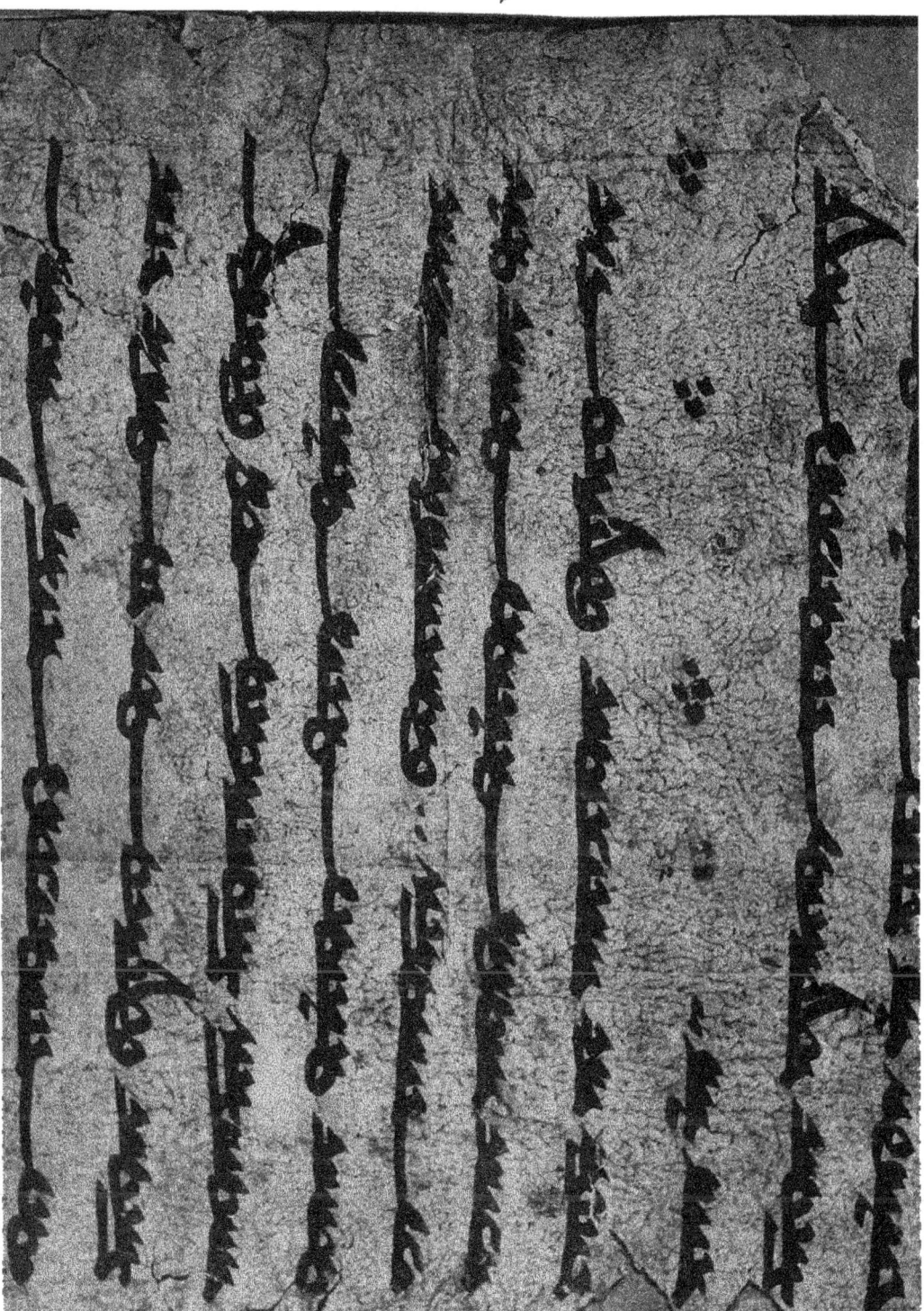

VERZEICHNISS
DER VOM 1. DECEMBER 1906 BIS 30. NOVEMBER 1907 EINGEGANGENEN DRUCKSCHRIFTEN.

(Die Schriften, bei denen kein Format angegeben ist, sind in Octav. — Die mit * bezeichneten Schriften betreffen mit akademischen Mitteln ausgeführte Unternehmungen oder sind mit Unterstützung der Akademie erschienen.)

Deutsches Reich.

Übersicht über die Geschäftstätigkeit der Eichbehörden während des Jahres 1905. Hrsg. von der Kaiserlichen Normal-Eichungs-Kommission. Berlin 1907. 4.

Mitteilungen aus der Physikalisch-Technischen Reichsanstalt. 19 Sep.-Abdr.

Aus dem Archiv der Deutschen Seewarte. Jahrg. 29. N. 2. Hamburg 1906. 4.

Deutsche überseeische meteorologische Beobachtungen. Gesammelt und hrsg. von der Deutschen Seewarte. Heft 14. Hamburg 1907. 4.

Deutsches Meteorologisches Jahrbuch für 1905. Beobachtungs-System der Deutschen Seewarte. Ergebnisse der Meteorologischen Beobachtungen an 10 Stationen II. Ordnung usw. Jahrg. 28. Hamburg 1906. 4.

Jahresbericht über die Tätigkeit der Deutschen Seewarte. 29. 1906. Hamburg 1907.

Tabellarischer Wetterbericht. Hrsg. von der Deutschen Seewarte. Jahrg. 31. N. 274-365. Jahrg. 32. N. 1-273. Hamburg 1906. 07. 2·

Katalog der Bibliothek der Deutschen Seewarte zu Hamburg. 7. Nachtrag. 1905 und 1906. Hamburg 1907.

Mittheilungen aus der Zoologischen Station zu Neapel. Bd. 18. Heft 1-3. Berlin 1906-07.

Berichte über Land- und Forstwirtschaft in Deutsch-Ostafrika. Hrsg. vom Kaiserlichen Gouvernement von Deutsch-Ostafrika (Biologisch-Landwirtschaftliches Institut in Amani). Bd. 3. Heft 2.3. Heidelberg 1907.

Jahrbuch des Kaiserlich Deutschen Archäologischen Instituts. Bd. 21. 1906. Heft 4. Bd. 22. 1907. Heft 1.2. Ergänzungsheft 7. Berlin 1907.

Mitteilungen des Kaiserlich Deutschen Archäologischen Instituts. Athenische Abteilung. Bd. 31. Heft 3.4. Bd. 32. Heft 1. Athen 1906. 07. — Römische Abteilung. Bd. 21. Bd. 22. Heft 1.2. Rom 1906.07.

Römisch-Germanische Kommission des Kaiserlichen Archäologischen Instituts. Bericht über die Fortschritte der römisch-germanischen Forschung im Jahre 1905. Frankfurt a. M. 1906.

Neues Archiv der Gesellschaft für ältere deutsche Geschichtskunde. Bd. 32. Heft 2.3. Bd. 33. Heft 1. Hannover und Leipzig 1907.

Scriptores rerum Germanicarum in usum scholarum ex Monumentis Germaniae historicis separatim editi. Nithardi Historiarum libri IV. Ed. 3. Post Georgium Heinricum Pertz recogn. Ernestus Müller. Hannoverae et Lipsiae 1907.

Nova Acta Academiae Caesareae Leopoldino-Carolinae Germanicae naturae curiosorum. Tom. 85. 86. Halle 1906. 4.

Leopoldina. Amtliches Organ der Kaiserlichen Leopoldinisch-Carolinischen Deutschen Akademie der Naturforscher. Heft 42. N. 11. 12. Heft 43. N. 1-10. Halle a. S. 1906. 07. 4.
Berichte der Deutschen Chemischen Gesellschaft. Jahrg. 39. N. 16-18. Jahrg. 40. N. 1-16. Berlin 1906. 07.
Generalregister über die Jahrgänge 1902-1906 des Chemischen Centralblatts. Bearb. von Albert Hesse und Ignaz Bloch. 1907.
Deutsche Chemische Gesellschaft. Mitglieder-Verzeichnis. 1907.
Deutsche Entomologische Zeitschrift. Hrsg. von der Deutschen Entomologischen Gesellschaft. Jahrg. 25-31. 1881-87. Jahrg. 1888-1907. Inhalts-Verzeichnisse der Jahrgänge 1881-86. 1887-92. 1893-99. 1900-06. Berlin 1881-1907.
von Heyden, Lucas. Catalog der Coleopteren von Sibirien. Nebst Nachtrag 1-3. Hrsg. von der Deutschen Entomologischen Gesellschaft. Berlin 1880-98.
Prof. Dr. Gustav Kraatz. Ein Beitrag zur Geschichte der systematischen Entomologie. Gewidmet von der Deutschen Entomologischen Gesellschaft. Berlin 1906.
Zeitschrift der Deutschen geologischen Gesellschaft. Bd. 58. Heft 2-4. Bd. 59. Heft 1-3. Berlin 1906. 07.
Die Fortschritte der Physik, dargestellt von der Deutschen Physikalischen Gesellschaft. Jahrg. 61. 1905. Abt. 1-3. Jahrg. 62. 1906. Abt. 1. 2. Braunschweig 1906-07.
Abhandlungen des Deutschen Seefischerei-Vereins. Bd. 9. 10. Berlin 1907.
Mitteilungen des Deutschen Seefischerei-Vereins. Bd. 22. N. 11. 12. Bd. 23. N. 1-10 Berlin 1906. 07.
Zeitschrift der Deutschen Morgenländischen Gesellschaft. Bd. 60. Heft 4. Bd. 61. Heft 1-3. Leipzig 1906. 07.
Wissenschaftliche Veröffentlichungen der Deutschen Orient-Gesellschaft. Heft 7. Leipzig 1907. 4.

Veröffentlichungen des Königl. Preußischen Geodätischen Instituts. Neue Folge. N. 30-33. Berlin, bezw. Potsdam 1907. 8. und 4.
Zentralbureau der Internationalen Erdmessung. Neue Folge der Veröffentlichungen. N. 14. Berlin 1907. 4.
Bericht über die Tätigkeit des Königlich Preußischen Meteorologischen Instituts im Jahre 1906. Berlin 1907.
Veröffentlichungen des Königlich Preußischen Meteorologischen Instituts. Ergebnisse der Beobachtungen an den Stationen II. und III. Ordnung im Jahre 1901. — Ergebnisse der Gewitter-Beobachtungen in den Jahren 1901 und 1902. — Ergebnisse der Magnetischen Beobachtungen in Potsdam im Jahre 1902. — Ergebnisse der Meteorologischen Beobachtungen in Potsdam im Jahre 1903. — Ergebnisse der Niederschlags-Beobachtungen im Jahre 1903. 1904. Berlin 1906-07. 4.
Hellmann, G., und Hildebrandsson, H. H. Internationaler Meteorologischer Kodex. Berlin 1907. 2 Ex.
Wissenschaftliche Meeresuntersuchungen hrsg. von der Kommission zur Wissenschaftlichen Untersuchung der deutschen Meere in Kiel und der Biologischen Anstalt auf Helgoland. Neue Folge. Bd. 8. Abt. Helgoland. Heft 1. Kiel und Leipzig 1906. 4.
Abhandlungen der Königlich Preussischen Geologischen Landesanstalt und Bergakademie. Neue Folge. Heft 46. 50. Berlin 1906.
Jahrbuch der Königlich Preussischen Geologischen Landesanstalt und Bergakademie zu Berlin. Bd. 24. 1903. Berlin 1907.
Potonié, H. Abbildungen und Beschreibungen fossiler Pflanzen-Reste. Hrsg. von der Königl. Preußischen Geologischen Landesanstalt u. Bergakademie. Lief. 4. 5. Berlin 1906. 07.

Zeitschrift für das Berg-, Hütten- und Salinen-Wesen im Preussischen Staate. Bd. 54. Heft 5. Statistische Lief. 3. Bd. 55. Heft 1–3. Statistische Lief. 1. 2. Berlin 1906. 07. 4.

Landwirtschaftliche Jahrbücher. Bd. 35. Heft 6. Ergänzungsbd. 4–6. Bd. 36. Heft 1–4. Ergänzungsbd. 1. Berlin 1906. 07.

Mitteilungen aus dem Zoologischen Museum in Berlin. Bd. 3. Heft 3. Berlin 1907.

Publikationen des Astrophysikalischen Observatoriums zu Potsdam. Bd. 15. Stück 1. Bd. 17. Bd. 18. Stück 2. Potsdam 1907. — Photographische Himmelskarte. Katalog. Bd. 4. Potsdam 1907. 4.

Berliner Astronomisches Jahrbuch für 1909. Hrsg. von dem Königlichen Astronomischen Recheninstitut. Berlin 1907.

Mitteilungen der K. Preussischen Archivverwaltung. Heft 9. Leipzig 1907.

Preußische Statistik. Hrsg. vom Königlich Preußischen Statistischen Landesamt in Berlin. Heft 172. Tl. 2. 3. 199–203. Berlin 1906–07. 4.

Zeitschrift des Königlich Preussischen Statistischen Landesamts. Jahrg. 47. Abt. 1–3. Berlin 1907. 4.

Mitteilungen des Seminars für Orientalische Sprachen an der Königlichen Friedrich-Wilhelms-Universität zu Berlin. Jahrg. 10. Berlin 1907.

Quellen und Forschungen aus Italienischen Archiven und Bibliotheken. Hrsg. vom Königl. Preussischen Historischen Institut in Rom. Bd. 9. Heft 2. Bd. 10. Heft 1. Rom 1906. 07.

Nuntiaturberichte aus Deutschland nebst ergänzenden Aktenstücken. Abt. 1. 1533–1559. Hrsg. durch das K. Preussische Historische Institut in Rom und die K. Preussische Archiv-Verwaltung. Bd. 10. Berlin 1907.

*Das Pflanzenreich. Regni vegetabilis conspectus. Im Auftrage der Königl. preuss. Akademie der Wissenschaften hrsg. von A. Engler. Heft 26–28. 30. Leipzig 1906–07. 2 Ex.

*Commentaria in Aristotelem Graeca edita consilio et auctoritate Academiae Litterarum Regiae Borussicae. Vol. 8. Simplicii in Aristotelis Categorias commentarium ed. Carolus Kalbfleisch. Vol. 21. Pars 1. Eustratii in Analyticorum posteriorum librum secundum commentarium ed. Michael Hayduck. Berolini 1907.

*Corpus inscriptionum Latinarum consilio et auctoritate Academiae Litterarum Regiae Borussicae editum. Vol. 13. Inscriptiones trium Galliarum et Germaniarum Latinae. Pars 2. Fasc. 2. Inscriptiones Germaniae inferioris ed. Alfredus Domaszewski. Miliaria Galliarum et Germaniarum ed. Th. Mommsen (†), O. Hirschfeld, A. Domaszewski. Berolini 1907. 2.

*Wilhelm von Humboldts Gesammelte Schriften. Hrsg. von der Königlich Preussischen Akademie der Wissenschaften. Bd. 6. Hälfte 1. 2. Bd. 7. Hälfte 1. Berlin 1907.

*Kant's gesammelte Schriften. Hrsg. von der Königlich Preußischen Akademie der Wissenschaften. Bd. 6. 7. Berlin 1907.

*Deutsche Texte des Mittelalters hrsg. von der Königlich Preußischen Akademie der Wissenschaften. Bd. 8. Die Apokalypse Heinrichs von Hesler. Bd. 9. Tilos von Kulm Gedicht von siben Ingesigeln. Berlin 1907.

*Thesaurus linguae Latinae editus auctoritate et consilio Academiarum quinque Germanicarum Berolinensis Gottingensis Lipsiensis Monacensis Vindobonensis. Vol. 3. Fasc. 1. Vol. 4. Fasc. 2. 3. Lipsiae 1907. 4.

*Ergebnisse der Plankton-Expedition der Humboldt-Stiftung. Bd. 3. L fβ: Popofsky, A. Die Acantharia. Tl. 2: Acanthophracta. L h 2. 4: Borgert, A. Die Tripyleen Radiolarien. Tuscaroridae. Medusettidae. Kiel und Leipzig 1905–06. 4. 2 Ex.

*Schultze, Leonhard. Aus Namaland und Kalahari. Bericht an die Kgl. Preuss. Akademie der Wissenschaften zu Berlin über eine Forschungsreise im westlichen und zentralen Südafrika, ausgeführt in den Jahren 1903–1905. Jena 1907. 2 Ex.

*Kantorowicz, Hermann U. Albertus Gandinus und das Strafrecht der Scholastik. Bd. 1. Von der Savigny-Stiftung unterstützt. Berlin 1907.

*Delbrück, Richard. Hellenistische Bauten in Latium. Hrsg. mit Beihilfe des Eduard Gerhard-Stipendiums der Königlich Preussischen Akademie der Wissenschaften. I. Strassburg 1907. 4. 3 Ex.

*Die griechischen christlichen Schriftsteller der ersten drei Jahrhunderte. Hrsg. von der Kirchenväter-Commission der Königl. Preussischen Akademie der Wissenschaften. Bd. 16. Hegemonius. Leipzig 1906.

Texte und Untersuchungen zur Geschichte der altchristlichen Literatur. Archiv für die von der Kirchenväter-Commission der Kgl. Preussischen Akademie der Wissenschaften unternommene Ausgabe der älteren christlichen Schriftsteller. Neue Folge. Bd. 15. Reihe 3. Bd. 1. Leipzig 1906. 07.

*Ascherson, Paul, und Graebner, Paul. Synopsis der mitteleuropäischen Flora. Lief. 44–53. Leipzig 1906–07.

*Boveri, Theodor. Zellen-Studien. Heft 6. Jena 1907.

*Burckhardt, Rudolf. Das Zentral-Nervensystem der Selachier als Grundlage für eine Phylogenie des Vertebratenhirns. Tl. 1. Halle 1907. 4. Sep.-Abdr.

*Diekamp, Franz. Doctrina Patrum de Incarnatione Verbi. Ein griechisches Florilegium aus der Wende des 7. und 8. Jahrhunderts. Münster in Westf. 1907. 2 Ex.

*Friedrichs des Grossen Korrespondenz mit Ärzten. Hrsg. von G. L. Mamlock. Stuttgart 1907. 2 Ex.

*Hartlaub, Cl. Craspedote Medusen. Tl. 1. Lief. 1. Kiel und Leipzig 1907. (Aus: Nordisches Plankton. Hrsg. von K. Brandt und C. Apstein.)

*Herzfeld, Ernst. Samarra. Aufnahmen und Untersuchungen zur islamischen Archaeologie. Berlin 1907. 4. 2 Ex.

*Holtermann, Carl. Der Einfluss des Klimas auf den Bau der Pflanzengewebe. Anatomisch-physiologische Untersuchungen in den Tropen. Leipzig 1907. 2 Ex.

*Keibel, Franz, und Hubrecht, A. A. W. Normentafeln zur Entwicklungsgeschichte des Koboldmaki (Tarsius spectrum) und des Plumplori (Nycticebus tardigradus). Jena 1907. 4. (Normentafeln zur Entwicklungsgeschichte der Wirbelthiere. Heft 7.) 2 Ex.

*Kromayer, Johannes. Antike Schlachtfelder in Griechenland. Bd. 1. 2. Berlin 1903. 07. Bd. 1 in 1, Bd. 2 in 2 Ex.

*M. Fabi Quintiliani Institutionis oratoriae libri XII ed. Ludovicus Radermacher. Pars 1. Lipsiae 1907. (Bibliotheca script. Graec. et Roman. Teubneriana.)

*Sachau, Eduard. Syrische Rechtsbücher. Bd. 1. Berlin 1907.

Schmiedeknecht, Otto. Opuscula Ichneumonologica. Fasc. 14–17. Blankenburg i. Thür. 1906–07. 2 Ex. *Fasc. 14. 15.

*Schneider, Rudolf. Geschütze auf handschriftlichen Bildern. Metz 1907. (Jahrbuch der Gesellschaft für Lothringische Geschichte und Altertumskunde. Ergänzungsheft 2.) 2 Ex.

*Steinhausen, Georg. Deutsche Privatbriefe des Mittelalters. Bd. 2. Berlin 1907. (Denkmäler der deutschen Kulturgeschichte. Abt. 1. Bd. 2.) 2 Ex.

*C. Suetoni Tranquilli opera ex rec. Maximiliani Ihm. Vol. 1. Lipsiae 1907.

*Zopf, W. Die Flechtenstoffe in chemischer, botanischer, pharmakologischer und technischer Beziehung. Jena 1907. 2 Ex.

Deutsches Reich.

Aachen.
Meteorologisches Observatorium.
Ergebnisse der Beobachtungen am Observatorium und dessen Nebenstationen. Jahrg. 11. 1905. Karlsruhe 1907. 4.

Altenburg.
Geschichts- und Altertumsforschende Gesellschaft des Osterlandes.
Mitteilungen. Bd. 11. Heft 4. 1907.

Berlin.
Königliche Akademie der Künste.
Chronik. 1905-06.
Schöne, Richard. Die Anfänge der deutschen Kunst des 19. Jahrhunderts. Rede. 1907.
Botanischer Verein der Provinz Brandenburg.
Verhandlungen. Jahrg. 48. 1906.
Biographisches Jahrbuch und Deutscher Nekrolog. Hrsg. von Anton Bettelheim. Bd. 10. 1905.
Jahrbuch über die Fortschritte der Mathematik. Bd. 35. Heft 3. Bd. 36. Heft 1. 1904. 05.
Internationale Wochenschrift für Wissenschaft, Kunst und Technik. Jahrg. 1. N. 1-34. 1907.
Berliner Schulprogramme. Ostern 1907. 3. Oberrealschule. — 2., 8. und 12. Realschule. 4.

Bonn.
Naturhistorischer Verein der preussischen Rheinlande und Westfalens.
Sitzungsberichte. 1906. Hälfte 2.
Verhandlungen. Jahrg. 63. Hälfte 2. 1906.
Verein von Altertumsfreunden im Rheinlande.
Bonner Jahrbücher. Heft 114, 115. Heft 116, 1. 2. 1906-07.

Bremen.
Meteorologisches Observatorium.
Deutsches Meteorologisches Jahrbuch. Freie Hansestadt Bremen. Jahrg. 17. 1906. 4.
Naturwissenschaftlicher Verein.
Abhandlungen. Bd. 19. Heft 1. 1907.

Breslau.
Schlesische Gesellschaft für vaterländische Cultur.
Jahres-Bericht. 84 nebst Ergänzungsheft. 1906.

Darmstadt.
Bericht über Neuerungen auf den Gebieten der Pharmakotherapie und Pharmazie. Jahrg. 20. 1906.

Dresden.
Königlich Sächsisches Meteorologisches Institut.
Dekaden-Monatsberichte. Jahrg. 8. 1905. 4.
Jahrbuch. Jahrg. 20. 1902. 4.

Eberswalde.
Verein für Heimatkunde.
Mitteilungen. Jahrg. 1. Jahrg. 2. Heft 1. 1906. 07.

Erfurt.
Königliche Akademie gemeinnütziger Wissenschaften.
Jahrbücher. Neue Folge. Heft 32. 33. 1906. 07.

Erlangen.
Physikalisch-Medizinische Sozietät.
Sitzungsberichte. Bd. 38. 1906.

Frankfurt a. M.
Senckenbergische Naturforschende Gesellschaft.
Abhandlungen. Bd. 29. Heft 2. 1907. 4.
Bericht. 1906.
Physikalischer Verein.
Jahresbericht. 1905-06.

Freiburg i. B.
Gesellschaft für Beförderung der Geschichts-, Altertums- und Volkskunde von Freiburg, dem Breisgau und den angrenzenden Landschaften.
Zeitschrift. Bd. 22. 1906.

Giessen.
Oberhessische Gesellschaft für Natur- und Heilkunde.
Bericht. Neue Folge. Naturwissenschaftliche Abteilung. Bd. 1. Medizinische Abteilung. Bd. 2. 1907.

Görlitz.
Oberlausitzische Gesellschaft der Wissenschaften.
Neues Lausitzisches Magazin. Bd. 83. 1907.
JECHT, RICHARD. Codex diplomaticus Lusatiae superioris III. Heft 2.3. 1906. 07.
MOESCHLER, FELIX. Gutsherrlich-bäuerliche Verhältnisse in der Ober-Lausitz. 1906.

Göttingen.
Königliche Gesellschaft der Wissenschaften.
Abhandlungen. Neue Folge. Mathematisch-physikalische Klasse. Bd. 5 N. 2-4. — Philologisch-historische Klasse. Bd. 9. N. 1-5. Berlin 1907. 4.
Nachrichten. Geschäftliche Mittheilungen. 1907. Heft 1. — Mathematisch-physikalische Klasse. 1906. Heft 3-5. 1907. Heft 1-3. — Philologisch-historische Klasse. 1906. Heft 3. 4 und Beiheft 2. 1907. Heft 1. 2 und Beiheft.
GAUSS, CARL FRIEDRICH. Werke. Bd. 7. 1906. 4.

Greifswald.
Naturwissenschaftlicher Verein für Neuvorpommern und Rügen.
Mittheilungen. Jahrg. 38. 1906. Berlin 1907.

Halle a. S.
Naturwissenschaftlicher Verein für Sachsen und Thüringen.
Zeitschrift für Naturwissenschaften. Bd. 78. Heft 4-6. Bd. 79. Heft 1. 2. Stuttgart, seit Bd. 79 Leipzig 1907.

Hamburg.
Hamburgische Wissenschaftliche Anstalten.
Jahrbuch. Jahrg. 23. 1905 nebst Beiheft 1-5. 8. und 4.
Mathematische Gesellschaft.
Mitteilungen. Bd. 4. Heft 7. 1907.
Katalog der auf Hamburger Bibliotheken vorhandenen Literatur aus der reinen und angewandten Mathematik und Physik. Nachtrag 1. 2. 1894. 1906.

Naturhistorisches Museum.
Mitteilungen. Jahrg. 23. 1905.
Sternwarte.
Mitteilungen. N. 9. 1907.
Naturwissenschaftlicher Verein.
Abhandlungen aus dem Gebiete der Naturwissenschaften. Bd. 19. Heft 1. 2. 1907. 4.
Verhandlungen. Folge 3. XIV. 1906.

Heidelberg.
Großherzogliche Sternwarte.
Astronomisches Institut. Veröffentlichungen. Bd. 4. Karlsruhe i. B. 1906. 4.
Astrophysikalisches Institut. Publikationen. Bd. 2. Bd. 3. N. 1-3. Karlsruhe i. B. 1906-07. 4.

Karlsruhe.
Technische Hochschule.
13 Schriften aus dem Jahre 1906-07.

Kassel.
Verein für Naturkunde.
Abhandlungen und Bericht. 51. 1907.

Kiel.
Astronomische Nachrichten. Bd. 173-175. Ergänzungshefte: Astronomische Abhandlungen. N. 12. 13. 1907. 4.

Königsberg i. Pr.
Physikalisch-Ökonomische Gesellschaft.
Schriften. Jahrg. 47. 1906.
Universität.
43 akademische Schriften aus dem Jahre 1906-07.

Kolmar i. E.
Naturhistorische Gesellschaft.
Mitteilungen. Neue Folge. Bd. 8. 1905-06.

Leipzig.
Fürstlich Jablonowski'sche Gesellschaft.
Jahresbericht. 1907.
Königlich Sächsische Gesellschaft der Wissenschaften.
Abhandlungen. Mathematisch-physische Klasse. Bd. 30. N. 1-3. — Philologisch-historische Klasse. Bd. 23. N. 3. 4. Bd. 25. N. 2-5. Bd. 26. N. 1. 1906-07.

Deutsches Reich.

Berichte über die Verhandlungen. Mathematisch-physische Klasse. Bd. 58. Heft 6–8; Bd. 59. Heft 1–3. — Philologisch-historische Klasse. Bd. 58. Heft 3–5. Bd. 59. Heft 1–3. 1906.07.
Annalen der Physik. Beiblätter. Bd. 30. Heft 23. 24. Bd. 31. Heft 1–22. 1906.07.
Zeitschrift für physikalische Chemie, Stöchiometrie und Verwandtschaftslehre. Bd. 57. Heft 3–6. Bd. 58. 59. Bd. 60. Heft 1–3. 5. 6. Bd. 61. Heft. 1. 1906–07.

Lübeck.
Verein für Lübeckische Geschichte und Altertumskunde.
Mitteilungen. Heft 12. Hälfte 2. 1906.
Zeitschrift. Bd. 9. Heft 1. 1907.
Urkunden-Buch der Stadt Lübeck. Th. 11. Lief. 7. 8. 1905. 4.

München.
Königlich Bayerische Akademie der Wissenschaften.
Sitzungsberichte. Mathematisch-physikalische Klasse. 1906. Heft 3. 1907. Heft 1. — Philosophisch-philologische und historische Klasse. 1906. Heft 3. 1907. Heft 1.
Königliche Sternwarte.
Neue Annalen. Supplementheft 1. 1906. 4.
Technische Hochschule.
92 Schriften aus den Jahren 1901–1906.
Hochschul-Nachrichten. Heft 194–199. 1906–07.
Allgemeine Zeitung. Beilage. Ausgabe in Wochenheften. Jahrg. 1906. Heft 40–52. Jahrg. 1907. Heft 1–39. 4. und 8.

Neisse.
Wissenschaftliche Gesellschaft "Philomathie".
Bericht. 33. 1904–06.

Nürnberg.
Germanisches Nationalmuseum.
Anzeiger. Jahrg. 1906. 4.
Mitteilungen. Jahrg. 1906. 4.

Posen.
Historische Gesellschaft für die Provinz Posen.
Historische Monatsblätter für die Provinz Posen. Jahrg. 7. 1906.
Zeitschrift. Jahrg. 21. 1906.

Kaiser-Wilhelm-Bibliothek.
Jahresbericht. 4. 1905. 4.

Regensburg.
Historischer Verein von Oberpfalz und Regensburg.
Verhandlungen. Bd. 57. 1905.

Strassburg i. E.
Universität.
96 akademische Schriften aus dem Jahre 1906–07.
Deutsches Meteorologisches Jahrbuch für 1902. Elsass-Lothringen. 4.

Stuttgart.
Technische Hochschule.
2 Schriften aus dem Jahre 1906, 1 aus dem Jahre 1907.
Württembergische Kommission für Landesgeschichte.
Württembergische Vierteljahrshefte für Landesgeschichte. Neue Folge. Jahrg. 15. 16. 1906. 07.
Verein für vaterländische Naturkunde in Württemberg.
Jahreshefte. Jahrg. 63. 1907 nebst 2 Beilagen.

Thorn.
Coppernicus-Verein für Wissenschaft und Kunst.
Mitteilungen. Heft 14. 1906.

Trier.
Trierisches Archiv. Heft 10. 11. Ergänzungsheft 8. 1907.

Wiesbaden.
Nassauischer Verein für Naturkunde.
Jahrbücher. Heft 14–20. 1859–66. Jahrg. 21–30. 1867–77. 35–59. 1882–1906.

Würzburg.
Physikalisch-Medicinische Gesellschaft.
Sitzungs-Berichte. Jahrg. 1906.
Historischer Verein von Unterfranken und Aschaffenburg.
Archiv. Bd. 48. 1906.
Jahres-Bericht. 1905.
Chroust, Anton. Gneisenau in Würzburg. Rede. 1906.

Diels, Hermann. Arcana Cerealia. 1907. Sep.-Abdr.
——. Ein orphischer Totenpaß. 1907. Sep.-Abdr.
Erman, Adolf. Aus dem Volksleben des neuen Reiches. Leipzig 1905. 4. Sep.-Abdr.
——. Ein Maler des neuen Reichs. Leipzig 1905. 4. Sep.-Abdr.
——. Zur ägyptischen Religion. Leipzig 1905. 4. Sep.-Abdr.
——. Die Geschichte des Schiffbrüchigen. Leipzig. 1906. 4. Sep.-Abdr.
——. Die »Horuswege«. Leipzig 1906. 4. Sep.-Abdr.
——. Die ägyptische Literatur. Berlin und Leipzig 1906. Sep.-Abdr.
——. Die ägyptische Religion. Berlin und Leipzig 1906. Sep.-Abdr.
Fischer, Emil. Ueber Proponal, ein Homologes des Veronal. Mit J. v. Mering. Berlin 1905. Sep.-Abdr.
——. Die Begründung einer chemischen Reichsanstalt. Berlin 1906. 4. Sep.-Abdr.
——. Beitrag zur Stereochemie der 2·5-Diketopiperazine. Mit Karl Raske. Berlin 1906. Sep.-Abdr.
——. Bildung von Dipeptiden bei der Hydrolyse der Proteïne. Mit Emil Abderhalden. Berlin 1906. Sep.-Abdr.
——. Einwirkung von Hippurylchlorid auf α-Methyl-indol. Mit Carl Knas. Berlin 1906. Sep.-Abdr.
——. Notiz über die Löslichkeit des β-naphtalinsulfosauren Natriums in Wasser und Salzsäure. Berlin 1906. Sep.-Abdr.
——. Spaltung der α-Aminoisovaleriansäure in die optisch-activen Componenten. Berlin 1906. Sep.-Abdr.
——. Spaltung des racemischen Serins in die optisch-activen Componenten. Mit Walter A. Jacobs. Berlin 1906. Sep.-Abdr.
——. Synthese von Polypeptiden. XV. Berlin 1906. Sep.-Abdr.
——. Ueber Phenylbuttersäuren und ihre α-Aminoderivate. Mit Wilhelm Schmitz. Berlin 1906. Sep.-Abdr.
——. Verwandlung des Caffeïns in Paraxanthin, Theophyllin und Xanthin. Mit Friedrich Ach. Berlin 1906. Sep.-Abdr.
——. Zerlegung der α-Brom-isocapronsäure und der α-Brom-hydrozimmtsäure in die optisch-activen Componenten. Mit Hans Carl. Berlin 1906. Sep.-Abdr.
——. Untersuchungen in der Puringruppe (1882—1906). Berlin 1907.
Harnack, Adolf. Protestantismus und Katholizismus in Deutschland. Rede. Berlin 1907. 4.
Helmert, Robert. Generalleutnant Dr. Oscar Schreiber. Leipzig 1905. Sep.-Abdr.
——. Die Ausgleichungsrechnung nach der Methode der kleinsten Quadrate. 2. Aufl. Leipzig und Berlin 1907.
van't Hoff, Jakob Heinrich. Krystallisirte Calciumborate. Mit W. Meyerhoffer. 1906. Sep.-Abdr.
Kekule von Stradonitz, Reinhard. Georg Zoega. 1906. Sep.-Abdr.
Koser, Reinhold. Voltaire als Kritiker der Oeuvres du Philosophe de Sanssouci. 1906. 4. Sep.-Abdr.
Mariens, Adolf. Die Stulpenreibung und der Genauigkeitsgrad der Kraftmessung mittels der hydraulischen Presse. 1907. 4. Sep.-Abdr.
Möbius, Karl. Ästhetik der Tierwelt. Jena 1908.
Nernst, Walther. Bodländers Wirken. 1905. Sep.-Abdr.
——. Zur Bestimmung der Gefrierpunkte verdünnter Lösungen. Mit H. Hausrath. Leipzig 1905. Sep.-Abdr.
——. Einige Bemerkungen zum Gebrauch des Wannerpyrometers. Mit H. v. Wartenberg. Braunschweig 1906. Sep.-Abdr.

NERNST, WALTHER. Die Dissociation von Wasserdampf. II. Über die Dissociation der Kohlensäure. Mit H. v. Wartenberg. Leipzig 1906. Sep.-Abdr.

———. Über den Schmelzpunkt des Platins und Palladiums. Mit H. v. Wartenberg. Braunschweig 1906. Sep.-Abdr.

———. Ueber die Berechnung chemischer Gleichgewichte aus thermischen Messungen. 1906. Sep.-Abdr.

———. Über die Bildung von Stickoxyd bei hohen Temperaturen. Hamburg und Leipzig 1906. Sep.-Abdr.

———. Über die Helligkeit glühender schwarzer Körper und über ein einfaches Pyrometer. 1906. Sep.-Abdr.

———. Experimental and Theoretical Applications of Thermodynamics to Chemistry. New York 1907.

———. Theoretische Chemie vom Standpunkte der Avogadroschen Regel und der Thermodynamik. 5. Aufl. Stuttgart 1907.

ORTH, JOHANNES. Altes und Neues über Lungentuberkulose. Leipzig 1907. Sep.-Abdr.

PISCHEL, RICHARD. Two Prâkṛit Poems at Dhâr. 1906. 4. Sep.-Abdr.

PLANCK, MAX. Bemerkung über die Konstante des Wienschen Verschiebungsgesetzes. Braunschweig 1906. Sep.-Abdr.

———. Paul Drude. Gedächtnisrede. Braunschweig 1906. Sep.-Abdr.

———. Die Kaufmannschen Messungen der Ablenkbarkeit der β-Strahlen in ihrer Bedeutung für die Dynamik der Elektronen. Braunschweig 1906. Sep.-Abdr.

———. Das Prinzip der Relativität und die Grundgleichungen der Mechanik. Braunschweig 1906. Sep.-Abdr.

ROETHE, GUSTAV. Günser Bruchstück des mhd. Renout von Montalbaen. Berlin 1904. Sep.-Abdr.

———. Humanistische und nationale Bildung, eine historische Betrachtung. Vortrag. Berlin 1906.

———. Deutsches Heldentum. Rede. Berlin 1906. 4.

SACHAU, EDUARD. Il diritto ereditario musulmano, secondo la dottrina degli Arabi Ibaditi di Zanzibar e dell' Affrica orientale. Traduzione del prof. Ignazio Guidi. Roma 1906. Sep.-Abdr.

SCHÄFER, DIETRICH. Weltgeschichte der Neuzeit. Bd. 1.2. (2. Aufl.) Berlin 1907.

SCHMOLLER, GUSTAV. Ernst Abbes Sozialpolitische Schriften. 1907. Sep.-Abdr.

SCHULZE, FRANZ EILHARD. Die Xenophyophoren der amerikanischen Albatros-Expedition 1904-05 nebst einer geschichtlichen Einleitung. 1906. Sep.-Abdr.

———. Die Xenophyophoren der Siboga-Expedition. Leiden 1906. 4. Sep.-Abdr.

STRUVE, HERMANN. Eclipses of the Satellites of Saturn occurring in the year 1906. 1906. Sep.-Abdr.

STUMPF, KARL. Die Wiedergeburt der Philosophie. Rede. Berlin 1907. 4.

———. Über Gefühlsempfindungen. Leipzig 1907. Sep.-Abdr.

VAHLEN, JOHANNES. Opuscula academica. Pars I. Lipsiae 1907.

WALDEYER, WILHELM. Einiges über Hernien. Berlin 1906. Sep.-Abdr.

———. Sur la situation de l'artère vertébrale. 1906. Sep.-Abdr.

———. On the Relations between the United States of America and Germany, especially in the Field of Science. Washington 1907. Sep.-Abdr.

WARBURG, EMIL. Bemerkung zu der Arbeit des Hrn. Delere über die Wärmeentwickelung bei zyklischer Magnetisierung von Eisenkernen. Leipzig 1906. Sep.-Abdr.

———. Über den Einfluß der Feuchtigkeit und der Temperatur auf die Ozonisierung des Sauerstoffs und der atmosphärischen Luft. Mit G. Leithäuser. Leipzig 1906. Sep.-Abdr.

Verzeichniss der eingegangenen Druckschriften.

Warburg, Emil. Über die Darstellung des Ozons aus Sauerstoff und atmosphärischer Luft durch stille Gleichstromentladung aus metallischen Elektroden. Mit G. Leithäuser. Leipzig 1906. Sep.-Abdr.

——. Über die Oxydation des Stickstoffs bei der Wirkung der stillen Entladung auf die atmosphärische Luft. Mit G. Leithäuser. Leipzig 1906. Sep.-Abdr.

——. Über die Zersetzung des Kohlendioxyds durch die Spitzenentladung; von T. Noda. Leipzig 1906. Sep.-Abdr.

Callimachi hymni et epigrammata tertium ed. Udalricus de Wilamowitz-Moellendorff. Berolini 1907.

Zimmer, Heinrich. Randglossen eines Keltisten zum Schulstreik in Posen-Westpreussen und zur Ostmarkenfrage. Berlin 1907.

Zimmermann, Hermann. Die Knickfestigkeit eines Stabes mit elastischer Querstützung. Berlin 1906.

Mommsen, Theodor. Gesammelte Schriften. Bd. 3. Berlin 1907.

Virchow, Rudolf. Über das Bedürfnis und die Richtigkeit einer Medizin vom mechanischen Standpunkt. Rede, gehalten am 3. Mai 1845. Mit Vorwort von J. Orth. 1907. Sep.-Abdr.

Bahrfeldt, Emil. Die Münzen- und Medaillen-Sammlung in der Marienburg. Bd. 4. Danzig 1907. 4.

Bericht des Deutschen Landwirtschaftsrats an das Reichsamt des Innern betreffend Mästungsversuche mit Schweinen über die Verwertung der Kartoffeln bei verschiedener Eiweißzufuhr. A. Allgemeiner Bericht, von O. Kellner. Berlin 1908.

Bericht des Deutschen Landwirtschaftsrats an das Reichsamt des Innern betreffend Untersuchungen über die Wirkung des Nahrungsfettes auf die Milchproduktion der Kühe. A. Allgemeiner Bericht, von O. Kellner. Berlin 1907.

Brueckner, Alfred. Athenische Hochzeitsgeschenke. 1907. Sep.-Abdr. 3 Ex.

Bücherverzeichnis der Hauptbibliothek des Reichs-Marine-Amts. Zugangsverzeichnis vom 1. April 1902 bis 31. März 1907. Berlin 1907.

Denker, Alfred. Das Gehörorgan und die Sprechwerkzeuge der Papageien. Wiesbaden 1907. 4.

Festschrift zum dreihundertjährigen Jubiläum des Königl. Joachimsthalschen Gymnasiums am 24. August 1907. Tl. 1. 2. Halle a. S. 1907.

Finck, Franz Nikolaus, und Gjandschezian, Levon. Verzeichnis der armenischen Handschriften der Königlichen Universitätsbibliothek zu Tübingen. Nebst Atlas, von Franz Nikolaus Finck und Josef Strzygowski. Tübingen 1907. 8. und 4.

Grantz. Kulturelle Bedeutung der Wasserwirtschaft und Entwicklung der Wasserwirtschaft in Preussen. Rede in der Halle der Königlichen Technischen Hochschule zu Berlin am 26. Januar 1907 gehalten. Berlin 1907.

47ste Hauptversammlung des Vereines Deutscher Ingenieure, zugleich die Feier seines fünfzigjährigen Bestehens am 11., 12. und 13. Juni 1906 in Berlin. Berlin 1906. 4.

Heck, O. Die Natur der Kraft und des Stoffs. Homberg in Oberhessen 1901. 6 Ex.

——. Physiologie. Homberg in Oberhessen 1901. 6 Ex.

Hesse, Otto. Vorlesungen aus der analytischen Geometrie der geraden Linie, des Punktes und des Kreises in der Ebene. 4. Aufl. revidiert und ergänzt von S. Gundelfinger. Leipzig 1906.

Hirschberg, J. Geschichte der Augenheilkunde. Buch 2, Tl. 2 und Buch 3, Tl. 1. Leipzig 1906.

Deutsches Reich. 971

Hosius, Karl. De imitatione scriptorum Romanorum inprimis Lucani. Greifswald 1907. Univ.-Schrift.

Hosseus, C. C. Kurzer Bericht über Vorkommen, Anbau und Gewinnung des Teakholzes in Siam. 1907. Sep.-Abdr.

——. Die Gewinnung des Teakholzes in Siam und seine Bedeutung auf dem Weltmarkte. Berlin 1907. Sep.-Abdr.

Jansen, Hubert. Rechtschreibung der naturwissenschaftlichen und technischen Fremdwörter. Berlin-Schöneberg 1907.

Die physikalischen Institute der Universität Göttingen. Festschrift im Anschlusse an die Einweihung der Neubauten am 9. Dezember 1905. Hrsg. von der Göttinger Vereinigung zur Förderung der angewandten Physik und Mathematik. Leipzig und Berlin 1906. 4.

Karst, Josef. Grundriß der Geschichte des armenischen Rechtes. I. II. Stuttgart 1906. 07. Sep.-Abdr.

Katalog der Astronomischen Gesellschaft. Abt. 2. Stück 1. Leipzig 1906. 4.

Katalog der Berliner Stadtbibliothek. Bd. 3–7. Berlin 1906–07.

1. Nachtrag zum Katalog der Bibliothek der Königlichen Technischen Hochschule zu Berlin. Berlin 1907.

Keune. Metz, seine Geschichte, Sammlungen und Sehenswürdigkeiten. Metz 1907.

Berliner Klassikertexte. Hrsg. von der Generalverwaltung der Kgl. Museen zu Berlin. Heft 5. Hälfte 1. 2. Berlin 1907.

Der obergermanisch-raetische Limes des Roemerreiches. Im Auftrage der Reichs-Limeskommission hrsg. von Oscar von Sarwey und Ernst Fabricius. Lief. 28. 29. Heidelberg 1907. 4.

Linckenheld, Emil. Der Hexameter bei Klopstock und Voss. Strassburg i. E. 1906. Strassburger Inaug.-Diss.

Neurath, Otto. Ludwig Heimann Wolframs Leben, als Einleitung zu seinem »Faust«. Berlin 1906.

Nissen, Heinrich. Orientation. Studien zur Geschichte der Religion. Heft 1. 2. Berlin 1906. 07.

Peithmann, E. C. H. Gnostischer Katechismus. Die heiligen Lehren der gnostischen Kirche in den ersten beiden Jahrhunderten. Heft 1. Bitterfeld und Leipzig 1904.

Pfungst, Oskar. Das Pferd des Herrn von Osten (Der kluge Hans). Leipzig 1907.

Pschorr, R., Roth, H., und Tannhäuser, F. Umwandelung von α-Methylmorphimethin in die β-Verbindung durch Erhitzen. Krystallographisches Verhalten der beiden Isomeren. Berlin 1906. Sep.-Abdr.

Reinecke, Fr. Der Vulkanausbruch auf Savaii. 1905. Sep.-Abdr.

——. Pflanzengeographie Polynesiens. 1906. Sep.-Abdr.

——. Der Vulkan auf Savaii. 1906. Sep.-Abdr.

——. Der Vulkanismus Savaiis (Samoa). 1906. Sep.-Abdr.

Römer, F. Die wissenschaftlichen Ergebnisse der deutschen Tiefsee-Expedition auf dem Dampfer »Valdivia« 1898–1899, hrsg. von Carl Chun. Jena 1906. Sep.-Abdr.

Rosenbusch, H. Mikroskopische Physiographie der Mineralien und Gesteine. 4. Aufl. Bd. 2. Hälfte 1. Stuttgart 1907.

Schemann, Ludwig. Die Gobineau-Sammlung der Kaiserlichen Universitäts- und Landesbibliothek zu Strassburg. Strassburg 1907.

Schmidt, Rudolf. Deutsche Buchhändler. Deutsche Buchdrucker. Beiträge zu einer Firmengeschichte des deutschen Buchgewerbes. Bd. 1–3. Berlin 1902–05.

——. Das Rathaus der Stadt Eberswalde 1300 bis 1905. Eberswalde 1905.

SCHMIDI, RUDOLF. Vorläufer der Allgemeinen Vereinigung Deutscher Buchhandlungs-Gehilfen. Berlin 1902.
SCHMIEDEKNECHT, OTTO. Die Hymenopteren Mitteleuropas. Jena 1907.
SCHROEDER, RICHARD. Lehrbuch der deutschen Rechtsgeschichte. 5. Aufl. Leipzig 1907.
SCHUBERT, J. Die Witterung in Eberswalde in den Jahren 1898 bis 1902. Berlin 1906.
———. Wald und Niederschlag in Westpreußen und Posen und die Beeinflussung der Regen- und Schneemessung durch den Wind. Berlin 1906. Sep.-Abdr.
———. Meteorologische Werte von Eberswalde. Eberswalde 1907.
———. Umtrieb, Durchforstung und Reinertrag. Berlin 1907. Sep.-Abdr.
SCHWEINFURTH, GEORG. Veröffentlichte Briefe, Aufsätze und Werke. 1860–1907. Berlin 1907.
TANNHÄUSER, F. Petrographische Untersuchungen argentinischer Gesteine. VI. Stuttgart 1906. Sep.-Abdr.
Königliche Bibliothek zu Berlin. Alphabetisches Verzeichnis der laufenden Zeitschriften. Berlin 1906.
VOLZ, GUSTAV BERTHOLD. Friedrich der Große und der Berliner Kalender. 1906. 4. Sep.-Abdr.
VORWERG, OSKAR. Das Nebenmenschentum. Tl. 1. Abt. 1. Herischdorf im Riesengebirge 1907.
WEHRUNG, GEORG. Der geschichtsphilosophische Standpunkt Schleiermachers zur Zeit seiner Freundschaft mit den Romantikern. Strassburg i. E. 1907. Strassburger Inaug.-Diss.
WEILER, AUGUST. Über ein analytisches Paradoxon. I. Karlsruhe 1907.
WIEBE, GEORG. Die Handelskammer zu Bochum von 1856 bis 1906. Bochum 1906.
WINDELBAND, WILHELM. Kuno Fischer. Gedächtnisrede. Heidelberg 1907.
———. Lehrbuch der Geschichte der Philosophie. 4. Aufl. Tübingen 1907.
WOLTMANN, LUDWIG. Die Germanen und die Renaissance in Italien. Leipzig 1905.
———. Die Germanen in Frankreich. Jena 1907.
WYNEKEN, K. Der Aufbau der Form beim natürlichen Werden und künstlerischen Schaffen. Tl. 2 nebst Atlas. Freiburg (Baden) 1907. 8. und gr. 2.
Berliner Stadtbibliothek. Zeitschriften und Zeitungen des Lesesaals. Berlin 1907.

Oesterreich-Ungarn.

Brünn.

Lehrerklub für Naturkunde.
 Bericht 2–5. 7. 8. 1899–1906.
Mährische Museumsgesellschaft.
 Deutsche Sektion. Zeitschrift des Mährischen Landesmuseums. Bd. 7. 1907.
 Tschechische Sektion. Časopis Moravského Musea Zemského. Ročnik 7. 1907.
Deutscher Verein für die Geschichte Mährens und Schlesiens.
 Zeitschrift. Jahrg. 11. Heft 1–3. 1907.
Naturforschender Verein.
 Verhandlungen. Bd. 44. 1905.
 Bericht der meteorologischen Commission. 24. 1904.

Graz.

Historischer Verein für Steiermark.
 Beiträge zur Erforschung steirischer Geschichte. Jahrg. 35. 1906.
 Zeitschrift. Jahrg. 4. 1906.

Innsbruck.

Ferdinandeum für Tirol und Vorarlberg.
 Zeitschrift. Folge 3. Heft 50. 1906.
Naturwissenschaftlich-Medizinischer Verein.
 Berichte. Jahrg. 30. 1905–07.

Klagenfurt.

Geschichtsverein für Kärnten.
 Carinthia I. Jahrg. 96. 1906.
 Jahres-Bericht. 1905.

Deutsches Reich. — Oesterreich-Ungarn. 973

Naturhistorisches Landesmuseum für Kärnten.
Carinthia II. Jahrg. 96. N. 4-6. Jahrg. 97.
N. 1-3. 1906. 07.

Krakau.
Kaiserliche Akademie der Wissenschaften.
Anzeiger. Mathematisch-naturwissenschaftliche Klasse. 1906. N. 4-10. 1907.
N. 1-3. — Philologische Klasse. Historisch-philosophische Klasse. 1906.
N. 4-10. 1907. N. 1. 2.
Rocznik. Rok 1905-06.
Rozprawy. Wydział matematyczno-przyrodniczy. Ser. 3. Tom 5. Dział A. B.
Tom 6. Dział A. B. — Wydział filologiczny. Ser. 2. Tom 26-28. — Wydział historyczno-filozoficzny. Ser. 2. Tom 23. 1905-07.
Komisya antropologiczna.
Materyały antropologiczno-archeologiczne i etnograficzne. Tom 8. 9. 1906. 07.
Komisya bibliograficzna Wydziału matematyczno-przyrodniczego.
Katalog literatury naukowej polskiej. Tom 6. Tom 7. Zeszyt 1. 2. 1906. 07.
Komisya do badania historyi sztuki w Polsce.
Sprawozdania. Tom 7. Zeszyt 4. 1905. 4.
Komisya fizyograficzna.
Sprawozdanie. Tom 39. 1906. Nebst Tablice. 4.
Atlas geologiczny Galicyi. Zeszyt 17-20. Text und Karten. 1905-06. 8. und gr. 2.
Komisya historyczna.
Scriptores rerum Polonicarum. Tom. 19. 20. 1907.
Corpus iuris Polonici. Sectio 1. Vol. 3. ed. Osvaldus Balzer. 1906. 4.
Finkel, Ludwik. Bibliografia historyi polskiej. Część 3. Zeszyt 3. 1906. 4.
Karłowicz, Jan. Słownik gwar polskich. Tom 4. 1906.
Zapałowicz, Hugo. Conspectus florae Galiciae criticus. Vol. 1. 1906.

Laibach.
Musealverein für Krain.
Izvestja. Letnik 16. 1906.
Mitteilungen. Jahrg. 19. 1906.
Sitzungsberichte 1907.

Linz.
Museum Francisco-Carolinum.
Jahres-Bericht. 65. 1907.

Prag.
Königlich Böhmische Gesellschaft der Wissenschaften.
Jahresbericht. 1906.
Sitzungsberichte. Mathematisch-naturwissenschaftliche Klasse. Jahrg. 1906.
— Klasse für Philosophie, Geschichte und Philologie. Jahrg. 1906.
Spisy poctěné jubilejní cenou. Číslo 18. 1907.
Gesellschaft zur Förderung deutscher Wissenschaft, Kunst und Literatur in Böhmen.
Bibliothek Deutscher Schriftsteller aus Böhmen. Bd. 18. 19. 1906. 07.
Rechenschafts-Bericht über die Tätigkeit der Gesellschaft. 1906.
Landesarchiv des Königreiches Böhmen.
Mitteilungen. Bd. 1. 1906. .
Codex diplomaticus et epistolaris regni Bohemiae. Tom. 1. Fasc. 2. 1907. 4.
Monumenta Vaticana res gestas Bohemicas illustrantia. Tom. 2. 1907.
K. k. Sternwarte.
Astronomische Beobachtungen. 1900-1904. 4.
Magnetische und meteorologische Beobachtungen. Jahrg. 67. 1906. 4.
Deutsche Universität.
Die feierliche Inauguration des Rektors. 1906.

Trient.
Biblioteca e Museo comunali.
Archivio Trentino. Anno 21. Fasc. 4. Anno 22. Fasc. 1. 2. 1906. 07.

Wien.
Kaiserliche Akademie der Wissenschaften.
Almanach. Jahrg. 56. 1906.
Anzeiger. Mathematisch-naturwissenschaftliche Klasse. Jahrg. 43. N. 19-27. Titel und Inhalt. — Philosophisch-historische Klasse. Jahrg. 43. N. 21-27. Titel und Inhalt. 1906.
Denkschriften. Mathematisch-naturwissenschaftliche Klasse. Bd. 71. Halbbd. 1. Bd. 80. 1907. 4.

Sitzungsberichte. Mathematisch - naturwissenschaftliche Klasse. Bd. 115. Abt. 1.
Heft 6–10. Abt. 2a. Heft 6–10. Abt. 2b.
Heft 7–10. Abt. 3. Heft 6–10. Bd. 116.
Abt. 1. Heft 1–3. Abt. 2a. Heft 1–5. Abt. 2b. Heft 1–6. Abt. 3. Heft 1–6. — Philosophisch-historische Klasse. Bd. 152. 154. Bd. 155. Abh. 1–3. 5. Bd. 156. Abh. 1–3. 6. Bd. 157. Abh. 1.2.4. 1906–07.
Archiv für österreichische Geschichte. Bd. 94. Hälfte 2. Bd. 95. Hälfte 2. Bd. 96. 1906–07.

Anthropologische Gesellschaft.
Mitteilungen. Bd. 36. Heft 6. Bd. 37. Heft 1–5. 1906. 07.

K. k. Geographische Gesellschaft.
Abhandlungen. Bd. 6. N. 2. 1907.
Mitteilungen. Bd. 49. N. 11. 12. Bd. 50. N. 1–8. 1906. 07.

K. k. Zoologisch-Botanische Gesellschaft.
Verhandlungen. Bd. 56. Heft 8–10. Bd. 57. Heft 1–7. 1906. 07.

K. k. Gradmessungs-Bureau.
Astronomische Arbeiten. Bd. 14. 1907. 4.
Österreichische Kommission für die Internationale Erdmessung.
Verhandlungen. 1905.

K. k. Geologische Reichsanstalt.
Abhandlungen. Bd. 18. Heft 2. Bd. 20. Heft 2. 1906. 07. 4.
Jahrbuch. Bd. 56. Heft 3. 4. Bd. 57. Heft 1–3. 1906. 07. 4.
Verhandlungen. Jahrg. 1906. N. 11–18. Jahrg. 1907. N. 1–10. 4.

Österreichischer Touristen-Klub, Sektion für Naturkunde.
Mitteilungen. Jahrg. 18. N. 11. 12. Jahrg. 19. N. 1–10. 1906. 07. 4.
Festschrift anlässlich des fünfundzwanzigjährigen Bestandes der Sektion für Naturkunde des Österreichischen Touristen-Klubs. 1906.

Universität.
- Bericht über die volkstümlichen Universitätsvorträge. 1906–07.
Die feierliche Inauguration des Rektors. 1907.

Verein zur Verbreitung naturwissenschaftlicher Kenntnisse.
Schriften. Bd. 47. 1906–07.

K. k. Zentral-Anstalt für Meteorologie und Geodynamik.
Allgemeiner Bericht und Chronik der in Österreich beobachteten Erdbeben. N. 1. 1904.
Jahrbücher. Neue Folge. Bd. 42. 1905. 4.
Bericht über die internationale meteorologische Direktorenkonferenz in Innsbruck September 1905. 1906.

K. k. Zentral-Kommission für Erforschung und Erhaltung der Kunst- und historischen Denkmale.
Jahrbuch. Neue Folge. Bd. 3. Tl. 2. Bd. 4. Tl. 1. Spalte 1–200. Tl. 2. 1905. 06. 4.
Kunstgeschichtliches Jahrbuch. 1907. Heft 1. 4.
Mitteilungen. Folge 3. Bd. 5. N. 7–12. Bd. 6. N. 1–6. 1906. 07. 4.

Jahrbuch der Wiener k. k. Kranken-Anstalten. Jahrg. 12 und 13. 1903 und 04.

Agram.

Südslavische Akademie der Wissenschaften und Künste.
Ljetopis. Svezak 21. 1906.
Rad. Knjiga 165–169. 1906–07.
Zbornik za narodni život i običaje južnih Slavena. Kniga 11. Svezak 2. Kniga 12. Svezak 1. 1906. 07.
Codex diplomaticus regni Croatiae, Dalmatiae et Slavoniae. Vol. 4. 1906.
Rječnik hrvatskoga ili srpskoga jezika. Svezak 26. 1907.

Kroatische Archäologische Gesellschaft.
Vjesnik. Nove Serije. Sveska 9. 1906–07.

Königliches Kroatisch-Slavonisch-Dalmatinisches Landesarchiv.
Vjesnik. Godina 8. Sveska 4. Godina 9. Sveska 1. 2. 1906. 07.

Hermannstadt.

Verein für Siebenbürgische Landeskunde.
Archiv. Bd. 33. Heft 3. 4. Bd. 34. Heft 1. 2. 1906–07.

Siebenbürgischer Verein für Naturwissenschaften.
Verhandlungen und Mitteilungen. Bd. 55. 56. 1905. 06.

Klausenburg.

Siebenbürgisches National-Museum.
Erdélyi Múzeum. Kötet 23. Füzet 5.
Kötet 24. Füzet 1-5. 1906. 07.

Pesth.

Ungarische Akademie der Wissenschaften.
Almanach. 1907.
Értekezések a Nyelv-és Széptudományok Köréből. Kötet 19. Szám 9. 1906.
Értekezések a Társadalmi Tudományok Köréből. Kötet 13. Szám 7. 8. 1907.
Értekezések a Történeti Tudományok Köréből. Kötet 21. Szám 1-4. 1906-07.
Archaeologiai Értesitö. Uj folyam. Kötet 26. Szám 3-5. Kötet 27. Szám 1. 2. 1906. 07.
Mathematikai és Természettudományi Értesitö. Kötet 24. Füzet 3-5. Kötet 25. Füzet 1. 1906. 07.
Mathematikai és Természettudományi Közlemények. Kötet 29. Szám 1. 2. 1906. 07.
Nyelvtudományi Közlemények. Kötet 36. Füzet 2-4. Kötet 37. Füzet 1. 2. 1906. 07.
Monumenta Hungariae historica. Osztály 1. Diplomataria. Kötet 1-27. 32. 33. 1857-1907. Osztály 2. Scriptores. Kötet 1-29. 30 nebst Pótfüzet 1. 3. 31. 32. 36. 37. 1857-1903. Osztály 3 a. Monumenta comitialia Regni Hungariae. Kötet 1-10. 1874-90. Osztály 3 b. Monumenta comitialia Regni Transsylvaniae. Kötet 1-14. 1875-89. Osztály 4. Acta extera. Kötet 1-7. 1874-78.
Magyarországi Német Nyelvjárások. Piizet 3. 4. 1906.
Nyelotudomány. Kötet 1. Füzet 1-3. 1906-07.
Rappolt sur les travaux. 1906.
HEGEDÜS, STEPHANUS. Analecta recentiora ad histoliam renascentium in Hungaria litterarum spectantia. 1906.
JANCSÓ, MIKLÓS. Tanulmány a váltóláz parasitáiról. 1906.
Kézai Simon mestei krónikája. Irta Domanovszky Sándor. 1906.
KOLLÁNYI, FERENCZ. A magán kegyúri jog hazánkban a középkorban. 1906.

Gróf ZRINYI MIKLÓS költöi művei: Hisg.: Széchy Károly und Badics Ferencz. 1906.
P. Ovidii Nasonis Amores ed. Geyza Némethy. 1907.

Königlich Ungarische Geologische Anstalt.
Jahresbericht. 1905.
Mitteilungen aus dem Jahrbuche. Bd. 15. Heft 3. 4. Bd. 16. Heft 1. 1906-07. ·
Geologische Aufnahmen: 4 Karten.
V. KALECSINSZKY, ALEXANDER. Die untersuchten Tone der Länder der ungarischen Krone. 1906.

Ungarische Geologische Gesellschaft.
Földtani Közlöny. (Geologische Mitteilungen.) Kötet 36. Füzet 6-12. Kötet 37. Füzet 1-8. 1906. 07.

Königlich Ungarische Reichsanstalt für Meteorologie und Erdmagnetismus.
Bericht über die Tätigkeit der Anstalt. 6. 1905.
Jahrbücher. Bd. 33. Th. 4. Bd. 34. Th. 1-4. Bd. 35. Th. 1-3. 1903-05. 4.
Verzeichniss der für die Bibliothek als Geschenk erhaltenen und durch Ankauf erworbenen Bücher. 4. 1905.
Mathematische und naturwissenschaftliche Berichte aus Ungarn. Bd. 23. 1905. Leipzig 1906.

Schässburg.

Bischof Teutsch-Gymnasium.
Programm. Schuljahr 1906-07. 4.

Sarajevo.

Bosnisch-Herzegowinisches Landesmuseum.
Wissenschaftliche Mitteilungen aus Bosnien und der Herzegowina. Bd. 8-10. Wien 1902-07.

DE BALL, L. Die Radau'sche Theorie der Refraktion. Wien 1906. Sep.-Abdr.
DVORSKÝ, FRANTIŠEK. Počátky kalicha a artikule Pražské již. l. 1417. V Praze 1907.
HIRSTER, FRANZ. Beiträge zu einer exakten Philosophie. Heft 1. Wien 1907.
——. Beiträge zu einer exakten Philosophie. Die Philosophie des Gleichnisses. Leipzig 1907.

JAGIĆ, V. Psalterium Bononiense. Interpretationem veterem Slavicam ... ed. Berolini 1907.

KOPECKÝ, HEINRICH. Beobachtungen über die Witterung in Wien im Verlaufe der Jahre 1896 bis 1906. Pardubitz 1907. 4.

STEINACKER, HAROLD. Theodor von Sickel. Wien 1907. Sep.-Abdr.

TRYWONOWYCZ, IWAN. Die Erde als Quelle der Wärme. Wien 1907.

WIESZNER, VINZ. Die mechanische Energie, das Prinzip der Mechanik. Dresden 1908. Verhandlungen der vom 16. bis 20. Oktober 1906 in Rom abgehaltenen ersten Tagung der permanenten Kommission der Internationalen Seismologischen Assoziation. Budapest 1907. 4.

Grossbritannien und Irland mit Colonien.

British Association for the Advancement of Science, London.
Report of the 76. Meeting. 1906.

National Physical Laboratory, Teddington, Middlesex.
Report. 1906. 4.
Report of the Observatory Department. 1906. 4.

British Museum (Natural History), London.
Special Guides. N. 1.2. 1905. 06.
AUSTEN, ERNEST EDWARD. Illustrations of British Blood-Sucking Flies. 1906.
BERNARD, HENRY M. Catalogue of the Madreporarian Corals in the British Museum (Natural History). Vol. 6. 1906. 4.
Catalogue of the Lepidoptera Phalaenae in the British Museum. Vol. 6. Text and Plates. 1906.
The History of the Collections contained in the Natural History Departments of the British Museum. Vol. 2. 1906.
KIRBY, W. F. A Synonymic Catalogue of Orthoptera. Vol. 2. 1906.

Royal Observatory, Greenwich.
Astronomical and Magnetical and Meteorological Observations made in the year 1904. Edinburgh 1906. ... in the year 1905. Edinburgh 1907. 4.
Reduction of Greenwich Meteorological Observations. Part 4. Edinburgh 1906. 4.
Astrographic Chart. Zone +71°, N. 1-30. 41-60. Zone +72°, N. 1-30. 41-60. Zone +73°, N. 1-30. 41-60. Zone +74°, N. 1-30. 41-60. Zone +75°, N. 25-32. Zone +76°, N. 25-32. Zone +77°, N. 25-32. Zone +78°, N. 25-32.

Royal Observatory, Cape of Good Hope.
Annals. Vol. 10. Part 2. Vol. 12. Part 2-4. Edinburgh 1906-07. 4.
Results of Meridian Observations of Stars, made in the years 1900 to 1904. Edinburgh 1906. 4.
A Catalogue of 8560 Astrographic Standard Stars between Declinations —40° and —52° for the Equinox 1900 from Observations made at the Royal Observatory, Cape of Good Hope, during the years 1896-99. London 1906. 4.
Catalogues of Stars for the Equinox 1900·0 from Observations made at the Royal Observatory, Cape of Good Hope, during the years 1900-1904. Edinburgh 1906. 4.

Aberdeen.
University.
Studies. N. 14-21. 24. 1905-06. 8. und 4.
Handbook to City and University. 1906.

Birmingham.
Natural History and Philosophical Society.
Proceedings. Vol. 11. Part 2. Vol. 12. N. 1.2. 1901-07.

Cambridge.
Philosophical Society.
List of Fellows. August 1907.
Proceedings. Vol. 14. Part 1-3. 1906-07.
Transactions. Vol. 20. N. 11-14. 1907. 4.

Dublin.
Royal Irish Academy.
Proceedings. Vol. 26. Section A. N. 2. Section B. N. 6-9. Section C. N. 10-16. Vol. 27. Section A. N. 1.2. 1906-07. 8. und 4.

Todd Lecture Series. Vol. 14. 1906.
Royal Dublin Society.
　Economic Proceedings. Vol. 1. Part 8–11.
　　1906–07.
　Scientific Proceedings. New Ser. Vol. 11.
　　N. 10–20. 1906–07.
　Scientific Transactions. Ser. 2. Vol. 9. Part
　　4–6. 1907. 4.

Edinburg.

Royal Observatory.
　Annals. Vol. 2. Glasgow 1906. 4.
Royal Society of Edinburgh.
　Proceedings. Vol. 26. N. 6. Vol. 27. N. 1–4.
　　1907.
　Transactions. Vol. 41. Part 3. Vol. 45.
　　Part 1. 1904–06. 4.
Royal Physical Society.
　Proceedings. Vol. 16. N. 7. 8. Vol. 17.
　　N. 2. 3. 1906–07.

Glasgow.

Royal Philosophical Society.
　Proceedings. Vol. 37. 1905–06.

Liverpool.

Biological Society.
　Proceedings and Transactions. Vol. 21.
　　1906–07.
Literary and Philosophical Society.
　Proceedings. N. 59. 1905–06.

London.

Guy's Hospital.
　Reports. Vol. 40–59. 1881–1905.
Chemical Society.
　Journal. Vol. 89. 90. N. 529. 530. Suppl. N.
　　Vol. 91. 92. N. 531–540. 1906–07.
　Proceedings. Vol. 22. N. 317. 318. Titel
　　und Inhalt. Vol. 23. N. 319–331. 1906.
　　07.
Geological Society.
　List. 1906.
　Geological Literature added to the Library.
　　13. 1906.
　Quarterly Journal. Vol. 62. N. 248. Vol.
　　63. N. 249–251. 1906. 07.
Linnean Society.
　Journal. Botany. Vol. 38. N. 263. 264.
　　— Zoology. Vol. 30. N. 195. 196. 1907.

　List. 1907–08.
　Proceedings. Session 119. 1906–07.
　Transactions. Ser. 2. Botany. Vol. 7. Part
　　4. 5. — Zoology. Vol. 9. Part 11.
　　Vol. 10. Part 6. 7. 1906–07. 4.
Mathematical Society.
　List of Members. 1906.
　Proceedings. Ser. 2. Vol. 4. Part 5–7.
　　Vol. 5. Part 1–6. 1906–07.
Royal Society.
　Proceedings. Ser. A. Vol. 78. N. 525. 526.
　　Vol. 79. N. 527–534. — Ser. B. Vol.
　　78. N. 527. Vol. 79. N. 528–535.
　　1906–07.
　Philosophical Transactions. Ser. A. Vol.
　　206. — Ser. B. Vol. 198. 1906. 4.
　Year-Book. N. 11. 1907.
　HERDMAN, W. A. Report to the Government of Ceylon on the Pearl Oyster Fisheries of the Gulf of Manaar. Part 5. 1906. 4.
　Reports of the Commission appointed by the Admiralty, the War Office, and the Civil Government of Malta, for the Investigation of Mediterranean Fever, under the Supervision of an Advisory Committee of the Royal Society. Part 5–7. 1907.
Royal Asiatic Society of Great Britain and Ireland.
　Journal. 1907.
Royal Astronomical Society.
　Memoirs. Vol. 57: Appendix. 1906. 4.
　Monthly Notices. Vol. 67. 1907.
Royal Geographical Society.
　The Geographical Journal. Vol. 28. N. 6.
　　Vol. 29. Vol. 30. N. 1–5. 1906–07.
Royal Microscopical Society.
　Journal. 1906. Part 6. 1907. Part 1–5.
Zoological Society.
　Proceedings. 1905. Vol. 2. 1906. Pages
　　1–1052. 1907. Pages 1–746.
　Transactions. Vol. 17. Part 5. 6. Vol. 18.
　　Part 1. 1905–07. 4.
Archaeological Survey of Egypt.
　Memoirs. 16. 1906.

Manchester.

Museum.
　Publications. 61. 62. 1907.

Literary and Philosophical Society.
  Memoirs and Proceedings. Vol. 51. 1906-07.
Victoria University.
  Publications. Economic Series. N. 5-7.
  — Historical Series. 'N. 5. 6. 1907.

Oxford.
University Observatory.
  Astrographic Catalogue 1900·0. Oxford Section. Dec. +24° to +32°. Vol. 1. 2. Edinburgh 1906. 4.

Brown, R. N. Rudmose. Antarctic Botany: Its Present State and Future Problems. 1906. Sep.-Abdr.
Cooke, Theodore. The Flora of the Presidency of Bombay. Vol. 2. Part 4. London 1907.

Adyar, Madras.
Adyar Library.
  Report. 1906.

Allahabad.
List of Sanskrit and Hindi Manuscripts purchased by Order of Government and deposited in the Sanskrit College, Benares, during the year 1905. 1906.

Calcutta.
Board of Scientific Advice for India.
  Annual Report. 1905-06.
Asiatic Society of Bengal.
  Bibliotheca Indica: a Collection of Oriental Works. New Ser. N. 1139. 1142. 1145 –1147 (2. Edition). 1150. 1153. 1155 –1160. 1162. 1169. 1170. 1906-07. 4.
  Journal and Proceedings. New. Ser. Vol. 2. N. 4-10. Vol. 3. N. 1-4. 1906. 07.
  Memoirs. Vol. 1. N. 10-19. und Suppl. S. I - XII. Vol. 2. N. 1-4. 1906-07. 4.
Archaeological Survey of India.
  Epigraphia Indica and Record. Vol. 9. Part 1. 2. 1907. 4.
  Annual Progress Report of the Archaeological Survey, Northern Circle. 1906. 1907. 2.
  Annual Progress Report of the Superintendent of the Archaeological Survey, Northern Circle. 1907. 4.
  Progress Report of the Archaeological Survey of India, Western Circle. 1905 -06. 2.
  Annual Report of the Archaeological Survey, Eastern Circle. 1905-06. 2.
  Annual Report of the Archaeological Survey of India, Frontier Circle. 1906 -07. 2.
  Report of the Superintendent, Archaeological Survey, Burma. 1907. 2.
Botanical Survey of India.
  Records. Vol. 3. N. 3. 1907.
Geological Survey of India.
  Memoirs. Palaeontologia Indica. Ser. 15. Vol. 5. N. 1. 2. New Ser. Vol. 2. N. 3. 1906-07. 4.
  Records. Vol. 34. Part 3. 4. Vol. 35. Part 1-3. 1906. 07.

Kodaikánal.
Kodaikánal Observatory.
  Bulletin. N. 7-11. Madras 1906-07. 2.
  Annual Report of the Director, Kodaikánal and Madras Observatories. 1906. Madras 1907. 2.

Madras.
Government Museum.
  Bulletin. Vol. 5. N. 2. 1906. 4.
University.
  Calendar. 1906-07. Vol. 1-3.

Pusa.
Agricultural Research Institute.
  Bulletin. N. 4. 1906.
  Memoirs of the Department of Agriculture in India. Botanical Series. Vol. 1. N. 1. Part 2. N. 5. 6. Vol. 2. N. 1. — Chemical Series. Vol. 1. N. 2-4. — Entomological Series. Vol. 1. N. 2-5. 1907.

The Adventures of Haji Baba of Ispahan translated from English into Persian by Ahmad-i Kirmāni and edited by D. C. Phillott. Calcutta 1905. 4.
Bhandarkar, Shridhar R. The Present Condition of Sanskrit Studies in India. Bombay 1906.

BHANDARKAR, SHRIDHAR R. Report of a Second Tour in Search of Sanskrit Manuscripts made in Rajputana and Central India in 1904-5 and 1905-6. Bombay 1907. 4.

Bibliography of Sankhya-Yoga-Samuććaya Works. Adyar, Madras, 1906.

GRIERSON, G. A. Linguistic Survey of India. Vol. 4. 7. Calcutta 1906. 05. 4.

HARAPRASĀDA ÇĀSTRĪ. Notices of Sanskrit Mss. Ser. 2. Vol. 3. Part 2. Calcutta 1907. 4.

——. Report on the Search for Sanskrit Manuscripts. (1901-1902 to 1905-1906). Calcutta 1905. 4.

RANGACHARYA, M. A Descriptive Catalogue of the Sanskrit Manuscripts in the Government Oriental Manuscripts Library, Madras. Vol. 3. Madras 1906. 4.

THURSTON, EDGAR. Ethnographic Notes in Southern India. Madras 1906. 4.

Capstadt.

Geological Commission.
Annual Report. 10. 11. 1905. 06.
Geological Map of the Colony of the Cape of Good Hope. Sheet 2. 4. 45. 1906-07.

South African Philosophical Society.
Transactions. Vol. 13. S. 289-546. Vol. 16. Part 4. 5. Vol. 17. Part 1. 1906-07.

Johannesburg.

Transvaal Meteorological Department.
Annual Report. 1906. Pretoria 1907. 4.

Ottawa.

Dominion Astronomical Observatory.
Report of the Chief Astronomer. 1905.

Royal Society of Canada.
Proceedings and Transactions. Ser. 2. Vol. 12. Part 1. 1906.

Geological Survey of Canada.
Annual Report. New Ser. Vol. 15. 1902-03. Nebst Maps.
Summary Report. 1906.
BROCK, R. W. Preliminary Report on the Rossland, B. C., Mining District. 1906.

Low, A. P. Geological Report on the Chibougamau Mining Region in the Northern Part of the Province of Quebec. 1906.

WHITEAVES, J. F. Palaeozoic Fossils. Vol. 3. Part 4. 1906.
12 geologische Karten.

Toronto.

Royal Astronomical Society of Canada.
Journal. Vol. 1. N. 1. 1907.

University.
Studies. Biological Series. N. 7. — Papers from the Chemical Laboratories. N. 54-58. 60-65. — Geological Series. N. 4. — History and Economics. OLIVER, EDMUND HENRY. Roman Economic Conditions to the Close of the Republic. — Review of Historical Publications relating to Canada. Vol. 11. Index, Vols. 1-10. — Pathological Series. N. 1. — Papers from the Physical Laboratories. N. 18. 19. — Physiological Series. N. 6. 1906-07.

Adelaide.

Royal Society of South Australia.
Transactions and Proceedings and Report. Vol. 30. 1906. Index to Vol. 1-24. 1907.

Brisbane.

Queensland Museum.
Annals. N. 2. 7. 1892. 1907.

Melbourne.

Department of Mines.
Annual Report of the Secretary for Mines and Water Supply. 1906.
KITSON, A. E. The Economic Minerals and Rocks of Victoria. 1905. Sep.-Abdr.

Public Library, Museums, and National Gallery of Victoria.
Report of the Trustees. 1906.

Royal Society of Victoria.
Proceedings. New Ser. Vol. 19. Part 2. Vol. 20. Part 1. 1907.

Geological Survey of Victoria.
Bulletins. N. 19-22. 1906-07.
Memoirs. N. 4. 5. 1907.

Records. Vol. 1. Part 4. Vol. 2. Part 1.
1906. 07.

Sydney.
Australian Museum.
Memoirs. Vol. 4. Part 10. 1907.
Records. Vol. 6. N. 4. 5. 1907.
Annual Report of the Trustees. 52.
1906. 4.

Special Catalogue. N. 1. Vol. 2. Part 1. 2.
1906. 07. 2.
Geological Survey of New South Wales.
Records. Vol. 8. Part 3. 1907.

LIVERSIDGE, A. Gold Nuggets from New Guinea shoWing a Concentric Structure. 1906. Sep.-Abdr.

Dänemark, Schweden und Norwegen.

Kopenhagen.
Conseil permanent International pour l'Exploration de la Mer.
Bulletin statistique des pêches maritimes des pays du Nord de l'Europe. Vol. 1. 1903-04. 4.
Bulletin trimestriel des résultats acquis pendant les croisières périodiques et dans les périodes intermédiaires. Année 1905-06. N. 4. Année 1906-07. N. 1. 2. 4.
Publications de Circonstance. N. 35-41. 1906-07.
Rapports et Procès-Verbaux. Vol. 6. 1906. 4.
Kommissionen for Havundersogelser.
Meddelelser. Serie Fiskeri. Bind 2. N. 4. 5. — Serie Hydrografi. Bind 1. N. 9. 1906-07. 4.
Kongelige Danske Videnskabernes Selskab.
Oversigt over Forhandlinger. 1906. N. 4-6. 1907. N. 1. 2.
Skrifter. Bække 6. Historisk og filosofisk Afdeling. Bind 6. N. 4. Række 7. Naturvidenskabelig og mathematisk Afdeling. Bind 1. N. 6. Bind 2. N. 6. Bind 3. Bind 4. N. 1. 2. Bind 5. N. 1. 1906-07. 4.

E Museo Lundii. En Samling af Afhandlinger om de i det indre Brasiliens Kalkstenshuler af Professor Dr. Peter Vilhelm Lund udgravede... Dyre-og Menneskeknogler. Bind 3. Halvbind 1. Kjøbenhavn 1906. 4.
HOLM, EDVARD. Danmark-Norges Historie fra den store nordiske Krigs Slutning til Rigernes Adskillelse (1720-1814). Bind 6. Del 1. Kjøbenhavn 1907.

Gothenburg.
Göteborgs Högskola.
Årsskrift. Bd. 12. 1906.
Kungliga Vetenskaps- och Vitterhets-Samhälle.
Handlingar. Följden 4. Häftet 7-9. 1906.

Lund.
Universitetet.
Acta. — Årsskrift. Ny Följd. Afdeln. 2. Bd. 2. 1906. 4.
17 akademische Schriften aus dem Jahre 1906-07.

Stockholm.
Kungliga Biblioteket.
Sveriges offentliga bibliotek. Accessionskatalog. 20. 1905.
Kungliga Svenska Vetenskapsakademien.
Arkiv för Botanik. Bd. 6. Häfte 3. 4. 1907.
Arkiv för Kemi, Mineralogi och Geologi. Bd. 2. Häfte 4-6. 1907.
Arkiv för Matematik, Astronomi och Fysik. Bd. 3. Häfte 2. 1907.
Arkiv för Zoologi. Bd. 3. Häfte 3. 4. 1907.
Årsbok. 1906.
Handlingar. Ny Följd. Bd. 41. N. 4. 6. 7. Bd. 42. N. 1-7. 9. 1906-07. 4.
Astronomiska Iakttagelser och Undersökningar å Stockholms Observatorium. Bd. 8. N. 3-6. 1906-07. 4.
Meteorologiska Iakttagelser i Sverige. Bandet 48. 1906. 4.
Meddelanden från K. Vetenskapsakademiens Nobelinstitut. Bd. 1, N. 6. 7. 1906. 07.
VON LINNÉ, Carl. Skrifter. 1-III. Uppsala 1905-07.

Ad memoriam primi sui praesidis eiusdemque e conditoribus suis unius Caroli Linnaei opus illud quo primum systema naturae per tria regna dispositae explicavit Regia Academia Scientiarum Suecica bisecolari natali auctoris denuo edidit. 1907. gr. 2.
Carl von Linnés betydelse såsom naturforskare och läkare. Uppsala 1907.
SWEDENBORG, EMANUEL. Opera quaedam aut inedita aut obsoleta de rebus naturalibus. I. 1907.
Kungliga Vitterhets Historie och Antikvitets Akademien.
Fornvännen. Årg. 1. Häftet 4. 5. Årg. 2. Häftet 1-3. 1906. 07.
Månadsblad. Årg. 32-34. 1903-05.
Acta mathematica. Zeitschrift hrsg. von G. Mittag-Leffler. Bd. 30. Heft 4. Bd. 31. Heft 1. 1906. 07. 4.
Les prix Nobel en 1902: Suppl. 1904.

Uppsala.
Universitetet.
Universitets Meteorologiska Institutionen. Bulletin mensuel. Vol. 38. 1906. 4.
Kungliga Vetenskaps-Societeten.
Nova Acta. Ser. 4. Vol. 1. N. 5-9. 1907. 4.
Katalog öfver utställning af Linné-porträtt. 1907.
Stadgar för Kungl. Vetenskaps Societeten i Upsala. 1907.
Eranos. Acta philologica Suecana. Vol. 6. 1905-06.

COLLIJN, ISAK. Katalog der Inkunabeln der Kgl. Universitäts-Bibliothek zu Uppsala. Uppsala 1907.

FAGERHOLM, ERIK. Ueber den Steinhaufen Messier 67. Inaug.-Diss. Uppsala 1906.
Botaniska Studier tillägnade F. R. Kjellman den 4. November 1906. Uppsala 1906.
SÖDERWALL, K. F. Medeltida rättsuttryck från Värmland, Närke och Småland. Lund 1906. Sep.-Abdr.

Bergen.
Museum.
Aarbog. 1906. Hefte 3 und Aarsberetning. 1907. Hefte 1. 2.
SARS, G. O. An Account of the Crustacea of Norway. Vol. 5. Part 15-18. 1906-07. 4.

Christiania.
Videnskabs-Selskabet.
Forhandlinger. Aar 1906.
Skrifter. 1906. I. Mathematisk-naturvidenskabelig Klasse. II. Historiskfilosofisk Klasse.

Drontheim.
Det Kongelige Norske Videnskabers Selskab.
Skrifter. 1905. 1906.
DAHL, OVE. Carl von Linné's forbindelse med Norge. 1907.

Stavanger.
Museum.
Aarshefte. Aarg. 17. 1906.

HENRIKSEN, G. Sundry Geological Problems. Christiania 1906.

Schweiz.

Aarau.
Historische Gesellschaft des Kantons Aargau.
Argovia. Jahresschrift. Bd. 32. 1907.
Taschenbuch. 1906.

Basel.
Naturforschende Gesellschaft.
Verhandlungen. Bd. 19. Heft 1. 2. 1907.
Jahresverzeichnis der Schweizerischen Universitätsschriften. 1905-06.

Bern.
Naturforschende Gesellschaft.
Mitteilungen. 1905. 1906.
Schweizerische Naturforschende Gesellschaft.
Neue Denkschriften. Bd. 35. 2. Aufl. 1902. Bd. 40. 41. 1906. 07. 4.
Verhandlungen. 89. Jahres-Versammlung. 1906.
Compte rendu des travaux présentés à la 87. 88. 89. session. 1904-06.

Geologische Kommission.
Beiträge zur Geologie der Schweiz.
GeotechnischeSerie. Lief.4. 1907. 4.
Beiträge zur geologischen Karte der
Schweiz. Lief. 26. Tl. 1. Lief. 29.
Tl. 1. 1907. 4.

Chur.
Naturforschende Gesellschaft Graubündens.
Jahres-Bericht. Neue Folge. Bd. 48.
49. 1905-07.

Universität. **Freiburg.**
Collectanea Friburgensia. Nouv. Sér.
Fasc. 8. 1907.

Genf.
Société de Physique et d'Histoire naturelle.
Mémoires. Vol. 35. Fasc. 3. 1907. 4.
DE MARIGNAC, JEAN-CHARLES GALISSARD.
Oeuvres complètes. Publiées par E.
Ador. Tome 1. 2. [1907]. 4.

Lausanne.
Société Vaudoise des Sciences naturelles.
Bulletin. Sér.5. Vol.42. N.156.157. Vol.
43. N.158.159. 1906. 07.

Zürich.
Schweizerische Meteorologische Central-Anstalt.
Annalen. 1905. 2.
Allgemeine Geschichtforschende Gesellschaft der Schweiz.
Jahrbuch für Schweizerische Geschichte.
Bd.32. 1907.
Antiquarische Gesellschaft.
Mitteilungen. Bd.26. Heft 5. 1907. 4.

Naturforschende Gesellschaft.
Astronomische Mitteilungen. N.97. 1906.
Neujahrsblatt. Stück 109. 1907. 4.
Vierteljahrsschrift. Jahrg,51. Heft 2-4.
Jahrg.52. Heft 1. 2. 1906. 07.
Schweizerisches Landesmuseum.
Anzeiger für Schweizerische Altertumskunde. Neue Folge. Bd. 8. N. 3. 4.
Bd. 9. Heft 1.2. 1906. 07.
Jahresbericht. 15. 1906.

BERNOULLI, CARL ALBRECHT. Die Selbstbiographie von Johannes Bernoulli I.
1907. Sep.-Abdr.
BRANDSTETTER, RENWARD. Malaio-polynesische Forschungen. Reihe 2. III. Luzern 1906.
EGOROFF, SOPHIE. Bouddha-Çakya-Mouni personnage historique qui a vécu vers 390-320 avant Jésus-Christ. Lucerne 1906.
GAUTIER, R., et DUAIME, H. Observations météorologiques faites aux fortifications de Saint-Maurice pendant l'année 1904. 1905. Genève 1906. Sep.-Abdr.
GAUTIER, R. Résumé météorologique de l'année 1905 pour Genève et le Grand Saint-Bernard. Genève 1906. Sep.-Abdr.
GOPPELSROEDER, FRIEDRICH. Neue Capillar- und Capillaranalytische Untersuchungen. Basel 1907. Sep.-Abdr.
MEIER, JOHN. Festakt der Universität Basel zur Feier des 200. Geburtstages Leonhard Eulers. Basel 1907. 4.

Niederlande und Niederländisch-Indien. Luxemburg.

Amsterdam.
Koninklijke Akademie van Wetenschappen.
Jaarboek. 1906.
Verhandelingen. AfdeelingNatuurkunde.
Sectie 1. Deel 9. N.4. Sectie 2. Deel
13. N.1-3. — Afdeeling Letterkunde.
Deel 7. Deel 8. N.3. 1906-07.
Verslag van de gewone Vergaderingen der Wis- en Natuurkundige Afdeeling.
Deel 15. Gedeelte 1. 2. 1906-07.
Verslagen en Mededeelingen. Afdeeling
Letterkunde. Reeks 4. Deel 8. 1907.
Rufius Crispinus. Carmen praemio aureo ornatum in certamine poetico Hoeufftiano. Accedunt sex carmina laudata. 1907.

Delft.
Technische Hoogeschool.
5 Schriften aus dem Jahre 1907.

Haag.
Koninklijk Instituut voor de Taal-, Land- en Volkenkunde van Nederlandsch-Indië.
Bijdragen tot de Taal-, Land- en Volkenkunde van Nederlandsch-Indië. Volgr.7.
Deel 3. Deel 6. Afl. 1. 2. 1907.

Haarlem.
Hollandsche Maatschappij der Wetenschappen.
Archives Néerlandaises des Sciences exactes et naturelles. Sér. 2. Tome 12. La Haye 1907.

Leiden.
Maatschappij der Nederlandsche Letterkunde.
Handelingen en Mededeelingen. 1905-06.
Levensberichten der afgestorven Medeleden. 1905-06.
Tijdschrift voor Nederlandsche Taal- en Letterkunde. Deel 24. Afl. 4. Deel 25. 1905. 06.

Rijks-Observatorium.
Annalen der Sternwarte in Leiden. Bd. 9. Heft 1. Haag 1906. 4.
Verslag van den staat der sterrewacht te Leiden. 1904-06.

Rijks-Universiteit.
6 akademische Schriften aus dem Jahre 1905-06.

Nimwegen.
Nederlandsche Botanische Vereeniging.
Nederlandsch kruidkundig Archief. 1906.
Recueil des Travaux Botaniques Néerlandais. Vol. 3. 1907.

Utrecht.
Koninklijk Nederlandsch Meteorologisch Instituut.
Publicationen. N. 81, Deel 26. N. 82, Deel 25. N. 97, Jaarg. 57. 1904-05. 8. und 4.

Physiologisch Laboratorium der Utrechtsche Hoogeschool.
Onderzoekingen. Reeks 5. Deel 7. 1906.

VAN GILS, P. J. M. Eenige opmerkingen over de middeleeuwsche boekenlijst der Abdij Rolduc. 1907. Sep.-Abdr.
KOPS, JAN. Flora Batava. Voortgezet door F. W. van Eeden en L. Vuyck. Afl. 353. 354. Haarlem 1906. 4.
Opuscula selecta Neerlandicorum de arte medica. Fasc. 1, quem Curatores Miscellaneorum quae vocantur Nederlandsch Tijdschrift voor Geneeskunde collegerunt et ed. Amstelodami 1907.

TREUB, M. Notice sur »l'effet protecteur« assigné à l'acide cyanhydrique des plantes. Leide 1907. Sep.-Abdr.
——. Nouvelles recherches sur le rôle de l'acide cyanhydrique dans les plantes vertes. II. Leide 1907. Sep.-Abdr.

Batavia.
Bataviaasch Genootschap van Kunsten en Wetenschappen.
Notulen van de algemeene en Directievergaderingen. Deel 44. Afl. 2-4. Deel 45. Afl. 1. 1906. 07.
Tijdschrift voor Indische Taal-, Land- en Volkenkunde. Deel 49. 1907.
Verhandelingen. Deel 56. Stuk 5. 1907.
DE HAAN, F. Dagh-Register gehouden int Casteel Batavia vant passerende dael ter plaetse als over geheel Nederlandts India. Anno 1678. 1907.
SERRURIER-TEN KATE, M. De Compagnie's Kamer van het Museum van het Bataviaasch Genootschap van Kunsten en Wetenschappen. 1907. 4.

Koninklijk Magnetisch en Meteorologisch Observatorium.
Regenwaarnemingen in Nederlandsch-Indië. Jaarg. 27. 1905.

Buitenzorg.
Departement van Landbouw.
Annales du Jardin botanique. Vol. 21. Leide 1907.
Bulletin. N. 4-8. 1906-07.
Verslag omtrent de Technische Afdeelingen. 1905. Batavia 1906.

Salatiga.
Algemeen-Proefstation.
Verslag omtrent den staat van het Algemeen-Proefstation te Salatiga. 1906.

Luxemburg.
Institut grand-ducal.
Section des Sciences naturelles, physiques et mathématiques.
Archives trimestrielles. Nouv. Sér. Tome 1. Fasc. 3. 4. 1906.
Publications. Tome 27 (B). 1904.
Section historique.
Publications. Vol. 53. 1906.

Belgien.

Antwerpen.
Paedologisch Jaarboek. Aarg. 6. Afl. 2. 1907.

Brüssel.
Académie royale des Sciences, des Lettres et des Beaux-Arts de Belgique.
Annuaire. Année 73. 1907.
Bulletins de la Classe des Sciences. 1906. N. 9-12. 1907. N. 1-8.
Bulletins de la Classe des Lettres et des Sciences morales et politiques et de la Classe des Beaux-Arts. 1906. N. 9-12. 1907. N. 1-8.
Mémoires. Sér. 2. Classe des Sciences. Collection in-8°. Tome 1. Fasc. 4-8. — Classe des Lettres et des Sciences morales et politiques et Classe des Beaux-Arts. Collection in-4°. Tome 1. Fasc. 2. Collection in-8°. Tome 2. Fasc. 2. 1906.
Biographie nationale. Tome 19. Fasc. 1. 1906.
Commission royale d'Histoire.
Lodewijk van Velthem's voortzetting van den Spiegel Historiael (1248-1316). Uitgegeven door Herman Vander Linden en Willem de Vreese. Deel 1. 1906. 4.
Musée du Congo.
Annales. Botanique. Sér. 5. Vol. 2. Fasc. 1. 2. — Ethnographic et Anthropologie. Sér. 3. Tome 2. Fasc. 1. Sér. 5. 1907. 4.
Musée royal d'Histoire naturelle de Belgique.
Mémoires. Tome 3. 1904-06. 4.
Société Belge de Géologie, de Paléontologie et d'Hydrologie.
Bulletin. Tome 20. Fasc. 3-5. Tome 21. Mémoires. Fasc. 1. 2. Procès-verbaux. Janv.-Juillet. Tables générales des matières des Tomes 1 à 20. 1906-07.
Société des Bollandistes.
Analecta Bollandiana. Tom. 26. 1907.
Société entomologique de Belgique.
Annales. Tome 50. 1906.

Lüttich.
Société géologique de Belgique.
Annales. Tome 33. Livr. 3. Tome 34. Livr. 1. 1906-07.

Société royale des Sciences.
Mémoires. Sér. 3. Tome 6. Bruxelles 1906.

Maredsous.
Revue Bénédictine. Année 24. 1907.

Uccle.
Observatoire royal de Belgique.
Annales. Nouv. Sér. Annales astronomiques. Tome 9. Fasc. 2. 3. — Physique du Globe. Tome 3. Fasc. 2. Bruxelles 1906-07. 4.
Annuaire astronomique. Bruxelles 1907.
Les observatoires astronomiques et les astronomes. Par P. Stroobant, J. Delvosal, H. Philippot, E. Delporte et E. Merlin. Bruxelles 1907.

Arctowski, Henryk. Variations de la vitesse du vent dues aux marées atmosphériques. Bruxelles 1907. Sep.-Abdr.
Huverstuhl, Wilhelm. Fossa Drusina, Elison, apa und die Römerfeste Aliso. Antwerpen 1907.
——. Die Lage des Römer-Kastells Aliso. Antwerpen 1907.
——. Die Lage des Römer-Kastells Aliso. Weitere Entwickelung meiner Thesis. Antwerpen 1907.
Marchal, Chevalier Edmond. Le Baron Jean-Joseph-Antoine-Marie de Witte (1808-1889). Bruxelles 1907. Sep.-Abdr.
Congrès international pour l'étude des régions polaires tenu à Bruxelles du 7 au 11 septembre 1906 ... Rapport d'ensemble. Documents préliminaires et compte rendu des séances. Bruxelles 1906.
de Wildeman, Émile. Notices sur des plantes utiles ou intéressantes de la flore du Congo. Vol. 2. Fasc. 1. Bruxelles 1906.
——. Mission Émile Laurent (1903-1904). Énumération des plantes récoltées par Émile Laurent pendant sa dernière Mission au Congo. Fasc. 4. Bruxelles 1907.

Frankreich.

Aix-en-Provence.
Facultés de Droit et des Lettres.
Annales. Tome 2. Droit. N. 1. 2. Lettres. N. 2. 1906.

Angers.
Société d'Études scientifiques.
Bulletin. Nouv. Sér. Année 35. 1905.

Besançon.
Société d'Émulation du Doubs.
Mémoires. Sér. 7. Vol. 9. 1905.

Bordeaux.
Société de Géographie commerciale.
Bulletin. Sér. 2. Année 29. N. 23. 24. Année 30. N. 1-11. 1906. 07.
Société des Sciences physiques et naturelles.
Procès-verbaux des séances. Année 1905-06.
Observations pluviométriques et thermométriques faites dans le département de la Gironde de Juin 1905 à Mai 1906.
Cinquantenaire de la Société. 15-16 Janvier 1906.

Caen.
Société Linnéenne de Normandie.
Bulletin. Sér. 5. Vol. 9. 1905.

Cherbourg.
Société Nationale des Sciences naturelles et mathématiques.
Mémoires. Tome 35. 1905-06.

Clermont-Ferrand.
Académie des Sciences, Belles-Lettres et Arts.
Mémoires. Sér. 2. Fasc. 18. 19. 1904. 05.
Société des Amis de l'Université de Clermont.
Revue d'Auvergne et Bulletin de l'Université. Année 24. N. 1. 1907.

Dijon.
Académie des Sciences, Arts et Belles-Lettres.
Mémoires. Sér. 4. Tome 10. 1905-06.

Douai.
Union géographique du Nord de la France.
Bulletin. Tome 28. Trim. 2. 3. 1907.

Hendaye (Basses-Pyrénées).
Observatoire d'Abbadia.
Observations. Tome 4. 1906. 4.

Lyon.
Société d'Agriculture, Sciences et Industrie.
Annales. 1905.
Université.
Annales. Nouv. Sér. I. Sciences, Médecine. Fasc. 19. — II. Droit, Lettres. Fasc. 16-18. 1906.

Nancy.
Académie de Stanislas.
Mémoires. Sér. 6. Tome 3. 1905-06.
Société des Sciences.
Bulletin des séances. Sér. 3. Tome 7. 1906.

Nantes.
Société des Sciences naturelles de l'Ouest de la France.
Bulletin. Sér. 2. Tome 6. 1906.

Paris.
Institut de France.
Annuaire. 1907.
Académie des Sciences.
Comptes rendus hebdomadaires des séances. Tome 142: Tables. Tome 143. N. 22-27. Tables. Tome 144. N. 1-25. Tome 145. N. 1-21. 1906-07. 4.
Hermite, Charles. Oeuvres. Publiées sous les auspices de l'Académie des Sciences par Émile Picard. Tome 1. 1905.
Académie des Inscriptions et Belles-Lettres.
Comptes rendus des séances. 1906. Sept.-Déc. 1907. Janv.-Août.
Académie de Médecine.
Bulletin. Sér. 3. Tome 55. 56. N. 39-44. Tome 57. 58. N. 1-38. 1906-07.
Comité des Travaux historiques et scientifiques.
Bulletin archéologique. Année 1905. Livr. 3. Année 1906.
École polytechnique.
Journal. Sér. 2. Cahier 11. 1906. 4.

Musée Guimet.
  Annales. Bibliothèque d'Études. Tome 12. 22. 23. 1906.
  Annales. Revue de l'Histoire des Religions. Tome 53. N. 2. 3. Tome 54. 1906.
Muséum d'Histoire naturelle.
  Nouvelles Archives. Sér. 4. Tome 8. 1906. 4.
  Bulletin. Tome 12. N. 4-7. Tome 13. N. 1-3. 1906. 07.
Observatoire.
  Rapport annuel sur l'état de l'Observatoire. 1906.
  Catalogue photographique du Ciel. Coordonnées rectilignes. Tome 2. 1907. 4.
  LOEWY, M., et PUISEUX, P. Atlas photographique de la Lune. Fasc. 9. Texte et planches. 1906. 4. und gr. 2.
Société de Géographie.
  La Géographie. Bulletin de la Société. Tome 13. N. 5. 6. Tome 14. Tome 15. N. 1-4. 1906-07.
Société géologique de France.
  Bulletin. Sér. 4. Tome 5. N. 6. 7. Tome 6. N. 1. 1905. 06.
Société mathématique de France.
  Bulletin. Tome 34. Fasc. 4. Tome 35. Fasc. 1-3. 1906. 07.
Société philomathique.
  Bulletin. Sér. 9. Tome 8. N. 4-6. Tome 9. N. 1-4. 1906. 07.
Société zoologique de France.
  Bulletin. Vol. 30. 1905.
  Mémoires. Tome 18. 1905.
Annales des Mines. Sér. 10. Tome 9. 10. Livr. 6. 7. 9-12. Tome 11. 12. Livr. 1-6. 1906-07.
Annales des Ponts et Chaussées. Sér. 8. Partie 1. Tome 23-27. Partie 2. Tome 6. Cahier 9-12. Tome 7. Cahier 1-3. 1906-07.
Bibliographie des Sciences et de l'Industrie. N. 96. 1906.
Le Devoir. Revue des questions sociales. Tome 30. Nov. Déc. 1906.
La Feuille des Jeunes Naturalistes. Sér. 4. Année 37. N. 434-444. Année 38. N. 445. 1906-07.
Polybiblion. Revue bibliographique universelle. Sér. 2. Partie littéraire. Tome 64.
Livr. 6. Tome 65. Tome 66. Livr. 1-5. — Partie technique. Tome 32. Livr. 12. Tome 33. Livr. 1-11. 1906-07.
Revue épigraphique. N. 119. 120. 1906. 07.
Revue historique. Tome 93-95. 1907. 6. Table générale. 1906.
Revue scientifique. Sér. 5. Tome 6. N. 22-26. Tome 7. Tome 8. N. 1-21. 1906-07. 4.

Poitiers.

Société des Antiquaires de l'Ouest.
  Bulletins. Sér. 2. Tome 10. 1906. Trim. 3-4. Sér. 3. Tome 1. 1907. Trim. 1. 2.
  Mémoires. Sér. 2. Tome 30. 1906.

Rennes.

Faculté des Lettres.
  Annales de Bretagne. Tome 21. N. 3. 4. Tome 22. N. 1. 2. 1906-07.
Société scientifique et médicale de l'Ouest.
  Bulletin. Tome 15. N. 1-3. 1906.

Rouen.

Académie des Sciences, Belles-Lettres et Arts.
  Précis analytique des travaux. Année 1904-05.

Solesmes.

Paléographie Musicale. Publiée sous la direction de Dom André Mocquereau, Prieur de Solesmes. Année 19. N. 73-76. 1907. 4.

Toulouse.

Observatoire astronomique, magnétique et météorologique.
  Catalogue photographique du Ciel. Tome 7. Fasc. 3. Paris 1906. 4.
Université.
  Annales de la Faculté des Sciences. Sér. 2. Tome 8. Fasc. 2-4. Tome 9. Fasc. 1. 1906. 07. 4.
  Annales du Midi. Année 18. N. 70-72. Année 19. N. 73. 1906. 07.
  Bulletin. Fasc. 18. 19. 1906.
  Rapport annuel du Conseil. 1904-05.
  Station de Pisciculture et d'Hydrobiologie de l'Université.
  Bulletin. N. 3. 4. 1906.

Berthelot, M. Traité pratique de l'analyse des gaz. Paris 1906.
Journal de Voyage du général Desaix. Suisse et Italie (1797). Publié par Arthur Chuquet. Paris 1907.
Gandillot, Maurice. Théorie de la Musique. Paris 1907. Sep.-Abdr. 2 Ex.
Hamy, E.-T. Les Humboldt et les Gérando à propos de quelques autographes de W. et Al. de Humboldt. Lyon 1906.
Jousseaume, F. De l'attraction et autres joyeusetés de la science. Paris 1907.
Isaac, Émile. Mémoire sur l'intégration de l'équation algébrique et différentielle F (x, y) dy + F, (x, y) dx = 0. Nesmy (Vendée) 1907. 4.
Lebon, Ernest. 6 Sep.-Abdr. mathematischen Inhalts.
Saini-Blancat, D. Action d'une masse intramercurielle sur la longitude de la Lune. Paris 1907. 4. Sep.-Abdr.
Trépied, Ch. Tables et cartes d'occultations. Théorie et applications. Paris 1905. 4.

École Française d'Extrême-Orient, Saigon.
Bulletin. Tome 6. 1906.
Publications. Vol. 7. 8. 1906. 07.
Institut Français d'Archéologie orientale, Kairo.
Bulletin. Tome 5. Fasc. 1. 1906. 4.
Mémoires. Tome 3. Tome 12. Fasc. 2. 1906. 4.

Institut océanographique, Monaco.
Bulletin. N. 83-104. 1906-07.
Albert Ier Prince souverain de Monaco. Meteorological Researches in the High Atmosphere. 1907. Sep.-Abdr.

Italien.

Bologna.
Reale Accademia delle Scienze dell' Istituto.
Memorie. Ser. 6. Tomo 3. 1906. 4.
Rendiconto delle sessioni. Nuova Ser. Vol. 10. 1905-06.

Brescia.
Ateneo di Scienze, Lettere ed Arti.
Commentari. 1906.

Florenz.
Biblioteca Nazionale Centrale.
Bollettino delle Pubblicazioni Italiane. N. 71-82. 1906-07. Indici für 1906.
Reale Istituto di Studi superiori, pratici e di Perfezionamento.
Pubblicazioni. Sezione di Scienze fisiche e naturali. R. Osservatorio di Arcetri. Fasc. 23, 24. 1907.

Genua.
Museo civico di Storia naturale.
Annali. Ser. 3. Vol. 2. 1905.
Società di Letture e Conversazioni scientifiche.
Rivista Ligure di Scienze, Lettere ed Arti. Anno 28. Fasc. 6. Anno 29. Fasc. 1-5. 1906. 07.

Mailand.
Reale Istituto Lombardo di Scienze e Lettere.
Memorie. Classe di Scienze matematiche e naturali. Vol. 20. Fasc. 9. — Classe di Lettere, Scienze morali e storiche. Vol. 21. Fasc. 6. 1906-07. 4.
Rendiconti. Ser. 2. Vol. 39. Fasc. 17-20. Vol. 40. Fasc. 1-16. 1906. 07.
Reale Osservatorio di Brera.
Pubblicazioni. N. 43. 1907. 4.

Messina.
Reale Accademia Peloritana.
Atti. Anno 11. 15. 16. Vol. 19. Fasc. 2. Vol. 21. Fasc. 2. 1896-1906.
Resoconti delle Tornate delle Classi. 1906. Luglio-Dicembre.

Modena.
Regia Accademia di Scienze, Lettere ed Arti.
Memorie. Ser. 3. Vol. 6. 1906. 4.

Neapel.
Accademia Pontaniana.
Atti. Vol. 36. 1906. 4.
Società Reale.
Accademia delle Scienze fisiche e matematiche.
Rendiconto. Ser. 3. Vol. 12. Fasc. 9-12. Vol. 13. Fasc. 1-7. 1906. 07. 4.
Accademia di Scienze morali e politiche.
Atti. Vol. 36. 37. 1906. 4.
Rendiconto delle tornate e dei lavori. Anno 44. 1905. 4.

Padua.
Reale Accademia di Scienze, Lettere ed Arti.
Atti e Memorie. Nuova Ser. Vol.22. 1905-06.
Accademia scientifica Veneto-Trentino-Istriana.
Atti. Nuova Ser. Classe di Scienze natuiali, fisiche e matematiche. Anno 3. 1906.

Palermo.
Circolo matematico.
Annuario. 1907. 4.
Rendiconti. Tomo 22. Fasc. 3. Tomo 23. Tomo 24. Fasc. 1. 2. 1906-07. 4.

Pisa.
Società Toscana di Scienze naturali.
Atti. Memorie. Vol. 22. 1906. — Processi verbali. Vol. 16. N. 1-3. 1906-07.

Rom.
Pontificia Accademia Romana dei Nuovi Lincei.
Atti. Anno 59. Sess. 4-7. Anno 60. 1905-07.
Memorie. Vol. 24. 1906. 4.
Reale Accademia dei Lincei.
Annuario. 1907.
Atti. Ser. 5.
 Memorie. Classe di Scienze fisiche, matematiche e naturali. Vol. 6. Fasc. 6-12. 1906. 4.
 Notizie degli Scavi di Antichità. Vol. 3. Fasc. 4-12 und Indici. Vol. 4. Fasc. 1-4. 1906. 07. 4.
 Rendiconti. Classe di Scienze fisiche, matematiche e naturali. Vol. 15. Sem. 2. Fasc. 10-12. Vol. 16. Sem. 1. Sem. 2. Fasc. 1-9. 4. — Classe di Scienze morali, storiche e filologiche. Vol. 15. Fasc. 5-12. Vol. 16. Fasc. 1-5. 1906-07.
 Rendiconto dell' Adunanza solenne del 2 Giugno 1907. 4.
Società Italiana delle Scienze.
Memorie di Matematica e di Fisica. Ser. 3. Tomo 14. 1907. 4.
Reale Società Romana di Storia patria.
Archivio. Vol. 29. Fasc. 3. 4. Vol. 30. Fasc. 1. 2. 1906. 07.
Reale Ufficio (Comitato) geologico d'Italia.
Bollettino. Ser. 4. Vol. 7. N. 3. 4. Vol. 8. N. 1. 2. 1906. 07.

Siena.
Reale Accademia dei Fisiocritici.
Atti. Ser. 4. Vol. 18. N 6-10. Vol. 19. N. 1-6. 1906. 07.

Turin.
Reale Accademia d'Agricoltura.
Annali. Vol. 49. 1906.
Reale Accademia delle Scienze.
Atti. Vol. 42. 1906-07.
Memorie. Ser. 2. Tomo 56. 57. 1906. 07. 4.
Osservazioni meteorologiche fatte all'Osservatorio della R. Università di Torino. 1906.
Laboratoire scientifique International du Mont Rosa.
Travaux. Tome 2. 1904-07.

Venedig.
Reale Istituto Veneto di Scienze, Lettere ed Arti.
GEROLA, GIUSEPPE. Monumenti Veneti nell'isola di Creta. Vol. 1. Parte 2. 1906. 4.

Verona.
Accademia d'Agricoltura, Scienze, Lettere, Arti e Commercio.
Atti e Memorie. Ser. 4. Vol. 5. Fasc. 2 nebst Appendice 1. 2. Vol. 6. 1904-06.

ALBANESE DI BOTERNO, VINCENZO. Nota sui simboli delle genti. Modica 1907.
ALDROVANDI, Conte LUIGI. Parole pronunciate il 12 Giugno 1907 commemorandosi nell' archiginnasio Ulisse Aldrovandi nel III centenario dalla sua morte. Bologna 1907.
Per il III centenario dalla morte di Ulisse Aldrovandi. Intorno alla vita e alle opere di Ulisse Aldrovandi. Studi di A. Baldacci, E. de Toni usw. Bologna 1907.
BORREDON, GIUSEPPE. Realtà dell' essere. L'essere è il non essere. Tempo e spazio. 1907. 4 Ex.
BRIOSCHI, FRANCESCO. Opere matematiche. Tomo 4. Milano 1906. 4.
CAPELLINI, GIOVANNI. Per la solenne commemorazione di Ulisse Aldrovandi a dì

12 Giugno 1907 nell' aula magna della R. Università. Bologna 1907.

Chartularium studii Bononiensis. Documenti per la storia dell' Università di Bologna dalle origini fino al secolo XV pubblicati per opera della Commissione per la storia dell' Università di Bologna. Vol. 1. Imola 1907.

Costa, Emilio. Ulisse Aldrovandi e lo studio Bolognese nella seconda metà del secolo XVI. Bologna 1907.

Elenco dei delegati delle Università e Accademie alle onoranze per Ulisse Aldrovandi nel III centenario dalla sua morte. Bologna 1907.

Elenco delle Università e Accademie che inviarono delegati, indirizzi o adesioni per le onoranze ad Ulisse Aldrovandi nel III centenario dalla sua morte. Bologna 1907.

Favaro, Antonio. Trent' anni di studi Galileiani. Firenze 1907. 4.

Frati, Lodovico. Catalogo dei manoscritti di Ulisse Aldrovandi. Con la collaborazione di Alessandro Ghigi e Albano Sorbelli. Bologna 1907.

Galilei, Galileo. Opere. Edizione nazionale. Vol. 3. Parte 2. Vol. 19. Firenze 1907. 4.

Museo Mineralogico Borromeo. Note illustrative pubblicate in occasione del 50. anniversario della fondazione della Società italiana di Scienze Naturali di Milano. Milano 1906.

Olivero da Murello, G. B. Astronomia. Conferenza. Torino 1907.

Pirazzoli, R., e Masini, A. Osservatorio della R. Università di Bologna. Osservazioni meteorologiche dell' annata 1905. Bologna 1906. 4. Sep.-Abdr.

Puntoni, Vittorio. Nella solenne commemorazione di Ulisse Aldrovandi a dì 12 Giugno 1907. Bologna 1907.

Rajna, Michele. Esame di una livella difettosa e metodo per correggerne le indicazioni. Bologna 1906. 4. Sep.-Abdr.

Schiaparelli, Giovanni Virginio. Venusbeobachtungen und Berechnungen der Babylonier. Treptow-Berlin 1906. Sep.-Abdr.

——. Come si possa giustificare l' uso della media aritmetica nel calcolo dei risultati d' osservazione. 1907. Sep.-Abdr.

Tanari, Marchese Giuseppe. Parole dette il 12 Giugno 1907 commemorandosi nell' archiginnasio Ulisse Aldrovandi nel III centenario dalla sua morte. Bologna 1907.

Spanien und Portugal.

Madrid.

Real Academia de Ciencias exactas, físicas y naturales.
Anuario. 1907.
Memorias. Tomo 25. 1906-07.
Revista. Tomo 5. 1906-07.

Real Academia de la Historia.
Boletin. Tomo 49. Cuad. 6. Tomo 50. Tomo 51. Cuad. 1-3.5. 1906-07.

Observatorio astronómico.
Anuario. 1907.
Resumen de las observaciones meteorológicas efectuadas en la peninsula y algunas de sus islas adyacentes durante los años 1899 y 1900. 4.

Sociedad Española de Física y Química.
Anales. Tomo 4. N. 36-38. Tomo 5. N. 39-46. 1906.07.
Sitzungsberichte 1907.

San Fernando.

Instituto y Observatorio de Marina.
Almanaque náutico. 1908. 4.
Anales. Sección 1. Eclipse total de Sol del 30 de Agosto de 1905. Sección 2. Año 1906. 4.

Lissabon.

Commissão do Serviço geologico.
Communicações. Tom. 6. Fasc. 2. Tom. 7. Fasc. 1. 1906-07.
Carta hypsometrica de Portugal. 1906. 2 Blätter.

Real Instituto bacteriologico Camara Pestana.
Archivos. Tome 1. 1907.

Société Portugaise de Sciences naturelles.
Bulletin. Vol. 1. Fasc. 1. 2. 1907.

Porto.
Academia polytechnica.
Annaes scientificos. Vol. 1. N. 4. Vol. 2. N. 1-3. Coimbra 1906. 07.

CABREIRA, ANTONIO. Demonstração mathematica do seguro Portugal Previdente. Lisboa 1907.

CABREIRA, ANTONIO. Sobre o Calculo das Reservas. Mathematicas. Lisboa 1907.
——. Sur les corps polygonaux. Coïmbre 1907.

KOPKE, AYRES. Traitement de la maladie du sommeil. Lisbonne 1907. Sep.-Abdr.

Russland.

Dorpat.
Naturforscher-Gesellschaft.
Schriften. 17. 1906. 4.
Sitzungsberichte. Bd. 15. Bd. 16. Heft 1. 1906. 07.
Universität.
Acta et commentationes. God 14. N. 1-4. 1906.
Meteorologisches Observatorium der Universität.
Meteorologische Beobachtungen. Jahrg. 40. 1905.
Bericht über die Ergebnisse der Beobachtungen an den Regenstationen des Liv-, Est-, Kurländischen Netzes. 1902.
Sammlung von Arbeiten. Bd. 1. 1906.

Helsingfors.
Geologische Commission.
Bulletin. N. 17. 1906.
Finländische Gesellschaft der Wissenschaften.
Acta. Tom. 32. 1906. 4.
Bidrag till Kännedom af Finlands Natur och Folk. Häftet 63. 1905.
Öfversigt af Förhandlingar. 47. 1904-05.
Meteorologische Zentral-Anstalt.
Observations météorologiques. 1895-1896. 4.
Observations météorologiques. État des glaces et des neiges en Finlande pendant l'hiver 1895-1896. 4.
Gesellschaft zur Erforschung der Geographie Finlands.
Fennia. Bulletin de la Société de Géographie de Finlande. 19-22. 1902-05.
Societas pro Fauna et Flora Fennica.
Acta. Vol. 27. 28. 1906.
Meddelanden. Häftet 31. 32. 1904-06.

Jekaterinburg.
Uralische Gesellschaft von Freunden der Naturwissenschaften.
Bulletin. Tome 26. 1907.

Kasan.
Universität.
Učenyja zapiski. God 73. N. 11. 12 nebst Beilage. God 74. N. 1 nebst Beilage. N. 2-11. 1906. 07.

Kiew.
Universität.
Universitetskija izvěstija. God 46. N. 8-12. God 47. N. 1-8. 1906. 07.

Moskau.
Kaiserliche Gesellschaft der Freunde der Naturwissenschaft, der Anthropologie und der Ethnographie.
Izvěstija. Tom 98. N. 7. 8. Tom 112. Vypusk 2. 1907. 4.
Société impériale des Naturalistes.
Bulletin. Nouv. Sér. Tome 19. N. 4. Tome 20. 1905. 06.
Nouveaux Mémoires. Tome 17. Livr. 1. 1907. 4.
Universität.
Učenyja zapiski. Otděl istoriko-filologičeskij. Vypusk 33. — Juridičeskago fakul'teta. Vypusk 23. 1904.

Pawlowsk.
Magnetisches und Meteorologisches Konstantin-Observatorium.
Étude de l'atmosphère. Fasc. 2. St.-Pétersbourg 1906. 4.

Spanien und Portugal. — Russland. — Balkanstaaten. 991

St. Petersburg.

Kaiserliche Akademie der Wissenschaften.
Bulletin. Sér.5. Tome 17. N.5. Tome 18-24. Tome 25. N.1.2. 1902-06. Sér.6. 1907. N.1-15.
Mémoires. Sér.8. Classe physico-mathématique. Tome 19. N.2.3.5-7. 1906. 4.
Zoologisches Museum.
Annuaire. Tome 10. N.3.4. Tome 11. Beilage zu Tome 11: Bd.2. Lief.1. Tome 12. N.1.2. 1905-07.
Physikalisches Nikolai-Central-Observatorium.
Annales. Année 1904. Partie 1. Partie 2. Fasc. 1. 2. 2.
Kaiserliches Cabinet.
Travaux de la Section géologique. Vol. 6. Livr. 2. 1907.
Geologisches Comité.
Bulletins. Tome 23. N.7-10. 1904.
Mémoires. Nouv. Sér. Livr. 3. 18-20. 1905. 4.
Explorations géologiques dans les régions aurifères de la Sibérie. 5 Karten. 10 Hefte. 1904-07.
Kaiserliche Gesellschaft der Naturforscher.
Travaux. Vol. 33. Livr. 5. Vol. 34. Livr. 5. Vol. 35. Livr. 3. N.1-6. Vol. 36. Livr. 2. Vol. 37. Livr. 1. N.3-8. Livr. 4. Vol. 38. Livr. 1. N. 1-4. 1905-07.
Kaiserliches Institut für experimentelle Medizin.
Archives des Sciences biologiques. Tome 12. N.3-5. Tome 13. N.1. 1906-07.
Universität.
Otčet o sostojanii i dějatel'nosti. 1906.

Zapiski istoriko-filologičeskago fakul'teta. Čast' 65, Vypusk 4. 76. 78-80. 81 nebst Priloženie. 82. 83. 1902-07.
Žurnaly zasědanij sověta. N. 61. 1905.
Protokoly zasědanij sověta, N. 62. 1906.
Materialy dlja istorii fakul'teta vostočnych jazykov. Tom 2. 1906.
Botanischer Garten der Universität.
Scripta botanica. Fasc. 24. 25. 1907.

Riga.

Naturforscher-Verein.
Korrespondenzblatt. 49. 1906.
Statut und Geschäftsordnung des Naturforscher-Vereins zu Riga. 1906.

DONITCH, M. N. Observations de l'éclipse totale du Soleil du 29-30 août 1905. 1905. Sep.-Abdr.

LIAPOUNOFF, A. Sur les figures d'équilibre peu différentes des ellipsoïdes d'une masse liquide homogène douée d'un mouvement de rotation. Partie 1. St.-Pétersbourg 1906. 4.

Missions scientifiques pour la mesure d'un arc de méridien au Spitzberg entreprises en 1899-1901 sous les auspices des gouvernements russe et suédois. Mission russe. 5 Abhandlungen. St.-Pétersbourg 1904-05. 4.

MODESTOV, BASILE. Introduction à l'histoire romaine. Édition traduite du russe par Michel Delines. Paris 1907. 4.

Ko dnju semidesjatilětija Vasilija Vasil'eviča Radlova 5 Janvarja 1907 goda. S.-Peterburg 1907. 4.

Balkanstaaten.

Athen.

Ἐπιστημονικὴ Ἑταιρεία.
Ἀθηνᾶ. Σύγγραμμα περιοδικόν. Τόμος 18. Τεῦχος 2-4. Τόμος 19. Τεῦχος 1.2. 1906.07.
Ἐθνικὸν Πανεπιστήμιον.
Ἐπιστημονικὴ Ἐπετηρίς: 1902-03 nebst Παράρτημα. 1905-06.
Τὰ κατὰ τὴν πρυτανείαν Ἰωάννου Εὐταξίου... 1903-04.
Τὰ κατὰ τὴν πρυτανείαν Σπυρ. Π. Λάμπρου... 1904-05.

ZABITZIANOS, SPYRIDON K. Περὶ ὑγιεινῆς τῶν στρατευμάτων. Ἐν Κερκύρᾳ 1906.

Bukarest.

Academia Română.
Analele. Ser. 2. Tomul 28. Partea administrativă şi Desbaterile. Memoriile Secţiunii ştiinţifice. Memoriile Secţiunii istorice. Memoriile Secţiunii literare. 1905-06.
Discursuri de Recepţiune. 28. 29. 1906.

96*

Biblioteca Academiei Romàne. Creşterile colecţiunilor. N. 1-3. 1905-07.
Aslan, Th. C. Studiu asupra monopolurilor in Romània. 1906.
Bianu, Ioan, şi Hodoş, Nerva. Bibliografia românească veche. 1508-1830. Tom. 2. Fasc. 2. 1906. 4.
Dalametra; I. Dicţionar macedo-român. 1906.
Dobrescu, Nicolae. Istoria bisericii române din Oltenia in timpul ocupaţiunii austriace (1716-1739). 1906.
Filipescu, Teodor. Coloniile romàne din Bosnia. 1906.
Sturdza, Démètre A. L'Académie Roumaine en 1905-1906. 1906.
Institutul meteorologic al României.
Analele. Tomul 18. 1902. 4.
Buletinul Lunar al Observaţiunilor Meteorologice din Romània. Anul 11-14. 1902-05. 4.
Hepites, St. C, şi Murat, I. St. Meteorologia şi Metrologia in Romània. 1906.
Societatea de Ştiinţe.
Buletinul. Anul 15. N. 5. 6. Anul 16. N. 1. 2. 1906. 07.

Jassy.
Universitatea.
Annales scientifiques. Tome 4. Fasc. 2-4. 1907.

Bericht an den Herrn Finanzminister Take Ionescu über die Steuereinschätzung vom Jahre 1905. Bukarest 1906. 4. 2 Ex.

Belgrad.
Königlich Serbische Akademie der Wissenschaften.
L'Activité de l'Académie royale Serbe en 1905.
Glas. 71. 1906.
Godišňi svečani skup. 1907.
Cvijić, J. Osnove za geografiju i geologiju Makedonije i Stare Srbije. Kňiga 1. 2. 1906. 4.
Skerlić, Jovan. Omladina i ňena kňiževnost (1848-1871). 1906.

Spomenica o otvaraňu univerziteta. Beograd 1906.

Vereinigte Staaten von Nord-America.

Allegheny City.
Allegheny Observatory.
Miscellaneous Scientific Papers. New Ser. N. 18-20. 1905-07.

Baltimore.
Johns Hopkins University.
Circular. 1906. N. 4. 5. 7. 9. 10. 1907. N. 1-6.
American Chemical Journal. Vol. 35. N. 5. 6. Vol. 36. Vol. 37. 1906-07. General Index, Vols. 11-20. 1899.
American Journal of Mathematics. Vol. 28. N. 2-4. Vol. 29. N. 1-3. 1906. 07. 4.
The American Journal of Philology. Vol. 27. Vol. 28. N. 1. 2. 1906. 07.
Studies in Historical and Political Science. Ser. 24. N. 3-12. Ser. 25. N. 1-5. 1906. 07.
Maryland Geological Survey.
[Reports.] Pliocene and Pleistocene. 1906.

Peabody Institute.
Annual Report. 40. 1907.

Berkeley.
University of California.
Bulletins. New Ser. Vol. 8. N. 2. 1906.
Chronicle. Vol. 8. N. 3. Vol. 9. N. 2 nebst Suppl. 1906-07.
Library Bulletin. N. 15. 1906.
Publications. American Archaeology and Ethnology. Vol. 2. N. 5. Vol. 4. N. 1-4. Vol. 5. N. 1. — Botany. Vol. 2. N. 12. 13. — Entomology. Vol. 1. N. 1. 2. — Geology. Vol. 4. N. 14-19. Vol. 5. N. 1-8. — Pathology. Vol. 1. N. 8. 9. — Classical Philology. Vol. 1. N. 6. 7. — Semitic Philology. Vol. 1. N. 1. — Physiology. Vol. 3. N. 7-9. — Zoology. Vol. 3. N. 2-13. 1906-07.
Agricultural Experiment Station.
Bulletin. N. 177-187. Sacramento 1906-07.

Lick Observatory, Mount Hamilton.
Bulletin. N.103-124. 1906-07. 4.
Publications. Vol.9. Part 1-3. Sacramento 1907. 4.

Boston.
American Academy of Arts and Sciences.
Memoirs. Vol.13. N.4.5. 1906.07.
Proceedings. Vol.42. N.13-29. Vol.43. N.1-9. 1906-07.

American Philological Association.
Transactions and Proceedings. Vol.36. 1905.

Massachusetts Institute of Technology.
Technology Quarterly and Proceedings of the Society of Arts. Vol.19. N.4. Vol.20. N.1.2. 1906.07.

Society of Natural History.
Occasional Papers. VII. Part 4-7. 1905-06.
Proceedings. Vol.32. N.3-12. Vol.33. N.1.2. 1905-06.
The Astronomical Journal. N. 590-598. 1906-07. 4.
The American Naturalist. Vol.40. N.479. 480. Vol. 41. N. 481-490. 1906. 07.

Buffalo.
Society of Natural Sciences.
Bulletin. Vol.8. N.4.5. 1906.07.

Cambridge, Mass.
Harvard College.
Harvard Oriental Series. Vol. 10. 1906. 4.
Museum of Comparative Zoölogy.
Bulletin. Vol. 43. N. 5. Vol. 49. N. 4. Vol. 50. N. 4-9. Vol. 51. N. 1-5. 1906-07.
Memoirs. Vol. 34. N. 1. Vol. 35. N.1. 1907.
Annual Report of the Curator. 1905-06.
Astronomical Observatory.
Annals. Vol.39. Part 2. Vol. 47. Part 1. Vol.52. Part 1. Vol.55. Part 1. Vol. 57. Part. 1. Vol. 58. Part 2. Vol. 60. N. 1. 2 nebst Appendix. 3-5. Vol. 62. Part. 1. 1906-07. 4.
Circulars. N.113-130. 1906-07. 4.
Annual Report of the Director. 61. 1906.

Chicago.
Field Columbian Museum.
Publications. N.115. 117-120. 1907.

University of Chicago.
The Botanical Gazette. Vol. 42. N. 5.6. Vol. 43. Vol.44. N.1-4. 1906-07.
The Astrophysical Journal. Vol.24. N.5. Vol.25. Vol. 26. N.1-3. 1906-07.
The Journal of Geology. Vol. 14. N.8. Vol.15. N.1-7. 1906.07.
The Decennial Publications of the University of Chicago. Ser.2. Vol.17. 1907.

Cincinnati.
University of Cincinnati.
Record. Ser.1. Vol.3. N.2-5. 7. 8. Vol. 4. N.2. 1906-07.

Columbia, Mo.
University of Missouri.
Bulletin. Vol.8. N.5. 1907.
Studies. Science Series. Vol.1. N.2. 1907.
Laws Observatory.
Bulletin. N. 8-11, 1906-07. 4.

Des Moines.
Iowa Geological Survey.
Annual Report. Vol.16. 1905.

Easton, Pa.
American Chemical Society.
Journal. Vol.28. N.12. Vol.29. N.1-11. 1906.07.

Granville, Ohio.
Denison University.
Bulletin of the Scientific Laboratories. Vol. 13. Art. 3. 1906.

Hartford, Conn.
Connecticut Geological and Natural History Survey.
Bulletin. N. 6-9. 1906-07. Zu N.7 1 Karte besonders.

Houghton.
Michigan College of Mines.
Year Book. 1906-07.

Ithaca, N. Y.
The Journal of Physical Chemistry. Vol. 10.
N. 9. Vol. 11. N. 1-7. 1906. 07.
The Physical Review. Vol. 23. N. 6. Vol. 24.
Vol. 25. N. 1-4. 1906-07.

Lawrence, Kan.
University of Kansas.
 Science Bulletin. Vol. 4. N. 1-6. 1907.
University Geological Survey of Kansas.
Annual Bulletin on the Mineral Resources of Kansas. 1902. 1903.
Reports. Vol. 8. Topeka 1904.

Lincoln.
University of Nebraska. Agricultural Experiment Station.
Bulletin. N. 91-98. 1905-07.

Madison, Wis.
Washburn Observatory of the University of Wisconsin.
 Publications. Vol. 10. Part 3. 1906. 4.
Wisconsin Geological and Natural History Survey.
Bulletin. N. 15. 1906.

Milwaukee.
Public Museum.
Annual Report of the Board of Trustees. 24. 1905-06.
Wisconsin Natural History Society.
Bulletin. New Ser. Vol. 5. N. 1-3. 1907.

Missoula, Mont.
University of Montana.
Bulletin. N. 36. 37. 40-42. 1906-07.

New Haven.
American Oriental Society.
Journal. Vol. 10. 16. 1880. 96. Vol. 27. Half 2. Vol. 28. Half 1. 1907.
The American Journal of Science. Ser. 4. Vol. 22. N. 132. Vol. 23. N. 133-138. Vol. 24. N. 139-143. 1906-07.

New York.
Academy of Sciences.
Annals. Vol. 17. Part 1. 1906.
Carnegie Foundation for the Advancement of Teaching.
Annual Report of the President and Treasurer. 1. 1906.

American Mathematical Society.
Bulletin. Vol. 13. N. 3-10. Vol. 14. N. 1. 2. 1906-07.
List of Members, Constitution, By Laws usw. 1891. 1892. 1894. 1896-99.
Papers. Vol. 1. 1896.
Annual Register. 1900-02. 1907.
Transactions. Vol. 8. N. 1-3. 1907.
VAN VLECK, EDWARD BURR, WHITE, HENRY SEELY, WOODS, FREDERICK SHENSTONE. The Boston Colloquium. Lectures on Mathematics. 1905.

Oberlin, Ohio.
Wilson Ornithological Club.
The Wilson Bulletin. N. 57-59. 1906-07.

Philadelphia.
Academy of Natural Sciences.
Proceedings. Vol. 58. Part 2. 3. Vol. 59. Part 1. 1906. 07.
American Philosophical Society.
Proceedings. Vol. 45. N. 183. 184. Vol. 46. N. 185. 1906. 07.
The Record of the Celebration of the Two Hundredth Anniversary of the Birth of Benjamin Franklin, under the Auspices of the American Philosophical Society ... April the 17th to April the 20th, A. D. 1906. Vol. 1. 1906.
University of Pennsylvania.
Bulletins. Ser. 7. N. 3. Part 2. 6. N. 4. Part 1. N. 5. Part 4. Ser. 8. N. 1. Part 1. 1907.
6 akademische Schriften aus den Jahren 1905 und 1906.
Americana Germanica. New Ser. Monographs devoted to the Comparative Study of the Literary, Linguistic and Other Cultural Relations of Germany and America:
Bek, William G. The German Settlement Society of Philadelphia and Its Colony Hermann, Missouri. 1907.

Princeton.
University.
Catalogue. Year 160. 1906-07.

Rolla, Mo.
Missouri Bureau of Geology and Mines.
Biennial Report of the State Geologist. 1905-06.

Saint Louis.
Academy of Science.
Transactions. Vol. 15. N. 6. Vol. 16. N. 1-7. 1905. 06.

Washington.
Bureau of Standards.
Bulletin. Vol. 2. N. 3. Vol. 3. N. 1-4. 1906. 07.
Carnegie Institution of Washington.
Publications. N.5, Part. 1.2. N. 9, Vol.4. N.32.33. Nr.36, Part 2. N.44.47.48. N. 54, Vol. 1, Part 1. 2 und Atlas. N.56-62. 64. 65. 68-72. 76. 84. 85 (Maine). 1906-07. gr. 2., 4. und 8.
Year Book. N. 5. 1906.
Solar Observatory, Mount Wilson, Cal. Contributions. N. 9–19. 1906–07. Sep.-Abdr.
Report of the Director. 1906. Sep.-Abdr.
Smithsonian Institution.
Smithsonian Miscellaneous Collections. N. 1652. 1656. 1695. 1703. 1717. 1720. 1721. 1906-07.
Annual Report of the Board of Regents. 1905.
Annual Report of the Board of Regents. Report of the U.S. National Museum. 1905. 1906.
TRUE, FREDERICK W. Remarks on the Type of the Fossil Cetacean Agorophius pygmaeus (Müller), 1907. 4.
Bureau of American Ethnology.
Bulletin. N. 30. 1907.
Annual Report. 24. 1902-03.
United States National Museum.
Bulletin, N. 39, Part P. Q. N. 50, Part 4. N. 53, Part 2. N. 56, Part 1. N. 57-59. 1902-07.
Contributions from the United States National Herbarium. Vol. 8: Titel und Inhalt. Vol. 10. Part 3-5. 1906-07.
Proceedings. Vol. 31. 32. 1907.
Library of Congress.
Report of the Librarian of Congress and Report of the Superintendent of the Library Building and Grounds. 1906.

Select List of Books ... relating to Iron and Steel in Commerce. Compiled under the Direction of Appleton Prentiss Clark Griffin. 1907.
Philosophical Society.
Bulletin. Vol. 15. S. 1-56. 1907.
United States Bureau of Education.
Report of the Commissioner of Education. 1904. Vol. 2. 1905, Vol. 1.
United States Coast and Geodetic Survey.
Report of the Superintendent. 1905-06.
United States Geological Survey.
Bulletin. N. 275. 277-303. 305-308. 310. 312. 314. 315. 1906-07.
Monographs. Vol. 50. 1906.
Professional Papers. N. 46. 50-52. 54. 55. 57. 1906-07.
Annual Report of the Director. 27. 1905-06.
Mineral Resources of the United States. 1905.
Water-Supply and Irrigation Papers. N. 155. 156. 158-164. 170. 172-194. 196. 200. 1906-07.
Geologic Atlas of the United States. Folio N. 136-140. 1906. gr. 2.
United States Naval Observatory.
Synopsis of the Report of the Superintendent. 1906.

ABBOTT, CHARLES CONRAD. Archaeologia Nova Caesarea. Trenton, N. J., 1907.
AMES, OAKES. Habenaria orbiculata and H. macrophylla. Spiranthes ovalis. 1906. Sep.-Abdr.
Department of Commerce and Labor. Bureau of the Census. Special Reports. The Blind and the Deaf 1900. Washington 1906.
CORDEIRO, F. J. B. The Gyroscope. 1907. Sep.-Abdr.
EATON, ALVAH AUGUSTUS. Pteridophytes observed during three Excursions into Southern Florida. New York 1906. Sep.-Abdr.
HITZ, JOHN. Helen Keller. Lancaster, Pa., U. S. A. 1906. Sep.-Abdr.
JAMES, WILLIAM. Pragmatism. A New Name for Some Old Ways of Thinking. New York 1907.

LEAVITT, ROBERT GREENLEAF. The Geographic Distribution of Nearly Related Species. Boston 1907. Sep.-Abdr.

MOLEE, ELIAS. niu teutonish, an international union language. Tacoma, Wash., 1906. 2 Ex.

MONTGOMERY, JAMES ALAN. The Samaritans, the Earliest Jewish Sect, Their History, Theology and Literature. Philadelphia 1907.

PICKERING, EDWARD C. Oration on the Aims of an Astronomer. 1906. Sep.-Abdr.

———. An International Southern Telescope. Lancaster, Pa., 1906. Sep.-Abdr.

Proceedings of the Right Worshipful Grand Lodge ... of Pennsylvania ... at its Celebration of the Bi-Centenary of the Birth of ... Benjamin Franklin. Philadelphia 1906.

RHODES, JAMES FORD. History of the United States from the Compromise of 1850 to the Final Restoration of Home Rule at the South in 1877. Vol. 6. 7. New York 1906.

SEE, T. J. J. The Cause of Earthquakes, Mountain Formation and Kindred Phenomena connected with the Physics of the Earth. 1907. Sep.-Abdr.

———. On the Temperature, Secular Cooling and Contraction of the Earth, and on the Theory of Earthquakes held by the Ancients. 1907. Sep.-Abdr.

SMITH, EUGENE ALLEN. The Underground Water Resources of Alabama. Montgomery 1907. (Geological Survey of Alabama.)

WILLCOX, OSWIN W. The Viscous vs. the Granular Theory of Glacial Motion. Long Branch, N. J., 1906.

Mittel- und Süd-America.

Mexico.
Instituto geológico de México.
Boletin. N. 22. 24. 1906. 4.
Museo Nacional.
Anales. Época 2. Tomo 3. N. 10–12. Tomo 4. N. 1–7. 1906. 07. 2.
Sociedad científica »Antonio Alzate«.
Memorias y Revista. Tomo 22. N. 7–12. Tomo 23. N. 5–12. Tomo 24. N. 1–9. 1905–07.
Sociedad de Geografía y Estadística de la República Mexicana.
Boletin. Época 5. Tomo 1. N. 3–12 und Suplemento. Tomo 2. N. 1–4. 1903–07.

FERNÁNDEZ DEL CASTILLO, FRANCISCO. Concordancia entre los calendarios Nahuatl y Romano. Parte 1. México 1907.

Buenos Aires.
Museo Nacional.
Anales. Ser. 3. Tomo 6. 8. 1906.

La Plata.
Museo de La Plata.
Anales. Sección botánica. I. 1897. Sección paleontológica. V. 1903. 2.
Revista. Tomo 11. 1904.

Universidad Nacional. Observatorio astronómico.
Efemerides del Sol y de la Luna. 1907.

PORRO DE SOMENZI, FRANCISCO. Comunicaciones elevadas á la Universidad, con motivo del viaje hecho á Europa. 1907. 4.

LANGE, GUNNAR. The River Pilcomayo from its Discharge into the River Paraguay to Parallel 22° S. Text und Karten. Buenos Aires 1906. 8. und 2.

Lima.
Cuerpo de Ingenieros de Minas del Perú.
Boletin. N. 40–49. 51. 52. 54. 1906–07. 4.

Montevideo.
Dirección general de Estadística.
Anuario estadístico de la República Oriental del Uruguay. Tomo 1. 1904–06. 2 Ex.
Museo Nacional.
Anales. Vol. 6. Entr. 1. 2. 1906. 07.

Rio de Janeiro.
Observatorio.
Annuario. Anno 23. 1907.
Boletim mensal. 1906. 4.

China und Japan.

Schanghai.
North-China Branch of the Royal Asiatic Society.
Journal. New Ser. Vol. 38. 1907. 4.

Kyoto.
Universität.
Memoirs of the College of Science and Engineering. Vol. 1. N. 3. 1906-07.

Tokyo.
Earthquake Investigation Committee.
Bulletin. Vol. 1. N. 1-4. 1907.

Publications. N. 22 B, Art. 1-4. N. 23. 24. 1906-07.
Zoologische Gesellschaft.
Annotationes zoologicae Japonenses. Vol. 6. Part 1. 2. 1906. 07.
Universität.
The Journal of the College of Science. Vol. 21. Art. 2-6. Vol. 22. 1906.
Mitteilungen aus der Medizinischen Fakultät. Bd. 7. N. 1. 2. 1906. 07.

Syrien und Aegypten.

Beirut.
Université Saint-Joseph.
Mélanges de la Faculté orientale. Tome 1. 1906. 4.

Alexandrien.
Société archéologique.
Bulletin. N. 9. 1907.

APOSTOLIDES, B. Γλωσσικαὶ μελέται ἐξ ἀφορμῆς τῶν ἀκαδημεικῶν ἀναγνωσμάτων τοῦ κ. Γ. Ν. Χατζηδάκι. 3 Hefte. Ἐν Καΐρῳ, bezw. ἐν Ἀλεξανδρείᾳ 1904-06.

Ferner wurden durch Ankauf erworben:

Athen. Ἀρχαιολογικὴ Ἑταιρεία. Ἐφημερὶς ἀρχαιολογική. Περίοδος 3. 1906. Τεῦχος 1. 2. 4.
Berlin. Journal für die reine und angewandte Mathematik. Bd. 132. 1907. 4.
Dresden. Hedwigia. Organ für Kryptogamenkunde. Bd. 46. Bd. 47. Heft 1. 2. 1906-07.
Göttingen. Königliche Gesellschaft der Wissenschaften. Göttingische gelehrte Anzeigen. Jahrg. 169. N. 1-11. Berlin 1907.
Leiden. Mnemosyne. Bibliotheca philologica Batava. Nova Ser. Vol. 35. 1907.
Leipzig. Christian Gottlob Kayser's Vollständiges Bücher-Lexikon. Bd. 33. 1907. 4.
———. Hinrichs' Halbjahrs-Katalog der im deutschen Buchhandel erschienenen Bücher, Zeitschriften, Landkarten usw. 1906. Halbj. 2. 1907. Halbj. 1. 4.
———. Literarisches Zentralblatt für Deutschland. Jahrg. 57. N. 49-53. Titel und Inhalt. Jahrg. 58. N. 1-47. 1906. 07. 4.
London. The Annals and Magazine of Natural History. Ser. 7. Vol. 18. N. 108. Vol. 19. N. 109-114. Vol. 20. N. 115-119. 1906-07.
Paris. Annales de Chimie et de Physique. Sér. 8. Tome 9. Nov. Déc. Tome 10. 11. Tome 12. Sept.-Nov. 1906-07.
———. Annales des Mines. Sér. 10. Tome 10. Livr. 8. 1906.
———. Revue archéologique. Sér. 4. Tome 8. Sept.-Déc. Tome 9. Tome 10. Juillet. Août. 1906-07.
Strassburg i. E. Minerva. Jahrbuch der gelehrten Welt. Jahrg. 16. 1906-07.
Stuttgart. Litterarischer Verein. Bibliothek. Bd. 243-246. Tübingen 1907.
Chronologie orientalischer Völker von Albêrûnî. Hrsg. von C. Eduard Sachau. Leipzig 1878. 4.
The Chronology of Ancient Nations. An English Version of the Arabic Text of the Athâr-ul-Bâkiya of Albîrûnî... Translated and edited by C. Edward Sachau. London 1879.

Allgemeine Deutsche Biographie. Lief. 259–265. Leipzig 1906–07.
ERMAN, ADOLF. Aegypten und aegyptisches Leben im Altertum. Tübingen 1896.
GRIMM, JACOB, und GRIMM, WILHELM. Deutsches Wörterbuch. Bd. 4. Abth. 1. Th. 3. Lief. 7. Bd. 10. Abth. 2. Lief. 4. Bd. 13. Lief. 6. Leipzig 1907. 4.
VON HELMHOLTZ, H. Vorlesungen über theoretische Physik. Bd. 4. Leipzig 1907.
KRUMBACHER, KARL. Die Photographie im Dienste der Geisteswissenschaften. Leipzig 1906. Sep.-Abdr.
RHODES, JAMES FORD. History of the United States from the Compromise of 1850. Vol. 1–4. London, bezw. New York and London 1893–1904.
SCHIAPARELLI, GIOVANNI. L'astronomia nell' Antico Testamento. Milano 1903.

NAMENREGISTER.

ABDERHALDEN, Dr. Emil, Privatdocent in Berlin, Bildung von Polypeptiden bei der Hydrolyse der Proteine, s. FISCHER.
ADOLF FRIEDRICH Herzog zu Mecklenburg, erhält 3000 Mark zum Anschluss eines Botanikers an seine Forschungs-Expedition nach Deutsch-Ostafrica. 493.
ASCOLI, gestorben am 21. Januar. 94.
AUFRECHT, gestorben am 3. April. 324.
AUWERS, Jahresbericht über die »Geschichte des Fixsternhimmels«. 65.
———, über seine Bearbeitung der älteren Bradley'schen Meridianbeobachtungen. 323.
BECQUEREL, erhält die Helmholtz-Medaille. 56.
BENNDORF, gestorben am 2. Januar. 1.
BERTHELOT, gestorben am 18. März. 324.
VON BEZOLD, erhält 4000 Mark zu Zwecken der magnetischen Detailvermessung des Preussischen Staatsgebiets. 94.
———, gestorben am 17. Februar. 226.
VON BEZOLD, Dr. Friedrich, Professor der Geschichte an der Universität Bonn, zum correspondirenden Mitglied der philosophisch-historischen Classe gewählt. 225.
BICKEL, Dr. Adolf, Professor in Berlin, über den Einfluss des Morphiums und Opiums auf die Magen- und Pankreassaftsecretion. 203. 217—223.
BLASS, gestorben am 5. März. 271.
BRANCA, über die Lagerungsverhältnisse an der Bahnlinie Donauwörth-Treuchtlingen und deren Bedeutung für das Ries-Problem. Mit E. FRAAS. 743. (*Abh.*)
———, ist Ichthyosaurus nicht gleichzeitig vivipar und stirpivor gewesen? 743.
BRANDL, die Entstehungsgeschichte des Beowulfepos. 615.
BREASTED, James Henry, Professor der Aegyptologie an der University of Chicago, zum correspondirenden Mitglied der philosophisch-historischen Classe gewählt. 615.
BRUECKNER, Prof. Dr. Alfred, in Berlin-Schöneberg, erhält 1600 Mark aus der Eduard Gerhard-Stiftung. 648.
BRUNNER, Jahresbericht der Savigny-Stiftung. 84.
———, Jahresbericht der Commission für das Wörterbuch der deutschen Rechtssprache. Mit SCHROEDER. 87—90.
———, über das Alter der Lex Salica. 799.
BÜCKING, Dr. Hugo, Professor in Strassburg, über die Phonolithe der Rhön und ihre Beziehungen zu den basaltischen Gesteinen. 667. 669—699.
BÜLOW, Dr. Karl, Professor in Tübingen, erhält 600 Mark zur Fortsetzung seiner Untersuchungen über Dihydrotetrazin. 494.
BURDACH, Jahresbericht der Deutschen Commission. Mit ROETHE und SCHMIDT. 66—78.
———, Jahresbericht über die Forschungen zur Geschichte der neuhochdeutschen Schriftsprache. 78—82.
———, über zwei schlesisch-böhmische Formelbücher in lateinischer und deutscher Sprache aus dem Anfang des 15. Jahrhunderts. 373.

Namenregister.

CERIANI, gestorben am 2. März. 271.

CHUQUET, Arthur, Professor am Collège de France in Paris, zum correspondirenden Mitglied der philosophisch-historischen Classe gewählt. 225.

DAHL, Prof. Dr. Friedrich, in Berlin, erhält 280 Mark zur Vervollständigung seiner Bearbeitung der deutschen Spinnenfauna. 494.

DELBRÜCK, Dr. Richard, Privatdocent in Berlin, erhält 2000 Mark aus der Eduard Gerhard-Stiftung. 648.

DELISLE, Adresse an ihn zur Feier seines fünfzigjährigen Jubiläums als Mitglied der Académie des Inscriptions et Belles-Lettres am 6. December 1907. 909. 914—915.

DIELS, Jahresbericht über die Aristoteles-Commentare. 58—59.

——, über ein antikes Exemplar der Sprüche der sieben Weisen von Sosiades. 457.

——, Erwiderung auf die Antrittsrede des Hrn. Müller. 644—645.

——, die Handschriften der antiken Ärzte. Nachtrag zum I. und II. Theil. 667. (*Abh.*)

——, über Melampus' Περὶ παλμῶν und die verwandten Zuckungsbücher des Orients und Occidents. 793. (*Abh.*)

——, über den Schlüssel des Artemistempels zu Lusoi (Arkadien). 909.

——, Bericht über die Thätigkeit des Thesaurus linguae Latinae vom 15. Juni 1905 bis 30. September 1907. 909. 910—913.

——, Prof. Dr. Otto, in Berlin, erhält 800 Mark zur Fortsetzung seiner Untersuchungen über Cholesterin und Kohlensuboxyd. 94.

DILTHEY, Jahresbericht über die Kant-Ausgabe. 61.

DITTENBERGER, gestorben am 29. December 1906. 1.

DONTAS, S., in Athen, hemmende Fasern in den Muskelnerven, s. R. NICOLAIDES.

DRESSEL, Jahresbericht über die Griechischen Münzwerke. 59—60.

——, über den angeblich die Göttin Sors darstellenden Denar des M. Plaetorius Cestianus. 371.

VON DRYGALSKI, Dr. Erich, Professor in München, erhält 1500 Mark zur Vollendung des Chinawerkes von Ferdinand von Richthofen. 494.

ENGELMANN, über die Bedeutung der sogenannten Schwann'schen Zellen für das Leben der Nervenfasern. 667.

ENGLER, Jahresbericht über das »Pflanzenreich«. 64—65.

——, erhält 2300 Mark zur Fortführung dieses Werkes. 493.

ERMAN, Jahresbericht über das Wörterbuch der aegyptischen Sprache. 61—63.

——, zur aegyptischen Wortforschung. 141. 400—415.

——, über die Untersuchungen des Dr. Georg Möller in den Alabasterbrüchen des alten Hat-nub in Aegypten. 849.

EUTING, Dr. Julius, Professor der semitischen Philologie an der Universität Strassburg, zum correspondirenden Mitglied der philosophisch-historischen Classe gewählt. 615.

FILCHNER, Leutnant Wilhelm, in Berlin, erhält 1000 Mark zur Bearbeitung eines Werkes über seine Reise in China und Tibet. 494.

FINCK, Prof. Dr. Franz Nikolaus, in Berlin, die samoanischen Personal- und Possessivpronomina. 705. 721—742.

FISCHER, die Chemie der Proteine und ihre Beziehungen zur Biologie. 35—56.

——, über Spinnenseide. 439. 440—450.

——, Bildung von Polypeptiden bei der Hydrolyse der Proteine. Mit E. ABDERHALDEN. 573. 574—590.

FISCHER, Kuno, gestorben am 5. Juli. 668.

FRAAS, Prof. Dr. Eberhard, in Stuttgart, über die Lagerungsverhältnisse an der Bahnlinie Donauwörth-Treuchtlingen und deren Bedeutung für das Ries-Problem, s. BRANCA.

Der erste Halbband endet mit Seite 616.

FRANKE, Dr. Otto, in Berlin, eine chinesische Tempelinschrift aus Idikutšahri bei Turfan (Turkistan) übersetzt und erklärt. 667. (*Abh.*)

FROBENIUS, über einen Fundamentalsatz der Gruppentheorie. II. 427. 428—437.

GARDINER, Alan H., in Berlin, eine neue Handschrift des Sinuhegedichtes. 141. 142—150.

GLAGAU, Dr. Hans, Professor in Marburg, erhält 1000 Mark zur Fortsetzung seiner Forschungen über Ludwig XVI. und die französische Revolution. 746.

GLEYE, Dr. Karl Erich, in Charlottenburg, erhält 700 Mark zur Förderung seiner Malalas-Studien. 909.

GORJANOVIĆ-KRAMBERGER, Dr. Karl, Professor in Agram, über die geotektonischen Verhältnisse des Agramer Gebirges und deren Folgeerscheinungen. 373. (*Abh.*)

GRAEBE, Prof. Dr. Karl, in Frankfurt a. M., Chemiker, zum correspondirenden Mitgliede der physikalisch-mathematischen Classe gewählt. 615.

GUTHNICK, Dr. Paul, in Berlin, photometrische Beobachtungen der Jupitertrabanten von Juli 1905 bis April 1906. 299. 339—363.

HARNACK, Jahresbericht der Kirchenväter-Commission. 85—86.

———, die Zeitangaben in der Apostelgeschichte des Lucas. 375. 376—399.

———, die Entwickelung der christlichen Religion aus einer jüdischen Secte zu einer Weltreligion. 817.

———, zwei Worte Jesu. 941. 942—957.

VON HARTEL, gestorben am 14. Januar. 94.

HARTMANN, Prof. Dr. Johannes, in Potsdam, eine Verbesserung des Foucault'schen Messerschneiden-Verfahrens zur Untersuchung von Fernrohrobjectiven. 918. 935—940.

HARTMEYER, Dr. Robert, in Berlin, erhält 1500 Mark zur Fortsetzung seiner zoologischen Studien und Sammlungen in Westindien. 494.

HAUSSOULLIER, Bernard, Directeur d'études an der École des hautes études in Paris, zum correspondirenden Mitgliede der philosophisch-historischen Classe gewählt. 495.

HELMERT, Bestimmung der Höhenlage der Insel Wangeroog durch trigonometrische Messungen im Jahre 1888. 765. 766—791.

———, über den Stand der grossen africanischen Breitengradmessung in der Nähe des Meridians von 30° östl. Länge. 765.

HERTEL, Dr. Johannes, Oberlehrer in Döbeln (Sachsen), erhält 450 Mark aus den Erträgnissen der Bopp-Stiftung. 494.

HERWIG, Oskar, zur Biologie der Mäusetumoren. II. Mittheilung. 539. (*Abh.*)

HERZ, Prof. Dr. Norbert, in Wien, Sterncatalog für die Zone von 6° bis 10° südlicher Declination. Abth. II. 323. (*Abh.*)

HERZFELD, Regierungs-Bauführer Ernst, in Berlin, erhält 600 Mark zur Drucklegung seines Werkes »Samarra, Aufnahmen und Untersuchungen zur islamischen Archaeologie«. 373.

HEUSLER, Dr. Andreas, Professor der nordischen Philologie an der Universität Berlin, zum ordentlichen Mitgliede der philosophisch-historischen Classe gewählt. 746.

HIRSCHFELD, Jahresbericht über die Sammlung der lateinischen Inschriften. 57—58.

———, Jahresbericht über die Prosopographie der römischen Kaiserzeit (1. bis 3. Jahrhundert). 58.

———, Jahresbericht über den Index rei militaris imperii Romani. 58.

———, die römischen Meilensteine. 165—201.

VAN'T HOFF, Untersuchungen über die Bildung der oceanischen Salzablagerungen. L. Franklandit und eine neue, dem Boronatrocalcit verwandte Verbindung. 299. 301 —305. LI. Borocalcit und die künstliche Darstellung von Ascharit. 651. 652—663.

Hülsen, Prof. Dr. Christian, 2. Secretar des Kaiserlich Deutschen Archaeologischen Instituts in Rom, zum correspondirenden Mitglied der philosophisch-historischen Classe gewählt. 495.
Justi, Ferdinand, gestorben am 17. Februar. 226.
Kalischer, Dr. Otto, in Berlin, zur Function des Schläfenlappens des Grosshirns. 203. 204—216.
——, erhält 500 Mark zur Fortsetzung seiner Untersuchungen über das Hörorgan. 746.
Kekule von Stradonitz, über das Bildniss des Sokrates. 259. (*Abh.*)
Klein, gestorben am 23. Juni. 616.
Klemm, Prof. Dr. Gustav, in Darmstadt, Bericht über Untersuchungen an den sogenannten »Gneissen« und den metamorphen Schiefern der Tessiner Alpen. IV. 227. 245—258.
Koch, Dr. K., Oberlehrer in Eisenach, das Wolfenbüttler Palimpsest von Galens Schrift περὶ τῶν ἐν ταῖς τροφαῖς δυνάμεων. 93. 103—111.
Koenigsberger, der Green'sche Satz für erweiterte Potentiale. 803. 804—816.
Koser, Jahresbericht über die Politische Correspondenz Friedrich's des Grossen. s. Schmoller.
——, Jahresbericht über die Acta Borussica, s. Schmoller.
——, zur Charakteristik des preussischen Vereinigten Landtags von 1847. 151.
——, Jahresbericht über die Herausgabe der Monumenta Germaniae historica. 493. 496—503.
——, erhält 6000 Mark zur Fortführung der Herausgabe der Politischen Correspondenz Friedrich's des Grossen. 494.
Krehl, Dr. Ludolf, Professor in Heidelberg, erhält 2400 Mark zu Untersuchungen über die Veränderung der Wasserausscheidung durch Haut und Lunge bei Aufenthalt an hoch gelegenen Punkten. 541.
Krönig, Prof. Dr. Georg, in Berlin, der morphologische Nachweis des Methämoglobins im Blut. 743.
Landolt, über Gewichtsänderungen bei der Elektrolyse einer Cadmiumjodidlösung mit Wechselströmen. 93.
Leithäuser, Dr. Gustav, in Berlin, über die Oxydation des Stickstoffs bei der Wirkung der stillen Entladung auf atmosphärische Luft, s. Warburg.
Lenz, über die Anfänge der Universität Berlin. 153.
von Leydig, Adresse an ihn zum sechzigjährigen Doctorjubiläum am 28. August 1907. 745. 759—760.
Lindemann, A. F., in Sidmouth (England), erhält die Leibniz-Medaille in Silber. 646.
Loewy, gestorben am 15. October. 746.
Ludendorff, Dr. H., in Potsdam, die Bahn des spectroskopischen Doppelsterns β Arietis. 417. 418—426.
Luther, Dr. Johannes, Bibliothekar in Berlin, ein neuer Bericht über Luther's Verbrennung der Bannbulle. s. M. Perlbach.
Maitland, gestorben am 21. December 1906. 1.
Martens, Umformung fester Körper unter allseitigem hohen Druck. 917.
von Martius, Dr. Karl Alexander, in Berlin, erhält die Leibniz-Medaille in Silber. 646.
Mendelejew, gestorben am 2. Februar. 151.
Mertens, über die cyklischen Einheitsgleichungen von Primzahlgrad in dem Bereich der Quadratwurzel aus einer negativen Zahl. 917. 924—934.
Meyer, über die Anfänge des Staats und sein Verhältniss zu den Geschlechtsverbänden und zum Volksthum. 507. 508—538.

Der erste Halbband endet mit Seite 616.

Meyer, Nachträge zur aegyptischen Chronologie. 799. (*Abh.*)
Michaelis, Adresse an ihn zum fünfzigjährigen Doctorjubiläum am 19. October 1907. 795. 796—798.
Möbius, über die ästhetische Betrachtung der Reptilien und Amphibien. 299.
Möller, Dr. Georg, in Kairo, erhält 600 Mark zur Aufnahme der Inschriften von Hatnub. 374.
Moissan, gestorben am 20. Februar. 226.
Monod, Gabriel, Mitglied des Institut de France, in Versailles, zum correspondirenden Mitglied der philosophisch-historischen Classe gewählt. 226.
Müller, Prof. Dr. Friedrich, Abtheilungs-Director am Museum für Völkerkunde zu Berlin, zum ordentlichen Mitglied der philosophisch-historischen Classe gewählt. 1.
——, neutestamentliche Bruchstücke in soghdischer Sprache. 153. 260—270.
—— ——, die »persischen« Kalenderausdrücke im chinesischen Tripiṭaka. 457. 458—465.
——, Antrittsrede. 641—644.
, über die litterarischen Funde der zweiten Turfan-Expedition. 665. (*Abh.*)
——, Beitrag zur genaueren Bestimmung der unbekannten Sprachen Mittelasiens. 859. 958—960.
Müller-Breslau, Versuche zur Bestimmung der Grösse und Lage des Seitendruckes sandförmiger Massen auf feste Wände. Fortsetzung. 795.
Munk, über die Functionen des Kleinhirns. Zweite Mittheilung. 15. 16—32. — weiteres über dieselben. 819.
Neuberg, Prof. Dr. Karl, in Berlin, die Entstehung des Erdöls. 439. 451—455.
——, über colloidale und gelatinöse Calcium- und Magnesiumverbindungen. 819. 820—822.
Nicolaides, Rigas, Professor in Athen, hemmende Fasern in den Muskelnerven. Mit S. Dontas. 300. 364—370.
Orth, Antrittsrede. 624—628.
——, über Immunisirung mit besonderer Berücksichtigung der Immunisirung von Meerschweinchen gegen Tuberkulose. 651.
Oskar II., König von Schweden, gestorben am 8. December. 909.
Penck, Antrittsrede. 634—641.
Perels, Dr. Kurt, Privatdocent in Kiel, die Datirung des preussischen Privilegium generale de non appellando illimitatum. 851. 852—858.
Perlbach, Prof. Dr. Max, in Berlin, ein neuer Bericht über Luther's Verbrennung der Bannbulle. Mit J. Luther. 93. 95—102.
Pischel, das Kuntāpasūkta auf Parikṣit. 375.
Planck, zur Dynamik bewegter Systeme. 541. 542—570.
Puchstein, Prof. Dr. Otto, in Berlin, Jahresbericht des Kaiserlich Deutschen Archaeologischen Instituts. 668. 700—704.
Ritter, Dr. Moriz, Professor der Geschichte an der Universität Bonn, zum correspondirenden Mitglied der philosophisch-historischen Classe gewählt. 226.
Robert, Dr. Karl, Professor der Archaeologie an der Universität Halle, zum correspondirenden Mitglied der philosophisch-historischen Classe gewählt. 495.
Roethe, Jahresbericht der Deutschen Commission, s. Burdach.
——, altdeutsche Worte mit langer Wurzel- und kurzer Mittelsilbe. 457. (*Abh.*)
Rubens, Dr. Heinrich, Professor der Physik an der Universität Berlin, zum ordentlichen Mitglied der physikalisch-mathematischen Classe gewählt. 746.
Rubner, Antrittsrede. 628—631.
Sachau, Jahresbericht über die Ausgabe des Ibn Saad. 61.

Sachau, drei aramäische Papyrus-Urkunden des Königlichen Museums in Berlin. 705. (*Abh.*)
—— , über einen altaramäischen Papyrus aus Elephantine. 849.
Schäfer, über die Entwickelung der Beziehungen der europäischen Völker zu den überseeischen Gebieten im Laufe des 16. Jahrhunderts. 493.
Schäfer, Prof. Dr. Heinrich, in Berlin, die altnubischen christlichen Handschriften der Königlichen Bibliothek zu Berlin. Mit K. Schmidt. 601. 602—613.
Schmidt, deutsche Reimstudien. II. 33.
——, Jahresbericht über die Ausgabe der Werke Wilhelm von Humboldt's. 65—66.
——, Jahresbericht der Deutschen Commission, s. Burdach.
Schmidt, Prof. Dr. Adolf, in Potsdam, über die Bestimmung des allgemeinen Potentials beliebiger Magnete und die darauf begründete Berechnung ihrer gegenseitigen Einwirkung. 299. 306—322.
Schmidt, Prof. Dr. Karl, Wissenschaftlicher Beamter der Akademie, der 1. Clemensbrief in altkoptischer Übersetzung. 153. 154—164.
——, die altnubischen christlichen Handschriften der Königlichen Bibliothek zu Berlin, s. H. Schäfer.
Schmoller, Jahresbericht über die Politische Correspondenz Friedrich's des Grossen. Mit Koser. 59.
—— ——, Jahresbericht über die Acta Borussica. Mit Koser. 60.
—— ——, die Entstehung der staatlichen Finanzwirthschaft in den grösseren europäischen Staaten von 1500 bis 1820. 859.
Schottky, über zwei Beweise des allgemeinen Picard'schen Satzes. 803. 823—840.
—— ——, über Beziehungen zwischen veränderlichen Grössen, die auf gegebene Gebiete beschränkt sind. Erste Mittheilung. 917. 919—923.
Schrammen, Anton, in Hildesheim, erhält 1000 Mark zur Bearbeitung einer Monographie der Kieselschwämme der oberen Kreide von Norddeutschland. 494.
Schroeder, Jahresbericht der Commission für das Wörterbuch der deutschen Rechtssprache, s. Brunner.
Schulze, Franz Eilhard, Jahresbericht über das »Thierreich«. 63—64.
—— ——, über die Lungen der Cetaceen. 203.
Schulze, Wilhelm, deutsche Lehnworte im Slavischen. 601.
Schwartz, Dr. Eduard, Professor der classischen Philologie an der Universität Göttingen, zum correspondirenden Mitglied der philosophisch-historischen Classe gewählt. 495.
Schwarz, über verschiedene Beweise eines Hülfssatzes, mittelst dessen der Hauptsatz der synthetischen Geometrie reingeometrisch bewiesen werden kann. 225.
—— , über den von Hrn. Prof. Hessenberg neuerdings aufgefundenen reingeometrischen Beweis für das Bestehen der Pascal'schen Configuration. 325.
—— ——, Worte der Erinnerung an Leonhard Euler. 645.
Sieg, Dr. Emil, Privatdocent in Berlin, Bruchstück einer Sanskrit-Grammatik aus Sängim Ağïz, Chinesisch-Turkistan. 375. 466—491.
Simon, James, in Berlin, erhält die Leibniz-Medaille in Gold. 646.
Stark, Prof. Dr. Johannes, in Hannover, erhält 2000 Mark zu Untersuchungen über die Lichtemission der Kanalstrahlen. 494.
Stern, Dr. Ludwig, Abtheilungs-Director an der Königlichen Bibliothek in Berlin, ein ungedruckter Brief Kant's. 799. 800—801.
Struve, erhält 400 Mark zur Instandsetzung des der Akademie gehörigen Refractors. 746.
—— ——, die Resultate einer neuen Beobachtungsreihe des Saturnstrabanten Titan. 851.

Der erste Halbband endet mit Seite 616.

STUMPF, Beobachtungen über Combinationstöne. 1.
TANNHÄUSER, Dr. Felix, Privatdocent in Berlin, erhält 750 Mark zum Abschluss seiner petrographisch-geologischen Untersuchung des Neuroder Gabbrozuges. 494.
——— ——, Ergebnisse der petrographisch-geologischen Untersuchungen des Neuroder Gabbrozuges in der Grafschaft Glatz. 803. 841—848.
TOBLER, altital. adonare. 745. 747—755.
——— ———, Adresse an ihn zum fünfzigjährigen Doctorjubiläum am 31. Juli 1907. 745. 756—758.
TOBLER, Dr. Friedrich, Privatdocent in Münster i. W., erhält 600 Mark zur Fortsetzung seiner Untersuchungen über die Vegetationsgemeinschaften im Meere. 494.
TORNQUIST, Dr. Alexander, Professor in Königsberg, Vorläufige Mittheilung über die Algäu-Vorarlberger Flyschzone. 573. 591—599.
TÜMPEL, W., Pfarrer in Unterrenthendorf, erhält 600 Mark zur Herausgabe von Band 4 des Werkes »Das deutsche evangelische Kirchenlied des 17. Jahrhunderts«. 374.
ULE, Ernst, in Berlin, erhält 1500 Mark zur Fortsetzung seiner botanischen Studien im Amazonas-Gebiet. 494.
VAHLEN, kritische Bemerkungen zur Verstechnik des Plautus. 705. 706—720.
VOGEL, über die Construction eines neuen Spectrographen. 417.
———, gestorben am 13. August. 746.
VOLZ, Prof. Dr. Wilhelm, in Breslau, vorläufiger Bericht über eine Forschungsreise zur Untersuchung des Gebirgsbaues und der Vulcane von Sumatra in den Jahren 1904—1906. 113. 127—140.
WALDEYER, Jahresbericht der Humboldt-Stiftung. 83—84.
———, Jahresbericht der Akademischen Jubiläumsstiftung der Stadt Berlin. 91.
———, über Gehirne menschlicher Zwillings- und Drillingsfrüchte verschiedenen Geschlechtes. 113. 114—126.
———, Ansprache, gehalten in der öffentlichen Sitzung zur Feier des Leibnizischen Jahrestages. 617—623.
———, Erwiderung auf die Antrittsreden der HH. Orth und Rubner. 631—634.
WALLACH, Dr. Otto, Professor der Chemie an der Universität Göttingen, zum correspondirenden Mitglied der physikalisch-mathematischen Classe gewählt. 616.
WALLESER, Prof. Dr. Max, in Säckingen, erhält 900 Mark aus den Erträgnissen der Bopp-Stiftung. 494.
WARBURG, über die Oxydation des Stickstoffs bei der Wirkung der stillen Entladung auf atmosphärische Luft. Mit G. LEITHÄUSER. 227. 229—234.
WEDEKIND, Dr. Edgar, Professor in Tübingen, erhält 700 Mark zu magnetochemischen Studien. 494.
WEIL, Dr. Gotthold, in Berlin, erhält 1000 Mark zur Drucklegung seiner Ausgabe des Kitab al-inṣāf des Ibn al-Anbārī. 541.
VON WILAMOWITZ-MOELLENDORFF, zum Lexikon des Photios. 1. 2—14.
———, Jahresbericht über die Sammlung der griechischen Inschriften. 56—57.
——————, die Hymnen des Proklos und Synesios. 271. 272—295.
——————, erhält 5000 Mark zur Fortführung der Inscriptiones Graecae. 494.
——————, Bericht über eine Reise des Dr. P. Jacobsthal für die Inscriptiones Graecae. 705.
——————, erhält 750 Mark zur Anfertigung von Photographien Plutarchischer Handschriften. 746.

von Wilamowitz-Moellendorff, zum Menander von Kairo. 859. 860—872.

Wilhelmi, Dr. Julius, in Neapel, erhält 1300 Mark zum Abschluss seiner Studien für eine Monographie der Seetricladen. 494.

Zimmer, über den Einschlag aus den Culturzuständen der vorkeltischen Bewohner Islands in dem in den Erzählungen der alten nordischen Heldensage vorliegenden Culturbild aus dem alten Irland. 297.

Zimmermann, der gerade Stab auf elastischen Einzelstützen mit Belastung durch längsgerichtete Kräfte. 227. 235—244.

—————, das Stabeck auf elastischen Einzelstützen mit Belastung durch längsgerichtete Kräfte. 325. 326—338.

—————, über grosse Schwingungen im widerstehenden Mittel und ihre Anwendung zur Bestimmung des Luftwiderstandes. 873. 874—907.

Zopf, Dr. Wilhelm, Professor in Münster i. W., erhält 600 Mark zur Herausgabe einer Arbeit über die Flechtensäuren. 746.

SACHREGISTER.

Acta Borussica: Jahresbericht. 60.
Adonare, altital. —, von Tobler. 745. 747—755.
Adressen: zur Zweihundertjahrfeier des Geburtstages von Karl von Linné am 23.—
25. Mai 1907. 493. 504—505. — zur Feier des dreihundertjährigen Todestages
von Ulisse Aldrovandi in Bologna 12. und 13. Juni 1907. 541. 571—572. — an
Hrn. Adolf Tobler zum fünfzigjährigen Doctorjubiläum am 31. Juli 1907. 745.
756—758. — an Hrn. Franz von Leydig zum sechzigjährigen Doctorjubiläum am
28. August 1907. 745. 759—760. — an die Universität Giessen zur Feier ihres
dreihundertjährigen Bestehens. 745. 761—762. — an die Geological Society of
London zur Feier ihres hundertjährigen Bestehens. 745. 763—764. — an Hrn.
Adolf Michaelis zum fünfzigjährigen Doctorjubiläum am 19. October 1907. 795.
796—798. — an Hrn. Leopold Delisle zur Feier seines fünfzigjährigen Jubiläums
als Mitglied der Académie des Inscriptions et Belles-Lettres am 6. December 1907.
909. 914—915.
Aegyptische Chronologie, Nachträge zu derselben, von Meyer. 799. (*Abh.*)
Aegyptische Wortforschung, zu derselben, von Erman. 141. 400—415.
Agramer Gebirge, über die geotektonischen Verhältnisse des — und deren Folge-
erscheinungen, von K. Gorjanović-Kramberger. 373. (*Abh.*)
Akademische Jubiläumsstiftung der Stadt Berlin, s. Jubiläumsstiftung.
Algäu-Vorarlberger Flyschzone, vorläufige Mittheilung über die —, von A.
Tornquist. 573. 591—599.
Altdeutsche Worte mit langer Wurzel- und kurzer Mittelsilbe, von Roethe. 457.
(*Abh.*)
Amphibien, über die ästhetische Betrachtung der Reptilien und —, von Möbius.
299.
Anatomie und Physiologie: A. Bickel, über den Einfluss des Morphiums und
Opiums auf die Magen- und Pankreassaftsecretion. 203. 217—223. — Engel-
mann, über die Bedeutung der sogenannten Schwann'schen Zellen für das Leben
der Nervenfasern. 667. — Hertwig, O., zur Biologie der Mäusetumoren. II.
Mittheilung. 539. (*Abh.*) — O. Kalischer, zur Function des Schläfenlappens des
Grosshirns. 203. 204—216. — G. Krönig, der morphologische Nachweis des
Methämoglobins im Blut. 743. — Munk, über die Functionen des Kleinhirns.
Zweite Mittheilung. 15. 16—32. — Derselbe, weiteres über die Functionen
des Kleinhirns. 819. — R. Nicolaides und S. Dontas, hemmende Fasern in den
Muskelnerven. 300. 364—370. — Schulze, F. E., über die Lungen der Ce-
taceen. 203. — Waldeyer, über Gehirne menschlicher Zwillings- und Drillings-
früchte verschiedenen Geschlechtes. 113. 114—126.
Vergl. Zoologie.
Antrittsreden von ordentlichen Mitgliedern: Orth. 624—628. — Rubner. 628—
631. — Erwiderung an HH. Orth und Rubner, von Waldeyer. 631—634. —
Penck. 634—641. — Müller. 641—644. — Erwiderung an Hrn. Müller, von
Diels. 644—645.

Apostelgeschichte, die Zeitangaben in der — des Lucas, von HARNACK. 375. 376—399.
Archaeologie: KEKULE VON STRADONITZ, über das Bildniss des Sokrates. 259. (*Abh.*)
Archaeologisches Institut: Jahresbericht. 91. 668. 700—704.
Aristoteles-Commentare: Jahresbericht. 58—59. — Publication. 745.
Artemistempel zu Lusoi (Arkadien), über den Schlüssel desselben, von DIELS. 909.
Asiatische Sprachen, Beitrag zur genaueren Bestimmung der unbekannten Sprachen Mittelasiens, von MÜLLER. 859. 958—960.
Astronomie: AUWERS, über seine Bearbeitung der älteren Bradley'schen Meridianbeobachtungen. 323. — »Geschichte des Fixsternhimmels«. 65. — P. GUTHNICK, photometrische Beobachtungen der Jupitertrabanten von Juli 1905 bis April 1906. 299. 339—363. — J. HARTMANN, eine Verbesserung des Foucault'schen Messerschneiden-Verfahrens zur Untersuchung von Fernrohrobjectiven. 918. 935—940. — N. HERZ, Sterncatalog für die Zone von 6° bis 10° südlicher Declination. Abth. II. 323. (*Abh.*) — H. LUDENDORFF, die Bahn des spectroskopischen Doppelsterns β Arietis. 417. 418—426. — STRUVE, die Resultate einer neuen Beobachtungsreihe des Saturnstrabanten Titan. 851. — VOGEL, über die Construction eines neuen Spectrographen. 417.

Vergl. Mathematik.

Beowulfepos, die Entstehungsgeschichte des —, von BRANDL. 615.
Berliner Universität, über die Anfänge derselben, von LENZ. 153.
Biographie: L. STERN, ein ungedruckter Brief Kant's. 799. 800—801.
Bopp-Stiftung: Jahresbericht. 84. — Zuerkennung des Jahresertrages. 494.
Botanik: »Pflanzenreich«. 64—65. 227. 493. 745. 817. 873.
Bradley'sche Meridianbeobachtungen, über seine Bearbeitung der älteren —, von AUWERS. 323.
Breitengradmessung, über den Stand der grossen africanischen — in der Nähe des Meridians von 30° östl. Länge, von HELMERT. 765.
Calciumverbindungen, über colloidale und gelatinöse Calcium- und Magnesiumverbindungen, von K. NEUBERG. 819. 820—822.
Dr. Carl Güttler-Stiftung, s. unter G.
Cetaceen, über die Lungen der —, von SCHULZE, F. E. 203.
Chemie: FISCHER, die Chemie der Proteine und ihre Beziehungen zur Biologie. 35—56. — Derselbe, über Spinnenseide. 439. 440—450. — Derselbe und E. ABDERHALDEN, Bildung von Polypeptiden bei der Hydrolyse der Proteine. 573. 574—590. — VAN'T HOFF, Untersuchungen über die Bildung der oceanischen Salzablagerungen. L. Franklandit und eine neue, dem Boronatrocalcit verwandte Verbindung. 299. 301—305. LI. Borocalcit und die künstliche Darstellung von Ascharit. 651. 652—663. — LANDOLT, über Gewichtsänderungen bei der Elektrolyse einer Cadmiumjodidlösung mit Wechselströmen. 93. — K. NEUBERG, die Entstehung des Eröls. 439. 451—455. — Derselbe, über colloidale und gelatinöse Calcium- und Magnesiumverbindungen. 819. 820—822.
Christliche Religion, die Entwickelung der — aus einer jüdischen Secte zu einer Weltreligion, von HARNACK. 817.
Clemensbrief, der erste, in altkoptischer Übersetzung, von K. SCHMIDT. 153. 154—164.
Combinationstöne, Beobachtungen über —, von STUMPF. 1.
Corpus inscriptionum Graecarum, s. Inscriptiones Graecae.
Corpus inscriptionum Latinarum: Jahresbericht. 57—58. — Publication. 324.

Der erste Halbband endet mit Seite 616.

Corpus medicorum Graecorum: Nachtrag zum Katalog der Handschriften der antiken Ärzte. 667. (*Abh.*)
Corpus nummorum: Jahresbericht. 59—60.
Cyklische Einheitsgleichungen, über die — von Primzahlgrad in dem Bereich der Quadratwurzel aus einer negativen Zahl, von MERTENS. 917. 924—934.
Deutsche Commission: Jahresbericht. 66—78. — Geldbewilligung. 494. — Publicationen. 541. 705.
Deutsche Rechtssprache, s. Wörterbuch.
Deutsche Reimstudien, von SCHMIDT. II. 33.
Doppelsterne, s. Spectroskopische Doppelsterne.
Druckstab, der gerade Stab auf elastischen Einzelstützen mit Belastung durch längsgerichtete Kräfte, von ZIMMERMANN. 227. 235—244.
Dynamik bewegter Systeme, zu derselben, von PLANCK. 541. 542—570.
Eduard Gerhard-Stiftung, s. Gerhard-Stiftung.
Erdöl, die Entstehung des —, von K. NEUBERG. 439. 451—455.
Fixsternhimmel, Geschichte desselben: Jahresbericht. 65.
Formelbücher, über zwei schlesisch-böhmische — in lateinischer und deutscher Sprache aus dem Anfang des 15. Jahrhunderts, von BURDACH. 373.
Foucault'sches Messerschneiden-Verfahren, eine Verbesserung des — zur Untersuchung von Fernrohrobjectiven, von J. HARTMANN. 918. 935—940.
Friedrich der Grosse, Politische Correspondenz desselben: Jahresbericht. 59. — Geldbewilligung. 494.
Galenus, das Wolfenbüttler Palimpsest von Galens Schrift περὶ τῶν ἐν ταῖς τροφαῖς δυνάμεων. 93. 103—111.
Gehirne, über — menschlicher Zwillings- und Drillingsfrüchte verschiedenen Geschlechtes, von WALDEYER. 113. 114—126.
Geldbewilligungen für wissenschaftliche Unternehmungen der Akademie: Unternehmungen der Deutschen Commission. 494. — Politische Correspondenz Friedrich's des Grossen. 494. — Inscriptiones Graecae. 494. — Pflanzenreich. 493.

——————————— für interakademische wissenschaftliche Unternehmungen: Leibniz-Ausgabe. 493. — Herausgabe der mittelalterlichen Bibliothekskataloge. 494. — Thesaurus linguae Latinae (ausseretatsmässige Bewilligung). 494. — Wörterbuch der aegyptischen Sprache. 541.

——————————— für besondere wissenschaftliche Untersuchungen und Veröffentlichungen: Für die wissenschaftliche Erforschung der norddeutschen Kalisalzlager. 493. — Musikgeschichtliche Commission zur Herausgabe der Denkmäler Deutscher Tonkunst: bibliographische Aufnahme der in deutschen Bibliotheken und Archiven befindlichen Handschriften mittelalterlicher Musikschriftsteller. 746. — ADOLF FRIEDRICH Herzog zu Mecklenburg, Forschungs-Expedition nach Deutsch-Ostafrica. 493. — VON BEZOLD, magnetische Detailvermessung des Preussischen Staatsgebiets. 94. — K. BÜLOW, Untersuchungen über Dihydrotetrazin. 494. — F. DAHL, Bearbeitung der deutschen Spinnenfauna. 494. — O. DIELS, Untersuchungen über Cholesterin und Kohlensuboxyd. 94. — E. VON DRYGALSKI, Vollendung des Chinawerkes von Ferdinand von Richthofen. 494. — W. FILCHNER, Bearbeitung eines Werkes über seine Reise in China und Tibet. 494. — H. GLAGAU, Forschungen über Ludwig XVI. und die französische Revolution. 746. — K. E. GLEYE, Malalas-Studien. 909. — R. HARTMEYER, zoologische Studien und Sammlungen in Westindien. 494. — E. HERZFELD, Drucklegung seines Werkes »Samarra, Aufnahme und Untersuchungen zur islamischen Archaeologie«. 373. — O. KALISCHER, Untersuchungen über das Hörorgan. 746. — L. KREHL, Untersuchungen über die Veränderung der Wasserausscheidung durch Haut und Lunge bei Aufenthalt an hoch gelegenen Punkten. 541. — G. MÖLLER, Aufnahme der Inschriften von Hatnub. 374. — A. SCHRAMMEN, Monographie der Kieselschwämme der oberen Kreide von Norddeutschland. 494. — J. STARK, Untersuchungen über die Lichtemission der Kanalstrahlen. 494. — STRUVE, Instandsetzung des der Akademie gehörigen Refractors. 746. — F. TANNHÄUSER, petrographisch-geologische Untersuchung des Neuroder Gabbrozuges. 494. — F. TOBLER, Untersuchungen über die Vegetationsgemeinschaften im Meere. 494. — W. TÜMPEL, Herausgabe von Band 4 des Werkes »Das deutsche evangelische Kirchenlied des 17. Jahrhunderts«. 374. — E. ULE, botanische Studien im Amazonas-Gebiet. 494. — E. WEDEKIND, magnetochemische Studien. 494. — G. WEIL, Drucklegung seiner Ausgabe des Kitāb al-inṣāf des Ibn al-Anbārī. 541. — VON WILAMOWITZ-MOELLENDORFF, Anfertigung von Photographien Plutarchischer Handschriften. 746. — J. WILHELMI, Monographie der Seetricladen. 494. — W. ZOPF, Herausgabe einer Arbeit über die Flechtensäuren. 746.

Geodäsie: HELMERT, Bestimmung der Höhenlage der Insel Wangeroog durch trigonometrische Messungen im Jahre 1888. 765. 766—791. — Derselbe, über den Stand der grossen africanischen Breitengradmessung in der Nähe des Meridians von 30° östl. Länge. 765.

Geologie, s. Mineralogie.

Geophysik, s. Erdmagnetismus und Meteorologie.

Gerhard-Stiftung: Publication. 615. — Zuerkennung und Ausschreibung des Stipendiums. 648—649. Vergl. S. 859.

Geschichte: Corpus nummorum. 59—60. — DIELS, über den Schlüssel des Artemistempels zu Lusoi (Arkadien). 909. — DRESSEL, über den angeblich die Göttin Sors darstellenden Denar des M. Plaetorius Cestianus. 371. — Politische Correspondenz Friedrich's des Grossen. 59. 494. — HIRSCHFELD, die römischen Meilensteine. 165—201. — Ausgabe der Werke Wilhelm von Humboldt's. 65—66. 225. 493. 745. — Index rei militaris imperii Romani. 58. — KOSER, zur Charakteristik des preussischen Vereinigten Landtags von 1847. 151. — LENZ, über die Anfänge der Universität Berlin. 153. — MEYER, über die Anfänge des Staats und sein Verhältniss zu den Geschlechtsverbänden und zum Volksthum. 507. 508—538. — Derselbe, Nachträge zur aegyptischen Chronologie. 799. (*Abh.*) — Monumenta Germaniae historica. 91. 493. 496—503. — Prosopographia imperii Romani saec. I—III. 58. — Prosopographia imperii Romani saec. IV—VI. 86. — SCHÄFER, über die Entwickelung der Beziehungen der europäischen Völker zu den überseeischen Gebieten im Laufe des 16. Jahrhunderts. 493.

Vergl. Biographie, Inschriften, Kirchengeschichte und Staatswissenschaft.

Geschichte der neuhochdeutschen Schriftsprache: Jahresbericht. 78—82.

Gewichtsänderungen, über solche bei der Elektrolyse einer Cadmiumjodidlösung mit Wechselströmen, von LANDOLT. 93.

Green'scher Satz, der — für erweiterte Potentiale, von KOENIGSBERGER. 803. 804—816.

Griechische Kirchenväter, s. Kirchenväter.

Grosshirn, zur Function des Schläfenlappens desselben, von O. KALISCHER. 203. 204—216.

Gruppentheorie, über einen Fundamentalsatz der —. von FROBENIUS. II. 427. 428—437.

Güttler-Stiftung, Errichtung der Dr. Carl Güttler-Stiftung. 494.

Der erste Halbband endet mit Seite 616.

Hat-nub in Aegypten, über die Untersuchungen des Dr. Georg Möller in den Alabasterbrüchen des alten —, von ERMAN. 849.
Helmholtz-Medaille: Verleihung derselben. 56.
Hermann und Elise geb. Heckmann Wentzel-Stiftung, s. Wentzel-Stiftung.
Humboldt, Wilhelm von, Ausgabe seiner Werke: Jahresbericht. 65—66. — Publicationen. 225. 493. 745.
Humboldt-Stiftung: Jahresbericht. 83—84. — Publicationen. 225. 427. 746. 909.
Ibn Saad, Ausgabe desselben: Jahresbericht. 61.
Ichthyosaurus, ist — nicht gleichzeitig vivipar und stirpivor gewesen? von BRANCA. 743.
Idikutšahri, eine chinesische Tempelinschrift aus — bei Turfan (Turkistan) übersetzt und erklärt, von O. FRANKE. 667. (*Abh.*)
Immunisirung, über — mit besonderer Berücksichtigung der Immunisirung von Meerschweinchen gegen Tuberkulose, von ORTH. 651.
Index rei militaris imperii Romani: Jahresbericht. 58.
Inschriften: Corpus inscriptionum Latinarum. 57—58. 324. — DIELS, über ein antikes Exemplar der Sprüche der sieben Weisen von Sosiades. 457. — O. FRANKE, eine chinesische Tempelinschrift aus Idikutšahri bei Turfan (Turkistan) übersetzt und erklärt. 667. (*Abh.*) — Inscriptiones Graecae. 56—57. 494. 705.
Inscriptiones Graecae: Jahresbericht. 56—57. — Geldbewilligung. 494. Vergl. S. 705.
Irland, über den Einschlag aus den Culturzuständen der vorkeltischen Bewohner Irlands in dem in den Erzählungen der alten nordischen Heldensage vorliegenden Culturbild aus dem alten Irland, von ZIMMER. 297.
Jesus, zwei Worte Jesu, von HARNACK. 941. 942—957.
Jubiläumsstiftung der Stadt Berlin: Jahresbericht. 91.
Jupitertrabanten, photometrische Beobachtungen der — von Juli 1905 bis April 1906, von P. GUTHNICK. 299. 339—363.
Kant, ein ungedruckter Brief desselben, von L. STERN. 799. 800—801.
Kant-Ausgabe: Jahresbericht. 61. — Publicationen. 151. 817.
Kirchengeschichte: HARNACK, die Zeitangaben in der Apostelgeschichte des Lucas. 375. 376—399. — Derselbe, die Entwickelung der christlichen Religion aus einer jüdischen Secte zu einer Weltreligion. 817. — Derselbe, zwei Worte Jesu. 941. 942—957. — Ausgabe der griechischen Kirchenväter. 85—86. 909. — MÜLLER, neutestamentliche Bruchstücke in soghdischer Sprache. 153. 260—270. — M. PERLBACH und J. LUTHER, ein neuer Bericht über Luther's Verbrennung der Bannbulle. 93. 95—102. — H. SCHÄFER und K. SCHMIDT, die altnubischen christlichen Handschriften der Königlichen Bibliothek zu Berlin. 601. 602—613. — K. SCHMIDT, der 1. Clemensbrief in altkoptischer Übersetzung. 153. 154—164.
Kirchenväter, griechische, Ausgabe derselben: Jahresbericht. 85—86. — Publication. 909.
Kleinhirn, über die Functionen desselben, von MUNK. Zweite Mittheilung. 15. 16—32. — Weiteres über dieselben, von Demselben. 819.
Kuntāpasūkta, das — auf Parikṣit, von PISCHEL. 375.
Leibniz-Ausgabe, Interakademische: Geldbewilligung. 493.
Leibniz-Medaille: Verleihung derselben. 645—646.
Lex Salica, über das Alter derselben, von BRUNNER. 799.
Lucas, die Zeitangaben in der Apostelgeschichte des —, von HARNACK. 375. 376—399.
Luftwiderstand, über grosse Schwingungen im widerstehenden Mittel und ihre Anwendung zur Bestimmung des —, von ZIMMERMANN. 873. 874—907.

Lusoi, über den Schlüssel des Artemistempels zu — (Arkadien), von Diels. 909.
Luther, ein neuer Bericht über Luther's Verbrennung der Bannbulle, von M. Perlbach und J. Luther. 93. 95—102.
Mäusetumoren, zur Biologie der —, von Herwig, O. II. Mittheilung. 539. (Abh.)
Magensaftsecretion, über den Einfluss des Morphiums und Opiums auf die Magen- und Pankreassaftsecretion, von A. Bickel. 203. 217—223.
Magnesiumverbindungen, über colloidale und gelatinöse Calcium- und Magnesiumverbindungen, von K. Neuberg. 819. 820—822.
Magnete, über die Bestimmung des allgemeinen Potentials beliebiger — und die darauf begründete Berechnung ihrer gegenseitigen Einwirkung, von A. Schmidt. 299. 306—322.
Mathematik: Frobenius, über einen Fundamentalsatz der Gruppentheorie. II. 427. 428—437. — Koenigsberger, der Green'sche Satz für erweiterte Potentiale. 803. 804—816. — Meriens, über die cyklischen Einheitsgleichungen von Primzahlgrad in dem Bereich der Quadratwurzel aus einer negativen Zahl. 917. 924—934. — Schottky, über zwei Beweise des allgemeinen Picard'schen Satzes. 803. 823—840. — Derselbe, über Beziehungen zwischen veränderlichen Grössen, die auf gegebene Gebiete beschränkt sind. Erste Mittheilung. 917. 919—923. — Schwarz, über verschiedene Beweise eines Hülfssatzes, mittelst dessen der Hauptsatz der synthetischen Geometrie reingeometrisch bewiesen werden kann. 225. — Derselbe, über den von Hrn. Prof. Hessenberg neuerdings aufgefundenen reingeometrischen Beweis für das Bestehen der Pascal'schen Configuration. 325.
Mechanik: Müller-Breslau, Versuche zur Bestimmung der Grösse und Lage des Seitendruckes sandförmiger Massen auf feste Wände. Fortsetzung. 795. — Zimmermann, der gerade Stab auf elastischen Einzelstützen mit Belastung durch längsgerichtete Kräfte. 227. 235—244. — Derselbe, das Stabeck auf elastischen Einzelstützen mit Belastung durch längsgerichtete Kräfte. 325. 326—338. — Derselbe, über grosse Schwingungen im widerstehenden Mittel und ihre Anwendung zur Bestimmung des Luftwiderstandes. 873. 874—907.
Vergl. Mathematik.
Meilensteine, die römischen —, von Hirschfeld. 165—201.
Melampus, über — Περὶ παλμῶν und die verwandten Zuckungsbücher des Orients und Occidents, von Diels. 793. (Abh.)
Menander, zum — von Kairo, von V. Wilamowitz-Moellendorff. 859. 860—872.
Methämoglobin, der morphologische Nachweis des — im Blut, von G. Krönig. 743.
von Miloszewsky'sches Legat: Preisaufgabe aus demselben. 646—648.
Mineralogie und Geologie: Branca und E. Fraas, über die Lagerungsverhältnisse an der Bahnlinie Donauwörth-Treuchtlingen und deren Bedeutung für das Ries-Problem. 743. (Abh.) — H. Bücking, über die Phonolithe der Rhön und ihre Beziehungen zu den basaltischen Gesteinen. 667. 669—699. — K. Gorjanović-Kramberger, über die geotektonischen Verhältnisse des Agramer Gebirges und deren Folgeerscheinungen. 373. (Abh.) — G. Klemm, Bericht über Untersuchungen an den sogenannten »Gneissen« und den metamorphen Schiefern der Tessiner Alpen. IV. 227. 245—258. — F. Tannhäuser, Ergebnisse der petrographisch-geologischen Untersuchungen des Neuroder Gabbrozuges in der Grafschaft Glatz. 803. 841—848. — A. Tornquist, Vorläufige Mittheilung über die Algäu-Vorarlberger Flyschzone. 573. 591—599. — W. Volz, Vorläufiger Bericht über eine Forschungsreise zur Untersuchung des Gebirgsbaues und der Vulcane von Sumatra in den Jahren 1904—1906. 113. 127—140.
Vergl. Chemie, Krystallographie und Palaeontologie.

Der erste Halbband endet mit Seite 616.   1013

Mittelalterliche Bibliothekskataloge, Herausgabe derselben: Geldbewilligung. 494.
Mittelasiatische Sprachen, s. Asiatische Sprachen.
Monumenta Germaniae historica: Jahresbericht. 91. 493. 496—503.
Muskelnerven, hemmende Fasern in den —, von R. NICOLAIDES und S. DONTAS. 300. 364—370.
Neues Testament, Bruchstücke desselben in soghdischer Sprache, von MÜLLER. 153. 260—270.
Neuroder Gabbrozug, Ergebnisse der petrographisch-geologischen Untersuchungen des — in der Grafschaft Glatz, von F. TANNHÄUSER. 803. 841—848.
Nördlinger Ries, über die Lagerungsverhältnisse an der Bahnlinie Donauwörth-Treuchtlingen und deren Bedeutung für das Ries-Problem, von BRANCA und E. FRAAS. 743. (*Abh.*)
Nubisch, die altnubischen christlichen Handschriften der Königlichen Bibliothek zu Berlin, von H. SCHÄFER und K. SCHMIDT. 601. 602—613.
Oceanische Salzablagerungen, Untersuchungen über die Bildung derselben, von VAN'T HOFF. L. Franklandit und eine neue, dem Boronatrocalcit verwandte Verbindung. 299. 301—305. LI. Borocalcit und die künstliche Darstellung von Ascharit. 651. 652—663.
Palaeontologie: BRANCA, ist Ichthyosaurus nicht gleichzeitig vivipar und stirpivor gewesen? 743.
Pankreassaftsecretion, über den Einfluss des Morphiums und Opiums auf die Magen- und Pankreassaftsecretion, von A. BICKEL. 203. 217—223.
Papyri, drei aramäische Papyrus-Urkunden des Königlichen Museums in Berlin, von SACHAU. 705. (*Abh.*) — über einen altaramäischen Papyrus aus Elephantine, von Demselben. 849.
Pascal'sche Configuration, über den von Hrn. Prof. Hessenberg neuerdings aufgefundenen reingeometrischen Beweis für das Bestehen der —, von SCHWARZ. 325.
Pathologie: ORTH, über Immunisirung mit besonderer Berücksichtigung der Immunisirung von Meerschweinchen gegen Tuberkulose. 651.
Personalveränderungen in der Akademie vom 25. Januar 1906 bis 24. Januar 1907. Übersicht. 91—92.
Pflanzengeographie, s. Botanik.
Pflanzenreich: Jahresbericht. 64—65. — Geldbewilligung. 493. — Publicationen. 227. 745. 817. 873.
Philologie, germanische: BRANDL, die Entstehungsgeschichte des Beowulfepos. 615. — BURDACH, über zwei schlesisch-böhmische Formelbücher in lateinischer und deutscher Sprache aus dem Anfang des 15. Jahrhunderts. 373. — Unternehmungen der Deutschen Commission. 66—78. 494. 541. 705. — Geschicht der neuhochdeutschen Schriftsprache. 78—82. — Ausgabe der Werke Wilhelm von Humboldt's. 65—66. 225. 493. 745. — ROETHE, altdeutsche Worte mit langer Wurzel- und kurzer Mittelsilbe. 457. (*Abh.*) — SCHMIDT, deutsche Reimstudien. II. 33.
—————, griechische: Aristoteles-Commentare. 58—59. 745. — Corpus medicorum Graecorum. 667. — DIELS, über Melampus' Περὶ παλμῶν und die verwandten Zuckungsbücher des Orients und Occidents. 793. (*Abh.*) — K. KOCH, das Wolfenbüttler Palimpsest von Galens Schrift περὶ τῶν ἐν ταῖς τροφαῖς δυνάμεων. 93. 103—111. — VON WILAMOWITZ-MOELLENDORFF, zum Lexikon des Photios. 1. 2—14. — Derselbe, die Hymnen des Proklos und Synesios. 271. 272—295. — Derselbe, zum Menander von Kairo. 859. 860—872.
Vergl. Inschriften.

Philologie, keltische: ZIMMER, über den Einschlag aus den Culturzuständen der vorkeltischen Bewohner Irlands in dem in den Erzählungen der alten nordirischen Heldensage vorliegenden Culturbild aus dem alten Irland. 297.
——, orientalische: ERMAN, zur aegyptischen Wortforschung. 141. 400—415. — Derselbe, über die Untersuchungen des Dr. Georg Möller in den Alabasterbrüchen des alten Hat-nub in Aegypten. 849. — A. H. GARDINER, eine neue Handschrift des Sinuhegedichtes. 141. 142—150. — Ausgabe des Ibn Saad. 61. — MÜLLER, neutestamentliche Bruchstücke in soghdischer Sprache. 153. 260—270. — Derselbe, die »persischen« Kalenderausdrücke im chinesischen Tripiṭaka. 457. 458—465. — Derselbe, über die litterarischen Funde der zweiten Turfan-Expedition. 665. (Abh.) — Derselbe, Beitrag zur genaueren Bestimmung der unbekannten Sprachen Mittelasiens. 859. 958—960. — PISCHEL, das Kuntāpasūkta auf Parikṣit. 375. — SACHAU, drei aramäische Papyrus-Urkunden des Königlichen Museums in Berlin. 705. (Abh.) — Derselbe, über einen altaramäischen Papyrus aus Elephantine. 849. — H. SCHÄFER und K. SCHMIDT, die altnubischen christlichen Handschriften der Königlichen Bibliothek zu Berlin. 601. 602—613. — E. SIEG, Bruchstück einer Sanskrit-Grammatik aus Sängim Aġïz, Chinesisch-Turkistan. 375. 466—491. — Wörterbuch der aegyptischen Sprache. 61—63. 541. Vergl. Inschriften.
——, römische: Thesaurus linguae Latinae. 91. 494. 909. 910—913. — VAHLEN, kritische Bemerkungen zur Verstechnik des Plautus. 705. 706—720. Vergl. Inschriften.
——, romanische: TOBLER, altital. adonare. 745. 747—755.
Philosophie: Kant-Ausgabe. 61. 151. 817. — Interakademische Leibniz-Ausgabe. 493. — L. STERN, ein ungedruckter Brief Kant's. 799. 800—801. — STUMPF, Beobachtungen über Combinationstöne. 1.
Photios, zum Lexikon desselben, von v. WILAMOWITZ-MOELLENDORFF. 1. 2—14.
Physik: PLANCK, zur Dynamik bewegter Systeme. 541. 542—570. — A. SCHMIDT, über die Bestimmung des allgemeinen Potentials beliebiger Magnete und die darauf begründete Berechnung ihrer gegenseitigen Einwirkung. 299. 306—322. — STUMPF, Beobachtungen über Combinationstöne. 1. — WARBURG und G. LEITHÄUSER, über die Oxydation des Stickstoffs bei der Wirkung der stillen Entladung auf atmosphärische Luft. 227. 229—234.
Physiologie, s. Anatomie.
Picard'scher Satz, über zwei Beweise des allgemeinen —, von SCHOTTKY. 803. 823—840.
Plaetorius Cestianus, M., über den angeblich die Göttin Sors darstellenden Denar des —, von DRESSEL. 371.
Plautus, kritische Bemerkungen zur Verstechnik des —, von VAHLEN. 705. 706—720.
Politische Correspondenz Friedrich's des Grossen, s. Friedrich der Grosse.
Polypeptide, Bildung von — bei der Hydrolyse der Proteine, von FISCHER und E. ABDERHALDEN. 573. 574—590.
Preise und Preisaufgaben: Preisaufgabe aus dem von Miloszewsky'schen Legat. 646—648.
Preussisches Appellationsprivileg, die Datirung des preussischen Privilegium generale de non appellando illimitatum, von K. PERELS. 851. 852—858.
Proklos, die Hymnen des — und Synesios, von v. WILAMOWITZ-MOELLENDORFF. 271. 272—295.
Prosopographia imperii Romani saec. I—III: Jahresbericht. 58. — sacc. IV—VI: Jahresbericht. 86.

Der erste Halbband endet mit Seite 616.

Proteine, die Chemie der — und ihre Beziehungen zur Biologie, von Fischer. 35—56.
Rechtswissenschaft: Brunner, über das Alter der Lex Salica. 799. — K. Perels, die Datirung des preussischen Privilegium generale de non appellando illimitatum. 851. 852—858. — Wörterbuch der deutschen Rechtssprache. 87—90.
Reptilien, über die ästhetische Betrachtung der — und Amphibien, von Möbius. 299.
Rhön, über die Phonolithe der — und ihre Beziehungen zu den basaltischen Gesteinen, von H. Bücking. 667. 669—699.
Samoanische Personal- und Possessivpronomina, über dieselben, von F. N. Finck. 705. 721—742.
Sanskrit-Grammatik, Bruchstück einer — aus Sängim Ağïz, Chinesisch-Turkistan, von E. Sieg. 375. 466—491.
Savigny-Stiftung: Jahresbericht. 84. — Publication. 746.
Schwann'sche Zellen, über die Bedeutung der sogenannten — für das Leben der Nervenfasern, von Engelmann. 667.
Schwingungen im widerstehenden Mittel, über grosse — und ihre Anwendung zur Bestimmung des Luftwiderstandes, von Zimmermann. 873. 874—907.
Seitendruck sandförmiger Massen auf feste Wände, Versuche zur Bestimmung der Grösse und Lage desselben, Fortsetzung, von Müller-Breslau. 795.
Sinuhegedicht, eine neue Handschrift desselben, von A. H. Gardiner. 141. 142—150.
Slavisch, deutsche Lehnworte im Slavischen, von Schulze, W. 601.
Sokrates, über das Bildniss des —, von Kekule von Stradonitz. 259. (Abh.)
Sors, über den angeblich die Göttin — darstellenden Denar des M. Plaetorius Cestianus, von Dressel. 371.
Sosiades, über ein antikes Exemplar der Sprüche der sieben Weisen von —, von Diels. 457.
Spectrograph, über die Construction eines neuen —, von Vogel. 417.
Spectroskopische Doppelsterne, die Bahn des — β Arietis, von H. Ludendorff. 417. 418—426.
Spinnenseide, über solche, von Fischer. 439. 440—450.
Sprachwissenschaft: F. N. Finck, die samoanischen Personal- und Possessivpronomina. 705. 721—742. — Schulze, W., deutsche Lehnworte im Slavischen. 601.
Staat, über die Anfänge des — und sein Verhältniss zu den Geschlechtsverbänden und zum Volksthum, von Meyer. 507. 508—538.
Staatliche Finanzwirthschaft, die Entstehung derselben in den grösseren europäischen Staaten von 1500 bis 1820, von Schmoller. 859.
Staatswissenschaft: Acta Borussica. 60. — Meyer, über die Anfänge des Staats und sein Verhältniss zu den Geschlechtsverbänden und zum Volksthum. 507. 508—538. — Schmoller, die Entstehung der staatlichen Finanzwirthschaft in den grösseren europäischen Staaten von 1500 bis 1820. 859.
Stabeck, das — auf elastischen Einzelstützen mit Belastung durch längsgerichtete Kräfte, von Zimmermann. 325. 326—338.
Sterncatalog für die Zone von 6° bis 10° südlicher Declination, von N. Herz. Abth. II. 323. (Abh.)
Stickstoffoxydation, über dieselbe bei der Wirkung der stillen Entladung auf atmosphärische Luft, von Warburg und G. Leithäuser. 227. 229—234.
Sumatra, vorläufiger Bericht über eine Forschungsreise zur Untersuchung des Gebirgsbaues und der Vulcane von — in den Jahren 1904—1906, von W. Volz. 113. 127—140.

Synesios, die Hymnen des Proklos und —, von V. Wilamowitz-Moellendorff. 271. 272—295.

Synthetische Geometrie, über verschiedene Beweise eines Hülfssatzes, mittelst dessen der Hauptsatz der synthetischen Geometrie reingeometrisch bewiesen werden kann, von Schwarz. 225.

Technik: Martens, Umformung fester Körper unter allseitigem hohen Druck. 917.

Tessiner Alpen, Bericht über Untersuchungen an den sogenannten »Gneissen« und den metamorphen Schiefern der —, von G. Klemm. IV. 227. 245—258.

Thesaurus linguae Latinae: Jahresbericht. 91. 909. 910—913. — Ausseretatsmässige Geldbewilligung. 494.

Thiergeographie, s. Zoologie.

Thierreich: Jahresbericht. 63—64.

Titan, die Resultate einer neuen Beobachtungsreihe des Saturnstrabanten —, von Struve. 851.

Todesanzeigen: Ascoli. 94. — Aufrecht. 324. — Benndorf. 1. — Bertheloi. 324. — von Bezold. 226. — Blass. 271. — Ceriani. 271. — Dittenberger. 1. — Fischer, K. 668. — von Hartel. 94. — Justi, F. 226. — Klein. 616. — Loewy. 746. — Matland. 1. — Mendelejew. 151. — Moissan. 226. — Oskar II, König von Schweden. 909. — Vogel. 746.

Tripiṭaka, die »persischen« Kalenderausdrücke im chinesischen —, von Müller. 457. 458—465.

Turfan-Expedition, über die litterarischen Funde der zweiten —, von Müller. 665. (*Abh.*)

Umformung fester Körper unter allseitigem hohen Druck, von Martens. 917.

Veränderliche Grössen, über Beziehungen zwischen —, die auf gegebene Gebiete beschränkt sind, von Schottky. Erste Mittheilung. 917. 919—923.

Vereinigter Landtag, Preussischer, von 1847, zur Charakteristik desselben, von Koser. 151.

Vorarlberger Flyschzone, vorläufige Mittheilung über die Algäu-Vorarlberger Flyschzonen, vo A. Tornquist. 573. 591—599.

Wahl von ordentlichen Mitgliedern: Heusler. 746. — Müller. 1. — Rubens. 746.

——— von correspondirenden Mitgliedern: von Bezold. 225. — Breasted. 615. — Chuquet. 225. — Euting. 615. — Graebe. 615. — Haussoullier. 495. — Hülsen. 495. — Monod. 226. — Ritter. 226. — Robert. 495. — Schwartz. 495. — Wallach. 616.

Wangeroog, Bestimmung der Höhenlage der Insel — durch trigonometrische Messungen im Jahre 1888, von Helmert. 765. 766—791.

Wentzel-Stiftung: Jahresbericht. 85—90.

Wörterbuch der aegyptischen Sprache: Jahresbericht. 61—63. — Geldbewilligung. 541.

——— der deutschen Rechtssprache: Jahresbericht. 87—90.

Zoologie: Möbius, über die ästhetische Betrachtung der Reptilien und Amphibien. 299. — »Thierreich«. 63—64.

Vergl. Anatomie und Physiologie.

yrisch - rö
FRAAS: Das kryptovulcanische Becken
dschriften der antiken Ärzte. I. Theil.

Siegel: Untersuchungen über die Ätiologie der Pocken und der Maul- und Klauenseuche . .
Siegel: Untersuchungen über die Ätiologie des Scharlachs . . . .
Siegel: Untersuchungen über die Ätiologie der Syphilis . . . .
Hirschberg: Die arabischen Lehrbücher der Augenheilkunde . . . .
Kalischer: Das Grosshirn der Papageien in anatomischer und physiologischer Beziehung . .
Samter: Die geographische Verbreitung von *Mysis relicta*, *Pallasiella quadrispinosa*, *Pon affinis* in Deutschland als Erklärungsversuch ihrer Herkunft . .
Seuffert: Prolegomena zu einer Wieland-Ausgabe. III. IV . . .
Borchardt: Nilmesser und Nilstandsmarken . . . .

Lightning Source UK Ltd.
Milton Keynes UK
UKHW010951101218
333751UK00010B/457/P